KB091408

자바 ORM 표준

프로그래밍

스프링 데이터 예제 프로젝트로 배우는
전자정부 표준 데이터베이스 프레임워크

자바 ORM 표준
JPA
프로그래밍

김영한 지음

에이콘

 에이콘출판의 기틀을 마련하신 故 정완재 선생님 (1935-2004)

JPA는 데이터베이스 기술이라기보다 애플리케이션의 데이터를 객체지향 관점으로 바라보고 다룰 수 있게 해주는 객체지향 기술입니다. 객체지향의 근본 원리를 충실히 따르면 생산성과 품질, 유지보수성 모두를 만족시킬 수 있는 효과적인 개발이 가능하다는 것은 이미 스프링 프레임워크가 잘 보여주었습니다. JPA는 전 세계 스프링 개발자들이 가장 많이 사용하는 데이터 처리 기술이기도 합니다.

그런데 JPA를 이용해 객체 관점에서 복잡한 문제를 다루는 데만 집중하다 보면 자칫 이면에서 일어나는 데이터베이스 작업의 최적화를 놓칠 수도 있습니다. 데이터베이스는 기업의 가장 중요한 IT 자산이고, 확장에 비용이 많이 드는 리소스이기 때문에 항상 최적화를 염두에 둬야 합니다. 이 때문에 전통적인 데이터베이스 기술에서 JPA로 전환하기가 두려운 분들도 계신 듯합니다. 그래서 JPA를 실무에 적용하려면 데이터를 객체지향적으로 다루는 방법과 함께 데이터베이스 성능을 고려한 설정 및 개발 방법을 반드시 함께 익혀야 합니다.

이 책은 JPA를 이용한 객체지향 개발과 데이터베이스 최적화 전략, 두 가지를 충실하게 그리고 균형 있게 다루는 책입니다. JPA 도입을 아직 고민하고 계시거나 JPA를 이용해 개발하고 있지만 최선의 개발 방법이 궁금하신 분이라면 꼭 읽어보시기를 추천해드립니다.

– 이일민 / Epril 대표 컨설턴트, 『토비의 스프링 3.1』 저자

현재 제가 일하는 쿠팡은 우리나라의 대표적인 전자상거래 업체로서, 연간 거래액이 수조 원에 달하며, 한국은 물론 미국, 중국 등지에 분포한 수백 명이 넘는 프로그래머들이 함께 개발 업무를 진행하고 있습니다. 쿠팡을 지탱하는 전자상거래 시스템의 핵심 중추는 자바와 스프링 프레임워크, JPA/하이버네이트로 이루어져 있습니다.

그간, JPA로 개발해본 적이 없는 많은 개발자들이 회사에 처음 입사해 여러 어려운 상황에 놓이는 모습을 지켜봐야 하는 안타까운 상황도 적지 않았던 데다가, 마땅한 국내 참고 자료도 없어서 고심하던 차에 이렇게 좋은 책이 출간되어 매우 기쁩니다. 우선, 출간에 앞서서 책을 먼저 읽어볼 수 있는 소중한 기회를 가지게 된 것에 감사드립니다.

이 책에서는 JPA에 관한 내용을 정말 쉽게 설명하면서도 중요한 핵심 사항들을 모두 잘 전달하고 있어, JPA를 처음 접하는 사람들에게도 JPA에 대한 이해와 코드 품질 향상에 큰 도움이 되리라는 점에서 읽는 내내 반가운 마음을 금치 못했습니다.

JPA/하이버네이트는 이미 우리나라를 제외한 다른 국가에서는 보편적으로 사용되는 기술로서, SQL 쿼리를 직접 작성할 때보다 월등한 개발 속도와 유지보수성을 누릴 수 있습니다. 해외뿐만 아니라 국내에서도 이미 성공적으로 실무에서 사용 중인 회사가 있다는 사실을 아신다면, 그동안 JPA 사용을 망설인 분들이더라도 이 책을 읽고 차근차근 실습해본 후에 충분히 자신감을 가지고 문제없이 도입하실 수 있으리라 믿습니다.

– 손권남 / 쿠팡 개발자

다양한 오픈소스 소프트웨어를 기반으로 표준화된 아키텍처를 제공하는 전자정부 표준프레임워크에는 몇 가지 데이터 액세스 기술을 제공합니다. 공공정보화 분야에서 가장 일반적으로 사용되는 아이바티스(또는 마이바티스)뿐만 아니라 ORM의 기능을 제공하는 하이버네이트, ORM에 대한 표준을 제시하는 JPA, 다양한 스토리지storage 기술로의 확장을 제시하는 스프링 데이터 JPA 및 스프링 데이터 몽고DB 까지 다양한 기술이 제공되고 있습니다.

그러나 전자정부 표준프레임워크 활용에 있어서, 유독 아이바티스/마이바티스에 대한 도입률이 JPA에 비해 굉장히 높은 편입니다. 평소 JPA의 편리성이나 효율성 때문에 다양한 프로젝트에 JPA를 적극 활용하고 있는 제 개인적인 입장에서는 아쉬움이 다소 많았습니다. 국내의 경우는 정보공학방법론의 영향을 받은 개발방법론에 의해 데이터베이스 모델링이 중요시되고, 이로 인하여 모델링과 개발과의 불일치가 발생하는 등의 문제에서 기인하는 것으로 보입니다. 저자가 이야기하는 '패러다임의 불일치'도 이와 일맥상통합니다.

그런 의미에서 이 책은 JPA에 대한 기초 및 여러 분야에 대한 깊이 있는 내용뿐만 아니라 도메인 모델 설계 등의 실전 예제들을 통해 실질적인 JPA 적용의 가이드를 제시합니다. 아울러 리포지토리 인터페이스 모델 기반의 스프링 데이터 JPA, 타입안정성 보장을 위한 QueryDSL 등의 최신 기술과 캐시 및 성능 최적화 등의 다양한 주제를 다룸으로써, 엔터프라이즈 레벨의 응용프로그램 개발에 실질적인 도움이 될 것으로 기대합니다.

– 한성곤 / 삼성SDS 수석보, 표준프레임워크 오픈커뮤니티 리더, 前 전자정부 표준프레임워크 PM

JPA를 좋아하는 이유는 개발 시간 때문입니다. JPA를 조금만 학습해도 많은 단순 작업을 줄여 개발 시간을 단축할 수 있습니다. 게다가 JPA를 설계에 녹여 넣으면 복잡한 쿼리 대신 객체지향적으로 잘 설계된 도메인 코드를 얻을 수도 있습니다. JPA를 도입해서 이런 효과를 얻고 싶은 분이라면 이 책으로 학습하기를 적극 추천합니다.

JPA의 기초 설정부터 성능 최적화에 이르기까지 책에 녹아 있는 저자의 풍부한 경험을 자신의 것으로 만들 수 있을 것입니다.

– 최범균 / 『웹 개발자를 위한 Spring 4.0 프로그래밍』 저자

대략 2005년 정도였던 것으로 기억합니다. 회사에서 동료들과 저녁 회식을 하고는 이런저런 이야기를 나누다가 화제가 ORM으로 향했습니다. "왜 ORM은 이렇게 보급이 더딜까?"

객체 모델링이 널리 보급되지 않았고, 사람들은 SQL에 지나치게 의존적이고, 형식적으로는 다단계 아키텍처를 사용하지만 사실은 여전히 클라이언트-서버 방식으로 개발하고, ORM이 성능 조직에서 모난 돌 취급 받기를 싫어한다는 등의 의견이 나왔지만, 모든 것을 떠나서 적절한 교재가 없다는 사실이 가장 큰 걸림돌이라는 결론이었습니다. 당시 3.0 버전이 출시된 하이버네이트는 기술도 충분히 성숙했고 문서도 충실했으며 출간된 책도 다양했지만 우선은 한글이 아닐 뿐 아니라 사람들의 눈높이에 맞지 않았습니다. 교재의 수는 적지 않았지만 적절한 교재가 없었던 것이지요.

그로부터 10여 년이 흘러, 어느덧 2015년입니다. 그 사이 새로운 언어와 플랫폼이 뜨고 졌으며, NoSQL과 클라우드의 광풍도 불었고, 스마트폰을 통해 N스크린

의 시대가 열렸습니다. 하지만 우리가 애플리케이션을 개발하는 방식은 여전히 그대로입니다. 아직도 개발자 커뮤니티에는 "ORM을 쓰는 곳이 있나요?"라는 질문이 올라옵니다.

개발 현장마다 생산성과 소프트웨어 품질을 향상시켜야 한다는 목소리는 높지만 이러한 문제들을 대폭 개선시킬 수 있는 ORM에 대해서는 의심만 쌓여 갑니다. 네모 바퀴 수레를 미느라 힘들어하면서도 둥근 바퀴를 쓰라고 주면 정작 바퀴를 갈 시간이 없다고 거부하는 형국입니다. ORM은 난해한 기술도 복잡한 기술도 아닙니다. 도입하기엔 미성숙한 최신 기술은 더더욱 아닙니다. ORM이 어려워 보이는 것은 그저 낯설기 때문일 뿐입니다.

저자 김영한 님은 JPA 전문가로서 저희 팀을 비롯한 여러 곳에서 JPA를 도입하는 데 도움을 주었고 기회가 있을 때마다 강의를 통해 JPA를 소개하고 자신의 깊은 지식과 경험을 공유했습니다. 김영한 님의 강의를 들어 본 사람이라면 단순히 JPA 문서를 몇 번 읽은 후 얄팍한 지식을 설파하는 얼치기 전문가가 결코 아니라는 사실을 모두 잘 아실 겁니다.

이제 '적절한' JPA 책이 우리 앞에 놓였습니다. 우리가 네모난 바퀴를 버리고 둥근 바퀴로 갈아 낄지 말지 결정해야 할 차례입니다. 약간의 용기만으로 충분합니다.

– 박성철 / SK 플래닛 개발팀 그룹장

객체지향 패러다임의 핵심은 시스템을 구성하는 객체들에게 적절한 책임을 할당하는 것입니다. 여기에서 객체의 책임이란 객체가 외부에 제공하는 '행동'과 밀접한 관련이 있습니다. 따라서 객체지향의 세계는 '행동'이 주가 되는 세계입니다. 객체의 행동 저편에는 '데이터'가 중심이 되는 관계형 데이터베이스라는 또 다른 세계가 존재합니다. 최근 몇 년 동안 NoSQL이 세간의 주목을 끌었지만 여전히 데이터베이스 세계의 헤게모니를 쥐고 있는 것은 관계형 데이터베이스입니다.

문제는 행동을 중심에 놓는 객체지향과 데이터를 중심에 놓는 관계형 데이터베이스 사이에는 좁히기 어려운 거리가 있다는 점입니다. 사실 유연하고 확장 가능한 객체지향 설계를 향해 나아갈수록 객체 구조와 데이터 모델 사이의 거리는 점점 더 멀어지게 됩니다. 결국 객체와 데이터 사이의 복잡한 매핑에 지친 대부분의 개발자들은 객체지향 설계의 길을 포기한 채 데이터 종속적인 애플리케이션이라는 불행한 결말에 이르고 맙니다. JPA는 이와 같은 불행한 사태를 막고 객체 관계 임피던스 불일치 문제를 해결하기 위해 자바 진영에서 발표한 ORM 표준입니다.

JPA와 관련된 나쁜 소식과 좋은 소식이 하나씩 있습니다. 나쁜 소식은 JPA가 가진 강력함을 충분히 누리기 위해서는 객체지향과 데이터베이스 양쪽 모두를 잘 이해하고 서로 간의 장단점을 정확하게 파악하고 있어야 한다는 것입니다. 따라서 JPA를 학습하고 이해하기 위해 필요한 사전 지식을 익히는 과정이 여러분에게 꽤나 부담스럽게 느껴질 수도 있습니다. 좋은 소식은 지금 이 책이 JPA를 배우고 익히는 데 수반되는 어려움을 많은 부분 해결해줄 것이라는 점입니다. 이 책의 가장 큰 장점은 단순히 JPA의 API를 나열하는 데 그치지 않고 JPA의 기반을 이루는 다양한 객체지향 이론과 관계형 데이터베이스의 개념을 폭넓게 설명한다는 사실입니다. 따라서 이 책을 읽고 나면 JPA뿐만 아니라 객체지향과 관계형 데이터베이스에 관해서도 좀 더 깊게 이해할 수 있게 될 것입니다.

이 책의 또 다른 미덕은 과한 욕심을 버리고 핵심에 집중했다는 것입니다. 저자는 실무에서 거의 사용되지 않는 부분은 과감하게 생략하고 애플리케이션을 개발하는 데 자주 사용되는 핵심적인 부분을 다루는 데 집중하고 있습니다. 또한 책의 후반부에서는 JPA와 스프링 프레임워크를 함께 조합해서 웹 애플리케이션을 개발하는 방법까지 다룹니다. 이 내용을 읽고 나면 여러분 자신만의 웹 애플리케이션을 구현하기 위해 JPA를 사용하는 데 큰 어려움이 없을 것입니다.

처음 JPA를 학습하게 되면 반드시 넘어야 하는 몇 번의 고비가 존재합니다. 그리고 많은 분들이 이 고비를 넘기지 못하고 JPA 기술을 포기하는 것을 자주 보아왔습니다. 그러나 이제는 그런 걱정을 할 필요가 없을 것 같습니다. 이 책이 아주 쉽고 편안하게 고비를 넘길 수 있도록 도와줄 것이기 때문입니다.

관계형 데이터베이스라는 벽에 막혀 객체지향 패러다임의 장점을 포기해야 했던 수많은 개발자들에게, 그리고 JPA는 어렵다는 막연한 두려움을 가지고 계신 모든 분들께 이 책을 권합니다. 이 책을 읽는 여러분 모두 객체지향 설계와 데이터 모델링에 대한 더 넓은 식견을 갖추게 될 것이라고 확신합니다.

— **조영호** / 『객체지향의 사실과 오해』 저자

지은이 소개

김영한(zipkyh@gmail.com)

SI에서 다양한 프로젝트를 수행하고, J2EE 강사와 다음 커뮤니케이션, SK 플래닛을 거쳐 현재 우아한형제들에서 기술이사로 근무하고 있다. 도메인 주도 설계에 관심이 많으며, 끊임없이 공부하고 더 나은 코드를 작성하는 개발자가 되려고 노력 중이다.

JPA를 처음 접했을 때의 놀라움은 아직도 잊혀지지 않는다. 지금까지 관계형 데이터베이스에서 객체를 관리하려고 작성했던 무수한 CRUD 코드와 SQL들이 머릿속을 스쳐 지나갔다. 마치 시골에서 직접 모내기를 하다가 최신 트랙터를 만난 기분이었다.

객체를 관계형 데이터베이스에 저장하려면 많은 시간과 코드를 소비해야 한다. 예를 들어 객체를 SQL로 변환하는 단순한 일부터, 객체의 상속 구조를 테이블에 저장하는 복잡한 일까지, 개발자는 객체와 데이터베이스 사이에서 무수한 매핑 코드와 SQL을 작성해야 한다. 자바 진영에서는 이런 문제를 해결하기 위해 JPA라는 표준 기술을 제공한다. 자바 ORM 표준 JPA는 SQL 작성 없이 객체를 데이터베이스에 직접 저장할 수 있게 도와주고, 객체와 관계형 데이터베이스의 차이도 중간에서 해결해준다.

그간 실무에 JPA를 도입하면서 처음에는 좌충우돌하기도 했지만, 개발 생산성과 유지보수가 확연히 좋아졌고, 남은 시간에 코드 품질과 테스트에 더 많은 시간을 쏟을 수 있었다. 그리고 JPA를 사용해본 동료들은 전으로 돌아가고 싶어하지 않았다. 하지만 JPA에 대한 국내 자료가 부족했고, 대부분이 원서여서 어려운 점이 많았다. 그래서 때가 되면 JPA에 대한 책을 쓰고 싶다고 어렴풋하게 생각했는데, 마침 『토비의 스프링 3』과 『토비의 스프링 3.1』을 저술하신 이일민 님께서 JPA에 관한 책 쓰기를 권유하셨다. 6개월 정도면 충분할 것이라 생각하고 책을 쓰기 시작했는데, 어느덧 시간이 화살처럼 빠르게 지나 2년이 지나버렸다.

나 자신의 한계와 부족함 때문에 예상보다 일정이 훨씬 늘어났다. 시간이 지날수록 끝이 보이지 않는 깜깜한 터널 속에서 길을 잃은 어린아이와 같은 심정으로 하루하루를 보냈다. 무엇보다 글쓰기 실력이 부족해서 한 문장을 붙들고 몇 날 며칠을 쓰고 지우기를 반복하면서 보낸 적도 있다. 일정이 늘어나면서 사랑하는 지한이가 책보다 먼저 세상에 나왔다. 육아와 책 쓰기를 같이 하는 시점이 되니 시간은 점점 부족해지고, 출퇴근 셔틀버스와 점심시간, 그리고 아내의 배려로 저녁에 잠깐 시간을 내어 책을 마무리할 수 있었다.

이 책에서는 JPA 기초 이론과 핵심 원리, 그리고 실무에 필요한 성능 최적화 방법까지 JPA에 대한 모든 것을 다루는 데 주력했다. 또한, 스프링 프레임워크와 JPA를 함께 사용하는 방법을 설명하고, 스프링 데이터 JPA, QueryDSL 같은 혁신적인 오픈소스를 활용해서 자바 웹 애플리케이션을 효과적으로 개발하는 방법을 설명했다.

돌이켜보니 보잘것없는 사람의 책을 기다리고 응원해주신 분들 덕분에 여기까지 온 것 같다. 정말 큰 힘이 되었기에, 그 모든 분께 진심으로 감사를 전한다. 이 책이 JPA를 시작하는 분들께 조금이나마 도움이 되길 바란다.

이 책을 쓰는 데 도움을 주신 분들이 정말 많다. 먼저 좋은 기회를 주시고 고생해주신 에이콘출판사 여러분께 감사드린다.

베타리뷰를 해주신 동료분들께도 감사 인사를 드린다. 현정, 명석, 경민, 세정, 세훈, 태경, 해영, 용권, 대환, 완근, 재일, 정일, 성용, 은혜, 철우, 준희, 수홍 님까지 자기 일처럼 도와주셨다. 진심으로 고맙고 최고의 동료들과 함께 해서 행복하다.

특별히 많이 도와주신 분들께도 감사를 전한다. 먼저 최범균 님이 아니었으면 이 책은 정말 10배는 더 재미없고 이해하기 어려운 책이 되었을 것이다. 부족한 책을 꼼꼼히 보시고 어지럽고 어설픈 책의 구성을 다시 잡도록 많이 도와주셨다. 조영호 님은 책을 쓰시는 도중인데도 열심히 리뷰를 해주셨고, 책을 마무리하는 데 큰 도움을 주셨다. 무엇보다 부족한 후배에게 해주신 격려와 조언은 큰 힘이 되었다. 손권남 님은 실무에 필요한 기술적인 내용을 중심으로 리뷰해주셔서 많은 도움이 되었다. 김태기 님은 SQL에 익숙한 개발자들을 위한 조언을 많이 해주셔서 책의 균형을 잡는 데 도움이 되었다. 이 책을 시작하게 도와주신 이일민 님께도 감사드린다. 지난 2년 동안 책의 시작은 물론이고, 끝까지 함께 해주셨다. 박성철 팀장님은 팀에 JPA를 도입하도록 권장하셨다. 이 분은 기본기를 중시하는 최고의 개발자 리더다. 항상 팀장님께 많은 것을 배우기에, 살면서 이런 리더를 다시 만날 수 있을까 하는 생각이 든다.

서울IT교육센터 박 원장님, 김 원장님께도 감사를 전한다. 10년 전에 하이버네이트를 처음 알려주신 덕분에 이 책을 쓸 수 있게 된 것 같다.

매일 밤늦도록 책을 쓰느라 많은 시간을 함께 하지 못한, 사랑하는 아내 혜지와 아들 지한이에게 미안함과 고마움을 전한다. 아내의 헌신이 없었다면 이 책은 세상에 나오지 못했을 것이다. 그리고 언제나 나를 걱정하시고 변함없는 믿음을 보내주시는 사랑하는 부모님께 감사하고, 항상 든든한 힘이 되어 주시는 장모님과 장인 어르신께도 감사드린다.

마지막으로 나에게 책을 쓸 수 있는 지혜를 주신 하나님께 감사드린다.

출근 셔틀 버스 안에서
김영한

목 차

들어가며

📖 이 책의 대상 독자

이 책은 JPA를 사용해서 엔터프라이즈 애플리케이션을 개발하려는 모든 자바 개발자를 대상으로 한다. 이 책의 내용을 이해하려면 자바 언어와 JDBC를 사용한 데이터베이스 프로그래밍, 그리고 객체지향 프로그래밍과 관계형 데이터베이스에 대해 어느 정도 알고 있어야 한다. 추가로 3부는 웹 개발과 스프링 프레임워크에 대한 기초 지식이 필요하며 JUnit을 다룰 수 있어야 한다. 그리고 예제 코드를 실행하려면 메이븐Maven에 대해서도 약간의 지식이 필요하다.

📖 이 책의 구성

JPA는 크게 객체와 테이블을 어떻게 매핑해야 하는지에 관한 설계 부분과 설계한 모델을 실제 사용하는 부분으로 나눌 수 있다. 책의 앞부분에서는 기초 이론과 설계 방법을 학습하고 뒷부분에서는 학습한 이론을 바탕으로 JPA를 활용해서 실제 웹 애플리케이션을 개발한다.

이 책은 크게 네 부분으로 나뉘어 있다.

1장에서 9장은 이론 편이다. 객체와 테이블을 매핑하는 방법과 JPA의 핵심 기능들을 알아본다. 4장부터 9장까지는 각 장의 마지막에 점진적으로 도메인 모델을 설계해 나가는 실전 예제가 있어서 학습한 내용을 실제로 적용해볼 수 있게 했다.

10장은 객체지향 쿼리 언어에 대한 내용이다. JPA가 제공하는 객체지향 쿼리 언어인 JPQLJava Persistence Query Language부터 직접 SQL을 작성하는 네이티브 SQL까지 알아본다.

11장과 12장은 실무에서 JPA를 사용하기 위한 활용편이다. 스프링 프레임워크와 JPA를 사용해서 어떻게 웹 애플리케이션을 개발하는지 학습하고 스프링 데이터 JPA와 QueryDSL이라는 혁신적인 오픈소스도 사용해본다.

13장에서 16장은 트랜잭션과 락, 캐시, 성능 최적화 등 JPA의 다양한 고급 주제들을 다룬다.

🏫 예제 구성과 예제 코드 다운로드

예제 구성

예제는 다음과 같이 구성되어 있다. 다음 [예제 프로젝트] 표를 참고하자.

- **시작하기**: 순수한 자바 환경에서 처음 JPA를 시작한다. JPA로 간단한 테이블 하나를 관리해 본다.
- **도메인 모델 설계**: JPA로 도메인 모델을 점진적으로 설계해 나간다. 이렇게 설계한 도메인 모델을 기반으로 이후 활용 장에서 실제 웹 애플리케이션을 개발해 본다.
- **활용**: 스프링 프레임워크와 JPA를 사용해서 동작하는 웹 애플리케이션을 만들어 본다. 그리고 스프링 데이터 JPA와 QueryDSL을 학습한 후 앞서 만든 웹 애플리케이션에 기능을 추가해 본다.

[예제 프로젝트]

구분	예제	설명
시작하기	ch02-jpa-start1	JPA 시작
	ch04-jpa-start2	JPA 시작 예제에 매핑 추가
도메인 모델 설계	ch04-model1	테이블과 엔티티 기본 매핑
	ch05-model2	일대다, 다대일 연관관계 매핑
	ch06-model3	일대일, 다대다 연관관계 매핑
	ch07-model4	상속 관계 매핑
	ch08-model5	지연 로딩, 영속성 전이 설정
	ch09-model6	값 타입 매핑
활용	ch11-jpa-shop	JPA와 스프링 프레임워크를 사용해서 실제 동작하는 웹 애플리케이션 개발
	ch12-springdata-shop	앞 예제에 스프링 데이터 JPA와 QueryDSL을 추가

예제 코드 다운로드

예제 프로젝트는 다음 깃허브 경로를 통해서 관리하겠다. 만약 예제 프로젝트에 문제가 있으면 이곳을 통해 알리고 수정하겠다.

- **깃허브 경로**: https://github.com/holyeye/jpabook

참고로 내려받은 프로젝트를 이클립스 IDE에 불러오는 방법은 2장 2.1절 '이클립스 설치와 프로젝트 불러오기'에서 설명한다.

온라인 강의

인프런(https://www.inflearn.com)에서 '김영한'을 검색하면 강의를 찾을 수 있다.

- 강의 링크: https://www.inflearn.com/roadmaps/149
- 온라인 강의 목록
  - 자바 ORM 표준 JPA 프로그래밍
  - 실전! 스프링 부트와 JPA 활용1 – 웹 애플리케이션 개발
  - 실전! 스프링 부트와 JPA 활용2 – API 개발과 성능 최적화
  - 실전! 스프링 데이터 JPA
  - 실전! Querydsl

지금까지 다양한 실무 프로젝트에 JPA를 도입했다. 작게는 단순한 웹 서비스부터 크게는 조 단위의 거래 금액을 처리하는 주문, 결제, 정산 시스템까지 JPA로 직접 설계하고 개발했다. JPA를 처음 실무에 도입할 때는 좌충우돌 했지만, 개발 생산성과 유지보수가 확연히 좋아졌고 코드 품질과 테스트에 더 많은 시간을 할애할 수 있었다. 무엇보다 JPA를 사용해본 동료들은 이전으로 돌아가고 싶어하지 않아 했다. 하지만 JPA에 관한 국내 자료가 부족해 어려움이 많았다. 그래서 2015년 직접 이 책을 썼다.

책과 함께 볼 수 있는 유료 온라인 강의를 제공한다. 책을 출간한 뒤 네이버, 카카오와 같은 인터넷 비즈니스 회사부터 우아한형제들, 11번가 등 e커머스 회사까지 JPA를 사용 중이거나 도입하려는 많은 회사에서 강연했다. 책에서 이해하기 어렵던 부분을 강의를 통해 쉽게 이해했다는 개발자들의 이야기를 듣고 온라인 강의를 개설했다. 참고로 강의는 최신 버전의 스프링 부트와 JPA를 사용하고, 코드로 쉽게 따라할 수 있다. 그리고 실무 노하우를 전달하는 데 더 많은 초점을 맞췄다.

여러분도 실무에서 JPA를 자신있게 활용할 수 있기를 바란다.

문의 사항

이 책에 대한 궁금한 사항이 있다면 저자의 이메일(zipkyh@gmail.com)이나 에이콘 출판사 편집팀(editor@acornpub.co.kr)으로 연락주기 바란다.

JPA 소개 01

나는 주로 자바로 애플리케이션을 개발하고 관계형 데이터베이스를 데이터 저장소로 사용하면서 오랫동안 SQL을 다루었다. 초기에는 JDBC API를 직접 사용해서 코딩하기도 했는데, 애플리케이션의 비즈니스 로직보다 SQL과 JDBC API를 작성하는 데 더 많은 시간을 보냈다. 그러다가 아이바티스_{iBatis}(지금은 마이바티스_{MyBatis})나 스프링의 JdbcTemplate 같은 SQL 매퍼_{Mapper}를 사용하면서 JDBC API 사용 코드를 많이 줄일 수 있었다.

하지만 여전히 등록, 수정, 삭제, 조회(CRUD)용 SQL은 반복해서 작성해야 했고, 이런 과정은 너무 지루하고 비생산적이었다. 그래서 테이블 이름을 입력하면 CRUD SQL을 자동으로 생성해주는 도구를 만들어서 사용하기도 했는데, 개발 초기에는 사용할 만했지만, 개발이 어느 정도 진행된 상태에서 애플리케이션의 요구사항이 추가되는 것까지 해결해주지는 못했다.

나는 객체 모델링을 공부하면서 큰 고민에 빠지게 되었는데, "왜 실무에서 테이블 설계는 다들 열심히 하면서 제대로 된 객체 모델링은 하지 않을까?", "왜 객체지향의 장점을 포기하고 객체를 단순히 테이블에 맞추어 데이터 전달 역할만 하도록 개발할까?"라는 의문이 들었다. 그래서 새로운 프로젝트에 자신 있게 객체 모델링을 적용해보았지만, 객체 모델링을 세밀하게 진행할수록 객체를 데이터베이스에 저장하거나 조회하기는 점점 더 어려워졌고, 객체와 관계형 데이터베이스의 차이를 메우기 위해 더 많은 SQL을 작성해야 했다. 결국, 객체 모델링을 SQL로 풀어내는 데 너무 많은 코드와 노력이 필요했고, 객체 모델은 점점 데이터 중심의 모델로 변해갔다.

그러던 중에 이미 많은 자바 개발자가 같은 고민을 하고 있다는 것을 알게 되었고, 객체와 관계형 데이터베이스 간의 차이를 중간에서 해결해주는 ORM_{Object-Relational Mapping} 프레임워크를 알게 되었다. 참고로 지금부터 설명할 JPA는 자바 진영의 ORM 기술 표준이다.

JPA는 지루하고 반복적인 CRUD SQL을 알아서 처리해줄 뿐만 아니라 객체 모델링과 관계형 데이터베이스 사이의 차이점도 해결해주었다. 그리고 JPA는 실행 시점에 자동으로 SQL을 만들어서 실행하는데, JPA를 사용하는 개발자는 SQL을 직접 작성하는 것이 아니라 어떤 SQL이 실행될지 생각만 하면 된다. 참고로 JPA가 실행하는 SQL은 쉽게 예측할 수 있다.

처음에는 실무에 JPA를 적용하는 데 어려운 점도 있었지만, JPA를 사용해서 얻은 보상은 정말 컸다. 우선 CRUD SQL을 작성할 필요가 없고, 조회된 결과를 객체로 매핑하는 작업도 대부분 자동으로 처리해주므로 데이터 저장 계층에 작성해야 할 코드가 1/3로 줄어들었다. 처음에는 성능에 대한 걱정도 있었는데 대부분 대안이 있었다. 예를 들어 JPA가 제공하는 네이티브 SQL 기능을 사용해서 직접 SQL을 작성할 수도 있었고, 데이터베이스 쿼리 힌트도 사용할 수 있는 방법이 있었다. 결국, 애플리케이션보다는 데이터베이스 조회 성능이 이슈였는데 이것은 JPA의 문제라기보다는 SQL을 직접 사용해도 발생하는 문제들이었다.

JPA를 사용해서 얻은 가장 큰 성과는 애플리케이션을 SQL이 아닌 객체 중심으로 개발하니 생산성과 유지보수가 확연히 좋아졌고 테스트를 작성하기도 편리해진 점이다. 이런 장점 덕분에 버그도 많이 줄어들었다. 그리고 개발 단계에서 MySQL 데이터베이스를 사용하다가 오픈 시점에 오라클Oracle 데이터베이스를 사용하기로 정책이 변경된 적이 있었는데, JPA 덕분에 코드를 거의 수정하지 않고 데이터베이스를 손쉽게 변경할 수 있었다. SQL을 직접 다룰 때는 상상하기 어려운 일이었다.

JPA는 자바 진영에서 힘을 모아서 만든 ORM 기술 표준이다. 그리고 스프링 진영에서도 스프링 프레임워크 자체는 물론이고, 스프링 데이터 JPA라는 기술로 JPA를 적극적으로 지원한다. 또한, 전자정부 표준 프레임워크의 ORM 기술도 JPA를 사용한다.

반복적인 CRUD SQL을 작성하고 객체를 SQL에 매핑하는 데 시간을 보내기에는 우리의 시간이 너무 아깝다. 이미 많은 자바 개발자들이 오랫동안 비슷한 고민을 해왔고 문제를 해결하려고 많은 노력을 기울여왔다. 그리고 그 노력의 결정체가 바로 JPA다. JPA는 표준 명세만 570페이지에 달하고, JPA를 구현한 하이버네이트는 이미 10년 이상 지속해서 개발되고 있으며, 핵심 모듈의 코드 수가 이미 10만 라인을 넘어섰다. 귀찮은 문제들은 이제 JPA에게 맡기고 더 좋은 객체 모델링과 더 많은 테스트를 작성하는 데 우리의 시간을 보내자. 개발자는 SQL 매퍼가 아니다.

나는 JPA를 사용해서 애플리케이션을 개발하는 지금이 너무 즐겁다. 독자분들도 JPA를 한 번만 제대로 사용해보면 다시는 과거로 돌아가고 싶지 않으리라고 생각한다.

그러면 지금부터 SQL을 직접 다룰 때 어떤 문제가 발생하는지, 객체와 관계형 데이터베이스 사이에는 어떤 차이가 있는지 자세히 알아보자.

1.1 SQL을 직접 다룰 때 발생하는 문제점

관계형 데이터베이스는 가장 대중적이고 신뢰할 만한 안전한 데이터 저장소다. 그래서 자바로 개발하는 애플리케이션은 대부분 관계형 데이터베이스를 데이터 저장소로 사용한다(그림 1.1 참고).

데이터베이스에 데이터를 관리하려면 SQL을 사용해야 한다. 자바로 작성한 애플리케이션은 JDBC API를 사용해서 SQL을 데이터베이스에 전달하는데, 자바 서버 개발자들에게 이것은 너무나 당연한 이야기이고 대부분 능숙하게 SQL을 다룰 줄 안다.

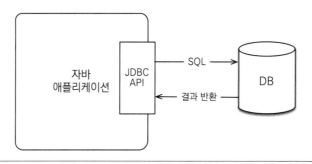

그림 1.1 JDBC API와 SQL

1.1.1 반복, 반복 그리고 반복

SQL을 직접 다룰 때의 문제점을 알아보기 위해 자바와 관계형 데이터베이스를 사용해서 회원 관리 기능을 개발해보자. 회원 테이블은 이미 만들어져 있다고 가정하고 회원을 CRUD(등록, 수정, 삭제, 조회)하는 기능을 개발해보자. 먼저 예제 1.1과 같이 자바에서 사용할 회원(Member) 객체를 만들자.

예제 1.1 회원 객체

```
public class Member {

    private String memberId;
    private String name;
    ...
}
```

다음으로 예제 1.2와 같이 회원 객체를 데이터베이스에 관리할 목적으로 회원용 DAO(데이터 접근 객체)를 만들자.

예제 1.2 회원용 DAO

```
public class MemberDAO {

    public Member find(String memberId){...}
}
```

이제 MemberDAO의 find() 메소드를 완성해서 회원을 조회하는 기능을 개발해보자. 보통 다음 순서로 개발을 진행할 것이다.

1. 회원 조회용 SQL을 작성한다.

```
SELECT MEMBER_ID, NAME FROM MEMBER M WHERE MEMBER_ID = ?
```

2. JDBC API를 사용해서 SQL을 실행한다.

```
ResultSet rs = stmt.executeQuery(sql);
```

3. 조회 결과를 Member 객체로 매핑한다.

```
String memberId = rs.getString("MEMBER_ID");
String name = rs.getString("NAME");

Member member = new Member();
member.setMemberId(memberId);
member.setName(name);
...
```

회원 조회 기능을 완성했다. 다음으로 예제 1.3과 같이 회원 등록 기능을 만들어보자.

예제 1.3 회원 등록 기능 추가

```
public class MemberDAO {

    public Member find(String memberId){...}
    public void save(Member member){...} //추가
}
```

1. 회원 등록용 SQL을 작성한다.

```
String sql = "INSERT INTO MEMBER(MEMBER_ID, NAME) VALUES(?,?)";
```

2. 회원 객체의 값을 꺼내서 등록 SQL에 전달한다.

```
pstmt.setString(1, member.getMemberId());
pstmt.setString(2, member.getName());
```

3. JDBC API를 사용해서 SQL을 실행한다.

```
pstmt.executeUpdate(sql);
```

회원을 조회하는 기능과 등록하는 기능을 만들었다. 다음으로 회원을 수정하고 삭제하는 기능도 추가해보자. 아마도 SQL을 작성하고 JDBC API를 사용하는 비슷한 일을 반복해야 할 것이다.

회원 객체를 데이터베이스가 아닌 자바 컬렉션에 보관한다면 어떨까? 컬렉션은 다음 한 줄로 객체를 저장할 수 있다.

```
list.add(member);
```

하지만 데이터베이스는 객체 구조와는 다른 데이터 중심의 구조를 가지므로 객체를 데이터베이스에 직접 저장하거나 조회할 수는 없다. 따라서 개발자가 객체지향 애플리케이션과 데이터베이스 중간에서 SQL과 JDBC API를 사용해서 변환 작업을 직접 해주어야 한다.

문제는 객체를 데이터베이스에 CRUD하려면 너무 많은 SQL과 JDBC API를 코드로 작성해야 한다는 점이다. 그리고 테이블마다 이런 비슷한 일을 반복해야 하는데, 개발하려는 애플리케이션에서 사용하는 데이터베이스 테이블이 100개라면 무수히 많은 SQL을 작성해야 하고 이런 비슷한 일을 100번은 더 반복해야 한다. 데이터 접근 계층(DAO)을 개발하는 일은 이렇듯 지루함과 반복의 연속이다.

1.1.2 SQL에 의존적인 개발

앞에서 만든 회원 객체를 관리하는 MemberDAO를 완성하고 애플리케이션의 나머지 기능도 개발을 완료했다. 그런데 갑자기 회원의 연락처도 함께 저장해달라는 요구 사항이 추가되었다.

▼ 등록 코드 변경

회원의 연락처를 추가하려고 예제 1.4와 같이 회원 테이블에 TEL 컬럼을 추가하고 회원 객체에 `tel` 필드를 추가했다.

예제 1.4 회원 클래스에 연락처 필드 추가

```java
public class Member {

    private String memberId;
    private String name;
    private String tel; //추가
    ...
}
```

연락처를 저장할 수 있도록 INSERT SQL을 수정했다.

```
String sql = "INSERT INTO MEMBER(MEMBER_ID, NAME, TEL) VALUES(?,?,?)";
```

그 다음 회원 객체의 연락처 값을 꺼내서 등록 SQL에 전달했다.

```
pstmt.setString(3, member.getTel());
```

연락처를 데이터베이스에 저장하려고 SQL과 JDBC API를 수정했다. 그리고 연락처가 잘 저장되는지 테스트하고 데이터베이스에 연락처 데이터가 저장된 것도 확인했다.

▼ 조회 코드 변경

다음으로 회원 조회 화면을 수정해서 연락처 필드가 출력되도록 했다. 그런데 모든 연락처의 값이 null로 출력된다. 생각해보니 조회 SQL에 연락처 컬럼을 추가하지 않았다.

다음처럼 회원 조회용 SQL을 수정한다.

```
SELECT MEMBER_ID, NAME, TEL FROM MEMBER WHERE MEMBER_ID = ?
```

또한 연락처의 조회 결과를 `Member` 객체에 추가로 매핑한다.

```
...
String tel = rs.getString("TEL");
member.setTel(tel); //추가
...
```

이제 화면에 연락처 값이 출력된다.

▼ 수정 코드 변경

기능이 잘 동작한다고 생각했는데 이번에는 연락처가 수정되지 않는 버그가 발견되었다. 자바 코드를 보니 `MemberDAO.update(member)` 메소드에 수정할 회원 정보와 연락처를 잘 전달했다. `MemberDAO`를 열어서 UPDATE SQL을 확인해보니 TEL 컬럼을 추가하지 않아서 연락처가 수정되지 않는 문제였다. UPDATE SQL과 `MemberDAO.update()`의 일부 코드를 변경해서 연락처가 수정되도록 했다.

만약 회원 객체를 데이터베이스가 아닌 자바 컬렉션에 보관했다면 필드를 추가한다고 해서 이렇게 많은 코드를 수정할 필요는 없을 것이다.

```
list.add(member); //등록
Member member = list.get(xxx); //조회
member.setTel("xxx") //수정
```

▼ 연관된 객체

회원은 어떤 한 팀에 필수로 소속되어야 한다는 요구사항이 추가되었다. 팀 모듈을 전담하는 개발자가 팀을 관리하는 코드를 개발하고 커밋했다. 코드를 받아보니 `Member` 객체에 `team` 필드가 추가되어 있다.

예제 1.5와 같이 회원 정보를 화면에 출력할 때 연관된 팀 이름도 함께 출력하는 기능을 추가해보자.

예제 1.5 회원 클래스에 연관된 팀 추가

```
class Member {

    private String memberId;
    private String name;
    private String tel;
    private Team team;   //추가
    ...
}

//추가된 팀
class Team {
    ...
    private String teamName;
    ...
}
```

다음 코드를 추가해서 화면에 팀의 이름을 출력했다.

이름: member.getName();
소속 팀: member.getTeam().getTeamName(); //추가

코드를 실행해보니 member.getTeam()의 값이 항상 null이다. 회원과 연관된 팀이 없어서 그럴 것으로 생각하고 데이터베이스를 확인해보니 모든 회원이 팀에 소속되어 있다. 문제를 찾다가 예제 1.6과 같이 MemberDAO에 findWithTeam()이라는 새로운 메소드가 추가된 것을 확인했다.

예제 1.6 MemberDAO에 추가된 findWithTeam()

```
public class MemberDAO {

    public Member find(String memberId){...}
    public Member findWithTeam(String memberId){...}
}
```

MemberDAO 코드를 열어서 확인해보니 회원을 출력할 때 사용하는 find() 메소드는 회원만 조회하는 다음 SQL을 그대로 유지했다.

```
SELECT MEMBER_ID, NAME, TEL FROM MEMBER M
```

또한 새로운 findWithTeam() 메소드는 다음 SQL로 회원과 연관된 팀을 함께 조회했다.

```
SELECT M.MEMBER_ID, M.NAME, M.TEL, T.TEAM_ID, T.TEAM_NAME
FROM MEMBER M
JOIN TEAM T
    ON M.TEAM_ID = T.TEAM_ID
```

결국 DAO를 열어서 SQL을 확인하고 나서야 원인을 알 수 있었고, 회원 조회 코드를 MemberDAO.find()에서 MemberDAO.findWithTeam()으로 변경해서 문제를 해결했다.

SQL과 문제점을 정리해보자. Member 객체가 연관된 Team 객체를 사용할 수 있을지 없을지는 전적으로 사용하는 SQL에 달려 있다. 이런 방식의 가장 큰 문제는 데이터 접근 계층을 사용해서 SQL을 숨겨도 어쩔 수 없이 DAO를 열어서 어떤 SQL이 실행되는지 확인해야 한다는 점이다.

Member나 Team처럼 비즈니스 요구사항을 모델링한 객체를 엔티티라 하는데, 지금처럼 SQL에 모든 것을 의존하는 상황에서는 개발자들이 엔티티를 신뢰하고 사용할 수 없다. 대신에 DAO를 열어서 어떤 SQL이 실행되고 어떤 객체들이 함께 조회되는지 일일이 확인해야 한다. 이것은 진정한 의미의 계층 분할이 아니다. 물리적으로 SQL과 JDBC API를 데이터 접근 계층에 숨기는 데 성공했을지는 몰라도 논리적으로는 엔티티와 아주 강한 의존관계를 가지고 있다. 이런 강한 의존관계 때문에 회원을 조회할 때는 물론이고 회원 객체에 필드를 하나 추가할 때도 DAO의 CRUD 코드와 SQL 대부분을 변경해야 하는 문제가 발생한다.

애플리케이션에서 SQL을 직접 다룰 때 발생하는 문제점을 요약하면 다음과 같다.

- 진정한 의미의 계층 분할이 어렵다.
- 엔티티를 신뢰할 수 없다.
- SQL에 의존적인 개발을 피하기 어렵다.

1.1.3 JPA와 문제 해결

이 책에서 소개할 JPA는 이런 문제들을 어떻게 해결할까? 참고로 JPA에 대한 자세한 소개는 이 장 뒷부분에 하겠다. 우선은 JPA가 문제를 어떻게 해결하는지 간단히 알아보자.

JPA를 사용하면 객체를 데이터베이스에 저장하고 관리할 때, 개발자가 직접 SQL을 작성하는 것이 아니라 JPA가 제공하는 API를 사용하면 된다. 그러면 JPA가 개발자 대신에 적절한 SQL을 생성해서 데이터베이스에 전달한다.

JPA가 제공하는 CRUD API를 간단히 알아보자.

▼ 저장 기능

```
jpa.persist(member); //저장
```

persist() 메소드는 객체를 데이터베이스에 저장한다. 이 메소드를 호출하면 JPA가 객체와 매핑정보를 보고 적절한 INSERT SQL을 생성해서 데이터베이스에 전달한다. 매핑정보는 어떤 객체를 어떤 테이블에 관리할지 정의한 정보인데 자세한 내용은 다음 장에서 설명한다.

▼ 조회 기능

```
String memberId = "helloId";
Member member = jpa.find(Member.class, memberId); //조회
```

find() 메소드는 객체 하나를 데이터베이스에서 조회한다. JPA는 객체와 매핑정보를 보고 적절한 SELECT SQL을 생성해서 데이터베이스에 전달하고 그 결과로 Member 객체를 생성해서 반환한다.

▼ 수정 기능

```
Member member = jpa.find(Member.class, memberId);
member.setName("이름변경") //수정
```

JPA는 별도의 수정 메소드를 제공하지 않는다. 대신에 객체를 조회해서 값을 변경만 하면 트랜잭션을 커밋할 때 데이터베이스에 적절한 UPDATE SQL이 전달된다. 이 마법 같은 일이 어떻게 가능할까? 자세한 내용은 3장에서 설명한다.

▼ 연관된 객체 조회

```
Member member = jpa.find(Member.class, memberId);
Team team = member.getTeam(); //연관된 객체 조회
```

JPA는 연관된 객체를 사용하는 시점에 적절한 SELECT SQL을 실행한다. 따라서 JPA를 사용하면 연관된 객체를 마음껏 조회할 수 있다. 이 마법 같은 일이 어떻게 가능할까? 자세한 내용은 8장에서 설명한다.

지금까지 JPA의 CRUD API를 간단히 알아보았다. 수정 기능과 연관된 객체 조회에서 설명한 것처럼 JPA는 SQL을 개발자 대신 작성해서 실행해주는 것 이상의 기능들을 제공한다.

다음은 객체와 관계형 데이터베이스의 패러다임 차이 때문에 발생하는 다양한 문제를 살펴보고 JPA는 이런 문제들을 어떻게 해결하는지 알아보자.

패러다임의 불일치

애플리케이션은 발전하면서 그 내부의 복잡성도 점점 커진다. 지속 가능한 애플리케이션을 개발하는 일은 끊임없이 증가하는 복잡성과의 싸움이다. 복잡성을 제어하지 못하면 결국 유지보수하기 어려운 애플리케이션이 된다.

객체지향 프로그래밍은 추상화, 캡슐화, 정보은닉, 상속, 다형성 등 시스템의 복잡성을 제어할 수 있는 다양한 장치들을 제공한다. 그래서 현대의 복잡한 애플리케이션은 대부분 객체지향 언어로 개발한다.

비즈니스 요구사항을 정의한 도메인 모델도 객체로 모델링하면 객체지향 언어가 가진 장점들을 활용할 수 있다. 문제는 이렇게 정의한 도메인 모델을 저장할 때 발생한다. 예를 들어 특정 유저가 시스템에 회원 가입하면 회원이라는 객체 인스턴스를 생성한 후에 이 객체를 메모리가 아닌 어딘가에 영구 보관해야 한다.

객체는 속성(필드)과 기능(메소드)을 가진다. 객체의 기능은 클래스에 정의되어 있으므로 객체 인스턴스의 상태인 속성만 저장했다가 필요할 때 불러와서 복구하면 된다. 객체가 단순하면 객체의 모든 속성 값을 꺼내서 파일이나 데이터베이스에 저장하면 되지만, 부모 객체를 상속받았거나, 다른 객체를 참조하고 있다면 객체의 상태를 저장하기는 쉽지 않다. 예를 들어 회원 객체를 저장해야 하는데 회원 객체가 팀 객체를 참조하고 있다면, 회원 객체를 저장할 때 팀 객체도 함께 저장해야 한다. 단순히 회원 객체만 저장하면 참조하는 팀 객체를 잃어버리는 문제가 발생한다.

자바는 이런 문제까지 고려해서 객체를 파일로 저장하는 직렬화 기능과 저장된 파일을 객체로 복구하는 역 직렬화 기능을 지원한다. 하지만 이 방법은 직렬화된 객체를 검색하기 어렵다는 문제가 있으므로 현실성이 없다. 현실적인 대안은 관계형 데이터베이스에 객체를 저장하는 것인데, 관계형 데이터베이스는 데이터 중심으로 구조화되어 있고, 집합적인 사고를 요구한다. 그리고 객체지향에서 이야기하는 추상화, 상속, 다형성 같은 개념이 없다.

객체와 관계형 데이터베이스는 지향하는 목적이 서로 다르므로 둘의 기능과 표현 방법도 다르다. 이것을 객체와 관계형 데이터베이스의 패러다임 불일치 문제라 한다. 따라서 객체 구조를 테이블 구조에 저장하는 데는 한계가 있다.

애플리케이션은 자바라는 객체지향 언어로 개발하고 데이터는 관계형 데이터베이스에 저장해야 한다면, 패러다임의 불일치 문제를 개발자가 중간에서 해결해야 한다. 문제는 이런 객체와 관계형 데이터베이스 사이의 패러다임 불일치 문제를 해결하는 데 너무 많은 시간과 코드를 소비하는 데 있다.

지금부터 패러다임의 불일치로 인해 발생하는 문제를 구체적으로 살펴보자. 그리고 JPA를 통한 해결책도 함께 알아보자.

1.2.1 상속

그림 1.2처럼 객체는 상속이라는 기능을 가지고 있지만 테이블은 상속이라는 기능이 없다(일부 데이터베이스는 상속 기능을 지원하지만 객체의 상속과는 약간 다르다).

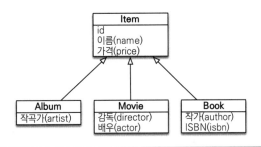

그림 1.2 객체 상속 모델

그나마 데이터베이스 모델링에서 이야기하는 슈퍼타입 서브타입 관계를 사용하면 객체 상속과 가장 유사한 형태로 테이블을 설계할 수 있다. 그림 1.3에서 ITEM 테이블의 DTYPE 컬럼을 사용해서 어떤 자식 테이블과 관계가 있는지 정의했다. 예를 들어 DTYPE의 값이 MOVIE이면 영화 테이블과 관계가 있다.

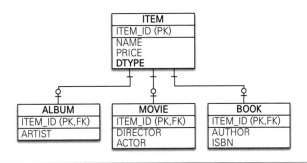

그림 1.3 테이블 모델

객체 모델 코드는 예제 1.7과 같다.

예제 1.7 객체 모델 코드

```java
abstract class Item {
    Long id;
    String name;
    int price;
}

class Album extends Item {
    String artist;
}

class Movie extends Item {
    String director;
    String actor;
}

class Book extends Item {
    String author;
    String isbn;
}
```

Album 객체를 저장하려면 이 객체를 분해해서 다음 두 SQL을 만들어야 한다.

```
INSERT INTO ITEM ...
INSERT INTO ALBUM ...
```

Movie 객체도 마찬가지다.

```
INSERT INTO ITEM ...
INSERT INTO MOVIE ...
```

JDBC API를 사용해서 이 코드를 완성하려면 부모 객체에서 부모 데이터만 꺼내서 ITEM용 INSERT SQL을 작성하고 자식 객체에서 자식 데이터만 꺼내서 ALBUM용 INSERT SQL을 작성해야 하는데, 작성해야 할 코드량이 만만치 않다. 그리고 자식 타입에 따라서 DTYPE도 저장해야 한다.

조회하는 것도 쉬운 일은 아니다. 예를 들어 Album을 조회한다면 ITEM과 ALBUM 테이블을 조인해서 조회한 다음 그 결과로 Album 객체를 생성해야 한다.

이런 과정이 모두 패러다임의 불일치를 해결하려고 소모하는 비용이다. 만약 해당 객체들을 데이터베이스가 아닌 자바 컬렉션에 보관한다면 다음 같이 부모 자식이나 타입에 대한 고민 없이 해당 컬렉션을 그냥 사용하면 된다.

```
list.add(album);
list.add(movie);

Album album = list.get(albumId);
```

JPA와 상속

JPA는 상속과 관련된 패러다임의 불일치 문제를 개발자 대신 해결해준다. 개발자
는 마치 자바 컬렉션에 객체를 저장하듯이 JPA에게 객체를 저장하면 된다.

JPA를 사용해서 Item을 상속한 Album 객체를 저장해보자. 앞서 설명한
persist() 메소드를 사용해서 객체를 저장하면 된다.

```
jpa.persist(album);
```

JPA는 다음 SQL을 실행해서 객체를 ITEM, ALBUM 두 테이블에 나누어 저장한다.

```
INSERT INTO ITEM ...
INSERT INTO ALBUM ...
```

다음으로 Album 객체를 조회해보자. 앞서 설명한 find() 메소드를 사용해서 객
체를 조회하면 된다.

```
String albumId = "id100";
Album album = jpa.find(Album.class, albumId);
```

JPA는 ITEM과 ALBUM 두 테이블을 조인해서 필요한 데이터를 조회하고 그 결과
를 반환한다.

```
SELECT I.*, A.*
    FROM ITEM I
    JOIN ALBUM A ON I.ITEM_ID = A.ITEM_ID
```

1.2.2 연관관계

객체는 참조를 사용해서 다른 객체와 연관관계를 가지고 참조에 접근해서 연관된
객체를 조회한다. 반면에 테이블은 외래 키를 사용해서 다른 테이블과 연관관계를
가지고 조인을 사용해서 연관된 테이블을 조회한다.

참조를 사용하는 객체와 외래 키를 사용하는 관계형 데이터베이스 사이의 패러다임 불일치는 객체지향 모델링을 거의 포기하게 만들 정도로 극복하기 어렵다. 그림1.4와 예제를 통해 문제점을 파악해보자.

그림 1.4 연관관계

Member 객체는 Member.team 필드에 Team 객체의 참조를 보관해서 Team 객체와 관계를 맺는다. 따라서 이 참조 필드에 접근하면 Member와 연관된 Team을 조회할 수 있다.

```
class Member {

    Team team;
    ...
    Team getTeam() {
        return team;
    }
}

class Team {
    ...
}

member.getTeam(); //member -> team 접근
```

MEMBER 테이블은 MEMBER.TEAM_ID 외래 키 컬럼을 사용해서 TEAM 테이블과 관계를 맺는다. 이 외래 키를 사용해서 MEMBER 테이블과 TEAM 테이블을 조인하면 MEMBER 테이블과 연관된 TEAM 테이블을 조회할 수 있다.

```
SELECT M.*, T.*
    FROM MEMBER M
    JOIN TEAM T ON M.TEAM_ID = T.TEAM_ID
```

조금 어려운 문제도 있는데, 객체는 참조가 있는 방향으로만 조회할 수 있다. 방금 예에서 member.getTeam()은 가능하지만 반대 방향인 team.getMember()는 참조가 없으므로 불가능하다. 반면에 테이블은 외래 키 하나로 MEMBER JOIN TEAM 도 가능하지만 TEAM JOIN MEMBER도 가능하다.

객체를 테이블에 맞추어 모델링

객체와 테이블의 차이를 알아보기 위해 예제 1.8과 같이 객체를 단순히 테이블에 맞추어 모델링해보자.

예제 1.8 테이블에 맞춘 객체 모델

```java
class Member {

    String id;        //MEMBER_ID 컬럼 사용
    Long teamId;      //TEAM_ID FK 컬럼 사용
    String username;//USERNAME 컬럼 사용
}

class Team {

    Long id;          //TEAM_ID PK 사용
    String name;      //NAME 컬럼 사용
}
```

MEMBER 테이블의 컬럼을 그대로 가져와서 Member 클래스를 만들었다. 이렇게 객체를 테이블에 맞추어 모델링하면 객체를 테이블에 저장하거나 조회할 때는 편리하다. 그런데 여기서 TEAM_ID 외래 키의 값을 그대로 보관하는 teamId 필드에는 문제가 있다. 관계형 데이터베이스는 조인이라는 기능이 있으므로 외래 키의 값을 그대로 보관해도 된다. 하지만 객체는 연관된 객체의 참조를 보관해야 다음처럼 참조를 통해 연관된 객체를 찾을 수 있다.

```java
Team team = member.getTeam();
```

특정 회원이 소속된 팀을 조회하는 가장 객체지향적인 방법은 이처럼 참조를 사용하는 것이다.

Member.teamId 필드처럼 TEAM_ID 외래 키까지 관계형 데이터베이스가 사용하는 방식에 맞추면 Member 객체와 연관된 Team 객체를 참조를 통해서 조회할 수 없다. 이런 방식을 따르면 좋은 객체 모델링은 기대하기 어렵고 결국 객체지향의 특징을 잃어버리게 된다.

객체지향 모델링

객체는 참조를 통해서 관계를 맺는다. 따라서 예제 1.9와 같이 참조를 사용하도록 모델링해야 한다.

예제 1.9 참조를 사용하는 객체 모델

```
class Member {

    String id;        //MEMBER_ID 컬럼 사용
    Team team;        //참조로 연관관계를 맺는다.
    String username; //USERNAME 컬럼 사용

    Team getTeam() {
        return team;
    }
}

class Team {

    Long id;        //TEAM_ID PK 사용
    String name;    //NAME 컬럼 사용
}
```

Member.team 필드를 보면 외래 키의 값을 그대로 보관하는 것이 아니라 연관된 Team의 참조를 보관한다. 이제 회원과 연관된 팀을 조회할 수 있다.

```
Team team = member.getTeam();
```

그런데 이처럼 객체지향 모델링을 사용하면 객체를 테이블에 저장하거나 조회하기가 쉽지 않다. Member 객체는 team 필드로 연관관계를 맺고 MEMBER 테이블은 TEAM_ID 외래 키로 연관관계를 맺기 때문인데, 객체 모델은 외래 키가 필요 없고 단지 참조만 있으면 된다. 반면에 테이블은 참조가 필요 없고 외래 키만 있으면 된다. 결국, 개발자가 중간에서 변환 역할을 해야 한다.

▼ 저장

객체를 데이터베이스에 저장하려면 team 필드를 TEAM_ID 외래 키 값으로 변환해야 한다.

다음처럼 외래 키 값을 찾아서 INSERT SQL을 만들어야 하는데 MEMBER 테이블에 저장해야 할 TEAM_ID 외래 키는 TEAM 테이블의 기본 키이므로 member.getTeam().getId()로 구할 수 있다.

```
member.getId();              //MEMBER_ID PK에 저장
member.getTeam().getId();    //TEAM_ID FK에 저장
member.getUsername();        //USERNAME 컬럼에 저장
```

▼ 조회

조회할 때는 TEAM_ID 외래 키 값을 Member 객체의 team 참조로 변환해서 객체에 보관해야 한다. 먼저 다음 SQL과 같이 MEMBER와 TEAM을 조회하자.

```
SELECT M.*, T.*
    FROM MEMBER M
    JOIN TEAM T ON M.TEAM_ID = T.TEAM_ID
```

SQL의 결과로 예제 1.10과 같이 객체를 생성하고 연관관계를 설정해서 반환하면 된다.

예제 1.10 개발자가 직접 연관관계 설정

```
public Member find(String memberId) {

    //SQL 실행
    ...
    Member member = new Member();
    ...

    //데이터베이스에서 조회한 회원 관련 정보를 모두 입력
    Team team = new Team();
    ...
    //데이터베이스에서 조회한 팀 관련 정보를 모두 입력

    //회원과 팀 관계 설정
    member.setTeam(team);
    return member;
}
```

이런 과정들은 모두 패러다임 불일치를 해결하려고 소모하는 비용이다. 만약 자바 컬렉션에 회원 객체를 저장한다면 이런 비용이 전혀 들지 않는다.

JPA와 연관관계

JPA는 연관관계와 관련된 패러다임의 불일치 문제를 해결해준다. 다음 코드를 보자.

```
member.setTeam(team); //회원과 팀 연관관계 설정
jpa.persist(member);  //회원과 연관관계 함께 저장
```

개발자는 회원과 팀의 관계를 설정하고 회원 객체를 저장하면 된다. JPA는 team의 참조를 외래 키로 변환해서 적절한 INSERT SQL을 데이터베이스에 전달한다. 객체를 조회할 때 외래 키를 참조로 변환하는 일도 JPA가 처리해준다.

```
Member member = jpa.find(Member.class, memberId);
Team team = member.getTeam();
```

지금까지 설명한 문제들은 SQL을 직접 다루어도 열심히 코드만 작성하면 어느 정도 극복할 수 있는 문제들이었다. 연관관계와 관련해서 극복하기 어려운 패러다임의 불일치 문제를 알아보자.

1.2.3 객체 그래프 탐색

객체에서 회원이 소속된 팀을 조회할 때는 다음처럼 참조를 사용해서 연관된 팀을 찾으면 되는데, 이것을 객체 그래프 탐색이라 한다.

```
Team team = member.getTeam();
```

객체 연관관계가 그림 1.5와 같이 설계되어 있다고 가정해보자.

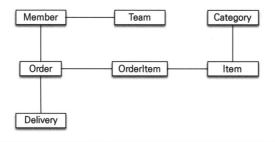

그림 1.5 객체 연관관계

다음은 객체 그래프를 탐색하는 코드다.

```
member.getOrder().getOrderItem()... //자유로운 객체 그래프 탐색
```

객체는 마음껏 객체 그래프를 탐색할 수 있어야 한다. 그런데 마음껏 객체 그래프를 탐색할 수 있을까?

```
SELECT M.*, T.*
    FROM MEMBER M
    JOIN TEAM T ON M.TEAM_ID = T.TEAM_ID
```

예를 들어 MemberDAO에서 member 객체를 조회할 때 이런 SQL을 실행해서 회원과 팀에 대한 데이터만 조회했다면 member.getTeam()은 성공하지만 다음처럼 다른 객체 그래프는 데이터가 없으므로 탐색할 수 없다.

```
member.getOrder(); //null
```

SQL을 직접 다루면 처음 실행하는 SQL에 따라 객체 그래프를 어디까지 탐색할 수 있는지 정해진다. 이것은 객체지향 개발자에겐 너무 큰 제약이다. 왜냐하면 비즈니스 로직에 따라 사용하는 객체 그래프가 다른데 언제 끊어질지 모를 객체 그래프를 함부로 탐색할 수는 없기 때문이다. 예제 1.11 코드를 보자.

예제 1.11 회원 조회 비즈니스 로직

```
class MemberService {
    ...
    public void process() {

        Member member = memberDAO.find(memberId);
        member.getTeam(); //member->team 객체 그래프 탐색이 가능한가?
        member.getOrder().getDelivery(); //???
    }
}
```

예제 1.11의 MemberService는 memberDAO를 통해서 member 객체를 조회했지만, 이 객체와 연관된 Team, Order, Delivery 방향으로 객체 그래프를 탐색할 수 있을지 없을지는 이 코드만 보고는 전혀 예측할 수 없다. 결국, 어디까지 객체 그래프 탐색이 가능한지 알아보려면 데이터 접근 계층인 DAO를 열어서 SQL을 직접 확인해야 한다. 이것은 SQL에 의존적인 개발에서도 이야기했듯이 엔티티가 SQL에

논리적으로 종속되어서 발생하는 문제다.

그렇다고 member와 연관된 모든 객체 그래프를 데이터베이스에서 조회해서 애플리케이션 메모리에 올려두는 것은 현실성이 없다. 결국 MemberDAO에 회원을 조회하는 메소드를 상황에 따라 여러 벌 만들어서 사용해야 한다.

```
memberDAO.getMember();   //Member만 조회
memberDAO.getMemberWithTeam();//Member와 Team 조회
memberDAO.getMemberWithOrderWithDelivery();//Member와 Order와 Delivery 조회
...
```

객체 그래프를 신뢰하고 사용할 수 있으면 이런 문제를 어느 정도 해소할 수 있다. JPA는 이 문제를 어떻게 해결할까?

JPA와 객체 그래프 탐색

JPA를 사용하면 객체 그래프를 마음껏 탐색할 수 있다.

```
member.getOrder().getOrderItem()... //자유로운 객체 그래프 탐색
```

앞 절 'SQL을 직접 다룰 때 발생하는 문제점'에서도 언급했듯이 JPA는 연관된 객체를 사용하는 시점에 적절한 SELECT SQL을 실행한다. 따라서 JPA를 사용하면 연관된 객체를 신뢰하고 마음껏 조회할 수 있다. 이 기능은 실제 객체를 사용하는 시점까지 데이터베이스 조회를 미룬다고 해서 **지연 로딩**이라 한다.

이런 기능을 사용하려면 객체에 JPA와 관련된 어떤 코드들을 심어야 하는 것은 아닐까? JPA는 지연 로딩을 투명transparent하게 처리한다. 예제 1.12의 Member 객체를 보면 getOrder() 메소드의 구현 부분에 JPA와 관련된 어떤 코드도 직접 사용하지 않는다.

예제 1.12 투명한 엔티티

```
class Member {
    private Order order;

    public Order getOrder() {
        return order;
    }
}
```

예제 1.13은 지연 로딩을 사용하는 코드다. 여기서 마지막 줄의 `order.getOrderDate()` 같이 실제 Order 객체를 사용하는 시점에 JPA는 데이터베이스에서 ORDER 테이블을 조회한다.

예제 1.13 지연 로딩 사용

```
//처음 조회 시점에 SELECT MEMBER SQL
Member member = jpa.find(Member.class, memberId);

Order order = member.getOrder();
order.getOrderDate(); //Order를 사용하는 시점에 SELECT ORDER SQL
```

Member를 사용할 때마다 Order를 함께 사용하면, 이렇게 한 테이블씩 조회하는 것보다는 Member를 조회하는 시점에 SQL 조인을 사용해서 Member와 Order를 함께 조회하는 것이 효과적이다.

JPA는 연관된 객체를 즉시 함께 조회할지 아니면 실제 사용되는 시점에 지연해서 조회할지를 간단한 설정으로 정의할 수 있다. 만약 Member와 Order를 즉시 함께 조회하겠다고 설정하면 JPA는 Member를 조회할 때 다음 SQL을 실행해서 연관된 Order도 함께 조회한다.

```
SELECT M.*, O.*
    FROM MEMBER M
    JOIN ORDER O ON M.MEMBER_ID = O.MEMBER_ID
```

1.2.4 비교

데이터베이스는 기본 키의 값으로 각 로우row를 구분한다. 반면에 객체는 동일성identity 비교와 동등성equality 비교라는 두 가지 비교 방법이 있다.

- 동일성 비교는 == 비교다. 객체 인스턴스의 주소 값을 비교한다.
- 동등성 비교는 equals() 메소드를 사용해서 객체 내부의 값을 비교한다.

따라서 테이블의 로우를 구분하는 방법과 객체를 구분하는 방법에는 차이가 있다.

```
class MemberDAO {

    public Member getMember(String memberId) {
        String sql = "SELECT * FROM MEMBER WHERE MEMBER_ID = ?";
        ...
        //JDBC API, SQL 실행
        return new Member(...);
    }
}
```

```
String memberId = "100";
Member member1 = memberDAO.getMember(memberId);
Member member2 = memberDAO.getMember(memberId);

member1 == member2; //다르다.
```

예제 1.15 코드를 보면 기본 키 값이 같은 회원 객체를 두 번 조회했다. 그런데 둘을 동일성(==) 비교하면 false가 반환된다. 왜냐하면 member1과 member2는 같은 데이터베이스 로우에서 조회했지만, 객체 측면에서 볼 때 둘은 다른 인스턴스기 때문이다(예제 1.14에 정의된 MemberDAO.getMember()를 호출할 때마다 new Member()로 인스턴스가 새로 생성된다).

따라서 데이터베이스의 같은 로우를 조회했지만 객체의 동일성 비교에는 실패한다. 만약 객체를 컬렉션에 보관했다면 다음과 같이 동일성 비교에 성공했을 것이다.

```
Member member1 = list.get(0);
Member member2 = list.get(0);

member1 == member2 //같다.
```

이런 패러다임의 불일치 문제를 해결하기 위해 데이터베이스의 같은 로우를 조회할 때마다 같은 인스턴스를 반환하도록 구현하는 것은 쉽지 않다. 여기에 여러 트랜잭션이 동시에 실행되는 상황까지 고려하면 문제는 더 어려워진다.

JPA와 비교

JPA는 같은 트랜잭션일 때 같은 객체가 조회되는 것을 보장한다. 그러므로 다음 코드에서 member1과 member2는 동일성 비교에 성공한다.

```
String memberId = "100";
Member member1 = jpa.find(Member.class, memberId);
Member member2 = jpa.find(Member.class, memberId);

member1 == member2; //같다.
```

객체 비교하기는 분산 환경이나 트랜잭션이 다른 상황까지 고려하면 더 복잡해진다. 자세한 내용은 책을 진행하면서 차차 알아보자.

1.2.5 정리

객체 모델과 관계형 데이터베이스 모델은 지향하는 패러다임이 서로 다르다. 문제는 이 패러다임의 차이를 극복하려고 개발자가 너무 많은 시간과 코드를 소비한다는 점이다.

더 어려운 문제는 객체지향 애플리케이션답게 정교한 객체 모델링을 할수록 패러다임의 불일치 문제가 더 커진다는 점이다. 그리고 이 틈을 메우기 위해 개발자가 소모해야 하는 비용도 점점 더 많아진다. 결국, 객체 모델링은 힘을 잃고 점점 데이터 중심의 모델로 변해간다.

자바 진영에서는 오랜 기간 이 문제에 대한 숙제를 안고 있었고, 패러다임의 불일치 문제를 해결하기 위해 많은 노력을 기울여왔다. 그리고 그 결과물이 바로 JPA다. JPA는 패러다임의 불일치 문제를 해결해주고 정교한 객체 모델링을 유지하게 도와준다.

지금까지 패러다임의 불일치 문제를 설명하면서 JPA를 문제 해결 위주로 간단히 살펴보았다. 이제 본격적으로 JPA에 대해 알아보자.

1.3 JPA란 무엇인가?

JPA~Java Persistence API~는 자바 진영의 ORM 기술 표준이다. JPA는 그림 1.6처럼 애플리케이션과 JDBC 사이에서 동작한다.

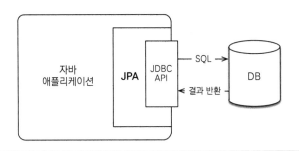

그림 1.6 JPA

그렇다면 ORM이란 무엇일까? ORM~Object-Relational Mapping~은 이름 그대로 객체와 관계형 데이터베이스를 매핑한다는 뜻이다. ORM 프레임워크는 객체와 테이블을 매핑해서 패러다임의 불일치 문제를 개발자 대신 해결해준다. 예를 들어 ORM 프레임워크를 사용하면 객체를 데이터베이스에 저장할 때 INSERT SQL을 직접 작성하는 것이 아니라 객체를 마치 자바 컬렉션에 저장하듯이 ORM 프레임워크에 저장하면 된다. 그러면 ORM 프레임워크가 적절한 INSERT SQL을 생성해서 데이터베이스에 객체를 저장해준다. 그림 1.7을 보자.

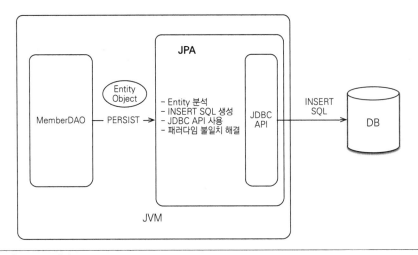

그림 1.7 JPA 저장

JPA를 사용해서 객체를 저장하는 코드는 다음과 같다.

```
jpa.persist(member); //저장
```

조회할 때도 JPA를 통해 객체를 직접 조회하면 된다. 그림 1.8을 보자.

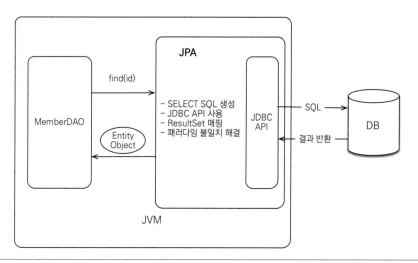

그림 1.8 JPA 조회

JPA를 사용해서 객체를 조회하는 코드는 다음과 같다.

```
Member member = jpa.find(memberId); //조회
```

ORM 프레임워크는 단순히 SQL을 개발자 대신 생성해서 데이터베이스에 전달해주는 것뿐만 아니라 앞서 이야기한 다양한 패러다임의 불일치 문제들도 해결해준다. 따라서 객체 측면에서는 정교한 객체 모델링을 할 수 있고 관계형 데이터베이스는 데이터베이스에 맞도록 모델링하면 된다. 그리고 둘을 어떻게 매핑해야 하는지 매핑 방법만 ORM 프레임워크에게 알려주면 된다. 덕분에 개발자는 데이터 중심인 관계형 데이터베이스를 사용해도 객체지향 애플리케이션 개발에 집중할 수 있다.

어느 정도 성숙한 객체지향 언어에는 대부분 ORM 프레임워크들이 있는데 각 프레임워크의 성숙도에 따라 단순히 객체 하나를 CRUD하는 정도의 기능만 제공하는 것부터 패러다임 불일치 문제를 대부분 해결해주는 ORM 프레임워크도 있다. 자바 진영에도 다양한 ORM 프레임워크들이 있는데 그중에 하이버네이트 프레임

워크가 가장 많이 사용된다. 하이버네이트는 거의 대부분의 패러다임 불일치 문제를 해결해주는 성숙한 ORM 프레임워크다.

1.3.1 JPA 소개

과거 자바 진영은 엔터프라이즈 자바 빈즈EJB라는 기술 표준을 만들었는데 그 안에는 엔티티 빈이라는 ORM 기술도 포함되어 있었다. 하지만 너무 복잡하고 기술 성숙도도 떨어졌으며 자바 엔터프라이즈(J2EE) 애플리케이션 서버에서만 동작했다. 이때 하이버네이트(hibernate.org)라는 오픈소스 ORM 프레임워크가 등장했는데 EJB의 ORM 기술과 비교해서 가볍고 실용적인 데다 기술 성숙도도 높았다. 또한 자바 엔터프라이즈 애플리케이션 서버 없이도 동작해서 많은 개발자가 사용하기 시작했다. 결국 EJB 3.0에서 하이버네이트를 기반으로 새로운 자바 ORM 기술 표준이 만들어졌는데 이것이 바로 JPA다.

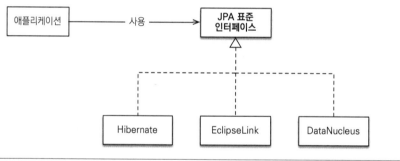

그림 1.9 JPA 표준 인터페이스와 구현체

그림 1.9를 보자. **JPA는 자바 ORM 기술에 대한 API 표준 명세다.** 쉽게 이야기해서 인터페이스를 모아둔 것이다. 따라서 JPA를 사용하려면 JPA를 구현한 ORM 프레임워크를 선택해야 한다. 현재 JPA 2.1을 구현한 ORM 프레임워크는 하이버네이트, EclipseLink(www.eclipse.org/eclipselink), DataNucleus(www.datanucleus.org)가 있는데 이 중에 하이버네이트가 가장 대중적이다. 이 책은 **JPA 2.1** 버전에 구현 프레임워크로 **하이버네이트**를 사용한다.

JPA라는 표준 덕분에 특정 구현 기술에 대한 의존도를 줄일 수 있고 다른 구현 기술로 손쉽게 이동할 수 있는 장점이 있다. 그리고 JPA 표준은 일반적이고 공통적인 기능의 모음이다. 따라서 표준을 먼저 이해하고 필요에 따라 JPA 구현체가 제공하는 고유의 기능을 알아가면 된다.

JPA 버전별 특징을 간략하게 정리하면 다음과 같다.

- JPA 1.0(JSR 220) 2006년: 초기 버전이다. 복합 키와 연관관계 기능이 부족했다.
- JPA 2.0(JSR 317) 2009년: 대부분의 ORM 기능을 포함하고 JPA Criteria가 추가되었다.
- JPA 2.1(JSR 338) 2013년: 스토어드 프로시저 접근, 컨버터Converter, 엔티티 그래프 기능이 추가되었다.

1.3.2 왜 JPA를 사용해야 하는가?

JPA를 사용해야 하는 이유는 여러 가지다. 하나씩 살펴보자.

▼ 생산성

JPA를 사용하면 다음 코드처럼 자바 컬렉션에 객체를 저장하듯이 JPA에게 저장할 객체를 전달하면 된다. INSERT SQL을 작성하고 JDBC API를 사용하는 지루하고 반복적인 일은 JPA가 대신 처리해준다.

```
jpa.persist(member); //저장
Member member = jpa.find(memberId); //조회
```

따라서 지루하고 반복적인 코드와 CRUD용 SQL을 개발자가 직접 작성하지 않아도 된다. 더 나아가서 JPA에는 CREATE TABLE 같은 DDL 문을 자동으로 생성해주는 기능도 있다. 이런 기능들을 사용하면 데이터베이스 설계 중심의 패러다임을 객체 설계 중심으로 역전시킬 수 있다.

▼ 유지보수

SQL에 의존적인 개발에서도 이야기했듯이 SQL을 직접 다루면 엔티티에 필드를 하나만 추가해도 관련된 등록, 수정, 조회 SQL과 결과를 매핑하기 위한 JDBC API 코드를 모두 변경해야 했다. 반면에 JPA를 사용하면 이런 과정을 JPA가 대신 처리해주므로 필드를 추가하거나 삭제해도 수정해야 할 코드가 줄어든다. 따라서 개발자가 작성해야 했던 SQL과 JDBC API 코드를 JPA가 대신 처리해주므로 유지보수해야 하는 코드 수가 줄어든다.

또한, JPA가 패러다임의 불일치 문제를 해결해주므로 객체지향 언어가 가진 장점들을 활용해서 유연하고 유지보수하기 좋은 도메인 모델을 편리하게 설계할 수 있다.

▼ 패러다임의 불일치 해결

지금까지 패러다임의 불일치 문제가 얼마나 심각한지 다루었고, JPA를 통한 해결책도 간단히 보았다. JPA는 상속, 연관관계, 객체 그래프 탐색, 비교하기와 같은 패러다임의 불일치 문제를 해결해준다. 책 전반에 걸쳐서 JPA가 패러다임의 불일치 문제를 어떻게 해결하는지 자세히 알아보자.

▼ 성능

JPA는 애플리케이션과 데이터베이스 사이에서 다양한 성능 최적화 기회를 제공한다. JPA는 애플리케이션과 데이터베이스 사이에서 동작한다. 이렇게 애플리케이션과 데이터베이스 사이에 계층이 하나 더 있으면 최적화 관점에서 시도해 볼 수 있는 것들이 많다. 다음 코드를 보자.

```
String memberId = "helloId";
Member member1 = jpa.find(memberId);
Member member2 = jpa.find(memberId);
```

이것은 같은 트랜잭션 안에서 같은 회원을 두 번 조회하는 코드의 일부분이다. JDBC API를 사용해서 해당 코드를 직접 작성했다면 회원을 조회할 때마다 SELECT SQL을 사용해서 데이터베이스와 두 번 통신했을 것이다. JPA를 사용하면 회원을 조회하는 SELECT SQL을 한 번만 데이터베이스에 전달하고 두 번째는 조회한 회원 객체를 재사용한다.

참고로 하이버네이트는 SQL 힌트를 넣을 수 있는 기능도 제공한다.

▼ 데이터 접근 추상화와 벤더 독립성

관계형 데이터베이스는 같은 기능도 벤더마다 사용법이 다른 경우가 많다. 단적인 예로 페이징 처리는 데이터베이스마다 달라서 사용법을 각각 배워야 한다. 결국, 애플리케이션은 처음 선택한 데이터베이스 기술에 종속되고 다른 데이터베이스로 변경하기는 매우 어렵다.

JPA는 그림 1.10처럼 애플리케이션과 데이터베이스 사이에 추상화된 데이터 접근 계층을 제공해서 애플리케이션이 특정 데이터베이스 기술에 종속되지 않도록 한다. 만약 데이터베이스를 변경하면 JPA에게 다른 데이터베이스를 사용한다고 알려주기만 하면 된다. 예를 들어 JPA를 사용하면 로컬 개발 환경은 H2 데이터베이스를 사용하고 개발이나 상용 환경은 오라클이나 MySQL 데이터베이스를 사용할 수 있다.

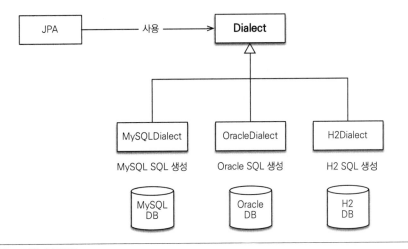

그림 1.10 벤더 독립성

▼ 표준

JPA는 자바 진영의 ORM 기술 표준이다. 앞서 이야기했듯이 표준을 사용하면 다른 구현 기술로 손쉽게 변경할 수 있다.

1.4 정리

지금까지 SQL을 직접 다룰 때 발생하는 다양한 문제와 객체지향 언어와 관계형 데이터베이스 사이의 패러다임 불일치 문제를 설명했다. 그리고 JPA가 각 문제를 어떻게 해결하는지 알아보았다. 마지막으로 JPA가 무엇인지 설명하고 JPA의 장점들을 소개했다. JPA에 관한 자세한 내용은 책 전반에 걸쳐서 차근차근 살펴보기로 하고, 우선은 다음 장에서 테이블 하나를 등록/수정/삭제/조회하는 간단한 JPA 애플리케이션을 만들어보자.

Q & A | ORM에 대한 궁금증과 오해

관계형 데이터베이스에는 익숙하지만 아직 ORM을 접해보지 못한 개발자들이 자주하는 질문과 답을 Q&A 형식으로 정리해보았다.

Q: ORM 프레임워크를 사용하면 SQL과 데이터베이스는 잘 몰라도 되나요?

A: 아닙니다. ORM 프레임워크가 애플리케이션을 객체지향적으로 개발할 수 있도록 도와주긴 하지만 데이터는 결국 관계형 데이터베이스에 저장됩니다. 테이블 설계는 여전히 중요하고 SQL도 잘 알아야 합니다. 그리고 ORM 프레임워크를 사용할 때 가장 중요한 일은 객체와 테이블을 매핑하는 것입니다. 매핑을 올바르게 하려면 객체와 관계형 데이터베이스 양쪽을 모두 이해해야 합니다. 따라서 데이터베이스 테이블 설계나 SQL을 잘 몰라서 ORM 프레임워크를 사용한다는 것은 ORM의 본질을 잘못 이해한 것입니다.

Q: 성능이 느리진 않나요?

A: 지금 시대에 자바가 느리다고 말하는 것과 비슷하다고 생각합니다. JPA는 다양한 성능 최적화 기능을 제공해서 잘 이해하고 사용하면 SQL을 직접 사용할 때보다 더 좋은 성능을 낼 수도 있습니다. 또한 JPA의 네이티브 SQL 기능을 사용해서 SQL을 직접 호출하는 것도 가능합니다. 하지만 JPA를 잘 이해하지 못하고 사용하면 N+1 같은 문제로 인해 심각한 성능 저하가 발생할 수 있습니다. 여기서 말하는 N+1 문제는 예를 들어 SQL 1번으로 회원 100명을 조회했는데 각 회원마다 주문한 상품을 추가로 조회하기 위해 100번의 SQL을 추가로 실행하는 것을 말합니다. 한 번 SQL을 실행해서 조회한 수만큼 N번 SQL을 추가로 실행한다고 해서 N+1 문제라 합니다. 이런 문제도 JPA를 약간만 공부하면 어렵지 않게 해결할 수 있습니다.

Q: 통계 쿼리처럼 매우 복잡한 SQL은 어떻게 하나요?

A: JPA는 통계 쿼리 같이 복잡한 쿼리보다는 실시간 처리용 쿼리에 더 최적화되어 있습니다. 상황에 따라 다르지만 정말 복잡한 통계 쿼리는 SQL을 직접 작성하는

것이 더 쉬운 경우가 많습니다. 따라서 JPA가 제공하는 네이티브 SQL을 사용하거나 마이바티스나 스프링의 JdbcTemplate 같은 SQL 매퍼 형태의 프레임워크를 혼용하는 것도 좋은 방법입니다.

Q: 마이바티스와 어떤 차이가 있나요?

A: 마이바티스나 스프링 JdbcTemplate을 보통 SQL 매퍼라 합니다. 이것은 이름 그대로 객체와 SQL을 매핑합니다. 따라서 SQL과 매핑할 객체만 지정하면 지루하게 반복되는 JDBC API 사용과 응답 결과를 객체로 매핑하는 일은 SQL 매퍼가 대신 처리해줍니다. 이런 SQL 매퍼가 편리하긴 하지만 결국 개발자가 SQL을 직접 작성해야 하므로 SQL에 의존하는 개발을 피할 수 없습니다. 반면에 ORM은 객체와 테이블을 매핑만하면 ORM 프레임워크가 SQL을 만들어서 데이터베이스와 관련된 처리를 해주므로 SQL에 의존하는 개발을 피할 수 있습니다.

Q: 하이버네이트 프레임워크를 신뢰할 수 있나요?

A: 하이버네이트는 2001년에 공개된 후 지금도 발전하고 있는 성숙한 ORM 프레임워크입니다. 핵심 모듈들의 테스트 케이스만 4000개가 넘고 코어 코드는 10만 라인에 육박합니다. 글로벌에서 수만 개 이상의 자바 프로젝트에서 사용 중이고 매일 3,000번 이상의 내려받기가 일어납니다(https://community.jboss.org/wiki/HibernateFAQ-ProductEvaluationFAQ 참조). 그리고 Atlassian, AT&T, Cisco 같은 업체들이 사용합니다(https://community.jboss.org/wiki/WhoUsesHibernate 참조).

Q: 제 주위에는 마이바티스만 사용하는데요?

A: 국내에서 유독 마이바티스를 많이 사용하는 것은 사실입니다. 하지만 전 세계를 대상으로 조사하면 하이버네이트 ORM 프레임워크를 사용하는 비중이 절대적으로 많습니다.

표 1.1은 2014년에 ZeroTurnaround라는 회사에서 전 세계 자바 개발자를 대상으로 한 설문 조사 결과입니다. 당시 중복 투표가 가능했으며 관련 자료는 www.slideshare.net/ZeroTurnaround/java-tools-and-technologies-landscape-for-2014-image-gallery에서 찾아볼 수 있습니다.

표 1.1 영속성 계층 프레임워크 투표

사용 프레임워크	투표율
하이버네이트	67.5%
순수 JDBC	22%
SpringJdbcTemplate	19.5%
EclipseLink	13%
MyBatis	6.5%
JOOQ	1.5%
Other	7%

구글 트렌드 검색을 사용해서 하이버네이트와 마이바티스를 비교해도 비슷한 결과
가 나옵니다.

2014년 6월 전 세계를 대상으로 구글 트렌드 검색

– JPA + Hibernate: 94%
– iBatis + myBatis: 6%

Q: 학습곡선이 높다고 하던데요?

A: 네 JPA는 학습곡선이 높은 편입니다. JPA를 사용하려면 객체와 관계형 데이터
베이스를 어떻게 매핑하는지 학습한 후에 JPA의 핵심 개념들을 이해해야 합니다.
기초 없이 단순히 인터넷에 돌아다니는 예제들을 복사해서 사용하기만 하면 금방
한계에 부딪힙니다. 실무에서는 수많은 테이블과 객체를 매핑해야 하므로 매핑하
는 방법을 정확히 이해해야 합니다. 또한, JPA의 핵심 개념인 영속성 컨텍스트에 대
한 이해가 부족하면 SQL을 직접 사용해서 개발하는 것보다 못한 상황이 벌어질 수
있습니다. 사실 **JPA가 어려운 근본적인 이유는 ORM이 객체지향과 관계형 데이터
베이스라는 두 기둥 위에 있기 때문입니다.** 이 둘의 기초가 부족하면 어려울 수밖에
없습니다.

JPA 시작 02

독자분들은 JPA의 이론적인 부분도 궁금하겠지만, 무엇보다 실제 동작하는 코드를 빨리 보고 싶을 것이다. 이 장에서는 JPA를 사용해서 테이블 하나를 등록/수정/삭제/조회하는 간단한 JPA 애플리케이션을 만들어보겠다. 가능하면 예제를 직접 따라서 입력하고 그렇지 못해도 최소한 실행은 해보길 권장한다. 그래야 3장부터 좀 더 깊이 있게 살펴볼 JPA를 이해하기 쉽다.

단순히 자바의 Hello World를 처음 출력하듯이 간단하게 시작하면 좋겠지만, JPA는 필요한 라이브러리도 많고 데이터베이스도 필요하다. 그리고 자바 IDE 없이 개발하기는 너무 힘들다. 그래서 책의 앞 부분은 이클립스 IDE와 데이터베이스를 설치하는 내용을 먼저 다룬다. 독자분이 주로 사용하는 IDE가 있고, 메이븐_{Maven}에 익숙하고 예제 프로젝트를 스스로 실행할 수 있으면 2.1절은 넘어가도 된다. H2 데이터베이스 설정은 본인이 사용하는 데이터베이스가 있어도 꼭 따라서 사용해보길 권장한다. H2 데이터베이스는 설치가 필요 없고 용량도 1.7M로 가볍고 웹용 쿼리 툴도 제공하므로 본인이 사용하는 데이터베이스가 있어도 배워둘 가치가 있다. 이 과정이 끝나면 JPA에 필요한 라이브러리를 설정하고 실제 JPA로 애플리케이션을 만들어보자. 먼저 자바 애플리케이션을 동작하기 위한 이클립스 IDE를 설치하고, 예제 프로젝트를 이클립스에 불러오는 방법을 알아보자.

2.1 이클립스 설치와 프로젝트 불러오기

┃ 예제 프로젝트 내려받기 경로: https://github.com/holyeye/jpabook ┃

예제 프로젝트를 내려받고 압축을 풀어두자. 참고로 예제 프로젝트를 실행하려면 JDK가 1.6 버전 이상 설치되어 있어야 한다.

▼ 이클립스 설치

IDE는 가장 많은 자바 개발자들이 사용하는 이클립스를 설치하겠다. 이클립스는 최소한 LUNA 버전 이상 설치하길 권장한다. 참고로 예제를 실행하려면 메이븐이 필요한데 LUNA 버전에는 메이븐이 내장되어 있다.

http://www.eclipse.org/downloads에 접속하면 그림 2.1과 같은 화면이 나온다. 자신의 환경에 맞는 이클립스를 내려받고 설치하자. 이때 될 수 있으면 Eclipse IDE for Java EE Developers 패키지로 내려받는 것을 권장하는데, 이 패키지를 사용하면 JPA로 개발할 때 편리한 도구들이 지원된다.

그림 2.1 이클립스 내려받기 화면

이클립스 LUNA 내려받기 경로는 다음과 같다.

http://www.eclipse.org/downloads/packages/eclipse-ide-java-ee-
developers/lunasr2

▼ 예제 프로젝트 불러오기

설치한 이클립스에 예제 프로젝트를 불러오자. 먼저 이클립스를 실행하고 메뉴
에서 File > Import...를 선택하면 그림 2.2와 같이 프로젝트를 불러오는Import 화면
이 나온다.

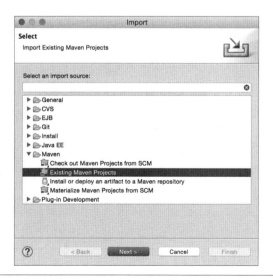

그림 2.2 Import 1

이 화면에서 Maven > Existing Maven Projects를 선택하고 Next 버튼을 누르면 메이븐 프로젝트를 불러올 수 있는 그림 2.3과 같은 화면이 나온다.

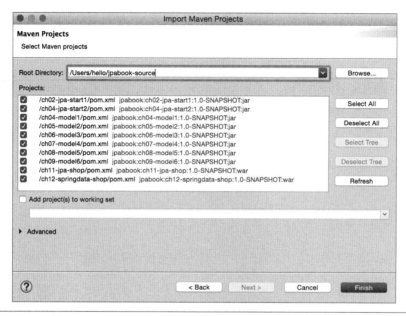

그림 2.3 Import 2

이 화면에서 Browse... 버튼을 눌러서 예제가 있는 경로를 선택한다. 참고로 경로는 압축을 푼 경로를 선택하면 된다. 경로를 선택하면 그림 2.4처럼 모든 프로젝트에 대한 /pom.xml이 나타난다. Finish 버튼을 선택해서 모든 예제 프로젝트를 불러오자.

그림 2.4 Import 3

모든 예제 프로젝트가 프로젝트를 불러왔다. 참고로 예제 프로젝트를 처음 불러오면 메이븐 저장소에서 라이브러리를 내려받기 때문에 1~10분 정도 기다려야 한다. 물론 인터넷이 동작하는 환경이 필요하다.

처음 시작할 프로젝트는 ch02-jpa-start1이다. 그림 2.5처럼 불러졌다면 성공이다.

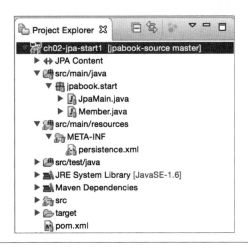

그림 2.5 Import 4

> ⚠️ **주의**
>
> 예제를 실행하려면 메이븐(Maven)이 설치되어 있어야 한다. 내려받은 이클립스 LUNA 버전에는 메이븐이 내장되어 있어서 별도로 설치하지 않아도 된다.

▼ 메이븐 오류 해결

메이븐 관련 오류가 발생하면 그림 2.6처럼 프로젝트에서 마우스 오른쪽 버튼을 클릭해서 메뉴를 띄운 다음 Maven > Update Project...를 선택하자. 그러면 메이븐 프로젝트의 설정 정보를 다시 업데이트할 수 있는 그림 2.7과 같은 화면이 나온다.

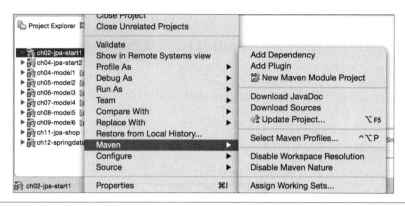

그림 2.6 메이븐 오류 1

그리고 그림 2.7처럼 문제가 발생한 프로젝트를 선택한 다음 OK 버튼을 선택하면 메이븐 프로젝트를 초기화하고 다시 환경을 구성한다. **문제가 해결되지 않으면 이 과정을 2~3번 정도 반복한다.**

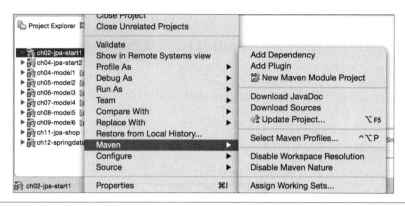

그림 2.7 메이븐 오류 2

만약 그래도 문제가 해결되지 않으면 그림 2.7에 있는 Force Update of Snapshots/Releases를 추가로 체크하고 OK 버튼을 선택하자. 마지막으로 ch12-springdata-shop 프로젝트에서 발생하는 메이븐 관련 오류는 12.9절의 시작 부분에 있는 주의를 참고하자.

2.2 H2 데이터베이스 설치

예제는 MySQL이나 오라클 데이터베이스를 사용해도 되지만 설치하는 부담이 크다. 따라서 설치가 필요 없고 용량도 1.7M로 가벼운 H2 데이터베이스를 사용하겠다. 참고로 H2 데이터베이스는 자바가 설치되어 있어야 동작한다.

▼ H2 데이터베이스 설치 방법

http://www.h2database.com에 들어가서 All Platforms 또는 Platform-Independent Zip을 내려받아서 압축을 풀자. 참고로 예제에서 사용한 버전은 1.4.187이다. 다른 버전을 사용하면 예제가 정상 동작하지 않을 수 있다. 그럴 경우 다음 경로를 통해 내려받자.

http://www.h2database.com/h2-2015-04-10.zip

압축을 푼 곳에서 `bin/h2.sh`를 실행하면 H2 데이터베이스를 서버 모드로 실행한다(윈도우는 `h2.bat` 또는 `h2w.bat`를 실행하면 된다).

> 🔊 참고
>
> H2 데이터베이스는 JVM 메모리 안에서 실행되는 임베디드 모드와 실제 데이터베이스처럼 별도의 서버를 띄워서 동작하는 서버 모드가 있다.

H2 데이터베이스를 서버 모드로 실행한 후에 웹 브라우저에서 http://localhost:8082를 입력하면 H2 데이터베이스에 접속할 수 있는 그림 2.8과 같은 화면이 나온다.

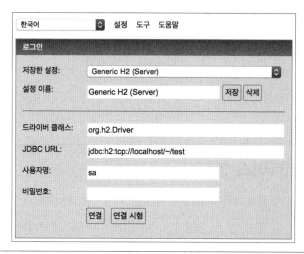

그림 2.8 H2 로그인 화면

그림 2.8의 화면 왼쪽 위를 보면 언어를 선택할 수 있는데 **한국어**를 선택하자. 그리고 다음과 같이 입력하고 연결 버튼을 선택하자.

- **드라이버 클래스**: org.h2.Driver
- **JDBC URL**: jdbc:h2:tcp://localhost/~/test
- **사용자명**: sa
- **비밀번호**: 입력하지 않는다.

이렇게 하면 test라는 이름의 데이터베이스에 서버 모드로 접근하고, 그림 2.9와 같은 화면이 나온다.

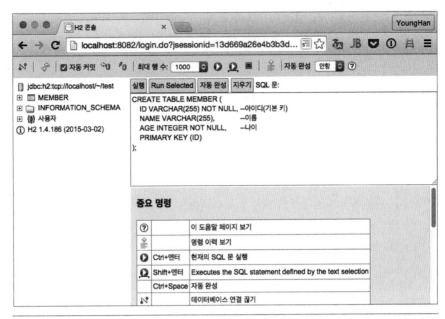

그림 2.9 H2 화면

▼ 예제 테이블 생성

예제 2.1의 SQL을 입력하고 실행 버튼을 선택하면 그림 2.9처럼 왼쪽 메뉴에서 생성된 MEMBER 테이블을 볼 수 있다.

예제 2.1 회원 테이블

```
CREATE TABLE MEMBER (
    ID VARCHAR(255) NOT NULL,       --아이디(기본 키)
    NAME VARCHAR(255),              --이름
    AGE INTEGER NOT NULL,           --나이
    PRIMARY KEY (ID)
)
```

2.3 라이브러리와 프로젝트 구조

필요한 모든 라이브러리를 직접 내려받아서 관리하기는 어려우므로 메이븐이라는 도구를 사용하겠다. 최근 자바 애플리케이션들은 대부분 메이븐 같은 라이브러리 관리 도구를 사용하므로 독자분들 대부분이 메이븐을 알고 있을 것이라 생각한다.

메이븐을 잘 몰라도 이클립스 LUNA 버전에는 메이븐이 내장되어 있으므로 예제를 실행하는 데는 문제가 없다. 책 전반에 걸쳐 JPA 구현체로 하이버네이트를 사용한다(하이버네이트 버전 4.3.10.Final).

JPA 구현체로 하이버네이트를 사용하기 위한 핵심 라이브러리는 다음과 같다.

- `hibernate-core`: 하이버네이트 라이브러리
- `hibernate-entitymanager`: 하이버네이트가 JPA 구현체로 동작하도록 JPA 표준을 구현한 라이브러리
- `hibernate-jpa-2.1-api`: JPA 2.1 표준 API를 모아둔 라이브러리

예제에 사용할 프로젝트 구조는 예제 2.2와 같다.

예제 2.2 예제 프로젝트 구조

```
src/main
├── java
│   └── jpabook/start
│           ├── JpaMain.java  (실행 클래스)
│           └── Member.java   (회원 엔티티)
├── resources
│   └── META-INF
│           └── persistence.xml  (JPA 설정 정보)
pom.xml
```

2.3.1 메이븐과 사용 라이브러리 관리

라이브러리는 메이븐을 사용해서 관리한다. 메이븐은 간단히 이야기해서 라이브러리를 관리해주는 도구인데 pom.xml에 사용할 라이브러리를 적어주면 라이브러리를 자동으로 내려받아서 관리해준다.

> 🔊 **참고**
>
> **메이븐(Maven)**
> 최근 자바 애플리케이션은 메이븐 같은 도구를 사용해서 라이브러리를 관리하고 빌드한다. 메이븐은 크게 라이브러리 관리 기능과 빌드 기능을 제공한다. 메이븐의 공식 홈페이지는 http://maven.apache.org이다.

> **라이브러리 관리 기능**
>
> 자바 애플리케이션을 개발하려면 jar 파일로 된 여러 라이브러리가 필요하다. 과거에는 이런 라이브러리를 직접 내려받아 사용했다. 메이븐은 사용할 라이브러리 이름과 버전만 명시하면 라이브러리를 자동으로 내려받고 관리해준다.
>
> **빌드 기능**
>
> 애플리케이션을 직접 빌드하는 것은 상당히 고된 작업이다. 과거에는 Ant를 주로 사용했지만 개발자마다 작성하는 Ant 빌드 스크립트는 조금씩 다르다. 메이븐은 애플리케이션을 빌드하는 표준화된 방법을 제공한다.

메이븐 설정 파일인 예제 2.3의 pom.xml을 보자.

예제 2.3 메이븐 설정 파일 pom.xml

```xml
<?xml version="1.0" encoding="UTF-8"?>
<project xmlns="http://maven.apache.org/POM/4.0.0"
  xmlns:xsi="http://www.w3.org/2001/XMLSchema-instance"
    xsi:schemaLocation="http://maven.apache.org/POM/4.0.0 http://maven.
apache.org/xsd/maven-4.0.0.xsd">

    <modelVersion>4.0.0</modelVersion>
    <groupId>jpabook</groupId>
    <artifactId>jpa-start</artifactId>
    <version>1.0-SNAPSHOT</version>

    <dependencies>
        <!-- JPA, 하이버네이트 -->
        <dependency>
            <groupId>org.hibernate</groupId>
            <artifactId>hibernate-entitymanager</artifactId>
            <version>4.3.10.Final</version>
        </dependency>
        <!-- H2 데이터베이스 -->
        <dependency>
            <groupId>com.h2database</groupId>
            <artifactId>h2</artifactId>
            <version>1.4.187</version>
        </dependency>
    </dependencies>

</project>
```

<dependencies>에 사용할 라이브러리를 지정한다. `groupId + artifactId + version`만 적어주면 라이브러리(jar 파일)를 메이븐 공식 저장소에서 내려받아 라이브러리에 추가해준다.

JPA에 하이버네이트 구현체를 사용하려면 많은 라이브러리가 필요하지만 핵심 라이브러리는 다음 2가지다.

- **JPA, 하이버네이트**(hibernate-entitymanager): JPA 표준과 하이버네이트를 포함하는 라이브러리, hibernate-entitymanager를 라이브러리로 지정하면 다음 중요 라이브러리도 함께 내려받는다.
  - `hibernate-core.jar`
  - `hibernate-jpa-2.1-api.jar`
- **H2 데이터베이스**: H2 데이터베이스에 접속해야 하므로 h2 라이브러리도 지정했다.

(2.4) 객체 매핑 시작

먼저 예제 2.4의 SQL을 실행해서 예제에서 사용할 회원 테이블을 만들자. H2 데이터베이스를 설정하면서 이미 생성해두었다면 생략해도 된다.

예제 2.4 회원 테이블

```
CREATE TABLE MEMBER (
    ID VARCHAR(255) NOT NULL,    --아이디(기본 키)
    NAME VARCHAR(255),           --이름
    AGE INTEGER,                 --나이
    PRIMARY KEY (ID)
)
```

다음으로 예제 2.5처럼 애플리케이션에서 사용할 회원 클래스를 만들자.

예제 2.5 회원 클래스

```
package jpabook.start;

public class Member {
```

```
    private String id;           //아이디
    private String username;     //이름
    private Integer age;         //나이

    //Getter, Setter
    public String getId() {return id;}
    public void setId(String id) {this.id = id;}

    public String getUsername() {return username;}
    public void setUsername(String username)
        {this.username = username;}

    public Integer getAge() {return age;}
    public void setAge(Integer age) {this.age = age;}
}
```

JPA를 사용하려면 가장 먼저 회원 클래스와 회원 테이블을 매핑해야 한다. 다음
표 2.1의 매핑 정보를 참고하여 둘을 비교하면서 실제 매핑을 시작해보자.

표 2.1 매핑 정보

매핑 정보	회원 객체	회원 테이블
클래스와 테이블	Member	MEMBER
기본 키	id	ID
필드와 컬럼	username	NAME
필드와 컬럼	age	AGE

예제 2.6처럼 회원 클래스에 JPA가 제공하는 매핑 어노테이션을 추가하자.

예제 2.6 매핑 정보가 포함된 회원 클래스

```
package jpabook.start;

import javax.persistence.*;

@Entity
@Table(name="MEMBER")
public class Member {

    @Id
    @Column(name = "ID")
```

```
    private String id;

    @Column(name = "NAME")
    private String username;

    //매핑 정보가 없는 필드
    private Integer age;
    ...
}
```

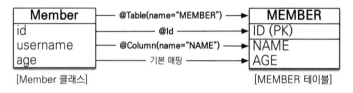

그림 2.10 클래스와 테이블 매핑

회원 클래스에 매핑 정보를 표시하는 어노테이션을 몇 개 추가했다. 여기서
@Entity, @Table, @Column이 매핑 정보다. JPA는 매핑 어노테이션을 분석해서
어떤 객체가 어떤 테이블과 관계가 있는지 알아낸다(그림 2.10 참고).

회원 클래스에 사용한 매핑 어노테이션을 하나씩 살펴보자.

▼ @Entity

이 클래스를 테이블과 매핑한다고 JPA에게 알려준다. 이렇게 @Entity가 사용된
클래스를 엔티티 클래스라 한다.

▼ @Table

엔티티 클래스에 매핑할 테이블 정보를 알려준다. 여기서는 name 속성을 사용해
서 Member 엔티티를 MEMBER 테이블에 매핑했다. 이 어노테이션을 생략하면 클
래스 이름을 테이블 이름으로 매핑한다(더 정확히는 엔티티 이름을 사용한다. 엔티티 이
름은 4.1절에서 설명한다).

▼ @Id

엔티티 클래스의 필드를 테이블의 기본 키Primary key에 매핑한다. 여기서는 엔티
티의 id 필드를 테이블의 ID 기본 키 컬럼에 매핑했다. 이렇게 @Id가 사용된 필
드를 식별자 필드라 한다.

76

▼ @Column

필드를 컬럼에 매핑한다. 여기서는 `name` 속성을 사용해서 `Member` 엔티티의 `username` 필드를 `MEMBER` 테이블의 `NAME` 컬럼에 매핑했다.

▼ 매핑 정보가 없는 필드

`age` 필드에는 매핑 어노테이션이 없다. 이렇게 매핑 어노테이션을 생략하면 필드명을 사용해서 컬럼명으로 매핑한다. 여기서는 필드명이 `age`이므로 age 컬럼으로 매핑했다. 참고로 이 책에서는 데이터베이스가 대소문자를 구분하지 않는다고 가정한다. 만약 대소문자를 구분하는 데이터베이스를 사용하면 `@Column(name="AGE")`처럼 명시적으로 매핑해야 한다.

이것으로 매핑 작업을 완료했다. 매핑 정보 덕분에 JPA는 어떤 엔티티를 어떤 테이블에 저장해야 하는지 알 수 있다.

다음으로 JPA를 실행하기 위한 기본 설정 파일인 persistence.xml을 알아보자.

> **◀) 참고**
>
> JPA 어노테이션의 패키지는 javax.persistence이다.

2.5 persistence.xml 설정

JPA는 persistence.xml을 사용해서 필요한 설정 정보를 관리한다. 이 설정 파일이 META-INF/persistence.xml 클래스 패스 경로에 있으면 별도의 설정 없이 JPA가 인식할 수 있다.

예제 2.7 JPA 환경설정 파일 persistence.xml

```xml
<?xml version="1.0" encoding="UTF-8"?>
<persistence xmlns="http://xmlns.jcp.org/xml/ns/persistence"
  version="2.1">
  <persistence-unit name="jpabook" >
    <properties>

      <!-- 필수 속성 -->
      <property name="javax.persistence.jdbc.driver"
```

```
            value="org.h2.Driver"/>
        <property name="javax.persistence.jdbc.user" value="sa"/>
        <property name="javax.persistence.jdbc.password" value=""/>
        <property name="javax.persistence.jdbc.url"
            value="jdbc:h2:tcp://localhost/~/test"/>
        <property name="hibernate.dialect"
            value="org.hibernate.dialect.H2Dialect" />

        <!-- 옵션 -->
        <property name="hibernate.show_sql" value="true" />
        <property name="hibernate.format_sql" value="true" />
        <property name="hibernate.use_sql_comments" value="true" />
        <property name="hibernate.id.new_generator_mappings" value="true" />

    </properties>
  </persistence-unit>
</persistence>
```

예제 2.7의 persistence.xml 내용을 차근차근 분석해보자.

```
<persistence xmlns="http://xmlns.jcp.org/xml/ns/persistence"
version="2.1">
```

설정 파일은 persistence로 시작한다. 이곳에 XML 네임스페이스와 사용할 버전을 지정한다. JPA 2.1을 사용하려면 이 xmlns와 version을 명시하면 된다.

```
<persistence-unit name="jpabook" >
```

JPA 설정은 영속성 유닛persistence-unit이라는 것부터 시작하는데 일반적으로 연결할 데이터베이스당 하나의 영속성 유닛을 등록한다. 그리고 영속성 유닛에는 고유한 이름을 부여해야 하는데 여기서는 jpabook이라는 이름을 사용했다.

다음으로 설정한 각각의 속성 값을 분석해보자.

```
<properties>
    <property name="javax.persistence.jdbc.driver"
        value="org.h2.Driver"/>
    ...
```

사용한 속성은 다음과 같다.

- **JPA 표준 속성**
  - `javax.persistence.jdbc.driver`: JDBC 드라이버
  - `javax.persistence.jdbc.user`: 데이터베이스 접속 아이디
  - `javax.persistence.jdbc.password`: 데이터베이스 접속 비밀번호
  - `javax.persistence.jdbc.url`: 데이터베이스 접속 URL
- **하이버네이트 속성**
  - `hibernate.dialect`: 데이터베이스 방언Dialect 설정

이름이 `javax.persistence`로 시작하는 속성은 JPA 표준 속성으로 특정 구현체에 종속되지 않는다. 반면에 `hibernate`로 시작하는 속성은 하이버네이트 전용 속성이므로 하이버네이트에서만 사용할 수 있다.

사용한 속성을 보면 데이터베이스에 연결하기 위한 설정이 대부분이다. 여기서 가장 중요한 속성은 데이터베이스 방언을 설정하는 `hibernate.dialect`다.

2.5.1 데이터베이스 방언

JPA는 특정 데이터베이스에 종속적이지 않은 기술이다. 따라서 다른 데이터베이스로 손쉽게 교체할 수 있다. 그런데 각 데이터베이스가 제공하는 SQL 문법과 함수가 조금씩 다르다는 문제점이 있다. 예를 들어 데이터베이스마다 다음과 같은 차이점이 있다.

- **데이터 타입**: 가변 문자 타입으로 MySQL은 VARCHAR, 오라클은 VARCHAR2를 사용한다.
- **다른 함수명**: 문자열을 자르는 함수로 SQL 표준은 SUBSTRING()를 사용하지만 오라클은 SUBSTR()을 사용한다.
- **페이징 처리**: MySQL은 LIMIT를 사용하지만 오라클은 ROWNUM을 사용한다.

이처럼 SQL 표준을 지키지 않거나 특정 데이터베이스만의 고유한 기능을 JPA에서는 방언Dialect이라 한다. 애플리케이션 개발자가 특정 데이터베이스에 종속되는 기능을 많이 사용하면 나중에 데이터베이스를 교체하기가 어렵다. 하이버네이트를 포함한 대부분의 JPA 구현체들은 이런 문제를 해결하려고 다양한 데이터베이스 방언 클래스를 제공한다.

그림 2.11을 보자. 개발자는 JPA가 제공하는 표준 문법에 맞추어 JPA를 사용하면 되고, 특정 데이터베이스에 의존적인 SQL은 데이터베이스 방언이 처리해준다. 따라서 데이터베이스가 변경되어도 애플리케이션 코드를 변경할 필요 없이 데이터베이스 방언만 교체하면 된다. 참고로 데이터베이스 방언을 설정하는 방법은 JPA에 표준화되어 있지 않다.

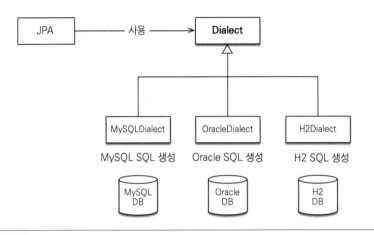

그림 2.11 방언

하이버네이트는 다양한 데이터베이스 방언을 제공한다. 대표적인 것만 살펴보자.

- **H2**: org.hibernate.dialect.H2Dialect
- **오라클 10g**: org.hibernate.dialect.Oracle10gDialect
- **MySQL**: org.hibernate.dialect.MySQL5InnoDBDialect

여기서는 H2 데이터베이스를 사용하므로 hibernate.dialect 속성을 org.hibernate.dialect.H2Dialect로 설정했다.

> **◀》참고**
>
> 하이버네이트는 현재 45개의 데이터베이스 방언을 지원한다. 상세 항목은 다음 URL을 참고하자.
> http://docs.jboss.org/hibernate/orm/4.3/manual/en-US/html_single/#configuration-optional-dialects

지금까지 persistence.xml 설정을 살펴보았다. 이제 이 정보를 바탕으로 실제 JPA를 사용해보자.

2.6 애플리케이션 개발

객체 매핑을 완료하고 persistence.xml로 JPA 설정도 완료했다. 이제 JPA 애플리케이션을 개발해보자. 예제 2.8은 애플리케이션을 시작하는 코드다.

예제 2.8 시작 코드

```java
package jpabook.start;

import javax.persistence.*;
import java.util.List;

public class JpaMain {

    public static void main(String[] args) {

        //[엔티티 매니저 팩토리] - 생성
        EntityManagerFactory emf =
            Persistence.createEntityManagerFactory("jpabook");
        //[엔티티 매니저] - 생성
        EntityManager em = emf.createEntityManager();
        //[트랜잭션] - 획득
```

```
EntityTransaction tx = em.getTransaction();

try {

    tx.begin();     //[트랜잭션] - 시작
    logic(em);      //비즈니스 로직 실행
    tx.commit();    //[트랜잭션] - 커밋

} catch (Exception e) {
    tx.rollback();  //[트랜잭션] - 롤백
} finally {
    em.close();     //[엔티티 매니저] - 종료
}
    emf.close();        //[엔티티 매니저 팩토리] - 종료
}

//비즈니스 로직
private static void logic(EntityManager em) {...}
}
```

코드는 크게 3부분으로 나뉘어 있다.

- 엔티티 매니저 설정
- 트랜잭션 관리
- 비즈니스 로직

엔티티 매니저 설정부터 살펴보자.

2.6.1 엔티티 매니저 설정

그림 2.12를 보면서 엔티티 매니저의 생성 과정을 분석해보자.

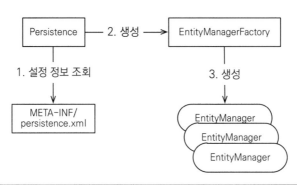

그림 2.12 엔티티 매니저 생성 과정

▼ 엔티티 매니저 팩토리 생성

JPA를 시작하려면 우선 persistence.xml의 설정 정보를 사용해서 엔티티 매니저 팩토리를 생성해야 한다. 이때 Persistence 클래스를 사용하는데 이 클래스는 엔티티 매니저 팩토리를 생성해서 JPA를 사용할 수 있게 준비한다.

```
EntityManagerFactory emf =
    Persistence.createEntityManagerFactory("jpabook");
```

이렇게 하면 META-INF/persistence.xml에서 이름이 jpabook인 영속성 유닛 persistence-unit을 찾아서 엔티티 매니저 팩토리를 생성한다. 이때 persistence.xml의 설정 정보를 읽어서 JPA를 동작시키기 위한 기반 객체를 만들고 JPA 구현체에 따라서는 데이터베이스 커넥션 풀도 생성하므로 엔티티 매니저 팩토리를 생성하는 비용은 아주 크다. 따라서 **엔티티 매니저 팩토리는 애플리케이션 전체에서 딱 한 번만 생성하고 공유해서 사용해야 한다.**

엔티티 매니저 팩토리를 만들었으니 이제 엔티티 매니저를 생성하자.

▼ 엔티티 매니저 생성

```
EntityManager em = emf.createEntityManager();
```

엔티티 매니저 팩토리에서 엔티티 매니저를 생성한다. JPA의 기능 대부분은 이 엔티티 매니저가 제공한다. 대표적으로 **엔티티 매니저를 사용해서 엔티티를 데이터베이스에 등록/수정/삭제/조회할 수 있다.** 엔티티 매니저는 내부에 데이터소스(데이터베이스 커넥션)를 유지하면서 데이터베이스와 통신한다. 따라서 애플리케이션 개발자는 엔티티 매니저를 가상의 데이터베이스로 생각할 수 있다.

참고로 엔티티 매니저는 데이터베이스 커넥션과 밀접한 관계가 있으므로 스레드 간에 공유하거나 재사용하면 안 된다.

▼ 종료

마지막으로 사용이 끝난 엔티티 매니저는 다음처럼 반드시 종료해야 한다.

```
em.close(); //엔티티 매니저 종료
```

애플리케이션을 종료할 때 엔티티 매니저 팩토리도 다음처럼 종료해야 한다.

```
emf.close(); //엔티티 매니저 팩토리 종료
```

2.6.2 트랜잭션 관리

JPA를 사용하면 항상 트랜잭션 안에서 데이터를 변경해야 한다. 트랜잭션 없이 데이터를 변경하면 예외가 발생한다. 트랜잭션을 시작하려면 엔티티 매니저_{em}에서 트랜잭션 API를 받아와야 한다. 예제 2.9를 참고하자.

예제 2.9 트랜잭션 코드 부분

```
EntityTransaction tx = em.getTransaction(); //트랜잭션 API
try {

    tx.begin();  //트랜잭션 시작
    logic(em);    //비즈니스 로직 실행
    tx.commit(); //트랜잭션 커밋

} catch (Exception e) {
    tx.rollback(); //예외 발생 시 트랜잭션 롤백
}
```

트랜잭션 API를 사용해서 비즈니스 로직이 정상 동작하면 트랜잭션을 커밋_{commit}하고 예외가 발생하면 트랜잭션을 롤백_{rollback}한다.

2.6.3 비즈니스 로직

비즈니스 로직은 단순하다. 예제 2.10을 보자. 회원 엔티티를 하나 생성한 다음 엔티티 매니저를 통해 데이터베이스에 등록, 수정, 삭제, 조회한다.

예제 2.10 비즈니스 로직 코드

```
public static void logic(EntityManager em) {

    String id = "id1";
    Member member = new Member();
    member.setId(id);
    member.setUsername("지한");
    member.setAge(2);

    //등록
    em.persist(member);

    //수정
    member.setAge(20);
```

```
    //한 건 조회
    Member findMember = em.find(Member.class, id);
    System.out.println("findMember=" + findMember.getUsername()
        + ", age=" + findMember.getAge());

    //목록 조회
    List<Member> members =
        em.createQuery("select m from Member m", Member.class)
          .getResultList();
    System.out.println("members.size=" + members.size());

    //삭제
    em.remove(member);
}
```

출력 결과는 다음과 같다.

findMember=지한, age=20
members.size=1

비즈니스 로직을 보면 등록, 수정, 삭제, 조회 작업이 엔티티 매니저$_{em}$를 통해서
수행되는 것을 알 수 있다. 엔티티 매니저는 객체를 저장하는 가상의 데이터베이스
처럼 보인다. 먼저 등록, 수정, 삭제 코드를 분석해보자.

▼ 등록
```
String id = "id1";
Member member = new Member();
member.setId(id);
member.setUsername("지한");
member.setAge(2);

//등록
em.persist(member);
```

엔티티를 저장하려면 엔티티 매니저의 persist() 메소드에 저장할 엔티티를 넘
겨주면 된다. 예제를 보면 회원 엔티티를 생성하고 em.persist(member)를 실
행해서 엔티티를 저장했다. JPA는 회원 엔티티의 매핑 정보(어노테이션)를 분석해
서 다음과 같은 SQL을 만들어 데이터베이스에 전달한다.

```
INSERT INTO MEMBER (ID, NAME, AGE) VALUES ('id1', '지한', 2)
```

▼ 수정

```
//수정
member.setAge(20);
```

수정 부분을 보면 조금 이상하다. 엔티티를 수정한 후에 수정 내용을 반영하려면
`em.update()` 같은 메소드를 호출해야 할 것 같은데 단순히 엔티티의 값만 변경
했다. JPA는 어떤 엔티티가 변경되었는지 추적하는 기능을 갖추고 있다. 따라서
`member.setAge(20)`처럼 엔티티의 값만 변경하면 다음과 같은 UPDATE SQL
을 생성해서 데이터베이스에 값을 변경한다. 사실 `em.update()`라는 메소드도
없다.

```
UPDATE MEMBER
    SET AGE=20, NAME='지한'
WHERE ID='id1'
```

▼ 삭제

```
em.remove(member);
```

엔티티를 삭제하려면 엔티티 매니저의 `remove()` 메소드에 삭제하려는 엔티티를
넘겨준다. JPA는 다음 DELETE SQL을 생성해서 실행한다.

```
DELETE FROM MEMBER WHERE ID = 'id1'
```

▼ 한 건 조회

```
//한 건 조회
Member findMember = em.find(Member.class, id);
```

`find()` 메소드는 조회할 엔티티 타입과 @Id로 데이터베이스 테이블의 기본 키와
매핑한 식별자 값으로 엔티티 하나를 조회하는 가장 단순한 조회 메소드다. 이
메소드를 호출하면 다음 SELECT SQL을 생성해서 데이터베이스에 결과를 조회
한다. 그리고 조회한 결과 값으로 엔티티를 생성해서 반환한다.

```
SELECT * FROM MEMBER WHERE ID='id1'
```

2.6.4 JPQL

하나 이상의 회원 목록을 조회하는 다음 코드를 자세히 살펴보자.

```
//목록 조회
TypedQuery<Member> query =
    em.createQuery("select m from Member m", Member.class);
List<Member> members = query.getResultList();
```

JPA를 사용하면 애플리케이션 개발자는 엔티티 객체를 중심으로 개발하고 데이터베이스에 대한 처리는 JPA에 맡겨야 한다. 바로 앞에서 살펴본 등록, 수정, 삭제, 한 건 조회 예를 보면 SQL을 전혀 사용하지 않았다. 문제는 검색 쿼리다. JPA는 엔티티 객체를 중심으로 개발하므로 검색을 할 때도 테이블이 아닌 엔티티 객체를 대상으로 검색해야 한다.

그런데 테이블이 아닌 엔티티 객체를 대상으로 검색하려면 데이터베이스의 모든 데이터를 애플리케이션으로 불러와서 엔티티 객체로 변경한 다음 검색해야 하는데, 이는 사실상 불가능하다. 애플리케이션이 필요한 데이터만 데이터베이스에서 불러오려면 결국 검색 조건이 포함된 SQL을 사용해야 한다. JPA는 JPQL_{Java} Persistence Query Language이라는 쿼리 언어로 이런 문제를 해결한다.

JPA는 SQL을 추상화한 JPQL이라는 객체지향 쿼리 언어를 제공한다. JPQL은 SQL과 문법이 거의 유사해서 SELECT, FROM, WHERE, GROUP BY, HAVING, JOIN 등을 사용할 수 있다. 둘의 가장 큰 차이점은 다음과 같다.

- JPQL은 **엔티티 객체**를 대상으로 쿼리한다. 쉽게 이야기해서 클래스와 필드를 대상으로 쿼리한다.
- SQL은 **데이터베이스 테이블**을 대상으로 쿼리한다.

방금 본 목록 조회 예제에서 select m from Member m이 바로 JPQL 이다. 여기서 from Member는 회원 엔티티 객체를 말하는 것이지 MEMBER 테이블이 아니다. **JPQL은 데이터베이스 테이블을 전혀 알지 못한다.**

JPQL을 사용하려면 먼저 em.createQuery(JPQL, 반환 타입) 메소드를 실행해서 쿼리 객체를 생성한 후 쿼리 객체의 getResultList() 메소드를 호출하면 된다.

JPA는 JPQL을 분석해서 다음과 같은 적절한 SQL을 만들어 데이터베이스에서 데이터를 조회한다.

```
SELECT M.ID, M.NAME, M.AGE FROM MEMBER M
```

자세한 내용은 10장에서 알아보겠다.

> 🔊 참고
>
> JPQL은 대소문자를 명확하게 구분하지만 SQL은 관례상 대소문자를 구분하지 않고 사용하는 경우가 많다. 책에서는 JPQL과 SQL을 구분하려고 SQL은 될 수 있으면 대문자로 표현하겠다. 그리고 실제 JPA가 실행한 SQL에는 대소문자가 섞여 있고, 별칭도 알아보기 어려우므로 대문자로 고치고, 별칭도 읽기 쉽게 고치겠다.

2.7 정리

JPA를 사용하기 위한 개발 환경을 설정하고, JPA를 사용해서 객체 하나를 테이블에 등록/수정/삭제/조회하는 간단한 애플리케이션을 만들어보았다. JPA가 반복적인 JDBC API와 결과 값 매핑을 처리해준 덕분에 코드량이 상당히 많이 줄어든 것은 물론이고 심지어 SQL도 작성할 필요가 없었다. 하지만 코드량을 줄이고 SQL을 자동 생성하는 것은 JPA가 제공하는 전체 기능 중 일부에 불과하다. 다음 장을 통해 JPA의 핵심 기능인 영속성 관리에 대해 알아보자.

영속성 관리

03

JPA가 제공하는 기능은 크게 엔티티와 테이블을 매핑하는 설계 부분과 매핑한 엔티티를 실제 사용하는 부분으로 나눌 수 있다. 이 장에서는 매핑한 엔티티를 엔티티 매니저EntityManager를 통해 어떻게 사용하는지 알아보자.

엔티티 매니저는 엔티티를 저장하고, 수정하고, 삭제하고, 조회하는 등 엔티티와 관련된 모든 일을 처리한다. 이름 그대로 엔티티를 관리하는 관리자다. 개발자 입장에서 엔티티 매니저는 엔티티를 저장하는 가상의 데이터베이스로 생각하면 된다. 지금부터 엔티티 매니저를 자세히 알아보자. 참고로 내용 중에 구현과 관련된 부분들은 하이버네이트를 기준으로 이야기하겠다. 다른 JPA 구현체도 크게 다르지는 않을 것이다.

3.1 엔티티 매니저 팩토리와 엔티티 매니저

데이터베이스를 하나만 사용하는 애플리케이션은 일반적으로 EntityManagerFactory를 하나만 생성한다. 다음은 엔티티 매니저 팩토리를 생성하는 코드다.

```
//공장 만들기, 비용이 아주 많이 든다.
EntityManagerFactory emf =
    Persistence.createEntityManagerFactory("jpabook");
```

Persistence.createEntityManagerFactory("jpabook")를 호출하면 META-INF/persistence.xml(예제 3.1)에 있는 정보를 바탕으로 EntityManagerFactory를 생성한다.

예제 3.1 persistence.xml 코드

```
<persistence-unit name="jpabook" >
    <properties>
        <property name="javax.persistence.jdbc.driver"
            value="org.h2.Driver"/>
        <property name="javax.persistence.jdbc.user"
            value="sa"/>
        <property name="javax.persistence.jdbc.password"
            value=""/>
        <property name="javax.persistence.jdbc.url"
            value="jdbc:h2:tcp://localhost/~/test"/>
        ...
</persistence-unit>
```

이제부터 필요할 때마다 엔티티 매니저 팩토리에서 엔티티 매니저를 생성하면
된다.

```
//공장에서 엔티티 매니저 생성, 비용이 거의 안 든다.
EntityManager em = emf.createEntityManager();
```

엔티티 매니저 팩토리는 이름 그대로 엔티티 매니저를 만드는 공장인데, 공장을
만드는 비용은 상당히 크다. 따라서 한 개만 만들어서 애플리케이션 전체에서 공유
하도록 설계되어 있다. 반면에 공장에서 엔티티 매니저를 생성하는 비용은 거의 들
지 않는다. 그리고 **엔티티 매니저 팩토리는 여러 스레드가 동시에 접근해도 안전하
므로 서로 다른 스레드 간에 공유해도 되지만, 엔티티 매니저는 여러 스레드가 동시
에 접근하면 동시성 문제가 발생하므로 스레드 간에 절대 공유하면 안 된다.**

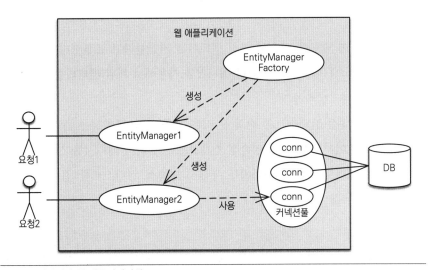

그림 3.1 일반적인 웹 애플리케이션

그림 3.1을 보면 하나의 EntityManagerFactory에서 다수의 엔티티 매니저를
생성했다. EntityManager1은 아직 데이터베이스 커넥션을 사용하지 않는데, 엔티
티 매니저는 데이터베이스 연결이 꼭 필요한 시점까지 커넥션을 얻지 않는다. 예를
들어 트랜잭션을 시작할 때 커넥션을 획득한다. EntityManager2는 커넥션을 사용
중인데 보통 트랜잭션을 시작할 때 커넥션을 획득한다.

하이버네이트를 포함한 JPA 구현체들은 EntityManagerFactory를 생성할 때
커넥션풀도 만드는데(persistence.xml에 보면 데이터베이스 접속 정보가 있다) 이것은

J2SE 환경에서 사용하는 방법이다. JPA를 J2EE 환경(스프링 프레임워크 포함)에서 사용하면 해당 컨테이너가 제공하는 데이터소스를 사용한다. J2EE 환경과 관련된 자세한 부분은 11장에서 알아보겠다.

3.2 영속성 컨텍스트란?

JPA를 이해하는 데 가장 중요한 용어는 **영속성 컨텍스트**persistence context다. 우리말로 번역하기가 어렵지만 해석하자면 '**엔티티를 영구 저장하는 환경**'이라는 뜻이다. 엔티티 매니저로 엔티티를 저장하거나 조회하면 엔티티 매니저는 영속성 컨텍스트에 엔티티를 보관하고 관리한다.

```
em.persist(member);
```

지금까지는 이 코드를 단순히 회원 엔티티를 저장한다고 표현했다. 정확히 이야기하면 persist() 메소드는 **엔티티 매니저를 사용해서 회원 엔티티를 영속성 컨텍스트에 저장**한다.

지금까지 영속성 컨텍스트를 직접 본 적은 없을 것이다. 이것은 논리적인 개념에 가깝고 눈에 보이지도 않는다. 영속성 컨텍스트는 엔티티 매니저를 생성할 때 하나 만들어진다. 그리고 엔티티 매니저를 통해서 영속성 컨텍스트에 접근할 수 있고, 영속성 컨텍스트를 관리할 수 있다.

> 🔊 **참고**
>
> 여러 엔티티 매니저가 같은 영속성 컨텍스트에 접근할 수도 있다. 지금은 하나의 엔티티 매니저에 하나의 영속성 컨텍스트가 만들어진다고 생각하자. 이런 복잡한 상황은 11장에서 설명하겠다.

3.3 엔티티의 생명주기

엔티티에는 4가지 상태가 존재한다.

- **비영속**(new/transient): 영속성 컨텍스트와 전혀 관계가 없는 상태
- **영속**(managed): 영속성 컨텍스트에 저장된 상태

- **준영속**(detached): 영속성 컨텍스트에 저장되었다가 분리된 상태
- **삭제**(removed): 삭제된 상태

그림 3.2는 엔티티의 생명 주기를 나타낸 그림이다.

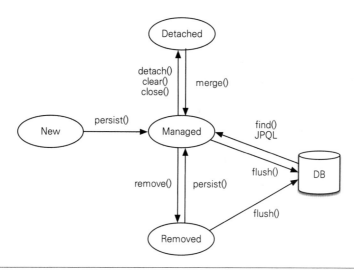

그림 3.2 생명주기

▼ 비영속

엔티티 객체를 생성했다. 지금은 순수한 객체 상태이며 아직 저장하지 않았다. 따라서 영속성 컨텍스트나 데이터베이스와는 전혀 관련이 없다. 이것을 비영속 상태라 한다. 그림 3.3을 참고하자.

```
//객체를 생성한 상태(비영속)
Member member = new Member();
member.setId("member1");
member.setUsername("회원1");
```

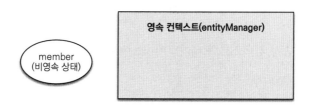

그림 3.3 em.persist() 호출 전, 비영속 상태

▼ 영속

엔티티 매니저를 통해서 엔티티를 영속성 컨텍스트에 저장했다. 이렇게 **영속성 컨텍스트가 관리하는 엔티티를 영속 상태**라 한다. 이제 회원 엔티티는 비영속 상태에서 영속 상태가 되었다. **결국 영속 상태라는 것은 영속성 컨텍스트에 의해 관리된다는 뜻이다.** 그림 3.4를 참고하자.

그리고 em.find()나 JPQL을 사용해서 조회한 엔티티도 영속성 컨텍스트가 관리하는 영속 상태다.

```
//객체를 저장한 상태(영속)
em.persist(member);
```

그림 3.4 em.persist() 호출 후, 영속 상태

▼ 준영속

영속성 컨텍스트가 관리하던 영속 상태의 엔티티를 영속성 컨텍스트가 관리하지 않으면 준영속 상태가 된다. 특정 엔티티를 준영속 상태로 만들려면 em.detach()를 호출하면 된다. em.close()를 호출해서 영속성 컨텍스트를 닫거나 em.clear()를 호출해서 영속성 컨텍스트를 초기화해도 영속성 컨텍스트가 관리하던 영속 상태의 엔티티는 준영속 상태가 된다.

```
//회원 엔티티를 영속성 컨텍스트에서 분리, 준영속 상태
em.detach(member);
```

▼ 삭제

엔티티를 영속성 컨텍스트와 데이터베이스에서 삭제한다.

```
//객체를 삭제한 상태(삭제)
em.remove(member);
```

3.4 영속성 컨텍스트의 특징

영속성 컨텍스트의 특징은 다음과 같다.

▼ 영속성 컨텍스트와 식별자 값

영속성 컨텍스트는 엔티티를 식별자 값(@Id로 테이블의 기본 키와 매핑한 값)으로 구분한다. 따라서 **영속 상태는 식별자 값이 반드시 있어야 한다.** 식별자 값이 없으면 예외가 발생한다.

▼ 영속성 컨텍스트와 데이터베이스 저장

영속성 컨텍스트에 엔티티를 저장하면 이 엔티티는 언제 데이터베이스에 저장될까? JPA는 보통 트랜잭션을 커밋하는 순간 영속성 컨텍스트에 새로 저장된 엔티티를 데이터베이스에 반영하는데 이것을 플러시flush라 한다. 자세한 내용은 조금 뒤에 있는 플러시에서 알아보자.

▼ 영속성 컨텍스트가 엔티티를 관리하면 다음과 같은 장점이 있다

- 1차 캐시
- 동일성 보장
- 트랜잭션을 지원하는 쓰기 지연
- 변경 감지
- 지연 로딩

지금부터 영속성 컨텍스트가 왜 필요하고 어떤 이점이 있는지 엔티티를 CRUD 하면서 그 이유를 하나씩 알아보자.

3.4.1 엔티티 조회

영속성 컨텍스트는 내부에 캐시를 가지고 있는데 이것을 1차 캐시라 한다. 영속 상태의 엔티티는 모두 이곳에 저장된다. 쉽게 이야기하면 영속성 컨텍스트 내부에 Map이 하나 있는데 키는 @Id로 매핑한 식별자고 값은 엔티티 인스턴스다.

```
//엔티티를 생성한 상태(비영속)
Member member = new Member();
member.setId("member1");
member.setUsername("회원1");

//엔티티를 영속
em.persist(member);
```

이 코드를 실행하면 그림 3.5처럼 1차 캐시에 회원 엔티티를 저장한다. 회원 엔티티는 아직 데이터베이스에 저장되지 않았다.

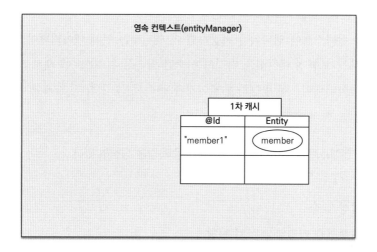

그림 3.5 영속성 컨텍스트 1차 캐시

1차 캐시의 키는 식별자 값이다. 그리고 식별자 값은 데이터베이스 기본 키와 매핑되어 있다. 따라서 영속성 컨텍스트에 데이터를 저장하고 조회하는 모든 기준은 데이터베이스 기본 키 값이다.

이번에는 엔티티를 조회해보자.

```
Member member = em.find(Member.class, "member1");
```

find() 메소드를 보면 첫 번째 파라미터는 엔티티 클래스의 타입이고, 두 번째는 조회할 엔티티의 식별자 값이다.

```
//EntityManger.find() 메소드 정의
public <T> T find(Class<T> entityClass, Object primaryKey);
```

em.find()를 호출하면 먼저 1차 캐시에서 엔티티를 찾고 만약 찾는 엔티티가 1차 캐시에 없으면 데이터베이스에서 조회한다.

1차 캐시에서 조회

그림 3.6을 보자. em.find()를 호출하면 우선 1차 캐시에서 식별자 값으로 엔티티를 찾는다. 만약 찾는 엔티티가 있으면 데이터베이스를 조회하지 않고 메모리에 있는 1차 캐시에서 엔티티를 조회한다.

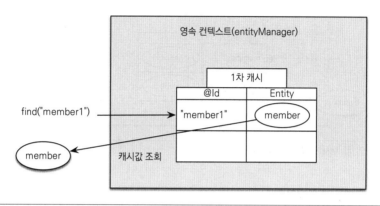

그림 3.6 1차 캐시에서 조회

다음 코드는 1차 캐시에 있는 엔티티를 조회한다.

```
Member member = new Member();
member.setId("member1");
member.setUsername("회원1");

//1차 캐시에 저장됨
em.persist(member);

//1차 캐시에서 조회
Member findMember = em.find(Member.class, "member1");
```

데이터베이스에서 조회

만약 em.find()를 호출했는데 엔티티가 1차 캐시에 없으면 엔티티 매니저는 데이터베이스를 조회해서 엔티티를 생성한다. 그리고 1차 캐시에 저장한 후에 영속 상태의 엔티티를 반환한다.

```
Member findMember2 = em.find(Member.class, "member2");
```

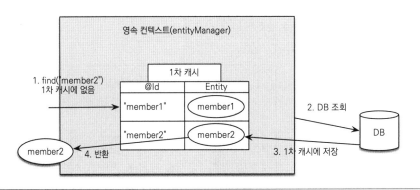

그림 3.7 1차 캐시에 없어 데이터베이스 조회

그림 3.7을 분석해보자.

1. em.find(Member.class, "member2")를 실행한다.
2. member2가 1차 캐시에 없으므로 데이터베이스에서 조회한다.
3. 조회한 데이터로 member2 엔티티를 생성해서 1차 캐시에 저장한다(영속 상태).
4. 조회한 엔티티를 반환한다.

이제 member1, member2 엔티티 인스턴스는 1차 캐시에 있다. 따라서 이 엔티티들을 조회하면 메모리에 있는 1차 캐시에서 바로 불러온다. 따라서 성능상 이점을 누릴 수 있다.

영속 엔티티의 동일성 보장

다음 코드를 통해 식별자가 같은 엔티티 인스턴스를 조회해서 비교해보자.

```
Member a = em.find(Member.class, "member1");
Member b = em.find(Member.class, "member1");

System.out.println(a == b); //동일성 비교
```

여기서 a == b 는 참일까 거짓일까?

em.find(Member.class, "member1")를 반복해서 호출해도 영속성 컨텍스트는 1차 캐시에 있는 같은 엔티티 인스턴스를 반환한다. 따라서 둘은 같은 인스턴스고 결과는 당연히 참이다. 따라서 **영속성 컨텍스트는 성능상 이점과 엔티티의 동일성을 보장한다.**

> **◀)) 참고**
>
> **동일성과 동등성**
> - 동일성(identity): 실제 인스턴스가 같다. 따라서 참조 값을 비교하는 == 비교의 값이 같다.
> - 동등성(equality): 실제 인스턴스는 다를 수 있지만 인스턴스가 가지고 있는 값이 같다. 자바에서 동등성 비교는 equals() 메소드를 구현해야 한다.

> **◀)) 참고**
>
> JPA는 1차 캐시를 통해 반복 가능한 읽기(REPEATABLE READ) 등급의 트랜잭션 격리 수준을 데이터베이스가 아닌 애플리케이션 차원에서 제공한다는 장점이 있다. 트랜잭션 격리 수준은 16.1절에서 알아보겠다.

3.4.2 엔티티 등록

엔티티 매니저를 사용해서 엔티티를 영속성 컨텍스트에 등록해보자. 예제 3.2를 보자.

예제 3.2 엔티티 등록 코드

```
EntityManager em = emf.createEntityManager();
EntityTransaction transaction = em.getTransaction();
//엔티티 매니저는 데이터 변경 시 트랜잭션을 시작해야 한다.
transaction.begin();   //[트랜잭션] 시작

em.persist(memberA);
em.persist(memberB);
//여기까지 INSERT SQL을 데이터베이스에 보내지 않는다.

//커밋하는 순간 데이터베이스에 INSERT SQL을 보낸다.
transaction.commit(); //[트랜잭션] 커밋
```

엔티티 매니저는 트랜잭션을 커밋하기 직전까지 데이터베이스에 엔티티를 저장하지 않고 내부 쿼리 저장소에 INSERT SQL을 차곡차곡 모아둔다. 그리고 트랜잭션을 커밋할 때 모아둔 쿼리를 데이터베이스에 보내는데 이것을 트랜잭션을 지원하는 쓰기 지연transactional write-behind이라 한다.

그림으로 분석해보자.

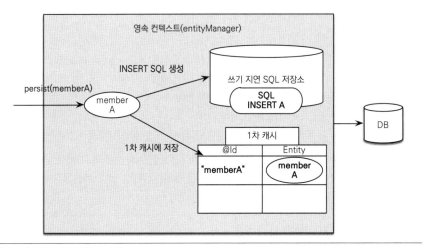

그림 3.8 쓰기 지연, 회원 A 영속

그림 3.8을 보면 먼저 회원 A를 영속화했다. 영속성 컨텍스트는 1차 캐시에 회원 엔티티를 저장하면서 동시에 회원 엔티티 정보로 등록 쿼리를 만든다. 그리고 만들어진 등록 쿼리를 쓰기 지연 SQL 저장소에 보관한다.

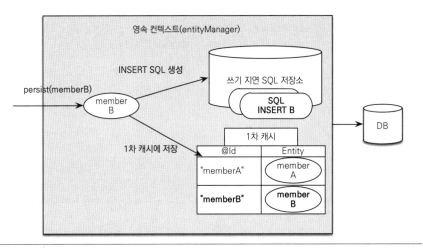

그림 3.9 쓰기 지연, 회원 B 영속

그림 3.9를 보면 다음으로 회원 B를 영속화했다. 마찬가지로 회원 엔티티 정보로 등록 쿼리를 생성해서 쓰기 지연 SQL 저장소에 보관한다. 현재 쓰기 지연 SQL 저장소에는 등록 쿼리가 2건 저장되었다.

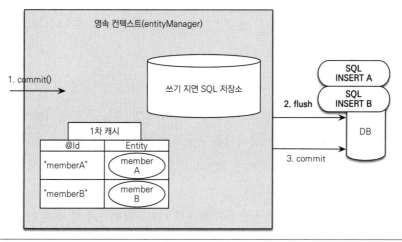

그림 3.10 쓰기 지연, 커밋

그림 3.10을 보면 마지막으로 트랜잭션을 커밋했다. 트랜잭션을 커밋하면 엔티티 매니저는 우선 영속성 컨텍스트를 플러시한다. 플러시는 영속성 컨텍스트의 변경 내용을 데이터베이스에 동기화하는 작업인데 이때 등록, 수정, 삭제한 엔티티를 데이터베이스에 반영한다. 좀 더 구체적으로 이야기하면 쓰기 지연 SQL 저장소에 모인 쿼리를 데이터베이스에 보낸다. 이렇게 영속성 컨텍스트의 변경 내용을 데이터베이스에 동기화한 후에 실제 데이터베이스 트랜잭션을 커밋한다.

트랜잭션을 지원하는 쓰기 지연이 가능한 이유

다음 로직을 2가지 경우로 생각해보자.

```
begin(); //트랜잭션 시작

save(A);
save(B);
save(C);

commit(); //트랜잭션 커밋
```

1. 데이터를 저장하는 즉시 등록 쿼리를 데이터베이스에 보낸다. 예제에서 save() 메소드를 호출할 때마다 즉시 데이터베이스에 등록 쿼리를 보낸다. 그리고 마지막에 트랜잭션을 커밋한다.

2. 데이터를 저장하면 등록 쿼리를 데이터베이스에 보내지 않고 메모리에 모아 둔다. 그리고 트랜잭션을 커밋할 때 모아둔 등록 쿼리를 데이터베이스에 보낸 후에 커밋한다.

트랜잭션 범위 안에서 실행되므로 둘의 결과는 같다. A, B, C 모두 트랜잭션을 커밋하면 함께 저장되고 롤백하면 함께 저장되지 않는다. 등록 쿼리를 그때 그때 데이터베이스에 전달해도 트랜잭션을 커밋하지 않으면 아무 소용이 없다. 어떻게 든 커밋 직전에만 데이터베이스에 SQL을 전달하면 된다. 이것이 트랜잭션을 지원 하는 쓰기 지연이 가능한 이유다.

이 기능을 잘 활용하면 모아둔 등록 쿼리를 데이터베이스에 한 번에 전달해서 성 능을 최적화할 수 있다. 자세한 내용은 15.4.5절에서 소개하겠다.

3.4.3 엔티티 수정

SQL 수정 쿼리의 문제점

SQL을 사용하면 수정 쿼리를 직접 작성해야 한다. 그런데 프로젝트가 점점 커지고 요구사항이 늘어나면서 수정 쿼리도 점점 추가 된다. 다음은 회원의 이름과 나이를 변경하는 SQL이다.

```
UPDATE MEMBER
SET
    NAME=?,
    AGE=?
WHERE
    id=?
```

회원의 이름과 나이를 변경하는 기능을 개발했는데 회원의 등급을 변경하는 기 능이 추가되면 회원의 등급을 변경하는 다음 수정 쿼리를 추가로 작성한다.

```
UPDATE MEMBER
SET
```

```
        GRADE=?
WHERE
    id=?
```

보통은 이렇게 2개의 수정 쿼리를 작성한다. 물론 둘을 합쳐서 다음과 같이 하나의 수정 쿼리만 사용해도 된다.

```
UPDATE MEMBER
SET
    NAME=?,
    AGE=?,
    GRADE=?
WHERE
    id=?
```

하지만 합친 쿼리를 사용해서 이름과 나이를 변경하는 데 실수로 등급 정보를 입력하지 않거나, 등급을 변경하는 데 실수로 이름과 나이를 입력하지 않을 수 있다. 결국 부담스러운 상황을 피하기 위해 수정 쿼리를 상황에 따라 계속해서 추가한다. 이런 개발 방식의 문제점은 수정 쿼리가 많아지는 것은 물론이고 비즈니스 로직을 분석하기 위해 SQL을 계속 확인해야 한다. 결국 직접적이든 간접적이든 비즈니스 로직이 SQL에 의존하게 된다.

변경 감지

그럼 JPA는 엔티티를 어떻게 수정할까? 예제 3.3을 보자.

예제 3.3 엔티티 수정

```
EntityManager em = emf.createEntityManager();
EntityTransaction transaction = em.getTransaction();
transaction.begin();   //[트랜잭션] 시작

//영속 엔티티 조회
Member memberA = em.find(Member.class, "memberA");

//영속 엔티티 데이터 수정
memberA.setUsername("hi");
memberA.setAge(10);

//em.update(member) 이런 코드가 있어야 하지 않을까?

transaction.commit(); //[트랜잭션] 커밋
```

JPA로 엔티티를 수정할 때는 단순히 엔티티를 조회해서 데이터만 변경하면 된다. 트랜잭션 커밋 직전에 주석으로 처리된 em.update() 메소드를 실행해야 할 것 같지만 이런 메소드는 없다. 엔티티의 데이터만 변경했는데 어떻게 데이터베이스에 반영이 되는 걸까? 이렇게 엔티티의 변경사항을 데이터베이스에 자동으로 반영하는 기능을 **변경 감지**dirty checking라 한다. 지금부터 변경 감지 기능을 자세히 알아보자.

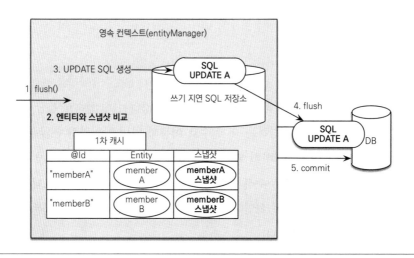

그림 3.11 변경 감지

JPA는 엔티티를 영속성 컨텍스트에 보관할 때, 최초 상태를 복사해서 저장해두는데 이것을 스냅샷이라 한다. 그리고 플러시 시점에 스냅샷과 엔티티를 비교해서 변경된 엔티티를 찾는다.

그림 3.11을 순서대로 분석해보자.

1. 트랜잭션을 커밋하면 엔티티 매니저 내부에서 먼저 플러시(flush())가 호출된다.
2. 엔티티와 스냅샷을 비교해서 변경된 엔티티를 찾는다.
3. 변경된 엔티티가 있으면 수정 쿼리를 생성해서 쓰기 지연 SQL 저장소에 보낸다.
4. 쓰기 지연 저장소의 SQL을 데이터베이스에 보낸다.
5. 데이터베이스 트랜잭션을 커밋한다.

변경 감지는 영속성 컨텍스트가 관리하는 영속 상태의 엔티티에만 적용된다. 비영속, 준영속처럼 영속성 컨텍스트의 관리를 받지 못하는 엔티티는 값을 변경해도 데이터베이스에 반영되지 않는다.

이번에는 변경 감지로 인해 실행된 UPDATE SQL을 자세히 알아보자. 방금 본 예제처럼 회원의 이름과 나이만 수정하면 변경된 부분만 사용해서 예제 3.4와 같이 동적으로 수정 쿼리가 생성될 것으로 예상할 수 있다.

예제 3.4 수정된 데이터만 반영할 것으로 예상

```
UPDATE MEMBER
SET
    NAME=?,
    AGE=?
WHERE
    id=?
```

하지만 JPA의 기본 전략은 예제 3.5처럼 엔티티의 모든 필드를 업데이트한다.

예제 3.5 실제는 엔티티의 모든 필드를 수정에 반영

```
UPDATE MEMBER
SET
    NAME=?,
    AGE=?,
    GRADE=?,
    ...
WHERE
    id=?
```

이렇게 모든 필드를 사용하면 데이터베이스에 보내는 데이터 전송량이 증가하는 단점이 있지만, 다음과 같은 장점으로 인해 모든 필드를 업데이트한다.

- 모든 필드를 사용하면 수정 쿼리가 항상 같다(물론 바인딩되는 데이터는 다르다). 따라서 애플리케이션 로딩 시점에 수정 쿼리를 미리 생성해두고 재사용할 수 있다.
- 데이터베이스에 동일한 쿼리를 보내면 데이터베이스는 이전에 한 번 파싱된 쿼리를 재사용할 수 있다.

필드가 많거나 저장되는 내용이 너무 크면 수정된 데이터만 사용해서 동적으로 UPDATE SQL을 생성하는 전략을 선택하면 된다. 단 이때는 하이버네이트 확장 기능을 사용해야 한다.

```
@Entity
@org.hibernate.annotations.DynamicUpdate
@Table(name = "Member")
public class Member {...}
```

이렇게 org.hibernate.annotations.DynamicUpdate 어노테이션을 사용하면 수정된 데이터만 사용해서 동적으로 UPDATE SQL을 생성한다. 참고로 데이터를 저장할 때 데이터가 존재하는(null이 아닌) 필드만으로 INSERT SQL을 동적으로 생성하는 @DynamicInsert도 있다.

> **◀)) 참고**
>
> 상황에 따라 다르지만 컬럼이 대략 30개 이상이 되면 기본 방법인 정적 수정 쿼리보다 @DynamicUpdate를 사용한 동적 수정 쿼리가 빠르다고 한다. 가장 정확한 것은 본인의 환경에서 직접 테스트해보는 것이다. 추천하는 방법은 기본 전략을 사용하고, 최적화가 필요할 정도로 느리면 그때 전략을 수정하면 된다. 참고로 한 테이블에 컬럼이 30개 이상 된다는 것은 테이블 설계상 책임이 적절히 분리되지 않았을 가능성이 높다.

3.4.4 엔티티 삭제

엔티티를 삭제하려면 먼저 삭제 대상 엔티티를 조회해야 한다.

```
Member memberA = em.find(Member.class, "memberA"); //삭제 대상 엔티티 조회
em.remove(memberA); //엔티티 삭제
```

em.remove()에 삭제 대상 엔티티를 넘겨주면 엔티티를 삭제한다. 물론 엔티티를 즉시 삭제하는 것이 아니라 엔티티 등록과 비슷하게 삭제 쿼리를 쓰기 지연 SQL 저장소에 등록한다. 이후 트랜잭션을 커밋해서 플러시를 호출하면 실제 데이터베이스에 삭제 쿼리를 전달한다. 참고로 em.remove(memberA)를 호출하는 순간 memberA는 영속성 컨텍스트에서 제거된다. 이렇게 삭제된 엔티티는 재사용하지 말고 자연스럽게 가비지 컬렉션의 대상이 되도록 두는 것이 좋다.

3.5 플러시

플러시(flush())는 영속성 컨텍스트의 변경 내용을 데이터베이스에 반영한다. 플러시를 실행하면 구체적으로 다음과 같은 일이 일어난다.

1. 변경 감지가 동작해서 영속성 컨텍스트에 있는 모든 엔티티를 스냅샷과 비교해서 수정된 엔티티를 찾는다. 수정된 엔티티는 수정 쿼리를 만들어 쓰기 지연 SQL 저장소에 등록한다.
2. 쓰기 지연 SQL 저장소의 쿼리를 데이터베이스에 전송한다(등록, 수정, 삭제 쿼리).

영속성 컨텍스트를 플러시하는 방법은 3가지다.

1. em.flush()를 직접 호출한다.
2. 트랜잭션 커밋 시 플러시가 자동 호출된다.
3. JPQL 쿼리 실행 시 플러시가 자동 호출된다.

▼ 직접 호출

엔티티 매니저의 flush() 메소드를 직접 호출해서 영속성 컨텍스트를 강제로 플러시한다. 테스트나 다른 프레임워크와 JPA를 함께 사용할 때를 제외하고 거의 사용하지 않는다.

▼ 트랜잭션 커밋 시 플러시 자동 호출

데이터베이스에 변경 내용을 SQL로 전달하지 않고 트랜잭션만 커밋하면 어떤 데이터도 데이터베이스에 반영되지 않는다. 따라서 트랜잭션을 커밋하기 전에 꼭 플러시를 호출해서 영속성 컨텍스트의 변경 내용을 데이터베이스에 반영해야 한다. JPA는 이런 문제를 예방하기 위해 트랜잭션을 커밋할 때 플러시를 자동으로 호출한다.

▼ JPQL 쿼리 실행 시 플러시 자동 호출

JPQL이나 Criteria(10장에서 설명) 같은 객체지향 쿼리를 호출할 때도 플러시가 실행된다. 왜 JPQL 쿼리를 실행할 때 플러시가 자동 호출될까? 예제 3.6을 보자.

예제 3.6 JPQL 쿼리 실행 코드

```
em.persist(memberA);
em.persist(memberB);
em.persist(memberC);

//중간에 JPQL 실행
query = em.createQuery("select m from Member m", Member.class);
List<Member> members= query.getResultList();
```

먼저 em.persist()를 호출해서 엔티티 memberA, memberB, memberC를 영속 상태로 만들었다. 이 엔티티들은 영속성 컨텍스트에는 있지만 아직 데이터베이스에는 반영되지 않았다. 이때 JPQL을 실행하면 어떻게 될까? JPQL은 SQL로 변환되어 데이터베이스에서 엔티티를 조회한다. 그런데 memberA, memberB, memberC는 아직 데이터베이스에 없으므로 쿼리 결과로 조회되지 않는다. 따라서 쿼리를 실행하기 직전에 영속성 컨텍스트를 플러시해서 변경 내용을 데이터베이스에 반영해야 한다. JPA는 이런 문제를 예방하기 위해 JPQL을 실행할 때도 플러시를 자동 호출한다. 따라서 memberA, memberB, memberC도 쿼리 결과에 포함된다.

참고로 식별자를 기준으로 조회하는 find() 메소드를 호출할 때는 플러시가 실행되지 않는다.

3.5.1 플러시 모드 옵션

엔티티 매니저에 플러시 모드를 직접 지정하려면 javax.persistence. FlushModeType을 사용하면 된다.

- FlushModeType.AUTO: 커밋이나 쿼리를 실행할 때 플러시(기본값)
- FlushModeType.COMMIT: 커밋할 때만 플러시

플러시 모드를 별도로 설정하지 않으면 AUTO로 동작한다. 따라서 트랜잭션 커밋이나 쿼리 실행 시에 플러시를 자동으로 호출한다. 대부분 AUTO 기본 설정을 그대로 사용한다. COMMIT 모드는 성능 최적화를 위해 사용할 수 있는데 자세한 내용은 10.6절에서 다룬다.

```
em.setFlushMode(FlushModeType.COMMIT) //플러시 모드 직접 설정
```

혹시라도 플러시라는 이름으로 인해 영속성 컨텍스트에 보관된 엔티티를 지운다고 생각하면 안 된다. 다시 한 번 강조하지만 영속성 컨텍스트의 변경 내용을 데이터베이스에 동기화하는 것이 플러시다. 그리고 데이터베이스와 동기화를 최대한 늦추는 것이 가능한 이유는 트랜잭션이라는 작업 단위가 있기 때문이다. 트랜잭션 커밋 직전에만 변경 내용을 데이터베이스에 보내 동기화하면 된다.

3.6 준영속

지금까지 엔티티의 비영속 → 영속 → 삭제 상태 변화를 알아보았다. 이번에는 영속 → 준영속의 상태 변화를 알아보자.

영속성 컨텍스트가 관리하는 영속 상태의 엔티티가 영속성 컨텍스트에서 분리된_{detached} 것을 준영속 상태라 한다. 따라서 **준영속 상태의 엔티티는 영속성 컨텍스트가 제공하는 기능을 사용할 수 없다.**

영속 상태의 엔티티를 준영속 상태로 만드는 방법은 크게 3가지다. 순서대로 알아보자.

1. em.detach(entity): 특정 엔티티만 준영속 상태로 전환한다.
2. em.clear(): 영속성 컨텍스트를 완전히 초기화한다.
3. em.close(): 영속성 컨텍스트를 종료한다.

3.6.1 엔티티를 준영속 상태로 전환: detach()

em.detach() 메소드는 특정 엔티티를 준영속 상태로 만든다. 예제 3.7은 이 메소드의 정의다.

예제 3.7 detach() 메소드 정의

```
public void detach(Object entity);
```

예제 3.8을 통해 detach() 메소드를 자세히 알아보자.

예제 3.8 detach() 테스트 코드

```
public void testDetached() {
    ...
    //회원 엔티티 생성, 비영속 상태
    Member member = new Member();
    member.setId("memberA");
    member.setUsername("회원A");

    //회원 엔티티 영속 상태
    em.persist(member);

    //회원 엔티티를 영속성 컨텍스트에서 분리, 준영속 상태
    em.detach(member);

    transaction.commit(); //트랜잭션 커밋
}
```

예제 3.8을 보면 먼저 회원 엔티티를 생성하고 영속화한 다음 em.detach(member)를 호출했다. 영속성 컨텍스트에게 더는 해당 엔티티를 관리하지 말라는 것이다. 이 메소드를 호출하는 순간 1차 캐시부터 쓰기 지연 SQL 저장소까지 해당 엔티티를 관리하기 위한 모든 정보가 제거된다.

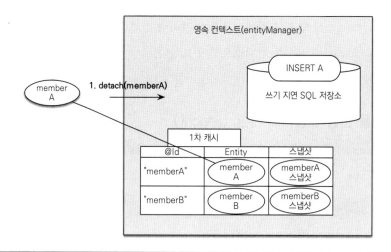

그림 3.12 detach 실행 전

110

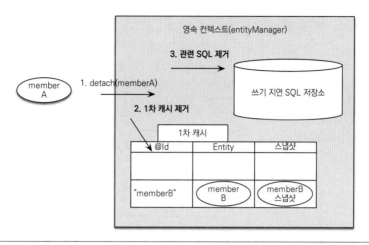

그림 3.13 detach 실행 후

그림 3.12, 그림 3.13에서 보는 것처럼 영속성 컨텍스트에서 memberA에 대한 모든 정보를 삭제해 버렸다. 이렇게 **영속 상태였다가 더는 영속성 컨텍스트가 관리하지 않는 상태를 준영속 상태**라 한다. 이미 준영속 상태이므로 영속성 컨텍스트가 지원하는 어떤 기능도 동작하지 않는다. 심지어 쓰기 지연 SQL 저장소의 INSERT SQL도 제거되어서 데이터베이스에 저장되지도 않는다.

정리하자면 영속 상태가 영속성 컨텍스트로부터 관리managed되는 상태라면 **준영속 상태는 영속성 컨텍스트로부터 분리detached된 상태다.** 엔티티 상태에 대한 용어들이 모두 영속성 컨텍스트와 관련 있는 것을 알 수 있다.

3.6.2 영속성 컨텍스트 초기화: clear()

em.detach()가 특정 엔티티 하나를 준영속 상태로 만들었다면 em.clear()는 영속성 컨텍스트를 초기화해서 해당 영속성 컨텍스트의 모든 엔티티를 준영속 상태로 만든다. 예제 3.9를 보자.

예제 3.9 영속성 컨텍스트 초기화

```
//엔티티 조회, 영속 상태
Member member = em.find(Member.class, "memberA");

em.clear(); //영속성 컨텍스트 초기화

//준영속 상태
member.setUsername("changeName");
```

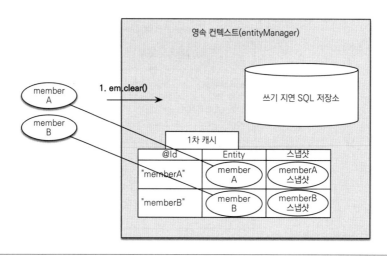

그림 3.14 영속성 컨텍스트 초기화 전

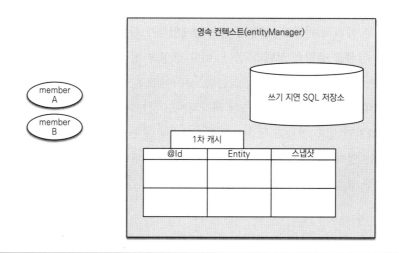

그림 3.15 영속성 컨텍스트 초기화 후

그림 3.14, 그림 3.15를 비교해서 보자. 영속성 컨텍스트에 있는 모든 것이 초기화되어 버렸다. 이것은 영속성 컨텍스트를 제거하고 새로 만든 것과 같다. 이제 memberA, memberB는 영속성 컨텍스트가 관리하지 않으므로 준영속 상태다.

```
member.setUsername("changeName");
```

그리고 준영속 상태이므로 영속성 컨텍스트가 지원하는 변경 감지는 동작하지 않는다. 따라서 회원의 이름을 변경해도 데이터베이스에 반영되지 않는다.

3.6.3 영속성 컨텍스트 종료: close( )

영속성 컨텍스트를 종료하면 해당 영속성 컨텍스트가 관리하던 영속 상태의 엔티티가 모두 준영속 상태가 된다. 예제 3.10을 보자.

예제 3.10 영속성 컨텍스트 닫기

```java
public void closeEntityManager() {

    EntityManagerFactory emf =
        Persistence.createEntityManagerFactory("jpabook");

    EntityManager em = emf.createEntityManager();
    EntityTransaction transaction = em.getTransaction();

    transaction.begin();  //[트랜잭션] - 시작

    Member memberA = em.find(Member.class, "memberA");
    Member memberB = em.find(Member.class, "memberB");

    transaction.commit(); //[트랜잭션] - 커밋

    em.close(); //영속성 컨텍스트 닫기 (종료)
}
```

그림 3.16, 그림 3.17을 통해 분석해보자.

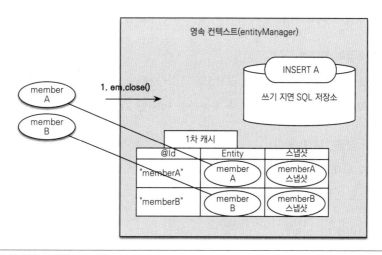

그림 3.16 영속성 컨텍스트 제거 전

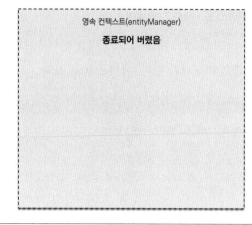

그림 3.17 영속성 컨텍스트 제거 후

영속성 컨텍스트가 종료되어 더는 memberA, memberB가 관리되지 않는다.

> 🔊 **참고**
>
> 영속 상태의 엔티티는 주로 영속성 컨텍스트가 종료되면서 준영속 상태가 된다. 개발자가 직접 준영속 상태로 만드는 일은 드물다.

3.6.4 준영속 상태의 특징

그럼 준영속 상태인 회원 엔티티는 어떻게 되는 걸까?

▼ 거의 비영속 상태에 가깝다

영속성 컨텍스트가 관리하지 않으므로 1차 캐시, 쓰기 지연, 변경 감지, 지연 로딩을 포함한 영속성 컨텍스트가 제공하는 어떠한 기능도 동작하지 않는다.

▼ 식별자 값을 가지고 있다

비영속 상태는 식별자 값이 없을 수도 있지만 준영속 상태는 이미 한 번 영속 상태였으므로 반드시 식별자 값을 가지고 있다.

▼ 지연 로딩을 할 수 없다

지연 로딩LAZY LOADING은 실제 객체 대신 프록시 객체를 로딩해두고 해당 객체를 실제 사용할 때 영속성 컨텍스트를 통해 데이터를 불러오는 방법이다. 하지만 준영속 상태는 영속성 컨텍스트가 더는 관리하지 않으므로 지연 로딩 시 문제가 발생한다. 지연 로딩에 대한 자세한 내용은 8장에서 설명하겠다.

3.6.5 병합: merge()

준영속 상태의 엔티티를 다시 영속 상태로 변경하려면 병합을 사용하면 된다. merge() 메소드는 준영속 상태의 엔티티를 받아서 그 정보로 **새로운 영속 상태의 엔티티를 반환**한다. 예제 3.11은 이 메소드의 정의다. 그리고 예제 3.12는 사용 예다.

예제 3.11 merge() 메소드 정의

```
public <T> T merge(T entity);
```

예제 3.12 merge() 사용 예

```
Member mergeMember = em.merge(member);
```

준영속 병합

예제 3.13을 통해 준영속 상태의 엔티티를 영속 상태로 변경해보자.

예제 3.13 준영속 병합 예제

```
public class ExamMergeMain {

    static EntityManagerFactory emf =
        Persistence.createEntityManagerFactory("jpabook");

    public static void main(String args[]) {

        Member member = createMember("memberA", "회원1"); …❶

        member.setUsername("회원명변경"); …❷ 준영속 상태에서 변경

        mergeMember(member); …❸
    }

    static Member createMember(String id, String username) {
        //== 영속성 컨텍스트1 시작 ==//
```

```
        EntityManager em1 = emf.createEntityManager();
        EntityTransaction tx1 = em1.getTransaction();
        tx1.begin();

        Member member = new Member();
        member.setId(id);
        member.setUsername(username);

        em1.persist(member);
        tx1.commit();

        em1.close(); //영속성 컨텍스트1 종료,
                     //member 엔티티는 준영속 상태가 된다.
        //== 영속성 컨텍스트1 종료 ==//

        return member;
    }

    static void mergeMember(Member member) {
        //== 영속성 컨텍스트2 시작 ==//
        EntityManager em2 = emf.createEntityManager();
        EntityTransaction tx2 = em2.getTransaction();

        tx2.begin();
        Member mergeMember = em2.merge(member);
        tx2.commit();

        //준영속 상태
        System.out.println("member = " + member.getUsername());

        //영속 상태
        System.out.println("mergeMember = " +
            mergeMember.getUsername());

        System.out.println("em2 contains member = " +
            em2.contains(member));
        System.out.println("em2 contains mergeMember = " +
            em2.contains(mergeMember));

        em2.close();
        //== 영속성 컨텍스트2 종료 ==//
    }
}
```

출력 결과는 다음과 같다.

```
member = 회원명변경
mergeMember = 회원명변경
em2 contains member = false
em2 contains mergeMember = true
```

❶ member 엔티티는 createMember() 메소드의 영속성 컨텍스트1에서 영속 상태였다가 영속성 컨텍스트1이 종료되면서 준영속 상태가 되었다. 따라서 createMember() 메소드는 준영속 상태의 member 엔티티를 반환한다.

❷ main() 메소드에서 member.setUsername("회원명변경")을 호출해서 회원 이름을 변경했지만 준영속 상태인 member 엔티티를 관리하는 영속성 컨텍스트가 더는 존재하지 않으므로 수정 사항을 데이터베이스에 반영할 수 없다.

❸ 준영속 상태의 엔티티를 수정하려면 준영속 상태를 다시 영속 상태로 변경해야 하는데 이때 병합(merge())을 사용한다. 예제 코드를 이어가면 mergeMember() 메소드에서 새로운 영속성 컨텍스트2를 시작하고 em2.merge(member)를 호출해서 준영속 상태의 member 엔티티를 영속성 컨텍스트2가 관리하는 영속 상태로 변경했다. 영속 상태이므로 트랜잭션을 커밋할 때 수정했던 회원명이 데이터베이스에 반영된다(정확히는 member 엔티티가 준영속 상태에서 영속 상태로 변경되는 것은 아니고 mergeMember라는 새로운 영속 상태의 엔티티가 반환된다).

merge()의 동작 방식을 그림 3.18로 분석해보자.

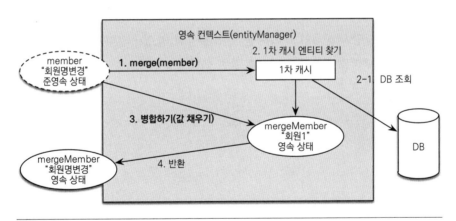

그림 3.18 준영속 병합 – 수정

1. merge()를 실행한다.
2. 파라미터로 넘어온 준영속 엔티티의 식별자 값으로 1차 캐시에서 엔티티를 조회한다.

2-1. 만약 1차 캐시에 엔티티가 없으면 데이터베이스에서 엔티티를 조회하고 1차 캐시에 저장한다.

3. 조회한 영속 엔티티(mergeMember)에 member 엔티티의 값을 채워 넣는다 (member 엔티티의 모든 값을 mergeMember에 밀어 넣는다. 이때 mergeMember의 "회원1"이라는 이름이 "회원명변경"으로 바뀐다).

4. mergeMember를 반환한다.

병합이 끝나고 tx2.commit()을 호출해서 트랜잭션을 커밋했다. mergeMember의 이름이 "회원1"에서 "회원명변경"으로 변경되었으므로 변경 감지 기능이 동작해서 변경 내용을 데이터베이스에 반영한다.

merge()는 파라미터로 넘어온 준영속 엔티티를 사용해서 새롭게 병합된 영속 상태의 엔티티를 반환한다. 파라미터로 넘어온 엔티티는 병합 후에도 준영속 상태로 남아 있다.

예제 코드의 출력 부분을 보자. em.contains(entity)는 영속성 컨텍스트가 파라미터로 넘어온 엔티티를 관리하는지 확인하는 메소드다. member를 파라미터로 넘겼을 때는 반환 결과가 false다. 반면에 mergeMember는 true를 반환한다. 따라서 준영속 상태인 member 엔티티와 영속 상태인 mergeMember 엔티티는 서로 다른 인스턴스다. 준영속 상태인 member는 이제 사용할 필요가 없다. 따라서 다음과 같이 준영속 엔티티를 참조하던 변수를 영속 엔티티를 참조하도록 변경하는 것이 안전하다.

```
//Member mergeMember = em2.merge(member); //아래 코드로 변경
member = em2.merge(member);
```

비영속 병합

병합merge은 비영속 엔티티도 영속 상태로 만들 수 있다.

```
Member member = new Member();
Member newMember = em.merge(member); //비영속 병합
tx.commit();
```

병합은 파라미터로 넘어온 엔티티의 식별자 값으로 영속성 컨텍스트를 조회하고 찾는 엔티티가 없으면 데이터베이스에서 조회한다. 만약 데이터베이스에서도 발견하지 못하면 새로운 엔티티를 생성해서 병합한다.

병합은 준영속, 비영속을 신경 쓰지 않는다. 식별자 값으로 엔티티를 조회할 수 있으면 불러서 병합하고 조회할 수 없으면 새로 생성해서 병합한다. 따라서 병합은 save or update 기능을 수행한다.

3.7 정리

이번 장에서 학습한 내용을 정리해보자.

- 엔티티 매니저는 엔티티 매니저 팩토리에서 생성한다. 자바를 직접 다루는 J2SE 환경에서는 엔티티 매니저를 만들면 그 내부에 영속성 컨텍스트도 함께 만들어진다. 이 영속성 컨텍스트는 엔티티 매니저를 통해서 접근할 수 있다.
- 영속성 컨텍스트는 애플리케이션과 데이터베이스 사이에서 객체를 보관하는 가상의 데이터베이스 같은 역할을 한다. 영속성 컨텍스트 덕분에 1차 캐시, 동일성 보장, 트랜잭션을 지원하는 쓰기 지연, 변경 감지, 지연 로딩 기능을 사용할 수 있다.
- 영속성 컨텍스트에 저장한 엔티티는 플러시 시점에 데이터베이스에 반영되는데 일반적으로 트랜잭션을 커밋할 때 영속성 컨텍스트가 플러시된다.
- 영속성 컨텍스트가 관리하는 엔티티를 영속 상태의 엔티티라 하는데, 영속성 컨텍스트가 해당 엔티티를 더 이상 관리하지 못하면 그 엔티티는 준영속 상태의 엔티티라 한다. 준영속 상태의 엔티티는 더는 영속성 컨텍스트의 관리를 받지 못하므로 영속성 컨텍스트가 제공하는 1차 캐시, 동일성 보장, 트랜잭션을 지원하는 쓰기 지연, 변경 감지, 지연 로딩 같은 기능들을 사용할 수 없다.

지금까지 설명한 엔티티 매니저와 영속성 컨텍스트는 매핑한 엔티티를 실제 사용하는 동적인 부분에 해당한다. 다음 장부터는 엔티티와 테이블을 어떻게 매핑하는지 설계에 해당하는 정적인 부분을 알아보자.

엔티티 매핑 | 04

JPA를 사용하는 데 가장 중요한 일은 엔티티와 테이블을 정확히 매핑하는 것이다. 따라서 매핑 어노테이션을 숙지하고 사용해야 한다. JPA는 다양한 매핑 어노테이션을 지원하는데 크게 4가지로 분류할 수 있다. 오른쪽에는 대표 어노테이션들을 적어보았다.

- **객체와 테이블 매핑**: @Entity, @Table
- **기본 키 매핑**: @Id
- **필드와 컬럼 매핑**: @Column
- **연관관계 매핑**: @ManyToOne, @JoinColumn

이번 장에서는 객체와 테이블 매핑, 기본 키 매핑, 필드와 컬럼 매핑에 대해 알아보고 연관관계 매핑은 5, 6, 7장에 걸쳐서 설명하겠다.

필드와 컬럼을 매핑하는 어노테이션은 기능을 하나씩 설명하기에는 내용이 많으므로 필요할 때 찾아볼 수 있도록 이 장 마지막에 레퍼런스 형식으로 정리해두었다.

먼저 객체와 테이블 매핑 어노테이션부터 알아보자.

> **🔊 참고**
>
> 매핑 정보는 XML이나 어노테이션 중에 선택해서 기술하면 되는데 책에서는 어노테이션만 사용하겠다. 각각 장단점이 있지만 어노테이션을 사용하는 쪽이 좀 더 쉽고 직관적이다. XML을 사용해서 매핑 정보를 구성하는 방법은 이 책에서 설명하지 않는다.

4.1 @Entity

JPA를 사용해서 테이블과 매핑할 클래스는 @Entity 어노테이션을 필수로 붙여야 한다. @Entity가 붙은 클래스는 JPA가 관리하는 것으로, 엔티티라 부른다. 표 4.1에 속성을 정리했다.

표 4.1 @Entity 속성 정리

속성	기능	기본값
name	JPA에서 사용할 엔티티 이름을 지정한다. 보통 기본값인 클래스 이름을 사용한다. 만약 다른 패키지에 이름이 같은 엔티티 클래스가 있다면 이름을 지정해서 충돌하지 않도록 해야 한다.	설정하지 않으면 클래스 이름을 그대로 사용한다 (예: Member).

@Entity 적용 시 주의사항은 다음과 같다.

- 기본 생성자는 필수다(파라미터가 없는 public 또는 protected 생성자).
- final 클래스, enum, interface, inner 클래스에는 사용할 수 없다.
- 저장할 필드에 final을 사용하면 안 된다.

JPA가 엔티티 객체를 생성할 때 기본 생성자를 사용하므로 이 생성자는 반드시 있어야 한다. 자바는 생성자가 하나도 없으면 다음과 같은 기본 생성자를 자동으로 만든다.

```
public Member(){} //기본 생성자
```

문제는 다음과 같이 생성자를 하나 이상 만들면 자바는 기본 생성자를 자동으로 만들지 않는다. 이때는 기본 생성자를 직접 만들어야 한다.

```
public Member(){} //직접 만든 기본 생성자

//임의의 생성자
public Member(String name){
    this.name = name
}
```

4.2 @Table

@Table은 엔티티와 매핑할 테이블을 지정한다. 생략하면 매핑한 엔티티 이름을 테이블 이름으로 사용한다. 표 4.2에 속성을 정리했다.

표 4.2 @Table 속성 정리

속성	기능	기본값
name	매핑할 테이블 이름	엔티티 이름을 사용한다.
catalog	catalog 기능이 있는 데이터베이스에서 catalog를 매핑한다.	
schema	schema 기능이 있는 데이터베이스에서 schema를 매핑한다.	
uniqueConstraints (DDL)	DDL 생성 시에 유니크 제약조건을 만든다. 2개 이상의 복합 유니크 제약조건도 만들 수 있다. 참고로 이 기능은 스키마 자동 생성 기능을 사용해서 DDL을 만들 때만 사용된다.	

DDL 생성 기능은 조금 뒤에 알아보자.

4.3 다양한 매핑 사용

┃ 예제 코드: ch04-jpa-start2 ┃

JPA 시작하기 장에서 개발하던 회원 관리 프로그램에 다음 요구사항이 추가되었다.

1. 회원은 일반 회원과 관리자로 구분해야 한다.

2. 회원 가입일과 수정일이 있어야 한다.

3. 회원을 설명할 수 있는 필드가 있어야 한다. 이 필드는 길이 제한이 없다.

요구사항을 만족하도록 회원 엔티티에 기능을 추가하자.

예제 4.1 회원 엔티티

```java
package jpabook.start;

import javax.persistence.*;
import java.util.Date;

@Entity
@Table(name="MEMBER")
public class Member {

    @Id
    @Column(name = "ID")
    private String id;

    @Column(name = "NAME")
    private String username;

    private Integer age;

    //== 추가 ==
    @Enumerated(EnumType.STRING)
    private RoleType roleType;   …❶

    @Temporal(TemporalType.TIMESTAMP)
    private Date createdDate;   …❷

    @Temporal(TemporalType.TIMESTAMP)
```

```
        private Date lastModifiedDate; …❷

        @Lob
        private String description; …❸

        //Getter, Setter
        ...
}

package jpabook.start;

public enum RoleType {
    ADMIN, USER
}
```

예제 4.1 회원 코드를 분석해보자.

❶ roleType: 자바의 enum을 사용해서 회원의 타입을 구분했다. 일반 회원은 USER, 관리자는 ADMIN이다. 이처럼 자바의 enum을 사용하려면 @Enumerated 어노테이션으로 매핑해야 한다. 속성 값에 대한 자세한 내용은 4.7.2절을 참고하자.

❷ createdDate, lastModifiedDate: 자바의 날짜 타입은 @Temporal을 사용해서 매핑한다. 속성 값에 대한 자세한 내용은 4.7.3절을 참고하자.

❸ description: 회원을 설명하는 필드는 길이 제한이 없다. 따라서 데이터베이스의 VARCHAR 타입 대신에 CLOB 타입으로 저장해야 한다. @Lob을 사용하면 CLOB, BLOB 타입을 매핑할 수 있다. 자세한 내용은 4.7.4절을 참고하자.

지금까지는 테이블을 먼저 생성하고 그 다음에 엔티티를 만들었지만, 이번에는 데이터베이스 스키마 자동 생성을 사용해서 엔티티만 만들고 테이블은 자동 생성되도록 해보자.

4.4 데이터베이스 스키마 자동 생성

JPA는 데이터베이스 스키마를 자동으로 생성하는 기능을 지원한다. 클래스의 매핑 정보를 보면 어떤 테이블에 어떤 컬럼을 사용하는지 알 수 있다. JPA는 이 매핑정보와 데이터베이스 방언을 사용해서 데이터베이스 스키마를 생성한다. 참고로 방언은 2.5.1절에서 설명했다.

스키마 자동 생성 기능을 사용해보자. 먼저 persistence.xml에 다음 속성을 추가하자.

```
<property name="hibernate.hbm2ddl.auto" value="create" />
```

이 속성을 추가하면 **애플리케이션 실행 시점에 데이터베이스 테이블을 자동으로 생성**한다. 참고로 `hibernate.show_sql` 속성을 `true`로 설정하면 콘솔에 실행되는 테이블 생성 DDL_{Data Definition Language}을 출력할 수 있다.

```
<property name="hibernate.show_sql" value="true" />
```

애플리케이션을 실행하면 예제 4.2처럼 콘솔에 다음 DDL이 출력되면서 실제 테이블이 생성된다.

예제 4.2 DDL 콘솔 출력

```
Hibernate:
    drop table MEMBER if exists
Hibernate:
    create table MEMBER (
        ID varchar(255) not null,
        NAME varchar(255),
        age integer,
        roleType varchar(255),
        createdDate timestamp,
        lastModifiedDate timestamp,
        description clob,
        primary key (ID)
    )
```

실행된 결과를 보면 기존 테이블을 삭제하고 다시 생성한 것을 알 수 있다. 그리고 방금 추가한 `roleType`은 VARCHAR 타입으로, `createdDate`, `lastModifiedDate`는 TIMESTAMP 타입으로, `description`은 CLOB 타입으로 생성되었다.

자동 생성되는 DDL은 지정한 데이터베이스 방언에 따라 달라진다. 만약 오라클 데이터베이스용 방언을 적용했다면 예제 4.3처럼 `varchar` 대신에 `varchar2` 타입이, `integer` 대신에 `number` 타입이 생성된다.

```
create table MEMBER (
    ID varchar2(255 char) not null,
    NAME varchar2(255 char),
    age number(10,0),
    roleType varchar2(255 char),
    createdDate timestamp,
    lastModifiedDate timestamp,
    description clob,
    primary key (ID)
)
```

스키마 자동 생성 기능을 사용하면 애플리케이션 실행 시점에 데이터베이스 테이블이 자동으로 생성되므로 개발자가 테이블을 직접 생성하는 수고를 덜 수 있다. 하지만 스키마 자동 생성 기능이 만든 DDL은 운영 환경에서 사용할 만큼 완벽하지는 않으므로 개발 환경에서 사용하거나 매핑을 어떻게 해야 하는지 참고하는 정도로만 사용하는 것이 좋다.

객체와 테이블을 매핑하는 데 아직 익숙하지 않다면 '데이터베이스 스키마 자동 생성'을 적극 활용하자. 이 기능을 사용해서 생성된 DDL을 보면 엔티티와 테이블이 어떻게 매핑되는지 쉽게 이해할 수 있다. 스키마 자동 생성하기는 엔티티와 테이블을 어떻게 매핑해야 하는지 알려주는 가장 훌륭한 학습 도구이다.

표 4.3에 `hibernate.hbm2ddl.auto` 속성을 정리했다.

표 4.3 hibernate.hbm2ddl.auto 속성

옵션	설명
create	기존 테이블을 삭제하고 새로 생성한다. DROP + CREATE
create-drop	create 속성에 추가로 애플리케이션을 종료할 때 생성한 DDL을 제거한다. DROP + CREATE + DROP
update	데이터베이스 테이블과 엔티티 매핑정보를 비교해서 변경 사항만 수정한다.
validate	데이터베이스 테이블과 엔티티 매핑정보를 비교해서 차이가 있으면 경고를 남기고 애플리케이션을 실행하지 않는다. 이 설정은 DDL을 수정하지 않는다.
none	자동 생성 기능을 사용하지 않으려면 hibernate.hbm2ddl.auto 속성 자체를 삭제하거나 유효하지 않은 옵션 값을 주면 된다(참고로 none은 유효하지 않은 옵션 값이다).

HBM2DDL 주의사항

운영 서버에서 create, create-drop, update처럼 DLL을 수정하는 옵션은 절대 사용하면 안 된다. 오직 개발 서버나 개발 단계에서만 사용해야 한다. 이 옵션들은 운영 중인 데이터베이스의 테이블이나 컬럼을 삭제할 수 있다.

개발 환경에 따른 추천 전략은 다음과 같다.

- 개발 초기 단계는 create 또는 update
- 초기화 상태로 자동화된 테스트를 진행하는 개발자 환경과 CI 서버는 create 또는 create-drop
- 테스트 서버는 update 또는 validate
- 스테이징과 운영 서버는 validate 또는 none

🔊 참고

JPA는 2.1부터 스키마 자동 생성 기능을 표준으로 지원한다. 하지만 하이버네이트의 hibernate. hbm2ddl.auto 속성이 지원하는 update, validate 옵션을 지원하지 않는다.

```
<property name="javax.persistence.schema-generation.database.action"
    value="drop-and-create"/>
```

지원 옵션: none, create, drop-and-create, drop

🔊 참고

이름 매핑 전략 변경하기

단어와 단어를 구분할 때 자바 언어는 관례상 roleType과 같이 카멜(Camel) 표기법을 주로 사용하고, 데이터베이스는 관례상 role_type과 같이 언더스코어(_)를 주로 사용한다. 앞서 살펴본 예제 4.1 회원 엔티티를 이렇게 매핑하려면 @Column.name 속성을 명시적으로 사용해서 이름을 지어주어야 한다. 예를 들어 다음과 같이 매핑해야 한다.

```
@Column(name="role_type")    //언더스코어로 구분
String roleType              //카멜 표기법으로 구분
```

hibernate.ejb.naming_strategy 속성을 사용하면 이름 매핑 전략을 변경할 수 있다. 직접 이름 매핑 전략을 구현해서 변경해도 되지만, 하이버네이트는 org.hibernate.cfg. ImprovedNamingStrategy 클래스를 제공한다. 이 클래스는 테이블 명이나 컬럼 명이 생략되면 자바의 카멜 표기법을 테이블의 언더스코어 표기법으로 매핑한다.

```
<property name="hibernate.ejb.naming_strategy"
    value="org.hibernate.cfg.ImprovedNamingStrategy" />
```

이 속성을 사용해서 예제 4.1 엔티티의 테이블을 생성해보자. 다음과 같이 last_modified_date, role_type이 언더스코어 표기법으로 매핑된 것을 확인할 수 있다.

생성된 테이블은 다음과 같다.

```
create table member (
    id varchar(255 char) not null,
    name varchar(255 char),
    age integer,
    role_type varchar(255 char),
    created_date timestamp,
    last_modified_date timestamp,
    description clob,
    primary key (id)
)
```

4.5 DDL 생성 기능

회원 이름은 필수로 입력되어야 하고, 10자를 초과하면 안 된다는 제약조건이 추가되었다. 스키마 자동 생성하기를 통해 만들어지는 DDL에 이 제약조건을 추가해 보자. 예제 4.4를 보자.

예제 4.4 추가 코드

```
@Entity
@Table(name="MEMBER")
public class Member {

    @Id
    @Column(name = "ID")
    private String id;

    @Column(name = "NAME", nullable = false, length = 10) //추가
    private String username;
    ...
}
```

@Column 매핑정보의 nullable 속성 값을 false로 지정하면 자동 생성되는 DDL에 not null 제약조건을 추가할 수 있다. 그리고 length 속성 값을 사용하면 자동 생성되는 DDL에 문자의 크기를 지정할 수 있다. nullable = false, length = 10으로 지정해보자.

```
create table MEMBER (
    ID varchar(255) not null,
    NAME varchar(10) not null,
    ...
    primary key (ID)
)
```

예제 4.5의 생성된 DDL의 NAME 컬럼을 보면 not null 제약조건이 추가되었고, varchar(10) 으로 문자의 크기가 10자리로 제한된 것을 확인할 수 있다.

이번에는 유니크 제약조건을 만들어 주는 @Table의 uniqueConstraints 속성을 알아보자. 예제 4.6을 보자.

```
@Entity(name="Member")
@Table(name="MEMBER", uniqueConstraints = {@UniqueConstraint( //추가
    name = "NAME_AGE_UNIQUE",
    columnNames = {"NAME", "AGE"} )})
public class Member {

    @Id
    @Column(name = "id")
    private String id;

    @Column(name = "name")
    private String username;

    private Integer age;
    ...
}
```

```
ALTER TABLE MEMBER
    ADD CONSTRAINT NAME_AGE_UNIQUE  UNIQUE (NAME, AGE)
```

예제 4.7의 생성된 DDL을 보면 유니크 제약조건이 추가되었다. 앞서 본 @Column의 length와 nullable 속성을 포함해서 **이런 기능들은 단지 DDL을 자동 생성할 때만 사용되고 JPA의 실행 로직에는 영향을 주지 않는다.** 따라서 스키마 자동 생성 기능을 사용하지 않고 직접 DDL을 만든다면 사용할 이유가 없다. 그래도

130

이 기능을 사용하면 애플리케이션 개발자가 엔티티만 보고도 손쉽게 다양한 제약조건을 파악할 수 있는 장점이 있다.

JPA에는 이처럼 애플리케이션의 실행 동작에는 영향을 주지 않지만, 자동 생성되는 DDL을 위한 기능들도 있다. 뒤에 나오는 4.7절에는 DDL 생성을 위한 기능들을 별도로 구분해두었다.

다음은 데이터베이스의 기본 키를 어떻게 매핑하는지 알아보자.

4.6 기본 키 매핑

이 절에서는 기본 키Primary Key 매핑을 살펴보겠다.

예제 4.8 기본 키 매핑 시작

```
@Entity
public class Member {

    @Id
    @Column(name = "ID")
    private String id;
    ...
}
```

지금까지 예제 4.8처럼 @Id 어노테이션만 사용해서 회원의 기본 키를 애플리케이션에서 직접 할당했다. 기본 키를 애플리케이션에서 직접 할당하는 대신에 데이터베이스가 생성해주는 값을 사용하려면 어떻게 매핑해야 할까? 예를 들어 오라클의 시퀀스 오브젝트라던가 아니면 MySQL의 AUTO_INCREMENT 같은 기능을 사용해서 생성된 값을 기본 키로 사용하려면 어떻게 해야 할까?

데이터베이스마다 기본 키를 생성하는 방식이 서로 다르므로 이 문제를 해결하기는 쉽지 않다. JPA는 이런 문제들을 어떻게 해결하는지 알아보자.

JPA가 제공하는 데이터베이스 기본 키 생성 전략은 다음과 같다.

- **직접 할당**: 기본 키를 애플리케이션에서 직접 할당한다.
- **자동 생성**: 대리 키 사용 방식
  - IDENTITY: 기본 키 생성을 데이터베이스에 위임한다.
  - SEQUENCE: 데이터베이스 시퀀스를 사용해서 기본 키를 할당한다.
  - TABLE: 키 생성 테이블을 사용한다.

자동 생성 전략이 이렇게 다양한 이유는 데이터베이스 벤더마다 지원하는 방식이 다르기 때문이다. 예를 들어 오라클 데이터베이스는 시퀀스를 제공하지만 MySQL은 시퀀스를 제공하지 않는다. 대신에 MySQL은 기본 키 값을 자동으로 채워주는 AUTO_INCREMENT 기능을 제공한다. 따라서 SEQUENCE나 IDENTITY 전략은 사용하는 데이터베이스에 의존한다. TABLE 전략은 키 생성용 테이블을 하나 만들어두고 마치 시퀀스처럼 사용하는 방법이다. 이 전략은 테이블을 활용하므로 모든 데이터베이스에서 사용할 수 있다.

기본 키를 직접 할당하려면 @Id만 사용하면 되고, 자동 생성 전략을 사용하려면 @Id에 @GeneratedValue를 추가하고 원하는 키 생성 전략을 선택하면 된다. 먼저 각각의 전략을 어떻게 사용하는지 알아보고 @GeneratedValue 어노테이션도 살펴보자.

> ⚠️ **주의**
>
> 키 생성 전략을 사용하려면 persistence.xml에 hibernate.id.new_generator_mappings=true 속성을 반드시 추가해야 한다. 하이버네이트는 더 효과적이고 JPA 규격에 맞는 새로운 키 생성 전략을 개발했는데 과거 버전과의 호환성을 유지하려고 기본값을 false로 두었다. 기존 하이버네이트 시스템을 유지보수하는 것이 아니라면 반드시 true로 설정하자. 지금부터 설명하는 내용도 이 옵션을 true로 설정했다고 가정한다.
>
> 참고로 이 옵션을 true로 설정하면 키 생성 성능을 최적화하는 allocationSize 속성을 사용하는 방식이 달라진다. allocationSize 속성은 뒤에서 설명한다.
>
> ```
> <property name="hibernate.id.new_generator_mappings" value="true" />
> ```

4.6.1 기본 키 직접 할당 전략

기본 키를 직접 할당하려면 다음 코드와 같이 @Id로 매핑하면 된다.

```
@Id
@Column(name = "id")
private String id;
```

@Id 적용 가능 자바 타입은 다음과 같다.

- 자바 기본형
- 자바 래퍼Wrapper형

- String

- java.util.Date

- java.sql.Date

- java.math.BigDecimal

- java.math.BigInteger

기본 키 직접 할당 전략은 em.persist()로 엔티티를 저장하기 전에 애플리케이션에서 기본 키를 직접 할당하는 방법이다.

```
Board board = new Board();
board.setId("id1") //기본 키 직접 할당
em.persist(board);
```

> 🔊 참고
>
> 기본 키 직접 할당 전략에서 식별자 값 없이 저장하면 예외가 발생하는데, 어떤 예외가 발생하는지 JPA 표준에는 정의되어 있지 않다. 하이버네이트를 구현체로 사용하면 JPA 최상위 예외인 javax.persistence.PersistenceException 예외가 발생하는데, 내부에 하이버네이트 예외인 org.hibernate.id.IdentifierGenerationException 예외를 포함하고 있다.

4.6.2 IDENTITY 전략

IDENTITY는 기본 키 생성을 데이터베이스에 위임하는 전략이다. 주로 MySQL, PostgreSQL, SQL Server, DB2에서 사용한다. 예를 들어 MySQL의 AUTO_INCREMENT 기능은 데이터베이스가 기본 키를 자동으로 생성해준다. MySQL의 AUTO_INCREMENT 기능을 수행하는 다음 예제를 보자.

```
CREATE TABLE BOARD (
  ID INT NOT NULL AUTO_INCREMENT PRIMARY KEY,
  DATA VARCHAR(255)
);

INSERT INTO BOARD(DATA) VALUES('A');
INSERT INTO BOARD(DATA) VALUES('B');
```

테이블을 생성할 때 기본 키 컬럼인 ID에 AUTO_INCREMENT를 추가했다. 이제 데이터베이스에 값을 저장할 때 ID 컬럼을 비워두면 데이터베이스가 순서대로 값을 채워준다.

표 4.4 BOARD 테이블 결과

ID	DATA
1	A
2	B

표 4.4 BOARD 테이블 결과를 보면 ID 컬럼에 자동으로 값이 입력된 것을 확인
할 수 있다.

IDENTITY 전략은 지금 설명한 AUTO_INCREMENT를 사용한 예제처럼 데이터베
이스에 값을 저장하고 나서야 기본 키 값을 구할 수 있을 때 사용한다.

개발자가 엔티티에 직접 식별자를 할당하면 @Id 어노테이션만 있으면 되지
만 지금처럼 식별자가 생성되는 경우에는 @GeneratedValue 어노테이션을 사
용하고 식별자 생성 전략을 선택해야 한다. IDENTITY 전략을 사용하려면
@GeneratedValue의 strategy 속성 값을 GenerationType.IDENTITY로 지정하
면 된다. 이 전략을 사용하면 JPA는 기본 키 값을 얻어오기 위해 데이터베이스를
추가로 조회한다. 예제 4.9를 살펴보자.

예제 4.9 IDENTITY 매핑 코드

```
@Entity
public class Board {

    @Id
    @GeneratedValue(strategy = GenerationType.IDENTITY)
    private Long id;
    ...
}
```

예제 4.10 IDENTITY 사용 코드

```
private static void logic(EntityManager em) {
    Board board = new Board();
    em.persist(board);
    System.out.println("board.id = " + board.getId());
}
//출력: board.id = 1
```

예제 4.10의 사용 코드를 보면 em.persist()를 호출해서 엔티티를 저장한 직후에 할당된 식별자 값을 출력했다. 출력된 값 1은 저장 시점에 데이터베이스가 생성한 값을 JPA가 조회한 것이다.

> **🔊 참고**
>
> **IDENTITY 전략과 최적화**
>
> IDENTITY 전략은 데이터를 데이터베이스에 INSERT한 후에 기본 키 값을 조회할 수 있다. 따라서 엔티티에 식별자 값을 할당하려면 JPA는 추가로 데이터베이스를 조회해야 한다. JDBC3에 추가된 Statement.getGeneratedKeys()를 사용하면 데이터를 저장하면서 동시에 생성된 기본 키 값도 얻어 올 수 있다. 하이버네이트는 이 메소드를 사용해서 데이터베이스와 한 번만 통신한다.

> **⚠ 주의**
>
> 엔티티가 영속 상태가 되려면 식별자가 반드시 필요하다. 그런데 IDENTITY 식별자 생성 전략은 엔티티를 데이터베이스에 저장해야 식별자를 구할 수 있으므로 em.persist()를 호출하는 즉시 INSERT SQL이 데이터베이스에 전달된다. 따라서 이 전략은 트랜잭션을 지원하는 쓰기 지연이 동작하지 않는다.

4.6.3 SEQUENCE 전략

데이터베이스 시퀀스는 유일한 값을 순서대로 생성하는 특별한 데이터베이스 오브젝트다. SEQUENCE 전략은 이 시퀀스를 사용해서 기본 키를 생성한다. 이 전략은 시퀀스를 지원하는 오라클, PostgreSQL, DB2, H2 데이터베이스에서 사용할 수 있다.

시퀀스를 사용해보자. 먼저 예제 4.11과 같이 시퀀스를 생성해야 한다.

예제 4.11 시퀀스 DDL

```
CREATE TABLE BOARD (
    ID BIGINT NOT NULL PRIMARY KEY,
    DATA VARCHAR(255)
)

//시퀀스 생성
CREATE SEQUENCE BOARD_SEQ START WITH 1 INCREMENT BY 1;
```

예제 4.12 시퀀스 매핑 코드

```
@Entity
@SequenceGenerator(
    name = "BOARD_SEQ_GENERATOR",
    sequenceName = "BOARD_SEQ", //매핑할 데이터베이스 시퀀스 이름
    initialValue = 1, allocationSize = 1)
public class Board {

    @Id
    @GeneratedValue(strategy = GenerationType.SEQUENCE,
                    generator = "BOARD_SEQ_GENERATOR")
    private Long id;
    ...
}
```

우선 사용할 데이터베이스 시퀀스를 매핑해야 한다. 예제 4.12에서는 @SequenceGenerator를 사용해서 BOARD_SEQ_GENERATOR라는 시퀀스 생성기를 등록했다. 그리고 sequenceName 속성의 이름으로 BOARD_SEQ를 지정했는데 JPA는 이 시퀀스 생성기를 실제 데이터베이스의 BOARD_SEQ 시퀀스와 매핑한다.

다음으로 키 생성 전략을 GenerationType.SEQUENCE로 설정하고 generator = "BOARD_SEQ_GENERATOR"로 방금 등록한 시퀀스 생성기를 선택했다. 이제부터 id 식별자 값은 BOARD_SEQ_GENERATOR 시퀀스 생성기가 할당한다.

예제 4.13 시퀀스 사용 코드

```
private static void logic(EntityManager em) {
    Board board = new Board();
    em.persist(board);
    System.out.println("board.id = " + board.getId());
}
//출력: board.id = 1
```

예제 4.13의 시퀀스 사용 코드는 IDENTITY 전략과 같지만 내부 동작 방식은 다르다. SEQUENCE 전략은 em.persist()를 호출할 때 먼저 데이터베이스 시퀀스를 사용해서 식별자를 조회한다. 그리고 조회한 식별자를 엔티티에 할당한 후에 엔티티를 영속성 컨텍스트에 저장한다. 이후 트랜잭션을 커밋해서 플러시가 일어나

면 엔티티를 데이터베이스에 저장한다. 반대로 이전에 설명했던 IDENTITY 전략은 먼저 엔티티를 데이터베이스에 저장한 후에 식별자를 조회해서 엔티티의 식별자에 할당한다.

@SequenceGenerator

@SequenceGenerator를 분석해보자. 표 4.5에 속성을 정리했다.

표 4.5 @SequenceGenerator 속성 정리

속성	기능	기본값
name	식별자 생성기 이름	필수
sequenceName	데이터베이스에 등록되어 있는 시퀀스 이름	hibernate_sequence
initialValue	DDL 생성 시에만 사용됨. 시퀀스 DDL을 생성할 때 처음 시작하는 수를 지정한다.	1
allocationSize	시퀀스 한 번 호출에 증가하는 수(성능 최적화에 사용됨)	50
catalog, schema	데이터베이스 catalog, schema 이름	

매핑할 DDL은 다음과 같다.

```
create sequence [sequenceName]
start with [initialValue] increment by [allocationSize]
```

JPA 표준 명세에서는 sequenceName의 기본값을 JPA 구현체가 정의하도록 했다. 위에서 설명한 기본값은 하이버네이트 기준이다.

> ⚠ 주의
>
> SequenceGenerator.allocationSize의 기본값이 50인 것에 주의해야 한다. JPA가 기본으로 생성하는 데이터베이스 시퀀스는 create sequence [sequenceName] start with 1 increment by 50이므로 시퀀스를 호출할 때마다 값이 50씩 증가한다. 기본값이 50인 이유는 최적화 때문인데 다음 참고에서 설명한다. 데이터베이스 시퀀스 값이 하나씩 증가하도록 설정되어 있으면 이 값을 반드시 1로 설정해야 한다.

SEQUENCE 전략과 최적화

SEQUENCE 전략은 데이터베이스 시퀀스를 통해 식별자를 조회하는 추가 작업이 필요하다. 따라서 데이터베이스와 2번 통신한다.

1. 식별자를 구하려고 데이터베이스 시퀀스를 조회한다.

    예 SELECT BOARD_SEQ.NEXTVAL FROM DUAL

2. 조회한 시퀀스를 기본 키 값으로 사용해 데이터베이스에 저장한다.

    예 INSERT INTO BOARD...

JPA는 시퀀스에 접근하는 횟수를 줄이기 위해 @SequenceGenerator.allocationSize를 사용한다. 간단히 설명하자면 여기에 설정한 값만큼 한 번에 시퀀스 값을 증가시키고 나서 그만큼 메모리에 시퀀스 값을 할당한다. 예를 들어 allocationSize 값이 50이면 시퀀스를 한 번에 50 증가시킨 다음에 1~50까지는 메모리에서 식별자를 할당한다. 그리고 51이 되면 시퀀스 값을 100으로 증가시킨 다음 51~100까지 메모리에서 식별자를 할당한다.

이 최적화 방법은 시퀀스 값을 선점하므로 여러 JVM이 동시에 동작해도 기본 키 값이 충돌하지 않는 장점이 있다. 반면에 데이터베이스에 직접 접근해서 데이터를 등록할 때 시퀀스 값이 한 번에 많이 증가한다는 점을 염두해두어야 한다. 이런 상황이 부담스럽고 INSERT 성능이 중요하지 않으면 allocationSize의 값을 1로 설정하면 된다.

참고로 앞서 설명한 hibernate.id.new_generator_mappings 속성을 true로 설정해야 지금까지 설명한 최적화 방법이 적용된다. 이 속성을 적용하지 않으면 하이버네이트가 과거에 사용하던 방법으로 키 생성을 최적화한다. 과거에는 시퀀스 값을 하나씩 할당받고 애플리케이션에서 allocationSize만큼 사용했다. 예를 들어 allocationSize를 50으로 설정했다고 가정하면, 반환된 시퀀스 값이 1이면 애플리케이션에서 1~50까지 사용하고 시퀀스 값이 2이면 애플리케이션에서 51~100까지 기본 키를 사용하는 방식이었다.

@SequenceGenerator는 다음과 같이 @GeneratedValue 옆에 사용해도 된다.

```
@Entity
public class Board {
    @Id
    @GeneratedValue(...)
    @SequenceGenerator(...)
    private Long id;
```

4.6.4 TABLE 전략

TABLE 전략은 키 생성 전용 테이블을 하나 만들고 여기에 이름과 값으로 사용할 컬럼을 만들어 데이터베이스 시퀀스를 흉내내는 전략이다. 이 전략은 테이블을 사용하므로 모든 데이터베이스에 적용할 수 있다.

TABLE 전략을 사용하려면 먼저 예제 4.14처럼 키 생성 용도로 사용할 테이블을 만들어야 한다.

예제 4.14 TABLE 전략 키 생성 DDL

```
create table MY_SEQUENCES (
    sequence_name varchar(255) not null ,
    next_val bigint,
    primary key ( sequence_name )
)
```

sequence_name 컬럼을 시퀀스 이름으로 사용하고 next_val 컬럼을 시퀀스 값으로 사용한다. 참고로 컬럼의 이름은 변경할 수 있는데 여기서 사용한 것이 기본 값이다.

예제 4.15 TABLE 전략 매핑 코드

```
@Entity
@TableGenerator(
    name = "BOARD_SEQ_GENERATOR",
    table = "MY_SEQUENCES",
    pkColumnValue = "BOARD_SEQ", allocationSize = 1)
public class Board {

    @Id
    @GeneratedValue(strategy = GenerationType.TABLE,
        generator = "BOARD_SEQ_GENERATOR")
    private Long id;
    ...
}
```

예제 4.15의 코드를 보자. 먼저 @TableGenerator를 사용해서 테이블 키 생성기를 등록한다. 여기서는 BOARD_SEQ_GENERATOR라는 이름의 테이블 키 생성기를 등록하고 방금 생성한 MY_SEQUENCES 테이블을 키 생성용 테이블로 매핑했다. 다음으로 TABLE 전략을 사용하기 위해 GenerationType.TABLE을 선택했다. 그리고 @GeneratedValue.generator에 방금 만든 테이블 키 생성기를 지정했다. 이제부터 id 식별자 값은 BOARD_SEQ_GENERATOR 테이블 키 생성기가 할당한다.

예제 4.16 TABLE 전략 매핑 사용 코드

```
private static void logic(EntityManager em) {
    Board board = new Board();
    em.persist(board);
    System.out.println("board.id = " + board.getId());
}
//출력: board.id = 1
```

예제 4.16의 TABLE 전략을 매핑한 사용 코드를 보자. TABLE 전략은 시퀀스 대신에 테이블을 사용한다는 것만 제외하면 SEQUENCE 전략과 내부 동작방식이 같다.

표 4.6 MY_SEQUENCES 테이블을 보면 @TableGenerator.pkColumnValue에서 지정한 "BOARD_SEQ"가 컬럼명으로 추가된 것을 확인할 수 있다. 이제 키 생성기를 사용할 때마다 next_val 컬럼 값이 증가한다. 참고로 MY_SEQUENCES 테이블에 값이 없으면 JPA가 값을 INSERT하면서 초기화하므로 값을 미리 넣어둘 필요는 없다.

표 4.6 MY_SEQUENCES 결과 테이블

sequence_name	next_val
BOARD_SEQ	2
MEMBER_SEQ	10
PRODUCT_SEQ	50
...	...

@TableGenerator

@TableGenerator를 분석해보자. 표 4.7에 속성을 정리했다.

표 4.7 @TableGenerator 속성 정리

속성	기능	기본값
name	식별자 생성기 이름	필수
table	키생성 테이블명	hibernate_sequences
pkColumnName	시퀀스 컬럼명	sequence_name
valueColumnName	시퀀스 값 컬럼명	next_val
pkColumnValue	키로 사용할 값 이름	엔티티 이름
initialValue	초기 값, 마지막으로 생성된 값이 기준이다.	0
allocationSize	시퀀스 한 번 호출에 증가하는 수(성능 최적화에 사용됨)	50
catalog, schema	데이터베이스 catalog, schema 이름	
uniqueConstraints(DDL)	유니크 제약 조건을 지정할 수 있다.	

JPA 표준 명세에서는 table, pkColumnName, valueColumnName의 기본값을 JPA 구현체가 정의하도록 했다. 위에서 설명한 기본값은 하이버네이트 기준이다. 매핑할 테이블은 표 4.8을 참고하자.

표 4.8 매핑할 DDL, 테이블명 {table}

{pkColumnName}	{valueColumnName}
{pkColumnValue}	{initialValue}

> **◀)) 참고**
>
> **TABLE 전략과 최적화**
>
> TABLE 전략은 값을 조회하면서 SELECT 쿼리를 사용하고 다음 값으로 증가시키기 위해 UPDATE 쿼리를 사용한다. 이 전략은 SEQUENCE 전략과 비교해서 데이터베이스와 한 번 더 통신하는 단점이 있다. TABLE 전략을 최적화하려면 @TableGenerator.allocationSize를 사용하면 된다. 이 값을 사용해서 최적화하는 방법은 SEQUENCE 전략과 같다.

4.6.5 AUTO 전략

데이터베이스의 종류도 많고 기본 키를 만드는 방법도 다양하다. GenerationType. AUTO는 선택한 데이터베이스 방언에 따라 IDENTITY, SEQUENCE, TABLE 전략 중 하나를 자동으로 선택한다. 예를 들어 오라클을 선택하면 SEQUENCE를, MySQL을 선택하면 IDENTITY를 사용한다. 예제 4.17을 보자.

예제 4.17 AUTO 전략 매핑 코드

```
@Entity
public class Board {
    @Id
    @GeneratedValue(strategy = GenerationType.AUTO)
    private Long id;
    ...
}
```

@GeneratedValue.strategy의 기본값은 AUTO다. 따라서 다음과 같이 사용해도 결과는 같다.

```
@Id @GeneratedValue
private Long id;
```

AUTO 전략의 장점은 데이터베이스를 변경해도 코드를 수정할 필요가 없다는 것이다. 특히 키 생성 전략이 아직 확정되지 않은 개발 초기 단계나 프로토타입 개발 시 편리하게 사용할 수 있다.

AUTO를 사용할 때 SEQUENCE나 TABLE 전략이 선택되면 시퀀스나 키 생성용 테이블을 미리 만들어 두어야 한다. 만약 스키마 자동 생성 기능을 사용한다면 하이버네이트가 기본값을 사용해서 적절한 시퀀스나 키 생성용 테이블을 만들어 줄 것이다.

4.6.6 기본 키 매핑 정리

영속성 컨텍스트는 엔티티를 식별자 값으로 구분하므로 엔티티를 영속 상태로 만들려면 식별자 값이 반드시 있어야 한다. em.persist()를 호출한 직후에 발생하는 일을 식별자 할당 전략별로 정리하면 다음과 같다.

- 직접 할당: em.persist()를 호출하기 전에 애플리케이션에서 직접 식별자 값을 할당해야 한다. 만약 식별자 값이 없으면 예외가 발생한다.
- SEQUENCE: 데이터베이스 시퀀스에서 식별자 값을 획득한 후 영속성 컨텍스트에 저장한다.
- TABLE: 데이터베이스 시퀀스 생성용 테이블에서 식별자 값을 획득한 후 영속성 컨텍스트에 저장한다.
- IDENTITY: 데이터베이스에 엔티티를 저장해서 식별자 값을 획득한 후 영속성 컨텍스트에 저장한다(IDENTITY 전략은 테이블에 데이터를 저장해야 식별자 값을 획득할 수 있다).

🔊 참고

권장하는 식별자 선택 전략

데이터베이스 기본 키는 다음 3가지 조건을 모두 만족해야 한다.

1. null값은 허용하지 않는다.
2. 유일해야 한다.
3. 변해선 안 된다.

테이블의 기본 키를 선택하는 전략은 크게 2가지가 있다.

- 자연 키(natural key)
  - 비즈니스에 의미가 있는 키
  - 예: 주민등록번호, 이메일, 전화번호
- 대리 키(surrogate key)
  - 비즈니스와 관련 없는 임의로 만들어진 키, 대체 키로도 불린다.
  - 예: 오라클 시퀀스, auto_increment, 키생성 테이블 사용

(이어짐)

자연 키보다는 대리 키를 권장한다

자연 키와 대리 키는 일장 일단이 있지만 될 수 있으면 대리 키의 사용을 권장한다. 예를 들어 자연 키인 전화번호를 기본 키로 선택한다면 그 번호가 유일할 수는 있지만, 전화번호가 없을 수도 있고 전화번호가 변경될 수도 있다. 따라서 기본 키로 적당하지 않다. 문제는 주민등록번호처럼 그럴듯하게 보이는 값이다. 이 값은 null이 아니고 유일하며 변하지 않는다는 3가지 조건을 모두 만족하는 것 같다. 하지만 현실과 비즈니스 규칙은 생각보다 쉽게 변한다. 주민등록번호조차도 여러 가지 이유로 변경될 수 있다.

비즈니스 환경은 언젠가 변한다

나의 경험을 하나 이야기하겠다. 레거시 시스템을 유지보수할 일이 있었는데, 분석해보니 회원 테이블에 주민등록번호가 기본 키로 잡혀 있었다. 회원과 관련된 수많은 테이블에서 조인을 위해 주민등록번호를 외래 키로 가지고 있었고 심지어 자식 테이블의 자식 테이블까지 주민등록번호가 내려가 있었다. 문제는 정부 정책이 변경되면서 법적으로 주민등록번호를 저장할 수 없게 되면서 발생했다. 결국 데이터베이스 테이블은 물론이고 수많은 애플리케이션 로직을 수정했다. 만약 데이터베이스를 처음 설계할 때부터 자연 키인 주민등록번호 대신에 비즈니스와 관련 없는 대리 키를 사용했다면 수정할 부분이 많지는 않았을 것이다.

기본 키의 조건을 현재는 물론이고 미래까지 충족하는 자연 키를 찾기는 쉽지 않다. 대리 키는 비즈니스와 무관한 임의의 값이므로 요구사항이 변경되어도 기본 키가 변경되는 일은 드물다. 대리 키를 기본 키로 사용하되 주민등록번호나 이메일처럼 자연 키의 후보가 되는 컬럼들은 필요에 따라 유니크 인덱스를 설정해서 사용하는 것을 권장한다.

JPA는 모든 엔티티에 일관된 방식으로 대리 키 사용을 권장한다

비즈니스 요구사항은 계속해서 변하는데 테이블은 한 번 정의하면 변경하기 어렵다. 그런 면에서 외부 풍파에 쉽게 흔들리지 않는 대리 키가 일반적으로 좋은 선택이라 생각한다.

> 🔊 **참고**
>
> 2개 이상의 컬럼으로 기본 키를 구성하는 복합 키는 7.3절에서 다룬다.

> ⚠️ **주의**
>
> 기본 키는 변하면 안 된다는 기본 원칙으로 인해, 저장된 엔티티의 기본 키 값은 절대 변경하면 안 된다. 이 경우 JPA는 예외를 발생시키거나 정상 동작하지 않는다. setId() 같이 식별자를 수정하는 메소드를 외부에 공개하지 않는 것도 문제를 예방하는 하나의 방법이 될 수 있다.

4.7 필드와 컬럼 매핑: 레퍼런스

JPA가 제공하는 필드와 컬럼 매핑용 어노테이션들을 레퍼런스 형식으로 정리해보았다. 책을 학습할 때는 간단히 훑어보고, 필요한 매핑을 사용할 일이 있을 때 찾아서 자세히 읽어보는 것을 권장한다. 표 4.9를 참고하자.

표 4.9 필드와 컬럼 매핑 분류

분류	매핑 어노테이션	설명
필드와 컬럼 매핑	@Column	컬럼을 매핑한다.
	@Enumerated	자바의 enum 타입을 매핑한다.
	@Temporal	날짜 타입을 매핑한다.
	@Lob	BLOB, CLOB 타입을 매핑한다.
	@Transient	특정 필드를 데이터베이스에 매핑하지 않는다.
기타	@Access	JPA가 엔티티에 접근하는 방식을 지정한다.

4.7.1 @Column

@Column은 객체 필드를 테이블 컬럼에 매핑한다. 가장 많이 사용되고 기능도 많다. 속성 중에 name, nullable이 주로 사용되고 나머지는 잘 사용되지 않는 편이다. 속성은 표 4.10에 정리했다.

insertable, updatable 속성은 데이터베이스에 저장되어 있는 정보를 읽기만 하고 실수로 변경하는 것을 방지하고 싶을 때 사용한다.

표 4.10 @Column 속성 정리

속성	기능	기본값
name	필드와 매핑할 테이블의 컬럼 이름	객체의 필드 이름
insertable (거의 사용하지 않음)	엔티티 저장 시 이 필드도 같이 저장한다. false로 설정하면 이 필드는 데이터베이스에 저장하지 않는다. false 옵션은 읽기 전용일 때 사용한다.	true
updatable (거의 사용하지 않음)	엔티티 수정 시 이 필드도 같이 수정한다. false로 설정하면 데이터베이스에 수정하지 않는다. false 옵션은 읽기 전용일 때 사용한다.	true

(이어짐)

속성	기능	기본값
table (거의 사용하지 않음)	하나의 엔티티를 두 개 이상의 테이블에 매핑할 때 사용한다. 지정한 필드를 다른 테이블에 매핑할 수 있다. 자세한 사용법은 7.5절에서 다룬다.	현재 클래스가 매핑된 테이블
nullable(DDL)	null 값의 허용 여부를 설정한다. false로 설정하면 DDL 생성 시에 not null 제약조건이 붙는다.	true
unique(DDL)	@Table의 uniqueConstraints와 같지만 한 컬럼에 간단히 유니크 제약조건을 걸 때 사용한다. 만약 두 컬럼 이상을 사용해서 유니크 제약조건을 사용하려면 클래스 레벨에서 @Table.uniqueConstraints를 사용해야 한다.	
columnDefinition(DDL)	데이터베이스 컬럼 정보를 직접 줄 수 있다.	필드의 자바 타입과 방언 정보를 사용해서 적절한 컬럼 타입을 생성한다.
length(DDL)	문자 길이 제약조건, String 타입에만 사용한다.	255
precision, scale(DDL)	BigDecimal 타입에서 사용한다(BigInteger도 사용할 수 있다). precision은 소수점을 포함한 전체 자릿수를, scale은 소수의 자릿수다. 참고로 double, float 타입에는 적용되지 않는다. 아주 큰 숫자나 정밀한 소수를 다루어야 할 때만 사용한다.	precision=19, scale=2

DDL 생성 속성에 따라 어떤 DDL이 생성되는지 확인해보자.

▼ nullable(DDL 생성 기능)

```
@Column(nullable = false)
private String data;

//생성된 DDL
data varchar(255) not null
```

▼ unique(DDL 생성 기능)

```
@Column(unique = true)
private String username;

//생성된 DDL
alter table Tablename
    add constraint UK_Xxx  unique (username)
```

▼ columnDefinition(DDL 생성 기능)

```
@Column(columnDefinition = "varchar(100) default 'EMPTY'")
private String data;

//생성된 DDL
data varchar(100) default 'EMPTY'
```

▼ length(DDL 생성 기능)

```
@Column(length = 400)
private String data;

//생성된 DDL
data varchar(400)
```

▼ precision, scale(DDL 생성 기능)

```
@Column(precision = 10, scale = 2)
private BigDecimal cal;

//생성된 DDL
cal numeric(10,2) //H2, PostgreSQL
cal number(10,2)   //오라클
cal decimal(10,2) //MySQL
```

🔊 참고

@Column 생략

@Column을 생략하게 되면 어떻게 될까? 대부분 @Column 속성의 기본값이 적용되는데, 자바 기본 타입일 때는 nullable 속성에 예외가 있다. 우선 코드를 보자.

```
int data1; //@Column 생략, 자바 기본 타입
data1 integer not null //생성된 DDL

Integer data2; //@Column 생략, 객체 타입
data2 integer   //생성된 DDL

@Column
int data3;       //@Column 사용, 자바 기본 타입
data3 integer   //생성된 DDL
```

int data1 같은 자바 기본 타입에는 null 값을 입력할 수 없다. Integer data2처럼 객체 타입일 때만 null 값이 허용된다. 따라서 자바 기본 타입인 int data1을 DDL로 생성할 때는 not null 제약조건을 추가하는 것이 안전하다.

JPA는 이런 상황을 고려해서 DDL 생성 기능을 사용할 때 int data1 같은 기본 타입에는 not null 제약조건을 추가한다. 반면에 Integer data2처럼 객체 타입이면 null이 입력될 수 있으므로 not null 제약조건을 설정하지 않는다. 그런데 int data3처럼 @Column을 사용하면 @Column은 nullable = true가 기본값이므로 not null 제약조건을 설정하지 않는다. 따라서 자바 기본 타입에 @Column을 사용하면 nullable = false로 지정하는 것이 안전하다.

4.7.2 @Enumerated

자바의 enum 타입을 매핑할 때 사용한다. 표 4.11에 속성을 정리했다.

표 4.11 @Enumerated 속성 정리

속성	기능	기본값
value	• EnumType.ORDINAL: enum 순서를 데이터베이스에 저장 • EnumType.STRING: enum 이름을 데이터베이스에 저장	EnumType.ORDINAL

@Enumerated 사용 예

enum 클래스는 다음과 같다.

```
enum RoleType {
    ADMIN, USER
}
```

다음은 enum 이름으로 매핑한다.

```
@Enumerated(EnumType.STRING)
private RoleType roleType;
```

enum은 다음처럼 사용한다.

```
member.setRoleType(RoleType.ADMIN); //-> DB에 문자 ADMIN으로 저장됨
```

@Enumerated를 사용하면 편리하게 enum 타입을 데이터베이스에 저장할 수 있다.

- EnumType.ORDINAL은 enum에 정의된 순서대로 ADMIN은 0, USER는 1 값이 데이터베이스에 저장된다.
  - 장점: 데이터베이스에 저장되는 데이터 크기가 작다.
  - 단점: 이미 저장된 enum의 순서를 변경할 수 없다.
- EnumType.STRING은 enum 이름 그대로 ADMIN은 'ADMIN', USER는 'USER'라는 문자로 데이터베이스에 저장된다.
  - 장점: 저장된 enum의 순서가 바뀌거나 enum이 추가되어도 안전하다.
  - 단점: 데이터베이스에 저장되는 데이터 크기가 ORDINAL에 비해서 크다.

4.7.3 @Temporal

날짜 타입(`java.util.Date`, `java.util.Calendar`)을 매핑할 때 사용한다. 표 4.12에 속성을 정리했다.

표 4.12 @Temporal 속성 정리

속성	기능	기본값
value	• TemporalType.DATE: 날짜, 데이터베이스 date 타입과 매핑(예: 2013 – 10 – 11) • TemporalType.TIME: 시간, 데이터베이스 time 타입과 매핑(예: 11:11:11) • TemporalType.TIMESTAMP: 날짜와 시간, 데이터베이스 timestamp 타입과 매핑(예: 2013 – 10 – 11 11:11:11)	TemporalType은 필수로 지정해야 한다.

다음은 `@Temporal`의 사용 예다.

```
@Temporal(TemporalType.DATE)
private Date date; //날짜

@Temporal(TemporalType.TIME)
private Date time; //시간

@Temporal(TemporalType.TIMESTAMP)
private Date timestamp; //날짜와 시간

//==생성된 DDL==//
date date,
time time,
timestamp timestamp,
```

자바의 `Date` 타입에는 년월일 시분초가 있지만 데이터베이스에는 date(날짜), time(시간), timestamp(날짜와 시간)라는 세 가지 타입이 별도로 존재한다.

@Temporal을 생략하면 자바의 Date와 가장 유사한 timestamp로 정의된다. 하지만 timestamp 대신에 datetime을 예약어로 사용하는 데이터베이스도 있는데 데이터베이스 방언 덕분에 애플리케이션 코드는 변경하지 않아도 된다.

데이터베이스 방언에 따라 생성되는 DDL은 다음과 같다.

- datetime: MySQL
- timestamp: H2, 오라클, PostgreSQL

4.7.4 @Lob

데이터베이스 BLOB, CLOB 타입과 매핑한다.

속성 정리

@Lob에는 지정할 수 있는 속성이 없다. 대신에 매핑하는 필드 타입이 문자면 CLOB으로 매핑하고 나머지는 BLOB으로 매핑한다.

- CLOB: String, char[], java.sql.CLOB
- BLOB: byte[], java.sql.BLOB

@Lob 사용 예

@Lob 사용 예는 다음과 같다.

```
@Lob
private String lobString;

@Lob
private byte[] lobByte;
```

생성된 DDL은 다음과 같다.

```
//오라클
lobString clob,
lobByte blob,

//MySQL
lobString longtext,
```

```
lobByte longblob,

//PostgreSQL
lobString text,
lobByte oid,
```

4.7.5 @Transient

이 필드는 매핑하지 않는다. 따라서 데이터베이스에 저장하지 않고 조회하지도 않는다. 객체에 임시로 어떤 값을 보관하고 싶을 때 사용한다.

```
@Transient
private Integer temp;
```

4.7.6 @Access

JPA가 엔티티 데이터에 접근하는 방식을 지정한다.

- **필드 접근**: AccessType.FIELD로 지정한다. 필드에 직접 접근한다. 필드 접근 권한이 private이어도 접근할 수 있다. 예제 4.18을 참고하자.
- **프로퍼티 접근**: AccessType.PROPERTY로 지정한다. 접근자Getter를 사용한다. 예제 4.19를 참고하자.

@Access를 설정하지 않으면 @Id의 위치를 기준으로 접근 방식이 설정된다.

예제 4.18 필드 접근 코드

```
@Entity
@Access(AccessType.FIELD)
public class Member {

    @Id
    private String id;

    private String data1;
    private String data2;
    ...
}
```

@Id가 필드에 있으므로 @Access(AccessType.FIELD)로 설정한 것과 같다. 따라서 @Access는 생략해도 된다.

```java
@Entity
@Access(AccessType.PROPERTY)
public class Member {

    private String id;

    private String data1;
    private String data2;

    @Id
    public String getId() {
        return id;
    }

    @Column
    public String getData1() {
        return data1;
    }

    public String getData2() {
        return data2;
    }
}
```

@Id가 프로퍼티에 있으므로 @Access(AccessType.PROPERTY)로 설정한 것과 같다. 따라서 @Access는 생략해도 된다.

예제 4.20처럼 필드 접근 방식과 프로퍼티 접근 방식을 함께 사용할 수도 있다.

```java
@Entity
public class Member {

    @Id
    private String id;

    @Transient
    private String firstName;
```

```
    @Transient
    private String lastName;

    @Access(AccessType.PROPERTY)
    public String getFullName() {
        return firstName + lastName;
    }
    ...
}
```

@Id가 필드에 있으므로 기본은 필드 접근 방식을 사용하고 getFullName()만 프로퍼티 접근 방식을 사용한다. 따라서 회원 엔티티를 저장하면 회원 테이블의 FULLNAME 컬럼에 firstName + lastName의 결과가 저장된다.

4.8 정리

이번 장에서 학습한 내용을 정리해보자. 이 장을 통해 객체와 테이블 매핑, 기본 키 매핑, 필드와 컬럼 매핑에 대해 알아보았다. 그리고 데이터베이스 스키마 자동 생성하기 기능도 알아보았는데, 이 기능을 사용하면 엔티티 객체를 먼저 만들고 테이블은 자동으로 생성할 수 있다.

JPA는 다양한 기본 키 매핑 전략을 지원한다. 기본 키를 애플리케이션에서 직접 할당하는 방법부터 데이터베이스가 제공하는 기본 키를 사용하는 SEQUENCE, IDENTITY, TABLE 전략에 대해서도 알아보았다.

이 장에서 다룬 회원 엔티티는 다른 엔티티와 관계가 없다. 회원이 특정 팀에 소속해야 한다면 어떻게 해야 할까? 다음 장을 통해 연관관계가 있는 엔티티들을 어떻게 매핑하는지 알아보자.

그 전에 다음 실전 예제를 꼭 따라해보자. 실전 예제는 이 장에서 학습한 내용을 소화할 수 있게 도와준다. 그리고 JPA를 사용해서 실제 엔티티를 어떻게 모델링해야 할지 감을 잡을 수 있게 해준다. 실전 예제의 도메인 모델은 각 장을 진행할 때마다 점진적으로 성장한다. 그리고 이렇게 완성한 도메인 모델로 11장의 웹 애플리케이션을 개발한다. 그러므로 실전 예제는 꼭 실행해보자.

작은 쇼핑몰을 만들어가면서 JPA로 실제 도메인 모델을 어떻게 구성하고 객체와 테이블을 어떻게 매핑해야 하는지 알아보자.

실전 예제는 학습한 내용을 도메인 모델에 적용하면서 점점 설계를 완성해 나갈 것이다. 그리고 완성된 도메인 모델로 웹 애플리케이션 만들기 장에서 실제 웹 애플리케이션을 만들어보겠다. 직접 코딩하면서 예제를 순서대로 따라오는 것을 권장한다.

먼저 요구사항을 분석하고 도메인 모델과 테이블을 설계하자.

📖 요구사항 분석

핵심 요구사항은 다음과 같다.

- 회원은 상품을 주문할 수 있다.
- 주문 시 여러 종류의 상품을 선택할 수 있다.

요구사항을 분석해서 만든 메인 화면(그림 4.1)과 기능은 다음과 같다.

그림 4.1 메인 화면

- 회원 기능
  - 회원 등록
  - 회원 조회

- 상품 기능
  - 상품 등록
  - 상품 수정
  - 상품 조회

- 주문 기능
  - 상품 주문
  - 주문 내역 조회
  - 주문 취소

📖 도메인 모델 분석

요구사항을 분석해보니 회원, 주문, 상품, 그리고 주문상품이라는 엔티티가 도출되었다. 그림 4.2를 보자.

그림 4.2 실전 예제 1 UML

- **회원과 주문의 관계:** 회원은 여러 번 주문할 수 있으므로 회원과 주문은 일대다 관계다.
- **주문과 상품의 관계:** 주문할 때 여러 상품을 함께 선택할 수 있고, 같은 상품도 여러 번 주문될 수 있으므로 둘은 다대다 관계다. 하지만 이런 다대다 관계는 관계형 데이터베이스는 물론이고 엔티티에서도 거의 사용하지 않는다. 따라서 주문상품이라는 연결 엔티티를 추가해서 다대다 관계를 일대다, 다대일 관계로 풀어냈다. 그리고 주문상품에는 해당 상품을 구매한 금액과 수량 정보가 포함되어 있다.

요구사항을 분석해서 데이터베이스 테이블을 만들자.

테이블 설계

그림 4.3은 요구사항을 기반으로 설계한 테이블 ERD다.

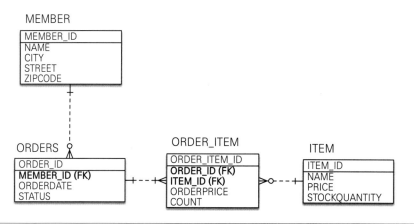

그림 4.3 실전 예제 1 ERD

그림 4.3 ERD를 분석해보자.

- **회원**(MEMBER): 이름(NAME)과 주소 정보를 가진다. 주소는 CITY, STREET, ZIPCODE 로 표현한다.
- **주문**(ORDERS): 상품을 주문한 회원(MEMBER_ID)을 외래 키로 가진다. 그리고 주문 날짜(ORDERDATE)와 주문 상태(STATUS)를 가진다. 주문 상태는 주문(ORDER)과 취소 (CANCEL)를 표현할 수 있다.
- **주문상품**(ORDER_ITEM): 주문(ORDER_ID)과 주문한 상품(ITEM_ID)을 외래 키로 가진 다. 주문 금액(ORDERPRICE), 주문 수량(COUNT) 정보를 가진다.
- **상품**(ITEM): 이름(NAME), 가격(PRICE), 재고수량(STOCKQUANTITY)을 가진다. 상품을 주문하면 재고수량이 줄어든다.

이렇게 설계한 테이블을 기반으로 엔티티를 만들어보자.

📖 엔티티 설계와 매핑

그림 4.4는 설계한 테이블을 기반으로 실제 엔티티를 설계한 UML이다.

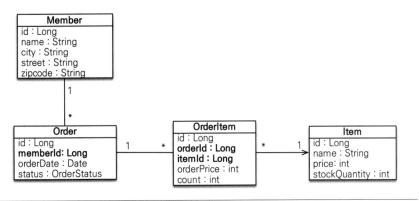

그림 4.4 실전 예제 1 UML 상세

예제 4.21 회원(Member) 엔티티

```java
package jpabook.model.entity;

import javax.persistence.*;
import java.util.ArrayList;
import java.util.List;

@Entity
public class Member {

    @Id @GeneratedValue
    @Column(name = "MEMBER_ID")
    private Long id;

    private String name;

    private String city;
    private String street;
    private String zipcode;

    //Getter, Setter
    ...
}
```

예제 4.21 회원 엔티티 코드를 보자. 회원은 이름(name)과 주소 정보를 가진다. 주소는 city, street, zipcode로 표현한다.

식별자는 @Id와 @GeneratedValue를 사용해서 데이터베이스에서 자동 생성되도록 했다. @GeneratedValue의 기본 생성 전략은 AUTO이므로 선택한 데이터베이스 방언에 따라 IDENTITY, SEQUENCE, TABLE중 하나가 선택된다. 예제에서는 H2 데이터베이스를 사용하는데 이 데이터베이스는 SEQUENCE를 사용한다. 다른 엔티티들에 대해서도 같은 키 생성 전략을 사용하겠다.

예제 4.22 주문(Order) 엔티티

```java
package jpabook.model.entity;

import javax.persistence.*;
import java.util.Date;

@Entity
@Table(name = "ORDERS")
public class Order {

    @Id @GeneratedValue
    @Column(name = "ORDER_ID")
    private Long id;

    @Column(name = "MEMBER_ID")
    private Long memberId;

    @Temporal(TemporalType.TIMESTAMP)
    private Date orderDate;      //주문 날짜 …❶

    @Enumerated(EnumType.STRING)
    private OrderStatus status;//주문 상태 …❷

    //Getter, Setter
    ...
}
```

예제 4.23 주문 상태(OrderStatus)

```java
public enum OrderStatus {
    ORDER, CANCEL
}
```

예제 4.22는 주문 엔티티 코드다. 주문은 상품을 주문한 회원(memberId)의 외래 키 값과 주문 날짜(orderDate), 주문 상태(status)를 가진다. 주문 상태 코드는 예제 4.23을 참고하자.

❶ 주문 날짜는 Date를 사용하고 년월일 시분초를 모두 사용하므로 @Temporal에 TemporalType.TIMESTAMP 속성을 사용해서 매핑했다. 참고로 @Temporal을 생략하면 @Temporal(TemporalType.TIMESTAMP)와 같으므로 예제에서는 생략해도 된다.

❷ 주문 상태는 열거형을 사용하므로 @Enumerated로 매핑했고, EnumType.STRING 속성을 지정해서 열거형의 이름이 그대로 저장되도록 했다. 그리고 OrderStatus 열거형을 사용하므로 주문(ORDER)과 취소(CANCEL)를 표현할 수 있다.

예제 4.24 주문상품(OrderItem)

```java
@Entity
@Table(name = "ORDER_ITEM")
public class OrderItem {

    @Id @GeneratedValue
    @Column(name = "ORDER_ITEM_ID")
    private Long id;

    @Column(name = "ITEM_ID")
    private Long itemId;
    @Column(name = "ORDER_ID")
    private Long orderId;

    private int orderPrice; //주문 가격
    private int count;       //주문 수량

    //Getter, Setter
    ...
}
```

예제 4.24는 주문상품 엔티티 코드다. 주문상품은 주문(orderId)의 외래 키 값과 주문한 상품(itemId)의 외래 키 값을 가진다. 그리고 주문 금액(orderPrice)과 주문 수량(count) 정보를 가진다.

```
@Entity
public class Item {

    @Id @GeneratedValue
    @Column(name = "ITEM_ID")
    private Long id;

    private String name;        //이름
    private int price;          //가격
    private int stockQuantity;  //재고수량

    //Getter, Setter
    ...
}
```

예제 4.25는 상품 엔티티 코드다. 상품은 이름(name), 가격(price), 재고수량 (stockQuantity) 정보를 가진다.

🗺 데이터 중심 설계의 문제점

이 예제의 엔티티 설계가 이상하다는 생각이 들었다면 객체지향 설계를 의식하는 개발자고, 그렇지 않고 자연스러웠다면 데이터 중심의 개발자일 것이다. 객체지향 설계는 각각의 객체가 맡은 역할과 책임이 있고 관련 있는 객체끼리 참조하도록 설계해야 한다.

지금 이 방식은 객체 설계를 테이블 설계에 맞춘 방법이다. 특히 테이블의 외래 키를 객체에 그대로 가져온 부분이 문제다. 왜냐하면 관계형 데이터베이스는 연관 된 객체를 찾을 때 외래 키를 사용해서 조인하면 되지만 객체에는 조인이라는 기능이 없다. 객체는 연관된 객체를 찾을 때 참조를 사용해야 한다.

설계한 엔티티로 데이터베이스 스키마 자동 생성하기를 실행해보면 ERD에 나온대로 테이블이 생성된다. 하지만 객체에서 참조 대신에 데이터베이스의 외래 키를 그대로 가지고 있으므로 order.getMember()처럼 객체 그래프를 탐색할 수 없고 객체의 특성도 살릴 수 없다. 그리고 객체가 다른 객체를 참조하지도 않으므로 UML도 잘못되었다. 객체는 외래 키 대신에 참조를 사용해야 한다.

이렇게 외래 키만 가지고 있으면 연관된 엔티티를 찾을 때 외래 키로 데이터베이스를 다시 조회해야 한다. 예를 들어 주문을 조회한 다음 주문과 연관된 회원을 조회하려면 다음처럼 외래 키를 사용해서 다시 조회해야 한다.

```
Order order = em.find(Order.class, orderId);

//외래 키로 다시 조회
Member member = em.find(Member.class, order.getMemberId());
```

객체는 참조를 사용해서 연관관계를 조회할 수 있다. 따라서 다음처럼 참조를 사용하는 것이 객체지향적인 방법이다.

```
Order order = em.find(Order.class, orderId);
Member member = order.getMember(); //참조 사용
```

정리하자면 객체는 참조를 사용해서 연관된 객체를 찾고 테이블은 외래 키를 사용해서 연관된 테이블을 찾으므로 둘 사이에는 큰 차이가 있다.

JPA는 객체의 참조와 테이블의 외래 키를 매핑해서 객체에서는 참조를 사용하고 테이블에서는 외래 키를 사용할 수 있도록 한다. 다음 장을 통해 참조와 외래 키를 어떻게 매핑하는지 알아보자.

연관관계 매핑 기초

05

엔티티들은 대부분 다른 엔티티와 연관관계가 있다. 예를 들어 주문 엔티티는 어떤 상품을 주문했는지 알기 위해 상품 엔티티와 연관관계가 있고 상품 엔티티는 카테고리, 재고 등 또 다른 엔티티와 관계가 있다. 그런데 객체는 참조(주소)를 사용해서 관계를 맺고 테이블은 외래 키를 사용해서 관계를 맺는다. 이 둘은 완전히 다른 특징을 가진다. 객체 관계 매핑ORM에서 가장 어려운 부분이 바로 객체 연관관계와 테이블 연관관계를 매핑하는 일이다.

객체의 참조와 테이블의 외래 키를 매핑하는 것이 이 장의 목표다.

시작하기 전에 연관관계 매핑을 이해하기 위한 핵심 키워드를 정리해보았다. 진행하면서 하나씩 이해해보자.

- **방향**Direction: [단방향, 양방향]이 있다. 예를 들어 회원과 팀이 관계가 있을 때 회원 → 팀 또는 팀 → 회원 둘 중 한 쪽만 참조하는 것을 단방향 관계라 하고, 회원 → 팀, 팀 → 회원 양쪽 모두 서로 참조하는 것을 양방향 관계라 한다. 방향은 객체관계에만 존재하고 테이블 관계는 항상 양방향이다.
- **다중성**Multiplicity: [다대일(N:1), 일대다(1:N), 일대일(1:1), 다대다(N:M)] 다중성이 있다. 예를 들어 회원과 팀이 관계가 있을 때 여러 회원은 한 팀에 속하므로 회원과 팀은 다대일 관계다. 반대로 한 팀에 여러 회원이 소속될 수 있으므로 팀과 회원은 일대다 관계다.
- **연관관계의 주인**owner: 객체를 양방향 연관관계로 만들면 연관관계의 주인을 정해야 한다.

5.1 단방향 연관관계

연관관계 중에선 다대일(N:1) 단방향 관계를 가장 먼저 이해해야 한다. 지금부터 회원과 팀의 관계를 통해 다대일 단방향 관계를 알아보자.

- 회원과 팀이 있다.
- 회원은 하나의 팀에만 소속될 수 있다.
- 회원과 팀은 다대일 관계다.

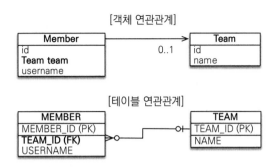

[객체 연관관계]

[테이블 연관관계]

그림 5.1 다대일 연관관계 | 다대일(N:1), 단방향

그림 5.1을 분석해보자.

▼ 객체 연관관계

- 회원 객체는 `Member.team` 필드(멤버변수)로 팀 객체와 연관관계를 맺는다.
- 회원 객체와 팀 객체는 **단방향 관계**다. 회원은 `Member.team` 필드를 통해서 팀을 알 수 있지만 반대로 팀은 회원을 알 수 없다. 예를 들어 `member → team` 의 조회는 `member.getTeam()`으로 가능하지만 반대 방향인 `team → member` 를 접근하는 필드는 없다.

▼ 테이블 연관관계

- 회원 테이블은 `TEAM_ID` 외래 키로 팀 테이블과 연관관계를 맺는다.
- 회원 테이블과 팀 테이블은 **양방향 관계**다. 회원 테이블의 `TEAM_ID` 외래 키를 통해서 회원과 팀을 조인할 수 있고 반대로 팀과 회원도 조인할 수 있다. 예를 들어 `MEMBER` 테이블의 `TEAM_ID` 외래 키 하나로 `MEMBER JOIN TEAM` 과 `TEAM JOIN MEMBER` 둘 다 가능하다.

외래 키 하나로 어떻게 양방향으로 조인하는지 알아보자. 다음은 회원과 팀을 조인하는 SQL이다.

```
SELECT *
FROM MEMBER M
JOIN TEAM T ON M.TEAM_ID = T.TEAM_ID
```

다음은 반대인 팀과 회원을 조인하는 SQL이다.

```
SELECT *
FROM TEAM T
JOIN MEMBER M ON T.TEAM_ID = M.TEAM_ID
```

▼ 객체 연관관계와 테이블 연관관계의 가장 큰 차이

참조를 통한 연관관계는 언제나 단방향이다. 객체간에 연관관계를 양방향으로 만들고 싶으면 반대쪽에도 필드를 추가해서 참조를 보관해야 한다. 결국 연관관계를 하나 더 만들어야 한다. 이렇게 양쪽에서 서로 참조하는 것을 양방향 연관관계라 한다. 하지만 정확히 이야기하면 이것은 **양방향 관계가 아니라 서로 다른 단방향 관계 2개다.** 반면에 테이블은 외래 키 하나로 양방향으로 조인할 수 있다.

다음은 단방향 연관관계다.

```
class A {
    B b;
}
class B {}
```

다음은 양방향 연관관계다.

```
class A {
    B b;
}
class B {
    A a;
}
```

▼ 객체 연관관계 vs 테이블 연관관계 정리

- 객체는 참조(주소)로 연관관계를 맺는다.
- 테이블은 외래 키로 연관관계를 맺는다.

이 둘은 비슷해 보이지만 매우 다른 특징을 가진다. 연관된 데이터를 조회할 때 객체는 참조(a.getB().getC())를 사용하지만 테이블은 조인JOIN을 사용한다.

- 참조를 사용하는 객체의 연관관계는 단방향이다.
  - A → B (a.b)
- 외래 키를 사용하는 테이블의 연관관계는 양방향이다.
  - A JOIN B 가 가능하면 반대로 B JOIN A 도 가능하다.

- 객체를 양방향으로 참조하려면 단방향 연관관계를 2개 만들어야 한다.
  - A → B (a.b)
  - B → A (b.a)

지금까지 객체 연관관계와 테이블 연관관계의 차이점을 알아보았다. 이제 순수한 객체 연관관계 예제와 순수한 테이블 연관관계 예제를 보고 둘을 매핑해보자.

5.1.1 순수한 객체 연관관계

순수하게 객체만 사용한 연관관계를 살펴보자. 예제 5.1은 JPA를 사용하지 않은 순수한 회원과 팀 클래스의 코드다.

예제 5.1 회원과 팀 클래스

```
public class Member {

    private String id;
    private String username;

    private Team team; //팀의 참조를 보관

    public void setTeam(Team team) {
        this.team = team;
    }

    //Getter, Setter ...
}

public class Team {

    private String id;
    private String name;

    //Getter, Setter ...
}
```

예제 5.2를 실행해서 회원1과 회원2를 팀1에 소속시키자.

```
public static void main(String[] args) {

    //생성자(id, 이름)
    Member member1 = new Member("member1","회원1");
    Member member2 = new Member("member2","회원2");
    Team team1 = new Team("team1","팀1");

    member1.setTeam(team1);
    member2.setTeam(team1);

    Team findTeam = member1.getTeam();
}
```

그림 5.2는 클래스 관계를 나타내고 그림 5.3은 인스턴스 관계를 나타낸다.

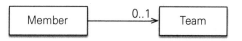

그림 5.2 순수한 객체 단방향, 다대일(N:1) 클래스

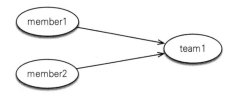

그림 5.3 순수한 객체 단방향, 다대일(N:1) 인스턴스

그림 5.3을 보면 회원1과 회원2는 팀1에 소속했다. 그리고 다음 코드로 회원1이 속한 팀1을 조회할 수 있다.

```
Team findTeam = member1.getTeam();
```

이처럼 객체는 참조를 사용해서 연관관계를 탐색할 수 있는데 이것을 **객체 그래프 탐색**이라 한다.

5.1.2 테이블 연관관계

이번에는 데이터베이스 테이블의 회원과 팀의 관계를 살펴보자. 예제 5.3은 회원 테이블과 팀 테이블의 DDL이다. 추가로 회원 테이블의 TEAM_ID에 외래 키 제약조건을 설정했다.

예제 5.3 테이블 DDL

```
CREATE TABLE MEMBER (
    MEMBER_ID VARCHAR(255) NOT NULL,
    TEAM_ID VARCHAR(255),
    USERNAME VARCHAR(255),
    PRIMARY KEY (MEMBER_ID)
)

CREATE TABLE TEAM (
    TEAM_ID VARCHAR(255) NOT NULL,
    NAME VARCHAR(255),
    PRIMARY KEY (TEAM_ID)
)

ALTER TABLE MEMBER ADD CONSTRAINT FK_MEMBER_TEAM
    FOREIGN KEY (TEAM_ID)
    REFERENCES TEAM
```

다음 SQL을 실행해서 회원1과 회원2를 팀1에 소속시키자.

```
INSERT INTO TEAM(TEAM_ID, NAME) VALUES('team1','팀1');
INSERT INTO MEMBER(MEMBER_ID, TEAM_ID, USERNAME)
VALUES('member1','team1','회원1');
INSERT INTO MEMBER(MEMBER_ID, TEAM_ID, USERNAME)
VALUES('member2','team1','회원2');
```

다음 SQL을 실행해서 회원1이 소속된 팀을 조회해보자.

```
SELECT T.*
FROM MEMBER M
    JOIN TEAM T ON M.TEAM_ID = T.TEAM_ID
WHERE M.MEMBER_ID = 'member1'
```

이처럼 데이터베이스는 외래 키를 사용해서 연관관계를 탐색할 수 있는데 이것을 조인이라 한다.

5.1.3 객체 관계 매핑

지금까지 객체만 사용한 연관관계와 테이블만 사용한 연관관계를 각각 알아보았다. 이제 JPA를 사용해서 둘을 매핑해보자.

그림 5.4 다대일 연관관계1 | 다대일(N:1), 단방향

예제 5.4 매핑한 회원 엔티티

```
@Entity
public class Member {

    @Id
    @Column(name = "MEMBER_ID")
    private String id;

    private String username;

    //연관관계 매핑
    @ManyToOne
    @JoinColumn(name="TEAM_ID")
    private Team team;

    //연관관계 설정
    public void setTeam(Team team) {
        this.team = team;
    }

    //Getter, Setter ...
}
```

```
@Entity
public class Team {

    @Id
    @Column(name = "TEAM_ID")
    private String id;

    private String name;

    //Getter, Setter ...
}
```

예제 5.4에서 회원 엔티티를 매핑하고, 예제 5.5에서 팀 엔티티를 매핑했다. 코드를 분석하기 전에 먼저 그림 5.4의 [연관관계 매핑] 부분을 보자.

- **객체 연관관계**: 회원 객체의 `Member.team` 필드 사용
- **테이블 연관관계**: 회원 테이블의 `MEMBER.TEAM_ID` 외래 키 컬럼을 사용

`Member.team`과 `MEMBER.TEAM_ID`를 매핑하는 것이 연관관계 매핑이다. 연관관계 매핑 코드를 분석해보자.

```
@ManyToOne
@JoinColumn(name="TEAM_ID")
private Team team;
```

회원 엔티티에 있는 연관관계 매핑 부분인데 연관관계를 매핑하기 위한 새로운 어노테이션들이 있다.

- `@ManyToOne`: 이름 그대로 다대일(N:1) 관계라는 매핑 정보다. 회원과 팀은 다대일 관계다. 연관관계를 매핑할 때 이렇게 다중성을 나타내는 어노테이션을 필수로 사용해야 한다.
- `@JoinColumn(name="TEAM_ID")`: 조인 컬럼은 외래 키를 매핑할 때 사용한다. name 속성에는 매핑할 외래 키 이름을 지정한다. 회원과 팀 테이블은 TEAM_ID 외래 키로 연관관계를 맺으므로 이 값을 지정하면 된다. 이 어노테이션은 생략할 수 있다.

연관관계 매핑 어노테이션을 자세히 알아보자.

5.1.4 @JoinColumn

@JoinColumn은 외래 키를 매핑할 때 사용한다. 표 5.1에 주요 속성을 정리했다.

표 5.1 @JoinColumn의 주요 속성

속성	기능	기본값
name	매핑할 외래 키 이름	필드명 + _ + 참조하는 테이블의 기본 키 컬럼명
referencedColumnName	외래 키가 참조하는 대상 테이블의 컬럼명	참조하는 테이블의 기본 키 컬럼명
foreignKey(DDL)	외래 키 제약조건을 직접 지정할 수 있다. 이 속성은 테이블을 생성할 때만 사용한다.	
unique nullable insertable updatable columnDefinition table	@Column의 속성과 같다.	

> 🔊 참고
>
> **@JoinColumn 생략**
>
> 다음처럼 @JoinColumn을 생략하면 외래 키를 찾을 때 기본 전략을 사용한다.
>
> @ManyToOne
> private Team team;
>
> • 기본 전략: 필드명 + _ + 참조하는 테이블의 컬럼명
> • 예: 필드명(team) + _(밑줄) + 참조하는 테이블의 컬럼명(TEAM_ID) =
>
> team_TEAM_ID 외래 키를 사용한다.

5.1.5 @ManyToOne

@ManyToOne 어노테이션은 다대일 관계에서 사용한다. 표 5.2에 주요 속성을 정리
했다.

표 5.2 @ManyToOne 속성

속성	기능	기본값
optional	false로 설정하면 연관된 엔티티가 항상 있어야 한다.	true
fetch	글로벌 페치 전략을 설정한다. 자세한 내용은 8장에서 설명한다.	• @ManyToOne=FetchType.EAGER • @OneToMany=FetchType.LAZY
cascade	영속성 전이 기능을 사용한다. 자세한 내용은 8장에서 설명한다.	
targetEntity	연관된 엔티티의 타입 정보를 설정한다. 이 기능은 거의 사용하지 않는다. 컬렉션을 사용해도 제네릭으로 타입 정보를 알 수 있다.	

다음 코드는 targetEntity 속성의 사용 예다.

```
@OneToMany
private List<Member> members; //제네릭으로 타입 정보를 알 수 있다.

@OneToMany(targetEntity=Member.class)
private List members; //제네릭이 없으면 타입 정보를 알 수 없다.
```

연관관계 매핑 작업이 끝났다. 이제 매핑한 연관관계를 사용해보자.

> 🔊 **참고**
>
> 다대일(@ManyToOne)과 비슷한 일대일(@OneToOne) 관계도 있다. 단방향 관계를 매핑할 때 둘 중 어떤 것을 사용해야 할지는 반대편 관계에 달려 있다. 반대편이 일대다 관계면 다대일을 사용하고 반대편이 일대일 관계면 일대일을 사용하면 된다. 참고로 일대일 관계는 다음 장에서 설명한다.

5.2 연관관계 사용

연관관계를 등록, 수정, 삭제, 조회하는 예제를 통해 연관관계를 어떻게 사용하는지 알아보자.

5.2.1 저장

연관관계를 매핑한 엔티티를 어떻게 저장하는지 예제 5.6으로 알아보자.

```java
public void testSave() {

    //팀1 저장
    Team team1 = new Team("team1", "팀1");
    em.persist(team1);

    //회원1 저장
    Member member1 = new Member("member1", "회원1");
    member1.setTeam(team1); //연관관계 설정 member1 -> team1
    em.persist(member1);

    //회원2 저장
    Member member2 = new Member("member2","회원2");
    member2.setTeam(team1); //연관관계 설정 member2 -> team1
    em.persist(member2);
}
```

⚠ 주의

JPA에서 엔티티를 저장할 때 연관된 모든 엔티티는 영속 상태여야 한다.

중요한 부분을 분석해보자.

```java
member1.setTeam(team1); //회원 -> 팀 참조
em.persist(member1); //저장
```

회원 엔티티는 팀 엔티티를 참조하고 저장했다. JPA는 참조한 팀의 식별자(Team. id)를 외래 키로 사용해서 적절한 등록 쿼리를 생성한다. 이때 실행된 SQL은 다음 과 같다. 이 SQL을 보면 회원 테이블의 외래 키 값으로 참조한 팀의 식별자 값인 team1이 입력된 것을 확인할 수 있다.

```sql
INSERT INTO TEAM (TEAM_ID, NAME) VALUES ('team1', '팀1')
INSERT INTO MEMBER (MEMBER_ID, NAME, TEAM_ID) VALUES ('member1',
    '회원1', 'team1')
INSERT INTO MEMBER (MEMBER_ID, NAME, TEAM_ID) VALUES ('member2',
    '회원2', 'team1')
```

데이터가 잘 입력되었는지 다음 SQL로 데이터베이스에서 확인해보자.

```sql
SELECT M.MEMBER_ID, M.NAME, M.TEAM_ID, T.NAME AS TEAM_NAME
FROM MEMBER M
    JOIN TEAM T ON M.TEAM_ID = T.TEAM_ID
```

결과는 다음과 같다.

MEMBER_ID	NAME	TEAM_ID	TEAM_NAME
member1	회원1	team1	팀1
member2	회원2	team1	팀1

5.2.2 조회

연관관계가 있는 엔티티를 조회하는 방법은 크게 2가지다.

- 객체 그래프 탐색(객체 연관관계를 사용한 조회)
- 객체지향 쿼리 사용_{JPQL}

방금 저장한 대로 회원1, 회원2가 팀1에 소속해 있다고 가정하자.

▼ 객체 그래프 탐색

member.getTeam()을 사용해서 member와 연관된 team 엔티티를 조회할 수 있다.

```
Member member = em.find(Member.class, "member1");
Team team = member.getTeam(); //객체 그래프 탐색
System.out.println("팀 이름 = " + team.getName());

//출력 결과: 팀 이름 = 팀1
```

이처럼 객체를 통해 연관된 엔티티를 조회하는 것을 객체 그래프 탐색이라 한다.
객체 그래프 탐색에 대한 더 자세한 내용은 8장에서 설명하겠다.

▼ 객체지향 쿼리 사용

객체지향 쿼리인 JPQL에서 연관관계를 어떻게 사용하는지 알아보자.

예를 들어 회원을 대상으로 조회하는데 팀1에 소속된 회원만 조회하려면 회원과
연관된 팀 엔티티를 검색 조건으로 사용해야 한다. SQL은 연관된 테이블을 조인
해서 검색조건을 사용하면 된다. JPQL도 조인을 지원한다(문법은 약간 다르다).
팀1에 소속된 모든 회원을 조회하는 예제 5.7 JPQL을 보자.

```
private static void queryLogicJoin(EntityManager em) {

    String jpql = "select m from Member m join m.team t where " +
        "t.name=:teamName";

    List<Member> resultList = em.createQuery(jpql, Member.class)
        .setParameter("teamName", "팀1")
        .getResultList();

    for (Member member : resultList) {
        System.out.println("[query] member.username=" +
            member.getUsername());
    }
}
//결과: [query] member.username=회원1
//결과: [query] member.username=회원2
```

JPQL의 from Member m join m.team t 부분을 보면 회원이 팀과 관계를 가지고 있는 필드(m.team)를 통해서 Member와 Team을 조인했다. 그리고 where 절을 보면 조인한 t.name을 검색조건으로 사용해서 팀1에 속한 회원만 검색했다.

다음 실행한 JPQL을 보자. 참고로 :teamName과 같이 :로 시작하는 것은 파라미터를 바인딩받는 문법이다.

```
select m from Member m join m.team t
where t.name=:teamName
```

이때 실행되는 SQL은 다음과 같다.

```
SELECT M.* FROM MEMBER MEMBER
INNER JOIN
    TEAM TEAM ON MEMBER.TEAM_ID = TEAM.TEAM_ID
WHERE
    TEAM.NAME ='팀1'
```

실행된 SQL과 JPQL을 비교하면 JPQL은 객체(엔티티)를 대상으로 하고 SQL보다 간결하다. JPQL을 포함한 객체 쿼리에 대한 상세한 내용은 10장에서 다룬다.

5.2.3 수정

이번에는 연관관계를 어떻게 수정하는지 예제 5.8을 통해 알아보자. 팀1 소속이던
회원을 새로운 팀2에 소속하도록 수정해보자.

예제 5.8 연관관계를 수정하는 코드

```
private static void updateRelation(EntityManager em) {

    //새로운 팀2
    Team team2 = new Team("team2","팀2");
    em.persist(team2);

    //회원1에 새로운 팀2 설정
    Member member = em.find(Member.class, "member1");
    member.setTeam(team2);
}
```

실행되는 수정 SQL은 다음과 같다.

```
UPDATE MEMBER
SET
    TEAM_ID='team2', ...
WHERE
    ID='member1'
```

앞의 3장에서 이야기했듯이 수정은 `em.update()` 같은 메소드가 없다. 단순히
불러온 엔티티의 값만 변경해두면 트랜잭션을 커밋할 때 플러시가 일어나면서 변
경 감지 기능이 작동한다. 그리고 변경사항을 데이터베이스에 자동으로 반영한다.
이것은 연관관계를 수정할 때도 같은데, 참조하는 대상만 변경하면 나머지는 JPA
가 자동으로 처리한다.

5.2.4 연관관계 제거

이번에는 연관관계를 제거해보자. 예제 5.9를 실행해서, 회원1을 팀에 소속하지 않
도록 변경하자.

```
private static void deleteRelation(EntityManager em) {

    Member member1 = em.find(Member.class, "member1");
    member1.setTeam(null); //연관관계 제거
}
```

예제 5.9를 보면 연관관계를 null로 설정했다. 이때 실행되는 연관관계 제거 SQL은 다음과 같다.

```
UPDATE MEMBER
SET
    TEAM_ID=null, ...
WHERE
    ID='member1'
```

5.2.5 연관된 엔티티 삭제

연관된 엔티티를 삭제하려면 기존에 있던 연관관계를 먼저 제거하고 삭제해야 한다. 그렇지 않으면 외래 키 제약조건으로 인해, 데이터베이스에서 오류가 발생한다. 팀1에는 회원1과 회원2가 소속되어 있다. 이때 팀1을 삭제하려면 연관관계를 먼저 끊어야 한다.

```
member1.setTeam(null); //회원1 연관관계 제거
member2.setTeam(null); //회원2 연관관계 제거
em.remove(team);       //팀 삭제
```

5.3 양방향 연관관계

지금까지 회원에서 팀으로만 접근하는 다대일 단방향 매핑을 알아보았다. 이번에는 반대 방향인 팀에서 회원으로 접근하는 관계를 추가하자. 그래서 회원에서 팀으로 접근하고 반대 방향인 팀에서도 회원으로 접근할 수 있도록 양방향 연관관계로 매핑해보자.

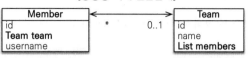

그림 5.5 양방향 객체 연관관계

먼저 객체 연관관계를 살펴보자. 그림 5.5와 같이 회원과 팀은 다대일 관계다. 반대로 팀에서 회원은 일대다 관계다. 일대다 관계는 여러 건과 연관관계를 맺을 수 있으므로 컬렉션을 사용해야 한다. Team.members를 List 컬렉션으로 추가했다.

객체 연관관계를 정리하면 다음과 같다.

- 회원 → 팀 (Member.team)
- 팀 → 회원 (Team.members)

> **◀) 참고**
>
> JPA는 List를 포함해서 Collection, Set, Map 같은 다양한 컬렉션을 지원한다. 자세한 내용은 14.1절을 참고하자.

테이블의 관계는 어떻게 될까? **데이터베이스 테이블은 외래 키 하나로 양방향으로 조회할 수 있다.** 그림 5.6을 보자. 두 테이블의 연관관계는 외래 키 하나만으로 양방향 조회가 가능하므로 처음부터 양방향 관계다. 따라서 데이터베이스에 추가할 내용은 전혀 없다.

그림 5.6 테이블의 연관관계

이 장 첫 부분에서도 이야기했지만 TEAM_ID 외래 키를 사용해서 MEMBER JOIN TEAM이 가능하고 반대로 TEAM JOIN MEMBER도 가능하다.

5.3.1 양방향 연관관계 매핑

이제 양방향 관계를 매핑하자. 먼저 예제 5.10의 회원 엔티티를 보자.

예제 5.10 매핑한 회원 엔티티

```java
@Entity
public class Member {

    @Id
    @Column(name = "MEMBER_ID")
    private String id;

    private String username;

    @ManyToOne
    @JoinColumn(name="TEAM_ID")
    private Team team;

    //연관관계 설정
    public void setTeam(Team team) {
        this.team = team;
    }

    //Getter, Setter ...
}
```

회원 엔티티에는 변경한 부분이 없다. 다음으로 예제 5.11의 팀 엔티티를 보자.

예제 5.11 매핑한 팀 엔티티

```java
@Entity
public class Team {

    @Id
    @Column(name = "TEAM_ID")
    private String id;

    private String name;

    //==추가==//
    @OneToMany(mappedBy = "team")
    private List<Member> members = new ArrayList<Member>();

    //Getter, Setter ...
}
```

팀과 회원은 일대다 관계다. 따라서 팀 엔티티에 컬렉션인 List<Member> members를 추가했다. 그리고 일대다 관계를 매핑하기 위해 @OneToMany 매핑 정보를 사용했다. mappedBy 속성은 양방향 매핑일 때 사용하는데 반대쪽 매핑의 필드 이름을 값으로 주면 된다. 반대쪽 매핑이 Member.team이므로 team을 값으로 주었다. mappedBy에 대한 자세한 내용은 바로 다음에 나오는 연관관계의 주인에서 설명하겠다.

이것으로 양방향 매핑을 완료했다. 이제부터 팀에서 회원 컬렉션으로 객체 그래프를 탐색할 수 있다. 이것을 사용해서 팀1에 소속된 모든 회원을 찾아보자.

5.3.2 일대다 컬렉션 조회

예제 5.12는 팀에서 회원 컬렉션으로 객체 그래프 탐색을 사용해서 조회한 회원들을 출력한다.

예제 5.12 일대다 방향으로 객체 그래프 탐색

```
public void biDirection() {

    Team team = em.find(Team.class, "team1");
    List<Member> members = team.getMembers(); //(팀 -> 회원)
                                              //객체 그래프 탐색

    for (Member member : members) {
        System.out.println("member.username = " +
            member.getUsername());
    }
}
//==결과==
//member.username = 회원1
//member.username = 회원2
```

5.4 연관관계의 주인

@OneToMany는 직관적으로 이해가 될 것이다. 문제는 mappedBy 속성이다. 단순히 @OneToMany만 있으면 되지 mappedBy는 왜 필요할까?

엄밀히 이야기하면 객체에는 양방향 연관관계라는 것이 없다. 서로 다른 단방향 연관관계 2개를 애플리케이션 로직으로 잘 묶어서 양방향인 것처럼 보이게 할 뿐이다. 반면에 데이터베이스 테이블은 앞서 설명했듯이 외래 키 하나로 양쪽이 서로 조인할 수 있다. 따라서 테이블은 외래 키 하나만으로 양방향 연관관계를 맺는다.

객체 연관관계는 다음과 같다.

- 회원 → 팀 연관관계 1개(단방향)
- 팀 → 회원 연관관계 1개(단방향)

테이블 연관관계는 다음과 같다.

- 회원 ↔ 팀의 연관관계 1개(양방향)

다시 강조하지만 **테이블은 외래 키 하나로 두 테이블의 연관관계를 관리**한다.

엔티티를 단방향으로 매핑하면 참조를 하나만 사용하므로 이 참조로 외래 키를 관리하면 된다. 그런데 엔티티를 양방향으로 매핑하면 **회원 → 팀, 팀 → 회원** 두 곳에서 서로를 참조한다. 따라서 객체의 연관관계를 관리하는 포인트는 2곳으로 늘어난다.

엔티티를 양방향 연관관계로 설정하면 객체의 참조는 둘인데 외래 키는 하나다. **따라서 둘 사이에 차이가 발생한다.** 그렇다면 둘 중 어떤 관계를 사용해서 외래 키를 관리해야 할까?

이런 차이로 인해 JPA에서는 **두 객체 연관관계 중 하나를 정해서 테이블의 외래 키를 관리해야 하는데 이것을 연관관계의 주인**Owner이라 한다.

5.4.1 양방향 매핑의 규칙: 연관관계의 주인

양방향 연관관계 매핑 시 지켜야 할 규칙이 있는데 두 연관관계 중 하나를 연관관계의 주인으로 정해야 한다. **연관관계의 주인만이 데이터베이스 연관관계와 매핑되고 외래 키를 관리(등록, 수정, 삭제)할 수 있다. 반면에 주인이 아닌 쪽은 읽기만 할 수 있다.**

어떤 연관관계를 주인으로 정할지는 mappedBy 속성을 사용하면 된다.

- 주인은 mappedBy 속성을 사용하지 않는다.
- 주인이 아니면 mappedBy 속성을 사용해서 속성의 값으로 연관관계의 주인을 지정해야 한다.

그렇다면 Member.team, Team.members 둘 중 어떤 것을 연관관계의 주인으로 정해야 할까?

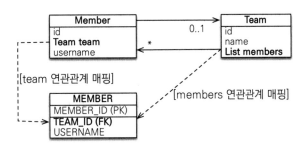

그림 5.7 둘 중 하나를 연관관계의 주인으로 선택해야 한다

다음 두 코드를 보자.

- 회원 → 팀(Member.team) 방향

```
class Member {
    @ManyToOne
    @JoinColumn(name="TEAM_ID")
    private Team team;
    ...
}
```

- 팀 → 회원(Team.members) 방향

```
class Team {
    @OneToMany
    private List<Member> members = new ArrayList<Member>();
    ...
}
```

연관관계의 주인을 정한다는 것은 사실 외래 키 관리자를 선택하는 것이다. 여기서는 회원 테이블에 있는 TEAM_ID 외래 키를 관리할 관리자를 선택해야 한다. 그림 5.7을 보자. 만약 회원 엔티티에 있는 Member.team을 주인으로 선택하면 자기 테이블에 있는 외래 키를 관리하면 된다. 하지만 팀 엔티티에 있는 Team.members를 주인으로 선택하면 물리적으로 전혀 다른 테이블의 외래 키를 관리해야 한다. 왜냐하면 이 경우 Team.members가 있는 Team 엔티티는 TEAM 테이블에 매핑되어 있는데 관리해야할 외래 키는 MEMBER 테이블에 있기 때문이다.

5.4.2 연관관계의 주인은 외래 키가 있는 곳

연관관계의 주인은 테이블에 외래 키가 있는 곳으로 정해야 한다. 여기서는 회원 테이블이 외래 키를 가지고 있으므로 Member.team이 주인이 된다. 주인이 아닌 Team.members에는 mappedBy="team" 속성을 사용해서 주인이 아님을 설정한다. 그리고 mappedBy 속성의 값으로는 연관관계의 주인인 team을 주면 된다. 여기서 mappedBy의 값으로 사용된 team은 연관관계의 주인인 Member 엔티티의 team 필드를 말한다. 그림 5.8을 참고하자.

```
class Team {

    @OneToMany(mappedBy="team") //MappedBy 속성의 값은
                                //연관관계의 주인인 Member.team
    private List<Member> members = new ArrayList<Member>();
    ...
}
```

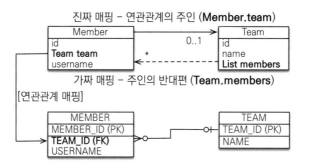

그림 5.8 연관관계의 주인과 반대편

정리하면 연관관계의 주인만 데이터베이스 연관관계와 매핑되고 외래 키를 관리할 수 있다. 주인이 아닌 반대편(inverse, non-owning side)은 읽기만 가능하고 외래 키를 변경하지는 못한다.

5.5 양방향 연관관계 저장

양방향 연관관계를 사용해서 팀1, 회원1, 회원2를 저장해보자.

예제 5.13 양방향 연관관계 저장

```
public void testSave() {

    //팀1 저장
    Team team1 = new Team("team1", "팀1");
    em.persist(team1);

    //회원1 저장
    Member member1 = new Member("member1", "회원1");
    member1.setTeam(team1); //연관관계 설정 member1 -> team1
    em.persist(member1);

    //회원2 저장
    Member member2 = new Member("member2","회원2");
    member2.setTeam(team1); //연관관계 설정 member2 -> team1
    em.persist(member2);
}
```

예제 5.13을 보면 팀1을 저장하고 회원1, 회원2에 연관관계의 주인인 Member.
team 필드를 통해서 회원과 팀의 연관관계를 설정하고 저장했다. **참고로 이 코드는
단방향 연관관계에서 살펴본 예제 5.6의 회원과 팀을 저장하는 코드와 완전히 같다.**

데이터베이스에서 회원 테이블을 조회해보자.

```
SELECT * FROM MEMBER;
```

회원 테이블을 조회한 결과는 다음과 같다.

MEMBER_ID	USERNAME	TEAM_ID
member1	회원1	team1
member2	회원2	team1

TEAM_ID 외래 키에 팀의 기본 키 값이 저장되어 있다.

양방향 연관관계는 연관관계의 주인이 외래 키를 관리한다. 따라서 주인이 아닌 방향은 값을 설정하지 않아도 데이터베이스에 외래 키 값이 정상 입력된다.

```
team1.getMembers().add(member1); //무시(연관관계의 주인이 아님)
team1.getMembers().add(member2); //무시(연관관계의 주인이 아님)
```

이런 코드가 추가로 있어야 할 것 같지만 Team.members는 연관관계의 주인이 아니다. 주인이 아닌 곳에 입력된 값은 외래 키에 영향을 주지 않는다. 따라서 이전 코드는 데이터베이스에 저장할 때 무시된다.

```
member1.setTeam(team1); //연관관계 설정(연관관계의 주인)
member2.setTeam(team1); //연관관계 설정(연관관계의 주인)
```

Member.team은 연관관계의 주인이다. 엔티티 매니저는 이곳에 입력된 값을 사용해서 외래 키를 관리한다.

5.6 양방향 연관관계의 주의점

양방향 연관관계를 설정하고 가장 흔히 하는 실수는 연관관계의 주인에는 값을 입력하지 않고, 주인이 아닌 곳에만 값을 입력하는 것이다. 데이터베이스에 외래 키 값이 정상적으로 저장되지 않으면 이것부터 의심해보자.

주인이 아닌 곳에만 값을 설정하면 어떻게 되는지 예제 5.14로 알아보자.

예제 5.14 양방향 연관관계 주의점

```
public void testSaveNonOwner() {

    //회원1 저장
    Member member1 = new Member("member1", "회원1");
    em.persist(member1);
```

```
    //회원2 저장
    Member member2 = new Member("member2","회원2");
    em.persist(member2);

    Team team1 = new Team("team1", "팀1");
    //주인이 아닌 곳만 연관관계 설정
    team1.getMembers().add(member1);
    team1.getMembers().add(member2);

    em.persist(team1);
}
```

회원1, 회원2를 저장하고 팀의 컬렉션에 담은 후에 팀을 저장했다. 데이터베이스
에서 회원 테이블을 조회해보자.

```
SELECT * FROM MEMBER;
```

회원을 조회한 결과는 다음과 같다.

MEMBER_ID	USERNAME	TEAM_ID
member1	회원1	null
member2	회원2	null

외래 키 TEAM_ID에 team1이 아닌 null 값이 입력되어 있는데, 연관관계의 주인
이 아닌 Team.members에만 값을 저장했기 때문이다. 다시 한 번 강조하지만 연관
관계의 주인만이 외래 키의 값을 변경할 수 있다. 예제 코드는 연관관계의 주인인
Member.team에 아무 값도 입력하지 않았다. 따라서 TEAM_ID 외래 키의 값도 null
이 저장된다.

5.6.1 순수한 객체까지 고려한 양방향 연관관계

그렇다면 정말 연관관계의 주인에만 값을 저장하고 주인이 아닌 곳에는 값을 저장
하지 않아도 될까? 사실은 **객체 관점에서 양쪽 방향에 모두 값을 입력해주는 것이
가장 안전하다.** 양쪽 방향 모두 값을 입력하지 않으면 JPA를 사용하지 않는 순수한
객체 상태에서 심각한 문제가 발생할 수 있다.

예를 들어 JPA를 사용하지 않고 엔티티에 대한 테스트 코드를 작성한다고 가정해보자. ORM은 객체와 관계형 데이터베이스 둘 다 중요하다. 데이터베이스뿐만 아니라 객체도 함께 고려해야 한다. 예제 5.15를 보자.

예제 5.15 순수한 객체 연관관계

```
public void test순수한객체_양방향() {

    //팀1
    Team team1 = new Team("team1", "팀1");
    Member member1 = new Member("member1", "회원1");
    Member member2 = new Member("member2","회원2");

    member1.setTeam(team1); //연관관계 설정 member1 -> team1
    member2.setTeam(team1); //연관관계 설정 member2 -> team1

    List<Member> members = team1.getMembers();
    System.out.println("members.size = " + members.size());
}
//결과: members.size = 0
```

예제 코드는 JPA를 사용하지 않는 순수한 객체다. 코드를 보면 Member.team에만 연관관계를 설정하고 반대 방향은 연관관계를 설정하지 않았다. 마지막 줄에서 팀에 소속된 회원이 몇 명인지 출력해보면 결과는 0이 나온다. 이것은 우리가 기대하는 양방향 연관관계의 결과가 아니다.

```
member1.setTeam(team1); //회원 -> 팀
```

양방향은 양쪽다 관계를 설정해야 한다. 이처럼 회원 → 팀을 설정하면 다음 코드처럼 반대방향인 팀 → 회원도 설정해야 한다.

```
team1.getMembers().add(member1); //팀 -> 회원
```

양쪽 모두 관계를 설정한 전체 코드인 예제 5.16을 보자.

예제 5.16 양방향 모두 관계를 설정

```
public void test순수한객체_양방향() {

    //팀1
    Team team1 = new Team("team1", "팀1");
    Member member1 = new Member("member1", "회원1");
```

```
    Member member2 = new Member("member2","회원2");

    member1.setTeam(team1);         //연관관계 설정 member1 -> team1
    team1.getMembers().add(member1);//연관관계 설정 team1 -> member1

    member2.setTeam(team1);         //연관관계 설정 member2 -> team1
    team1.getMembers().add(member2);//연관관계 설정 team1 -> member2

    List<Member> members = team1.getMembers();
    System.out.println("members.size = " + members.size());
}
//결과: members.size = 2
```

양쪽 모두 관계를 설정했다. 결과도 기대했던 2가 출력된다.

```
    member1.setTeam(team1); //회원 -> 팀
    team1.getMembers().add(member1);//팀 -> 회원
```

객체까지 고려하면 이렇게 양쪽 다 관계를 맺어야 한다. 이제 JPA를 사용해서 완성한 예제 5.17을 보자.

예제 5.17 JPA로 코드 완성

```
public void testORM_양방향() {

    //팀1 저장
    Team team1 = new Team("team1", "팀1");
    em.persist(team1);

    Member member1 = new Member("member1", "회원1");

    //양방향 연관관계 설정
    member1.setTeam(team1);         //연관관계 설정 member1 -> team1
    team1.getMembers().add(member1);//연관관계 설정 team1 -> member1
    em.persist(member1);

    Member member2 = new Member("member2","회원2");

    //양방향 연관관계 설정
    member2.setTeam(team1);         //연관관계 설정 member2 -> team1
    team1.getMembers().add(member2);//연관관계 설정 team1 -> member2
    em.persist(member2);
}
```

양쪽에 연관관계를 설정했다. 따라서 순수한 객체 상태에서도 동작하며, 테이블의 외래 키도 정상 입력된다. 물론 외래 키의 값은 연관관계의 주인인 `Member.team` 값을 사용한다.

```
member1.setTeam(team1); //연관관계의 주인
team1.getMembers().add(member1); //주인이 아니다. 저장 시 사용되지 않는다.
```

- `Member.team`: 연관관계의 주인, 이 값으로 외래 키를 관리한다.
- `Team.members`: 연관관계의 주인이 아니다. 따라서 저장 시에 사용되지 않는다.

앞서 이야기한 것처럼 객체까지 고려해서 주인이 아닌 곳에도 값을 입력하자.

결론: 객체의 양방향 연관관계는 양쪽 모두 관계를 맺어주자.

5.6.2 연관관계 편의 메소드

양방향 연관관계는 결국 양쪽 다 신경 써야 한다. 다음처럼 `member.setTeam(team)`과 `team.getMembers().add(member)`를 각각 호출하다 보면 실수로 둘 중 하나만 호출해서 양방향이 깨질 수 있다.

```
member.setTeam(team);
team.getMembers().add(member);
```

양방향 관계에서 두 코드는 하나인 것처럼 사용하는 것이 안전하다.

Member 클래스의 `setTeam()` 메소드를 수정해서 코드를 리팩토링해보자.

```java
public class Member {

    private Team team;

    public void setTeam(Team team) {
        this.team = team;
        team.getMembers().add(this);
    }
    ...
```

`setTeam()` 메소드 하나로 양방향 관계를 모두 설정하도록 변경했다.

연관관계를 설정하는 부분을 수정하자.

```
//연관관계 설정
member1.setTeam(team1);
member2.setTeam(team1);

//== 기존 코드 삭제 시작==//
//teamA.getMembers().add(member1); //팀1->회원1
//teamA.getMembers().add(member2); //팀1->회원2
//== 기존 코드 삭제 종료 ==//
```

이렇게 리팩토링하면 실수도 줄어들고 좀 더 그럴듯하게 양방향 연관관계를 설정할 수 있다. 예제 5.18을 살펴보자.

예제 5.18 양방향 리팩토링 전체코드

```
public void testORM_양방향_리팩토링() {

    Team team1 = new Team("team1", "팀1");
    em.persist(team1);

    Member member1 = new Member("member1", "회원1");
    member1.setTeam(team1); //양방향 설정
    em.persist(member1);

    Member member2 = new Member("member2","회원2");
    member2.setTeam(team1); //양방향 설정
    em.persist(member2);
}
```

이렇게 한 번에 양방향 관계를 설정하는 메소드를 연관관계 편의 메소드라 한다.

5.6.3 연관관계 편의 메소드 작성 시 주의사항

사실 setTeam() 메소드에는 버그가 있다(리팩토링 전에도 버그는 있었다).

```
member1.setTeam(teamA); //1
member1.setTeam(teamB); //2
Member findMember = teamA.getMember(); //member1이 여전히 조회된다.
```

이 시나리오를 그림으로 분석해보자. 먼저 member1.setTeam(teamA)를 호출한 직후 객체 연관관계인 그림 5.9를 보자.

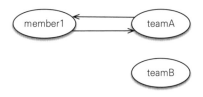

그림 5.9 삭제되지 않은 관계 1

다음으로 member1.setTeam(teamB)을 호출한 직후 객체 연관관계인 그림 5.10을 보자.

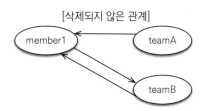

그림 5.10 삭제되지 않은 관계 2

무엇이 문제인지 보이는가? teamB로 변경할 때 teamA → member1 관계를 제거하지 않았다. 연관관계를 변경할 때는 기존 팀이 있으면 기존 팀과 회원의 연관관계를 삭제하는 코드를 추가해야 한다. 따라서 예제 5.19처럼 기존 관계를 제거하도록 코드를 수정해야 한다.

예제 5.19 기존 관계 제거

```
public void setTeam(Team team) {

    //기존 팀과 관계를 제거
    if (this.team != null) {
        this.team.getMembers().remove(this);
    }
    this.team = team;
    team.getMembers().add(this);
}
```

이 코드는 객체에서 서로 다른 단방향 연관관계 2개를 양방향인 것처럼 보이게 하려고 얼마나 많은 고민과 수고가 필요한지 보여준다. 반면에 관계형 데이터베이스는 외래 키 하나로 문제를 단순하게 해결한다. 정리하자면 객체에서 양방향 연관관계를 사용하려면 로직을 견고하게 작성해야 한다.

> **◀) 참고**
>
> 그림 5.10 삭제되지 않은 관계2에서 teamA → member1 관계가 제거되지 않아도 데이터베이스 외래 키를 변경하는 데는 문제가 없다. 왜냐하면 teamA → member1 관계를 설정한 Team.members는 연관관계의 주인이 아니기 때문이다. 연관관계의 주인인 Member.team의 참조를 member1 → teamB로 변경했으므로 데이터베이스에 외래 키는 teamB를 참조하도록 정상 반영된다.
>
> 그리고 이후에 새로운 영속성 컨텍스트에서 teamA를 조회해서 teamA.getMembers()를 호출하면 데이터베이스 외래 키에는 관계가 끊어져 있으므로 아무것도 조회되지 않는다. 여기까지만 보면 특별한 문제가 없는 것 같다.
>
> 문제는 관계를 변경하고 영속성 컨텍스트가 아직 살아있는 상태에서 teamA의 getMembers()를 호출하면 member1이 반환된다는 점이다. 따라서 변경된 연관관계는 앞서 설명한 것처럼 관계를 제거하는 것이 안전하다.

5.7 정리

단방향 매핑과 비교해서 양방향 매핑은 복잡하다. 연관관계의 주인도 정해야 하고, 두 개의 단방향 연관관계를 양방향으로 만들기 위해 로직도 잘 관리해야 한다. 중요한 사실은 연관관계가 하나인 단방향 매핑은 언제나 연관관계의 주인이라는 점이다. 양방향은 여기에 주인이 아닌 연관관계를 하나 추가했을 뿐이다. 결국 단방향과 비교해서 **양방향의 장점은 반대방향으로 객체 그래프 탐색 기능이 추가된 것뿐이다.**

```
member.getTeam();    //회원 -> 팀
team.getMembers();   //팀 -> 회원 (양방향 매핑으로 추가된 기능)
```

주인의 반대편은 mappedBy로 주인을 지정해야 한다. 그리고 주인의 반대편은 단순히 보여주는 일(객체 그래프 탐색)만 할 수 있다.

내용을 정리하면 다음과 같다.

- 단방향 매핑만으로 테이블과 객체의 연관관계 매핑은 이미 완료되었다.
- 단방향을 양방향으로 만들면 반대방향으로 객체 그래프 탐색 기능이 추가된다.
- 양방향 연관관계를 매핑하려면 객체에서 양쪽 방향을 모두 관리해야 한다.

양방향 매핑은 복잡하다. 비즈니스 로직의 필요에 따라 다르겠지만 우선 단방향 매핑을 사용하고 반대 방향으로 객체 그래프 탐색 기능(JPQL 쿼리 탐색 포함)이 필요할 때 양방향을 사용하도록 코드를 추가해도 된다.

지금까지 연관관계 매핑에 관한 이론을 다루었다. 이 장에서 설명한 내용을 이해했으면 일대다, 다대일, 일대일, 다대다 모든 관계를 어렵지 않게 사용할 수 있다.

다음 장에서는 일대다, 다대일, 일대일, 다대일의 모든 연관관계를 다룬다. 물론 다음 장으로 넘어가기 전에 지금까지 학습한 내용을 실전 예제에 적용해보자.

> **★ 연관관계의 주인을 정하는 기준 ★**
>
> 단방향은 항상 외래 키가 있는 곳을 기준으로 매핑하면 된다. 하지만 양방향은 연관관계의 주인Owner이라는 이름으로 인해 오해가 있을 수 있다. 비즈니스 로직상 더 중요하다고 연관관계의 주인으로 선택하면 안 된다. 비즈니스 중요도를 배제하고 단순히 외래 키 관리자 정도의 의미만 부여해야 한다.
>
> 예를 들어 회원과 팀 엔티티는 외래 키가 있는 다 쪽인 회원이 연관관계의 주인이 된다. 물론 비즈니스 중요도를 생각해보면 팀보다 회원이 더 중요한 것 같은 느낌도 들 것이다. 하지만 자동차의 자체와 바퀴를 생각해보면 바퀴가 외래 키가 있는 다 쪽이다. 따라서 바퀴가 연관관계의 주인이 된다. 차체가 더 중요한 것 같아 보이지만 연관관계의 주인은 단순히 외래 키를 매핑한 바퀴를 선택하면 된다.
>
> 따라서 **연관관계의 주인은 외래 키의 위치와 관련해서 정해야지 비즈니스 중요도로 접근하면 안 된다.**

양방향 매핑 시에는 무한 루프에 빠지지 않게 조심해야 한다. 예를 들어 Member.toString()에서 getTeam()을 호출하고 Team.toString()에서 getMember()를 호출하면 무한 루프에 빠질 수 있다. 이런 문제는 엔티티를 JSON으로 변환할 때 자주 발생하는데 JSON 라이브러리들은 보통 무한루프에 빠지지 않도록 하는 어노테이션이나 기능을 제공한다. 그리고 Lombok(http://projectlombok.org)이라는 라이브러리를 사용할 때도 자주 발생한다.

일대다를 연관관계의 주인으로 선택하는 것이 불가능한 것만은 아니다. 예를 들어 팀 엔티티의 Team.members를 연관관계의 주인으로 선택하는 것이다. 하지만 성능과 관리 측면에서 권장하지 않는다. 될 수 있으면 외래 키가 있는 곳을 연관관계의 주인으로 선택하자. 자세한 내용은 6.2.1절에서 설명하겠다.

▌예제 코드: ch05-model2 ▐

앞의 실전 예제는 외래 키를 엔티티에 그대로 가져오는 문제가 있었다. 엔티티에서 외래 키로 사용한 필드는 제거하고 참조를 사용하도록 변경해보자.

그림 5.11을 보면 테이블 구조는 이전 예제와 같다.

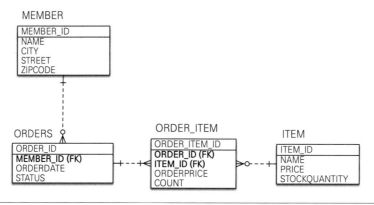

그림 5.11 실전 예제 2 ERD

그림 5.12를 보면 객체 관계는 외래 키를 직접 사용하는 것에서 참조를 사용하도록 변경했다.

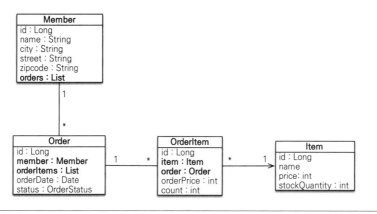

그림 5.12 실전 예제 2 UML 상세

일대다, 다대일 연관관계 매핑

다음 예제 코드를 살펴보자.

예제 5.20 회원(Member) 엔티티

```java
@Entity
public class Member {

    @Id @GeneratedValue
    @Column(name = "MEMBER_ID")
    private Long id;

    private String name;

    private String city;
    private String street;
    private String zipcode;

    @OneToMany(mappedBy = "member")
    private List<Order> orders = new ArrayList<Order>();

    //Getter, Setter
    ...
}
```

예제 5.21 주문(Order) 엔티티

```java
package jpabook.model.entity;

import javax.persistence.*;
import java.util.ArrayList;
import java.util.Date;
import java.util.List;

@Entity
@Table(name = "ORDERS")
public class Order {

    @Id @GeneratedValue
    @Column(name = "ORDER_ID")
    private Long id;

    @ManyToOne
    @JoinColumn(name = "MEMBER_ID")
    private Member member;        //주문 회원
```

```java
    @OneToMany(mappedBy = "order")
    private List<OrderItem> orderItems =
        new ArrayList<OrderItem>();

    @Temporal(TemporalType.TIMESTAMP)
    private Date orderDate;      //주문시간

    @Enumerated(EnumType.STRING)
    private OrderStatus status;//주문상태

    //==연관관계 메소드==//
    public void setMember(Member member) {
        //기존 관계 제거
        if (this.member != null) {
            this.member.getOrders().remove(this);
        }
        this.member = member;
        member.getOrders().add(this);
    }

    public void addOrderItem(OrderItem orderItem) {
        orderItems.add(orderItem);
        orderItem.setOrder(this);
    }

    //Getter, Setter
    ...
}

public enum OrderStatus {
    ORDER, CANCEL
}
```

회원(예제 5.20)과 주문(예제 5.21)은 일대다 관계고 그 반대인 주문과 회원은 다대
일 관계다.

Order → Member로 참조하는 Order.member 필드와 Member → Order로 참조
하는 Member.orders 필드 중에 외래 키가 있는 Order.member가 연관관계의 주
인이다. 따라서 주인이 아닌 Member.orders에는 @OneToMany 속성에 mappedBy를
선언해서 연관관계의 주인인 member를 지정했다. 참고로 여기서 지정한 member는
Order.member 필드다.

▼ 연관관계 편의 메소드

양방향 연관관계인 두 엔티티 간에 관계를 맺을 때는 원래 다음처럼 설정해야
한다.

```
Member member = new Member();
Order order = new Order();

member.getOrders().add(order);  //member -> order
order.setMember(member);        //order -> member
```

여기서는 Order 엔티티에 setMember()라는 연관관계 편의 메소드를 추가했으
므로, 다음처럼 관계를 설정하면 된다.

```
Member member = new Member();
Order order = new Order();
order.setMember(member);    //member -> order, order -> member
```

예제 5.22 주문상품(OrderItem) 엔티티

```java
package jpabook.model.entity;

import javax.persistence.*;

@Entity
@Table(name = "ORDER_ITEM")
public class OrderItem {

    @Id @GeneratedValue
    @Column(name = "ORDER_ITEM_ID")
    private Long id;

    @ManyToOne
    @JoinColumn(name = "ITEM_ID")
    private Item item;          //주문 상품

    @ManyToOne
    @JoinColumn(name = "ORDER_ID")
    private Order order;        //주문

    private int orderPrice;     //주문 가격
    private int count;          //주문 수량

    //Getter, Setter
    ...
}
```

주문과 주문상품(예제 5.22)은 일대다 관계고 그 반대는 다대일 관계다.

OrderItem → Order로 참조하는 OrderItem.order 필드와 Order →
OrderItem으로 참조하는 Order.orderItems 필드 둘 중에 외래 키가 있는
OrderItem.order가 연관관계의 주인이다. 따라서 Order.orderItems 필드에는
mappedBy 속성을 사용해서 주인이 아님을 표시했다.

예제 5.23 상품(Item) 엔티티

```java
package jpabook.model.entity;

import javax.persistence.*;

@Entity
public class Item {

    @Id
    @GeneratedValue
    @Column(name = "ITEM_ID")
    private Long id;

    private String name;         //이름
    private int price;           //가격
    private int stockQuantity;   //재고수량

    //Getter, Setter
    ...
}
```

비즈니스 요구사항을 분석해본 결과 주문상품에서 상품을 참조할 일을 많지만,
상품(예제 5.23)에서 주문상품을 참조할 일은 거의 없었다. 따라서 주문상품과 상
품은 다대일 단방향 관계로 설정했다. 즉 OrderItem → Item 방향으로 참조하는
OrderItem.item 필드만 사용해서 다대일 단방향 관계로 설정했다.

🗺 객체 그래프 탐색

이제 객체에서 참조를 사용할 수 있으므로, 객체 그래프를 탐색할 수 있고, JPQL에서도 사용할 수 있다. 주문한 회원을 객체 그래프로 탐색해보자.

```
Order order = em.find(Order.class, orderId);
Member member = order.getMember(); //주문한 회원, 참조 사용
```

주문한 상품 하나를 객체 그래프로 탐색해보자.

```
Order order = em.find(Order.class, orderId);
orderItem = order.getOrderItems().get(0);
Item = orderItem.getItem();
```

다양한
연관관계 매핑

06

이번 장은 다양한 연관관계를 다룬다. 그 전에 앞 장에서 설명한 내용을 다시 정리해보자.

엔티티의 연관관계를 매핑할 때는 다음 3가지를 고려해야 한다.

- 다중성
- 단방향, 양방향
- 연관관계의 주인

먼저 연관관계가 있는 두 엔티티가 일대일 관계인지 일대다 관계인지 다중성을 고려해야 한다. 다음으로 두 엔티티 중 한쪽만 참조하는 단방향 관계인지 서로 참조하는 양방향 관계인지 고려해야 한다. 마지막으로 양방향 관계면 연관관계의 주인을 정해야 한다.

▼ 다중성

연관관계에는 다음과 같은 다중성이 있다.

- 다대일(@ManyToOne)
- 일대다(@OneToMany)
- 일대일(@OneToOne)
- 다대다(@ManyToMany)

다중성을 판단하기 어려울 때는 반대방향을 생각해보면 된다. 참고로 일대다의 반대방향은 항상 다대일이고, 일대일의 반대방향은 항상 일대일이다.

보통 다대일과 일대다 관계를 가장 많이 사용하고 다대다 관계는 실무에서 거의 사용하지 않는다.

▼ 단방향, 양방향

테이블은 외래 키 하나로 조인을 사용해서 양방향으로 쿼리가 가능하므로 사실상 방향이라는 개념이 없다. 반면에 객체는 참조용 필드를 가지고 있는 객체만 연관된 객체를 조회할 수 있다. 객체 관계에서 한 쪽만 참조하는 것을 단방향 관계라 하고, 양쪽이 서로 참조하는 것을 양방향 관계라 한다.

▼ 연관관계의 주인

데이터베이스는 외래 키 하나로 두 테이블이 연관관계를 맺는다. 따라서 테이블의 연관관계를 관리하는 포인트는 외래 키 하나다. 반면에 엔티티를 양방향으로 매핑하면 A → B, B → A 2곳에서 서로를 참조한다. 따라서 객체의 연관관계를 관리하는 포인트는 2곳이다.

JPA는 두 객체 연관관계 중 하나를 정해서 데이터베이스 외래 키를 관리하는데 이것을 연관관계의 주인이라 한다. 따라서 A → B 또는 B → A 둘 중 하나를 정해서 외래 키를 관리해야 한다. 외래 키를 가진 테이블과 매핑한 엔티티가 외래 키를 관리하는 게 효율적이므로 보통 이곳을 연관관계의 주인으로 선택한다. 주인이 아닌 방향은 외래 키를 변경할 수 없고 읽기만 가능하다.

연관관계의 주인은 mappedBy 속성을 사용하지 않는다. 연관관계의 주인이 아니면 mappedBy 속성을 사용하고 연관관계의 주인 필드 이름을 값으로 입력해야 한다.

지금부터 다중성과 단방향, 양방향을 고려한 가능한 모든 연관관계를 하나씩 알아보자.

- 다대일: 단방향, 양방향
- 일대다: 단방향, 양방향
- 일대일: 주 테이블 단방향, 양방향
- 일대일: 대상 테이블 단방향, 양방향
- 다대다: 단방향, 양방향

참고로 다중성은 왼쪽을 연관관계의 주인으로 정했다. 예를 들어 다대일 양방향이라 하면 다(N)가 연관관계의 주인이다.

6.1 다대일

다대일 관계의 반대 방향은 항상 일대다 관계고 일대다 관계의 반대 방향은 항상 다대일 관계다. 데이터베이스 테이블의 일(1), 다(N) 관계에서 외래 키는 항상 다쪽에 있다. 따라서 객체 양방향 관계에서 연관관계의 주인은 항상 다쪽이다. 예를 들어 회원(N)과 팀(1)이 있으면 회원 쪽이 연관관계의 주인이다.

6.1.1 다대일 단방향 [N:1]

그림 6.1과 회원 엔티티(예제 6.1), 팀 엔티티(예제 6.2) 코드를 통해 다대일 단방향 연관관계를 알아보자.

그림 6.1 다대일 단방향

예제 6.1 회원 엔티티

```
@Entity
public class Member {

    @Id @GeneratedValue
    @Column(name = "MEMBER_ID")
    private Long id;

    private String username;

    @ManyToOne
    @JoinColumn(name = "TEAM_ID")
    private Team team;

    //Getter, Setter ...
    ...
}
```

```java
@Entity
public class Team {

    @Id @GeneratedValue
    @Column(name = "TEAM_ID")
    private Long id;

    private String name;

    //Getter, Setter ...
    ...
}
```

회원은 Member.team으로 팀 엔티티를 참조할 수 있지만 반대로 팀에는 회원을
참조하는 필드가 없다. 따라서 회원과 팀은 다대일 단방향 연관관계다.

```java
@ManyToOne
@JoinColumn(name = "TEAM_ID")
private Team team;
```

@JoinColumn(name = "TEAM_ID")를 사용해서 Member.team 필드를 TEAM_ID
외래 키와 매핑했다. 따라서 Member.team 필드로 회원 테이블의 TEAM_ID 외래
키를 관리한다.

6.1.2 다대일 양방향 [N:1, 1:N]

그림 6.2 다대일 양방향의 객체 연관관계에서 실선이 연관관계의 주인(Member.
team)이고 점선(Team.members)은 연관관계의 주인이 아니다.

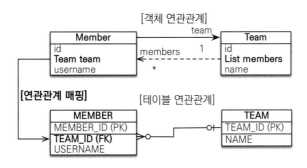

그림 6.2 다대일 양방향

회원 엔티티(예제 6.3)와 팀 엔티티(예제 6.4) 코드를 통해 다대일 양방향 관계를 알아보자.

예제 6.3 회원 엔티티

```java
@Entity
public class Member {

    @Id @GeneratedValue
    @Column(name = "MEMBER_ID")
    private Long id;

    private String username;

    @ManyToOne
    @JoinColumn(name = "TEAM_ID")
    private Team team;

    public void setTeam(Team team) {
        this.team = team;

        //무한루프에 빠지지 않도록 체크
        if(!team.getMembers().contains(this)){
            team.getMembers().add(this);
        }
    }
}
```

예제 6.4 팀 엔티티

```java
@Entity
public class Team {

    @Id @GeneratedValue
    @Column(name = "TEAM_ID")
    private Long id;

    private String name;

    @OneToMany(mappedBy = "team")
    private List<Member> members = new ArrayList<Member>();

    public void addMember(Member member) {
        this.members.add(member);
        if (member.getTeam() != this){ //무한루프에 빠지지 않도록 체크
            member.setTeam(this);
        }
```

```
        }
        ...
}
```

▼ **양방향은 외래 키가 있는 쪽이 연관관계의 주인이다**

일대다와 다대일 연관관계는 항상 다(N)에 외래 키가 있다. 여기서는 다쪽인 MEMBER 테이블이 외래 키를 가지고 있으므로 Member.team이 연관관계의 주인이다. JPA는 외래 키를 관리할 때 연관관계의 주인만 사용한다. 주인이 아닌 Team.members는 조회를 위한 JPQL이나 객체 그래프를 탐색할 때 사용한다.

▼ **양방향 연관관계는 항상 서로를 참조해야 한다**

양방향 연관관계는 항상 서로 참조해야 한다. 어느 한 쪽만 참조하면 양방향 연관관계가 성립하지 않는다. 항상 서로 참조하게 하려면 연관관계 편의 메소드를 작성하는 것이 좋은데 회원의 setTeam(), 팀의 addMember() 메소드가 이런 편의 메소드들이다. 편의 메소드는 한 곳에만 작성하거나 양쪽 다 작성할 수 있는데, 양쪽에 다 작성하면 무한루프에 빠지므로 주의해야 한다. 예제 코드는 편의 메소드를 양쪽에 다 작성해서 둘 중 하나만 호출하면 된다. 또한 무한루프에 빠지지 않도록 검사하는 로직도 있다.

6.2 일대다

일대다 관계는 다대일 관계의 반대 방향이다. 일대다 관계는 엔티티를 하나 이상 참조할 수 있으므로 자바 컬렉션인 Collection, List, Set, Map 중에 하나를 사용해야 한다.

6.2.1 일대다 단방향 [1:N]

하나의 팀은 여러 회원을 참조할 수 있는데 이런 관계를 일대다 관계라 한다. 그리고 팀은 회원들은 참조하지만 반대로 회원은 팀을 참조하지 않으면 둘의 관계는 단방향이다. 그림 6.3을 통해 일대다 단방향 관계를 알아보자(일대다 단방향 관계는 JPA 2.0부터 지원한다).

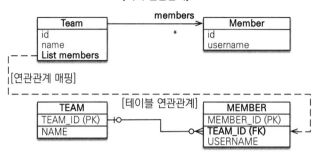

그림 6.3 일대다 단방향

일대다 단방향 관계는 약간 특이한데 그림 6.3을 보면 팀 엔티티의 `Team.`
`members`로 회원 테이블의 `TEAM_ID` 외래 키를 관리한다. 보통 자신이 매핑한 테이블의 외래 키를 관리하는데, 이 매핑은 반대쪽 테이블에 있는 외래 키를 관리한다.

그럴 수밖에 없는 것이 일대다 관계에서 외래 키는 항상 다쪽 테이블에 있다. 하지만 다 쪽인 `Member` 엔티티에는 외래 키를 매핑할 수 있는 참조 필드가 없다. 대신에 반대쪽인 `Team` 엔티티에만 참조 필드인 `members`가 있다. 따라서 반대편 테이블의 외래 키를 관리하는 특이한 모습이 나타난다.

일대다 단방향으로 매핑한 팀 엔티티(예제 6.5)와 회원 엔티티(예제 6.6)를 보자.

예제 6.5 일대다 단방향 팀 엔티티

```java
@Entity
public class Team {

    @Id @GeneratedValue
    @Column(name = "TEAM_ID")
    private Long id;

    private String name;

    @OneToMany
    @JoinColumn(name = "TEAM_ID") //MEMBER 테이블의 TEAM_ID (FK)
    private List<Member> members = new ArrayList<Member>();

    //Getter, Setter ...
}
```

210

```
@Entity
public class Member {

    @Id @GeneratedValue
    @Column(name = "MEMBER_ID")
    private Long id;

    private String username;

    //Getter, Setter ...
}
```

일대다 단방향 관계를 매핑할 때는 @JoinColumn을 명시해야 한다. 그렇지 않으면 JPA는 연결 테이블을 중간에 두고 연관관계를 관리하는 조인 테이블_{JoinTable} 전략을 기본으로 사용해서 매핑한다. 조인 테이블에 대한 자세한 내용은 7.4절에서 알아보겠다.

▼ 일대다 단방향 매핑의 단점

일대다 단방향 매핑의 단점은 매핑한 객체가 관리하는 외래 키가 다른 테이블에 있다는 점이다. 본인 테이블에 외래 키가 있으면 엔티티의 저장과 연관관계 처리를 INSERT SQL 한 번으로 끝낼 수 있지만, 다른 테이블에 외래 키가 있으면 연관관계 처리를 위한 UPDATE SQL을 추가로 실행해야 한다.

예제 6.7을 통해 일대다 단방향 매핑의 단점을 알아보자.

예제 6.7 일대다 단방향 매핑의 단점

```
public void testSave() {

    Member member1 = new Member("member1");
    Member member2 = new Member("member2");

    Team team1 = new Team("team1");
    team1.getMembers().add(member1);
    team1.getMembers().add(member2);

    em.persist(member1);//INSERT-member1
    em.persist(member2);//INSERT-member2
    em.persist(team1);  //INSERT-team1, UPDATE-member1.fk,
                        //UPDATE-member2.fk
    transaction.commit();
}
```

예제 6.7을 실행한 결과 SQL은 다음과 같다.

```
insert into Member (MEMBER_ID, username) values (null, ?)
insert into Member (MEMBER_ID, username) values (null, ?)
insert into Team (TEAM_ID, name) values (null, ?)
update Member set TEAM_ID=? where MEMBER_ID=?
update Member set TEAM_ID=? where MEMBER_ID=?
```

Member 엔티티는 Team 엔티티를 모른다. 그리고 연관관계에 대한 정보는 Team
엔티티의 members가 관리한다. 따라서 Member 엔티티를 저장할 때는 MEMBER 테
이블의 TEAM_ID 외래 키에 아무 값도 저장되지 않는다. 대신 Team 엔티티를 저
장할 때 Team.members의 참조 값을 확인해서 회원 테이블에 있는 TEAM_ID 외
래 키를 업데이트한다.

▼ 일대다 단방향 매핑보다는 다대일 양방향 매핑을 사용하자

일대다 단방향 매핑을 사용하면 엔티티를 매핑한 테이블이 아닌 다른 테이블의
외래 키를 관리해야 한다. 이것은 성능 문제도 있지만 관리도 부담스럽다. 문제
를 해결하는 좋은 방법은 일대다 단방향 매핑 대신에 다대일 양방향 매핑을 사용
하는 것이다. 다대일 양방향 매핑은 관리해야 하는 외래 키가 본인 테이블에 있
다. 따라서 일대다 단방향 매핑 같은 문제가 발생하지 않는다. 두 매핑의 테이블
모양은 완전히 같으므로 엔티티만 약간 수정하면 된다. 상황에 따라 다르겠지만
일대다 단방향 매핑보다는 다대일 양방향 매핑을 권장한다.

6.2.2 일대다 양방향 [1:N, N:1]

일대다 양방향 매핑은 존재하지 않는다. 대신 다대일 양방향 매핑을 사용해야 한다
(일대다 양방향과 다대일 양방향은 사실 똑같은 말이다. 여기서는 왼쪽을 연관관계의 주인으로 가
정해서 분류했다. 예를 들어 다대일이면 다(N)가 연관관계의 주인이다).

더 정확히 말하자면 양방향 매핑에서 @OneToMany는 연관관계의 주인이 될 수
없다. 왜냐하면 관계형 데이터베이스의 특성상 일대다, 다대일 관계는 항상 다 쪽
에 외래 키가 있다. 따라서 @OneToMany, @ManyToOne 둘 중에 연관관계의 주인
은 항상 다 쪽인 @ManyToOne을 사용한 곳이다. 이런 이유로 @ManyToOne에는
mappedBy 속성이 없다.

그렇다고 일대다 양방향 매핑이 완전히 불가능한 것은 아니다. 일대다 단방향 매핑 반대편에 같은 외래 키를 사용하는 다대일 단방향 매핑을 읽기 전용으로 하나 추가하면 된다.

그림 6.4와 팀 엔티티(예제 6.8), 회원 엔티티(예제 6.9) 코드로 일대다 양방향 관계를 알아보자.

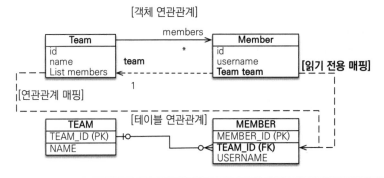

그림 6.4 일대다 양방향

예제 6.8 일대다 양방향 팀 엔티티

```
@Entity
public class Team {

    @Id @GeneratedValue
    @Column(name = "TEAM_ID")
    private Long id;

    private String name;

    @OneToMany
    @JoinColumn(name = "TEAM_ID")
    private List<Member> members = new ArrayList<Member>();

    //Getter, Setter ...
}
```

```java
@Entity
public class Member {

    @Id @GeneratedValue
    @Column(name = "MEMBER_ID")
    private Long id;
    private String username;

    @ManyToOne
    @JoinColumn(name = "TEAM_ID", insertable = false,
        updatable = false)
    private Team team;

    //Getter, Setter ...
}
```

일대다 단방향 매핑 반대편에 다대일 단방향 매핑을 추가했다. 이때 일대다 단방향 매핑과 같은 TEAM_ID 외래 키 컬럼을 매핑했다. 이렇게 되면 둘 다 같은 키를 관리하므로 문제가 발생할 수 있다. 따라서 반대편인 다대일 쪽은 insertable = false, updatable = false로 설정해서 읽기만 가능하게 했다.

이 방법은 일대다 양방향 매핑이라기보다는 일대다 단방향 매핑 반대편에 다대일 단방향 매핑을 읽기 전용으로 추가해서 일대다 양방향처럼 보이도록 하는 방법이다. 따라서 일대다 단방향 매핑이 가지는 단점을 그대로 가진다. 될 수 있으면 다대일 양방향 매핑을 사용하자.

6.3 일대일 [1:1]

일대일 관계는 양쪽이 서로 하나의 관계만 가진다. 예를 들어 회원은 하나의 사물함만 사용하고 사물함도 하나의 회원에 의해서만 사용된다.

일대일 관계는 다음과 같은 특징이 있다.

- 일대일 관계는 그 반대도 일대일 관계다.
- 테이블 관계에서 일대다, 다대일은 항상 다(N)쪽이 외래 키를 가진다. 반면에 일대일 관계는 주 테이블이나 대상 테이블 둘 중 어느 곳이나 외래 키를 가질 수 있다.

테이블은 주 테이블이든 대상 테이블이든 외래 키 하나만 있으면 양쪽으로 조회할 수 있다. 그리고 일대일 관계는 그 반대쪽도 일대일 관계다. 따라서 일대일 관계는 주 테이블이나 대상 테이블 중에 누가 외래 키를 가질지 선택해야 한다.

▼ 주 테이블에 외래 키

주 객체가 대상 객체를 참조하는 것처럼 주 테이블에 외래 키를 두고 대상 테이블을 참조한다. 외래 키를 객체 참조와 비슷하게 사용할 수 있어서 객체지향 개발자들이 선호한다. 이 방법의 장점은 주 테이블이 외래 키를 가지고 있으므로 주 테이블만 확인해도 대상 테이블과 연관관계가 있는지 알 수 있다.

▼ 대상 테이블에 외래 키

전통적인 데이터베이스 개발자들은 보통 대상 테이블에 외래 키를 두는 것을 선호한다. 이 방법의 장점은 테이블 관계를 일대일에서 일대다로 변경할 때 테이블 구조를 그대로 유지할 수 있다.

이제 모든 일대일 관계를 하나씩 살펴보자.

6.3.1 주 테이블에 외래 키

일대일 관계를 구성할 때 객체지향 개발자들은 주 테이블에 외래 키가 있는 것을 선호한다. JPA도 주 테이블에 외래 키가 있으면 좀 더 편리하게 매핑할 수 있다. 주 테이블에 외래 키가 있는 단방향 관계를 먼저 살펴보고 양방향 관계도 살펴보자.

단방향

그림 6.5와 예제 6.10을 통해 회원과 사물함의 일대일 단방향 관계를 알아보자. MEMBER가 주 테이블이고 LOCKER는 대상 테이블이다.

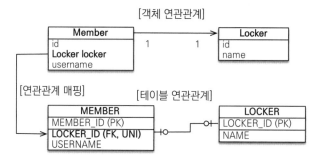

그림 6.5 일대일 주 테이블에 외래 키, 단방향

예제 6.10 일대일 주 테이블에 외래 키, 단방향 예제 코드

```java
@Entity
public class Member {

    @Id @GeneratedValue
    @Column(name = "MEMBER_ID")
    private Long id;

    private String username;

    @OneToOne
    @JoinColumn(name = "LOCKER_ID")
    private Locker locker;
    ...
}

@Entity
public class Locker {

    @Id @GeneratedValue
    @Column(name = "LOCKER_ID")
    private Long id;

    private String name;
    ...
}
```

일대일 관계이므로 객체 매핑에 @OneToOne을 사용했고 데이터베이스에는
LOCKER_ID 외래 키에 유니크 제약 조건(UNI)을 추가했다. 참고로 이 관계는 다대
일 단방향(@ManyToOne)과 거의 비슷하다.

다음으로 반대 방향을 추가해서 일대일 양방향 관계로 만들어보자.

양방향

그림 6.6과 예제 6.11을 통해 양방향 관계를 알아보자.

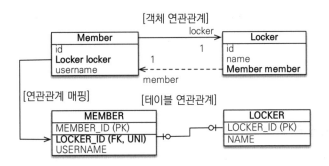

그림 6.6 일대일 주 테이블에 외래 키, 양방향

예제 6.11 일대일 주 테이블에 외래 키, 양방향 예제 코드

```
@Entity
public class Member {

    @Id @GeneratedValue
    @Column(name = "MEMBER_ID")
    private Long id;

    private String username;

    @OneToOne
    @JoinColumn(name = "LOCKER_ID")
    private Locker locker;
    ...
}

@Entity
public class Locker {

    @Id @GeneratedValue
    @Column(name = "LOCKER_ID")
    private Long id;

    private String name;
```

```
    @OneToOne(mappedBy = "locker")
    private Member member;
    ...
}
```

양방향이므로 연관관계의 주인을 정해야 한다. MEMBER 테이블이 외래 키를 가지고 있으므로 Member 엔티티에 있는 Member.locker가 연관관계의 주인이다. 따라서 반대 매핑인 사물함의 Locker.member는 mappedBy를 선언해서 연관관계의 주인이 아니라고 설정했다.

6.3.2 대상 테이블에 외래 키

이번에는 대상 테이블에 외래 키가 있는 일대일 관계를 알아보자.

단방향

그림 6.7을 보자. 일대일 관계 중 대상 테이블에 외래 키가 있는 단방향 관계는 JPA에서 지원하지 않는다. 그리고 이런 모양으로 매핑할 수 있는 방법도 없다. 이때는 단방향 관계를 Locker에서 Member 방향으로 수정하거나, 양방향 관계로 만들고 Locker를 연관관계의 주인으로 설정해야 한다. 이 방법은 다음 양방향에서 알아보자.

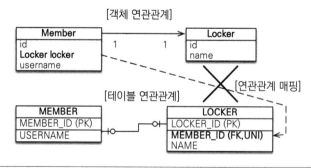

그림 6.7 일대일 대상 테이블에 외래 키, 단방향

참고로 JPA2.0부터 일대다 단방향 관계에서 대상 테이블에 외래 키가 있는 매핑을 허용했다. 하지만 일대일 단방향은 이런 매핑을 허용하지 않는다.

218

양방향

그림 6.8과 예제 6.12를 통해 대상 테이블에 외래 키가 있는 양방향 관계를 알아보자.

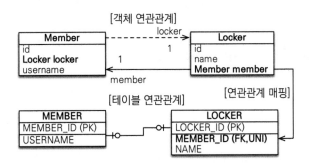

그림 6.8 일대일 대상 테이블에 외래 키, 양방향

예제 6.12 일대일 대상 테이블에 외래 키, 양방향 예제 코드

```java
@Entity
public class Member {

    @Id @GeneratedValue
    @Column(name = "MEMBER_ID")
    private Long id;

    private String username;

    @OneToOne(mappedBy = "member")
    private Locker locker;
    ...
}

@Entity
public class Locker {

    @Id @GeneratedValue
    @Column(name = "LOCKER_ID")
    private Long id;

    private String name;

    @OneToOne
    @JoinColumn(name = "MEMBER_ID")
    private Member member;
    ...
}
```

일대일 매핑에서 대상 테이블에 외래 키를 두고 싶으면 이렇게 양방향으로 매핑한다. 주 엔티티인 Member 엔티티 대신에 대상 엔티티인 Locker를 연관관계의 주인으로 만들어서 LOCKER 테이블의 외래 키를 관리하도록 했다.

> 🔊 **참고**
>
> 부모 테이블의 기본 키를 자식 테이블에서도 기본 키로 사용하는 일대일 관계는 7.3.5절에서 설명한다.

> ⚠️ **주의**
>
> 프록시를 사용할 때 외래 키를 직접 관리하지 않는 일대일 관계는 지연 로딩으로 설정해도 즉시 로딩된다. 예를 들어 방금 본 예제에서 Locker.member는 지연 로딩할 수 있지만, Member.locker는 지연 로딩으로 설정해도 즉시 로딩된다. 이것은 프록시의 한계 때문에 발생하는 문제인데 프록시 대신에 bytecode instrumentation을 사용하면 해결할 수 있다. 자세한 내용과 다양한 해결책은 다음 URL을 참고하자.
>
> https://developer.jboss.org/wiki/SomeExplanationsOnLazyLoadingone-to-one
>
> 지금은 프록시와 지연 로딩에 관해 설명하지 않았으므로 방금 설명한 내용을 이해하지 못해도 된다. 프록시와 지연 로딩은 8장에서 알아보겠다.

6.4 │ 다대다 [N:N]

관계형 데이터베이스는 정규화된 테이블 2개로 다대다 관계를 표현할 수 없다. 그래서 보통 다대다 관계를 일대다, 다대일 관계로 풀어내는 연결 테이블을 사용한다. 그림 6.9를 보자. 예를 들어 회원들은 상품을 주문한다. 반대로 상품들은 회원들에 의해 주문된다. 둘은 다대다 관계다. 따라서 회원 테이블과 상품 테이블만으로는 이 관계를 표현할 수 없다.

그림 6.9 테이블, N:M 다대다 불가능

그래서 그림 6.10처럼 중간에 연결 테이블을 추가해야 한다. 이 그림을 보면 `Member_Product` 연결 테이블을 추가했다. 이 테이블을 사용해서 다대다 관계를 일대다, 다대일 관계로 풀어낼 수 있다. 이 연결 테이블은 회원이 주문한 상품을 나타낸다.

그림 6.10 테이블, N:M 다대다 연결 테이블

그런데 객체는 테이블과 다르게 객체 2개로 다대다 관계를 만들 수 있다. 예를 들어 회원 객체는 컬렉션을 사용해서 상품들을 참조하면 되고 반대로 상품들도 컬렉션을 사용해서 회원들을 참조하면 된다.

`@ManyToMany`를 사용하면 그림 6.11처럼 이런 다대다 관계를 편리하게 매핑할 수 있다.

그림 6.11 클래스, 다대다 엔티티

6.4.1 다대다: 단방향

다대다 단방향 관계인 회원(예제 6.13)과 상품(예제 6.14) 엔티티를 보자.

예제 6.13 다대다 단방향 회원

```
@Entity
public class Member {

    @Id @Column(name = "MEMBER_ID")
    private String id;

    private String username;

    @ManyToMany
    @JoinTable(name = "MEMBER_PRODUCT",
```

```
                joinColumns = @JoinColumn(name = "MEMBER_ID"),
                inverseJoinColumns = @JoinColumn(name =
                    "PRODUCT_ID"))
        private List<Product> products = new ArrayList<Product>();
        ...
}
```

예제 6.14 다대다 단방향 상품

```
@Entity
public class Product {

    @Id @Column(name = "PRODUCT_ID")
    private String id;

    private String name;
    ...
}
```

회원 엔티티와 상품 엔티티를 @ManyToMany로 매핑했다. 여기서 중요한 점은 @ManyToMany와 @JoinTable을 사용해서 연결 테이블을 바로 매핑한 것이다. 따라서 회원과 상품을 연결하는 회원_상품(Member_Product) 엔티티 없이 매핑을 완료할 수 있다.

연결 테이블을 매핑하는 @JoinTable의 속성을 정리해보자.

- @JoinTable.name: 연결 테이블을 지정한다. 여기서는 MEMBER_PRODUCT 테이블을 선택했다.
- @JoinTable.joinColumns: 현재 방향인 회원과 매핑할 조인 컬럼 정보를 지정한다. MEMBER_ID로 지정했다.
- @JoinTable.inverseJoinColumns: 반대 방향인 상품과 매핑할 조인 컬럼 정보를 지정한다. PRODUCT_ID로 지정했다.

MEMBER_PRODUCT 테이블은 다대다 관계를 일대다, 다대일 관계로 풀어내기 위해 필요한 연결 테이블일 뿐이다. @ManyToMany로 매핑한 덕분에 다대다 관계를 사용할 때는 이 연결 테이블을 신경 쓰지 않아도 된다.

다음으로 다대다 관계를 저장하는 예제 6.15를 보자.

```java
public void save() {

    Product productA = new Product();
    productA.setId("productA");
    productA.setName("상품A");
    em.persist(productA);

    Member member1 = new Member();
    member1.setId("member1");
    member1.setUsername("회원1");
    member1.getProducts().add(productA) //연관관계 설정
    em.persist(member1);

}
```

회원1과 상품A의 연관관계를 설정했으므로 회원1을 저장할 때 연결 테이블에도 값이 저장된다. 따라서 이 코드를 실행하면 다음과 같은 SQL이 실행된다.

```sql
INSERT INTO PRODUCT ...
INSERT INTO MEMBER ...
INSERT INTO MEMBER_PRODUCT ...
```

```java
public void find() {

    Member member = em.find(Member.class, "member1");
    List<Product> products = member.getProducts(); //객체 그래프 탐색
    for (Product product : products) {
        System.out.println("product.name = " + product.getName());
    }
}
```

예제 6.16을 보자. 순서대로 저장한 후에 탐색해보면 저장해두었던 상품1이 조회 된다.

member.getProducts()를 호출해서 상품 이름을 출력하면 다음 SQL이 실행 된다.

```sql
SELECT * FROM MEMBER_PRODUCT MP
INNER JOIN PRODUCT P ON MP.PRODUCT_ID=P.PRODUCT_ID
WHERE MP.MEMBER_ID=?
```

실행된 SQL을 보면 연결 테이블인 MEMBER_PRODUCT와 상품 테이블을 조인해서 연관된 상품을 조회한다.

@ManyToMany 덕분에 복잡한 다대다 관계를 애플리케이션에서는 아주 단순하게 사용할 수 있다. 이제 이 관계를 양방향으로 만들어보자.

6.4.2 다대다: 양방향

예제 6.17을 보면 다대다 매핑이므로 역방향도 @ManyToMany를 사용한다. 그리고 양쪽 중 원하는 곳에 mappedBy로 연관관계의 주인을 지정한다(물론 mappedBy가 없는 곳이 연관관계의 주인이다).

예제 6.17 역방향 추가

```
@Entity
public class Product {

    @Id
    private String id;

    @ManyToMany(mappedBy = "products") //역방향 추가
    private List<Member> members;
    ...
}
```

다대다의 양방향 연관관계는 다음처럼 설정하면 된다.

```
member.getProducts().add(product);
product.getMembers().add(member);
```

양방향 연관관계는 연관관계 편의 메소드를 추가해서 관리하는 것이 편리하다. 다음처럼 회원 엔티티에 연관관계 편의 메소드를 추가하자.

```
public void addProduct(Product product) {
    ...
    products.add(product);
    product.getMembers().add(this);
}
```

연관관계 편의 메소드를 추가했으므로 다음처럼 간단히 양방향 연관관계를 설정하면 된다.

```
member.addProduct(product);
```

양방향 연관관계로 만들었으므로 product.getMembers()를 사용해서 역방향으로 객체 그래프를 탐색할 수 있다. 예제 6.18을 보자.

예제 6.18 역방향 탐색

```
public void findInverse() {

    Product product = em.find(Product.class, "productA");
    List<Member> members = product.getMembers();
    for (Member member : members) {
        System.out.println("member = " + member.getUsername());
    }
}
```

6.4.3 다대다: 매핑의 한계와 극복, 연결 엔티티 사용

@ManyToMany를 사용하면 연결 테이블을 자동으로 처리해주므로 도메인 모델이 단순해지고 여러 가지로 편리하다. 하지만 이 매핑을 실무에서 사용하기에는 한계가 있다. 예를 들어 회원이 상품을 주문하면 연결 테이블에 단순히 주문한 회원 아이디와 상품 아이디만 담고 끝나지 않는다. 보통은 연결 테이블에 주문 수량 컬럼이나 주문한 날짜 같은 컬럼이 더 필요하다.

그림 6.12 테이블, 연결 테이블에 필드 추가

그림 6.12를 보면 연결 테이블에 주문 수량(ORDERAMOUNT)과 주문 날짜(ORDERDATE) 컬럼을 추가했다. 이렇게 컬럼을 추가하면 더는 @ManyToMany를 사용할 수 없다. 왜냐하면 주문 엔티티나 상품 엔티티에는 추가한 컬럼들을 매핑할 수 없기 때문이

다. 결국, 그림 6.13처럼 연결 테이블을 매핑하는 연결 엔티티를 만들고 이곳에 추가한 컬럼들을 매핑해야 한다. 그리고 엔티티 간의 관계도 테이블 관계처럼 다대다에서 일대다, 다대일 관계로 풀어야 한다. 여기서는 회원상품(MemberProduct) 엔티티를 추가했다.

그림 6.13 클래스, 다대다를 푸는 연결 엔티티

연결 테이블에 주문 수량(ORDERAMOUNT)과 주문 날짜(ORDERDATE) 컬럼을 추가했고 나머지 테이블은 기존과 같다. 예제 6.19로 매핑한 엔티티를 분석해보자.

예제 6.19 회원 코드

```
@Entity
public class Member {

    @Id @Column(name = "MEMBER_ID")
    private String id;

    //역방향
    @OneToMany(mappedBy = "member")
    private List<MemberProduct> memberProducts;

    ...
}
```

회원과 회원상품을 양방향 관계로 만들었다. 회원상품 엔티티 쪽이 외래 키를 가지고 있으므로 연관관계의 주인이다. 따라서 연관관계의 주인이 아닌 회원의 Member.memberProducts에는 mappedBy를 사용했다.

예제 6.20 상품 코드

```
@Entity
public class Product {

    @Id @Column(name = "PRODUCT_ID")
    private String id;
```

```
    private String name;

    ...
}
```

예제 6.20 상품 코드를 보면 상품 엔티티에서 회원상품 엔티티로 객체 그래프 탐색 기능이 필요하지 않다고 판단해서 연관관계를 만들지 않았다.

다음으로 가장 중요한 회원상품 엔티티(예제 6.21)와 회원상품 식별자 클래스 (예제 6.22)를 보자.

예제 6.21 회원상품 엔티티 코드

```
@Entity
@IdClass(MemberProductId.class)
public class MemberProduct {

    @Id
    @ManyToOne
    @JoinColumn(name = "MEMBER_ID")
    private Member member; //MemberProductId.member와 연결

    @Id
    @ManyToOne
    @JoinColumn(name = "PRODUCT_ID")
    private Product product; //MemberProductId.product와 연결

    private int orderAmount;

    ...
}
```

예제 6.22 회원상품 식별자 클래스

```
public class MemberProductId implements Serializable {

    private String member;  //MemberProduct.member와 연결
    private String product; //MemberProduct.product와 연결

    //hashCode and equals

    @Override
    public boolean equals(Object o) {...}
```

```
    @Override
    public int hashCode() {...}
}
```

예제 6.21의 회원상품(MemberProduct) 엔티티를 보면 기본 키를 매핑하는 @Id와
외래 키를 매핑하는 @JoinColumn을 동시에 사용해서 기본 키 + 외래 키를 한번에
매핑했다. 그리고 @IdClass를 사용해서 복합 기본 키를 매핑했다.

▼ 복합 기본 키

회원상품 엔티티는 기본 키가 MEMBER_ID와 PRODUCT_ID로 이루어진 복합 기본
키(간단히 복합 키라 하겠다)다. JPA에서 복합 키를 사용하려면 별도의 식별자 클래
스를 만들어야 한다. 그리고 엔티티에 @IdClass를 사용해서 식별자 클래스를 지
정하면 된다. 여기서는 예제 6.22의 MemberProductId 클래스를 복합 키를 위한
식별자 클래스로 사용한다.

복합 키를 위한 식별자 클래스는 다음과 같은 특징이 있다.

- 복합 키는 별도의 식별자 클래스로 만들어야 한다.
- Serializable을 구현해야 한다.
- equals와 hashCode 메소드를 구현해야 한다.
- 기본 생성자가 있어야 한다.
- 식별자 클래스는 public이어야 한다.
- @IdClass를 사용하는 방법 외에 @EmbeddedId를 사용하는 방법도 있다.

> **◄») 참고**
>
> 자바 IDE에는 대부분 equals, hashCode 메소드를 자동으로 생성해주는 기능이 있다.

▼ 식별 관계

회원상품은 회원과 상품의 기본 키를 받아서 자신의 기본 키로 사용한다. 이렇게
부모 테이블의 기본 키를 받아서 자신의 기본 키 + 외래 키로 사용하는 것을 데
이터베이스 용어로 식별 관계Identifying Relationship라 한다.

종합해보면 회원상품(MemberProduct)은 회원의 기본 키를 받아서 자신의 기본 키로 사용함과 동시에 회원과의 관계를 위한 외래 키로 사용한다. 그리고 상품의 기본 키도 받아서 자신의 기본 키로 사용함과 동시에 상품과의 관계를 위한 외래 키로 사용한다. 또한 MemberProductId 식별자 클래스로 두 기본 키를 묶어서 복합 기본 키로 사용한다.

> **◀) 참고**
>
> 복합 키와 식별 관계 그리고 @IdClass, @EmbeddedId 대한 자세한 내용은 7.3절에서 다룬다.

이렇게 구성한 관계를 어떻게 저장하는지 예제 6.23으로 살펴보자.

예제 6.23 저장하는 코드

```
public void save() {

    //회원 저장
    Member member1 = new Member();
    member1.setId("member1");
    member1.setUsername("회원1");
    em.persist(member1);

    //상품 저장
    Product productA = new Product();
    productA.setId("productA");
    productA.setName("상품1");
    em.persist(productA);

    //회원상품 저장
    MemberProduct memberProduct = new MemberProduct();
    memberProduct.setMember(member1);     //주문 회원 - 연관관계 설정
    memberProduct.setProduct(productA); //주문 상품 - 연관관계 설정
    memberProduct.setOrderAmount(2);      //주문 수량

    em.persist(memberProduct);
}
```

회원상품 엔티티를 만들면서 연관된 회원 엔티티와 상품 엔티티를 설정했다. 회원상품 엔티티는 데이터베이스에 저장될 때 연관된 회원의 식별자와 상품의 식별자를 가져와서 자신의 기본 키 값으로 사용한다.

다음으로 조회하는 예제 6.24를 보자.

```
public void find() {

    //기본 키 값 생성
    MemberProductId memberProductId = new MemberProductId();
    memberProductId.setMember("member1");
    memberProductId.setProduct("productA");

    MemberProduct memberProduct = em.find(MemberProduct.class,
        memberProductId);

    Member member = memberProduct.getMember();
    Product product = memberProduct.getProduct();

    System.out.println("member = " + member.getUsername());
    System.out.println("product = " + product.getName());
    System.out.println("orderAmount = " +
        memberProduct.getOrderAmount());

}
```

지금까지는 기본 키가 단순해서 기본 키를 위한 객체를 사용하는 일이 없었지만 복합 키가 되면 이야기가 달라진다. 복합 키는 항상 식별자 클래스를 만들어야 한다. em.find()를 보면 생성한 식별자 클래스로 엔티티를 조회한다.

복합 키를 사용하는 방법은 복잡하다. 단순히 컬럼 하나만 기본 키로 사용하는 것과 비교해서 복합 키를 사용하면 ORM 매핑에서 처리할 일이 상당히 많아진다. 복합 키를 위한 식별자 클래스도 만들어야 하고 @IdClass 또는 @EmbeddedId도 사용해야 한다. 그리고 식별자 클래스에 equals, hashCode도 구현해야 한다.

다음으로 복합 키를 사용하지 않고 간단히 다대다 관계를 구성하는 방법을 알아보자.

6.4.4 다대다: 새로운 기본 키 사용

추천하는 기본 키 생성 전략은 데이터베이스에서 자동으로 생성해주는 대리 키를 Long 값으로 사용하는 것이다. 이것의 장점은 간편하고 거의 영구히 쓸 수 있으며 비즈니스에 의존하지 않는다. 그리고 ORM 매핑 시에 복합 키를 만들지 않아도 되므로 간단히 매핑을 완성할 수 있다.

이번에는 연결 테이블에 새로운 기본 키를 사용해보자. 이 정도 되면 회원상품(MemberProduct)보다는 주문(Order)이라는 이름이 더 어울릴 것이다(ORDER는 일부 데이터베이스에 예약어로 잡혀 있어서 대신에 ORDERS를 사용하기도 한다).

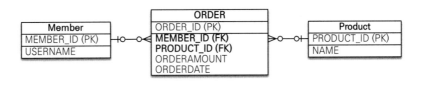

그림 6.14 테이블, N:M 다대다 새로운 기본 키

그림 6.14를 보면 ORDER_ID라는 새로운 기본 키를 하나 만들고 MEMBER_ID, PRODUCT_ID 컬럼은 외래 키로만 사용한다.

예제 6.25의 주문 엔티티를 보자.

예제 6.25 주문 코드

```
@Entity
public class Order {

    @Id @GeneratedValue
    @Column(name = "ORDER_ID")
    private Long Id;

    @ManyToOne
    @JoinColumn(name = "MEMBER_ID")
    private Member member;

    @ManyToOne
    @JoinColumn(name = "PRODUCT_ID")
    private Product product;

    private int orderAmount;
    ...
}
```

대리 키를 사용함으로써 이전에 보았던 식별 관계에 복합 키를 사용하는 것보다 매핑이 단순하고 이해하기 쉽다. 예제 6.26의 회원 엔티티와 상품 엔티티는 변경사항이 없다.

예제 6.26 회원 엔티티와 상품 엔티티 코드

```
@Entity
public class Member {

    @Id @Column(name = "MEMBER_ID")
    private String id;
    private String username;

    @OneToMany(mappedBy = "member")
    private List<Order> orders = new ArrayList<Order>();
    ...
}

@Entity
public class Product {

    @Id @Column(name = "PRODUCT_ID")
    private String id;
    private String name;
    ...
}
```

이제 저장하고 조회하는 예제를 보자. 예제 6.27은 저장하는 코드다.

예제 6.27 저장 코드

```
public void save() {

    //회원 저장
    Member member1 = new Member();
    member1.setId("member1");
    member1.setUsername("회원1");
    em.persist(member1);

    //상품 저장
    Product productA = new Product();
    productA.setId("productA");
    productA.setName("상품1");
```

```
    em.persist(productA);

    //주문 저장
    Order order = new Order();
    order.setMember(member1);    //주문 회원 - 연관관계 설정
    order.setProduct(productA);  //주문 상품 - 연관관계 설정
    order.setOrderAmount(2);     //주문 수량
    em.persist(order);
}
```

예제 6.28은 조회하는 코드다.

예제 6.28 조회 코드

```
public void find() {

    Long orderId = 1L;
    Order order = em.find(Order.class, orderId);

    Member member = order.getMember();
    Product product = order.getProduct();

    System.out.println("member = " + member.getUsername());
    System.out.println("product = " + product.getName());
    System.out.println("orderAmount = " + order.getOrderAmount());
}
```

식별자 클래스를 사용하지 않아서 코드가 한결 단순해졌다. 이처럼 새로운 기본
키를 사용해서 다대다 관계를 풀어내는 것도 좋은 방법이다.

6.4.5 다대다 연관관계 정리

다대다 관계를 일대다 다대일 관계로 풀어내기 위해 연결 테이블을 만들 때 식별자
를 어떻게 구성할지 선택해야 한다.

- **식별 관계**: 받아온 식별자를 기본 키 + 외래 키로 사용한다.
- **비식별 관계**: 받아온 식별자는 외래 키로만 사용하고 새로운 식별자를 추가한다.

데이터베이스 설계에서는 1번처럼 부모 테이블의 기본 키를 받아서 자식 테이블의 기본 키 + 외래 키로 사용하는 것을 식별 관계라 하고, 2번처럼 단순히 외래 키로만 사용하는 것을 비식별 관계라 한다. 객체 입장에서 보면 2번처럼 비식별 관계를 사용하는 것이 복합 키를 위한 식별자 클래스를 만들지 않아도 되므로 단순하고 편리하게 ORM 매핑을 할 수 있다. 이런 이유로 식별 관계보다는 비식별 관계를 추천한다. 자세한 내용은 7.3절에서 알아보겠다.

6.5 정리

이 장에서는 다대일, 일대다, 일대일, 대다대 연관관계를 단방향, 양방향으로 매핑하는 방법에 대해 알아보았다. 그리고 마지막에는 다대다 연관관계를 일대다, 다대일 연관관계로 풀어보았다.

다음 장은 상속, 복합 키 같은 고급 매핑에 대해서 설명한다. 그 전에 이 장에서 학습한 다양한 연관관계를 실전 예제에 녹여보자.

┃ 예제 코드: ch06-model3 ┃

다음 요구사항이 추가되었다.

- 상품을 주문할 때 배송 정보를 입력할 수 있다. 주문과 배송을 일대일 관계다.
- 상품을 카테고리로 구분할 수 있다.

그림 6.15을 보면 배송 엔티티와 카테고리 엔티티를 추가했다.

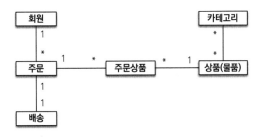

그림 6.15 실전 예제 3 UML

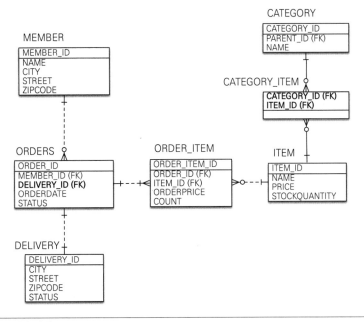

그림 6.16 실전 예제 3 ERD

테이블이 추가된 그림 6.16 ERD를 분석해보자.

- **주문과 배송**: 주문(ORDERS)과 배송(DELIVERY)은 일대일 관계다. 객체 관계를 고려할 때 주문에서 배송으로 자주 접근할 예정이므로 외래 키를 주문 테이블에 두었다. 참고로 일대일 관계이므로 ORDERS 테이블에 있는 DELIVERY_ID 외래 키에는 유니크 제약조건을 주는 것이 좋다.
- **상품과 카테고리**: 한 상품은 여러 카테고리(CATEGORY)에 속할 수 있고, 한 카테고리도 여러 상품을 가질 수 있으므로 둘은 다대다 관계다. 테이블로 이런 다대다 관계를 표현하기는 어려우므로 CATEGORY_ITEM 연결 테이블을 추가해서 다대다 관계를 일대다, 다대일 관계로 풀어냈다.

추가된 요구사항을 객체에 반영해서 그림 6.17의 상세한 엔티티를 완성했다.

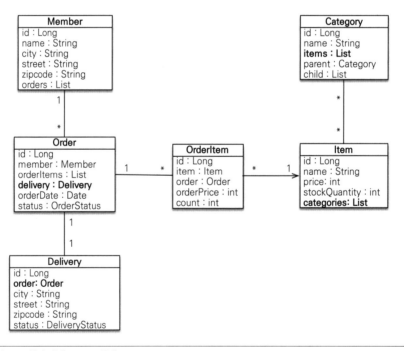

그림 6.17 실전 예제 3 UML 상세

236

일대일 매핑

주문(예제 6.29)과 배송(예제 6.30)의 관계를 보자.

예제 6.29 주문(Order) 엔티티

```java
package jpabook.model.entity;

import javax.persistence.*;
import java.util.ArrayList;
import java.util.Date;
import java.util.List;

@Entity
@Table(name = "ORDERS")
public class Order {

    @Id @GeneratedValue
    @Column(name = "ORDER_ID")
    private Long id;

    @ManyToOne
    @JoinColumn(name = "MEMBER_ID")
    private Member member;         //주문 회원

    @OneToMany(mappedBy = "order")
    private List<OrderItem> orderItems =
        new ArrayList<OrderItem>();

    @OneToOne
    @JoinColumn(name = "DELIVERY_ID")
    private Delivery delivery;   //배송정보

    private Date orderDate;        //주문시간

    @Enumerated(EnumType.STRING)
    private OrderStatus status;//주문상태


    //==연관관계 메소드==//
    public void setMember(Member member) {
        //기존 관계 제거
        if (this.member != null) {
            this.member.getOrders().remove(this);
        }
        this.member = member;
```

```
            member.getOrders().add(this);
    }

    public void addOrderItem(OrderItem orderItem) {
        orderItems.add(orderItem);
        orderItem.setOrder(this);
    }

    public void setDelivery(Delivery delivery) {
        this.delivery = delivery;
        delivery.setOrder(this);
    }

    //Getter, Setter
    ...
}
```

예제 6.30 배송(Delivery)

```
package jpabook.model.entity;

import javax.persistence.*;

@Entity
public class Delivery {

    @Id @GeneratedValue
    @Column(name = "DELIVERY_ID")
    private Long id;

    @OneToOne(mappedBy = "delivery")
    private Order order;

    private String city;
    private String street;
    private String zipcode;

    @Enumerated(EnumType.STRING)
    private DeliveryStatus status;

    //Getter, Setter
    ...
}
```

배송 엔티티는 배송상태(예제 6.31)를 가진다.

예제 6.31 배송상태(DeliveryStatus)

```java
package jpabook.model.entity;

public enum DeliveryStatus {
    READY, //준비
    COMP   //배송
}
```

Order와 Delivery는 일대일 관계고 그 반대도 일대일 관계다. 여기서는 Order가 매핑된 ORDERS를 주 테이블로 보고 주 테이블에 외래 키를 두었다. 따라서 외래 키가 있는 Order.delivery가 연관관계의 주인이다. 주인이 아닌 Delivery. order 필드에는 mappedBy 속성을 사용해서 주인이 아님을 표시했다.

📖 다대다 매핑

카테고리(예제 6.32)와 상품(예제 6.33)의 관계를 보자.

예제 6.32 카테고리(Category)

```java
package jpabook.model.entity;

import javax.persistence.*;
import java.util.ArrayList;
import java.util.List;

@Entity
public class Category {

    @Id @GeneratedValue
    @Column(name = "CATEGORY_ID")
    private Long id;

    private String name;

    @ManyToMany
    @JoinTable(name = "CATEGORY_ITEM",
        joinColumns = @JoinColumn(name = "CATEGORY_ID"),
        inverseJoinColumns = @JoinColumn(name = "ITEM_ID"))
    private List<Item> items = new ArrayList<Item>();
```

```java
//카테고리의 계층 구조를 위한 필드들
@ManyToOne
@JoinColumn(name = "PARENT_ID")
private Category parent;

@OneToMany(mappedBy = "parent")
private List<Category> child = new ArrayList<Category>();

//==연관관계 메소드==//
public void addChildCategory(Category child) {
    this.child.add(child);
    child.setParent(this);
}

public void addItem(Item item) {
    items.add(item);
}

//Getter, Setter
...
}
```

예제 6.33 상품(Item)

```java
package jpabook.model.entity;

import javax.persistence.*;
import java.util.ArrayList;
import java.util.List;

@Entity
public class Item {

    @Id
    @GeneratedValue
    @Column(name = "ITEM_ID")
    private Long id;

    private String name;            //이름
    private int price;              //가격
    private int stockQuantity;      //재고수량
```

```
@ManyToMany(mappedBy = "items")
private List<Category> categories =
    new ArrayList<Category>();

//Getter, Setter
...
}
```

Category와 Item은 다대다 관계고 그 반대도 다대다 관계다. Category.items 필드를 보면 @ManyToMany와 @JoinTable을 사용해서 CATEGORY_ITEM 연결 테이블을 바로 매핑했다. 그리고 여기서는 Category를 연관관계의 주인으로 정했다. 따라서 주인이 아닌 Item.categories 필드에는 mappedBy 속성을 사용해서 주인이 아님을 표시했다.

다대다 관계는 연결 테이블을 JPA가 알아서 처리해주므로 편리하지만 연결 테이블에 필드가 추가되면 더는 사용할 수 없으므로 실무에서 활용하기에는 무리가 있다. 따라서 CategoryItem이라는 연결 엔티티를 만들어서 일대다, 다대일 관계로 매핑하는 것을 권장한다.

고급 매핑 07

이 장에서 다룰 고급 매핑은 다음과 같다.

- **상속 관계 매핑**: 객체의 상속 관계를 데이터베이스에 어떻게 매핑하는지 다룬다.
- **@MappedSuperclass**: 등록일, 수정일 같이 여러 엔티티에서 공통으로 사용하는 매핑 정보만 상속받고 싶으면 이 기능을 사용하면 된다.
- **복합 키와 식별 관계 매핑**: 데이터베이스의 식별자가 하나 이상일 때 매핑하는 방법을 다룬다. 그리고 데이터베이스 설계에서 이야기하는 식별 관계와 비식별 관계에 대해서도 다룬다.
- **조인 테이블**: 테이블은 외래 키 하나로 연관관계를 맺을 수 있지만 연관관계를 관리하는 연결 테이블을 두는 방법도 있다. 여기서는 이 연결 테이블을 매핑하는 방법을 다룬다.
- **엔티티 하나에 여러 테이블 매핑하기**: 보통 엔티티 하나에 테이블 하나를 매핑하지만 엔티티 하나에 여러 테이블을 매핑하는 방법도 있다. 여기서는 이 매핑 방법을 다룬다.

7.1 상속 관계 매핑

관계형 데이터베이스에는 객체지향 언어에서 다루는 상속이라는 개념이 없다. 대신에 그림 7.1과 같은 슈퍼타입 서브타입 관계Super-Type Sub-Type Relationship라는 모델링 기법이 객체의 상속 개념과 가장 유사하다. ORM에서 이야기하는 상속 관계 매핑은 객체의 상속 구조와 데이터베이스의 슈퍼타입 서브타입 관계를 매핑하는 것이다.

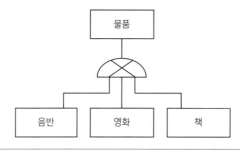

그림 7.1 슈퍼타입 서브타입 논리 모델

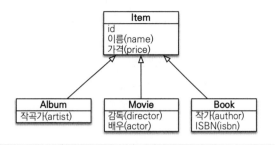

그림 7.2 객체 상속 모델

슈퍼타입 서브타입 논리 모델을 실제 물리 모델인 테이블로 구현할 때는 3가지 방법을 선택할 수 있다.

- **각각의 테이블로 변환**: 그림 7.3과 같이 각각을 모두 테이블로 만들고 조회할 때 조인을 사용한다. JPA에서는 조인 전략이라 한다.
- **통합 테이블로 변환**: 그림 7.4와 같이 테이블을 하나만 사용해서 통합한다. JPA에서는 단일 테이블 전략이라 한다.
- **서브타입 테이블로 변환**: 그림 7.5와 같이 서브 타입마다 하나의 테이블을 만든다. JPA에서는 구현 클래스마다 테이블 전략이라 한다.

그림 7.2의 객체 상속 모델을 방금 설명한 3가지 방법으로 매핑해보자.

7.1.1 조인 전략

조인 전략Joined Strategy은 그림 7.3과 같이 엔티티 각각을 모두 테이블로 만들고 자식 테이블이 부모 테이블의 기본 키를 받아서 기본 키 + 외래 키로 사용하는 전략이다. 따라서 조회할 때 조인을 자주 사용한다. 이 전략을 사용할 때 주의할 점이 있는데 객체는 타입으로 구분할 수 있지만 테이블은 타입의 개념이 없다. 따라서 타입을 구분하는 컬럼을 추가해야 한다. 여기서는 DTYPE 컬럼을 구분 컬럼으로 사용한다.

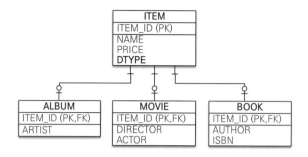

그림 7.3 JOINED TABLE

예제 7.1의 조인 전략을 사용한 예제 코드를 보자.

예제 7.1 조인 전략 매핑

```java
@Entity
@Inheritance(strategy = InheritanceType.JOINED) ···❶
@DiscriminatorColumn(name = "DTYPE")  ···❷
public abstract class Item {

    @Id @GeneratedValue
    @Column(name = "ITEM_ID")
    private Long id;

    private String name; //이름
    private int price;   //가격
    ...
}


@Entity
@DiscriminatorValue("A")
public class Album extends Item {

    private String artist;
    ...
}


@Entity
@DiscriminatorValue("M")  ···❸
public class Movie extends Item {

    private String director; //감독
    private String actor;    //배우
    ...
}
```

매핑 정보를 분석해보자.

❶ @Inheritance(strategy = InheritanceType.JOINED): 상속 매핑은 부모 클래스에 @Inheritance를 사용해야 한다. 그리고 매핑 전략을 지정해야 하는데 여기서는 조인 전략을 사용하므로 InheritanceType.JOINED를 사용했다.

❷ @DiscriminatorColumn(name = "DTYPE"): 부모 클래스에 구분 컬럼을 지정한다. 이 컬럼으로 저장된 자식 테이블을 구분할 수 있다. 기본값이 DTYPE이므로 @DiscriminatorColumn으로 줄여 사용해도 된다.

❸ @DiscriminatorValue("M"): 엔티티를 저장할 때 구분 컬럼에 입력할 값을 지정한다. 만약 영화 엔티티를 저장하면 구분 컬럼인 DTYPE에 값 M이 저장된다.

기본값으로 자식 테이블은 부모 테이블의 ID 컬럼명을 그대로 사용하는데, 만약 자식 테이블의 기본 키 컬럼명을 변경하고 싶으면 @PrimaryKeyJoinColumn을 사용하면 된다. 다음 예제 7.2를 보자.

예제 7.2 ID 재정의

```
@Entity
@DiscriminatorValue("B")
@PrimaryKeyJoinColumn(name = "BOOK_ID") //ID 재정의
public class Book extends Item {

    private String author; //작가
    private String isbn;   //ISBN
    ...
}
```

BOOK 테이블의 ITEM_ID 기본 키 컬럼명을 BOOK_ID로 변경했다.

조인 전략을 정리해보자.

▪ **장점**
- 테이블이 정규화된다.
- 외래 키 참조 무결성 제약조건을 활용할 수 있다.
- 저장공간을 효율적으로 사용한다.

▪ **단점**
- 조회할 때 조인이 많이 사용되므로 성능이 저하될 수 있다.
- 조회 쿼리가 복잡하다.
- 데이터를 등록할 INSERT SQL을 두 번 실행한다.

- 특징
  - JPA 표준 명세는 구분 컬럼을 사용하도록 하지만 하이버네이트를 포함한 몇 몇 구현체는 구분 컬럼(@DiscriminatorColumn) 없이도 동작한다.
- 관련 어노테이션
  - @PrimaryKeyJoinColumn, @DiscriminatorColumn, @DiscriminatorValue

7.1.2 단일 테이블 전략

단일 테이블 전략Single-Table Strategy은 그림 7.4와 같이 이름 그대로 테이블을 하나만 사용한다. 그리고 구분 컬럼(DTYPE)으로 어떤 자식 데이터가 저장되었는지 구분한다. 조회할 때 조인을 사용하지 않으므로 일반적으로 가장 빠르다.

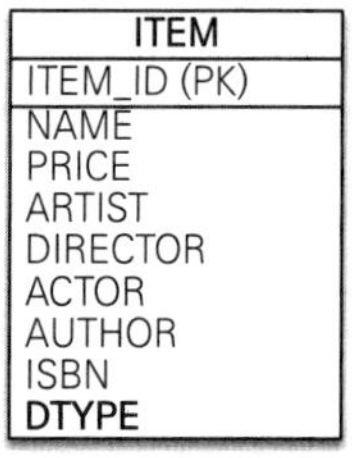

ITEM
ITEM_ID (PK)
NAME
PRICE
ARTIST
DIRECTOR
ACTOR
AUTHOR
ISBN
DTYPE

그림 7.4 SINGLE TABLE

이 전략을 사용할 때 주의점은 자식 엔티티가 매핑한 컬럼은 모두 null을 허용해야 한다는 점이다. 예를 들어 Book 엔티티를 저장하면 ITEM 테이블의 AUTHOR, ISBN 컬럼만 사용하고 다른 엔티티와 매핑된 ARTIST, DIRECTOR, ACTOR 컬럼은 사용하지 않으므로 null이 입력되기 때문이다. 예제 7.3을 보자.

예제 7.3 단일 테이블 전략 매핑

```
@Entity
@Inheritance(strategy = InheritanceType.SINGLE_TABLE)
@DiscriminatorColumn(name = "DTYPE")
public abstract class Item {

    @Id @GeneratedValue
    @Column(name = "ITEM_ID")
    private Long id;
```

```
    private String name; //이름
    private int price;    //가격
    ...
}

@Entity
@DiscriminatorValue("A")
public class Album extends Item { ... }

@Entity
@DiscriminatorValue("M")
public class Movie extends Item { ... }

@Entity
@DiscriminatorValue("B")
public class Book extends Item { ... }
```

InheritanceType.SINGLE_TABLE로 지정하면 단일 테이블 전략을 사용한다. 테이블 하나에 모든 것을 통합하므로 구분 컬럼을 필수로 사용해야 한다. 단일 테이블 전략의 장단점은 하나의 테이블을 사용하는 특징과 관련 있다.

단일 테이블 전략을 정리해보자.

- **장점**
  - 조인이 필요 없으므로 일반적으로 조회 성능이 빠르다.
  - 조회 쿼리가 단순하다.

- **단점**
  - 자식 엔티티가 매핑한 컬럼은 모두 null을 허용해야 한다.
  - 단일 테이블에 모든 것을 저장하므로 테이블이 커질 수 있다. 그러므로 상황에 따라서는 조회 성능이 오히려 느려질 수 있다.

- **특징**
  - 구분 컬럼을 꼭 사용해야 한다. 따라서 @DiscriminatorColumn을 꼭 설정해야 한다.
  - @DiscriminatorValue를 지정하지 않으면 기본으로 엔티티 이름을 사용한다. (예 Moive, Album, Book)

7.1.3 구현 클래스마다 테이블 전략

구현 클래스마다 테이블 전략Table-per-Concrete-Class Strategy은 그림 7.5와 같이 자식 엔티티마다 테이블을 만든다. 그리고 자식 테이블 각각에 필요한 컬럼이 모두 있다.

ALBUM
ITEM_ID (PK)
NAME
PRICE
ARTIST

MOVIE
ITEM_ID (PK)
NAME
PRICE
DIRECTOR
ACTOR

BOOK
ITEM_ID (PK)
NAME
PRICE
AUTHOR
ISBN

그림 7.5 CONCRETE TABLE

예제 7.4를 통해 구현 클래스마다 테이블 전략을 어떻게 매핑하는지 알아보자.

예제 7.4 구현 클래스마다 테이블 전략 매핑

```
@Entity
@Inheritance(strategy = InheritanceType.TABLE_PER_CLASS)
public abstract class Item {

    @Id @GeneratedValue
    @Column(name = "ITEM_ID")
    private Long id;

    private String name; //이름
    private int price;    //가격
    ...
}

@Entity
public class Album extends Item { ... }

@Entity
public class Movie extends Item { ... }

@Entity
public class Book extends Item { ... }
```

InheritanceType.TABLE_PER_CLASS를 선택하면 구현 클래스마다 테이블 전략을 사용한다. 이 전략은 자식 엔티티마다 테이블을 만든다. 일반적으로 추천하지 않는 전략이다.

구현 클래스마다 테이블 전략을 정리해보자.

- **장점**
    - 서브 타입을 구분해서 처리할 때 효과적이다.
    - not null 제약조건을 사용할 수 있다.
- **단점**
    - 여러 자식 테이블을 함께 조회할 때 성능이 느리다(SQL에 UNION을 사용해야 한다).
    - 자식 테이블을 통합해서 쿼리하기 어렵다.
- **특징**
    - 구분 컬럼을 사용하지 않는다.

이 전략은 데이터베이스 설계자와 ORM 전문가 둘 다 추천하지 않는 전략이다. 조인이나 단일 테이블 전략을 고려하자.

7.2 @MappedSuperclass

지금까지 학습한 상속 관계 매핑은 부모 클래스와 자식 클래스를 모두 데이터베이스 테이블과 매핑했다. 부모 클래스는 테이블과 매핑하지 않고 부모 클래스를 상속받는 자식 클래스에게 매핑 정보만 제공하고 싶으면 @MappedSuperclass를 사용하면 된다.

@MappedSuperclass는 비유를 하자면 추상 클래스와 비슷한데 @Entity는 실제 테이블과 매핑되지만 @MappedSuperclass는 실제 테이블과는 매핑되지 않는다. 이것은 단순히 매핑 정보를 상속할 목적으로만 사용된다.

예제를 통해 @MappedSuperclass를 알아보자.

MEMBER
ID (PK)
NAME
EMAIL

SELLER
ID (PK)
NAME
SHOPNAME

그림 7.6 @MappedSuperclass 설명 테이블

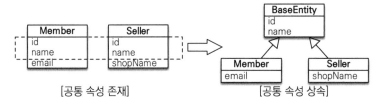

그림 7.7 @MappedSuperclass 설명 객체

회원(Member)과 판매자(Seller)는 서로 관계가 없는 테이블(그림 7.6)과 엔티티(그림 7.7)다. 테이블은 그대로 두고 객체 모델의 id, name 두 공통 속성을 부모 클래스로 모으고 객체 상속 관계로 만들어보자(예제 7.5).

예제 7.5 @MappedSuperclass 매핑

```java
@MappedSuperclass
public abstract class BaseEntity {

    @Id @GeneratedValue
    private Long id;
    private String name;
    ...
}

@Entity
public class Member extends BaseEntity {

    //ID 상속
    //NAME 상속
    private String email;
    ...
}

@Entity
public class Seller extends BaseEntity {

    //ID 상속
    //NAME 상속
    private String shopName;
    ...
}
```

BaseEntity에는 객체들이 주로 사용하는 공통 매핑 정보를 정의했다. 그리고 자식 엔티티들은 상속을 통해 BaseEntity의 매핑 정보를 물려받았다. 여기서 BaseEntity는 테이블과 매핑할 필요가 없고 자식 엔티티에게 공통으로 사용되는 매핑 정보만 제공하면 된다. 따라서 @MappedSuperclass를 사용했다.

부모로부터 물려받은 매핑 정보를 재정의하려면 @AttributeOverrides나 @AttributeOverride를 사용하고, 연관관계를 재정의하려면 @AssociationOverrides나 @AssociationOverride를 사용한다. 다음 코드를 보자.

```
@Entity
@AttributeOverride(name = "id", column = @Column(name = "MEMBER_ID"))
public class Member extends BaseEntity { ... }
```

부모에게 상속받은 id 속성의 컬럼명을 MEMBER_ID로 재정의했다.

둘 이상을 재정의하려면 다음처럼 @AttributeOverrides를 사용하면 된다.

```
@Entity
@AttributeOverrides({
        @AttributeOverride(name = "id", column = @Column(name = "MEMBER_ID")),
        @AttributeOverride(name = "name", column = @Column(name = "MEMBER_NAME"))
})
public class Member extends BaseEntity { ... }
```

@MappedSuperclass의 특징을 정리해보자.

- 테이블과 매핑되지 않고 자식 클래스에 엔티티의 매핑 정보를 상속하기 위해 사용한다.
- @MappedSuperclass로 지정한 클래스는 엔티티가 아니므로 em.find()나 JPQL에서 사용할 수 없다.
- 이 클래스를 직접 생성해서 사용할 일은 거의 없으므로 추상 클래스로 만드는 것을 권장한다.

정리하자면 @MappedSuperclass는 테이블과는 관계가 없고 단순히 엔티티가 공통으로 사용하는 매핑 정보를 모아주는 역할을 할 뿐이다. ORM에서 이야기하는 진정한 상속 매핑은 이전에 학습한 객체 상속을 데이터베이스의 슈퍼타입 서브타입 관계와 매핑하는 것이다.

@MappedSuperclass를 사용하면 등록일자, 수정일자, 등록자, 수정자 같은 여러 엔티티에서 공통으로 사용하는 속성을 효과적으로 관리할 수 있다.

> 🔊 참고
>
> 엔티티(@Entity)는 엔티티(@Entity)이거나 @MappedSuperclass로 지정한 클래스만 상속받을 수 있다.

[7.3] 복합 키와 식별 관계 매핑

복합 키를 매핑하는 방법과 식별 관계, 비식별 관계를 매핑하는 방법을 알아보자.

7.3.1 식별 관계 vs 비식별 관계

데이터베이스 테이블 사이에 관계는 외래 키가 기본 키에 포함되는지 여부에 따라 식별 관계와 비식별 관계로 구분한다. 두 관계의 특징을 이해하고 각각을 어떻게 매핑하는지 알아보자.

- 식별 관계Identifying Relationship
- 비식별 관계Non-Identifying Relationship

식별 관계

식별 관계는 부모 테이블의 기본 키를 내려받아서 자식 테이블의 기본 키 + 외래 키로 사용하는 관계다.

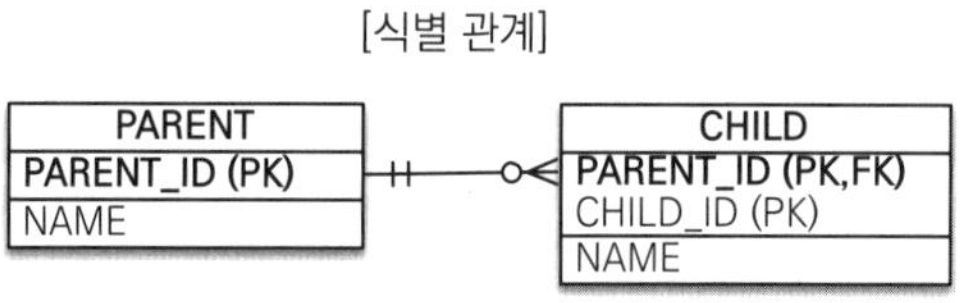

[식별 관계]

PARENT		CHILD
PARENT_ID (PK)	++──○<	PARENT_ID (PK,FK)
NAME		CHILD_ID (PK)
		NAME

그림 7.8 식별 관계

그림 7.8을 보면 PARENT 테이블의 기본 키 PARENT_ID를 받아서 CHILD 테이블의 기본 키(PK) + 외래 키(FK)로 사용한다.

비식별 관계

비식별 관계는 부모 테이블의 기본 키를 받아서 자식 테이블의 외래 키로만 사용하는 관계다.

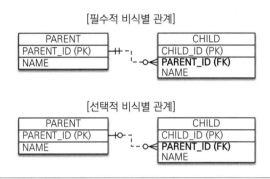

그림 7.9 비식별 관계

그림 7.9를 보면 PARENT 테이블의 기본 키 PARENT_ID를 받아서 CHILD 테이블의 외래 키(FK)로만 사용한다.

비식별 관계는 외래 키에 NULL을 허용하는지에 따라 필수적 비식별 관계와 선택적 비식별 관계로 나눈다.

- **필수적 비식별 관계**(Mandatory): 외래 키에 NULL을 허용하지 않는다. 연관관계를 필수적으로 맺어야 한다.
- **선택적 비식별 관계**(Optional): 외래 키에 NULL을 허용한다. 연관관계를 맺을지 말지 선택할 수 있다.

데이터베이스 테이블을 설계할 때 식별 관계나 비식별 관계 중 하나를 선택해야 한다. 최근에는 비식별 관계를 주로 사용하고 꼭 필요한 곳에만 식별 관계를 사용하는 추세다. JPA는 식별 관계와 비식별 관계를 모두 지원한다.

식별 관계와 비식별 관계를 어떻게 매핑하는지 알아보자. 우선 복합 키를 사용하는 비식별 관계부터 보자.

7.3.2 복합 키: 비식별 관계 매핑

기본 키를 구성하는 컬럼이 하나면 다음처럼 단순하게 매핑한다.

```
@Entity
public class Hello {
    @Id
    private String id;
}
```

둘 이상의 컬럼으로 구성된 복합 기본 키는 다음처럼 매핑하면 될 것 같지만 막상 해보면 매핑 오류가 발생한다. JPA에서 식별자를 둘 이상 사용하려면 별도의 식별자 클래스를 만들어야 한다.

```
@Entity
public class Hello {
    @Id
    private String id1;
    @Id
    private String id2; //실행 시점에 매핑 예외 발생
}
```

JPA는 영속성 컨텍스트에 엔티티를 보관할 때 엔티티의 식별자를 키로 사용한다. 그리고 식별자를 구분하기 위해 equals와 hashCode를 사용해서 동등성 비교를 한다. 그런데 식별자 필드가 하나일 때는 보통 자바의 기본 타입을 사용하므로 문제가 없지만, 식별자 필드가 2개 이상이면 별도의 식별자 클래스를 만들고 그곳에 equals와 hashCode를 구현해야 한다.

JPA는 복합 키를 지원하기 위해 @IdClass와 @EmbeddedId 2가지 방법을 제공하는데 @IdClass는 관계형 데이터베이스에 가까운 방법이고 @EmbeddedId는 좀 더 객체지향에 가까운 방법이다. 먼저 @IdClass부터 알아보자.

@IdClass

그림 7.10 복합 키 테이블은 비식별 관계고 PARENT는 복합 기본 키를 사용한다. 참고로 여기서 이야기하는 부모(PARENT) 자식(CHILD)은 객체의 상속과는 무관하다. 단지 테이블의 키를 내려받은 것을 강조하려고 이름을 이렇게 지었다.

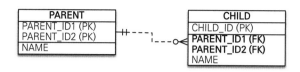

그림 7.10 복합 키 테이블

PARENT 테이블을 보면 기본 키를 PARENT_ID1, PARENT_ID2로 묶은 복합 키로 구성했다. 따라서 복합 키를 매핑하기 위해 식별자 클래스를 별도로 만들어야 한다.

예제 7.6 부모 클래스

```java
@Entity
@IdClass(ParentId.class)
public class Parent {

    @Id
    @Column(name = "PARENT_ID1")
    private String id1; //ParentId.id1과 연결

    @Id
    @Column(name = "PARENT_ID2")
    private String id2;  //ParentId.id2와 연결

    private String name;
    ...
}
```

PARENT 테이블을 매핑한 예제 7.6의 Parent클래스를 분석해보자. 먼저 각각의 기본 키 컬럼을 @Id로 매핑했다. 그리고 @IdClass를 사용해서 예제 7.7의 ParentId 클래스를 식별자 클래스로 지정했다.

예제 7.7 식별자 클래스

```java
public class ParentId implements Serializable {

    private String id1; //Parent.id1 매핑
    private String id2; //Parent.id2 매핑

    public ParentId() {
    }

    public ParentId(String id1, String id2) {
```

```
        this.id1 = id1;
        this.id2 = id2;
    }

    @Override
    public boolean equals(Object o) {...}

    @Override
    public int hashCode() {...}
}
```

@IdClass를 사용할 때 식별자 클래스는 다음 조건을 만족해야 한다.

- **식별자 클래스의 속성명과 엔티티에서 사용하는 식별자의 속성명이 같아야 한다.**
  예제의 Parent.id1과 ParentId.id1, 그리고 Parent.id2와 ParentId.id2가
  같다.
- Serializable 인터페이스를 구현해야 한다.
- equals, hashCode를 구현해야 한다.
- 기본 생성자가 있어야 한다.
- 식별자 클래스는 public이어야 한다.

그럼 실제 어떻게 사용하는지 알아보자. 먼저 복합 키를 사용하는 엔티티를 저장
해보자.

```
Parent parent = new Parent();
parent.setId1("myId1"); //식별자
parent.setId2("myId2"); //식별자
parent.setName("parentName");
em.persist(parent);
```

저장 코드를 보면 식별자 클래스인 ParentId가 보이지 않는데, em.persist()
를 호출하면 영속성 컨텍스트에 엔티티를 등록하기 직전에 내부에서 Parent.
id1,Parent.id2 값을 사용해서 식별자 클래스인 ParentId를 생성하고 영속성 컨
텍스트의 키로 사용한다.

복합 키로 조회해보자.

```
ParentId parentId = new ParentId("myId1","myId2");
Parent parent = em.find(Parent.class, parentId);
```

조회 코드를 보면 식별자 클래스인 `ParentId`를 사용해서 엔티티를 조회한다. 이제 자식 클래스를 추가해보자. 예제 7.8을 보자.

예제 7.8 자식 클래스

```java
@Entity
public class Child {

    @Id
    private String id;

    @ManyToOne
    @JoinColumns({
            @JoinColumn(name = "PARENT_ID1",
                referencedColumnName = "PARENT_ID1"),
            @JoinColumn(name = "PARENT_ID2",
                referencedColumnName = "PARENT_ID2")
    })
    private Parent parent;
```

부모 테이블의 기본 키 컬럼이 복합 키이므로 자식 테이블의 외래 키도 복합 키다. 따라서 외래 키 매핑 시 여러 컬럼을 매핑해야 하므로 `@JoinColumns` 어노테이션을 사용하고 각각의 외래 키 컬럼을 `@JoinColumn`으로 매핑한다.

참고로 예제처럼 `@JoinColumn`의 name 속성과 referencedColumnName 속성의 값이 같으면 referencedColumnName은 생략해도 된다.

@EmbeddedId

`@IdClass`가 데이터베이스에 맞춘 방법이라면 `@EmbeddedId`는 좀 더 객체지향적인 방법이다. 예제로 알아보자.

```java
@Entity
public class Parent {

    @EmbeddedId
    private ParentId id;

    private String name;
    ...
}
```

Parent 엔티티에서 식별자 클래스를 직접 사용하고 @EmbeddedId 어노테이션을 적어주면 된다. 바로 식별자 클래스를 보자.

```java
@Embeddable
public class ParentId implements Serializable {

    @Column(name = "PARENT_ID1")
    private String id1;
    @Column(name = "PARENT_ID2")
    private String id2;

    //equals and hashCode 구현
    ...
}
```

@IdClass와는 다르게 @EmbeddedId를 적용한 식별자 클래스는 식별자 클래스에 기본 키를 직접 매핑한다.

@EmbeddedId를 적용한 식별자 클래스는 다음 조건을 만족해야 한다.

- @Embeddable 어노테이션을 붙여주어야 한다.
- Serializable 인터페이스를 구현해야 한다.
- equals, hashCode를 구현해야 한다.
- 기본 생성자가 있어야 한다.
- 식별자 클래스는 public이어야 한다.

@EmbeddedId를 사용하는 코드를 보자.

엔티티를 저장해보자.

```java
Parent parent = new Parent();
ParentId parentId = new ParentId("myId1","myId2");
parent.setId(parentId);
parent.setName("parentName");
em.persist(parent);
```

저장하는 코드를 보면 식별자 클래스 parentId를 직접 생성해서 사용한다. 엔티티를 조회해보자.

```java
ParentId parentId = new ParentId("myId1","myId2");
Parent parent = em.find(Parent.class, parentId);
```

조회 코드도 식별자 클래스 parentId를 직접 사용한다.

복합 키와 equals(), hashCode()

복합 키는 equals()와 hashCode()를 필수로 구현해야 한다. 다음 코드를 보자.

```
ParentId id1 = new parentId();
id1.setId1("myId1");
id1.setId2("myId2");

ParentId id2 = new parentId();
id2.setId1("myId1");
id2.setId2("myId2");

id1.equals(id2) -> ?
```

이것은 순수한 자바 코드다. id1과 id2 인스턴스 둘 다 myId1, myId2라는 같은 값을 가지고 있지만 인스턴스는 다르다. 그렇다면 마지막 줄에 있는 id1.equals(id2)는 참일까 거짓일까?

equals()를 적절히 오버라이딩했다면 참이겠지만 equals()를 적절히 오버라이딩하지 않았다면 결과는 거짓이다. 왜냐하면 자바의 모든 클래스는 기본으로 Object 클래스를 상속받는데 이 클래스가 제공하는 기본 equals()는 인스턴스 참조 값 비교인 == 비교(동일성 비교)를 하기 때문이다.

영속성 컨텍스트는 엔티티의 식별자를 키로 사용해서 엔티티를 관리한다. 그리고 식별자를 비교할 때 equals()와 hashCode()를 사용한다. 따라서 식별자 객체의 동등성(equals 비교)이 지켜지지 않으면 예상과 다른 엔티티가 조회되거나 엔티티를 찾을 수 없는 등 영속성 컨텍스트가 엔티티를 관리하는 데 심각한 문제가 발생한다. 따라서 복합 키는 equals()와 hashCode()를 필수로 구현해야 한다. 식별자 클래스는 보통 equals()와 hashCode()를 구현할 때 모든 필드를 사용한다.

@IdClass vs @EmbeddedId

@IdClass와 @EmbeddedId는 각각 장단점이 있으므로 본인의 취향에 맞는 것을 일관성 있게 사용하면 된다. @EmbeddedId가 @IdClass와 비교해서 더 객체지향적이고 중복도 없어서 좋아보이긴 하지만 특정 상황에 JPQL이 조금 더 길어질 수 있다.

```
em.createQuery("select p.id.id1, p.id.id2 from Parent p"); //@EmbeddedId
em.createQuery("select p.id1, p.id2 from Parent p");        //@IdClass
```

7.3.3 복합 키: 식별 관계 매핑

복합 키와 식별 관계를 알아보자.

그림 7.11 식별 관계 구현

그림 7.11을 보면 부모, 자식, 손자까지 계속 기본 키를 전달하는 식별 관계다. 식별 관계에서 자식 테이블은 부모 테이블의 기본 키를 포함해서 복합 키를 구성해야 하므로 @IdClass나 @EmbeddedId를 사용해서 식별자를 매핑해야 한다(뒤에서 설명할 일대일 관계는 약간 다르다).

먼저 @IdClass로 식별 관계를 매핑해보자.

@IdClass와 식별 관계

예제 7.9를 보면 @IdClass로 식별 관계를 어떻게 매핑하는지 알 수 있다.

예제 7.9 @IdClass로 식별 관계 매핑하기

```
//부모
@Entity
public class Parent {

    @Id @Column(name = "PARENT_ID")
    private String id;
    private String name;
    ...
}

//자식
```

```java
@Entity
@IdClass(ChildId.class)
public class Child {

    @Id
    @ManyToOne
    @JoinColumn(name = "PARENT_ID")
    public Parent parent;

    @Id @Column(name = "CHILD_ID")
    private String childId;

    private String name;
    ...
}

//자식 ID
public class ChildId implements Serializable {

    private String parent; //Child.parent 매핑
    private String childId;//Child.childId 매핑

    //equals, hashCode
    ...
}

//손자
@Entity
@IdClass(GrandChildId.class)
public class GrandChild {

    @Id
    @ManyToOne
    @JoinColumns({
            @JoinColumn(name = "PARENT_ID"),
            @JoinColumn(name = "CHILD_ID")
    })
    private Child child;

    @Id @Column(name = "GRANDCHILD_ID")
    private String id;

    private String name;
    ...
}
```

```
//손자 ID
public class GrandChildId implements Serializable {

    private ChildId child; //GrandChild.child 매핑
    private String id;     //GrandChild.id 매핑

    //equals, hashCode
    ...
}
```

식별 관계는 기본 키와 외래 키를 같이 매핑해야 한다. 따라서 식별자 매핑인 @Id와 연관관계 매핑인 @ManyToOne을 같이 사용하면 된다.

```
@Id
@ManyToOne
@JoinColumn(name = "PARENT_ID")
public Parent parent;
```

Child 엔티티의 parent 필드를 보면 @Id로 기본 키를 매핑하면서 @ManyToOne과 @JoinColumn으로 외래 키를 같이 매핑한다.

@EmbeddedId와 식별 관계

@EmbeddedId로 식별 관계를 구성할 때는 @MapsId를 사용해야 한다. 우선 예제 7.10부터 보자.

예제 7.10 @EmbeddedId 식별 관계 매핑하기

```
//부모
@Entity
public class Parent {

    @Id @Column(name = "PARENT_ID")
    private String id;

    private String name;
    ...
}

//자식
@Entity
public class Child {
```

```
    @EmbeddedId
    private ChildId id;

    @MapsId("parentId") //ChildId.parentId 매핑
    @ManyToOne
    @JoinColumn(name = "PARENT_ID")
    public Parent parent;

    private String name;
    ...
}

//자식 ID
@Embeddable
public class ChildId implements Serializable {

    private String parentId; //@MapsId("parentId")로 매핑

    @Column(name = "CHILD_ID")
    private String id;

    //equals, hashCode
    ...
}

//손자
@Entity
public class GrandChild {

    @EmbeddedId
    private GrandChildId id;

    @MapsId("childId") //GrandChildId.childId 매핑
    @ManyToOne
    @JoinColumns({
            @JoinColumn(name = "PARENT_ID"),
            @JoinColumn(name = "CHILD_ID")
    })
    private Child child;

    private String name;
    ...
}

//손자 ID
@Embeddable
```

```
public class GrandChildId implements Serializable {

    private ChildId childId; //@MapsId("childId")로 매핑

    @Column(name = "GRANDCHILD_ID")
    private String id;

    //equals, hashCode
    ...
}
```

@EmbeddedId는 식별 관계로 사용할 연관관계의 속성에 @MapsId를 사용하면 된다. Child 엔티티의 parent 필드를 보자.

```
@MapsId("parentId")
@ManyToOne
@JoinColumn(name = "PARENT_ID")
public Parent parent;
```

@IdClass와 다른 점은 @Id 대신에 @MapsId를 사용한 점이다. @MapsId는 외래 키와 매핑한 연관관계를 기본 키에도 매핑하겠다는 뜻이다. @MapsId의 속성 값은 @EmbeddedId를 사용한 식별자 클래스의 기본 키 필드를 지정하면 된다. 여기서는 ChildId의 parentId 필드를 선택했다.

7.3.4 비식별 관계로 구현

6.4절에서 식별 관계를 비식별 관계로 변경했던 예제처럼, 방금 예를 들었던 식별 관계 테이블을 그림 7.12와 같이 비식별 관계로 변경해보자.

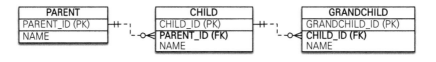

그림 7.12 비식별 관계로 변경

이렇게 비식별 관계로 만든 테이블을 매핑해보자. 예제 7.11을 보자.

266

```java
//부모
@Entity
public class Parent {

    @Id @GeneratedValue
    @Column(name = "PARENT_ID")
    private Long id;
    private String name;
    ...
}

//자식
@Entity
public class Child {

    @Id @GeneratedValue
    @Column(name = "CHILD_ID")
    private Long id;
    private String name;

    @ManyToOne
    @JoinColumn(name = "PARENT_ID")
    private Parent parent;
    ...
}

//손자
@Entity
public class GrandChild {

    @Id @GeneratedValue
    @Column(name = "GRANDCHILD_ID")
    private Long id;
    private String name;

    @ManyToOne
    @JoinColumn(name = "CHILD_ID")
    private Child child;
    ...
}
```

식별 관계의 복합 키를 사용한 코드와 비교하면 매핑도 쉽고 코드도 단순하다. 그리고 복합 키가 없으므로 복합 키 클래스를 만들지 않아도 된다.

7.3.5 일대일 식별 관계

일대일 식별 관계는 조금 특별하다. 바로 예제를 보자.

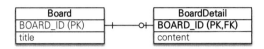

그림 7.13 식별 관계 일대일

그림 7.13을 보면 일대일 식별 관계는 자식 테이블의 기본 키 값으로 부모 테이블의 기본 키 값만 사용한다. 그래서 부모 테이블의 기본 키가 복합 키가 아니면 자식 테이블의 기본 키는 복합 키로 구성하지 않아도 된다. 예제 7.12를 보자.

예제 7.12 일대일 식별 관계 매핑하기

```java
//부모
@Entity
public class Board {

    @Id @GeneratedValue
    @Column(name = "BOARD_ID")
    private Long id;

    private String title;

    @OneToOne(mappedBy = "board")
    private BoardDetail boardDetail;
    ...
}

//자식
@Entity
public class BoardDetail {

    @Id
    private Long boardId;

    @MapsId //BoardDetail.boardId 매핑
    @OneToOne
    @JoinColumn(name="BOARD_ID")
    private Board board;

    private String content;
    ...
}
```

BoardDetail처럼 식별자가 단순히 컬럼 하나면 @MapsId를 사용하고 속성 값은 비워두면 된다. 이때 @MapsId는 @Id를 사용해서 식별자로 지정한 BoardDetail.boardId와 매핑된다.

이제 일대일 식별 관계를 사용하는 코드를 보자(예제 7.13).

예제 7.13 일대일 식별 관계 저장

```
public void save() {
    Board board = new Board();
    board.setTitie("제목");
    em.persist(board);

    BoardDetail boardDetail = new BoardDetail();
    boardDetail.setContent("내용");
    boardDetail.setBoard(board);
    em.persist(boardDetail);
}
```

7.3.6 식별, 비식별 관계의 장단점

데이터베이스 설계 관점에서 보면 다음과 같은 이유로 식별 관계보다는 비식별 관계를 선호한다.

- 식별 관계는 부모 테이블의 기본 키를 자식 테이블로 전파하면서 자식 테이블의 기본 키 컬럼이 점점 늘어난다. 예를 들어 부모 테이블은 기본 키 컬럼이 하나였지만 자식 테이블은 기본 키 컬럼이 2개, 손자 테이블은 기본 키 컬럼이 3개로 점점 늘어난다. 결국 조인할 때 SQL이 복잡해지고 기본 키 인덱스가 불필요하게 커질 수 있다.
- 식별 관계는 2개 이상의 컬럼을 합해서 복합 기본 키를 만들어야 하는 경우가 많다.
- 식별 관계를 사용할 때 기본 키로 비즈니스 의미가 있는 자연 키 컬럼을 조합하는 경우가 많다. 반면에 비식별 관계의 기본 키는 비즈니스와 전혀 관계없는 대리 키를 주로 사용한다. 비즈니스 요구사항은 시간이 지남에 따라 언젠가는 변한다. 식별 관계의 자연 키 컬럼들이 자식에 손자까지 전파되면 변경하기 힘들다.

- 식별 관계는 부모 테이블의 기본 키를 자식 테이블의 기본 키로 사용하므로 비식별 관계보다 테이블 구조가 유연하지 못하다.

객체 관계 매핑의 관점에서 보면 다음과 같은 이유로 비식별 관계를 선호한다.

- 일대일 관계를 제외하고 식별 관계는 2개 이상의 컬럼을 묶은 복합 기본 키를 사용한다. JPA에서 복합 키는 별도의 복합 키 클래스를 만들어서 사용해야 한다. 따라서 컬럼이 하나인 기본 키를 매핑하는 것보다 많은 노력이 필요하다.
- 비식별 관계의 기본 키는 주로 대리 키를 사용하는데 JPA는 @GenerateValue 처럼 대리 키를 생성하기 위한 편리한 방법을 제공한다.

물론 식별 관계가 가지는 장점도 있다. 기본 키 인덱스를 활용하기 좋고, 상위 테이블들의 기본 키 컬럼을 자식, 손자 테이블들이 가지고 있으므로 특정 상황에 조인 없이 하위 테이블만으로 검색을 완료할 수 있다.

기본 키 인덱스를 활용하는 예를 보자.

- **부모 아이디가 A인 모든 자식 조회**

```
SELECT * FROM CHILD
WHERE PARENT_ID = 'A'
```

- **부모 아이디가 A고 자식 아이디가 B인 자식 조회**

```
SELECT * FROM CHILD
WHERE PARENT_ID = 'A' AND CHILD_ID = 'B'
```

두 경우 모두 CHILD 테이블의 기본 키 인덱스를 PARENT_ID + CHILD_ID로 구성하면 별도의 인덱스를 생성할 필요 없이 기본 키 인덱스만 사용해도 된다.

이처럼 식별 관계가 가지는 장점도 있으므로 꼭 필요한 곳에는 적절하게 사용하는 것이 데이터베이스 테이블 설계의 묘를 살리는 방법이다.

내용을 정리해보자. ORM 신규 프로젝트 진행시 추천하는 방법은 될 수 있으면 **비식별 관계를 사용하고 기본 키는 Long 타입의 대리 키를 사용**하는 것이다. 대리 키는 비즈니스와 아무 관련이 없다. 따라서 비즈니스가 변경되어도 유연한 대처가 가능하다는 장점이 있다. JPA는 @GenerateValue를 통해 간편하게 대리 키를 생성할 수 있다. 그리고 식별자 컬럼이 하나여서 쉽게 매핑할 수 있다. 식별자의 데이터 타입은 Long을 추천하는데, 자바에서 Integer는 20억 정도면 끝나버리므로 데이터를 많이 저장하면 문제가 발생할 수 있다. 반면에 Long은 아주 커서(약 920경) 안전하다.

그리고 선택적 비식별 관계보다는 필수적 비식별 관계를 사용하는 것이 좋은데, 선택적인 비식별 관계는 NULL을 허용하므로 조인할 때에 외부 조인을 사용해야 한다. 반면에 필수적 관계는 NOT NULL로 항상 관계가 있다는 것을 보장하므로 내부 조인만 사용해도 된다.

7.4 조인 테이블

데이터베이스 테이블의 연관관계를 설계하는 방법은 크게 2가지다.

- 조인 컬럼 사용(외래 키)
- 조인 테이블 사용(테이블 사용)

▼ 조인 컬럼 사용

테이블 간에 관계는 주로 조인 컬럼이라 부르는 외래 키 컬럼을 사용해서 관리한다.

[조인 컬럼 사용]

그림 7.14 조인 컬럼 사용

[MEMBER TABLE]   [LOCKER TABLE]

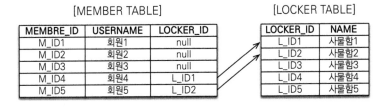

그림 7.15 조인 컬럼 데이터

그림 7.14를 보자. 예를 들어 회원과 사물함이 있는데 각각 테이블에 데이터를 등록했다가 회원이 원할 때 사물함을 선택할 수 있다고 가정해보자. 회원이 사물함을 사용하기 전까지는 아직 둘 사이에 관계가 없으므로 MEMBER 테이블의 LOCKER_ID 외래 키에 null을 입력해두어야 한다. 이렇게 외래 키에 null을 허용하는 관계를 선택적 비식별 관계라 한다.

그림 7.15를 보자. 선택적 비식별 관계는 외래 키에 null을 허용하므로 회원과 사물함을 조인할 때 외부 조인OUTER JOIN을 사용해야 한다. 실수로 내부 조인을 사용하면 사물함과 관계가 없는 회원은 조회되지 않는다. 그리고 회원과 사물함이 아주 가끔 관계를 맺는다면 외래 키 값 대부분이 null로 저장되는 단점이 있다.

▼ 조인 테이블 사용

이번에는 조인 컬럼을 사용하는 대신에 조인 테이블을 사용해서 연관관계를 관리해보자.

[조인 테이블 사용]

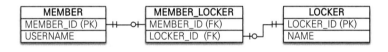

그림 7.16 조인 테이블 사용

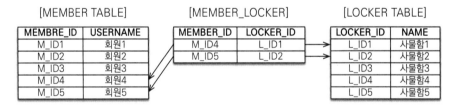

그림 7.17 조인 테이블 데이터

이 방법은 조인 테이블이라는 별도의 테이블을 사용해서 연관관계를 관리한다. 그림 7.14와 그림 7.16을 비교해보면 조인 컬럼을 사용하는 방법과 조인 테이블을 사용하는 방법의 차이를 알 수 있다. 조인 컬럼을 사용하는 방법은 단순히 외래 키 컬럼만 추가해서 연관관계를 맺지만 조인 테이블을 사용하는 방법은 연관관계를 관리하는 조인 테이블(MEMBER_LOCKER)을 추가하고 여기서 두 테이블의 외래 키를 가지고 연관관계를 관리한다. 따라서 MEMBER와 LOCKER에는 연관관계를 관리하기 위한 외래 키 컬럼이 없다.

그림 7.17을 보면 회원과 사물함 데이터를 각각 등록했다가 회원이 원할 때 사물함을 선택하면 MEMBER_LOCKER 테이블에만 값을 추가하면 된다.

조인 테이블의 가장 큰 단점은 테이블을 하나 추가해야 한다는 점이다. 따라서 관리해야 하는 테이블이 늘어나고 회원과 사물함 두 테이블을 조인하려면 MEMBER_LOCKER 테이블까지 추가로 조인해야 한다. 따라서 기본은 조인 컬럼을 사용하고 필요하다고 판단되면 조인 테이블을 사용하자.

조인 테이블에 대해 앞으로 설명할 내용은 다음과 같다.

- 객체와 테이블을 매핑할 때 조인 컬럼은 @JoinColumn으로 매핑하고 조인 테이블은 @JoinTable로 매핑한다.
- 조인 테이블은 주로 다대다 관계를 일대다, 다대일 관계로 풀어내기 위해 사용한다. 그렇지만 일대일, 일대다, 다대일 관계에서도 사용한다.

지금부터 일대일, 일대다, 다대일, 다대다 관계를 조인 테이블로 매핑해보자.

> 🔊 참고
>
> 조인 테이블을 연결 테이블, 링크 테이블로도 부른다.

7.4.1 일대일 조인 테이블

그림 7.18 조인 테이블 일대일에서 조인 테이블을 보자. 일대일 관계를 만들려면 조인 테이블의 외래 키 컬럼 각각에 총 2개의 유니크 제약조건을 걸어야 한다 (PARENT_ID는 기본 키이므로 유니크 제약조건이 걸려 있다).

[조인 컬럼]

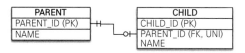

[조인 테이블]

그림 7.18 조인 테이블 일대일

예제 7.14를 통해 일대일 조인 테이블을 어떻게 매핑하는지 알아보자.

예제 7.14 일대일 조인 테이블 매핑

```java
//부모
@Entity
public class Parent {

    @Id @GeneratedValue
    @Column(name = "PARENT_ID")
    private Long id;
    private String name;

    @OneToOne
    @JoinTable(name = "PARENT_CHILD",
            joinColumns = @JoinColumn(name = "PARENT_ID"),
            inverseJoinColumns = @JoinColumn(name = "CHILD_ID")
    )
    private Child child;
    ...
}

//자식
@Entity
public class Child {

    @Id @GeneratedValue
    @Column(name = "CHILD_ID")
    private Long id;
    private String name;
    ...
}
```

부모 엔티티를 보면 @JoinColumn 대신에 @JoinTable을 사용했다.
@JoinTable의 속성은 다음과 같다.

- name: 매핑할 조인 테이블 이름
- joinColumns: 현재 엔티티를 참조하는 외래 키
- inverseJoinColumns: 반대방향 엔티티를 참조하는 외래 키

양방향으로 매핑하려면 다음 코드를 추가하면 된다.

```
public class Child {
    ...
    @OneToOne(mappedBy="child")
    private Parent parent;
}
```

7.4.2 일대다 조인 테이블

그림 7.19는 일대다 관계다. 일대다 관계를 만들려면 조인 테이블의 컬럼 중 다(N)
와 관련된 컬럼인 CHILD_ID에 유니크 제약조건을 걸어야 한다(CHILD_ID 는 기본 키이
므로 유니크 제약조건이 걸려 있다). 일대다 단방향 관계로 매핑해보자(예제 7.15).

[조인 컬럼]

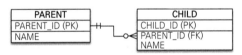

[조인 테이블]

그림 7.19 조인 테이블 일대다, 다대일

예제 7.15 일대다 단방향 조인 테이블 매핑

```
//부모
@Entity
public class Parent {

    @Id @GeneratedValue
```

```
    @Column(name = "PARENT_ID")
    private Long id;
    private String name;

    @OneToMany
    @JoinTable(name = "PARENT_CHILD",
            joinColumns = @JoinColumn(name = "PARENT_ID"),
            inverseJoinColumns = @JoinColumn(name = "CHILD_ID")
    )
    private List<Child> child = new ArrayList<Child>();
    ...
}

//자식
@Entity
public class Child {

    @Id @GeneratedValue
    @Column(name = "CHILD_ID")
    private Long id;
    private String name;
    ...
}
```

7.4.3 다대일 조인 테이블

다대일은 일대다에서 방향만 반대이므로 조인 테이블 모양은 일대다에서 설명한 그림 7.19와 같다. 다대일, 일대다 양방향 관계로 매핑해보자(예제 7.16).

예제 7.16 다대일 양방향 조인 테이블 매핑

```
//부모
@Entity
public class Parent {

    @Id @GeneratedValue
    @Column(name = "PARENT_ID")
    private Long id;
    private String name;

    @OneToMany(mappedBy = "parent")
    private List<Child> child = new ArrayList<Child>();
    ...
```

```
}

//자식
@Entity
public class Child {

    @Id @GeneratedValue
    @Column(name = "CHILD_ID")
    private Long id;
    private String name;

    @ManyToOne(optional = false)
    @JoinTable(name = "PARENT_CHILD",
            joinColumns = @JoinColumn(name = "CHILD_ID"),
            inverseJoinColumns = @JoinColumn(name = "PARENT_ID")
    )
    private Parent parent;
    ...
}
```

7.4.4 다대다 조인 테이블

그림 7.20은 다대다 관계다. 다대다 관계를 만들려면 조인 테이블의 두 컬럼을 합해서 하나의 복합 유니크 제약조건을 걸어야 한다(PARENT_ID, CHILD_ID는 복합 기본 키이므로 유니크 제약조건이 걸려 있다). 다대다 조인 테이블을 매핑해보자(예제 7.17).

[조인 테이블]

그림 7.20 조인 테이블 다대다

예제 7.17 다대다 조인 테이블 매핑

```
//부모
@Entity
public class Parent {

    @Id @GeneratedValue
    @Column(name = "PARENT_ID")
    private Long id;
    private String name;
```

```
    @ManyToMany
    @JoinTable(name = "PARENT_CHILD",
            joinColumns = @JoinColumn(name = "PARENT_ID"),
            inverseJoinColumns = @JoinColumn(name = "CHILD_ID")
    )
    private List<Child> child = new ArrayList<Child>();
    ...
}

//자식
@Entity
public class Child {

    @Id @GeneratedValue
    @Column(name = "CHILD_ID")
    private Long id;
    private String name;
    ...
}
```

> **◀》참고**
>
> 조인 테이블에 컬럼을 추가하면 @JoinTable 전략을 사용할 수 없다. 대신에 새로운 엔티티를
> 만들어서 조인 테이블과 매핑해야 한다.

7.5 엔티티 하나에 여러 테이블 매핑

잘 사용하지는 않지만 @SecondaryTable을 사용하면 한 엔티티에 여러 테이블을
매핑할 수 있다. 그림 7.21을 보자.

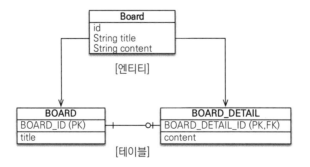

그림 7.21 하나의 엔티티에 여러 테이블 매핑하기

278

하나의 엔티티에 여러 테이블을 매핑해보자. 예제 7.18을 보자.

예제 7.18 하나의 엔티티에 여러 테이블 매핑

```
@Entity
@Table(name="BOARD")
@SecondaryTable(name = "BOARD_DETAIL",
    pkJoinColumns = @PrimaryKeyJoinColumn(name = "BOARD_DETAIL_ID"))
public class Board {

    @Id @GeneratedValue
    @Column(name = "BOARD_ID")
    private Long id;

    private String title;

    @Column(table = "BOARD_DETAIL")
    private String content;
    ...
}
```

Board 엔티티는 @Table을 사용해서 BOARD 테이블과 매핑했다. 그리고 @SecondaryTable을 사용해서 BOARD_DETAIL 테이블을 추가로 매핑했다.

@SecondaryTable 속성은 다음과 같다.

- @SecondaryTable.name: 매핑할 다른 테이블의 이름, 예제에서는 테이블명을 BOARD_DETAIL로 지정했다.
- @SecondaryTable.pkJoinColumns: 매핑할 다른 테이블의 기본 키 컬럼 속성, 예제에서는 기본 키 컬럼명을 BOARD_DETAIL_ID로 지정했다.

```
@Column(table = "BOARD_DETAIL")
private String content;
```

content 필드는 @Column(table = "BOARD_DETAIL")을 사용해서 BOARD_DETAIL 테이블의 컬럼에 매핑했다. title 필드처럼 테이블을 지정하지 않으면 기본 테이블인 BOARD에 매핑된다.

더 많은 테이블을 매핑하려면 @SecondaryTables를 사용하면 된다.

```
@SecondaryTables({
    @SecondaryTable(name="BOARD_DETAIL"),
    @SecondaryTable(name="BOARD_FILE")
})
```

참고로 @SecondaryTable을 사용해서 두 테이블을 하나의 엔티티에 매핑하는 방법보다는 테이블당 엔티티를 각각 만들어서 일대일 매핑하는 것을 권장한다. 이 방법은 항상 두 테이블을 조회하므로 최적화하기 어렵다. 반면에 일대일 매핑은 원하는 부분만 조회할 수 있고 필요하면 둘을 함께 조회하면 된다.

7.6 정리

지금까지 다양한 고급 매핑을 다루었다. 먼저 객체의 상속 관계를 데이터베이스에 매핑하는 방법을 학습했고, 다음으로 매핑 정보만 상속하는 @MappedSuperclass를 알아보았다. 복합 키를 매핑하는 방법을 학습하면서 데이터베이스의 식별 관계와 비식별 관계도 학습했다. 테이블은 보통 외래 키로 연관관계를 맺는데, 조금 더 복잡하지만 더 유연한 연결 테이블을 두고 매핑하는 조인 테이블을 알아보았다. 마지막으로 잘 사용하지는 않지만 엔티티 하나에 여러 테이블을 매핑하는 방법까지 알아보았다.

고급 매핑까지 사용하면 실무에서 필요한 테이블 연관관계를 대부분 매핑할 수 있다. 다음 장에서는 객체 그래프를 자유롭게 탐색할 수 있도록 도와주는 지연 로딩과 프록시에 대해 알아보겠다. 그리고 이 장에서 다룬 객체 연관관계를 더 편리하게 관리할 수 있는 방법들도 알아보겠다.

이번 실전 예제에는 상속 관계 매핑과 @MappedSuperclass만 다룬다. 나머지 절은 자주 사용하지 않으므로 실전 예제에 포함하지 않았다.

다음 요구사항이 추가되었다.

- 상품의 종류는 음반, 도서, 영화가 있고 이후 더 확장될 수 있다.
- 모든 데이터는 등록일과 수정일이 있어야 한다.

그림 7.22를 보면 상품 모델을 상속 관계로 만들었다.

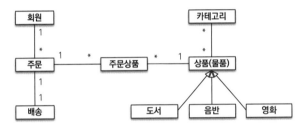

그림 7.22 실전 예제 4 UML

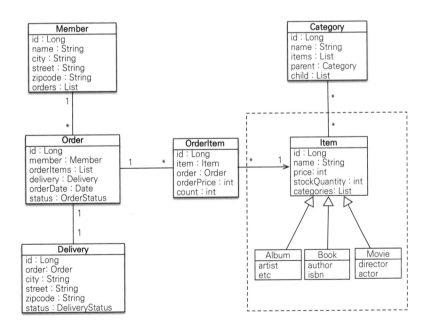

그림 7.23 실전 예제 4 UML 상세

그림 7.23을 보면 엔티티를 상속 관계로 만들고 공통 속성은 Item 엔티티에 두었다. 그리고 요구사항대로 Album, Book, Movie 자식 엔티티를 추가했다.

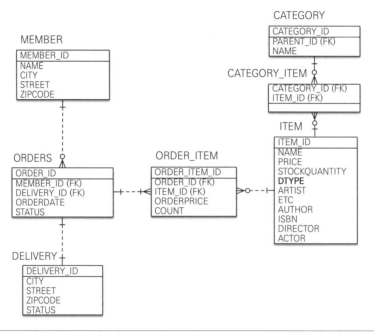

그림 7.24 실전 예제 4 ERD

그림 7.24를 보면 상속 관계를 테이블 하나에 통합하는 단일 테이블 전략을 선택했다. 따라서 ITEM 테이블 하나만 사용하고 DTYPE이라는 컬럼으로 자식 상품을 구분한다. 참고로 각각의 전략마다 장단점이 있다. 여기서는 예제를 최대한 단순하게 설명하려고 단일 테이블 전략을 선택했다.

📖 상속 관계 매핑

상품 클래스를 jpabook.model.entity.item이라는 패키지로 이동했다. 이 패키지에는 상품과 상품의 자식 클래스들을 모아두었다. 그리고 상품 클래스는 직접 생성해서 사용하지 않으므로 abstract를 추가해서 추상 클래스로 만들었다. 예제 7.19를 보자.

```java
package jpabook.model.entity.item;

@Entity
@Inheritance(strategy = InheritanceType.SINGLE_TABLE) …❶
@DiscriminatorColumn(name = "DTYPE") …❷
public abstract class Item {

    @Id @GeneratedValue
    @Column(name = "ITEM_ID")
    private Long id;

    private String name;          //이름
    private int price;            //가격
    private int stockQuantity;    //재고수량

    @ManyToMany(mappedBy = "items")
    private List<Category> categories =
        new ArrayList<Category>();
    //Getter, Setter
    ...
}
```

❶ 상속 관계를 매핑하기 위해 부모 클래스인 Item에 @Inheritance 어노테이션을 사용하고 strategy 속성에 InheritanceType.SINGLE_TABLE을 선택해서 단일 테이블 전략을 선택했다.

❷ 단일 테이블 전략은 구분 컬럼을 필수로 사용해야 한다. @DiscriminatorColumn 어노테이션을 사용하고 name 속성에 DTYPE이라는 구분 컬럼으로 사용할 이름을 주었다. 참고로 생략하면 DTYPE이라는 이름을 기본으로 사용한다.

```java
//Album.java
package jpabook.model.entity.item;

import javax.persistence.DiscriminatorValue;

@Entity
@DiscriminatorValue("A")
public class Album extends Item {

    private String artist;
    private String etc;
    ...
```

```
}

//Book.java
package jpabook.model.entity.item;

@Entity
@DiscriminatorValue("B")
public class Book extends Item {

    private String author;
    private String isbn;
    ...
}

//Movie.java
package jpabook.model.entity.item;

@Entity
@DiscriminatorValue("M")
public class Movie extends Item {

    private String director;
    private String actor;
    ...
}
```

예제 7.20을 보면 자식 테이블들은 @DiscriminatorValue 어노테이션을 사용하고 그 값으로 구분 컬럼(DTYPE)에 입력될 값을 정하면 된다. 각각 앞자리를 따서 A, B, M으로 정했다.

@MappedSuperclass 매핑

두 번째 요구사항을 만족하려면 모든 테이블에 등록일과 수정일 컬럼을 우선 추가해야 한다. 그리고 모든 엔티티에 등록일과 수정일을 추가하면 된다. 이때 모든 엔티티에 등록일과 수정일을 직접 추가하는 것보다는 @MappedSuperclass를 사용해서 부모 클래스를 만들어 상속받는 것이 효과적이다. 부모 클래스는 예제 7.21에 있고, 매핑 정보를 상속받은 클래스는 예제 7.22에 있다.

```
package jpabook.model.entity;

import javax.persistence.MappedSuperclass;
import java.util.Date;

@MappedSuperclass
public class BaseEntity {

    private Date createdDate;        //등록일
    private Date lastModifiedDate;   //수정일

    //Getter, Setter
    ...
}
```

예제 7.22 매핑 정보를 상속

```
//회원
@Entity
public class Member extends BaseEntity { ... }

//주문
@Entity
@Table(name = "ORDERS")
public class Order extends BaseEntity { ... }
```

예제 7.23의 자동 생성된 DDL을 보면 상속받은 매핑 정보가 추가되어 있다. 참고로 나머지 테이블은 생략했다.

예제 7.23 자동 생성된 DDL

```
create table Member (
    MEMBER_ID bigint not null,
    createdDate timestamp,
    lastModifiedDate timestamp,
    city varchar(255),
    name varchar(255),
    street varchar(255),
    zipcode varchar(255),
    primary key (MEMBER_ID)
)
```

프록시와
연관관계 관리

08

이 장에서 다룰 내용은 다음과 같다.

- **프록시와 즉시로딩, 지연로딩**: 객체는 객체 그래프로 연관된 객체들을 탐색한다. 그런데 객체가 데이터베이스에 저장되어 있으므로 연관된 객체를 마음껏 탐색하기는 어렵다. JPA 구현체들은 이 문제를 해결하려고 프록시라는 기술을 사용한다. 프록시를 사용하면 연관된 객체를 처음부터 데이터베이스에서 조회하는 것이 아니라, 실제 사용하는 시점에 데이터베이스에서 조회할 수 있다. 하지만 자주 함께 사용하는 객체들은 조인을 사용해서 함께 조회하는 것이 효과적이다. JPA는 즉시 로딩과 지연 로딩이라는 방법으로 둘을 모두 지원한다.
- **영속성 전이와 고아 객체**: JPA는 연관된 객체를 함께 저장하거나 함께 삭제할 수 있는 영속성 전이와 고아 객체 제거라는 편리한 기능을 제공한다.

먼저 프록시에 대해 알아보자.

8.1 프록시

엔티티를 조회할 때 연관된 엔티티들이 항상 사용되는 것은 아니다. 예를 들어 회원 엔티티를 조회할 때 연관된 팀 엔티티는 비즈니스 로직에 따라 사용될 때도 있지만 그렇지 않을 때도 있다. 예제 8.1의 회원 엔티티와 예제 8.2의 팀 엔티티를 보자.

예제 8.1 회원 엔티티

```
@Entity
public class Member {

    private String username;

    @ManyToOne
    private Team team;

    public Team getTeam() {
        return team;
    }
    public String getUsername() {
        return username;
    }
    ...
}
```

```
@Entity
public class Team {

    private String name;

    public String getName() {
        return name;
    }
    ...
}
```

```
public void printUserAndTeam(String memberId) {
    Member member = em.find(Member.class, memberId);
    Team team = member.getTeam();
    System.out.println("회원 이름: " + member.getUsername());
    System.out.println("소속팀: "    + team.getName());
}
```

```
public String printUser(String memberId) {
    Member member = em.find(Member.class, memberId);
    System.out.println("회원 이름: " + member.getUsername());
}
```

예제 8.3의 printUserAndTeam() 메소드는 memberId로 회원 엔티티를 찾아서 회원은 물론이고 회원과 연관된 팀의 이름도 출력한다. 반면에 예제 8.4의 printUser() 메소드는 회원 엔티티만 출력하는 데 사용하고 회원과 연관된 팀 엔티티는 전혀 사용하지 않는다.

printUser() 메소드는 회원 엔티티만 사용하므로 em.find()로 회원 엔티티를 조회할 때 회원과 연관된 팀 엔티티(Member.team)까지 데이터베이스에서 함께 조회해 두는 것은 효율적이지 않다.

JPA는 이런 문제를 해결하려고 엔티티가 실제 사용될 때까지 데이터베이스 조회를 지연하는 방법을 제공하는데 이것을 지연 로딩이라 한다. 쉽게 이야기해서 team.getName()처럼 팀 엔티티의 값을 실제 사용하는 시점에 데이터베이스에서

팀 엔티티에 필요한 데이터를 조회하는 것이다. 이 방법을 사용하면 printUser()
메소드는 회원 데이터만 데이터베이스에서 조회해도 된다.

그런데 지연 로딩 기능을 사용하려면 실제 엔티티 객체 대신에 데이터베이스 조
회를 지연할 수 있는 가짜 객체가 필요한데 이것을 프록시 객체라 한다.

> **◀) 참고**
>
> JPA 표준 명세는 지연 로딩의 구현 방법을 JPA 구현체에 위임했다. 따라서 지금부터 설명할 내
> 용은 하이버네이트 구현체에 대한 내용이다. 하이버네이트는 지연 로딩을 지원하기 위해 프록
> 시를 사용하는 방법과 바이트코드를 수정하는 두 가지 방법을 제공하는데 바이트코드를 수정하
> 는 방법은 설정이 복잡하므로 여기서는 별도의 설정이 필요 없는 프록시에 대해서만 알아보겠
> 다. 바이트코드를 수정하는 방법은 하이버네이트 공식 사이트를 참고하자.

8.1.1 프록시 기초

JPA에서 식별자로 엔티티 하나를 조회할 때는 EntityManager.find()를 사용한다.
이 메소드는 영속성 컨텍스트에 엔티티가 없으면 데이터베이스를 조회한다.

```
Member member = em.find(Member.class, "member1");
```

이렇게 엔티티를 직접 조회하면 조회한 엔티티를 실제 사용하든 사용하지 않든
데이터베이스를 조회하게 된다. 엔티티를 실제 사용하는 시점까지 데이터베이스
조회를 미루고 싶으면 EntityManager.getReference() 메소드를 사용하면 된다.

```
Member member = em.getReference(Member.class, "member1");
```

이 메소드를 호출할 때 JPA는 데이터베이스를 조회하지 않고 실제 엔티티 객체
도 생성하지 않는다. 대신에 데이터베이스 접근을 위임한 프록시 객체를 반환한다
(그림 8.1).

그림 8.1 프록시 조회

지금부터 프록시(en.wikipedia.org/wiki/Proxy_pattern)에 대해 알아보자.

▼ 프록시의 특징

그림 8.2를 보자. 프록시 클래스는 실제 클래스를 상속 받아서 만들어지므로 실제 클래스와 겉 모양이 같다. 따라서 사용하는 입장에서는 이것이 진짜 객체인지 프록시 객체인지 구분하지 않고 사용하면 된다.

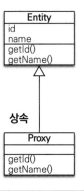

그림 8.2 프록시 구조

그림 8.3을 보자. 프록시 객체는 실제 객체에 대한 참조(target)를 보관한다. 그리고 프록시 객체의 메소드를 호출하면 프록시 객체는 실제 객체의 메소드를 호출한다.

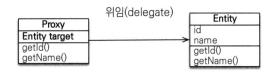

그림 8.3 프록시 위임

▼ 프록시 객체의 초기화

프록시 객체는 member.getName()처럼 실제 사용될 때 데이터베이스를 조회해서 실제 엔티티 객체를 생성하는데 이것을 프록시 객체의 초기화라 한다. 다음 예제 8.5와 그림 8.4로 프록시 객체의 초기화를 알아보자.

```
//MemberProxy 반환
Member member = em.getReference(Member.class, "id1");
member.getName(); //1. getName();
```

```
class MemberProxy extends Member {

    Member target = null; //실제 엔티티 참조

    public String getName() {

        if(target == null) {

            //2. 초기화 요청
            //3. DB 조회
            //4. 실제 엔티티 생성 및 참조 보관
            this.target = ...;
        }

        //5. target.getName();
        return target.getName();
    }
}
```

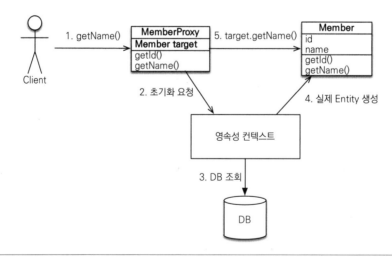

그림 8.4 프록시 초기화

그림 8.4와 예제 8.6으로 프록시의 초기화 과정을 분석해보자.

1. 프록시 객체에 `member.getName()`을 호출해서 실제 데이터를 조회한다.
2. 프록시 객체는 실제 엔티티가 생성되어 있지 않으면 영속성 컨텍스트에 실제 엔티티 생성을 요청하는데 이것을 초기화라 한다.
3. 영속성 컨텍스트는 데이터베이스를 조회해서 실제 엔티티 객체를 생성한다.
4. 프록시 객체는 생성된 실제 엔티티 객체의 참조를 `Member target` 멤버변수에 보관한다.
5. 프록시 객체는 실제 엔티티 객체의 `getName()`을 호출해서 결과를 반환한다.

▼ 프록시의 특징

프록시의 특징은 다음과 같다.

- 프록시 객체는 처음 사용할 때 한 번만 초기화된다.
- 프록시 객체를 초기화한다고 프록시 객체가 실제 엔티티로 바뀌는 것은 아니다. 프록시 객체가 초기화되면 프록시 객체를 통해서 실제 엔티티에 접근할 수 있다.
- 프록시 객체는 원본 엔티티를 상속받은 객체이므로 타입 체크 시에 주의해서 사용해야 한다.
- 영속성 컨텍스트에 찾는 엔티티가 이미 있으면 데이터베이스를 조회할 필요가 없으므로 `em.getReference()`를 호출해도 프록시가 아닌 실제 엔티티를 반환한다.
- 초기화는 영속성 컨텍스트의 도움을 받아야 가능하다. 따라서 영속성 컨텍스트의 도움을 받을 수 없는 준영속 상태의 프록시를 초기화하면 문제가 발생한다. 하이버네이트는 `org.hibernate.LazyInitializationException` 예외를 발생시킨다.

▼ 준영속 상태와 초기화

준영속 상태와 초기화에 관련된 코드는 다음과 같다.

```
//MemberProxy 반환
Member member = em.getReference(Member.class, "id1");
```

```
transaction.commit();
em.close(); //영속성 컨텍스트 종료

member.getName(); //준영속 상태 초기화 시도,
                  //org.hibernate.LazyInitializationException 예외 발생
```

이 코드를 보면 em.close() 메소드로 영속성 컨텍스트를 종료해서 member는 준 영속 상태다. member.getName()을 호출하면 프록시를 초기화해야 하는데 영속성 컨텍스트가 없으므로 실제 엔티티를 조회할 수 없다. 따라서 예외가 발생한다.

> **◀》 참고**
>
> JPA 표준 명세는 지연 로딩(프록시)에 대한 내용을 JPA 구현체에 맡겼다. 따라서 준영속 상태의 엔티티를 초기화할 때 어떤 일이 발생할지 표준 명세에는 정의되어 있지 않다. 하이버네이트를 사용하면 org.hibernate.LazyInitializationException 예외가 발생한다.

8.1.2 프록시와 식별자

엔티티를 프록시로 조회할 때 식별자(PK) 값을 파라미터로 전달하는데 프록시 객체는 이 식별자 값을 보관한다.

```
Team team = em.getReference(Team.class, "team1"); //식별자 보관
team.getId(); //초기화되지 않음
```

프록시 객체는 식별자 값을 가지고 있으므로 식별자 값을 조회하는 team.getId()를 호출해도 프록시를 초기화하지 않는다. 단 엔티티 접근 방식을 프로퍼티(@Access(AccessType.PROPERTY))로 설정한 경우에만 초기화하지 않는다.

엔티티 접근 방식을 필드(@Access(AccessType.FIELD))로 설정하면 JPA는 getId() 메소드가 id만 조회하는 메소드인지 다른 필드까지 활용해서 어떤 일을 하는 메소드인지 알지 못하므로 프록시 객체를 초기화한다.

프록시는 다음 코드처럼 연관관계를 설정할 때 유용하게 사용할 수 있다.

```
Member member = em.find(Member.class, "member1");
Team team = em.getReference(Team.class, "team1"); //SQL을 실행하지 않음
member.setTeam(team);
```

연관관계를 설정할 때는 식별자 값만 사용하므로 프록시를 사용하면 데이터베이스 접근 횟수를 줄일 수 있다. 참고로 하이버네이트 버전이 올라가면서 프록시 상태일 때 필드, 프로퍼티 접근 모두 getId()를 호출할 때 초기화를 하지 않도록 변경됐다.

8.1.3 프록시 확인

JPA가 제공하는 `PersistenceUnitUtil.isLoaded(Object entity)` 메소드를 사용하면 프록시 인스턴스의 초기화 여부를 확인할 수 있다. 아직 초기화되지 않은 프록시 인스턴스는 `false`를 반환한다. 이미 초기화되었거나 프록시 인스턴스가 아니면 `true`를 반환한다.

```
boolean isLoad = em.getEntityManagerFactory()
                    .getPersistenceUnitUtil().isLoaded(entity);
//또는 boolean isLoad = emf.getPersistenceUnitUtil().isLoaded(entity);

System.out.println("isLoad = " + isLoad); //초기화 여부 확인
```

조회한 엔티티가 진짜 엔티티인지 프록시로 조회한 것인지 확인하려면 클래스 명을 직접 출력해보면 된다. 다음 예를 보면 클래스 명 뒤에 ..javassist..라 되어 있는데 이것으로 프록시인 것을 확인할 수 있다. 프록시를 생성하는 라이브러리에 따라 출력 결과는 달라질 수 있다.

```
System.out.println("memberProxy = " + member.getClass().getName());
//결과: memberProxy = jpabook.domain.Member_$$_javassist_0
```

> **◀)) 참고**
>
> **프록시 강제 초기화**
>
> 하이버네이트의 initialize() 메소드를 사용하면 프록시를 강제로 초기화할 수 있다.
>
> `org.hibernate.Hibernate.initialize(order.getMember());` //프록시 초기화
>
> JPA 표준에는 프록시 강제 초기화 메소드가 없다. 따라서 강제로 초기화하려면 member.getName()처럼 프록시의 메소드를 직접 호출하면 된다. JPA 표준은 단지 초기화 여부만 확인할 수 있다.

8.2 즉시 로딩과 지연 로딩

프록시 객체는 주로 연관된 엔티티를 지연 로딩할 때 사용한다.

member1이 team1에 소속해 있다고 가정해보자.

```
Member member = em.find(Member.class, "member1");
Team team = member.getTeam(); //객체 그래프 탐색
System.out.println(team.getName()); //팀 엔티티 사용
```

회원 엔티티를 조회할 때 연관된 팀 엔티티도 함께 데이터베이스에서 조회하는 것이 좋을까? 아니면 회원 엔티티만 조회해 두고 팀 엔티티는 실제 사용하는 시점에 데이터베이스에서 조회하는 것이 좋을까?

JPA는 개발자가 연관된 엔티티의 조회 시점을 선택할 수 있도록 다음 두 가지 방법을 제공한다.

- **즉시 로딩**: 엔티티를 조회할 때 연관된 엔티티도 함께 조회한다.
  - 예: em.find(Member.class, "member1")를 호출할 때 회원 엔티티와 연관된 팀 엔티티도 함께 조회한다.
  - 설정 방법: @ManyToOne(fetch = FetchType.EAGER)
- **지연 로딩**: 연관된 엔티티를 실제 사용할 때 조회한다.
  - 예: member.getTeam().getName()처럼 조회한 팀 엔티티를 실제 사용하는 시점에 JPA가 SQL을 호출해서 팀 엔티티를 조회한다.
  - 설정 방법: @ManyToOne(fetch = FetchType.LAZY)

8.2.1 즉시 로딩

즉시 로딩EAGER LOADING을 사용하려면 @ManyToOne의 fetch 속성을 FetchType.EAGER로 지정한다.

예제 8.7 즉시 로딩 설정

```
@Entity
public class Member {
    //...
    @ManyToOne(fetch = FetchType.EAGER)
    @JoinColumn(name = "TEAM_ID")
```

```
    private Team team;
    //...
}
```

```
Member member = em.find(Member.class, "member1");
Team team = member.getTeam(); //객체 그래프 탐색
```

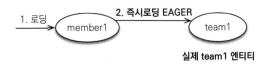

그림 8.5 즉시 로딩, 회원을 조회할 때 팀 즉시 로딩

예제 8.7을 보면 회원과 팀을 즉시 로딩으로 설정했다. 따라서 예제 8.8에서 em.find(Member.class, "member1")로 회원을 조회하는 순간 팀도 함께 조회한 다(그림 8.5). 이때 회원과 팀 두 테이블을 조회해야 하므로 쿼리를 2번 실행할 것 같지만, 대부분의 JPA 구현체는 **즉시 로딩을 최적화하기 위해 가능하면 조인 쿼리를 사용한다.** 여기서는 회원과 팀을 조인해서 쿼리 한 번으로 두 엔티티를 모두 조회 한다.

```
SELECT
    M.MEMBER_ID AS MEMBER_ID,
    M.TEAM_ID AS TEAM_ID,
    M.USERNAME AS USERNAME,
    T.TEAM_ID AS TEAM_ID,
    T.NAME AS NAME
FROM
    MEMBER M LEFT OUTER JOIN TEAM T
        ON M.TEAM_ID=T.TEAM_ID
WHERE
    M.MEMBER_ID='member1'
```

예제 8.9의 실행되는 SQL을 분석해보면 회원과 팀을 조인해서 쿼리 한 번으로 조회한 것을 알 수 있다.

이후 member.getTeam()을 호출하면 이미 로딩된 team1 엔티티를 반환한다.

NULL 제약조건과 JPA 조인 전략

예제 8.9에서 보았던 즉시 로딩 실행 SQL에서 JPA가 내부 조인(INNER JOIN)이 아닌 외부 조인 (LEFT OUTER JOIN)을 사용한 것을 유심히 봐야 한다. 현재 회원 테이블에 TEAM_ID 외래 키는 NULL 값을 허용하고 있다. 따라서 팀에 소속되지 않은 회원이 있을 가능성이 있다. 팀에 소속하지 않은 회원과 팀을 내부 조인하면 팀은 물론이고 회원 데이터도 조회할 수 없다.

JPA는 이런 상황을 고려해서 외부 조인을 사용한다. 하지만 외부 조인보다 내부 조인이 성능과 최적화에서 더 유리하다. 그럼 내부 조인을 사용하려면 어떻게 해야 할까? 외래 키에 NOT NULL 제약 조건을 설정하면 값이 있는 것을 보장한다. 따라서 이때는 내부 조인만 사용해도 된다.

JPA에게도 이런 사실을 알려줘야 한다. 다음 코드처럼 @JoinColumn에 nullable = false을 설정해서 이 외래 키는 NULL 값을 허용하지 않는다고 알려주면 JPA는 외부 조인 대신에 내부 조인을 사용한다.

```
@Entity
public class Member {
    //...
    @ManyToOne(fetch = FetchType.EAGER)
    @JoinColumn(name = "TEAM_ID", nullable = false)
    private Team team;
    //...
}
```

nullable 설정에 따른 조인 전략

- @JoinColumn(nullable = true): NULL 허용(기본값), 외부 조인 사용
- @JoinColumn(nullable = false): NULL 허용하지 않음, 내부 조인 사용

또는 다음처럼 @ManyToOne.optional = false로 설정해도 내부 조인을 사용한다.

```
@Entity
public class Member {
    //...
    @ManyToOne(fetch = FetchType.EAGER, optional = false)
    @JoinColumn(name = "TEAM_ID")
    private Team team;
    //...
}
```

정리하자면 JPA는 선택적 관계면 외부 조인을 사용하고 필수 관계면 내부 조인을 사용한다.

만약 내부 조인과 외부 조인을 아직 이해하지 못했으면 데이터베이스 내부 조인과 외부 조인을 공부하고 다시 읽어보길 바란다.

8.2.2 지연 로딩

지연 로딩LAZY LOADING을 사용하려면 @ManyToOne의 fetch 속성을 FetchType.
LAZY로 지정한다.

예제 8.10 지연 로딩 설정

```
@Entity
public class Member {
    //...
    @ManyToOne(fetch = FetchType.LAZY)
    @JoinColumn(name = "TEAM_ID")
    private Team team;
    //...
}
```

예제 8.11 지연 로딩 실행 코드

```
Member member = em.find(Member.class, "member1");
Team team = member.getTeam(); //객체 그래프 탐색
team.getName(); //팀 객체 실제 사용
```

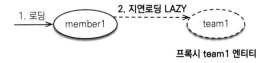

그림 8.6 지연 로딩, 회원을 조회할 때 팀 지연 로딩

예제 8.10을 보면 회원과 팀을 지연 로딩으로 설정했다. 따라서 예제 8.11에서 em.find(Member.class, "member1")를 호출하면 회원만 조회하고 팀은 조회하지 않는다. 대신에 그림 8.6과 같이 조회한 회원의 team 멤버변수에 프록시 객체를 넣어둔다.

```
Team team = member.getTeam(); //프록시 객체
```

반환된 팀 객체는 프록시 객체다. 이 프록시 객체는 실제 사용될 때까지 데이터 로딩을 미룬다. 그래서 지연 로딩이라 한다.

```
team.getName(); //팀 객체 실제 사용
```

이처럼 실제 데이터가 필요한 순간이 되어서야 데이터베이스를 조회해서 프록시 객체를 초기화한다.

em.find(Member.class, "member1") 호출 시 실행되는 SQL은 다음과 같다.

```
SELECT * FROM MEMBER
WHERE MEMBER_ID = 'member1'
```

team.getName() 호출로 프록시 객체가 초기화되면서 실행되는 SQL은 다음과 같다.

```
SELECT * FROM TEAM
WHERE TEAM_ID = 'team1'
```

> 🔊 참고
>
> 조회 대상이 영속성 컨텍스트에 이미 있으면 프록시 객체를 사용할 이유가 없다. 따라서 프록시가 아닌 실제 객체를 사용한다. 예를 들어 team1 엔티티가 영속성 컨텍스트에 이미 로딩되어 있으면 프록시가 이닌 실제 team1 엔티티를 사용한다.

8.2.3 즉시 로딩, 지연 로딩 정리

처음부터 연관된 엔티티를 모두 영속성 컨텍스트에 올려두는 것은 현실적이지 않고, 필요할 때마다 SQL을 실행해서 연관된 엔티티를 지연 로딩하는 것도 최적화 관점에서 보면 꼭 좋은 것만은 아니다. 예를 들어 대부분의 애플리케이션 로직에서 회원과 팀 엔티티를 같이 사용한다면 SQL 조인을 사용해서 회원과 팀 엔티티를 한 번에 조회하는 것이 더 효율적이다. 결국 연관된 엔티티를 즉시 로딩하는 것이 좋은지 아니면 실제 사용할 때까지 지연해서 로딩하는 것이 좋은지는 상황에 따라 다르다.

지연 로딩과 즉시 로딩을 간단히 정리하면 다음과 같다.

- **지연 로딩**(LAZY): 연관된 엔티티를 프록시로 조회한다. 프록시를 실제 사용할 때 초기화하면서 데이터베이스를 조회한다.
- **즉시 로딩**(EAGER): 연관된 엔티티를 즉시 조회한다. 하이버네이트는 가능하면 SQL 조인을 사용해서 한 번에 조회한다.

즉시 로딩과 지연 로딩을 실제 어떻게 사용하는지 조금 더 구체적인 예제로 알아보자.

8.3 지연 로딩 활용

사내 주문 관리 시스템을 개발한다고 가정해보자.

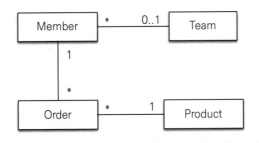

그림 8.7 클래스 모델

그림 8.7을 보고 예제에 사용할 모델을 분석해보자.

- 회원(Member)은 팀(Team) 하나에만 소속할 수 있다. (N:1)
- 회원(Member)은 여러 주문내역(Order)을 가진다. (1:N)
- 주문내역(Order)은 상품정보(Product)를 가진다. (N:1)

애플리케이션 로직을 분석해보니 다음과 같았다.

- Member와 연관된 Team은 자주 함께 사용되었다. 그래서 Member와 Team은 즉시 로딩으로 설정했다.
- Member와 연관된 Order는 가끔 사용되었다. 그래서 Member와 Order는 지연 로딩으로 설정했다.
- Order와 연관된 Product는 자주 함께 사용되었다. 그래서 Order와 Product는 즉시 로딩으로 설정했다.

```
@Entity
public class Member {

    @Id
    private String id;
    private String username;
    private Integer age;

    @ManyToOne(fetch = FetchType.EAGER)
    private Team team;

    @OneToMany(mappedBy = "member", fetch = FetchType.LAZY)
    private List<Order> orders;

    //Getter Setter ...
}
```

예제 8.12 회원 엔티티 코드를 분석해보자.

```
@ManyToOne(fetch = FetchType.EAGER)
private Team team;
```

회원과 팀의 연관관계를 FetchType.EAGER로 설정했다. 따라서 회원 엔티티를 조회하면 연관된 팀 엔티티도 즉시 조회한다.

```
@OneToMany(mappedBy = "member", fetch = FetchType.LAZY)
private List<Order> orders;
```

회원과 주문내역의 연관관계를 FetchType.LAZY로 설정했다. 따라서 회원 엔티티를 조회하면 연관된 주문내역 엔티티는 프록시로 조회해서 실제 사용될 때까지 로딩을 지연한다.

```
Member member = em.find(Member.class, "member1");
```

회원 엔티티를 조회하면 그림 8.8처럼 엔티티를 로딩한다.

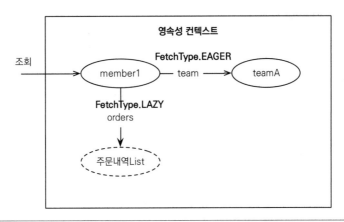

그림 8.8 회원 조회

회원과 팀은 즉시 로딩(FetchType.EAGER)으로 설정했다. 따라서 회원을 조회할 때 연관된 teamA도 함께 조회한다. 회원 엔티티를 조회할 때 JPA가 실행한 SQL을 보자.

예제 8.13 회원을 조회할 때 실행된 SQL

```
SELECT
    MEMBER.ID AS MEMBERID,
    MEMBER.AGE AS AGE,
    MEMBER.TEAM_ID AS TEAM_ID,
    MEMBER.USERNAME AS USERNAME,
    TEAM.ID AS TEAMID,
    TEAM.NAME AS NAME
FROM
    MEMBER MEMBER
LEFT OUTER JOIN
    TEAM TEAM ON MEMBER.TEAM_ID=TEAM_.ID
WHERE
    MEMBER.ID='member1'
```

예제 8.12에서 회원과 팀은 FetchType.EAGER로 설정했으므로 하이버네이트는 조인 쿼리를 만들어 회원과 팀을 한 번에 조회한다. 반면에 회원과 주문내역은 FetchType.LAZY로 설정했으므로 결과를 프록시로 조회한다. 따라서 예제 8.13의 SQL에 전혀 나타나지 않는다.

회원을 조회한 후에 member.getTeam()을 호출하면 이미 로딩된 팀 엔티티를 반환한다.

8.3.1 프록시와 컬렉션 래퍼

그림 8.8을 보면 즉시 로딩한 teamA는 실선으로 표현했고 지연 로딩한 주문내역은 점선으로 표현했다. 이렇게 지연 로딩으로 설정하면 실제 엔티티 대신에 프록시 객체를 사용한다. 프록시 객체는 실제 자신이 사용될 때까지 데이터베이스를 조회하지 않는다.

이제 주문내역을 조회해보자.

```
Member member = em.find(Member.class, "member1");
List<Order> orders = member.getOrders();
System.out.println("orders = " + orders.getClass().getName());
//결과: orders = org.hibernate.collection.internal.PersistentBag
```

하이버네이트는 엔티티를 영속 상태로 만들 때 엔티티에 컬렉션이 있으면 컬렉션을 추적하고 관리할 목적으로 원본 컬렉션을 하이버네이트가 제공하는 내장 컬렉션으로 변경하는데 이것을 컬렉션 래퍼라 한다. 출력 결과를 보면 컬렉션 래퍼인 org.hibernate.collection.internal.PersistentBag이 반환된 것을 확인할 수 있다.

엔티티를 지연 로딩하면 프록시 객체를 사용해서 지연 로딩을 수행하지만 주문내역 같은 컬렉션은 컬렉션 래퍼가 지연 로딩을 처리해준다. 컬렉션 래퍼도 컬렉션에 대한 프록시 역할을 하므로 따로 구분하지 않고 프록시로 부르겠다.

참고로 member.getOrders()를 호출해도 컬렉션은 초기화되지 않는다. 컬렉션은 member.getOrders().get(0)처럼 컬렉션에서 실제 데이터를 조회할 때 데이터베이스를 조회해서 초기화한다.

다음으로 member.getOrders().get(0)을 호출해서 연관된 주문내역을 조회하면 어떻게 될까?

그림 8.9를 보면 주문내역과 상품의 로딩 방법을 FetchType.EAGER로 설정했다. 따라서 지연 로딩 상태인 주문내역을 초기화할 때 연관된 상품도 함께 로딩된다.

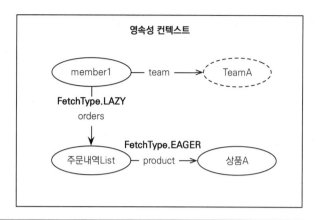

그림 8.9 주문내역 조회

8.3.2 JPA 기본 페치 전략

fetch 속성의 기본 설정값은 다음과 같다.

- @ManyToOne, @OneToOne: 즉시 로딩(FetchType.EAGER)
- @OneToMany, @ManyToMany: 지연 로딩(FetchType.LAZY)

JPA의 기본 페치fetch 전략은 연관된 엔티티가 하나면 즉시 로딩을, 컬렉션이면 지연 로딩을 사용한다. 컬렉션을 로딩하는 것은 비용이 많이 들고 잘못하면 너무 많은 데이터를 로딩할 수 있기 때문이다. 예를 들어 특정 회원이 연관된 컬렉션에 데이터를 수만 건 등록했는데, 설정한 페치 전략이 즉시 로딩이면 해당 회원을 로딩하는 순간 수만 건의 데이터도 함께 로딩된다. 반면에 연관된 엔티티가 하나면 즉시 로딩해도 큰 문제가 발생하지는 않는다.

추천하는 방법은 모든 연관관계에 지연 로딩을 사용하는 것이다. 그리고 애플리케이션 개발이 어느 정도 완료단계에 왔을 때 실제 사용하는 상황을 보고 꼭 필요한 곳에만 즉시 로딩을 사용하도록 최적화하면 된다.

참고로 SQL을 직접 사용하면 이런 유연한 최적화가 어렵다. 예를 들어 SQL로 각각의 테이블을 조회해서 처리하다가 조인으로 한 번에 조회하도록 변경하려면 많은 SQL과 애플리케이션 코드를 수정해야 한다.

8.3.3 컬렉션에 FetchType.EAGER 사용 시 주의점

컬렉션에 `FetchType.EAGER`를 사용할 경우에 주의할 점은 다음과 같다.

- **컬렉션을 하나 이상 즉시 로딩하는 것은 권장하지 않는다.** 컬렉션과 조인한다는 것은 데이터베이스 테이블로 보면 일대다 조인이다. 일대다 조인은 결과 데이터가 다 쪽에 있는 수만큼 증가하게 된다. 문제는 서로 다른 컬렉션을 2개 이상 조인할 때 발생하는데 예를 들어 A 테이블을 N, M 두 테이블과 일대다 조인하면 SQL 실행 결과가 N 곱하기 M이 되면서 너무 많은 데이터를 반환할 수 있고 결과적으로 애플리케이션 성능이 저하될 수 있다. JPA는 이렇게 조회된 결과를 메모리에서 필터링해서 반환한다. 따라서 2개 이상의 컬렉션을 즉시 로딩으로 설정하는 것은 권장하지 않는다.

- **컬렉션 즉시 로딩은 항상 외부 조인**OUTER JOIN**을 사용한다.** 예를 들어 다대일 관계인 회원 테이블과 팀 테이블을 조인할 때 회원 테이블의 외래 키에 `not null` 제약조건을 걸어두면 모든 회원은 팀에 소속되므로 항상 내부 조인을 사용해도 된다. 반대로 팀 테이블에서 회원 테이블로 일대다 관계를 조인할 때 회원이 한 명도 없는 팀을 내부 조인하면 팀까지 조회되지 않는 문제가 발생한다. 데이터베이스 제약조건으로 이런 상황을 막을 수는 없다. 따라서 JPA는 일대다 관계를 즉시 로딩할 때 항상 외부 조인을 사용한다.

`FetchType.EAGER` 설정과 조인 전략을 정리하면 다음과 같다.

- @ManyToOne, @OneToOne
  - (optional = false): 내부 조인
  - (optional = true): 외부 조인
- @OneToMany, @ManyToMany
  - (optional = false): 외부 조인
  - (optional = true): 외부 조인

8.4 영속성 전이: CASCADE

특정 엔티티를 영속 상태로 만들 때 연관된 엔티티도 함께 영속 상태로 만들고 싶으면 영속성 전이transitive persistence 기능을 사용하면 된다. JPA는 CASCADE 옵션으로 영속성 전이를 제공한다. 쉽게 말해서 영속성 전이를 사용하면 부모 엔티티를 저장할 때 자식 엔티티도 함께 저장할 수 있다. 그림 8.10과 예제로 알아보자.

그림 8.10 CASCADE 예제

예제 8.14의 부모 엔티티가 예제 8.15의 여러 자식 엔티티를 가지고 있다.

예제 8.14 부모 엔티티

```
@Entity
public class Parent {

    @Id @GeneratedValue
    private Long id;

    @OneToMany(mappedBy = "parent")
    private List<Child> children = new ArrayList<Child>();
    ...
```

예제 8.15 자식 엔티티

```
@Entity
public class Child {

    @Id @GeneratedValue
    private Long id;

    @ManyToOne
    private Parent parent;
    ...
```

만약 부모 1명에 자식 2명을 저장한다면 예제 8.16과 같은 코드를 작성할 것이다.

```
private static void saveNoCascade(EntityManager em) {

    //부모 저장
    Parent parent = new Parent();
    em.persist(parent);

    //1번 자식 저장
    Child child1 = new Child();
    child1.setParent(parent); //자식 -> 부모 연관관계 설정
    parent.getChildren().add(child1); //부모 -> 자식
    em.persist(child1);

    //2번 자식 저장
    Child child2 = new Child();
    child2.setParent(parent); //자식 -> 부모 연관관계 설정
    parent.getChildren().add(child2); //부모 -> 자식
    em.persist(child2);
}
```

JPA에서 엔티티를 저장할 때 연관된 모든 엔티티는 영속 상태여야 한다. 따라서 예제를 보면 부모 엔티티를 영속 상태로 만들고 자식 엔티티도 각각 영속 상태로 만든다. 이럴 때 영속성 전이를 사용하면 부모만 영속 상태로 만들면 연관된 자식까지 한 번에 영속 상태로 만들 수 있다.

8.4.1 영속성 전이: 저장

영속성 전이를 활성화하는 CASCADE 옵션을 적용해보자.

```
@Entity
public class Parent {

    ...
    @OneToMany(mappedBy = "parent", cascade = CascadeType.PERSIST)
    private List<Child> children = new ArrayList<Child>();
    ...
```

부모를 영속화할 때 연관된 자식들도 함께 영속화하라고 cascade = CascadeType. PERSIST 옵션을 설정했다. 이 옵션을 적용하면 예제 8.17처럼 간편하게 부모와 자식 엔티티를 한 번에 영속화할 수 있다.

```
private static void saveWithCascade(EntityManager em) {

    Child child1 = new Child();
    Child child2 = new Child();

    Parent parent = new Parent();
    child1.setParent(parent);    //연관관계 추가
    child2.setParent(parent);    //연관관계 추가
    parent.getChildren().add(child1);
    parent.getChildren().add(child2);

    //부모 저장, 연관된 자식들 저장
    em.persist(parent);
}
```

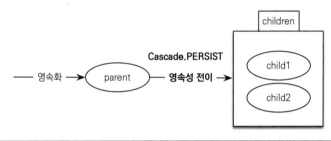

그림 8.11 CASCADE 실행

부모만 영속화하면 CascadeType.PERSIST로 설정한 자식 엔티티까지 함께 영속화해서 저장한다(그림 8.11). 데이터베이스에 입력된 데이터를 확인해보자.

```
SELECT * FROM CHILD
```

이 코드의 쿼리 결과를 보면 데이터가 정상적으로 2건 입력된 것을 확인할 수 있다. 쿼리 결과는 표 8.1과 같다.

표 8.1 CHILD 쿼리 결과

id	parent_id
1	1
2	1

영속성 전이는 연관관계를 매핑하는 것과는 아무 관련이 없다. 단지 **엔티티를 영속화할 때 연관된 엔티티도 같이 영속화하는 편리함을 제공**할 뿐이다. 그래서 예제 8.17을 보면 양방향 연관관계를 추가한 다음 영속 상태로 만든 것을 확인할 수 있다.

8.4.2 영속성 전이: 삭제

방금 저장한 부모와 자식 엔티티를 모두 제거하려면 다음 코드와 같이 각각의 엔티티를 하나씩 제거해야 한다.

```
Parent findParent = em.find(Parent.class, 1L);
Child findChild1 = em.find(Child.class, 1L);
Child findChild2 = em.find(Child.class, 2L);

em.remove(findChild1);
em.remove(findChild2);
em.remove(findParent);
```

영속성 전이는 엔티티를 삭제할 때도 사용할 수 있다. CascadeType.REMOVE로 설정하고 다음 코드처럼 부모 엔티티만 삭제하면 연관된 자식 엔티티도 함께 삭제된다.

```
Parent findParent = em.find(Parent.class, 1L);
em.remove(findParent);
```

코드를 실행하면 DELETE SQL을 3번 실행하고 부모는 물론 연관된 자식도 모두 삭제한다. 삭제 순서는 외래 키 제약조건을 고려해서 자식을 먼저 삭제하고 부모를 삭제한다.

만약 CascadeType.REMOVE를 설정하지 않고 이 코드를 실행하면 어떻게 될까? 그러면 부모 엔티티만 삭제된다. 하지만 데이터베이스의 부모 로우를 삭제하는 순간 자식 테이블에 걸려 있는 외래 키 제약조건으로 인해, 데이터베이스에서 외래 키 무결성 예외가 발생한다.

8.4.3 CASCADE의 종류

예제 8.18 CascadeType 코드를 보면 다양한 옵션이 있는 것을 확인할 수 있다.

예제 8.18 CascadeType 코드

```java
public enum CascadeType {
    ALL,     //모두 적용
    PERSIST, //영속
    MERGE,   //병합
    REMOVE,  //삭제
    REFRESH, //REFRESH
    DETACH   //DETACH
}
```

다음처럼 여러 속성을 같이 사용할 수 있다.

```java
cascade = {CascadeType.PERSIST, CascadeType.REMOVE}
```

참고로 CascadeType.PERSIST, CascadeType.REMOVE는 em.persist(), em.remove()를 실행할 때 바로 전이가 발생하지 않고 플러시를 호출할 때 전이가 발생한다.

8.5 고아 객체

JPA는 부모 엔티티와 연관관계가 끊어진 자식 엔티티를 자동으로 삭제하는 기능을 제공하는데 이것을 고아 객체(ORPHAN) 제거라 한다. 이 기능을 사용해서 **부모 엔티티의 컬렉션에서 자식 엔티티의 참조만 제거하면 자식 엔티티가 자동으로 삭제되도록 해보자.**

예제 8.19 고아 객체 제거 기능 설정

```java
@Entity
public class Parent {

    @Id @GeneratedValue
    private Long id;

    @OneToMany(mappedBy = "parent", orphanRemoval = true)
    private List<Child> children = new ArrayList<Child>();
    ...
}
```

예제 8.19를 보면 고아 객체 제거 기능을 활성화하기 위해 컬렉션에 orphanRemoval = true를 설정하자. 이제 컬렉션에서 제거한 엔티티는 자동으로 삭제된다.

다음 사용 코드를 보자.

```
Parent parent1 = em.find(Parent.class, id);
parent1.getChildren().remove(0); //자식 엔티티를 컬렉션에서 제거
```

실행 결과 SQL은 다음과 같다.

DELETE FROM CHILD WHERE ID=?

사용 코드를 보면 컬렉션에서 첫 번째 자식을 제거했다. orphanRemoval = true 옵션으로 인해 컬렉션에서 엔티티를 제거하면 데이터베이스의 데이터도 삭제된다. 고아 객체 제거 기능은 영속성 컨텍스트를 플러시할 때 적용되므로 플러시 시점에 DELETE SQL이 실행된다.

모든 자식 엔티티를 제거하려면 다음 코드처럼 컬렉션을 비우면 된다.

```
parent1.getChildren().clear();
```

고아 객체를 정리해보자. 고아 객체 제거는 **참조가 제거된 엔티티는 다른 곳에서 참조하지 않는 고아 객체로 보고 삭제하는 기능**이다. 따라서 이 기능은 참조하는 곳이 하나일 때만 사용해야 한다. 쉽게 이야기해서 특정 엔티티가 개인 소유하는 엔티티에만 이 기능을 적용해야 한다. 만약 삭제한 엔티티를 다른 곳에서도 참조한다면 문제가 발생할 수 있다. 이런 이유로 orphanRemovel은 @OneToOne, @OneToMany에만 사용할 수 있다.

고아 객체 제거에는 기능이 하나 더 있는데 개념적으로 볼때 부모를 제거하면 자식은 고아가 된다. 따라서 부모를 제거하면 자식도 같이 제거된다. 이것은 CascadeType.REMOVE를 설정한 것과 같다.

8.6 영속성 전이 + 고아 객체, 생명주기

CascadeType.ALL + orphanRemoval = true를 동시에 사용하면 어떻게 될까?

일반적으로 엔티티는 EntityManager.persist()를 통해 영속화되고

`EntityManager.remove()`를 통해 제거된다. 이것은 엔티티 스스로 생명주기를 관리한다는 뜻이다. 그런데 두 옵션을 모두 활성화하면 부모 엔티티를 통해서 자식의 생명주기를 관리할 수 있다. 예를 들면 다음과 같다.

자식을 저장하려면 부모에 등록만 하면 된다(`CASCADE`).

```
Parent parent = em.find(Parent.class, parentId);
parent.addChild(child1);
```

자식을 삭제하려면 부모에서 제거하면 된다(`orphanRemoval`).

```
Parent parent = em.find(Parent.class, parentId);
parent.getChildren().remove(removeObject);
```

> 🔊 **참고**
>
> 영속성 전이는 DDD의 Aggregate Root(http://martinfowler.com/bliki/DDD_Aggregate.html) 개념을 구현할 때 사용하면 편리하다.

8.7 정리

지금까지 프록시의 동작 원리에 대해 알아보고 즉시 로딩과 지연 로딩에 관해서도 알아보았다. 그리고 영속성 전이와 고아 객체 제거 기능도 알아보았다.

이 장에서 다룬 주요 내용은 다음과 같다.

- JPA 구현체들은 객체 그래프를 마음껏 탐색할 수 있도록 지원하는데 이때 프록시 기술을 사용한다.
- 객체를 조회할 때 연관된 객체를 즉시 로딩하는 방법을 즉시 로딩이라 하고, 연관된 객체를 지연해서 로딩하는 방법을 지연 로딩이라 한다.
- 객체를 저장하거나 삭제할 때 연관된 객체도 함께 저장하거나 삭제할 수 있는데 이것을 영속성 전이라 한다.
- 부모 엔티티와 연관관계가 끊어진 자식 엔티티를 자동으로 삭제하려면 고아 객체 제거 기능을 사용하면 된다.

지금까지 학습한 내용을 다음 실전 예제에 녹여보자. 다음 장에서는 객체를 더 세밀하게 설계하도록 도와주는 값 타입을 다룬다.

┃ 예제 코드: ch08-model5 ┃

예제에 글로벌 페치 전략을 설정하고, 영속성 전이 옵션을 추가해보자.

글로벌 페치 전략 설정

글로벌 페치 전략을 즉시 로딩으로 설정하면 사용하지 않는 엔티티도 함께 조회되므로 모두 지연 로딩으로 설정하겠다. @OneToMany, @ManyToMany는 기본이 지연 로딩이므로 그냥 두고 @OneToOne, @ManyToOne의 fetch 속성을 지연 로딩으로 수정하자. 연관관계를 설정한 코드를 찾아보니 주문과 주문상품에 @OneToOne, @ManyToOne으로 매핑한 속성들이 있다.

예제 8.20 주문(Order)

```
package jpabook.model.entity;

@Entity
@Table(name = "ORDERS")
public class Order extends BaseEntity {

    @Id @GeneratedValue
    @Column(name = "ORDER_ID")
    private Long id;

    @ManyToOne(fetch = FetchType.LAZY)
    @JoinColumn(name = "MEMBER_ID")
    private Member member;        //주문 회원

    @OneToOne(fetch = FetchType.LAZY)
    @JoinColumn(name = "DELIVERY_ID")
    private Delivery delivery;  //배송정보

    ...
}
```

예제 8.20의 주문 엔티티에서 member와 delivery를 지연 로딩으로 설정했다.

```
package jpabook.model.entity;

@Entity
@Table(name = "ORDER_ITEM")
public class OrderItem {

    @Id @GeneratedValue
    @Column(name = "ORDER_ITEM_ID")
    private Long id;

    @ManyToOne(fetch = FetchType.LAZY)
    @JoinColumn(name = "ITEM_ID")
    private Item item;        //주문 상품

    @ManyToOne(fetch = FetchType.LAZY)
    @JoinColumn(name = "ORDER_ID")
    private Order order;      //주문

    ...
}
```

예제 8.21의 주문상품 엔티티에서 item과 order를 지연 로딩으로 설정했다.

📖 영속성 전이 설정

엔티티를 영속 상태로 만들어서 데이터베이스에 저장할 때 연관된 엔티티도 모두 영속 상태여야 한다. 연관된 엔티티 중에 영속 상태가 아닌 엔티티가 있으면 예외가 발생한다(정확히는 플러시 시점에 오류가 발생한다).

영속성 전이를 사용하면 연관된 엔티티를 편리하게 영속 상태로 만들 수 있다. 주문과 배송, 주문과 주문상품의 연관관계에 영속성 전이를 사용하자.

예제 8.22 영속성 전이 설정

```
package jpabook.model.entity;

@Entity
@Table(name = "ORDERS")
public class Order extends BaseEntity {
    ...
    @OneToOne(cascade = CascadeType.ALL, fetch
        = FetchType.LAZY) …❶
```

```
    @JoinColumn(name = "DELIVERY_ID")
    private Delivery delivery;  //배송정보

    @OneToMany(mappedBy = "order", cascade = CascadeType.ALL) …❷
    private List<OrderItem> orderItems =
        new ArrayList<OrderItem>();

    public void addOrderItem(OrderItem orderItem) {
        orderItems.add(orderItem);
        orderItem.setOrder(this);
    }

    public void setDelivery(Delivery delivery) {
        this.delivery = delivery;
        delivery.setOrder(this);
    }
    ...
}
```

예제 8.22의 코드를 분석해보자.

❶ Order → Delivery 관계인 delivery 필드에 cascade = CascadeType.ALL로 영속성 전이를 설정했다.

❷ Order → OrderItem 관계인 orderItems 필드에 cascade = CascadeType.ALL로 영속성 전이를 설정했다.

영속성 전이를 사용하기 전후 코드를 비교해보자.

예제 8.23 영속성 전이를 사용하기 전

```
Delivery delivery = new Delivery();
em.persist(delivery);   //persist

OrderItem orderItem1 = new OrderItem();
OrderItem orderItem2 = new OrderItem();
em.persist(orderItem1); //persist
em.persist(orderItem2); //persist

Order order = new Order();
order.setDelivery(delivery);
order.addOrderItem(orderItem1);
order.addOrderItem(orderItem2);

em.persist(order); //persist
```

예제 8.23을 보자. 영속성 전이를 사용하기 전에는 연관된 엔티티들을 직접 영속 상태로 만들어야 했다.

```
Delivery delivery = new Delivery();
OrderItem orderItem1 = new OrderItem();
OrderItem orderItem2 = new OrderItem();

Order order = new Order();
order.setDelivery(delivery);
order.addOrderItem(orderItem1);
order.addOrderItem(orderItem2);

em.persist(order); //delivery, orderItems 플러시 시점에 영속성 전이
```

예제 8.24를 보자. Order만 영속 상태로 만들면 영속성 전이로 설정한 delivery, orderItems도 영속 상태가 된다. 참고로 PERSIST는 플러시 시점에 영속성 전이가 일어난다.

값 타입 09

JPA의 데이터 타입을 가장 크게 분류하면 엔티티 타입과 값 타입으로 나눌 수 있다. 엔티티 타입은 @Entity로 정의하는 객체이고, 값 타입은 int, Integer, String처럼 단순히 값으로 사용하는 자바 기본 타입이나 객체를 말한다. 엔티티 타입은 식별자를 통해 지속해서 추적할 수 있지만, 값 타입은 식별자가 없고 숫자나 문자같은 속성만 있으므로 추적할 수 없다. 예를 들어 회원 엔티티라는 것은 그 회원의 키나 나이 값을 변경해도 같은 회원이다. 심지어 그 회원의 모든 데이터를 변경해도 식별자만 유지하면 같은 회원으로 인식할 수 있다. 반면에 숫자 값 100을 200으로 변경하면 완전히 다른 값으로 대체된다. 비유하자면 엔티티 타입은 살아 있는 생물이고 값 타입은 단순한 수치 정보다.

값 타입은 다음 3가지로 나눌 수 있다.

- 기본값 타입basic value type
  - 자바 기본 타입(예: int, double)
  - 래퍼 클래스(예: Integer)
  - String
- 임베디드 타입embedded type(복합 값 타입)
- 컬렉션 값 타입collection value type

기본값 타입은 String, int처럼 자바가 제공하는 기본 데이터 타입이고 임베디드 타입은 JPA에서 사용자가 직접 정의한 값 타입이다. 마지막으로 컬렉션 값 타입은 하나 이상의 값 타입을 저장할 때 사용한다. 기본값 타입부터 순서대로 알아보자.

9.1 기본값 타입

가장 단순한 기본값 타입을 알아보자.

예제 9.1 기본값 타입

```
@Entity
public class Member {

    @Id @GeneratedValue
    private Long id;
```

```
    private String name;
    private int age;
    ...
}
```

예제 9.1의 Member에서 String, int가 값 타입이다. Member 엔티티는 id라는
식별자 값도 가지고 생명주기도 있지만 값 타입인 name, age 속성은 식별자 값도
없고 생명주기도 회원 엔티티에 의존한다. 따라서 회원 엔티티 인스턴스를 제거하
면 name, age 값도 제거된다. 그리고 값 타입은 공유하면 안 된다. 예를 들어 다른
회원 엔티티의 이름을 변경한다고 해서 나의 이름까지 변경되는 것은 상상하기도
싫을 것이다.

어쩌면 너무 당연한 내용을 설명하고 있어서 약간 당황스러울 것이다. 다음으로
자바에서 제공하는 기본값 타입이 아닌 직접 값 타입을 정의해보자.

> **참고**
>
> 자바에서 int, double 같은 기본 타입(primitive type)은 절대 공유되지 않는다. 예를 들어 a=b
> 코드는 b의 값을 복사해서 a에 입력한다. 물론 Integer처럼 래퍼 클래스나 String 같은 특수한
> 클래스도 있다. 이것들을 객체지만 자바언어에서 기본 타입처럼 사용할 수 있게 지원하므로 기
> 본값 타입으로 정의했다.

9.2 임베디드 타입(복합 값 타입)

새로운 값 타입을 직접 정의해서 사용할 수 있는데, JPA에서는 이것을 임베디드 타
입embedded type이라 한다. 중요한 것은 직접 정의한 임베디드 타입도 int, String
처럼 값 타입이라는 것이다. 예제를 통해 임베디드 타입을 자세히 알아보자.

예제 9.2 기본 회원 엔티티

```
@Entity
public class Member {

    @Id @GeneratedValue
    private Long id;
    private String name;
```

```
    //근무 기간
    @Temporal(TemporalType.DATE) java.util.Date startDate;
    @Temporal(TemporalType.DATE) java.util.Date endDate;

    //집 주소 표현
    private String city;
    private String street;
    private String zipcode;
    //...
}
```

예제 9.2는 평범한 회원 엔티티다. 누군가에게 이 엔티티를 설명하라면 이렇게 이야기할 것이다.

- 회원 엔티티는 이름, 근무 시작일, 근무 종료일, 주소 도시, 주소 번지, 주소 우편 번호를 가진다.

이런 설명은 단순히 정보를 풀어둔 것뿐이다. 그리고 근무 시작일과 우편번호는 서로 아무 관련이 없다. 이것보단 다음처럼 설명하는 것이 더 명확하다.

- 회원 엔티티는 이름, 근무 기간, 집 주소를 가진다.

회원이 상세한 데이터를 그대로 가지고 있는 것은 객체지향적이지 않으며 응집 력만 떨어뜨린다. 대신에 근무 기간, 주소 같은 타입이 있다면 코드가 더 명확해질 것이다. [근무기간, 집 주소]를 가지도록 임베디드 타입을 사용해보자.

예제 9.3 값 타입 적용 회원 엔티티

```
@Entity
public class Member {

    @Id @GeneratedValue
    private Long id;
    private String name;

    @Embedded Period workPeriod;    //근무 기간
    @Embedded Address homeAddress;  //집 주소
    //...
}
```

```
@Embeddable
public class Period {

    @Temporal(TemporalType.DATE) java.util.Date startDate;
    @Temporal(TemporalType.DATE) java.util.Date endDate;
    //..

    public boolean isWork(Date date) {
        //.. 값 타입을 위한 메소드를 정의할 수 있다.
    }
}
```

```
@Embeddable
public class Address {

    @Column(name="city")  //매핑할 컬럼 정의 가능
    private String city;
    private String street;
    private String zipcode;
    //..
}
```

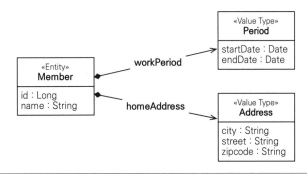

그림 9.1 회원-컴포지션 관계 UML

예제 9.3을 보면 회원 엔티티가 더욱 의미 있고 응집력 있게 변한 것을 알 수 있다.

- 예제 9.4를 보면 startDate, endDate를 합해서 Period(기간) 클래스를 만들었다.
- 예제 9.5를 보면 city, street, zipcode를 합해서 Address(주소) 클래스를 만들었다.

새로 정의한 값 타입들은 재사용할 수 있고 응집도도 아주 높다. 또한 예제 9.4의 Period.isWork()처럼 해당 값 타입만 사용하는 의미 있는 메소드도 만들 수 있다.

임베디드 타입을 사용하려면 다음 2가지 어노테이션이 필요하다. 참고로 둘 중하나는 생략해도 된다.

- @Embeddable: 값 타입을 정의하는 곳에 표시
- @Embedded: 값 타입을 사용하는 곳에 표시

그리고 임베디드 타입은 기본 생성자가 필수다.

임베디드 타입을 포함한 모든 값 타입은 엔티티의 생명주기에 의존하므로 엔티티와 임베디드 타입의 관계를 UML로 표현하면 **컴포지션**composition **관계**가 된다(그림 9.1).

> 🔊 참고
>
> 하이버네이트는 임베디드 타입을 컴포넌트(components)라 한다.

9.2.1 임베디드 타입과 테이블 매핑

임베디드 타입을 데이터베이스 테이블에 어떻게 매핑하는지 그림 9.2를 통해 알아보자.

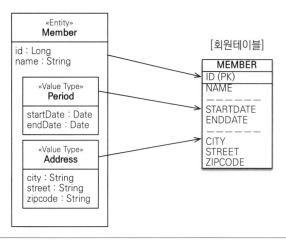

그림 9.2 회원-테이블 매핑

임베디드 타입은 엔티티의 값일 뿐이다. 따라서 값이 속한 엔티티의 테이블에 매핑한다. 예제에서 임베디드 타입을 사용하기 전과 후에 매핑하는 테이블은 같다.

임베디드 타입 덕분에 객체와 테이블을 아주 세밀하게fine-grained 매핑하는 것이 가능하다. 잘 설계한 ORM 애플리케이션은 매핑한 테이블의 수보다 클래스의 수가 더 많다.

ORM을 사용하지 않고 개발하면 테이블 컬럼과 객체 필드를 대부분 1:1로 매핑한다. 주소나 근무 기간 같은 값 타입 클래스를 만들어서 더 객체지향적으로 개발하고 싶어도 SQL을 직접 다루면 테이블 하나에 클래스 하나를 매핑하는 것도 고단한 작업인데 테이블 하나에 여러 클래스를 매핑하는 것은 상상하기도 싫을 것이다. 이런 지루한 반복 작업은 JPA에 맡기고 더 세밀한 객체지향 모델을 설계하는 데 집중하자.

> 🔊 참고
>
> **임베디드 타입과 UML**
> UML에서 임베디드 값 타입은 그림 9.3처럼 기본 타입처럼 단순하게 표현하는 것이 편리하다. 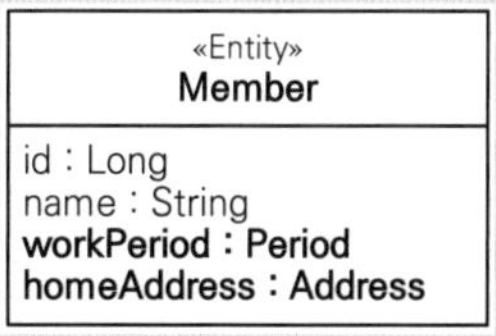
>
> ```
>              «Entity»
>              Member
> ─────────────────────────────
> id : Long
> name : String
> workPeriod : Period
> homeAddress : Address
> ```
>
> 그림 9.3 회원-값타입 UML 단순한 표현

9.2.2 임베디드 타입과 연관관계

임베디드 타입은 값 타입을 포함하거나 엔티티를 참조할 수 있다. JPA 표준 명세가 제공하는 예제 9.6과 그림 9.4로 임베디드 타입의 연관관계를 알아보자.

> 🔊 참고
>
> 엔티티는 공유될 수 있으므로 참조한다고 표현하고, 값 타입은 특정 주인에 소속되고 논리적인 개념상 공유되지 않으므로 포함한다고 표현했다.

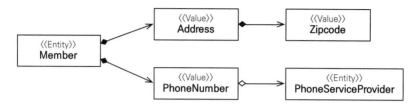

그림 9.4 임베디드 타입과 연관관계

```
@Entity
public class Member {

    @Embedded Address address;        //임베디드 타입 포함
    @Embedded PhoneNumber phoneNumber; //임베디드 타입 포함
    //...
}

@Embeddable
public class Address {
    String street;
    String city;
    String state;
    @Embedded Zipcode zipcode; //임베디드 타입 포함
}

@Embeddable
public class Zipcode {
    String zip;
    String plusFour;
}

@Embeddable
public class PhoneNumber {
    String areaCode;
    String localNumber;
    @ManyToOne PhoneServiceProvider provider; //엔티티 참조
    ...
}

@Entity
public class PhoneServiceProvider {
    @Id String name;
    ...
}
```

326

예제 9.6 예제를 보면 값 타입인 `Address`가 값 타입인 `Zipcode`를 포함하고, 값 타입인 `PhoneNumber`가 엔티티 타입인 `PhoneServiceProvider`를 참조한다.

9.2.3 @AttributeOverride: 속성 재정의

임베디드 타입에 정의한 매핑정보를 재정의하려면 엔티티에 @AttributeOverride 를 사용하면 된다. 예를 들어 회원에게 주소가 하나 더 필요하면 어떻게 해야 할까?

예제 9.7 같은 임베디드 타입을 가지고 있는 회원

```java
@Entity
public class Member {

    @Id @GeneratedValue
    private Long id;
    private String name;

    @Embedded Address homeAddress;
    @Embedded Address companyAddress;

}
```

예제 9.7의 `Member` 엔티티를 보면 집 주소에 회사 주소를 하나 더 추가했다. 문제는 테이블에 매핑하는 컬럼명이 중복되는 것이다. 이때는 예제 9.8과 같이 @AttributeOverrides를 사용해서 매핑정보를 재정의해야 한다.

예제 9.8 임베디드 타입 재정의

```java
@Entity
public class Member {

    @Id @GeneratedValue
    private Long id;
    private String name;

    @Embedded Address homeAddress;

    @Embedded
    @AttributeOverrides({
        @AttributeOverride(name="city", column=@Column(name
            = "COMPANY_CITY")),
```

```
        @AttributeOverride(name="street", column=@Column(name
            = "COMPANY_STREET")),
        @AttributeOverride(name="zipcode", column=@Column(name
            = "COMPANY_ZIPCODE"))
    })
    Address companyAddress;
}
```

예제 9.9에 생성된 테이블을 보면 재정의한대로 변경되어 있다.

예제 9.9 생성된 테이블

```
CREATE TABLE MEMBER (
    COMPANY_CITY varchar(255),
    COMPANY_STREET varchar(255),
    COMPANY_ZIPCODE varchar(255),
    city varchar(255),
    street varchar(255),
    zipcode varchar(255),
    ...
)
```

@AttributeOverride를 사용하면 어노테이션을 너무 많이 사용해서 엔티티 코드가 지저분해진다. 다행히도 한 엔티티에 같은 임베디드 타입을 중복해서 사용하는 일은 많지 않다.

> 🔊 **참고**
>
> @AttributeOverrides는 엔티티에 설정해야 한다. 임베디드 타입이 임베디드 타입을 가지고 있어도 엔티티에 설정해야 한다.

9.2.4 임베디드 타입과 null

임베디드 타입이 null이면 매핑한 컬럼 값은 모두 null이 된다.

```
member.setAddress(null); //null 입력
em.persist(member);
```

회원 테이블의 주소와 관련된 CITY, STREET, ZIPCODE 컬럼 값은 모두 null이 된다.

328

9.3 값 타입과 불변 객체

값 타입은 복잡한 객체 세상을 조금이라도 단순화하려고 만든 개념이다. 따라서 값 타입은 단순하고 안전하게 다룰 수 있어야 한다.

9.3.1 값 타입 공유 참조

임베디드 타입 같은 값 타입을 여러 엔티티에서 공유하면 위험하다. 공유하면 어떤 문제가 발생하는지 알아보자.

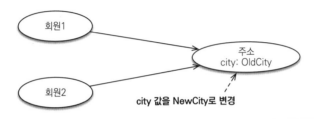

그림 9.5 값 타입 공유 참조

그림 9.5의 상황을 코드로 나타내면 다음과 같다.

```
member1.setHomeAddress(new Address("OldCity"));
Address address = member1.getHomeAddress();

address.setCity("NewCity"); //회원1의 address 값을 공유해서 사용
member2.setHomeAddress(address);
```

회원2에 새로운 주소를 할당하려고 회원1의 주소를 그대로 참조해서 사용했다. 이 코드를 실행하면 어떻게 될까? **회원2의 주소만 "NewCity"로 변경되길 기대했지만 회원1의 주소도 "NewCity"로 변경되어 버린다.** 그림 9.5를 보면 회원1과 회원2가 같은 address 인스턴스를 참조하기 때문이다. 영속성 컨텍스트는 회원1과 회원2 둘 다 city 속성이 변경된 것으로 판단해서 회원1, 회원2 각각 UPDATE SQL을 실행한다.

이러한 공유 참조로 인해 발생하는 버그는 정말 찾아내기 어렵다. 이렇듯 뭔가를 수정했는데 전혀 예상치 못한 곳에서 문제가 발생하는 것을 **부작용**side effect이라 한다. 이런 부작용을 막으려면 값을 복사해서 사용하면 된다.

9.3.2 값 타입 복사

값 타입의 실제 인스턴스인 값을 공유하는 것은 위험하다. 대신에 값(인스턴스)을 복사해서 사용해야 한다. 예제를 보자.

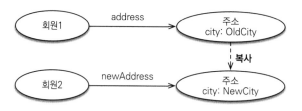

그림 9.6 값 타입 복사

그림 9.6의 상황을 코드로 나타내면 다음과 같다.

```
member1.setHomeAddress(new Address("OldCity"));
Address address = member1.getHomeAddress();

//회원1의 address 값을 복사해서 새로운 newAddress 값을 생성
Address newAddress = address.clone();

newAddress.setCity("NewCity");
member2.setHomeAddress(newAddress);
```

회원2에 새로운 주소를 할당하기 위해 clone() 메소드를 만들었는데, 이 메소드는 자신을 복사해서 반환하도록 구현했다. 따라서 그림 9.6을 보면 회원1의 주소 인스턴스를 복사해서 사용한다. 이 코드를 실행하면 의도한 대로 회원2의 주소만 "NewCity"로 변경한다. 그리고 영속성 컨텍스트는 회원2의 주소만 변경된 것으로 판단해서 회원2에 대해서만 UPDATE SQL을 실행한다.

이처럼 항상 값을 복사해서 사용하면 공유 참조로 인해 발생하는 부작용을 피할 수 있다. 문제는 임베디드 타입처럼 직접 정의한 값 타입은 **자바의 기본 타입**primitive type**이 아니라 객체 타입**이라는 것이다.

자바는 기본 타입에 값을 대입하면 값을 복사해서 전달한다.

```
int a = 10;
int b = a;//기본 타입은 항상 값을 복사한다.
b = 4;
```

이 코드의 최종 결과는 a=10, b=4다. int b=a에서 a의 값 10을 복사해서 b에 넘겨준다. 따라서 a, b는 완전히 독립된 값을 가지고 부작용도 없다.

문제는 Address 같은 객체 타입이다. 자바는 객체에 값을 대입하면 항상 참조 값을 전달한다.

```
Address a = new Address("Old");
Address b = a; //객체 타입은 항상 참조 값을 전달한다.
b.setCity("New");
```

Address b=a에서 a가 참조하는 인스턴스의 참조 값을 b에 넘겨준다. 따라서 a와 b는 같은 인스턴스를 공유 참조한다. 마지막 줄의 b.setCity("New")의 의도는 b.city 값만 변경하려 했지만 공유 참조로 인해 부작용이 발생해서 a.city 값도 변경된다.

물론 객체를 대입할 때마다 인스턴스를 복사해서 대입하면 공유 참조를 피할 수 있다. **문제는 복사하지 않고 원본의 참조 값을 직접 넘기는 것을 막을 방법이 없다는 것이다.** 자바는 대입하려는 것이 값 타입인지 아닌지는 신경 쓰지 않는다. 단지 자바 기본 타입이면 값을 복사해서 넘기고, 객체면 참조를 넘길 뿐이다.

```
Address a = new Address("Old");
Address b = a.clone(); //항상 복사해서 넘겨야 한다.
//Address b = a; //이렇게 참조만 넘기면 부작용이 발생할 수 있다.
b.setCity("New");
```

객체의 공유 참조는 피할 수 없다. 따라서 근본적인 해결책이 필요한데 가장 단순한 방법은 객체의 값을 수정하지 못하게 막으면 된다. 예를 들어 Address 객체의 setCity() 같은 수정자 메소드를 모두 제거하자. 이렇게 하면 공유 참조를 해도 값을 변경하지 못하므로 부작용의 발생을 막을 수 있다.

9.3.3 불변 객체

값 타입은 부작용 걱정 없이 사용할 수 있어야 한다. 부작용이 일어나면 값 타입이라 할 수 없다. **객체를 불변하게 만들면 값을 수정할 수 없으므로 부작용을 원천 차단할 수 있다. 따라서 값 타입은 될 수 있으면 불변 객체**immutable Object**로 설계해야 한다.**

한 번 만들면 절대 변경할 수 없는 객체를 불변 객체라 한다. 불변 객체의 값은 조회할 수 있지만 수정할 수 없다. 불변 객체도 결국은 객체다. 따라서 인스턴스의 참조 값 공유를 피할 수 없다. 하지만 참조 값을 공유해도 인스턴스의 값을 수정할 수 없으므로 부작용이 발생하지 않는다.

불변 객체를 구현하는 다양한 방법이 있지만 가장 간단한 방법은 생성자로만 값을 설정하고 수정자를 만들지 않으면 된다. Address를 불변 객체로 만들어보자(예제 9.10).

예제 9.10 주소 불변 객체

```
@Embeddable
public class Address {

    private String city;

    protected Address() {} //JPA에서 기본 생성자는 필수다.

    //생성자로 초기 값을 설정한다.
    public Address(String city) {this.city = city}

    //접근자(Getter)는 노출한다.
    public String getCity() {
        return city;
    }

    //수정자(Setter)는 만들지 않는다.
}
```

예제 9.11 불변 객체 사용

```
Address address = member1.getHomeAddress();
//회원1의 주소값을 조회해서 새로운 주소값을 생성
Address newAddress = new Address(address.getCity());
member2.setHomeAddress(newAddress);
```

예제 9.10의 Address는 이제 불변 객체다. 값을 수정할 수 없으므로 공유해도 부작용이 발생하지 않는다. 만약 값을 수정해야 하면 예제 9.11처럼 새로운 객체를 생성해서 사용해야 한다. 참고로 Integer, String은 자바가 제공하는 대표적인 불변 객체다.

정리하자면 **불변이라는 작은 제약으로 부작용이라는 큰 재앙을 막을 수 있다.**

9.4 값 타입의 비교

다음 예제를 통해 값 타입을 어떻게 비교하는지 알아보자.

```
int a = 10;
int b = 10;

Address a = new Address("서울시","종로구","1번지");
Address b = new Address("서울시","종로구","1번지");
```

- int a의 숫자 10과 int b의 숫자 10은 같다고 표현한다.
- Address a와 Address b는 같다고 표현한다.

자바가 제공하는 객체 비교는 2가지다.

- **동일성**Identity **비교**: 인스턴스의 참조 값을 비교, == 사용
- **동등성**Equivalence **비교**: 인스턴스의 값을 비교, equals() 사용

Address 값 타입을 a == b로 동일성 비교하면 둘은 서로 다른 인스턴스이므로 결과는 거짓이다. 하지만 이것은 기대하는 결과가 아니다. 값 타입은 비록 인스턴스가 달라도 그 안에 값이 같으면 같은 것으로 봐야 한다. 따라서 값 타입을 비교할 때는 a.equals(b)를 사용해서 동등성 비교를 해야 한다. 물론 Address의 equals() 메소드를 재정의해야 한다.

값 타입의 equals() 메소드를 재정의할 때는 보통 모든 필드의 값을 비교하도록 구현한다.

> 🔊참고
> 자바에서 equals()를 재정의하면 hashCode()도 재정의하는 것이 안전하다. 그렇지 않으면 해시를 사용하는 컬렉션(HashSet, HashMap)이 정상 동작하지 않는다. 자바 IDE에는 대부분 equals, hashCode 메소드를 자동으로 생성해주는 기능이 있다.

9.5 값 타입 컬렉션

값 타입을 하나 이상 저장하려면 컬렉션에 보관하고 @ElementCollection, @CollectionTable 어노테이션을 사용하면 된다. 예제 9.12로 알아보자.

예제 9.12 값 타입 컬렉션

```java
@Entity
public class Member {

    @Id @GeneratedValue
    private Long id;

    @Embedded
    private Address homeAddress;

    @ElementCollection
    @CollectionTable(name = "FAVORITE_FOODS",
        joinColumns = @JoinColumn(name = "MEMBER_ID"))
    @Column(name="FOOD_NAME")
    private Set<String> favoriteFoods = new HashSet<String>();

    @ElementCollection
    @CollectionTable(name = "ADDRESS", joinColumns
        = @JoinColumn(name = "MEMBER_ID"))
    private List<Address> addressHistory = new ArrayList<Address>();
    //...
}

@Embeddable
public class Address {

    @Column
    private String city;
    private String street;
    private String zipcode;
    //...
}
```

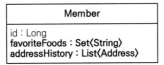

그림 9.7 값 타입 컬렉션 UML

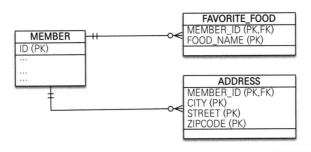

그림 9.8 값 타입 컬렉션 ERD

예제 9.12의 Member 엔티티를 보면 값 타입 컬렉션을 사용하는 favoriteFoods, addressHistory에 @ElementCollection을 지정했다. 그림 9.7은 객체의 UML을 표시했다.

favoriteFoods는 기본값 타입인 String을 컬렉션으로 가진다. 이것을 데이터베이스 테이블로 매핑해야 하는데 관계형 데이터베이스의 테이블은 컬럼 안에 컬렉션을 포함할 수 없다. 따라서 그림 9.8처럼 별도의 테이블을 추가하고 @CollectionTable를 사용해서 추가한 테이블을 매핑해야 한다. 그리고 favoriteFoods처럼 값으로 사용되는 컬럼이 하나면 @Column을 사용해서 컬럼명을 지정할 수 있다.

addressHistory는 임베디드 타입인 Address를 컬렉션으로 가진다. 이것도 마찬가지로 별도의 테이블을 사용해야 한다. 그리고 테이블 매핑정보는 @AttributeOverride를 사용해서 재정의할 수 있다.

> **◀» 참고**
>
> @CollectionTable를 생략하면 기본값을 사용해서 매핑한다. 기본값: {엔티티이름}_{컬렉션 속성 이름}, 예를 들어 Member 엔티티의 addressHistory는 Member_addressHistory 테이블과 매핑한다.

9.5.1 값 타입 컬렉션 사용

값 타입 컬렉션을 어떻게 사용하는지 예제 9.13으로 알아보자.

예제 9.13 값 타입 컬렉션 등록

```
Member member = new Member();

//임베디드 값 타입
member.setHomeAddress(new Address("통영","몽돌해수욕장","660-123"));

//기본값 타입 컬렉션
member.getFavoriteFoods().add("짬뽕");
member.getFavoriteFoods().add("짜장");
member.getFavoriteFoods().add("탕수육");

//임베디드 값 타입 컬렉션
member.getAddressHistory().add(new Address("서울","강남","123-123"));
member.getAddressHistory().add(new Address("서울","강북","000-000"));

em.persist(member);
```

등록하는 코드를 보면 마지막에 member 엔티티만 영속화했다. JPA는 이
때 member 엔티티의 값 타입도 함께 저장한다. 실제 데이터베이스에 실행되는
INSERT SQL은 다음과 같다.

- member: INSERT SQL 1번
- member.homeAddress: 컬렉션이 아닌 임베디드 값 타입이므로 회원테이블을 저
  장하는 SQL에 포함된다.
- member.favoriteFoods: INSERT SQL 3번
- member.addressHistory: INSERT SQL 2번

따라서 em.persist(member) 한 번 호출로 총 6번의 INSERT SQL을 실행한다
(예제 9.14). (물론 영속성 컨텍스트를 플러시할 때 SQL을 전달한다.)

예제 9.14 실행된 SQL

```
INSERT INTO MEMBER (ID, CITY, STREET, ZIPCODE) VALUES (1, '통영','몽돌해수욕
    장','660-123')
INSERT INTO FAVORITE_FOODS (MEMBER_ID, FOOD_NAME) VALUES (1, "짬뽕")
INSERT INTO FAVORITE_FOODS (MEMBER_ID, FOOD_NAME) VALUES (1, "짜장")
```

```
INSERT INTO FAVORITE_FOODS (MEMBER_ID, FOOD_NAME) VALUES (1, "탕수육")
INSERT INTO ADDRESS (MEMBER_ID, CITY, STREET, ZIPCODE) VALUES
    (1, '서울', '강남', '123-123')
INSERT INTO ADDRESS (MEMBER_ID, CITY, STREET, ZIPCODE) VALUES
    (1, '서울', '강북', '000-000')
```

> **🔊 참고**
>
> 값 타입 컬렉션은 영속성 전이(Cascade) + 고아 객체 제거(ORPHAN REMOVE) 기능을 필수로
> 가진다고 볼 수 있다.

값 타입 컬렉션도 조회할 때 페치 전략을 선택할 수 있는데 LAZY가 기본이다.

```
@ElementCollection(fetch = FetchType.LAZY)
```

지연 로딩으로 모두 설정했다고 가정하고 예제 9.15를 실행하면 어떻게 될까?

예제 9.15 조회

```
//SQL: SELECT ID, CITY, STREET, ZIPCODE FROM MEMBER WHERE ID = 1
Member member = em.find(Member.class, 1L); //1. member

//2. member.homeAddress
Address homeAddress = member.getHomeAddress();

//3. member.favoriteFoods
Set<String> favoriteFoods = member.getFavoriteFoods(); //LAZY

//SQL: SELECT MEMBER_ID, FOOD_NAME FROM FAVORITE_FOODS
//WHERE MEMBER_ID = 1
for (String favoriteFood : favoriteFoods) {
    System.out.println("favoriteFood = " + favoriteFood);
}

//4. member.addressHistory
List<Address> addressHistory = member.getAddressHistory(); //LAZY

//SQL: SELECT MEMBER_ID, CITY, STREET, ZIPCODE FROM ADDRESS
//WHERE MEMBER_ID = 1
addressHistory.get(0);
```

예제 9.15를 실행할 때 데이터베이스에 호출하는 SELECT SQL은 다음과 같다.

1. **member**: 회원만 조회한다. 이때 임베디드 값 타입인 homeAddress도 함께 조회한다. SELECT SQL을 1번 호출한다.

2. **member.homeAddress**: 1번에서 회원을 조회할 때 같이 조회해 둔다.

3. **member.favoriteFoods**: LAZY로 설정해서 실제 컬렉션을 사용할 때 SELECT SQL을 1번 호출한다.

4. **member.addressHistory**: LAZY로 설정해서 실제 컬렉션을 사용할 때 SELECT SQL을 1번 호출한다.

이번에는 예제 9.16을 통해 값 타입 컬렉션을 수정하면 어떻게 되는지 알아보자.

예제 9.16 수정

```
Member member = em.find(Member.class, 1L);

//1. 임베디드 값 타입 수정
member.setHomeAddress(new Address("새로운도시", "신도시1", "123456"));

//2. 기본값 타입 컬렉션 수정
Set<String> favoriteFoods = member.getFavoriteFoods();
favoriteFoods.remove("탕수육");
favoriteFoods.add("치킨");

//3. 임베디드 값 타입 컬렉션 수정
List<Address> addressHistory = member.getAddressHistory();
addressHistory.remove(new Address("서울","기존 주소","123-123"));
addressHistory.add(new Address("새로운도시", "새로운 주소", "123-456"));
```

1. **임베디드 값 타입 수정**: homeAddress 임베디드 값 타입은 MEMBER 테이블과 매핑했으므로 MEMBER 테이블만 UPDATE한다. 사실 Member 엔티티를 수정하는 것과 같다.

2. **기본값 타입 컬렉션 수정**: 탕수육을 치킨으로 변경하려면 탕수육을 제거하고 치킨을 추가해야 한다. 자바의 String 타입은 수정할 수 없다.

3. **임베디드 값 타입 컬렉션 수정**: 값 타입은 불변해야 한다. 따라서 컬렉션에서 기존 주소를 삭제하고 새로운 주소를 등록했다. 참고로 값 타입은 equals, hashcode를 꼭 구현해야 한다.

9.5.2 값 타입 컬렉션의 제약사항

엔티티는 식별자가 있으므로 엔티티의 값을 변경해도 식별자로 데이터베이스에 저장된 원본 데이터를 쉽게 찾아서 변경할 수 있다. 반면에 값 타입은 식별자라는 개념이 없고 단순한 값들의 모음이므로 값을 변경해버리면 데이터베이스에 저장된 원본 데이터를 찾기는 어렵다.

특정 엔티티 하나에 소속된 값 타입은 값이 변경되어도 자신이 소속된 엔티티를 데이터베이스에서 찾고 값을 변경하면 된다. 문제는 값 타입 컬렉션이다. 값 타입 컬렉션에 보관된 값 타입들은 별도의 테이블에 보관된다. 따라서 여기에 보관된 값 타입의 값이 변경되면 데이터베이스에 있는 원본 데이터를 찾기 어렵다는 문제가 있다.

이런 문제로 인해 JPA 구현체들은 값 타입 컬렉션에 변경 사항이 발생하면, 값 타입 컬렉션이 매핑된 테이블의 연관된 모든 데이터를 삭제하고, 현재 값 타입 컬렉션 객체에 있는 모든 값을 데이터베이스에 다시 저장한다.

예를 들어 식별자가 100번인 회원이 관리하는 주소 값 타입 컬렉션을 변경하면 다음 SQL 같이 테이블에서 회원 100번과 관련된 모든 주소 데이터를 삭제하고 현재 값 타입 컬렉션에 있는 값을 다시 저장한다. 여기서는 현재 값 타입 컬렉션에 주소가 2건 있어서 2번 INSERT되었다.

```
DELETE FROM ADDRESS WHERE MEMBER_ID=100
INSERT INTO ADDRESS (MEMBER_ID, CITY, STREET, ZIPCODE)
    VALUES (100, ...)
INSERT INTO ADDRESS (MEMBER_ID, CITY, STREET, ZIPCODE)
    VALUES (100, ...)
```

따라서 실무에서는 값 타입 컬렉션이 매핑된 테이블에 데이터가 많다면 값 타입 컬렉션 대신에 일대다 관계를 고려해야 한다.

추가로 값 타입 컬렉션을 매핑하는 테이블은 모든 컬럼을 묶어서 기본 키를 구성해야 한다. 따라서 데이터베이스 기본 키 제약 조건으로 인해 컬럼에 null을 입력할 수 없고, 같은 값을 중복해서 저장할 수 없는 제약도 있다.

지금까지 설명한 문제를 해결하려면 값 타입 컬렉션을 사용하는 대신에 예제 9.17처럼 새로운 엔티티를 만들어서 일대다 관계로 설정하면 된다. 여기에 추가로 영속성 전이(Cascade) + 고아 객체 제거(ORPHAN REMOVE) 기능을 적용하면 값 타입 컬렉션처럼 사용할 수 있다.

```
@Entity
public class AddressEntity {

    @Id
    @GeneratedValue
    private Long id;

    @Embedded Address address;
    ...
}
```

설정 코드는 다음과 같다.

```
@OneToMany(cascade = CascadeType.ALL, orphanRemoval = true)
@JoinColumn(name = "MEMBER_ID")
private List<AddressEntity> addressHistory =
    new ArrayList<AddressEntity>();
```

> 🔊 **참고**
>
> 값 타입 컬렉션을 변경했을 때 JPA 구현체들은 테이블의 기본 키를 식별해서 변경된 내용만 반영하려고 노력한다. 하지만 사용하는 컬렉션이나 여러 조건에 따라 기본 키를 식별할 수도 있고 식별하지 못할 수도 있다. 따라서 값 타입 컬렉션을 사용할 때는 모두 삭제하고 다시 저장하는 최악의 시나리오를 고려하면서 사용해야 한다. 값 타입 컬렉션의 최적화에 관한 내용은 각 구현체의 설명서를 참고하자.

9.6 정리

엔티티 타입Entity Type과 값 타입Value Type의 특징은 다음과 같다.

엔티티 타입의 특징

- 식별자(@Id) 가 있다.
  - 엔티티 타입은 식별자가 있고 식별자로 구별할 수 있다.
- 생명 주기가 있다.
  - 생성하고, 영속화하고, 소멸하는 생명 주기가 있다.

- `em.persist(entity)`로 영속화한다.
- `em.remove(entity)`로 제거한다.

▪ 공유할 수 있다.
- 참조 값을 공유할 수 있다. 이것을 공유 참조라 한다.
- 예를 들어 회원 엔티티가 있다면 다른 엔티티에서 얼마든지 회원 엔티티를 참조할 수 있다.

값 타입의 특징

▪ 식별자가 없다.
▪ 생명 주기를 엔티티에 의존한다.
- 스스로 생명주기를 가지지 않고 엔티티에 의존한다. 의존하는 엔티티를 제거하면 같이 제거된다.

▪ 공유하지 않는 것이 안전하다.
- 엔티티 타입과는 다르게 공유하지 않는 것이 안전하다. 대신에 값을 복사해서 사용해야 한다.
- 오직 하나의 주인만이 관리해야 한다.
- 불변Immutable 객체로 만드는 것이 안전하다.

값 타입은 정말 값 타입이라 판단될 때만 사용해야 한다. 특히 엔티티와 값 타입을 혼동해서 엔티티를 값 타입으로 만들면 안 된다. 식별자가 필요하고 지속해서 값을 추적하고 구분하고 변경해야 한다면 그것은 값 타입이 아닌 엔티티다.

지금까지 학습한 값 타입을 실전 예제에 녹여보자. 다음 장에서는 객체지향 쿼리 언어에 대해서 다룬다.

> 🔊 참고
>
> 값 타입은 Value Object(http://en.wikipedia.org/wiki/Value_object)다.

> 🔊 참고
>
> 값 타입과 엔티티에 대한 더 상세한 내용은 조영호님의 글(aeternum.egloos.com/1380433)이나, 책 『도메인 주도 설계(Domain Driven Design)』(위키북스, 2011)를 읽어보길 권한다.

▌ 예제 코드: ch09—model6 ▐

예제 9.18의 Member, Delivery에는 주소 정보가 나열되어 있다.

예제 9.18 값 타입 적용 전

```
public class Member {
    ...
    private String city;
    private String street;
    private String zipcode;
    ...
}

public class Delivery {
    ...
    private String city;
    private String street;
    private String zipcode;
    ...
}
```

예제 9.19처럼 Address라는 값 타입을 만들어서 나열된 주소 대신에 사용하도록 변경해보자. 그림 9.9는 값 타입을 사용한 결과 UML이다.

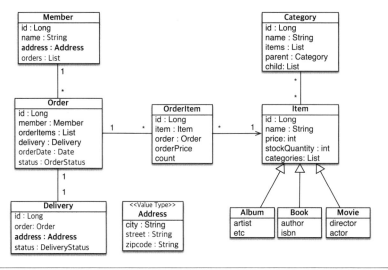

그림 9.9 실전 예제 6 UML 상세

```java
package jpabook.model.entity;

import javax.persistence.Embeddable;

@Embeddable
public class Address {

    private String city;
    private String street;
    private String zipcode;

    //Getter, Setter
    //Equals, hashCode
    ...
}
```

```java
package jpabook.model.entity;

@Entity
public class Member {

    @Id @GeneratedValue
    @Column(name = "MEMBER_ID")
    private Long id;

    private String name;

    //private String city;        //삭제
    //private String street;      //삭제
    //private String zipcode;     //삭제

    @Embedded                     //추가
    private Address address;      //추가

    @OneToMany(mappedBy = "member")
    private List<Order> orders = new ArrayList<Order>();
    ...
}
```

```
package jpabook.model.entity;

@Entity
public class Delivery {

    @Id @GeneratedValue
    @Column(name = "DELIVERY_ID")
    private Long id;

    @OneToOne(mappedBy = "delivery")
    private Order order;

    //private String city;          //삭제
    //private String street;        //삭제
    //private String zipcode;       //삭제

    @Embedded                       //추가
    private Address address;        //추가

    @Enumerated(EnumType.STRING)
    private DeliveryStatus status; //ENUM [READY(준비), COMP(배송)]
    ...
}
```

예제 9.19의 `Address` 값 타입을 만들고 이것을 예제 9.20의 `Member`와 예제 9.21의 `Delivery` 엔티티에 적용했다. 이제 주소 정보에 필드나 로직이 추가되면 `Address` 값 타입만 변경하면 된다.

📖 실전 예제 정리

실전 예제를 통해 도메인 모델을 어떻게 설계하고 객체와 테이블을 어떻게 매핑해야 하는지 알아보았다. 이렇게 설계한 도메인 모델을 실제 사용할 때는 어떻게 해야할까? 11장에서는 실전 예제에서 설계한 도메인 모델로 웹 애플리케이션을 개발하므로 지금까지 설계한 도메인 모델이 실제 어떻게 사용되는지 알 수 있다.

객체지향 쿼리 언어 **10**

이 장에서 다루는 내용은 다음과 같다.

- 객체지향 쿼리 소개
- JPQL
- Criteria
- QueryDSL
- 네이티브 SQL
- 객체지향 쿼리 심화

JPA는 복잡한 검색 조건을 사용해서 엔티티 객체를 조회할 수 있는 다양한 쿼리 기술을 지원한다. 이 장은 JPQL, Criteria, QueryDSL과 같은 다양한 쿼리 기술을 다루므로 분량이 많다. 처음에 나오는 객체지향 쿼리 소개 절은 다양한 쿼리 기술들을 간단히 다룬다. 이 절을 보면 객체지향 쿼리 언어에 대해 전체적인 감을 잡을 수 있다.

JPQL은 가장 중요한 객체지향 쿼리 언어다. 이 장에서 다루는 Criteria나 QueryDSL은 결국 JPQL을 편리하게 사용하도록 도와주는 기술이므로 JPA를 다루는 개발자라면 JPQL을 필수로 학습해야 한다. 그리고 이 장 마지막에는 객체지향 쿼리에 대한 심화 내용을 다룬다.

객체지향 쿼리가 무엇인지 본격적으로 알아보자.

10.1 객체지향 쿼리 소개

`EntityManager.find()` 메소드를 사용하면 식별자로 엔티티 하나를 조회할 수 있다. 이렇게 조회한 엔티티에 객체 그래프 탐색을 사용하면 연관된 엔티티들을 찾을 수 있다. 이 둘은 가장 단순한 검색 방법이다.

- 식별자로 조회 `EntityManager.find()`
- 객체 그래프 탐색(예: `a.getB().getC()`)

이 기능만으로 애플리케이션을 개발하기는 어렵다. 예를 들어 나이가 30살 이상인 회원을 모두 검색하고 싶다면 좀 더 현실적이고 복잡한 검색 방법이 필요하다. 그렇다고 모든 회원 엔티티를 메모리에 올려두고 애플리케이션에서 30살 이상인 회원을 검색하는 것은 현실성이 없다. 결국 데이터는 데이터베이스에 있으므로 SQL로 필요한 내용을 최대한 걸러서 조회해야 한다. 하지만 ORM을 사용하면 데이터베이스 테이블이 아닌 엔티티 객체를 대상으로 개발하므로 검색도 테이블이 아닌 엔티티 객체를 대상으로 하는 방법이 필요하다.

JPQL은 이런 문제를 해결하기 위해 만들어졌는데 다음과 같은 특징이 있다.

- 테이블이 아닌 객체를 대상으로 검색하는 객체지향 쿼리다.
- SQL을 추상화해서 특정 데이터베이스 SQL에 의존하지 않는다.

SQL이 데이터베이스 테이블을 대상으로 하는 데이터 중심의 쿼리라면 JPQL은 엔티티 객체를 대상으로 하는 객체지향 쿼리다. JPQL을 사용하면 JPA는 이 JPQL을 분석한 다음 적절한 SQL을 만들어 데이터베이스를 조회한다. 그리고 조회한 결과로 엔티티 객체를 생성해서 반환한다.

JPQL을 한마디로 정의하면 객체지향 SQL이다. 처음 보면 SQL로 오해할 정도로 문법이 비슷하다. 따라서 SQL에 익숙한 개발자는 몇 가지 차이점만 이해하면 쉽게 적응할 수 있다.

JPA는 JPQL뿐만 아니라 다양한 검색 방법을 제공한다. 다음은 JPA가 공식 지원하는 기능이다.

- JPQL_{Java Persistence Query Language}
- **Criteria 쿼리**_{Criteria Query}: JPQL을 편하게 작성하도록 도와주는 API, 빌더 클래스 모음
- **네이티브 SQL**_{Native SQL}: JPA에서 JPQL 대신 직접 SQL을 사용할 수 있다.

다음은 JPA가 공식 지원하는 기능은 아니지만 알아둘 가치가 있다.

- QueryDSL: Criteria 쿼리처럼 JPQL을 편하게 작성하도록 도와주는 빌더 클래스 모음, 비표준 오픈소스 프레임워크다.
- **JDBC 직접 사용, MyBatis 같은 SQL 매퍼 프레임워크 사용**: 필요하면 JDBC를 직접 사용할 수 있다.

가장 중요한 건 JPQL이다. Criteria나 QueryDSL은 JPQL을 편하게 작성하도록 도와주는 빌더 클래스일 뿐이다. 따라서 JPQL을 이해해야 나머지도 이해할 수 있다. 전체적인 감을 잡기 위해 하나하나 아주 간단히 살펴보자.

10.1.1 JPQL 소개

JPQL~Java Persistence Query Language~은 **엔티티 객체를 조회하는 객체지향 쿼리다.** 문법은 SQL과 비슷하고 ANSI 표준 SQL이 제공하는 기능을 유사하게 지원한다.

JPQL은 SQL을 추상화해서 특정 데이터베이스에 의존하지 않는다. 그리고 데이터베이스 방언~Dialect~만 변경하면 JPQL을 수정하지 않아도 자연스럽게 데이터베이스를 변경할 수 있다. 예를 들어 같은 SQL 함수라도 데이터베이스마다 사용 문법이 다른 것이 있는데, JPQL이 제공하는 표준화된 함수를 사용하면 선택한 방언에 따라 해당 데이터베이스에 맞춘 적절한 SQL 함수가 실행된다.

JPQL은 SQL보다 간결하다. 엔티티 직접 조회, 묵시적 조인, 다형성 지원으로 SQL보다 코드가 간결하다.

예제 10.1의 회원 엔티티를 대상으로 JPQL을 사용하는 간단한 예제를 보자.

예제 10.1 회원 엔티티

```
@Entity(name="Member")  //name 속성의 기본값은 클래스 명
public class Member {

    @Column(name = "name")
    private String username;
    //...
}
```

예제 10.2 JPQL 사용

```
//쿼리 생성
String jpql = "select m from Member as m where m.username = 'kim'";
List<Member> resultList =
    em.createQuery(jpql, Member.class).getResultList();
```

예제 10.2는 회원이름이 kim인 엔티티를 조회한다. JPQL에서 Member는 엔티티 이름이다. 그리고 m.username은 테이블 컬럼명이 아니라 엔티티 객체의 필드명이다.

em.createQuery() 메소드에 실행할 JPQL과 반환할 엔티티의 클래스 타입인 Member.class를 넘겨주고 getResultList() 메소드를 실행하면 JPA는 JPQL을 SQL로 변환해서 데이터베이스를 조회한다. 그리고 조회한 결과로 Member 엔티티를 생성해서 반환한다.

이때 실행한 JPQL은 다음과 같다.

```
select m
from Member as m
where m.username = 'kim'
```

실제 실행된 SQL은 다음과 같다.

```
select
    member.id as id,
    member.age as age,
    member.team_id as team,
    member.name as name
from
    Member member
where
    member.name='kim'
```

참고로 하이버네이트 구현체가 생성한 SQL은 별칭이 너무 복잡해서 알아보기 쉽게 수정했다.

10.1.2 Criteria 쿼리 소개

Criteria는 JPQL을 생성하는 빌더 클래스다. Criteria의 장점은 문자가 아닌 **query.select(m).where(...)**처럼 프로그래밍 코드로 JPQL을 작성할 수 있다는 점이다.

예를 들어 JPQL에서 select m from Membeeee m처럼 오타가 있다고 가정해보자. 그래도 컴파일은 성공하고 애플리케이션을 서버에 배포할 수 있다. 문제는 해당 쿼리가 실행되는 런타임 시점에 오류가 발생한다는 점이다. 이것이 문자기반 쿼리의 단점이다. 반면에 Criteria는 문자가 아닌 코드로 JPQL을 작성한다. 따라서 컴파일 시점에 오류를 발견할 수 있다.

문자로 작성한 JPQL보다 코드로 작성한 Criteria의 장점은 다음과 같다.

- 컴파일 시점에 오류를 발견할 수 있다.
- IDE를 사용하면 코드 자동완성을 지원한다.
- 동적 쿼리를 작성하기 편하다.

하이버네이트를 포함한 몇몇 ORM 프레임워크들은 이미 오래 전부터 자신만의 Criteria를 지원했다. JPA는 2.0부터 Criteria를 지원한다.

간단한 Criteria 사용 코드를 보자. 방금 보았던 JPQL을 Criteria로 작성해보자.

```
select m from Member as m where m.username = 'kim'"
```

예제 10.3 Criteria 쿼리

```
//Criteria 사용 준비
CriteriaBuilder cb = em.getCriteriaBuilder();
CriteriaQuery<Member> query = cb.createQuery(Member.class);

//루트 클래스 (조회를 시작할 클래스)
Root<Member> m = query.from(Member.class);

//쿼리 생성
CriteriaQuery<Member> cq =
    query.select(m).where(cb.equal(m.get("username"), "kim"));
List<Member> resultList = em.createQuery(cq).getResultList();
```

예제 10.3을 보면 쿼리를 문자가 아닌 코드로 작성한 것을 확인할 수 있다. 아쉬운 점은 m.get("username")을 보면 필드 명을 문자로 작성했다. 만약 이 부분도 문자가 아닌 코드로 작성하고 싶으면 메타 모델MetaModel을 사용하면 된다.

메타 모델 API에 대해 알아보자. 자바가 제공하는 어노테이션 프로세서Annotation Processor 기능을 사용하면 어노테이션을 분석해서 클래스를 생성할 수 있다. JPA는 이 기능을 사용해서 Member 엔티티 클래스로부터 Member_라는 Criteria 전용 클래스를 생성하는데 이것을 메타 모델이라 한다. 어노테이션 프로세서 기능을 사용해서 메타 모델을 생성하는 자세한 방법은 10.3.14절에서 알아보겠다.

메타 모델을 사용하면 온전히 코드만 사용해서 쿼리를 작성할 수 있다.

```
//메타 모델 사용 전 -> 사용 후
m.get("username") -> m.get(Member_.username)
```

이 코드를 보면 "username"이라는 문자에서 `Member_.username`이라는 코드로 변경된 것을 확인할 수 있다. 참고로 Criteria는 코드로 쿼리를 작성할 수 있어서 동적 쿼리를 작성할 때 유용하다.

Criteria가 가진 장점이 많지만 모든 장점을 상쇄할 정도로 복잡하고 장황하다. 따라서 사용하기 불편한 건 물론이고 Criteria로 작성한 코드도 한눈에 들어오지 않는 다는 단점이 있다.

10.1.3 QueryDSL 소개

QueryDSL도 Criteria처럼 JPQL 빌더 역할을 한다. QueryDSL의 장점은 코드 기반이면서 단순하고 사용하기 쉽다. 그리고 작성한 코드도 JPQL과 비슷해서 한눈에 들어온다. QueryDSL과 Criteria를 비교하면 Criteria는 너무 복잡하다.

> 🔊 참고
>
> QueryDSL은 JPA 표준은 아니고 오픈소스 프로젝트다. 이것은 JPA뿐만 아니라 JDO, 몽고DB, Java Collection, Lucene, Hibernate Search도 거의 같은 문법으로 지원한다. 현재 스프링 데이터 프로젝트가 지원할 정도로 많이 기대되는 프로젝트다. 나는 Criteria보다 QueryDSL을 선호한다.

QueryDSL로 작성한 코드를 보자.

예제 10.4 QueryDSL 코드

```
//준비
JPAQuery query = new JPAQuery(em);
QMember member = QMember.member;

//쿼리, 결과조회
List<Member> members =
    query.from(member)
    .where(member.username.eq("kim"))
    .list(member);
```

QueryDSL을 사용하는 예제 10.4는 특별한 설명을 하지 않아도 코드만으로 대부분 이해가 될 것이다.

QueryDSL도 어노테이션 프로세서를 사용해서 쿼리 전용 클래스를 만들어야 한다. QMember는 Member 엔티티 클래스를 기반으로 생성한 QueryDSL 쿼리 전용 클래스다.

10.1.4 네이티브 SQL 소개

JPA는 SQL을 직접 사용할 수 있는 기능을 지원하는데 이것을 네이티브 SQL이라 한다.

JPQL을 사용해도 가끔은 특정 데이터베이스에 의존하는 기능을 사용해야 할 때가 있다. 예를 들어 오라클 데이터베이스만 사용하는 CONNECT BY 기능이나 특정 데이터베이스에서만 동작하는 SQL 힌트는 같은 것이다(참고로 하이버네이트는 SQL 힌트 기능을 지원한다). 이런 기능들은 전혀 표준화되어 있지 않으므로 JPQL에서 사용할 수 없다. 그리고 SQL은 지원하지만 JPQL이 지원하지 않는 기능도 있다. 이때는 네이티브 SQL을 사용하면 된다.

네이티브 SQL의 단점은 특정 데이터베이스에 의존하는 SQL을 작성해야 한다는 것이다. 따라서 데이터베이스를 변경하면 네이티브 SQL도 수정해야 한다.

예제 10.5 네이티브 SQL

```
String sql = "SELECT ID, AGE, TEAM_ID, NAME FROM MEMBER WHERE NAME
    = 'kim'";
List<Member> resultList =
    em.createNativeQuery(sql, Member.class).getResultList();
```

예제 10.5를 보자. 네이티브 SQL은 em.createNativeQuery()를 사용하면 된다. 나머지는 API는 JPQL과 같다. 실행하면 직접 작성한 SQL을 데이터베이스에 전달한다.

10.1.5 JDBC 직접 사용, 마이바티스 같은 SQL 매퍼 프레임워크 사용

이럴 일은 드물겠지만, JDBC 커넥션에 직접 접근하고 싶으면 JPA는 JDBC 커넥션을 획득하는 API를 제공하지 않으므로 JPA 구현체가 제공하는 방법을 사용해야 한다. 하이버네이트에서 직접 JDBC Connection을 획득하는 방법은 예제 10.6과 같다.

예제 10.6 하이버네이트 JDBC 획득

```
Session session = entityManager.unwrap(Session.class);
session.doWork(new Work() {

    @Override
    public void execute(Connection connection) throws SQLException {
        //work...
    }
});
```

먼저 JPA EntityManager에서 하이버네이트 Session을 구한다. 그리고 Seesion의 doWork() 메소드를 호출하면 된다.

JDBC나 마이바티스를 JPA와 함께 사용하면 영속성 컨텍스트를 적절한 시점에 강제로 플러시해야 한다. JDBC를 직접 사용하든 마이바티스 같은 SQL 매퍼와 사용하든 모두 JPA를 우회해서 데이터베이스에 접근한다. 문제는 JPA를 우회하는 SQL에 대해서는 JPA가 전혀 인식하지 못한다는 점이다. 최악의 시나리오는 영속성 컨텍스트와 데이터베이스를 불일치 상태로 만들어 데이터 무결성을 훼손할 수 있다. 예를 들어 같은 트랜잭션에서 영속성 컨텍스트에 있는 10,000원짜리 상품 A의 가격을 9,000원으로 변경하고 아직 플러시를 하지 않았는데 JPA를 우회해서 데이터베이스에 직접 상품 A를 조회하면 상품 가격이 얼마겠는가? 데이터베이스에 상품 가격은 아직 10,000원이므로 10,000원이 조회된다.

이런 이슈를 해결하는 방법은 JPA를 우회해서 SQL을 실행하기 직전에 영속성 컨텍스트를 수동으로 플러시해서 데이터베이스와 영속성 컨텍스트를 동기화하면 된다.

참고로 스프링 프레임워크를 사용하면 JPA와 마이바티스를 손쉽게 통합할 수 있다. 또한 스프링 프레임워크의 AOP를 적절히 활용해서 JPA를 우회하여 데이터베이스에 접근하는 메소드를 호출할 때마다 영속성 컨텍스트를 플러시하면 위에서 언급한 문제도 깔끔하게 해결할 수 있다.

10.2 JPQL

10.1절에서 엔티티를 쿼리하는 다양한 방법을 소개했다. 어떤 방법을 사용하든 JPQLJava Persistence Query Language에서 모든 것이 시작한다. 이론은 소개 절에서 이미 설명했으니 여기서는 JPQL의 사용 방법 위주로 설명하겠다.

시작하기 전에 JPQL의 특징을 다시 한 번 정리해보자.

- JPQL은 객체지향 쿼리 언어다. 따라서 테이블을 대상으로 쿼리하는 것이 아니라 엔티티 객체를 대상으로 쿼리한다.
- JPQL은 SQL을 추상화해서 특정 데이터베이스 SQL에 의존하지 않는다.
- JPQL은 결국 SQL로 변환된다.

시작하기 전에 이번 절에서 예제로 사용할 도메인 모델을 살펴보자.

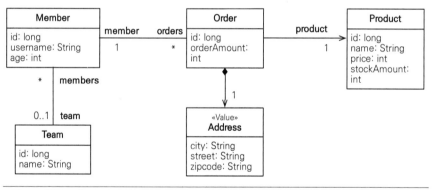

그림 10.1 샘플 모델 UML

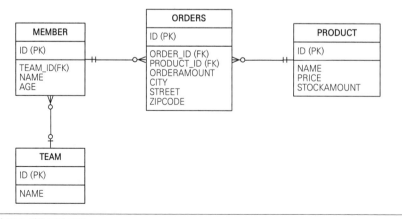

그림 10.2 샘플 모델 ERD

그림 10.1 샘플 모델 UML과 그림 10.2 샘플 모델 ERD를 보자. 실무에서 사용하는 주문 모델링은 더 복잡하지만 JPQL의 이해가 목적이므로 단순화했다. 여기서는 회원이 상품을 주문하는 다대다 관계라는 것을 특히 주의해서 보자. 그리고 Address는 임베디드 타입인데 이것은 값 타입이므로 UML에서 스테레오 타입을 사용해 <<Value>>로 정의했다. 이것은 ERD를 보면 ORDERS 테이블에 포함되어 있다.

10.2.1 기본 문법과 쿼리 API

JPQL도 SQL과 비슷하게 SELECT, UPDATE, DELETE 문을 사용할 수 있다. 참고로 엔티티를 저장할 때는 EntityManager.persist() 메소드를 사용하면 되므로 INSERT 문은 없다.

예제 10.7 JPQL 문법

```
select_문 :: =
    select_절
    from_절
    [where_절]
    [groupby_절]
    [having_절]
    [orderby_절]

update_문 :: = update_절 [where_절]
delete_문 :: = delete_절 [where_절]
```

예제 10.7의 JPQL 문법을 보면 전체 구조는 SQL과 비슷한 것을 알 수 있다. JPQL에서 UPDATE, DELETE 문은 벌크 연산이라 하는데 10.6절에서 설명하겠다. 지금부터 SELECT 문을 자세히 알아보자.

SELECT 문

SELECT 문은 다음과 같이 사용한다.

```
SELECT m FROM Member AS m where m.username = 'Hello'
```

▼ 대소문자 구분

엔티티와 속성은 대소문자를 구분한다. 예를 들어 Member, username은 대소문
자를 구분한다. 반면에 SELECT, FROM, AS 같은 JPQL 키워드는 대소문자를 구분
하지 않는다.

▼ 엔티티 이름

JPQL에서 사용한 Member는 클래스 명이 아니라 엔티티 명이다. 엔티티 명은
@Entity(name="XXX")로 지정할 수 있다. 엔티티 명을 지정하지 않으면 클래스
명을 기본값으로 사용한다. 기본값인 클래스 명을 엔티티 명으로 사용하는 것을
추천한다.

▼ 별칭은 필수

Member AS m을 보면 Member에 m이라는 별칭을 주었다. JPQL은 별칭을 필수로
사용해야 한다. 따라서 다음 코드처럼 별칭 없이 작성하면 잘못된 문법이라는 오
류가 발생한다.

```
SELECT username FROM Member m //잘못된 문법, username을
                             //m.username으로 고쳐야 한다.
```

AS는 생략할 수 있다. 따라서 Member m처럼 사용해도 된다.

> **◀)) 참고**
>
> 하이버네이트는 JPQL 표준도 지원하지만 더 많은 기능을 가진 HQL(Hibernate Query
> Language)을 제공한다. JPA 구현체로 하이버네이트를 사용하면 HQL도 사용할 수 있다. HQL
> 은 SELECT username FROM Member m의 username처럼 별칭 없이 사용할 수 있다.

> **◀)) 참고**
>
> JPA 표준 명세는 별칭을 식별 변수(Identification variable)라는 용어로 정의했다. 하지만 보통
> 별칭(alias)이라는 단어가 익숙하므로 별칭으로 부르겠다.

TypeQuery, Query

작성한 JPQL을 실행하려면 쿼리 객체를 만들어야 한다. 쿼리 객체는 TypeQuery와
Query가 있는데 반환할 타입을 명확하게 지정할 수 있으면 TypeQuery 객체를 사

용하고, 반환 타입을 명확하게 지정할 수 없으면 Query 객체를 사용하면 된다. 다음 예제 10.8을 보자.

```
TypedQuery<Member> query =
    em.createQuery("SELECT m FROM Member m", Member.class);

List<Member> resultList = query.getResultList();
for (Member member : resultList) {
    System.out.println("member = " + member);
}
```

em.createQuery()의 두 번째 파라미터에 반환할 타입을 지정하면 TypeQuery를 반환하고 지정하지 않으면 Query를 반환한다. 조회 대상이 Member 엔티티이므로 조회 대상 타입이 명확하다. 이때는 예제 10.8처럼 TypeQuery를 사용할 수 있다.

```
Query query =
    em.createQuery("SELECT m.username, m.age from Member m");
List resultList = query.getResultList();

for (Object o : resultList) {
    Object[] result = (Object[]) o; //결과가 둘 이상이면 Object[] 반환
    System.out.println("username = " + result[0]);
    System.out.println("age = " + result[1]);
}
```

예제 10.9는 조회 대상이 String 타입인 회원 이름과 Integer 타입인 나이이므로 조회 대상 타입이 명확하지 않다. 이처럼 SELECT 절에서 여러 엔티나 컬럼을 선택할 때는 반환할 타입이 명확하지 않으므로 Query 객체를 사용해야 한다.

Query객체는 SELECT 절의 조회 대상이 예제처럼 둘 이상이면 Object[]를 반환하고 SELECT 절의 조회 대상이 하나면 Object를 반환한다. 예를 들어 SELECT m.username from Member m이면 결과를 Object로 반환하고 SELECT m.username, m.age from Member m이면 Object[]를 반환한다.

두 코드를 비교해보면 타입을 변환할 필요가 없는 TypeQuery를 사용하는 것이 더 편리한 것을 알 수 있다.

결과 조회

다음 메소드들을 호출하면 실제 쿼리를 실행해서 데이터베이스를 조회한다.

- `query.getResultList()`: 결과를 `List` 컬렉션으로 반환한다. 만약 결과가 없으면 빈 컬렉션을 반환한다.
- `query.getSingleResult()`: 결과가 정확히 하나일 때 사용한다.
  - 결과가 없으면 `javax.persistence.NoResultException` 예외가 발생한다.
  - 결과가 1개보다 많으면 `javax.persistence.NonUniqueResultException` 예외가 발생한다.

`getSingleResult()`는 결과가 정확히 1개가 아니면 예외가 발생한다는 점에 주의해야 한다.

```
Member member = query.getSingleResult();
```

10.2.2 파라미터 바인딩

JDBC는 위치 기준 파라미터 바인딩만 지원하지만 JPQL은 이름 기준 파라미터 바인딩도 지원한다.

▼ 이름 기준 파라미터

이름 기준 파라미터Named parameters는 파라미터를 이름으로 구분하는 방법이다. 이름 기준 파라미터는 앞에 `:`를 사용한다.

예제 10.10 이름 기준 파라미터 사용

```
String usernameParam = "User1";

TypedQuery<Member> query =
    em.createQuery("SELECT m FROM Member m where m.username = :username",
Member.class);

query.setParameter("username", usernameParam);
List<Member> resultList = query.getResultList();
```

예제 10.10의 JPQL을 보면 :username이라는 이름 기준 파라미터를 정의하고 query.setParameter()에서 username이라는 이름으로 파라미터를 바인딩한다. 참고로 JPQL API는 대부분 메소드 체인 방식으로 설계되어 있어서 다음과 같이 연속해서 작성할 수 있다.

```
List<Member> members =
    em.createQuery("SELECT m FROM Member m where m.username = :username",
Member.class)
        .setParameter("username", usernameParam)
        .getResultList();
```

▼ 위치 기준 파라미터

위치 기준 파라미터Positional parameters를 사용하려면 ? 다음에 위치 값을 주면 된다. 위치 값은 1부터 시작한다. 예제 10.11을 보자.

예제 10.11 위치 기준 파라미터 사용

```
List<Member> members =
    em.createQuery("SELECT m FROM Member m where m.username
    = ?1", Member.class)
        .setParameter(1, usernameParam)
        .getResultList();
```

위치 기준 파라미터 방식보다는 **이름 기준 파라미터 바인딩 방식을 사용하는 것이 더 명확하다.**

> **◀)) 참고**
>
> JPQL을 수정해서 다음 코드처럼 파라미터 바인딩 방식을 사용하지 않고 직접 문자를 더해 만들어 넣으면 악의적인 사용자에 의해 SQL 인젝션 공격을 당할 수 있다. 또한 성능 이슈도 있는데 파라미터 바인딩 방식을 사용하면 파라미터의 값이 달라도 같은 쿼리로 인식해서 JPA는 JPQL을 SQL로 파싱한 결과를 재사용할 수 있다. 그리고 데이터베이스도 내부에서 실행한 SQL을 파싱해서 사용하는데 같은 쿼리는 파싱한 결과를 재사용할 수 있다. 결과적으로 애플리케이션과 데이터베이스 모두 해당 쿼리의 파싱 결과를 재사용할 수 있어서 전체 성능이 향상된다. 따라서 **파라미터 바인딩 방식은 선택이 아닌 필수다.**
>
> ```
> //파라미터 바인딩 방식을 사용하지 않고 직접 JPQL을 만들면 위험하다.
> "select m from Member m where m.username = '" + usernameParam + "'"
> ```

10.2.3 프로젝션

SELECT 절에 조회할 대상을 지정하는 것을 프로젝션projection이라 하고 [SELECT {프로젝션 대상} FROM]으로 대상을 선택한다. 프로젝션 대상은 엔티티, 엠비디드 타입, 스칼라 타입이 있다. 스칼라 타입은 숫자, 문자 등 기본 데이터 타입을 뜻한다.

▼ 엔티티 프로젝션

```
SELECT m FROM Member m       //회원
SELECT m.team FROM Member m //팀
```

처음은 회원을 조회했고 두 번째는 회원과 연관된 팀을 조회했는데 둘 다 엔티티를 프로젝션 대상으로 사용했다. 쉽게 생각하면 원하는 객체를 바로 조회한 것인데 컬럼을 하나하나 나열해서 조회해야 하는 SQL과는 차이가 있다. 참고로 이렇게 **조회한 엔티티는 영속성 컨텍스트에서 관리된다.**

▼ 임베디드 타입 프로젝션

JPQL에서 임베디드 타입은 엔티티와 거의 비슷하게 사용된다. 임베디드 타입은 조회의 시작점이 될 수 없다는 제약이 있다. 다음은 임베디드 타입인 Address를 조회의 시작점으로 사용해서 잘못된 쿼리다.

```
String query = "SELECT a FROM Address a";
```

다음 코드에서 Order 엔티티가 시작점이다. 이렇게 엔티티를 통해서 임베디드 타입을 조회할 수 있다.

```
String query = "SELECT o.address FROM Order o";
List<Address> addresses = em.createQuery(query, Address.class)
                              .getResultList();
```

실행된 SQL은 다음과 같다.

```
select
    order.city,
    order.street,
    order.zipcode
from
    Orders order
```

임베디드 타입은 엔티티 타입이 아닌 값 타입이다. 따라서 이렇게 직접 조회한 임베디드 타입은 영속성 컨텍스트에서 관리되지 않는다.

▼ 스칼라 타입 프로젝션

숫자, 문자, 날짜와 같은 기본 데이터 타입들을 스칼라 타입이라 한다. 예를 들어 전체 회원의 이름을 조회하려면 다음처럼 쿼리하면 된다.

```
List<String> usernames =
    em.createQuery("SELECT m.username FROM Member m", String.class)
        .getResultList();
```

중복 데이터를 제거하려면 DISTINCT를 사용한다.

```
SELECT DISTINCT username FROM Member m
```

다음과 같은 통계 쿼리도 주로 스칼라 타입으로 조회한다. 통계 쿼리용 함수들은 뒤에서 설명하겠다.

```
Double orderAmountAvg =
    em.createQuery("SELECT AVG(o.orderAmount) FROM Order o", Double.class)
                        .getSingleResult();
```

▼ 여러 값 조회

엔티티를 대상으로 조회하면 편리하겠지만, 꼭 필요한 데이터들만 선택해서 조회해야 할 때도 있다.

프로젝션에 여러 값을 선택하면 TypeQuery를 사용할 수 없고 대신에 Query를 사용해야 한다. 예제 10.12를 보자.

예제 10.12 여러 프로젝션

```
Query query =
    em.createQuery("SELECT m.username, m.age FROM Member m");
List resultList = query.getResultList();

Iterator iterator = resultList.iterator();
while (iterator.hasNext()) {
    Object[] row = (Object[]) iterator.next();
    String username = (String) row[0];
    Integer age = (Integer) row[1];
}
```

제네릭에 Object[]를 사용하면 다음 코드처럼 조금 더 간결하게 개발할 수 있다. 예제 10.13을 살펴보자.

예제 10.13 여러 프로젝션 Object[]로 조회

```
List<Object[]> resultList =
    em.createQuery("SELECT m.username, m.age FROM Member m")
      .getResultList();

for (Object[] row : resultList) {
    String username = (String) row[0];
    Integer age = (Integer) row[1];
}
```

스칼라 타입뿐만 아니라 엔티티 타입도 여러 값을 함께 조회할 수 있다. 예제 10.14를 보자.

예제 10.14 여러 프로젝션 엔티티 타입 조회

```
List<Object[]> resultList =
  em.createQuery("SELECT o.member, o.product, o.orderAmount FROM Order o")
    .getResultList();

for (Object[] row : resultList) {
    Member member = (Member) row[0];     //엔티티
    Product product = (Product) row[1]; //엔티티
    int orderAmount = (Integer) row[2]; //스칼라
}
```

물론 이때도 조회한 엔티티는 영속성 컨텍스트에서 관리된다.

▼ NEW 명령어

예제 10.15는 username, age 두 필드를 프로젝션해서 타입을 지정할 수 없으므로 TypeQuery를 사용할 수 없다. 따라서 Object[]를 반환받았다. 실제 애플리케이션 개발시에는 Object[]를 직접 사용하지 않고 예제 10.16의 UserDTO처럼 의미 있는 객체로 변환해서 사용할 것이다.

예제 10.15 NEW 명령어 사용 전

```
List<Object[]> resultList =
  em.createQuery("SELECT m.username, m.age FROM Member m")
```

```
        .getResultList();

//객체 변환 작업
List<UserDTO> userDTOs = new ArrayList<UserDTO>();
for (Object[] row : resultList) {
    UserDTO userDTO = new UserDTO((String)row[0], (Integer)row[1]);
    userDTOs.add(userDTO);
}
return userDTOs;
```

예제 10.16 UserDTO

```java
public class UserDTO {

    private String username;
    private int age;

    public UserDTO(String username, int age) {
        this.username = username;
        this.age = age;
    }
    //...
}
```

이런 객체 변환 작업은 지루하다. 이번에는 예제 10.17처럼 NEW 명령어를 사용해보자.

예제 10.17 NEW 명령어 사용 후

```java
TypedQuery<UserDTO> query =
    em.createQuery("SELECT new jpabook.jpql.UserDTO(m.username, m.age)
    FROM Member m", UserDTO.class);

List<UserDTO> resultList = query.getResultList();
```

SELECT 다음에 NEW 명령어를 사용하면 반환받을 클래스를 지정할 수 있는데 이 클래스의 생성자에 JPQL 조회 결과를 넘겨줄 수 있다. 그리고 NEW 명령어를 사용한 클래스로 TypeQuery 사용할 수 있어서 지루한 객체 변환 작업을 줄일 수 있다.

NEW 명령어를 사용할 때는 다음 2가지를 주의해야 한다.

1. 패키지 명을 포함한 전체 클래스 명을 입력해야 한다.

2. 순서와 타입이 일치하는 생성자가 필요하다.

10.2.4 페이징 API

페이징 처리용 SQL을 작성하는 일은 지루하고 반복적이다. 더 큰 문제는 데이터베이스마다 페이징을 처리하는 SQL 문법이 다르다는 점이다.

JPA는 페이징을 다음 두 API로 추상화했다.

- `setFirstResult(int startPosition)` : 조회 시작 위치(0부터 시작한다)
- `setMaxResults(int maxResult)` : 조회할 데이터 수

예제 10.18 페이징 사용

```
TypedQuery<Member> query =
    em.createQuery("SELECT m FROM Member m ORDER BY m.username DESC",
    Member.class);

query.setFirstResult(10);
query.setMaxResults(20);
query.getResultList();
```

예제 10.18을 분석하면 FirstResult의 시작은 10이므로 11번째부터 시작해서 총 20건의 데이터를 조회한다. 따라서 11~30번 데이터를 조회한다.

데이터베이스마다 다른 페이징 처리를 같은 API로 처리할 수 있는 것은 데이터베이스 방언Dialect 덕분이다. 이 JPQL이 방언에 따라 어떤 SQL로 변환되는지 확인해보자. 참고로 페이징 쿼리는 정렬조건이 중요하므로 예제에 포함했다.

데이터베이스별 페이징 쿼리 결과는 다음과 같다.

- HSQLDB(예제 10.19)
- MySQL(예제 10.20)
- PostgreSQL(예제 10.21)
- 오라클(예제 10.22)
- SQLServer(예제 10.23)

```
SELECT
    M.ID AS ID,
    M.AGE AS AGE,
    M.TEAM_ID AS TEAM_ID,
    M.NAME AS NAME
FROM
    MEMBER M
ORDER BY
    M.NAME DESC OFFSET ? LIMIT ?
```

```
SELECT
    M.ID AS ID,
    M.AGE AS AGE,
    M.TEAM_ID AS TEAM_ID,
    M.NAME AS NAME
FROM
    MEMBER M
ORDER BY
    M.NAME DESC LIMIT ?, ?
```

```
SELECT
    M.ID AS ID,
    M.AGE AS AGE,
    M.TEAM_ID AS TEAM_ID,
    M.NAME AS NAME
FROM
    MEMBER M
ORDER BY
    M.NAME DESC LIMIT ? OFFSET ?
```

```
SELECT *
FROM
    ( SELECT ROW_.*, ROWNUM ROWNUM_
    FROM
        ( SELECT
            M.ID AS ID,
            M.AGE AS AGE,
```

```
            M.TEAM_ID AS TEAM_ID,
            M.NAME AS NAME
        FROM MEMBER M
        ORDER BY M.NAME
        ) ROW_
    WHERE ROWNUM <= ?
    )
WHERE ROWNUM_ > ?
```

예제 10.23 SQLServer(org.hibernate.dialect.SQLServer2008Dialect)

```
WITH query AS (
    SELECT
    inner_query.*,
    ROW_NUMBER() OVER (ORDER BY CURRENT_TIMESTAMP) as
        __hibernate_row_nr__
    FROM
        ( select
            TOP(?) m.id as id,
            m.age as age,
            m.team_id as team_id,
            m.name as name
        from Member m
        order by m.name DESC
        ) inner_query
)
SELECT id, age, team_id, name
FROM query
WHERE __hibernate_row_nr__ >= ? AND __hibernate_row_nr__ < ?
```

데이터베이스마다 SQL이 다른 것은 물론이고 오라클과 SQLServer는 페이징 쿼리를 따로 공부해야 SQL을 작성할 수 있을 정도로 복잡하다. 참고로 ?에 바인딩하는 값도 데이터베이스마다 다른데 이 값도 적절한 값을 입력한다.

실행된 페이징 SQL을 보면 실무에서 작성한 것과 크게 다르지 않을 것이다. 페이징 SQL을 더 최적화하고 싶다면 JPA가 제공하는 페이징 API가 아닌 네이티브 SQL을 직접 사용해야 한다.

10.2.5 집합과 정렬

집합은 집합함수와 함께 통계 정보를 구할 때 사용한다. 예를 들어 다음 코드는 순서대로 회원수, 나이 합, 평균 나이, 최대 나이, 최소 나이를 조회한다.

```
select
    COUNT(m),    //회원수
    SUM(m.age),  //나이 합
    AVG(m.age),  //평균 나이
    MAX(m.age),  //최대 나이
    MIN(m.age)   //최소 나이
from Member m
```

먼저 집합 함수부터 알아보자.

집합 함수

집합 함수는 표 10.1에 정리했다.

표 10.1 집합 함수

함수	설명
COUNT	결과 수를 구한다. 반환 타입: Long
MAX, MIN	최대, 최소 값을 구한다. 문자, 숫자, 날짜 등에 사용한다.
AVG	평균값을 구한다. 숫자타입만 사용할 수 있다. 반환 타입: Double
SUM	합을 구한다. 숫자타입만 사용할 수 있다. 반환 타입: 정수합 Long, 소수합: Double, BigInteger합: BigInteger, BigDecimal합: BigDecimal

집합 함수 사용 시 참고사항

- NULL 값은 무시하므로 통계에 잡히지 않는다(DISTINCT가 정의되어 있어도 무시된다).
- 만약 값이 없는데 SUM, AVG, MAX, MIN 함수를 사용하면 NULL 값이 된다. 단 COUNT는 0이 된다.
- DISTINCT를 집합 함수 안에 사용해서 중복된 값을 제거하고 나서 집합을 구할 수 있다.

  예 select COUNT(DISTINCT m.age) from Member m
- DISTINCT를 COUNT에서 사용할 때 임베디드 타입은 지원하지 않는다.

GROUP BY, HAVING

GROUP BY는 통계 데이터를 구할 때 특정 그룹끼리 묶어준다. 다음은 팀 이름을 기준으로 그룹별로 묶어서 통계 데이터를 구한다.

```
select t.name, COUNT(m.age), SUM(m.age),  AVG(m.age), MAX(m.age),
    MIN(m.age)
from Member m LEFT JOIN m.team t
GROUP BY t.name
```

HAVING은 GROUP BY와 함께 사용하는데 GROUP BY로 그룹화한 통계 데이터를 기준으로 필터링한다.

다음 코드는 방금 구한 그룹별 통계 데이터 중에서 평균나이가 10살 이상인 그룹을 조회한다.

```
select t.name, COUNT(m.age), SUM(m.age), AVG(m.age), MAX(m.age),
    MIN(m.age)
from Member m LEFT JOIN m.team t
GROUP BY t.name
HAVING AVG(m.age) >= 10
```

문법은 다음과 같다.

```
groupby_절 ::= GROUP BY {단일값 경로 | 별칭}+
having_절 ::= HAVING 조건식
```

이런 쿼리들을 보통 리포팅 쿼리나 통계 쿼리라 한다. 이러한 통계 쿼리를 잘 활용하면 애플리케이션으로 수십 라인을 작성할 코드도 단 몇 줄이면 처리할 수 있다. 하지만 통계 쿼리는 보통 전체 데이터를 기준으로 처리하므로 실시간으로 사용하기엔 부담이 많다. 결과가 아주 많다면 통계 결과만 저장하는 테이블을 별도로 만들어 두고 사용자가 적은 새벽에 통계 쿼리를 실행해서 그 결과를 보관하는 것이 좋다.

정렬(ORDER BY)

ORDER BY는 결과를 정렬할 때 사용한다. 다음은 나이를 기준으로 내림차순으로 정렬하고 나이가 같으면 이름을 기준으로 오름차순으로 정렬한다.

```
select m from Member m order by m.age DESC, m.username ASC
```

문법은 다음과 같다.

```
orderby_절 ::= ORDER BY {상태필드 경로 | 결과 변수 [ASC | DESC]}+
```

- ASC: 오름차순(기본값)
- DESC: 내림차순

문법에서 이야기하는 상태필드는 t.name 같이 객체의 상태를 나타내는 필드를 말한다. 그리고 결과 변수는 SELECT 절에 나타나는 값을 말한다. 다음 예에서 cnt 가 결과 변수다.

```
select t.name, COUNT(m.age) as cnt
from Member m LEFT JOIN m.team t
GROUP BY t.name
ORDER BY cnt
```

10.2.6 JPQL 조인

JPQL도 조인을 지원하는데 SQL 조인과 기능은 같고 문법만 약간 다르다.

내부 조인

내부 조인은 INNER JOIN을 사용한다. 참고로 INNER는 생략할 수 있다. 예제 10.24 를 보자.

예제 10.24 내부 조인 사용 예

```
String teamName = "팀A";
String query = "SELECT m FROM Member m INNER JOIN m.team t "
             + "WHERE t.name = :teamName";

List<Member> members = em.createQuery(query, Member.class)
    .setParameter("teamName", teamName)
    .getResultList();
```

회원과 팀을 내부 조인해서 '팀A'에 소속된 회원을 조회하는 다음 JPQL을 보자.

```
SELECT m
FROM Member m INNER JOIN m.team t
where t.name = :teamName
```

생성된 내부 조인 SQL은 다음과 같다.

```
SELECT
    M.ID AS ID,
    M.AGE AS AGE,
    M.TEAM_ID AS TEAM_ID,
    M.NAME AS NAME
FROM
    MEMBER M INNER JOIN TEAM T ON M.TEAM_ID=T.ID
WHERE
    T.NAME=?
```

JPQL 내부 조인 구문을 보면 SQL의 조인과 약간 다른 것을 확인할 수 있다. JPQL 조인의 가장 큰 특징은 연관 필드를 사용한다는 것이다. 여기서 m.team이 연관 필드인데 연관 필드는 다른 엔티티와 연관관계를 가지기 위해 사용하는 필드를 말한다.

- FROM Member m: 회원을 선택하고 m 이라는 별칭을 주었다.
- Member m JOIN m.team t: 회원이 가지고 있는 연관 필드로 팀과 조인한다. 조인한 팀에는 t라는 별칭을 주었다.

혹시라도 JPQL 조인을 SQL 조인처럼 사용하면 문법 오류가 발생한다. JPQL은 JOIN 명령어 다음에 조인할 객체의 연관 필드를 사용한다. 다음은 잘못된 예이다.

```
FROM Member m JOIN Team t //잘못된 JPQL 조인, 오류!
```

조인 결과를 활용해보자.

```
SELECT m.username, t.name
FROM Member m JOIN m.team t
WHERE t.name  = '팀A'
ORDER BY m.age DESC
```

쿼리는 '팀A' 소속인 회원을 나이 내림차순으로 정렬하고 회원명과 팀명을 조회한다.

만약 조인한 두 개의 엔티티를 조회하려면 다음과 같이 JPQL을 작성하면 된다.

```
SELECT m, t
FROM Member m JOIN m.team t
```

서로 다른 타입의 두 엔티티를 조회했으므로 TypeQuery를 사용할 수 없다. 따라서 다음처럼 조회해야 한다.

```
List<Object[]> result = em.createQuery(query).getResultList();

for (Object[] row : result) {
    Member member = (Member) row[0];
    Team team = (Team) row[1];
}
```

외부 조인

JPQL의 외부 조인은 예제 10.25와 같이 사용한다.

예제 10.25 외부 조인 JPQL

```
SELECT m
FROM Member m LEFT [OUTER] JOIN m.team t
WHERE t.name = :teamName
```

외부 조인은 기능상 SQL의 외부 조인과 같다. OUTER는 생략 가능해서 보통 LEFT JOIN으로 사용한다. 예제 10.25의 JPQL을 실행하면 다음 SQL이 실행된다.

```
SELECT
    M.ID AS ID,
    M.AGE AS AGE,
    M.TEAM_ID AS TEAM_ID,
    M.NAME AS NAME
FROM
    MEMBER M LEFT OUTER JOIN TEAM T ON M.TEAM_ID=T.ID
WHERE
    T.NAME=?
```

컬렉션 조인

일대다 관계나 다대다 관계처럼 컬렉션을 사용하는 곳에 조인하는 것을 컬렉션 조인이라 한다.

- [회원 → 팀]으로의 조인은 다대일 조인이면서 **단일 값 연관 필드(m.team)**를 사용한다.
- [팀 → 회원]은 반대로 일대다 조인이면서 **컬렉션 값 연관 필드(m.members)**를 사용한다.

다음 코드를 보자.

```
SELECT t, m FROM Team t LEFT JOIN t.members m
```

여기서 t LEFT JOIN t.members는 팀과 팀이 보유한 회원목록을 **컬렉션 값 연관 필드**로 외부 조인했다.

> **◀》 참고**
>
> 컬렉션 조인 시 JOIN 대신에 IN을 사용할 수 있는데, 기능상 JOIN과 같지만 컬렉션일 때만 사용할 수 있다. 과거 EJB 시절의 유물이고 특별한 장점도 없으므로 그냥 JOIN 명령어를 사용하자.
>
> ```
> SELECT t, m FROM Team t, IN(t.members) m
> ```

세타 조인

WHERE 절을 사용해서 세타 조인을 할 수 있다. 참고로 **세타 조인은 내부 조인만 지원한다.** 세타 조인을 사용하면 예제 10.26처럼 전혀 관계없는 엔티티도 조인할 수 있다. 예제를 보면 전혀 관련없는 Member.username과 Team.name을 조인한다.

예제 10.26 회원 이름이 팀 이름과 똑같은 사람 수를 구하는 예

```
//JPQL
select count(m) from Member m, Team t
where m.username = t.name

//SQL
SELECT COUNT(M.ID)
FROM
    MEMBER M CROSS JOIN TEAM T
WHERE
    M.USERNAME=T.NAME
```

JOIN ON 절(JPA 2.1)

JPA 2.1부터 조인할 때 ON 절을 지원한다. ON 절을 사용하면 조인 대상을 필터링하고 조인할 수 있다. 참고로 내부 조인의 ON 절은 WHERE 절을 사용할 때와 결과가 같으므로 보통 ON 절은 외부 조인에서만 사용한다.

예제 10.27을 보자. 모든 회원을 조회하면서 회원과 연관된 팀도 조회하자. 이때
팀은 이름이 A인 팀만 조회하자.

예제 10.27 JOIN ON 사용 예

```
//JPQL
select m,t from Member m
left join m.team t on t.name = 'A'

//SQL
SELECT m.*, t.* FROM Member m
LEFT JOIN Team t ON m.TEAM_ID=t.id and t.name='A'
```

SQL 결과를 보면 and t.name='A'로 조인 시점에 조인 대상을 필터링한다.

10.2.7 페치 조인

페치fetch 조인은 SQL에서 이야기하는 조인의 종류는 아니고 JPQL에서 성능 최적
화를 위해 제공하는 기능이다. 이것은 연관된 엔티티나 컬렉션을 한 번에 같이 조
회하는 기능인데 join fetch 명령어로 사용할 수 있다.

JPA 표준 명세에 정의된 페치 조인 문법은 다음과 같다.

페치 조인 ::= [LEFT [OUTER] | INNER] JOIN FETCH 조인경로

페치 조인에 대해 자세히 알아보자.

엔티티 페치 조인

페치 조인을 사용해서 회원 엔티티를 조회하면서 연관된 팀 엔티티도 함께 조회하
는 JPQL을 보자.

```
select m
from Member m join fetch m.team
```

예제를 보면 join 다음에 fetch라 적었다. 이렇게 하면 연관된 엔티티나 컬렉션
을 함께 조회하는데 여기서는 회원(m)과 팀(m.team)을 함께 조회한다. 참고로 일반
적인 JPQL 조인과는 다르게 m.team 다음에 별칭이 없는데 페치 조인은 별칭을 사
용할 수 없다.

실행된 SQL은 다음과 같다.

```
SELECT
    M.*, T.*
FROM MEMBER M
INNER JOIN TEAM T ON M.TEAM_ID=T.ID
```

페치 조인을 사용하면 그림 10.3처럼 SQL 조인을 시도한다.

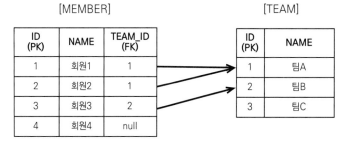

그림 10.3 엔티티 페치 조인 시도

그림 10.4는 SQL에서 조인의 결과다.

[MEMBER JOIN TEAM]

ID (PK)	NAME	TEAM_ID (FK)	ID (PK)	NAME
1	회원1	1	1	팀A
2	회원2	1	1	팀A
3	회원3	2	2	팀B

그림 10.4 엔티티 페치 조인 결과 테이블

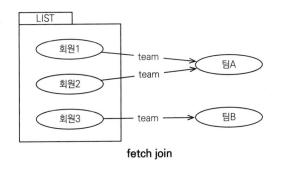

그림 10.5 엔티티 페치 조인 결과 객체

엔티티 페치 조인 JPQL에서 select m으로 회원 엔티티만 선택했는데 실행된
SQL을 보면 SELECT M.*, T.*로 회원과 연관된 팀도 함께 조회된 것을 확인할 수
있다. 그리고 그림 10.5를 보면 회원과 팀 객체가 객체 그래프를 유지하면서 조회
된 것을 확인할 수 있다. 예제 10.28은 이 JPQL을 사용하는 코드다.

예제 10.28 페치 조인 사용

```
String jpql = "select m from Member m join fetch m.team";

List<Member> members = em.createQuery(jpql, Member.class)
    .getResultList();

for (Member member : members) {
    //페치 조인으로 회원과 팀을 함께 조회해서 지연 로딩 발생 안 함
    System.out.println("username = " + member.getUsername() + ", " +
        "teamname = " + member.getTeam().name());
}
```

출력 결과는 다음과 같다.

username = 회원1, teamname = 팀A
username = 회원2, teamname = 팀A
username = 회원3, teamname = 팀B

회원과 팀을 지연 로딩으로 설정했다고 가정해보자. 회원을 조회할 때 페치 조인
을 사용해서 팀도 함께 조회했으므로 연관된 팀 엔티티는 프록시가 아닌 실제 엔티
티다. 따라서 연관된 팀을 사용해도 지연 로딩이 일어나지 않는다. 그리고 프록시
가 아닌 실제 엔티티이므로 회원 엔티티가 영속성 컨텍스트에서 분리되어 준영속
상태가 되어도 연관된 팀을 조회할 수 있다.

컬렉션 페치 조인

이번에는 일대다 관계인 컬렉션을 페치 조인해보자. 예제 10.29를 보자.

```
select t
from Team t join fetch t.members
where t.name = '팀A'
```

예제 10.29는 팀(t)을 조회하면서 페치 조인을 사용해서 연관된 회원 컬렉션 (t.members)도 함께 조회한다.

```
SELECT
    T.*, M.*
FROM TEAM T
INNER JOIN MEMBER M ON T.ID=M.TEAM_ID
WHERE T.NAME = '팀A'
```

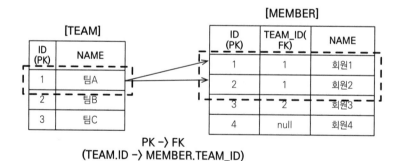

그림 10.6 컬렉션 페치 조인 시도

[TEAM JOIN MEBER]

ID (PK)	NAME	ID (PK)	TEAM_ID (FK)	NAME
1	팀A	1	1	회원1
1	팀A	2	1	회원2

그림 10.7 컬렉션 페치 조인 결과 테이블

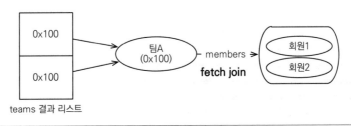

그림 10.8 컬렉션 페치 조인 결과 객체

예제 10.29의 컬렉션을 페치 조인한 JPQL에서 `select t`로 팀만 선택했는데 예제 10.30의 실행된 SQL을 보면 `T.*`, `M.*`로 팀과 연관된 회원도 함께 조회한 것을 확인할 수 있다. 그리고 그림 10.6의 TEAM 테이블에서 '팀A'는 하나지만 MEMBER 테이블과 조인하면서 결과가 증가해서 그림 10.7의 조인 결과 테이블을 보면 같은 '팀A'가 2건 조회되었다. 따라서 그림 10.8의 컬렉션 페치 조인 결과 객체에서 teams 결과 예제를 보면 주소가 `0x100`으로 같은 '팀A'를 2건 가지게 된다.

컬렉션 페치 조인을 사용하는 예제 10.31을 보자.

> 🔊 **참고**
>
> 일대다 조인은 결과가 증가할 수 있지만 일대일, 다대일 조인은 결과가 증가하지 않는다.

예제 10.31 컬렉션 페치 조인 사용

```
String jpql = "select t from Team t join fetch t.members where t.name = '팀A'"
List<Team> teams = em.createQuery(jpql, Team.class).getResultList();

for(Team team : teams) {

    System.out.println("teamname = " + team.getName() + ",
      team = " + team);

    for (Member member : team.getMembers()) {

        //페치 조인으로 팀과 회원을 함께 조회해서 지연 로딩 발생 안 함
        System.out.println(
            "->username = " + member.getUsername()+ ",
            member = " + member);
    }
}
```

출력 결과는 다음과 같다.

```
teamname = 팀A, team = Team@0x100
->username = 회원1, member = Member@0x200
->username = 회원2, member = Member@0x300
teamname = 팀A, team = Team@0x100
->username = 회원1, member = Member@0x200
->username = 회원2, member = Member@0x300
```

출력 결과를 보면 같은 '팀A'가 2건 조회된 것을 확인할 수 있다.

페치 조인과 DISTINCT

SQL의 DISTINCT는 중복된 결과를 제거하는 명령어다. JPQL의 DISTINCT 명령어는 SQL에 DISTINCT를 추가하는 것은 물론이고 애플리케이션에서 한 번 더 중복을 제거한다.

바로 직전에 컬렉션 페치 조인은 팀A가 중복으로 조회된다. 다음처럼 DISTINCT를 추가해보자.

```
select distinct t
from Team t join fetch t.members
where t.name = '팀A'
```

먼저 DISTINCT를 사용하면 SQL에 SELECT DISTINCT가 추가된다. 하지만 지금은 각 로우의 데이터가 다르므로 표 10.2처럼 SQL의 DISTINCT는 효과가 없다.

데이터가 달라 다음처럼 SQL의 DISTINCT 효과가 없다.

표 10.2 데이터가 달라 SQL DISTINCT 효과 없음

로우 번호	팀	회원
1	팀A	회원1
2	팀A	회원2

다음으로 애플리케이션에서 distinct 명령어를 보고 중복된 데이터를 걸러낸다. select distinct t의 의미는 팀 엔티티의 중복을 제거하라는 것이다. 따라서 중복인 팀A는 그림 10.9처럼 하나만 조회된다.

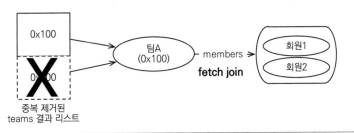

그림 10.9 페치 조인 DISTINCT 결과

컬렉션 페치 조인 사용 예제에 distinct를 추가하면 출력 결과는 다음과 같다.

```
teamname = 팀A, team = Team@0x100
->username = 회원1, member = Member@0x200
->username = 회원2, member = Member@0x300
```

페치 조인과 일반 조인의 차이

페치 조인을 사용하지 않고 조인만 사용하면 어떻게 될까?

예제 10.32 내부 조인 JPQL

```
select t
from Team t join t.members m
where t.name = '팀A'
```

예제 10.33 실행된 SQL

```
SELECT
    T.*
FROM TEAM T
INNER JOIN MEMBER M ON T.ID=M.TEAM_ID
WHERE T.NAME = '팀A'
```

예제 10.32의 JPQL에서 팀과 회원 컬렉션을 조인했으므로 회원 컬렉션도 함께 조회할 것으로 기대해선 안 된다. 예제 10.33에 실행된 SQL의 SELECT 절을 보면 팀만 조회하고 조인했던 회원은 전혀 조회하지 않는다.

JPQL은 결과를 반환할 때 연관관계까지 고려하지 않는다. 단지 SELECT 절에 지정한 엔티티만 조회할 뿐이다. 따라서 팀 엔티티만 조회하고 연관된 회원 컬렉션은 조회하지 않는다. 만약 회원 컬렉션을 지연 로딩으로 설정하면 그림 10.10처럼 프록시나 아직 초기화하지 않은 컬렉션 래퍼를 반환한다. 즉시 로딩으로 설정하면 회원 컬렉션을 즉시 로딩하기 위해 쿼리를 한 번 더 실행한다.

그림 10.10 페치 조인을 사용하지 않음, 조회 직후

반면에 페치 조인을 사용하면 연관된 엔티티도 함께 조회한다. 예제 10.34를 보자.

예제 10.34 컬렉션 페치 조인 JPQL

```
select t
from Team t join fetch t.members
where t.name = '팀A'
```

예제 10.35를 보면 SELECT T.*, M.*로 팀과 회원을 함께 조회한 것을 알 수 있다.

예제 10.35 실행된 SQL

```
SELECT
    T.*, M.*
FROM TEAM T
INNER JOIN MEMBER M ON T.ID=M.TEAM_ID
WHERE T.NAME = '팀A'
```

페치 조인의 특징과 한계

페치 조인을 사용하면 SQL 한 번으로 연관된 엔티티들을 함께 조회할 수 있어서 SQL 호출 횟수를 줄여 성능을 최적화할 수 있다.

다음처럼 엔티티에 직접 적용하는 로딩 전략은 애플리케이션 전체에 영향을 미치므로 글로벌 로딩 전략이라 부른다. 페치 조인은 글로벌 로딩 전략보다 우선한다. 예를 들어 글로벌 로딩 전략을 지연 로딩으로 설정해도 JPQL에서 페치 조인을 사용하면 페치 조인을 적용해서 함께 조회한다.

```
@OneToMany(fetch = FetchType.LAZY) //글로벌 로딩 전략
```

최적화를 위해 글로벌 로딩 전략을 즉시 로딩으로 설정하면 애플리케이션 전체에서 항상 즉시 로딩이 일어난다. 물론 일부는 빠를 수는 있지만 전체로 보면 사용하지 않는 엔티티를 자주 로딩하므로 오히려 성능에 악영향을 미칠 수 있다. 따라서 글로벌 로딩 전략은 될 수 있으면 지연 로딩을 사용하고 최적화가 필요하면 페치 조인을 적용하는 것이 효과적이다.

또한 페치 조인을 사용하면 연관된 엔티티를 쿼리 시점에 조회하므로 지연 로딩이 발생하지 않는다. 따라서 **준영속 상태에서도 객체 그래프를 탐색할 수 있다.**

페치 조인은 다음과 같은 한계가 있다.

- **페치 조인 대상에는 별칭을 줄 수 없다.**
  - 문법을 자세히 보면 페치 조인에 별칭을 정의하는 내용이 없다. 따라서 SELECT, WHERE 절, 서브 쿼리에 페치 조인 대상을 사용할 수 없다.
  - JPA 표준에서는 지원하지 않지만 하이버네이트를 포함한 몇몇 구현체들은 페치 조인에 별칭을 지원한다. 하지만 별칭을 잘못 사용하면 연관된 데이터 수가 달라져서 데이터 무결성이 깨질 수 있으므로 조심해서 사용해야 한다. 특히 2차 캐시와 함께 사용할 때 조심해야 하는데, 연관된 데이터 수가 달라진 상태에서 2차 캐시에 저장되면 다른 곳에서 조회할 때도 연관된 데이터 수가 달라지는 문제가 발생할 수 있다. 2차 캐시는 16.2절에서 설명한다.

- **둘 이상의 컬렉션을 페치할 수 없다.** 구현체에 따라 되기도 하는데 컬렉션 * 컬렉션의 카테시안 곱이 만들어지므로 주의해야 한다. 하이버네이트를 사용하면 "javax.persistence.PersistenceException: org.hibernate.loader. MultipleBagFetchException: cannot simultaneously fetch multiple bags" 예외가 발생한다.

- **컬렉션을 페치 조인하면 페이징 API(`setFirstResult`, `setMaxResults`)를 사용할 수 없다.**
  - 컬렉션(일대다)이 아닌 단일 값 연관 필드(일대일, 다대일)들은 페치 조인을 사용해도 페이징 API를 사용할 수 있다.
  - 하이버네이트에서 컬렉션을 페치 조인하고 페이징 API를 사용하면 경고 로그를 남기면서 메모리에서 페이징 처리를 한다. 데이터가 적으면 상관없겠지만 데이터가 많으면 성능 이슈와 메모리 초과 예외가 발생할 수 있어서 위험하다.

페치 조인은 SQL 한 번으로 연관된 여러 엔티티를 조회할 수 있어서 성능 최적화에 상당히 유용하다. 그리고 실무에서 자주 사용하게 된다. 하지만 모든 것을 페치 조인으로 해결할 수는 없다. 페치 조인은 객체 그래프를 유지할 때 사용하면 효과적이다. 반면에 여러 테이블을 조인해서 엔티티가 가진 모양이 아닌 전혀 다른 결과를 내야 하다면 억지로 페치 조인을 사용하기보다는 여러 테이블에서 필요한 필드들만 조회해서 DTO로 반환하는 것이 더 효과적일 수 있다.

10.2.8 경로 표현식

지금까지 JPQL 조인을 알아보았다. 이번에는 JPQL에서 사용하는 경로 표현식Path Expression을 알아보고 경로 표현식을 통한 묵시적 조인도 알아보자.

경로 표현식이라는 것은 쉽게 이야기해서 .(점)을 찍어 객체 그래프를 탐색하는 것이다. 다음 JPQL을 보자.

```
select m.username
from Member m
    join m.team t
    join m.orders o
where t.name = '팀A'
```

여기서 m.username, m.team, m.orders, t.name이 모두 경로 표현식을 사용한 예다.

경로 표현식의 용어 정리

경로 표현식을 이해하려면 우선 다음 용어들을 알아야 한다.

- **상태 필드**state field: 단순히 값을 저장하기 위한 필드(필드 or 프로퍼티)
- **연관 필드**association field: 연관관계를 위한 필드, 임베디드 타입 포함(필드 or 프로퍼티)
  - **단일 값 연관 필드**: @ManyToOne, @OneToOne, 대상이 엔티티
  - **컬렉션 값 연관 필드**: @OneToMany, @ManyToMany, 대상이 컬렉션

상태 필드는 단순히 값을 저장하는 필드이고 연관 필드는 객체 사이의 연관관계를 맺기 위해 사용하는 필드다. 예제 10.36으로 상태 필드와 연관 필드를 알아보자.

```
@Entity
public class Member {

    @Id @GeneratedValue
    private Long id;

    @Column(name = "name")
    private String username; //상태 필드
    private Integer age; //상태 필드

    @ManyToOne(..)
    private Team team; //연관 필드(단일 값 연관 필드)

    @OneToMany(..)
    private List<Order> orders; //연관 필드(컬렉션 값 연관 필드)
```

정리하면 다음 3가지 경로 표현식이 있다.

- **상태 필드**: 예 t.username, t.age
- **단일 값 연관 필드**: 예 m.team
- **컬렉션 값 연관 필드**: 예 m.orders

경로 표현식과 특징

JPQL에서 경로 표현식을 사용해서 경로 탐색을 하려면 다음 3가지 경로에 따라 어떤 특징이 있는지 이해해야 한다.

- **상태 필드 경로**: 경로 탐색의 끝이다. 더는 탐색할 수 없다.
- **단일 값 연관 경로**: 묵시적으로 내부 조인이 일어난다. 단일 값 연관 경로는 계속 탐색할 수 있다.
- **컬렉션 값 연관 경로**: 묵시적으로 내부 조인이 일어난다. 더는 탐색할 수 없다. 단 FROM 절에서 조인을 통해 별칭을 얻으면 별칭으로 탐색할 수 있다.

예제를 통해 경로 탐색을 하나씩 알아보자.

▼ 상태 필드 경로 탐색

다음 JPQL의 m.username, m.age는 상태 필드 경로 탐색이다.

```
select m.username, m.age from Member m
```

이 JPQL을 실행한 결과 SQL은 다음과 같다.

```
select m.name, m.age
from Member m
```

상태 필드 경로 탐색은 이해하는 데 어려움이 없을 것이다.

▼ 단일 값 연관 경로 탐색

다음 JPQL을 보자.

```
select o.member from Order o
```

이 JPQL을 실행한 결과 SQL은 다음과 같다.

```
select m.*
from Orders o
    inner join Member m on o.member_id=m.id
```

JPQL을 보면 o.member를 통해 주문에서 회원으로 단일 값 연관 필드로 경로 탐색을 했다. **단일 값 연관 필드로 경로 탐색을 하면 SQL에서 내부 조인이 일어나는데 이것을 묵시적 조인이라 한다. 참고로 묵시적 조인은 모두 내부 조인이다. 외부 조인은 명시적으로 JOIN 키워드를 사용해야 한다.**

- **명시적 조인**: JOIN을 직접 적어주는 것

  예 SELECT m FROM Member m JOIN m.team t

- **묵시적 조인**: 경로 표현식에 의해 묵시적으로 조인이 일어나는 것, 내부 조인 INNER JOIN만 할 수 있다.

  예 SELECT m.team FROM Member m

이번에는 복잡한 예제를 보자. 처음에 나오는 그림 10.1을 보면서 예제 10.37의 JPQL을 분석해보자.

```
select o.member.team
from Order o
where o.product.name = 'productA' and o.address.city = 'JINJU'
```

주문 중에서 상품명이 'productA'고 배송지가 'JINJU'인 회원이 소속된 팀을 조회한다. 실제 내부 조인이 몇 번 일어날지 생각해보자.

```
select t.*
from Orders o
inner join Member m on o.member_id=m.id
inner join Team t on m.team_id=t.id
inner join Product p on o.product_id=p.id
where p.name='productA' and o.city='JINJU'
```

예제 10.38의 실행된 SQL을 보면 총 3번의 조인이 발생했다. 참고로 o.address 처럼 임베디드 타입에 접근하는 것도 단일 값 연관 경로 탐색이지만 주문 테이블에 이미 포함되어 있으므로 조인이 발생하지 않는다.

▼ 컬렉션 값 연관 경로 탐색

JPQL을 다루면서 많이 하는 실수 중 하나는 컬렉션 값에서 경로 탐색을 시도하는 것이다.

```
select t.members from Team t //성공
select t.members.username from Team t //실패
```

t.members처럼 컬렉션까지는 경로 탐색이 가능하다. 하지만 t.members. username처럼 컬렉션에서 경로 탐색을 시작하는 것은 허락하지 않는다. 만약 컬렉션에서 경로 탐색을 하고 싶으면 다음 코드처럼 조인을 사용해서 새로운 별칭을 획득해야 한다.

```
select m.username from Team t join t.members m
```

join t.members m으로 컬렉션에 새로운 별칭을 얻었다. 이제 별칭 m부터 다시 경로 탐색을 할 수 있다.

참고로 컬렉션은 컬렉션의 크기를 구할 수 있는 `size`라는 특별한 기능을 사용할 수 있다. `size`를 사용하면 COUNT 함수를 사용하는 SQL로 적절히 변환된다.

```
select t.members.size from Team t
```

경로 탐색을 사용한 묵시적 조인 시 주의사항

경로 탐색을 사용하면 묵시적 조인이 발생해서 SQL에서 내부 조인이 일어날 수 있다. 이때 주의사항은 다음과 같다.

- **항상 내부 조인이다.**
- 컬렉션은 경로 탐색의 끝이다. 컬렉션에서 경로 탐색을 하려면 명시적으로 조인해서 별칭을 얻어야 한다.
- 경로 탐색은 주로 SELECT, WHERE 절(다른 곳에서도 사용됨)에서 사용하지만 묵시적 조인으로 인해 SQL의 FROM 절에 영향을 준다.

조인이 성능상 차지하는 부분은 아주 크다. 묵시적 조인은 조인이 일어나는 상황을 한눈에 파악하기 어렵다는 단점이 있다. 따라서 단순하고 성능에 이슈가 없으면 크게 문제가 안 되지만 성능이 중요하면 분석하기 쉽도록 묵시적 조인보다는 명시적 조인을 사용하자.

10.2.9 서브 쿼리

JPQL도 SQL처럼 서브 쿼리를 지원한다. 여기에는 몇 가지 제약이 있는데, 서브쿼리를 WHERE, HAVING 절에서만 사용할 수 있고 SELECT, FROM 절에서는 사용할 수 없다.

> 🔊 **참고**
>
> 하이버네이트의 HQL은 SELECT 절의 서브 쿼리도 허용한다. 하지만 아직까지 FROM 절의 서브 쿼리는 지원하지 않는다. 일부 JPA 구현체는 FROM 절의 서브 쿼리도 지원한다.

서브 쿼리 사용 예를 보자.

다음은 나이가 평균보다 많은 회원을 찾는다.

```
select m from Member m
where m.age > (select avg(m2.age) from Member m2)
```

다음은 한 건이라도 주문한 고객을 찾는다.

```
select m from Member m
where (select count(o) from Order o where m = o.member) > 0
```

참고로 이 쿼리는 다음처럼 컬렉션 값 연관 필드의 size 기능을 사용해도 같은 결과를 얻을 수 있다(실행되는 SQL도 같다).

```
select m from Member m
where m.orders.size > 0
```

서브 쿼리 함수

서브쿼리는 다음 함수들과 같이 사용할 수 있다.

- [NOT] EXISTS (subquery)
- {ALL | ANY | SOME} (subquery)
- [NOT] IN (subquery)

▼ EXISTS

문법: [NOT] EXISTS (subquery)

설명: 서브쿼리에 결과가 존재하면 참이다. NOT은 반대

예 팀A 소속인 회원

```
select m from Member m
where exists (select t from m.team t where t.name = '팀A')
```

▼ {ALL | ANY | SOME}

문법: {ALL | ANY | SOME} (subquery)

설명: 비교 연산자와 같이 사용한다. {= | > | >= | < | <= | <>}

    - ALL: 조건을 모두 만족하면 참이다.

    - ANY 혹은 SOME: 둘은 같은 의미다. 조건을 하나라도 만족하면 참이다.

예 전체 상품 각각의 재고보다 주문량이 많은 주문들

```
select o from Order o
where o.orderAmount > ALL (select p.stockAmount from Product p)
```

예 어떤 팀이든 팀에 소속된 회원

```
select m from Member m
where m.team = ANY (select t from Team t)
```

▼ IN

문법: [NOT] IN (subquery)

설명: 서브쿼리의 결과 중 하나라도 같은 것이 있으면 참이다. 참고로 IN은 서브쿼리가 아닌 곳에서도 사용한다.

예 20세 이상을 보유한 팀

```
select t from Team t
where t IN (select t2 From Team t2 JOIN t2.members m2 where m2.age >= 20)
```

10.2.10 조건식

타입 표현

JPQL에서 사용하는 타입은 표 10.3과 같이 표시한다. 대소문자는 구분하지 않는다.

표 10.3 타입 표현

종류	설명	예제
문자	작은 따옴표 사이에 표현 작은 따옴표를 표현하고 싶으면 작은 따옴표 연속 두 개('') 사용	'HELLO' 'She''s '
숫자	L(Long 타입 지정) D(Double 타입 지정) F(Float 타입 지정)	10L 10D 10F
날짜	DATE {d 'yyyy–mm–dd'} TIME {t 'hh–mm–ss'} DATETIME {ts 'yyyy–mm–dd hh:mm:ss.f'}	{d '2012–03–24'} {t '10–11–11'} {ts '2012–03–24 10–11–11.123'} m.createDate = {d '2012–03–24'}
Boolean	TRUE, FALSE	

(이어짐)

종류	설명	예제
Enum	패키지명을 포함한 전체 이름을 사용해야 한다.	jpabook.MemberType.Admin
엔티티 타입	엔티티의 타입을 표현한다. 주로 상속과 관련해서 사용한다.	TYPE(m) = Member

연산자 우선 순위

연산자 우선 순위는 다음과 같다.

1. 경로 탐색 연산 (.)
2. 수학 연산: +, -(단항 연산자), *, /, +, -
3. 비교 연산: =, 〉, 〉=, 〈, 〈=, 〈〉(다름), [NOT] BETWEEN, [NOT] LIKE, [NOT]IN, IS [NOT] NULL, IS [NOT] EMPTY, [NOT] MEMBER [OF], [NOT] EXISTS
4. 논리 연산: NOT, AND, OR

논리 연산과 비교식

▼ 논리 연산

- AND: 둘 다 만족하면 참
- OR: 둘 중 하나만 만족해도 참
- NOT: 조건식의 결과 반대

▼ 비교식

비교식은 다음과 같다.

= | > | >= | < | <= | <>

Between, IN, Like, NULL 비교

▼ Between 식

문법: X [NOT] BETWEEN A AND B

설명: X는 A ~ B 사이의 값이면 참(A, B 값 포함)

예 나이가 10~20인 회원을 찾아라.

```
select m from Member m
where m.age between 10 and 20
```

▼ IN 식

문법: X [NOT] IN (예제)

설명: X와 같은 값이 예제에 하나라도 있으면 참이다. IN 식의 예제에는 서브쿼리를 사용할 수 있다.

예 이름이 회원1이나 회원2인 회원을 찾아라.

```
select m from Member m
where m.username in ('회원1','회원2')
```

▼ Like 식

문법: 문자표현식 [NOT] LIKE 패턴값 [ESCAPE 이스케이프문자]

설명: 문자표현식과 패턴값을 비교한다.

- %(퍼센트): 아무 값들이 입력되어도 된다(값이 없어도 됨).
- _(언더라인): 한 글자는 아무 값이 입력되어도 되지만 값이 있어야 한다.

예제 10.39는 Like 식을 사용하는 예제다.

예제 10.39 Like 식 예제

```
//중간에 원이라는 단어가 들어간 회원(좋은회원, 회원, 원)
select m from Member m
where m.username like '%원%'

//처음에 회원이라는 단어가 포함(회원1, 회원ABC)
where m.username like '회원%'

//마지막에 회원이라는 단어가 포함(좋은 회원, A회원)
where m.username like '%회원'

//회원A, 회원1
where m.username like '회원_'

//회원3
where m.username like '__3'

//회원%
where m.username like '회원\%' ESCAPE '\'
```

▼ NULL 비교식

문법: {단일값 경로 | 입력 파라미터 } IS [NOT] NULL

설명: NULL 인지 비교한다. NULL은 =으로 비교하면 안 되고 꼭 IS NULL을 사용해야 한다.

예
```
where m.username is null
where null = null //거짓
where 1=1 //참
```

컬렉션 식

컬렉션 식은 컬렉션에만 사용하는 특별한 기능이다. 참고로 컬렉션은 컬렉션 식 이외에 다른 식은 사용할 수 없다.

▼ 빈 컬렉션 비교 식

문법: {컬렉션 값 연관 경로} IS [NOT] EMPTY

설명: 컬렉션에 값이 비었으면 참

예제 10.40은 빈 컬렉션을 비교하는 예제다.

예제 10.40 빈 컬렉션 비교 예제

```
//JPQL: 주문이 하나라도 있는 회원 조회
select m from Member m
where m.orders is not empty

//실행된 SQL
select m.* from Member m
where
    exists (
        select o.id
        from Orders o
        where m.id=o.member_id
    )
```

컬렉션은 컬렉션 식만 사용할 수 있다는 점에 주의하자. 다음의 is null처럼 컬렉션 식이 아닌 것은 사용할 수 없다.

```
select m from Member m
where m.orders is null (오류!)
```

▼ 컬렉션의 멤버 식

문법: {엔티티나 값} [NOT] MEMBER [OF] {컬렉션 값 연관 경로}

설명: 엔티티나 값이 컬렉션에 포함되어 있으면 참

예
```
select t from Team t
where :memberParam member of t.members
```

스칼라 식

스칼라는 숫자, 문자, 날짜, case, 엔티티 타입(엔티티의 타입 정보) 같은 가장 기본적인 타입들을 말한다. 스칼라 타입에 사용하는 식을 알아보자.

▼ 수학 식

- +, -: 단항 연산자
- *, /, +, -: 사칙연산

▼ 문자함수

문자함수는 표 10.4에 정리했다.

표 10.4 문자함수

함수	설명	예제
CONCAT(문자1, 문자2, …)	문자를 합한다.	CONCAT('A','B') = AB
SUBSTRING(문자, 위치, [길이])	위치부터 시작해 길이만큼 문자를 구한다. 길이 값이 없으면 나머지 전체 길이를 뜻한다.	SUBSTRING('ABCDEF', 2, 3) = BCD
TRIM([[LEADING | TRAILING | BOTH] [트림 문자] FROM] 문자)	LEADING: 왼쪽만 TRAILING: 오른쪽만 BOTH: 양쪽 다 트림 문자를 제거한다. 기본값은 BOTH. 트림 문자의 기본값은 공백(SPACE)다.	TRIM(' ABC ') = 'ABC'
LOWER(문자)	소문자로 변경	LOWER('ABC') = 'abc'
UPPER(문자)	대문자로 변경	UPPER('abc') = 'ABC'
LENGTH(문자)	문자 길이	LENGTH('ABC') = 3
LOCATE(찾을 문자, 원본 문자, [검색시작위치])	검색위치부터 문자를 검색한다. 1부터 시작, 못 찾으면 0 반환	LOCATE('DE', 'ABCDEFG') = 4

▼ 수학함수

수학함수는 표 10.5에 정리했다.

표 10.5 수학함수

함수	설명	예제
ABS(수학식)	절대값을 구한다.	ABS(-10) = 10
SQRT(수학식)	제곱근을 구한다.	SQRT(4) = 2.0
MOD(수학식, 나눌 수)	나머지를 구한다.	MOD(4,3) = 1
SIZE(컬렉션 값 연관 경로식)	컬렉션의 크기를 구한다.	SIZE(t.members)
INDEX(별칭)	LIST 타입 컬렉션의 위치값을 구함. 단 컬렉션이 @OrderColumn을 사용하는 LIST 타입일 때만 사용할 수 있다.	t.members m where INDEX(m) > 3

▼ 날짜함수

날짜함수는 데이터베이스의 현재 시간을 조회한다.

- CURRENT_DATE: 현재 날짜
- CURRENT_TIME: 현재 시간
- CURRENT_TIMESTAMP: 현재 날짜 시간

예

```
select CURRENT_DATE, CURRENT_TIME, CURRENT_TIMESTAMP from Team t
//결과: 2013-08-19, 23:38:17, 2013-08-19 23:38:17.736
```

예 종료 이벤트 조회

```
select e from Event e where e.endDate < CURRENT_DATE
```

하이버네이트는 날짜 타입에서 년, 월, 일, 시간, 분, 초 값을 구하는 기능을 지원한다.

```
YEAR, MONTH, DAY, HOUR, MINUTE, SECOND
```

예

```
select year(CURRENT_TIMESTAMP), month(CURRENT_TIMESTAMP),
    day(CURRENT_TIMESTAMP)
from Member
```

데이터베이스들은 각자의 방식으로 더 많은 날짜 함수를 지원한다. 그리고 각각
의 날짜 함수는 하이버네이트가 제공하는 데이터베이스 방언에 등록되어 있다.
예를 들어 오라클 방언을 사용하면 to_date, to_char 함수를 사용할 수 있다.
물론 다른 데이터베이스를 사용하면 동작하지 않는다.

CASE 식

특정 조건에 따라 분기할 때 CASE 식을 사용한다. CASE 식은 4가지 종류가 있다.

- 기본 CASE
- 심플 CASE
- COALESCE
- NULLIF

순서대로 하나씩 알아보자.

▼ 기본 CASE

문법:

```
CASE
    {WHEN <조건식> THEN <스칼라식>}+
    ELSE <스칼라식>
END
```

예

```
select
    case when m.age <= 10 then '학생요금'
        when m.age >= 60 then '경로요금'
        else '일반요금'
    end
from Member m
```

▼ 심플 CASE

심플 CASE는 조건식을 사용할 수 없지만, 문법이 단순하다. 참고로 자바의 switch case 문과 비슷하다.

문법:

```
CASE <조건대상>
    {WHEN <스칼라식1> THEN <스칼라식2>}+
    ELSE <스칼라식>
END
```

예
```
select
    case t.name
        when '팀A' then '인센티브110%'
        when '팀B' then '인센티브120%'
        else '인센티브105%'
    end
from Team t
```

> **◀)) 참고**
>
> 표준 명세의 문법 정의는 다음과 같다.
>
> - 기본 CASE 식::=
>   CASE when_절 {when_절}* ELSE 스칼라식 END
>   when_절::= WHEN 조건식 THEN 스칼라식
>
> - 심플 CASE 식::=
>   CASE case_피연산자 심플_when_절 {심플_when_절}* ELSE 스칼라식 END
>   case_피연산자::= 상태 필드 경로식 | 타입 구분자
>   심플_when_절::= WHEN 스칼라식 THEN 스칼라식

▼ COALESCE

문법: COALESCE (<스칼라식> {,<스칼라식>}+)

설명: 스칼라식을 차례대로 조회해서 null이 아니면 반환한다.

예 m.username이 null이면 '이름 없는 회원'을 반환하라.

```
select coalesce(m.username,'이름 없는 회원') from Member m
```

▼ NULLIF

문법: NULLIF(<스칼라식>, <스칼라식>)

설명: 두 값이 같으면 null을 반환하고 다르면 첫 번째 값을 반환한다. 집합 함수
는 null을 포함하지 않으므로 보통 집합 함수와 함께 사용한다.

예 사용자 이름이 '관리자'면 null을 반환하고 나머지는 본인의 이름을 반환하라.

```
select NULLIF(m.username, '관리자') from Member m
```

10.2.11 다형성 쿼리

JPQL로 부모 엔티티를 조회하면 그 자식 엔티티도 함께 조회한다. 예제 10.41을
보면 Item의 자식으로 Book, Album, Movie가 있다.

예제 10.41 다형성 쿼리 엔티티

```
@Entity
@Inheritance(strategy = InheritanceType.SINGLE_TABLE)
@DiscriminatorColumn(name = "DTYPE")
public abstract class Item {...}

@Entity
@DiscriminatorValue("B")
public class Book extends Item {
    ...
    private String author;
}

//Album, Movie 생략
```

다음과 같이 조회하면 Item의 자식도 함께 조회한다.

```
List resultList =
    em.createQuery("select i from Item i").getResultList();
```

단일 테이블 전략(InheritanceType.SINGLE_TABLE)을 사용할 때 실행되는 SQL은
다음과 같다.

```
//SQL
SELECT * FROM ITEM
```

조인 전략(InheritanceType.JOINED)을 사용할 때 실행되는 SQL은 다음과 같다.

```
//SQL
SELECT
    i.ITEM_ID, i.DTYPE, i.name, i.price, i.stockQuantity,
    b.author, b.isbn,
    a.artist, a.etc,
    m.actor, m.director
FROM
    Item i
left outer join
    Book b on i.ITEM_ID=b.ITEM_ID
left outer join
    Album a on i.ITEM_ID=a.ITEM_ID
left outer join
    Movie m on i.ITEM_ID=m.ITEM_ID
```

TYPE

TYPE은 엔티티의 상속 구조에서 조회 대상을 특정 자식 타입으로 한정할 때 주로 사용한다.

예 Item 중에 Book, Movie를 조회하라.

```
//JPQL
select i from Item i
where type(i) IN (Book, Movie)
```

```
//SQL
SELECT i FROM Item i
WHERE i.DTYPE in ('B', 'M')
```

TREAT(JPA 2.1)

TREAT는 JPA 2.1에 추가된 기능인데 자바의 타입 캐스팅과 비슷하다. 상속 구조에서 부모 타입을 특정 자식 타입으로 다룰 때 사용한다. JPA 표준은 FROM, WHERE 절에서 사용할 수 있지만, 하이버네이트는 SELECT 절에서도 TREAT를 사용할 수 있다.

예 부모인 Item과 자식 Book이 있다.

```
//JPQL
select i from Item i where treat(i as Book).author = 'kim'

//SQL
select i.* from Item i
where
    i.DTYPE='B'
    and i.author='kim'
```

JPQL을 보면 treat를 사용해서 부모 타입인 Item을 자식 타입인 Book으로 다룬다. 따라서 author 필드에 접근할 수 있다.

10.2.12 사용자 정의 함수 호출(JPA 2.1)

JPA 2.1부터 사용자 정의 함수를 지원한다.

문법:

```
function_invocation::= FUNCTION(function_name {, function_arg}*)
```

예

```
select function('group_concat', i.name) from Item i
```

하이버네이트 구현체를 사용하면 예제 10.42와 같이 방언 클래스를 상속해서 구현하고 사용할 데이터베이스 함수를 미리 등록해야 한다.

예제 10.42 방언 클래스 상속

```
public class MyH2Dialect extends H2Dialect {

    public MyH2Dialect() {
        registerFunction( "group_concat", new StandardSQLFunction
            ("group_concat",StandardBasicTypes.STRING));
    }
}
```

그리고 예제 10.43과 같이 hibernate.dialect에 해당 방언을 등록해야 한다.

예제 10.43 상속한 방언 클래스 등록(persistence.xml)

```
<property name="hibernate.dialect" value="hello.MyH2Dialect" />
```

하이버네이트 구현체를 사용하면 다음과 같이 축약해서 사용할 수 있다.

```
select group_concat(i.name) from Item i
```

10.2.13 기타 정리

- enum은 = 비교 연산만 지원한다.
- 임베디드 타입은 비교를 지원하지 않는다.

EMPTY STRING

JPA 표준은 ''을 길이 0인 Empty String으로 정했지만 데이터베이스에 따라 ''를 NULL로 사용하는 데이터베이스도 있으므로 확인하고 사용해야 한다.

NULL 정의

- 조건을 만족하는 데이터가 하나도 없으면 NULL이다.
- NULL은 알 수 없는 값$_{unknown\ value}$이다. NULL과의 모든 수학적 계산 결과는 NULL 이 된다.
- Null == Null은 알 수 없는 값이다.
- Null is Null은 참이다.

JPA 표준 명세는 Null(U) 값과 TRUE(T), FALSE(F)의 논리 계산을 다음과 같이 정의했다.

표 10.6은 AND 연산을 정리했다.

표 10.6 AND

AND	T	F	U
T	T	F	U
F	F	F	F
U	U	F	U

표 10.7은 OR 연산을 정리했다.

표 10.7 OR

OR	T	F	U
T	T	T	T
F	T	F	U
U	T	U	U

표 10.8은 NOT 연산을 정리했다.

표 10.8 NOT

NOT	
T	F
F	T
U	U

10.2.14 엔티티 직접 사용

기본 키 값

객체 인스턴스는 참조 값으로 식별하고 테이블 로우는 기본 키 값으로 식별한다. 따라서 JPQL에서 엔티티 객체를 직접 사용하면 SQL에서는 해당 엔티티의 기본 키 값을 사용한다. 다음 JPQL 예제를 보자.

```
select count(m.id) from Member m //엔티티의 아이디를 사용
select count(m) from Member m    //엔티티를 직접 사용
```

두 번째의 count(m)을 보면 엔티티의 별칭을 직접 넘겨주었다. 이렇게 엔티티를 직접 사용하면 JPQL이 SQL로 변환될 때 해당 엔티티의 기본 키를 사용한다. 따라서 다음 실제 실행된 SQL은 둘 다 같다.

```
select count(m.id) as cnt
from Member m
```

JPQL의 count(m)이 SQL에서 count(m.id)로 변환된 것을 확인할 수 있다. 이번에는 예제 10.44와 같이 엔티티를 파라미터로 직접 받아보자.

예제 10.44 엔티티를 파라미터로 직접 받는 코드

```
String qlString = "select m from Member m where m = :member";
List resultList = em.createQuery(qlString)
    .setParameter("member", member)
    .getResultList();
```

실행된 SQL은 다음과 같다.

```
select m.*
from Member m
where m.id=?
```

JPQL과 SQL을 비교해보면 JPQL에서 where m = :member로 엔티티를 직접 사용하는 부분이 SQL에서 where m.id=?로 기본 키 값을 사용하도록 변환된 것을 확인할 수 있다. 물론 예제 10.45와 같이 식별자 값을 직접 사용해도 결과는 같다.

예제 10.45 식별자 값을 직접 사용하는 코드

```
String qlString = "select m from Member m where m.id = :memberId";
List resultList = em.createQuery(qlString)
    .setParameter("memberId", 4L)
    .getResultList();
```

외래 키 값

이번에는 외래 키를 사용하는 예를 보자. 예제 10.46은 특정 팀에 소속된 회원을 찾는다.

예제 10.46 외래 키 대신에 엔티티를 직접 사용하는 코드

```
Team team = em.find(Team.class, 1L);

String qlString = "select m from Member m where m.team = :team";
List resultList = em.createQuery(qlString)
    .setParameter("team", team)
    .getResultList();
```

기본 키 값이 1L인 팀 엔티티를 파라미터로 사용하고 있다. m.team은 현재 team_id라는 외래 키와 매핑되어 있다. 따라서 다음과 같은 SQL이 실행된다.

```
select m.*
from Member m
where m.team_id=?(팀 파라미터의 ID 값)
```

엔티티 대신 예제 10.47과 같이 식별자 값을 직접 사용할 수 있다.

예제 10.47 외래 키에 식별자를 직접 사용하는 코드

```
String qlString = "select m from Member m where m.team.id = :teamId";
List resultList = em.createQuery(qlString)
    .setParameter("teamId", 1L)
    .getResultList();
```

예제에서 m.team.id를 보면 Member와 Team 간에 묵시적 조인이 일어날 것 같지만 MEMBER 테이블이 team_id 외래 키를 가지고 있으므로 묵시적 조인은 일어나지 않는다. 물론 m.team.name을 호출하면 묵시적 조인이 일어난다. 따라서 m.team을 사용하든 m.team.id를 사용하든 생성되는 SQL은 같다.

10.2.15 Named 쿼리: 정적 쿼리

JPQL 쿼리는 크게 동적 쿼리와 정적 쿼리로 나눌 수 있다.

- **동적 쿼리**: em.createQuery("select ..")처럼 JPQL을 문자로 완성해서 직접 넘기는 것을 동적 쿼리라 한다. 런타임에 특정 조건에 따라 JPQL을 동적으로 구성할 수 있다.
- **정적 쿼리**: 미리 정의한 쿼리에 이름을 부여해서 필요할 때 사용할 수 있는데 이 것을 Named 쿼리라 한다. Named 쿼리는 한 번 정의하면 변경할 수 없는 정적인 쿼리다.

Named 쿼리는 애플리케이션 로딩 시점에 JPQL 문법을 체크하고 미리 파싱해 둔다. 따라서 오류를 빨리 확인할 수 있고, 사용하는 시점에는 파싱된 결과를 재사용하므로 성능상 이점도 있다. 그리고 Named 쿼리는 변하지 않는 정적 SQL이 생성되므로 데이터베이스의 조회 성능 최적화에도 도움이 된다.

Named 쿼리는 @NamedQuery 어노테이션을 사용해서 자바 코드에 작성하거나 또는 XML 문서에 작성할 수 있다.

Named 쿼리를 어노테이션에 정의

Named 쿼리는 이름 그대로 쿼리에 이름을 부여해서 사용하는 방법이다. 먼저 @NamedQuery 어노테이션을 사용하는 예를 예제 10.48을 통해 보자.

예제 10.48 @NamedQuery 어노테이션으로 Named 쿼리 정의

```
@Entity
@NamedQuery(
    name = "Member.findByUsername",
    query="select m from Member m where m.username = :username")
public class Member {

    ...

}
```

@NamedQuery.name에 쿼리 이름을 부여하고 @NamedQuery.query에 사용할 쿼리를 입력한다.

예제 10.49 @NamedQuery 사용

```
List<Member> resultList = em.createNamedQuery("Member.findByUsername",
    Member.class)
            .setParameter("username", "회원1")
            .getResultList();
```

Named 쿼리를 사용할 때는 예제 10.49와 같이 em.createNamedQuery() 메소드에 Named 쿼리 이름을 입력하면 된다.

> 📢 참고
>
> Named 쿼리 이름을 간단히 findByUsername이라 하지 않고 Member.findByUsername처럼 앞에 엔티티 이름을 주었는데 이것이 기능적으로 특별한 의미가 있는 것은 아니다. 하지만 **Named 쿼리**는 영속성 유닛 단위로 관리되므로 충돌을 방지하기 위해 엔티티 이름을 앞에 주었다. 그리고 엔티티 이름이 앞에 있으면 관리하기가 쉽다.

하나의 엔티티에 2개 이상의 Named 쿼리를 정의하려면 예제 10.50과 같이 @NamedQueries 어노테이션을 사용하면 된다.

```java
@Entity
@NamedQueries({
    @NamedQuery(
        name = "Member.findByUsername",
        query="select m from Member m where m.username = :username"),
    @NamedQuery(
        name = "Member.count",
        query="select count(m) from Member m")
})
public class Member {...}
```

예제 10.51은 @NamedQuery 어노테이션이다. 간단히 알아보자.

```java
@Target({TYPE})
public @interface NamedQuery {

    String name();  //Named 쿼리 이름 (필수)
    String query();  //JPQL 정의 (필수)
    LockModeType lockMode() default NONE;  //쿼리 실행 시 락모드를
                                           //설정할 수 있다.
    QueryHint[] hints() default {};  //JPA 구현체에 쿼리 힌트를 줄 수 있다.
}
```

- lockMode: 쿼리 실행 시 락을 건다. 락에 대한 자세한 내용은 16.1절에서 다룬다.
- hints: 여기서 힌트는 SQL 힌트가 아니라 JPA 구현체에게 제공하는 힌트다. 예를 들어 2차 캐시를 다룰 때 사용한다.

Named 쿼리를 XML에 정의

JPA에서 어노테이션으로 작성할 수 있는 것은 XML로도 작성할 수 있다. 물론 어노테이션을 사용하는 것이 직관적이고 편리하다. 하지만 Named 쿼리를 작성할 때는 XML을 사용하는 것이 더 편리하다.

자바 언어로 멀티라인 문자를 다루는 것은 상당히 귀찮은 일이다(어노테이션을 사용해도 마찬가지다).

```
"select " +
    "case t.name when '팀A' then '인센티브110%' " +
    "          when '팀B' then '인센티브120%' " +
    "          else '인센티브105%' end " +
"from Team t";
```

그루비처럼 멀티라인을 지원하는 언어도 있다.

```
'''
select
    case t.name when '팀A' then '인센티브110%'
                when '팀B' then '인센티브120%'
                else '인센티브105%' end
from Team t
'''
```

자바에서 이런 불편함을 해결하려면 예제 10.52와 같이 XML을 사용하는 것이
그나마 현실적인 대안이다.

예제 10.52 META-INF/ormMember.xml, XML에 정의한 Named 쿼리

```
<?xml version="1.0" encoding="UTF-8"?>
<entity-mappings xmlns="http://xmlns.jcp.org/xml/ns/persistence/orm"
    version="2.1">

    <named-query name="Member.findByUsername">
        <query><CDATA[
            select m
            from Member m
            where m.username = :username
        ]></query>
    </named-query>

    <named-query name="Member.count">
        <query>select count(m) from Member m</query>
    </named-query>

</entity-mappings>
```

🔊 참고

XML에서 &, ⟨, ⟩는 XML 예약문자다. 대신에 &, <, >를 사용해야 한다. ⟨![CDATA[ ]]⟩
를 사용하면 그 사이에 문장을 그대로 출력하므로 예약문자도 사용할 수 있다.

그리고 정의한 ormMember.xml을 인식하도록 META-INF/persistence.xml에 다음 코드를 추가해야 한다.

```
<persistence-unit name="jpabook" >
    <mapping-file>META-INF/ormMember.xml</mapping-file>
    ...
```

> 🔊 **참고**
>
> META-INF/orm.xml은 JPA가 기본 매핑파일로 인식해서 별도의 설정을 하지 않아도 된다. 이름이나 위치가 다르면 설정을 추가해야 한다. 예제에서는 매핑 파일 이름이 ormMember.xml이므로 persistence.xml에 설정 정보를 추가했다.

환경에 따른 설정

만약 XML과 어노테이션에 같은 설정이 있으면 **XML이 우선권**을 가진다. 예를 들어 같은 이름의 Named 쿼리가 있으면 XML에 정의한 것이 사용된다. 따라서 애플리케이션이 운영 환경에 따라 다른 쿼리를 실행해야 한다면 각 환경에 맞춘 XML을 준비해 두고 XML만 변경해서 배포하면 된다.

10.3 Criteria

Criteria 쿼리는 JPQL을 자바 코드로 작성하도록 도와주는 빌더 클래스 API다. Criteria를 사용하면 문자가 아닌 코드로 JPQL을 작성하므로 문법 오류를 컴파일 단계에서 잡을 수 있고 문자 기반의 JPQL보다 동적 쿼리를 안전하게 생성할 수 있는 장점이 있다. 하지만 실제 Criteria를 사용해서 개발해보면 코드가 복잡하고 장황해서 직관적으로 이해가 힘들다는 단점도 있다.

Criteria는 결국 JPQL의 생성을 돕는 클래스 모음이다. 따라서 내용 대부분이 JPQL과 중복되므로 사용법 위주로 알아보자.

10.3.1 Criteria 기초

Criteria API는 `javax.persistence.criteria` 패키지에 있다.

예제 10.53을 통해 가장 단순한 Criteria 쿼리부터 살펴보자.

예제 10.53 Criteria 쿼리 시작

```
//JPQL: select m from Member m

CriteriaBuilder cb = em.getCriteriaBuilder(); //Criteria 쿼리 빌더 …❶

//Criteria 생성, 반환 타입 지정 …❷
CriteriaQuery<Member> cq = cb.createQuery(Member.class);

Root<Member> m = cq.from(Member.class); //FROM 절 …❸
cq.select(m); //SELECT 절 …❹

TypedQuery<Member> query = em.createQuery(cq);
List<Member> members = query.getResultList();
```

모든 회원 엔티티를 조회하는 단순한 JPQL을 Criteria로 작성해보자. 이해를 돕기 위해 Criteria의 결과로 생성된 JPQL을 첫 줄에 주석으로 남겨두었다.

❶ Criteria 쿼리를 생성하려면 먼저 Criteria 빌더(CriteriaBuilder)를 얻어야 한다. Criteria 빌더는 EntityManager나 EntityManagerFactory에서 얻을 수 있다.

❷ Criteria 쿼리 빌더에서 Criteria 쿼리(CriteriaQuery)를 생성한다. 이때 반환 타입을 지정할 수 있다.

❸ FROM 절을 생성한다. 반환된 값 m은 Criteria에서 사용하는 특별한 별칭이다. m을 조회의 시작점이라는 의미로 쿼리 루트(Root)라 한다.

❹ SELECT 절을 생성한다.

이렇게 Criteria 쿼리를 완성하고 나면 다음 순서는 JPQL과 같다. em.createQuery(cq)에 완성된 Criteria 쿼리를 넣어주기만 하면 된다.

이번에는 예제 10.54에 검색 조건(where)과 정렬(order by)을 추가해보자.

예제 10.54 검색 조건 추가

```
//JPQL
//select m from Member m
//where m.username='회원1'
//order by m.age desc

CriteriaBuilder cb = em.getCriteriaBuilder();

CriteriaQuery<Member> cq = cb.createQuery(Member.class);
```

```
Root<Member> m = cq.from(Member.class); //FROM 절 생성

//검색 조건 정의 …❶
Predicate usernameEqual = cb.equal(m.get("username"), "회원1");

//정렬 조건 정의 …❷
javax.persistence.criteria.Order ageDesc = cb.desc(m.get("age"));

//쿼리 생성 …❸
cq.select(m)
    .where(usernameEqual) //WHERE 절 생성
    .orderBy(ageDesc); //ORDER BY 절 생성

List<Member> resultList = em.createQuery(cq).getResultList();
```

이전에 보았던 기본 쿼리에 검색 조건과 정렬 조건을 추가했다.

❶ 검색 조건을 정의한 부분을 보면 m.get("username")으로 되어 있는데 m은 회원 엔티티의 별칭이다. 이것은 JPQL에서 m.username과 같은 표현이다. 그리고 cb.equal(A,B)는 이름 그대로 A = B 라는 뜻이다. 따라서 cb.equal(m.get("username"), "회원1")는 JPQL에서 m.username = '회원1'과 같은 표현이다.

❷ 정렬 조건을 정의하는 코드인 cb.desc(m.get("age"))는 JPQL의 m.age desc와 같은 표현이다.

❸ 만들어둔 조건을 where, orderBy 에 넣어서 원하는 쿼리를 생성한다.

Criteria는 검색 조건부터 정렬까지 Criteria 빌더(CriteriaBuilder)를 사용해서 코드를 완성한다.

쿼리 루트Query Root와 별칭을 알아보자.

- Root<Member> m = cq.from(Member.class); 여기서 m이 쿼리 루트다.
- 쿼리 루트는 조회의 시작점이다.
- Criteria에서 사용되는 특별한 별칭이다. JPQL의 별칭이라 생각하면 된다.
- 별칭은 엔티티에만 부여할 수 있다.

Criteria는 코드로 JPQL을 완성하는 도구다. 따라서 경로 표현식도 있다.

- m.get("username")는 JPQL의 m.username과 같다.
- m.get("team").get("name")는 JPQL의 m.team.name과 같다.

다음으로 예제 10.55에 10살을 초과하는 회원을 조회하고 나이 역순으로 정렬해보자.

예제 10.55 숫자 타입 검색

```
//select m from Member m
//where m.age > 10 order by m.age desc

Root<Member> m = cq.from(Member.class);

//타입 정보 필요
Predicate ageGt = cb.greaterThan(m.<Integer>get("age"), 10);

cq.select(m);
cq.where(ageGt);
cq.orderBy(cb.desc(m.get("age")));
```

cb.greaterThan(m.<Integer>get("age"), 10)을 보면 메소드 이름을 보고 A > B라는 것이 바로 이해가 될 것이다. 약간 의아한 부분은 m.<Integer>get("age")에서 제네릭으로 타입 정보를 준 코드다. m.get("age")에서는 "age"의 타입 정보를 알지 못한다. 따라서 제네릭으로 반환 타입 정보를 명시해야 한다(보통 String 같은 문자 타입은 지정하지 않아도 된다). 참고로 greaterThan() 대신에 gt()를 사용해도 된다.

이제 본격적으로 Criteria API를 살펴보자.

10.3.2 Criteria 쿼리 생성

Criteria를 사용하려면 예제 10.56과 같은 CriteriaBuilder.createQuery() 메소드로 Criteria 쿼리(CriteriaQuery)를 생성하면 된다.

예제 10.56 CriteriaBuilder

```
public interface CriteriaBuilder {

    CriteriaQuery<Object> createQuery(); //조회값 반환 타입: Object

    //조회값 반환 타입: 엔티티, 임베디드 타입, 기타
    <T> CriteriaQuery<T> createQuery(Class<T> resultClass);
```

```
    CriteriaQuery<Tuple> createTupleQuery(); //조회값 반환 타입: Tuple
    ...
}
```

예제 10.57을 보면 Criteria 쿼리를 생성할 때 파라미터로 쿼리 결과에 대한 반환 타입을 지정할 수 있다. 예를 들어 CriteriaQuery를 생성할 때 Member.class를 반환 타입으로 지정하면 em.createQuery(cq)에서 반환 타입을 지정하지 않아도 된다.

예제 10.57 반환 타입 지정

```
CriteriaBuilder cb = em.getCriteriaBuilder();

//Member를 반환 타입으로 지정
CriteriaQuery<Member> cq = cb.createQuery(Member.class);
...

//위에서 Member를 타입으로 지정했으므로 지정하지 않아도 Member 타입을 반환
List<Member> resultList = em.createQuery(cq).getResultList();
```

반환 타입을 지정할 수 없거나 반환 타입이 둘 이상이면 예제 10.58과 같이 타입을 지정하지 않고 Object로 반환받으면 된다.

예제 10.58 Object로 조회

```
CriteriaBuilder cb = em.getCriteriaBuilder();
CriteriaQuery<Object> cq = cb.createQuery(); //조회값 반환 타입: Object
...
List<Object> resultList = em.createQuery(cq).getResultList();
```

물론 반환 타입이 둘 이상이면 예제 10.59와 같이 Object[]를 사용하는 것이 편리하다(Object[]를 반환받는 이유는 JPQL에서 설명했다). 반환 타입이 둘 이상인 예제는 바로 뒤에 있는 multiselect에서 보자.

예제 10.59 Object[]로 조회

```
CriteriaBuilder cb = em.getCriteriaBuilder();

//조회값 반환 타입: Object[]
CriteriaQuery<Object[]> cq = cb.createQuery(Object[].class);
...
List<Object[]> resultList = em.createQuery(cq).getResultList();
```

반환 타입을 튜플로 받고 싶으면 예제 10.60과 같이 튜플을 사용하면 된다. 튜플에 대해서는 조금 뒤에 알아보겠다.

예제 10.60 튜플로 조회

```
CriteriaBuilder cb = em.getCriteriaBuilder();

//조회값 반환 타입: Tuple
CriteriaQuery<Tuple> cq = cb.createTupleQuery();
...
TypedQuery<Tuple> query = em.createQuery(cq);
```

10.3.3 조회

이번에는 SELECT 절을 만드는 예제 10.61에 정리한 select()에 대해서 알아보자.

예제 10.61 CriteriaQuery

```
public interface CriteriaQuery<T> extends AbstractQuery<T> {

    //한 건 지정
    CriteriaQuery<T> select(Selection<? extends T> selection);

    //여러 건 지정
    CriteriaQuery<T> multiselect(Selection<?>... selections);

    //여러 건 지정
    CriteriaQuery<T> multiselect(List<Selection<?>> selectionList);
    ...
}
```

조회 대상을 한 건, 여러 건 지정

select에 조회 대상을 하나만 지정하려면 다음처럼 작성하면 된다.

```
cq.select(m) //JPQL: select m
```

조회 대상을 여러 건을 지정하려면 multiselect를 사용하면 된다.

```
//JPQL: select m.username, m.age
cq.multiselect(m.get("username"), m.get("age"));
```

여러 건 지정은 다음처럼 cb.array를 사용해도 된다.

```
CriteriaBuilder cb = em.getCriteriaBuilder();
    //JPQL: select m.username, m.age
cq.select( cb.array(m.get("username"), m.get("age")) );
```

DISTINCT

distinct는 select, multiselect 다음에 distinct(true)를 사용하면 된다.

```
//JPQL: select distinct m.username, m.age
cq.multiselect(m.get("username"), m.get("age")).distinct(true);
```

예제 10.62의 완성된 코드를 보자.

예제 10.62 완성된 코드

```
//JPQL: select distinct m.username, m.age from Member m

CriteriaQuery<Object[]> cq = cb.createQuery(Object[].class);
Root<Member> m = cq.from(Member.class);
cq.multiselect(m.get("username"), m.get("age")).distinct(true);
//cq.select(cb.array(m.get("username"), m.get("age"))).distinct(true); //위
코드와 같다.

TypedQuery<Object[]> query = em.createQuery(cq);
List<Object[]> resultList = query.getResultList();
```

NEW, construct()

JPQL에서 select new 생성자() 구문을 Criteria에서는 cb.construct(클래스 타입,
...)로 사용한다.

```
<Y> CompoundSelection<Y> construct(Class<Y> resultClass, Selection<?>...
selections);
```

construct()를 실제 사용하는 코드인 예제 10.63을 보면 쉽게 이해될 것이다.

예제 10.63 Criteria construct()

```
//JPQL: select new jpabook.domain.MemberDTO(m.username, m.age)
//from Member m
```

```
CriteriaQuery<MemberDTO> cq = cb.createQuery(MemberDTO.class);
Root<Member> m = cq.from(Member.class);

cq.select(cb.construct(MemberDTO.class, m.get("username"),
    m.get("age")));

TypedQuery<MemberDTO> query = em.createQuery(cq);
List<MemberDTO> resultList = query.getResultList();
```

JPQL에서는 select new jpabook.domain.MemberDTO()처럼 패키지명을 다 적어 주었다. 하지만 Criteria는 코드를 직접 다루므로 MemberDTO.class처럼 간략 하게 사용할 수 있다.

튜플

Criteria는 Map과 비슷한 튜플이라는 특별한 반환 객체를 제공한다. 예제 10.64를 보자.

예제 10.64 튜플

```
//JPQL: select m.username, m.age from Member m

CriteriaBuilder cb = em.getCriteriaBuilder();

CriteriaQuery<Tuple> cq = cb.createTupleQuery();
//CriteriaQuery<Tuple> cq = cb.createQuery(Tuple.class); //위와 같다.

Root<Member> m = cq.from(Member.class);
cq.multiselect(
        m.get("username").alias("username"), //튜플에서 사용할 튜플 별칭 …❶
        m.get("age").alias("age")
);

TypedQuery<Tuple> query = em.createQuery(cq);
List<Tuple> resultList = query.getResultList();
for (Tuple tuple : resultList) {
    //튜플 별칭으로 조회 …❷
    String username = tuple.get("username", String.class);

    Integer age = tuple.get("age", Integer.class);
}
```

튜플을 사용하려면 `cb.createTupleQuery()` 또는 `cb.createQuery(Tuple.class)`로 Criteria를 생성한다.

❶ 튜플은 튜플의 검색 키로 사용할 튜플 전용 별칭을 필수로 할당해야 한다. 별칭은 alias() 메소드를 사용해서 지정할 수 있다.
❷ 선언해둔 튜플 별칭으로 데이터를 조회할 수 있다.

튜플은 이름 기반이므로 순서 기반의 `Object[]`보다 안전하다. 그리고 `tuple.getElements()` 같은 메소드를 사용해서 현재 튜플의 별칭과 자바 타입도 조회할 수 있다.

> **📢 참고**
>
> 튜플에 별칭을 준다고 해서 실제 SQL에 별칭이 달리는 것은 아니다. 튜플은 Map과 비슷한 구조여서 별칭을 키로 사용한다.

튜플은 예제 10.65와 같이 엔티티도 조회할 수 있다. 튜플을 사용할 때는 별칭을 필수로 주어야 하는 것에 주의하자.

예제 10.65 튜플과 엔티티 조회

```
CriteriaQuery<Tuple> cq = cb.createTupleQuery();
Root<Member> m = cq.from(Member.class);
cq.select(cb.tuple(
    m.alias("m"), //회원 엔티티, 별칭 m
    m.get("username").alias("username") //단순 값 조회, 별칭 username
));

TypedQuery<Tuple> query = em.createQuery(cq);
List<Tuple> resultList = query.getResultList();
for (Tuple tuple : resultList) {
    Member member = tuple.get("m", Member.class);
    String username = tuple.get("username", String.class);
}
```

예제에서 `cq.multiselect(...)` 대신에 `cq.select(cb.tuple(...))`를 사용했는데 둘은 같은 기능을 한다.

10.3.4 집합

GROUP BY

예제 10.66과 같이 팀 이름별로 나이가 가장 많은 사람과 가장 적은 사람을 구해
보자.

예제 10.66 집합 예

```
/*
    JPQL:
    select m.team.name, max(m.age), min(m.age)
    from Member m
    group by m.team.name
 */

CriteriaBuilder cb = em.getCriteriaBuilder();
CriteriaQuery<Object[]> cq = cb.createQuery(Object[].class);
Root<Member> m = cq.from(Member.class);

Expression maxAge = cb.max(m.<Integer>get("age"));
Expression minAge = cb.min(m.<Integer>get("age"));

cq.multiselect(m.get("team").get("name"), maxAge, minAge);
cq.groupBy(m.get("team").get("name"));  //GROUP BY

TypedQuery<Object[]> query = em.createQuery(cq);
List<Object[]> resultList = query.getResultList();
```

cq.groupBy(m.get("team").get("name"))은 JPQL에서 group by m.team.
name과 같다.

HAVING

이 조건에 팀에 가장 나이 어린 사람이 10살을 초과하는 팀을 조회한다는 조건을
추가해보자.

```
cq.multiselect(m.get("team").get("name"), maxAge, minAge)
    .groupBy(m.get("team").get("name"))
    .having(cb.gt(minAge, 10)); //HAVING
```

having(cb.gt(minAge, 10))은 JPQL에서 having min(m.age) > 10과 같다.

10.3.5 정렬

정렬 조건도 Criteria 빌더를 통해서 생성한다.

`cb.desc(...)` 또는 `cb.asc(...)`로 생성할 수 있다.

```
cq.select(m)
    .where(ageGt)
    .orderBy(cb.desc(m.get("age"))); //JPQL: order by m.age desc
```

정렬 API는 다음과 같이 정의되어 있다.

```
CriteriaQuery<T> orderBy(Order... o);
CriteriaQuery<T> orderBy(List<Order> o);
```

10.3.6 조인

조인은 `join()` 메소드와 JoinType 클래스를 사용한다.

```
public enum JoinType {

    INNER,  //내부 조인
    LEFT,   //왼쪽 외부 조인
    RIGHT   //오른쪽 외부 조인,
            //JPA 구현체나 데이터베이스에 따라 지원하지 않을 수도 있다.
}
```

예제 10.67을 보자.

예제 10.67 JOIN 예

```
/* JPQL
    select m,t from Member m
    inner join m.team t
    where t.name = '팀A'
*/

Root<Member> m = cq.from(Member.class);
Join<Member, Team> t = m.join("team", JoinType.INNER);   //내부 조인

cq.multiselect(m, t)
  .where(cb.equal(t.get("name"), "팀A"));
```

쿼리 루트(m)에서 바로 m.join("team") 메소드를 사용해서 회원과 팀을 조인했다. 그리고 조인한 team에 t라는 별칭을 주었다. 여기서는 JoinType.INNER를 설정해서 내부 조인을 사용했다. 참고로 조인 타입을 생략하면 내부 조인을 사용한다. 외부 조인은 JoinType.LEFT로 설정하면 된다.

```
m.join("team") //내부 조인
m.join("team", JoinType.INNER) //내부 조인
m.join("team", JoinType.LEFT) //외부 조인
```

FETCH JOIN은 다음 같이 사용한다.

```
Root<Member> m = cq.from(Member.class);
m.fetch("team", JoinType.LEFT);

cq.select(m);
```

페치 조인은 fetch(조인대상, JoinType)을 사용한다. 페치 조인 시 주의사항은 JPQL과 같다.

10.3.7 서브 쿼리

Criteria로 작성하는 서브 쿼리에 대해 알아보자.

▼ 간단한 서브 쿼리

우선 메인 쿼리와 서브 쿼리 간에 관련이 없는 단순한 서브 쿼리부터 시작해보자. 예제 10.68은 평균 나이 이상의 회원을 구하는 서브 쿼리다.

예제 10.68 간단한 서브 쿼리

```
/* JPQL:
    select m from Member m
    where m.age >=
        (select AVG(m2.age) from Member m2)
*/

CriteriaBuilder cb = em.getCriteriaBuilder();
CriteriaQuery<Member> mainQuery = cb.createQuery(Member.class);

//서브 쿼리 생성 …❶
Subquery<Double> subQuery = mainQuery.subquery(Double.class);
```

```
Root<Member> m2 = subQuery.from(Member.class);
subQuery.select(cb.avg(m2.<Integer>get("age")));

//메인 쿼리 생성 …❷
Root<Member> m = mainQuery.from(Member.class);
mainQuery.select(m)
    .where(cb.ge(m.<Integer>get("age"), subQuery));
```

❶ 서브 쿼리 생성 부분을 보면 서브 쿼리는 mainQuery.subquery(...)로 생성한다.

❷ 메인 쿼리 생성 부분을 보면 where(..., subQuery)에서 생성한 서브 쿼리를 사용한다.

▼ 상호 관련 서브 쿼리

이번에는 메인 쿼리와 서브 쿼리 간에 서로 관련이 있을 때 Criteria를 어떻게 작성하는지 알아보자.

서브 쿼리에서 메인 쿼리의 정보를 사용하려면 메인 쿼리에서 사용한 별칭을 얻어야 한다. 서브 쿼리는 메인 쿼리의 Root나 Join을 통해 생성된 별칭을 받아서 다음과 같이 사용할 수 있다.

```
.where(cb.equal(subM.get("username"), m.get("username")));
```

예제 10.69의 예제는 팀A에 소속된 회원을 찾도록 했다. 물론 이때는 서브 쿼리보다는 조인으로 해결하는 것이 더 효과적일 수 있다. 여기서는 상호 관련 서브 쿼리에 초점을 맞추자.

예제 10.69 상호 관련 서브 쿼리

```
/* JPQL
    select m from Member m
    where exists
        (select t from m.team t where t.name='팀A')
*/
CriteriaBuilder cb = em.getCriteriaBuilder();
CriteriaQuery<Member> mainQuery = cb.createQuery(Member.class);

//서브 쿼리에서 사용되는 메인 쿼리의 m
Root<Member> m = mainQuery.from(Member.class);

//서브 쿼리 생성
Subquery<Team> subQuery = mainQuery.subquery(Team.class);
Root<Member> subM = subQuery.correlate(m);   //메인 쿼리의 별칭을 가져옴
```

```
Join<Member, Team> t = subM.join("team");
subQuery.select(t)
    .where(cb.equal(t.get("name"), "팀A"));

//메인 쿼리 생성
mainQuery.select(m)
    .where(cb.exists(subQuery));

List<Member> resultList = em.createQuery(mainQuery).getResultList();
```

여기서 핵심은 subQuery.correlate(m) 이다. correlate(...) 메소드를 사용하면 메인 쿼리의 별칭을 서브 쿼리에서 사용할 수 있다.

10.3.8 IN 식

IN 식은 Criteria 빌더에서 in(...) 메소드를 사용한다. 예제 10.70의 예제로 알아보자.

예제 10.70 IN 식 사용 예

```
/* JPQL
    select m from Member m
    where m.username in ("회원1", "회원2")
*/

CriteriaBuilder cb = em.getCriteriaBuilder();
CriteriaQuery<Member> cq = cb.createQuery(Member.class);
Root<Member> m = cq.from(Member.class);

cq.select(m)
    .where(cb.in(m.get("username"))
        .value("회원1")
        .value("회원2"));
```

10.3.9 CASE 식

CASE 식에는 selectCase() 메소드와 when(), otherwise() 메소드를 사용한다. 예제 10.71로 알아보자.

```
/* JPQL
    select m.username,
        case when m.age>=60 then 600
            when m.age<=15 then 500
            else 1000
        end
    from Member m
*/

Root<Member> m = cq.from(Member.class);

cq.multiselect(
    m.get("username"),
    cb.selectCase()
        .when(cb.ge(m.<Integer>get("age"), 60), 600)
        .when(cb.le(m.<Integer>get("age"), 15), 500)
        .otherwise(1000)
);
```

10.3.10 파라미터 정의

JPQL에서 :PARAM1처럼 파라미터를 정의했듯이 Criteria도 파라미터를 정의할 수 있다. 예제 10.72를 보자.

```
/* JPQL
    select m from Member m
    where m.username = :usernameParam
*/

CriteriaBuilder cb = em.getCriteriaBuilder();
CriteriaQuery<Member> cq = cb.createQuery(Member.class);

Root<Member> m = cq.from(Member.class);

//정의 …❶
cq.select(m)
    .where(cb.equal(m.get("username"), cb.parameter(String.class,
        "usernameParam")));
```

```
List<Member> resultList = em.createQuery(cq)
    .setParameter("usernameParam", "회원1") //바인딩 …❷
    .getResultList();
```

순서대로 알아보자.

❶ cb.parameter(타입, 파라미터 이름) 메소드를 사용해서 파라미터를 정의했다.

❷ setParameter("usernameParam", "회원1")을 사용해서 해당 파라미터에 사용할 값을 바인딩했다.

> **🔊 참고**
>
> 하이버네이트는 다음처럼 Criteria에서 파라미터를 정의하지 않고 직접 값을 입력해도 실제 SQL
> 에서는 PreparedStatement에 파라미터 바인딩을 사용한다.
>
> ```
> cq.select(m)
>     .where(cb.equal(m.get("username"), "회원1"));
> ```
>
> 다음 실행된 SQL을 보면 ?로 파라미터 바인딩을 받고 있다.
>
> ```
> select * from Member m where m.name=?
> ```

10.3.11 네이티브 함수 호출

네이티브 SQL 함수를 호출하려면 cb.function(...) 메소드를 사용하면 된다.

```
Root<Member> m = cq.from(Member.class);
Expression<Long> function = cb.function("SUM", Long.class,
    m.get("age"));
cq.select(function);
```

여기서는 전체 회원의 나이 합을 구했다. "SUM" 대신에 원하는 네이티브 SQL
함수를 입력하면 된다.

> **🔊 참고**
>
> JPQL에서 설명했듯이 하이버네이트 구현체는 방언에 사용자정의 SQL 함수를 등록해야 호출할
> 수 있다.

10.3.12 동적 쿼리

다양한 검색 조건에 따라 실행 시점에 쿼리를 생성하는 것을 동적 쿼리라 한다. 동적 쿼리는 문자 기반인 JPQL보다는 코드 기반인 Criteria로 작성하는 것이 더 편리하다. 우선 JPQL로 만든 동적 쿼리부터 보자. 예제 10.73은 나이, 이름, 팀명을 검색 조건으로 사용해서 동적으로 쿼리를 생성한다.

예제 10.73 JPQL 동적 쿼리

```
//검색 조건
Integer age = 10;
String username = null;
String teamName = "팀A";

//JPQL 동적 쿼리 생성
StringBuilder jpql = new StringBuilder("select m from Member m join m.team t ");
List<String> criteria = new ArrayList<String>();

if (age != null) criteria.add(" m.age = :age ");
if (username != null) criteria.add(" m.username = :username ");
if (teamName != null) criteria.add(" t.name = :teamName ");

if (criteria.size() > 0) jpql.append(" where ");

for (int i = 0; i < criteria.size(); i++) {
    if (i > 0) jpql.append(" and ");
    jpql.append(criteria.get(i));
}

TypedQuery<Member> query = em.createQuery(jpql.toString(),
    Member.class);
if (age != null) query.setParameter("age", age);
if (username != null) query.setParameter("username", username);
if (teamName != null) query.setParameter("teamName", teamName);

List<Member> resultList = query.getResultList();
```

JPQL로 동적 쿼리를 구성하는 것은 아슬아슬한 줄타기 같다. 이처럼 단순한 동적 쿼리 코드를 개발해도 문자 더하기로 인해, 여러 번 버그를 만날 것이다. 특히 문자 사이에 공백을 입력하지 않아서 age=:ageandusername=:username처럼 되는 것은 다들 한 번씩은 겪는 문제고 where와 and의 위치를 구성하는 것도 신경을 써야 한다.

이번에는 예제 10.74를 통해 Criteria로 구성한 동적 쿼리를 보자.

예제 10.74 Criteria 동적 쿼리

```
//검색 조건
Integer age = 10;
String username = null;
String teamName = "팀A";

//Criteria 동적 쿼리 생성
CriteriaBuilder cb = em.getCriteriaBuilder();
CriteriaQuery<Member> cq = cb.createQuery(Member.class);

Root<Member> m = cq.from(Member.class);
Join<Member, Team> t = m.join("team");

List<Predicate> criteria = new ArrayList<Predicate>();

if (age != null) criteria.add(cb.equal(m.<Integer>get("age"),
    cb.parameter(Integer.class, "age")));
if (username != null) criteria.add(cb.equal(m.get("username"),
    cb.parameter(String.class, "username")));
if (teamName != null) criteria.add(cb.equal(t.get("name"),
    cb.parameter(String.class, "teamName")));

cq.where(cb.and(criteria.toArray(new Predicate[0])));

TypedQuery<Member> query = em.createQuery(cq);
if (age != null) query.setParameter("age", age);
if (username != null) query.setParameter("username", username);
if (teamName != null) query.setParameter("teamName", teamName);

List<Member> resultList = query.getResultList();
```

Criteria로 동적 쿼리를 구성하면 최소한 공백이나 where, and의 위치로 인해 에러가 발생하지는 않는다. 이런 장점에도 불구하고 Criteria의 장황하고 복잡함으로 인해, 코드가 읽기 힘들다는 단점은 여전히 남아 있다.

10.3.13 함수 정리

Criteria는 JPQL 빌더 역할을 하므로 JPQL 함수를 코드로 지원한다.

먼저 살펴볼 함수는 표 10.9에 정의되어 있다(예 m.get("username")의 반환 타입).

표 10.9 Expression의 메소드

함수명	JPQL
isNull()	IS NULL
isNotNull()	IS NOT NULL
in()	IN

예 m.get("username").isNull()

JPQL에서 사용하는 함수는 대부분 CriteriaBuilder에 정의되어 있다. 다음 분류로 나누어 알아보자.

- 조건 함수(표 10.9)
- 스칼라와 기타 함수(표 10.10)
- 집합 함수(표 10.11)
- 분기 함수(표 10.12)

표 10.10 조건 함수

함수명	JPQL
and()	and
or()	or
not()	not
equal(), notEqual()	=, ⟨⟩
lt(), lessThan()	⟨
le(), LessThanOrEqualTo()	⟨=
gt(), greaterThan()	⟩
ge(), greaterThanOrEqualTo()	⟩=
between()	between
like(), notLike()	like, not like

(이어짐)

함수명	JPQL
isTrue(), isFalse	is true, is false
in(), not(in())	in, not(in())
exists(), not(exists())	exists, not exists
isNull(), isNotNull()	is null, is not null
isEmpty(), isNotEmpty()	is empty, is not empty
isMember(), isNotMember()	member of, not member of

표 10.11 스칼라와 기타 함수

함수명	JPQL	함수명	JPQL
sum()	+	length()	length
neg(), diff()	−	locate()	locate
prod()	*	concat()	concat
quot()	/	upper()	upper
all()	all	lower()	lower
any()	any	substring()	substring
some()	some	trim()	trim
abs()	abs	currentDate()	current_date
sqrt()	sqrt	currentTime()	current_time
mod()	mod	currentTimestamp()	current_timestamp
size()	size		

표 10.12 집합 함수

함수명	JPQL
avg()	avg
max(), greatest()	max
min(), least()	min
sum(), sumAsLong(), sumAsDouble()	sum
count()	count
countDistinct()	count distinct

표 10.13 분기 함수

함수명	JPQL
nullif( )	nullif
coalesce( )	coalesce
selectCase( )	case

10.3.14 Criteria 메타 모델 API

Criteria는 코드 기반이므로 컴파일 시점에 오류를 발견할 수 있다. 하지만 m.get("age")에서 age는 문자다. 'age' 대신에 실수로 'ageaaa' 이렇게 잘못 적어도 컴파일 시점에 에러를 발견하지 못한다. 따라서 완전한 코드 기반이라 할 수 없다. 이런 부분까지 코드로 작성하려면 메타 모델 API를 사용하면 된다. 메타 모델 API를 사용하려면 먼저 메타 모델 클래스를 만들어야 한다.

메타 모델 API를 적용한 간단한 예를 보자.

■ 메타 모델 API 적용 전

```
cq.select(m)
    .where(cb.gt(m.<Integer>get("username"), 20))
    .orderBy(cb.desc(m.get("age")));
```

■ 메타 모델 API 적용 후

```
cq.select(m)
    .where(cb.gt(m.get(Member_.age), 20))
    .orderBy(cb.desc(m.get(Member_.age)));
```

메타 모델 적용 전 후를 비교해보자. m.<Integer>get("age")를 보면 문자 기반에서 m.get(Member_.age)처럼 정적인 코드 기반으로 변경된 것을 확인할 수 있다. 이렇게 하려면 Member_ 클래스가 필요한데 이것을 메타 모델 클래스라 한다.

예제 10.75의 Member_ 클래스를 살펴보자.

예제 10.75 Member_ 클래스

```
@Generated(value = "org.hibernate.jpamodelgen.JPAMetaModelEntityProcessor")
@StaticMetamodel(Member.class)
public abstract class Member_ {
```

```
    public static volatile SingularAttribute<Member, Long> id;
    public static volatile SingularAttribute<Member, String> username;
    public static volatile SingularAttribute<Member, Integer> age;
    public static volatile ListAttribute<Member, Order> orders;
    public static volatile SingularAttribute<Member, Team> team;

}
```

이런 클래스를 표준(CANONICAL) 메타 모델 클래스라 하는데 줄여서 메타 모델이라 한다. Member_ 메타 모델 클래스는 Member 엔티티를 기반으로 만들어야 한다. 물론 이렇게 복잡한 코드를 개발자가 직접 작성하지는 않는다. 대신에 코드 자동 생성기가 엔티티 클래스를 기반으로 메타 모델 클래스들을 만들어 준다.

하이버네이트 구현체를 사용하면 코드 생성기는 org.hibernate.jpamodelgen.JPAMetaModelEntityProcessor를 사용하면 된다.

코드 생성기는 모든 엔티티 클래스를 찾아서 "엔티티명_(언더라인).java" 모양의 메타 모델 클래스를 생성해준다.

엔티티 -> 코드 자동 생성기 -> 메타 모델 클래스

src/jpabook/domain/Member.java //원본 코드

//자동 생성된 메타 모델
target/generated-sources/annotations/jpabook/domain/Member_.java

코드 생성기 설정

코드 생성기는 보통 메이븐이나 엔트, 그래들Gradle을 같은 빌드 도구를 사용해서 실행한다. 여기서는 메이븐을 기준으로 설명하겠다. 메이븐에 예제 10.76의 두 설정을 추가한다.

예제 10.76 코드 생성기 MAVEN 설정

```xml
<dependencies>
    <dependency>
        <groupId>org.hibernate</groupId>
        <artifactId>hibernate-jpamodelgen</artifactId>
        <version>1.3.0.Final</version>
    </dependency>
</dependencies>
```

```
<build>
    <plugins>
        <plugin>
            <artifactId>maven-compiler-plugin</artifactId>
            <configuration>
                <source>1.6</source>
                <target>1.6</target>
                <compilerArguments>
                    <processor>org.hibernate.jpamodelgen.JPAMetaModelEntity
Processor</processor>
                </compilerArguments>
            </configuration>
        </plugin>
    </plugins>
</build>
```

그리고 `mvn compile` 명령어를 사용하면 target/generated-sources/
annotations/ 하위에 매타 모델 클래스들이 생성된다. 이클립스나 인텔리J 같은
IDE를 사용하면 조금 더 편리하게 메타 모델이 생성되도록 할 수 있다.

코드를 자동으로 생성하는 것이 약간 어색할 수 있고 설정도 생각보다 쉽지는 않
다. 하지만 코드 기반이므로 IDE의 도움을 받을 수 있고 컴파일 시점에 에러를 잡을
수 있다는 장점이 있으므로 Criteria를 자주 사용한다면 적용하는 것을 권장한다.

> 🔊 참고
>
> 하이버네이트가 제공하는 JPA 메타모델 생성기는 다음 URL을 참고하자. 메이븐, 엔트, 이클립
> 스, 인텔리J 각각에 대해 메타 모델 API 생성기를 설정하는 방법이 상세히 나와 있다. 참고로 메
> 타 모델 API를 사용하기 위해선 JAVA 1.6 이상을 사용해야 한다.
>
> http://docs.jboss.org/hibernate/jpamodelgen/1.3/reference/en-US/html_single

> 🔊 참고
>
> JPA Criteria는 너무 장황하고 복잡하다. 반면에 비슷한 역할을 하는 QueryDSL은 코드 기반이라
> 는 장점을 가지고 있으면서 단순하다. 또한 결과 코드가 JPQL과 비슷해서 직관적으로 이해할 수
> 있다. 이런 이유로 나는 Criteria보다 QueryDSL을 선호한다. QueryDSL은 다음 절에서 다룬다.

10.4 QueryDSL

JPA Criteria는 문자가 아닌 코드로 JPQL을 작성하므로 문법 오류를 컴파일 단계에서 잡을 수 있고 IDE 자동완성 기능의 도움을 받을 수 있는 등 여러 가지 장점이 있다. 하지만 Criteria의 가장 큰 단점은 너무 복잡하고 어렵다는 것이다. 작성된 코드를 보면 그 복잡성으로 인해 어떤 JPQL이 생성될지 파악하기가 쉽지 않다. 쿼리를 문자가 아닌 코드로 작성해도, 쉽고 간결하며 그 모양도 쿼리와 비슷하게 개발할 수 있는 프로젝트가 바로 QueryDSL이다. QueryDSL도 Criteria처럼 JPQL 빌더 역할을 하는데 JPA Criteria를 대체할 수 있다.

QueryDSL은 오픈소스 프로젝트다. 처음에는 HQL(하이버네이트 쿼리언어)을 코드로 작성할 수 있도록 해주는 프로젝트로 시작해서 지금은 JPA, JDO, JDBC, Lucene, Hibernate Search, 몽고DB, 자바 컬렉션 등을 다양하게 지원한다. 참고로 QueryDSL은 이름 그대로 쿼리 즉 데이터를 조회하는 데 기능이 특화되어 있다.

> 🔊 참고
>
> QueryDSL은 최범균(javacan.tistory.com)님이 번역한 공식 한국어 문서를 제공한다.
> www.querydsl.com/static/querydsl/3.6.3/reference/ko-KR/html_single/

10.4.1 QueryDSL 설정

필요 라이브러리

참고로 예제에 사용한 버전은 3.6.3이다. 예제 10.77과 같이 QueryDSL 라이브러리를 추가하자.

예제 10.77 pom.xml 추가

```
<dependency>
    <groupId>com.mysema.querydsl</groupId>
    <artifactId>querydsl-jpa</artifactId>
    <version>3.6.3</version>
</dependency>

<dependency>
    <groupId>com.mysema.querydsl</groupId>
```

```
        <artifactId>querydsl-apt</artifactId>
        <version>3.6.3</version>
        <scope>provided</scope>
</dependency>
```

- querydsl-jpa: QueryDSL JPA 라이브러리
- querydsl-apt: 쿼리 타입(Q)을 생성할 때 필요한 라이브러리

환경설정

QueryDSL을 사용하려면 Criteria의 메타 모델처럼 엔티티를 기반으로 쿼리 타입이라는 쿼리용 클래스를 생성해야 한다. 예제 10.78과 같이 쿼리 타입 생성용 플러그인을 pom.xml에 추가하자.

예제 10.78 쿼리 타입 생성용 pom.xml 추가

```
<build>
    <plugins>
        <plugin>
            <groupId>com.mysema.maven</groupId>
            <artifactId>apt-maven-plugin</artifactId>
            <version>1.1.3</version>
            <executions>
                <execution>
                    <goals>
                        <goal>process</goal>
                    </goals>
                    <configuration>
                        <outputDirectory>target/generated-sources/java
                        </outputDirectory>
                        <processor>com.mysema.query.apt.jpa.JPAAnnotation
Processor</processor>
                    </configuration>
                </execution>
            </executions>
        </plugin>
    </plugins>
</build>
```

콘솔에서 mvn compile을 입력하면 outputDirectory에 지정한 target/generated-sources 위치에 QMember.java처럼 Q로 시작하는 쿼리 타입들이 생성된다.

이제 target/generated-sources를 소스 경로에 추가하면 된다.

> **◀)) 참고**
>
> 이클립스 LUNA 버전을 사용하면 메이븐과 연동되어서 쿼리 타입이 자동으로 생성되고 소스 경
> 로도 자동으로 추가된다. 만약 여기서 추가한 메이븐 플러그인 때문에 이클립스에서 메이븐 오
> 류가 발생하면 12.9절의 시작 부분에 있는 주의를 참고하자.

10.4.2 시작

QueryDSL을 어떻게 사용하는지 예제 10.79로 알아보자.

예제 10.79 QueryDSL 시작

```java
public void queryDSL() {

    EntityManager em = emf.createEntityManager();

    JPAQuery query = new JPAQuery(em);
    QMember qMember = new QMember("m"); //생성되는 JPQL의 별칭이 m
    List<Member> members =
        query.from(qMember)
            .where(qMember.name.eq("회원1"))
            .orderBy(qMember.name.desc())
            .list(qMember);
}
```

QueryDSL을 사용하려면 우선 `com.mysema.query.jpa.impl.JPAQuery` 객체
를 생성해야 하는데 이때 엔티티 매니저를 생성자에 넘겨준다. 다음으로 사용할 쿼
리 타입(Q)을 생성하는데 생성자에는 별칭을 주면 된다. 이 별칭을 JPQL에서 별칭
으로 사용한다.

그 다음에 나오는 `from`, `where`, `orderBy`, `list`는 코드만 보아도 쉽게 이해가 될
것이다. 다음 실행된 JPQL을 보면 둘이 얼마나 비슷한지 알 수 있다.

```sql
select m from Member m
where m.name = ?1
order by m.name desc
```

기본 Q 생성

쿼리 타입(Q)은 사용하기 편리하도록 예제 10.80과 같이 기본 인스턴스를 보관하고 있다. 하지만 같은 엔티티를 조인하거나 같은 엔티티를 서브쿼리에 사용하면 같은 별칭이 사용되므로 이때는 별칭을 직접 지정해서 사용해야 한다.

예제 10.80 Member 쿼리 타입

```
public class QMember extends EntityPathBase<Member> {

    public static final QMember member = new QMember("member1");
    ...
}
```

쿼리 타입은 예제 10.81과 같이 사용한다.

예제 10.81 쿼리 타입 사용

```
QMember qMember = new QMember("m"); //직접 지정
QMember qMember = QMember.member;   //기본 인스턴스 사용
```

쿼리 타입의 기본 인스턴스를 사용하면 예제 10.82와 같이 `import static`을 활용해서 코드를 더 간결하게 작성할 수 있다.

예제 10.82 import static 활용

```
import static jpabook.jpashop.domain.QMember.member; //기본 인스턴스

public void basic() {

    EntityManager em = emf.createEntityManager();

    JPAQuery query = new JPAQuery(em);
    List<Member> members =
        query.from(member)
            .where(member.name.eq("회원1"))
            .orderBy(member.name.desc())
            .list(member);
}
```

10.4.3 검색 조건 쿼리

QueryDSL의 기본 쿼리 기능을 예제 10.83을 통해 알아보자.

예제 10.83 QueryDSL 기본 쿼리 기능

```
JPAQuery query = new JPAQuery(em);
QItem item = QItem.item;
List<Item> list = query.from(item)
    .where(item.name.eq("좋은상품").and(item.price.gt(20000)))
    .list(item); //조회할 프로젝션 지정
```

예제 10.83을 실행하면 예제 10.84의 JPQL이 생성되고, 실행된다.

예제 10.84 실행된 JPQL

```
select item
from Item item
where item.name = ?1 and item.price > ?2
```

QueryDSL의 **where** 절에는 and 나 or을 사용할 수 있다. 또한 다음처럼 여러 검색 조건을 사용해도 된다. 이때는 and 연산이 된다.

```
.where(item.name.eq("좋은상품"), item.price.gt(20000))
```

쿼리 타입의 필드는 필요한 대부분의 메소드를 명시적으로 제공한다. 몇 가지만 예를 들어 보자. 다음은 where()에서 사용되는 메소드다.

```
item.price.between(10000,20000);//가격이 10000원 ~ 20000원 상품
item.name.contains("상품1");      //상품1이라는 이름을 포함한 상품,
                                 //SQL에서 like '%상품1%' 검색
item.name.startsWith("고급");     //이름이 고급으로 시작하는 상품,
                                 //SQL에서 like '고급%' 검색
```

코드로 작성되어 있으므로 IDE가 제공하는 코드 자동 완성 기능의 도움을 받으면 필요한 메소드를 손쉽게 찾을 수 있다.

10.4.4 결과 조회

쿼리 작성이 끝나고 결과 조회 메소드를 호출하면 실제 데이터베이스를 조회한다.
보통 uniqueResult()나 list()를 사용하고 파라미터로 프로젝션 대상을 넘겨준
다. 결과 조회 API는 com.mysema.query.Projectable에 정의되어 있다.

대표적인 결과 조회 메소드는 다음과 같다.

- uniqueResult(): 조회 결과가 한 건일 때 사용한다. 조회 결과가 없
  으면 null을 반환하고 결과가 하나 이상이면 com.mysema.query.
  NonUniqueResultException 예외가 발생한다.
- singleResult(): uniqueResult()와 같지만 결과가 하나 이상이면 처음 데이
  터를 반환한다.
- list(): 결과가 하나 이상일 때 사용한다. 결과가 없으면 빈 컬렉션을 반환한다.

10.4.5 페이징과 정렬

예제 10.85를 통해 페이징과 정렬을 알아보자.

예제 10.85 페이징과 정렬

```
QItem item = QItem.item;

query.from(item)
    .where(item.price.gt(20000))
    .orderBy(item.price.desc(), item.stockQuantity.asc())
    .offset(10).limit(20)
    .list(item);
```

정렬은 orderBy를 사용하는데 쿼리 타입(Q)이 제공하는 asc(), desc()를 사용
한다. 페이징은 offset과 limit을 적절히 조합해서 사용하면 된다.

페이징은 예제 10.86과 같이 restrict() 메소드에 com.mysema.query.
QueryModifiers를 파라미터로 사용해도 된다.

```
QueryModifiers queryModifiers = new QueryModifiers(20L, 10L); //limit, offset
List<Item> list =
    query.from(item)
    .restrict(queryModifiers)
    .list(item);
```

실제 페이징 처리를 하려면 검색된 전체 데이터 수를 알아야 한다. 이때는 list() 대신에 예제 10.87과 같이 listResults()를 사용한다.

```
SearchResults<Item> result =
    query.from(item)
        .where(item.price.gt(10000))
        .offset(10).limit(20)
        .listResults(item);

long total = result.getTotal(); //검색된 전체 데이터 수
long limit = result.getLimit();
long offset = result.getOffset();
List<Item> results = result.getResults(); //조회된 데이터
```

listResults()를 사용하면 전체 데이터 조회를 위한 count 쿼리를 한 번 더 실행한다. 그리고 SearchResults를 반환하는데 이 객체에서 전체 데이터 수를 조회할 수 있다.

10.4.6 그룹

그룹은 예제 10.88과 같이 groupBy를 사용하고 그룹화된 결과를 제한하려면 having을 사용하면 된다.

```
query.from(item)
    .groupBy(item.price)
    .having(item.price.gt(1000))
    .list(item);
```

10.4.7 조인

조인_Join_은 innerJoin(join), leftJoin, rightJoin, fullJoin을 사용할 수 있고 추가로 JPQL의 on과 성능 최적화를 위한 fetch 조인도 사용할 수 있다.

조인의 기본 문법은 첫 번째 파라미터에 조인 대상을 지정하고, 두 번째 파라미터에 별칭_alias_으로 사용할 쿼리 타입을 지정하면 된다.

join(조인 대상, 별칭으로 사용할 쿼리 타입)

예제 10.89는 가장 기본적인 조인 방법이다.

예제 10.89 기본 조인

```
QOrder order = QOrder.order;
QMember member = QMember.member;
QOrderItem orderItem = QOrderItem.orderItem;

query.from(order)
    .join(order.member, member)
    .leftJoin(order.orderItems, orderItem)
    .list(order);
```

예제 10.90은 조인에 on을 사용했다.

예제 10.90 조인 on 사용

```
query.from(order)
    .leftJoin(order.orderItems, orderItem)
    .on(orderItem.count.gt(2))
    .list(order);
```

예제 10.91은 페치 조인을 사용하는 방법이다.

예제 10.91 페치 조인 사용

```
query.from(order)
    .innerJoin(order.member, member).fetch()
    .leftJoin(order.orderItems, orderItem).fetch()
    .list(order);
```

예제 10.92는 from 절에 여러 조인을 사용하는 세타 조인 방법이다.

```
QOrder order = QOrder.order;
QMember member = QMember.member;

query.from(order, member)
    .where(order.member.eq(member))
    .list(order);
```

10.4.8 서브 쿼리

서브 쿼리는 예제 10.93과 같이 com.mysema.query.jpa.JPASubQuery를 생성해서 사용한다. 서브 쿼리의 결과가 하나면 unique(), 여러 건이면 list()를 사용할수 있다.

```
QItem item = QItem.item;
QItem itemSub = new QItem("itemSub");

query.from(item)
    .where(item.price.eq(
        new JPASubQuery().from(itemSub).unique(itemSub.price.max())
    ))
    .list(item);
```

예제 10.94는 여러 건의 서브 쿼리를 사용하는 방법이다.

```
QItem item = QItem.item;
QItem itemSub = new QItem("itemSub");

query.from(item)
    .where(item.in(
        new JPASubQuery().from(itemSub)
            .where(item.name.eq(itemSub.name))
            .list(itemSub)
    ))
    .list(item);
```

10.4.9 프로젝션과 결과 반환

select 절에 조회 대상을 지정하는 것을 프로젝션이라 한다.

프로젝션 대상이 하나

프로젝션 대상이 하나면 예제 10.95와 같이 해당 타입으로 반환한다.

예제 10.95 프로젝션 대상이 하나

```
QItem item = QItem.item;
List<String> result = query.from(item).list(item.name);

for (String name : result) {
    System.out.println("name = " + name);
}
```

여러 컬럼 반환과 튜플

프로젝션 대상으로 여러 필드를 선택하면 QueryDSL은 기본으로 com.mysema. query.Tuple이라는 Map과 비슷한 내부 타입을 사용한다. 조회 결과는 tuple. get() 메소드에 조회한 쿼리 타입을 지정하면 된다. 예제 10.96을 통해 튜플 사용 방법을 알아보자.

예제 10.96 튜블 사용 예제

```
QItem item = QItem.item;

List<Tuple> result = query.from(item).list(item.name, item.price);
//List<Tuple> result = query.from(item).list(new QTuple(item.name, item.price));
//같다.

for (Tuple tuple : result) {
    System.out.println("name = " + tuple.get(item.name));
    System.out.println("price = " + tuple.get(item.price));
}
```

빈 생성

쿼리 결과를 엔티티가 아닌 특정 객체로 받고 싶으면 빈 생성Bean population 기능을 사용한다. QueryDSL은 객체를 생성하는 다양한 방법을 제공한다.

- 프로퍼티 접근
- 필드 직접 접근
- 생성자 사용

원하는 방법을 지정하기 위해 com.mysema.query.types.Projections를 사용하면 된다. 다양한 방법으로 예제 10.97의 ItemDTO에 값을 채워보자.

예제 10.97 예제 ItemDTO

```java
public class ItemDTO {

    private String username;
    private int price;

    public ItemDTO() {}

    public ItemDTO(String username, int price) {
        this.username = username;
        this.price = price;
    }

    //Getter, Setter
    public String getUsername() {...}
    public void setUsername(String username) {...}
    public int getPrice() {...}
    public void setPrice(int price) {...}
}
```

예제 10.98 프로퍼티 접근(Setter)

```java
QItem item = QItem.item;
List<ItemDTO> result = query.from(item).list(
    Projections.bean(ItemDTO.class, item.name.as("username"), item.price));
```

예제 10.98의 Projections.bean() 메소드는 수정자(Setter)를 사용해서 값을 채운다. 예제를 보면 쿼리 결과는 name인데 ItemDTO는 username 프로퍼티를 가지고 있다. 이처럼 쿼리 결과와 매핑할 프로퍼티 이름이 다르면 as를 사용해서 별칭을 주면 된다.

```
QItem item = QItem.item;
List<ItemDTO> result = query.from(item).list(
    Projections.fields(ItemDTO.class, item.name.as("username"),
        item.price));
```

예제 10.99의 `Projections.fields()` 메소드를 사용하면 필드에 직접 접근해서 값을 채워준다. 필드를 private로 설정해도 동작한다.

```
QItem item = QItem.item;
List<ItemDTO> result = query.from(item).list(
    Projections.constructor(ItemDTO.class, item.name, item.price)
);
```

예제 10.100의 `Projections.constructor()` 메소드는 생성자를 사용한다. 물론 지정한 프로젝션과 파라미터 순서가 같은 생성자가 필요하다.

DISTINCT

distinct는 다음과 같이 사용한다.

```
query.distinct().from(item)...
```

10.4.10 수정, 삭제 배치 쿼리

QueryDSL도 수정, 삭제 같은 배치 쿼리를 지원한다. JPQL 배치 쿼리와 같이 영속성 컨텍스트를 무시하고 데이터베이스를 직접 쿼리한다는 점에 유의하자. JPQL 배치 쿼리는 10.6.1절에서 다룬다.

```
QItem item = QItem.item;
JPAUpdateClause updateClause = new JPAUpdateClause(em, item);
long count = updateClause.where(item.name.eq("시골개발자의 JPA 책"))
    .set(item.price, item.price.add(100))
    .execute();
```

예제 10.101과 같이 수정 배치 쿼리는 `com.mysema.query.jpa.impl.`
`JPAUpdateClause`를 사용한다. 예제는 상품의 가격을 100원 증가시킨다.

예제 10.102 삭제 배치 쿼리

```
QItem item = QItem.item;
JPADeleteClause deleteClause = new JPADeleteClause(em, item);
long count = deleteClause.where(item.name.eq("시골개발자의 JPA 책"))
    .execute();
```

예제 10.102와 같이 삭제 배치 쿼리는 `com.mysema.query.jpa.impl.`
`JPADeleteClause`를 사용한다. 예제는 이름이 같은 상품을 삭제한다.

10.4.11 동적 쿼리

`com.mysema.query.BooleanBuilder`를 사용하면 특정 조건에 따른 동적 쿼리를
편리하게 생성할 수 있다.

예제 10.103 동적 쿼리 예제

```
SearchParam param = new SearchParam();
param.setName("시골개발자");
param.setPrice(10000);

QItem item = QItem.item;

BooleanBuilder builder = new BooleanBuilder();
if (StringUtils.hasText(param.getName())) {
    builder.and(item.name.contains(param.getName()));
}
if (param.getPrice() != null) {
    builder.and(item.price.gt(param.getPrice()));
}
List<Item> result = query.from(item)
    .where(builder)
    .list(item);
```

예제 10.103은 상품 이름과 가격 유무에 따라 동적으로 쿼리를 생성한다.

10.4.12 메소드 위임

메소드 위임Delegate methods 기능을 사용하면 쿼리 타입에 검색 조건을 직접 정의할 수 있다.

예제 10.104 검색 조건 정의

```java
public class ItemExpression {

    @QueryDelegate(Item.class)
    public static BooleanExpression isExpensive(QItem item,
        Integer price) {
        return item.price.gt(price);
    }
}
```

메소드 위임 기능을 사용하려면 우선 예제 10.104와 같이 정적static 메소드를 만들고 @com.mysema.query.annotations.QueryDelegate 어노테이션에 속성으로 이 기능을 적용할 엔티티를 지정한다. 정적 메소드의 첫 번째 파라미터에는 대상 엔티티의 쿼리 타입(Q)을 지정하고 나머지는 필요한 파라미터를 정의한다.

예제 10.105 쿼리 타입에 생성된 결과

```java
public class QItem extends EntityPathBase<Item> {
    ...
    public com.mysema.query.types.expr.BooleanExpression
        isExpensive(Integer price) {
        return ItemExpression.isExpensive(this, price);
    }
}
```

예제 10.105의 생성된 쿼리 타입을 보면 기능이 추가된 것을 확인할 수 있다. 이제 메소드 위임 기능을 사용해보자. 다음 코드를 보자.

```java
query.from(item).where(item.isExpensive(30000)).list(item);
```

필요하다면 String, Date 같은 자바 기본 내장 타입에도 메소드 위임 기능을 사용할 수 있다.

```java
@QueryDelegate(String.class)
public static BooleanExpression isHelloStart(StringPath stringPath) {
    return stringPath.startsWith("Hello");
}
```

10.4.13 QueryDSL 정리

나는 JPA를 사용하면서 두 가지 고민이 있었는데 문자가 아닌 코드로 안전하게 쿼리를 작성하고 싶다는 것과 복잡한 동적 쿼리를 어떻게 해결해야 하는가였다. JPA Criteria가 이런 고민을 해결해 주기는 했지만, 막상 사용해보면 너무 복잡해서 JPQL을 직접 사용하고 싶어진다. 반면에 QueryDSL은 두 가지를 모두 만족하면서 쉽고 단순하다. 앞으로 JPA 3.0 명세가 나온다면 JPA Criteria가 QueryDSL 같이 사용하기 쉽고 깔끔하게 다시 설계되었으면 하는 바람이다.

10.5 네이티브 SQL

JPQL은 표준 SQL이 지원하는 대부분의 문법과 SQL 함수들을 지원하지만 특정 데이터베이스에 종속적인 기능은 지원하지 않는다. 예를 들어 다음과 같은 것들이다.

- 특정 데이터베이스만 지원하는 함수, 문법, SQL 쿼리 힌트
- 인라인 뷰(From 절에서 사용하는 서브쿼리), UNION, INTERSECT
- 스토어드 프로시저

때로는 특정 데이터베이스에 종속적인 기능이 필요하다. JPA는 특정 데이터베이스에 종속적인 기능을 사용할 수 있는 다양한 방법을 열어두었다. 그리고 JPA 구현체들은 JPA 표준보다 더 다양한 방법을 지원한다.

특정 데이터베이스에 종속적인 기능을 지원하는 방법은 다음과 같다.

- **특정 데이터베이스만 사용하는 함수**
  - JPQL에서 네이티브 SQL 함수를 호출할 수 있다(JPA 2.1).
  - 하이버네이트는 데이터베이스 방언에 각 데이터베이스에 종속적인 함수들을 정의해두었다. 또한 직접 호출할 함수를 정의할 수도 있다.
- **특정 데이터베이스만 지원하는 SQL 쿼리 힌트**
  - 하이버네이트를 포함한 몇몇 JPA 구현체들이 지원한다.
- **인라인 뷰(From 절에서 사용하는 서브쿼리), UNION, INTERSECT**
  - 하이버네이트는 지원하지 않지만 일부 JPA 구현체들이 지원한다.

- 스토어 프로시저
  - JPQL에서 스토어드 프로시저를 호출할 수 있다(JPA 2.1).
- 특정 데이터베이스만 지원하는 문법
  - 오라클의 CONNECT BY처럼 특정 데이터베이스에 너무 종속적인 SQL 문법은 지원하지는 않는다. 이때는 네이티브 SQL을 사용해야 한다.

다양한 이유로 JPQL을 사용할 수 없을 때 JPA는 SQL을 직접 사용할 수 있는 기능을 제공하는데 이것을 네이티브 SQL이라 한다. JPQL을 사용하면 JPA가 SQL을 생성한다. 네이티브 SQL은 이 SQL을 개발자가 직접 정의하는 것이다. 쉽게 이야기해서 JPQL이 자동 모드라면 네이티브 SQL은 수동 모드다.

그럼 JPA가 지원하는 네이티브 SQL과 JDBC API를 직접 사용하는 것에는 어떤 차이가 있을까? **네이티브 SQL을 사용하면 엔티티를 조회할 수 있고 JPA가 지원하는 영속성 컨텍스트의 기능을 그대로 사용할 수 있다.** 반면에 JDBC API를 직접 사용하면 단순히 데이터의 나열을 조회할 뿐이다.

지금부터 네이티브 SQL을 알아보자.

10.5.1 네이티브 SQL 사용

네이티브 쿼리 API는 다음 3가지가 있다.

```
//결과 타입 정의
public Query createNativeQuery(String sqlString, Class resultClass);

//결과 타입을 정의할 수 없을 때
public Query createNativeQuery(String sqlString);

public Query createNativeQuery(String sqlString,
    String resultSetMapping); //결과 매핑 사용
```

우선 엔티티를 조회하는 것부터 보자.

엔티티 조회

네이티브 SQL은 예제 10.106과 같이 em.createNativeQuery(SQL, 결과 클래스)를 사용한다. 첫 번째 파라미터는 네이티브 SQL을 입력하고 두 번째 파라미터는 조회

할 엔티티 클래스의 타입을 입력한다. JPQL를 사용할 때와 거의 비슷하지만 실제 데이터베이스 SQL을 사용한다는 것과 위치기반 파라미터만 지원한다는 차이가 있다.

예제 10.106 엔티티 조회 코드

```
//SQL 정의
String sql =
    "SELECT ID, AGE, NAME, TEAM_ID " +
    "FROM MEMBER WHERE AGE > ?";

Query nativeQuery = em.createNativeQuery(sql, Member.class)
    .setParameter(1, 20);

List<Member> resultList = nativeQuery.getResultList();
```

여기서 가장 중요한 점은 네이티브 SQL로 SQL만 직접 사용할 뿐이지 나머지는 JPQL을 사용할 때와 같다. 조회한 엔티티도 영속성 컨텍스트에서 관리된다.

> 🔊 **참고**
>
> JPA는 공식적으로 네이티브 SQL에서 이름 기반 파라미터를 지원하지 않고 위치 기반 파라미터만 지원한다. 하지만 하이버네이트는 네이티브 SQL에 이름 기반 파라미터를 사용할 수 있다. 따라서 하이버네이트 구현체를 사용한다면 예제를 이름 기반 파라미터로 변경해도 동작한다.

> 🔊 **참고**
>
> em.createNativeQuery()를 호출하면서 타입 정보를 주었는데도 TypeQuery가 아닌 Query가 리턴되는데 이것은 JPA1.0에서 API 규약이 정의되어 버려서 그렇다. 너무 신경 쓰지 않아도 된다.

값 조회

이번에는 단순히 값으로만 조회하는 방법을 알아보자.

예제 10.107 값 조회

```
//SQL 정의
String sql =
    "SELECT ID, AGE, NAME, TEAM_ID " +
    "FROM MEMBER WHERE AGE > ?";

Query nativeQuery = em.createNativeQuery(sql)
```

```
    .setParameter(1, 10);

List<Object[]> resultList = nativeQuery.getResultList();
for (Object[] row : resultList) {
    System.out.println("id = " + row[0]);
    System.out.println("age = " + row[1]);
    System.out.println("name = " + row[2]);
    System.out.println("team_id = " + row[3]);
}
```

예제 10.107은 엔티티로 조회하지 않고 단순히 값으로 조회했다. 이렇게 여러 값으로 조회하려면 em.createNativeQuery(SQL)의 두 번째 파라미터를 사용하지 않으면 된다. JPA는 조회한 값들을 Object[]에 담아서 반환한다. 여기서는 스칼라 값들을 조회했을 뿐이므로 결과를 영속성 컨텍스트가 관리하지 않는다. 마치 JDBC로 데이터를 조회한 것과 비슷하다.

결과 매핑 사용

지금까지 특정 엔티티를 조회하거나 스칼라 값들을 나열해서 조회하는 단순한 조회 방법을 설명했다.

엔티티와 스칼라 값을 함께 조회하는 것처럼 매핑이 복잡해지면 @SqlResultSetMapping을 정의해서 결과 매핑을 사용해야 한다.

이번에는 예제 10.108을 통해 회원 엔티티와 회원이 주문한 상품 수를 조회해 보자.

예제 10.108 결과 매핑 사용

```
//SQL 정의
String sql =
    "SELECT M.ID, AGE, NAME, TEAM_ID, I.ORDER_COUNT " +
    "FROM MEMBER M " +
    "LEFT JOIN " +
    "   (SELECT IM.ID, COUNT(*) AS ORDER_COUNT " +
    "    FROM ORDERS O, MEMBER IM " +
    "    WHERE O.MEMBER_ID = IM.ID) I " +
    "ON M.ID = I.ID";

Query nativeQuery = em.createNativeQuery(sql, "memberWithOrderCount");
```

```
List<Object[]> resultList = nativeQuery.getResultList();
for (Object[] row : resultList) {
    Member member = (Member) row[0];
    BigInteger orderCount = (BigInteger)row[1];

    System.out.println("member = " + member);
    System.out.println("orderCount = " + orderCount);
}
```

em.createNativeQuery(sql, "memberWithOrderCount")의 두 번째 파라미터에 결과 매핑 정보의 이름이 사용되었다.

예제 10.109를 통해 결과 매핑을 정의하는 코드를 보자.

예제 10.109 결과 매핑을 정의

```
@Entity
@SqlResultSetMapping(name = "memberWithOrderCount",
    entities = {@EntityResult(entityClass = Member.class)},
    columns = {@ColumnResult(name = "ORDER_COUNT")}
)
public class Member {...}
```

예제 10.109에 있는 memberWithOrderCount의 결과 매핑을 잘 보면 회원 엔티티와 ORDER_COUNT 컬럼을 매핑했다. 예제 10.109에서 사용한 쿼리 결과에서 ID, AGE, NAME, TEAM_ID는 Member 엔티티와 매핑하고 ORDER_COUNT는 단순히 값으로 매핑한다. 그리고 entities, columns라는 이름에서 알 수 있듯이 여러 엔티티와 여러 컬럼을 매핑할 수 있다.

이번에는 JPA 표준 명세에 있는 예제 코드로 결과 매핑을 어떻게 하는지 좀 더 자세히 알아보자. 예제 10.110은 네이티브 SQL을 사용한다.

예제 10.110 표준 명세 예제 – SQL

```
Query q = em.createNativeQuery(
    "SELECT o.id AS order_id, " +
        "o.quantity AS order_quantity, " +
        "o.item AS order_item, " +
        "i.name AS item_name, " +
    "FROM Order o, Item i " +
    "WHERE (order_quantity > 25) AND " +
        "(order_item = i.id)","OrderResults");
```

예제 10.111 표준 명세 예제 – 매핑 정보

```
@SqlResultSetMapping(name="OrderResults",
    entities={
        @EntityResult(entityClass=com.acme.Order.class, fields={
            @FieldResult(name="id", column="order_id"),
            @FieldResult(name="quantity", column="order_quantity"),
            @FieldResult(name="item", column="order_item")})},
    columns={
        @ColumnResult(name="item_name")}
)
```

예제 10.111의 예제를 보면 @FieldResult를 사용해서 컬럼명과 필드명을 직접 매핑한다. 이 설정은 엔티티의 필드에 정의한 @Column보다 앞선다. 조금 불편한 것은 @FieldResult를 한 번이라도 사용하면 전체 필드를 @FieldResult로 매핑해야 한다.

다음처럼 두 엔티티를 조회하는데 컬럼명이 중복될 때도 @FieldResult를 사용해야 한다.

```
SELECT A.ID, B.ID FROM A, B
```

A, B 둘 다 ID라는 필드를 가지고 있으므로 컬럼명이 충돌한다. 따라서 다음과 같이 별칭을 적절히 사용하고 @FieldResult로 매핑하면 된다.

```
SELECT
    A.ID AS A_ID,
    B.ID AS B_ID
FROM A, B
```

결과 매핑 어노테이션

결과 매핑에 사용하는 어노테이션을 다음 표에 정리했다.

- @SqlResultSetMapping 속성 - 표 10.14
- @EntityResult 속성 - 표 10.15
- @FieldResult 속성 - 표 10.16
- @ColumnResult 속성 - 표 10.17

표 10.14 @SqlResultSetMapping 속성

속성	기능
name	결과 매핑 이름
entities	@EntityResult를 사용해서 엔티티를 결과로 매핑한다.
columns	@ColumnResult를 사용해서 컬럼을 결과로 매핑한다.

표 10.15 @EntityResult 속성

속성	기능
entityClass	결과로 사용할 엔티티 클래스를 지정한다.
fields	@FieldResult을 사용해서 결과 컬럼을 필드와 매핑한다.
discriminatorColumn	엔티티의 인스턴스 타입을 구분하는 필드(상속에서 사용됨)

표 10.16 @FieldResult 속성

속성	기능
name	결과를 받을 필드명
column	결과 컬럼명

표 10.17 @ColumnResult 속성

속성	기능
name	결과 컬럼명

10.5.2 Named 네이티브 SQL

JPQL처럼 네이티브 SQL도 Named 네이티브 SQL을 사용해서 정적 SQL을 작성할 수 있다. 예제 10.112와 같이 엔티티를 조회해보자.

예제 10.112 엔티티 조회

```
@Entity
@NamedNativeQuery(
    name = "Member.memberSQL",
    query = "SELECT ID, AGE, NAME, TEAM_ID " +
        "FROM MEMBER WHERE AGE > ?",
```

```
        resultClass = Member.class
)
public class Member {...}
```

@NamedNativeQuery로 Named 네이티브 SQL을 등록했다. 다음으로 사용하는 예제를 보자.

```
TypedQuery<Member> nativeQuery =
    em.createNamedQuery("Member.memberSQL", Member.class)
        .setParameter(1, 20);
```

흥미로운 점은 JPQL Named 쿼리와 같은 `createNamedQuery` 메소드를 사용한다는 것이다. 따라서 `TypeQuery`를 사용할 수 있다.

다음으로 예제 10.113과 같이 Named 네이티브 SQL에서 결과 매핑을 사용해보자.

예제 10.113 결과 매핑 사용

```
@Entity
@SqlResultSetMapping( name = "memberWithOrderCount",
    entities = {@EntityResult(entityClass = Member.class)},
    columns = {@ColumnResult(name = "ORDER_COUNT")}
)
@NamedNativeQuery(
    name = "Member.memberWithOrderCount",
    query = "SELECT M.ID, AGE , NAME , TEAM_ID, I.ORDER_COUNT " +
        "FROM MEMBER M " +
        "LEFT JOIN " +
        "    (SELECT IM.ID, COUNT(*) AS ORDER_COUNT " +
        "     FROM ORDERS O, MEMBER IM " +
        "     WHERE O.MEMBER_ID = IM.ID) I " +
        "ON M.ID = I.ID",
    resultSetMapping = "memberWithOrderCount"
)
public class Member {...}
```

Named 네이티브 쿼리에서 `resultSetMapping = "memberWithOrderCount"`로 조회 결과를 매핑할 대상까지 지정했다. 다음은 위에서 정의한 Named 네이티브 쿼리를 사용하는 코드다.

```
List<Object[]> resultList =
    em.createNamedQuery("Member.memberWithOrderCount")
        .getResultList();
```

@NamedNativeQuery

@NamedNativeQuery의 속성을 알아보자. 표 10.18에 속성을 정리했다.

표 10.18 @NamedNativeQuery 속성

속성	기능	기본값
name	네임드 쿼리 이름(필수)	
query	SQL 쿼리(필수)	
hints	벤더 종속적인 힌트	
resultClass	결과 클래스	
resultSetMapping	결과 매핑 사용	

각 기능은 이미 설명했으므로 표로 이해가 될 것이다. 여기서 hints 속성이 있는데 이것은 SQL 힌트가 아니라 하이버네이트 같은 JPA 구현체에 제공하는 힌트다. 여러 Named 네이티브 쿼리를 선언하려면 다음처럼 사용하면 된다.

```
@NamedNativeQueries({
    @NamedNativeQuery(...),
    @NamedNativeQuery(...)
})
```

10.5.3 네이티브 SQL XML에 정의

Named 네이티브 쿼리를 예제 10.114와 같이 XML에 정의해보자.

예제 10.114 ormMember.xml

```
<entity-mappings ...>

    <named-native-query name="Member.memberWithOrderCountXml"
        result-set-mapping="memberWithOrderCountResultMap" >
        <query><CDATA[
            SELECT M.ID, AGE, NAME, TEAM_ID, I.ORDER_COUNT
```

```
            FROM MEMBER M
            LEFT JOIN
                (SELECT IM.ID, COUNT(*) AS ORDER_COUNT
                 FROM ORDERS O, MEMBER IM
                 WHERE O.MEMBER_ID = IM.ID) I
            ON M.ID = I.ID
        ]></query>
    </named-native-query>

    <sql-result-set-mapping name="memberWithOrderCountResultMap">
        <entity-result entity-class="jpabook.domain.Member" />
        <column-result name="ORDER_COUNT" />
    </sql-result-set-mapping>

</entity-mappings>
```

XML에 정의할 때는 순서를 지켜야 하는데 <named-native-query>를 먼저 정
의하고 <sql-result-set-mapping>를 정의해야 한다.

XML과 어노테이션 둘 다 사용하는 코드는 다음과 같다.

```
List<Object[]> resultList =
    em.createNamedQuery("Member.memberWithOrderCount")
        .getResultList();
```

> 🔊 **참고**
>
> 네이티브 SQL은 보통 JPQL로 작성하기 어려운 복잡한 SQL 쿼리를 작성하거나 SQL을 최적화
> 해서 데이터베이스 성능을 향상할 때 사용한다. 이런 쿼리들은 대체로 복잡하고 라인수가 많다.
> 따라서 어노테이션보다는 XML 사용하는 것이 여러모로 편리하다. 자바는 멀티 라인 문자열을
> 지원하지 않으므로 라인을 변경할 때마다 문자열을 더해야 하는 큰 불편함이 있다. 반면에 XML
> 을 사용하면 SQL 개발 도구에서 완성한 SQL을 바로 붙여 넣을 수 있어 편리하다.

10.5.4 네이티브 SQL 정리

네이티브 SQL도 JPQL을 사용할 때와 마찬가지로 Query, TypeQuery(Named 네이티
브 쿼리의 경우에만)를 반환한다. 따라서 JPQL API를 그대로 사용할 수 있다. 예를 들어
네이티브 SQL을 사용해도 예제 10.115와 같이 페이징 처리 API를 적용할 수 있다.

```
String sql = "SELECT ID, AGE, NAME, TEAM_ID FROM MEMBER";
Query nativeQuery = em.createNativeQuery(sql, Member.class)
    .setFirstResult(10)
    .setMaxResults(20)
```

데이터베이스 방언에 따라 결과는 다르겠지만, 다음처럼 페이징 정보를 추가한 SQL을 실행한다.

```
SELECT ID, AGE, NAME, TEAM_ID
FROM MEMBER
limit ? offset ?    //페이징 정보 추가
```

네이티브 SQL은 JPQL이 자동 생성하는 SQL을 수동으로 직접 정의하는 것이다. 따라서 JPA가 제공하는 기능 대부분을 그대로 사용할 수 있다.

네이티브 SQL은 관리하기 쉽지 않고 자주 사용하면 특정 데이터베이스에 종속적인 쿼리가 증가해서 이식성이 떨어진다. 그렇다고 현실적으로 네이티브 SQL을 사용하지 않을 수는 없다. 될 수 있으면 표준 JPQL을 사용하고 기능이 부족하면 차선책으로 하이버네이트 같은 JPA 구현체가 제공하는 기능을 사용하자. 그래도 안 되면 마지막 방법으로 네이티브 SQL을 사용하자. 그리고 네이티브 SQL로도 부족함을 느낀다면 MyBatis나 스프링 프레임워크가 제공하는 JdbcTemplate 같은 SQL매퍼와 JPA를 함께 사용하는 것도 고려할만하다.

10.5.5 스토어드 프로시저(JPA 2.1)

JPA는 2.1부터 스토어드 프로시저를 지원한다.

스토어드 프로시저 사용

예제 10.116과 같이 단순히 입력 값을 두 배로 증가시켜 주는 proc_multiply라는 스토어드 프로시저가 있다. 이 프로시저는 첫 번째 파라미터로 값을 입력받고 두 번째 파라미터로 결과를 반환한다.

예제 10.116 proc_multiply MySQL 프로시저

```sql
DELIMITER //

CREATE PROCEDURE proc_multiply (INOUT inParam INT, INOUT outParam INT)
BEGIN
    SET outParam = inParam * 2;
END //
```

JPA로 이 스토어드 프로시저를 호출해보자. 먼저 예제 10.117의 순서 기반 파라미터 호출 코드를 보자.

예제 10.117 순서 기반 파라미터 호출

```java
StoredProcedureQuery spq =
    em.createStoredProcedureQuery("proc_multiply");
spq.registerStoredProcedureParameter(1, Integer.class,
    ParameterMode.IN);
spq.registerStoredProcedureParameter(2, Integer.class,
    ParameterMode.OUT);

spq.setParameter(1,100);
spq.execute();

Integer out = (Integer)spq.getOutputParameterValue(2);
System.out.println("out = " + out); //결과 = 200
```

스토어드 프로시저를 사용하려면 `em.createStoredProcedureQuery()` 메소드에 사용할 스토어드 프로시저 이름을 입력하면 된다. 그리고 `registerStoredProcedureParameter()` 메소드를 사용해서 프로시저에서 사용할 파라미터를 순서, 타입, 파라미터 모드 순으로 정의하면 된다. 사용할 수 있는 `ParameterMode`는 예제 10.118과 같다.

예제 10.118 ParameterMode

```java
public enum ParameterMode {
    IN,         //INPUT 파라미터
    INOUT,      //INPUT, OUTPUT 파라미터
    OUT,        //OUTPUT 파라미터
    REF_CURSOR  //CURSOR 파라미터
}
```

454

예제 10.119와 같이 파라미터에 순서 대신에 이름을 사용할 수 있다.

예제 10.119 파라미터에 이름 사용

```
StoredProcedureQuery spq =
    em.createStoredProcedureQuery("proc_multiply");
spq.registerStoredProcedureParameter("inParam", Integer.class,
    ParameterMode.IN);
spq.registerStoredProcedureParameter("outParam", Integer.class,
    ParameterMode.OUT);

spq.setParameter("inParam",100);
spq.execute();

Integer out = (Integer)spq.getOutputParameterValue("outParam");
System.out.println("out = " + out); //결과 = 200
```

Named 스토어드 프로시저 사용

스토어드 프로시저 쿼리에 예제 10.120과 같이 이름을 부여해서 사용하는 것을 Named 스토어드 프로시저라 한다.

예제 10.120 Named 스토어드 프로시저 어노테이션에 정의하기

```
@NamedStoredProcedureQuery(
    name = "multiply",
    procedureName = "proc_multiply",
    parameters = {
        @StoredProcedureParameter(name = "inParam", mode =
            ParameterMode.IN, type = Integer.class),
        @StoredProcedureParameter(name = "outParam", mode =
        ParameterMode.OUT, type = Integer.class)
    }
)
@Entity
public class Member { ... }
```

@NamedStoredProcedureQuery로 정의하고 name 속성으로 이름을 부여하면 된다. procedureName 속성에 실제 호출할 프로시저 이름을 적어주고 @StoredProcedureParameter를 사용해서 파라미터 정보를 정의하면 된다. 참고로 둘 이상을 정의하려면 @NamedStoredProcedureQueries를 사용하면 된다.

```xml
<?xml version="1.0" encoding="UTF-8"?>
<entity-mappings xmlns="http://xmlns.jcp.org/xml/ns/persistence/orm"
    version="2.1">

    <named-stored-procedure-query name="multiply"
       procedure-name="proc_multiply">
        <parameter name="inParam"  mode="IN" class="java.lang.Integer" />
        <parameter name="outParam"  mode="OUT" class="java.lang.Integer" />
    </named-stored-procedure-query>

</entity-mappings>
```

예제 10.121과 같이 정의한 Named 스토어드 프로시저는 `em.createNamedStoredProcedureQuery()` 메소드에 등록한 Named 스토어드 프로시저 이름을 파라미터로 사용해서 찾아올 수 있다. 사용 코드는 예제 10.122와 같다.

예제 10.122 Named 스토어드 프로시저 사용

```java
StoredProcedureQuery spq =
    em.createNamedStoredProcedureQuery("multiply");

spq.setParameter("inParam", 100);
spq.execute();

Integer out = (Integer) spq.getOutputParameterValue("outParam");
System.out.println("out = " + out);
```

10.6 객체지향 쿼리 심화

객체지향 쿼리와 관련된 다양한 고급 주제를 알아보자. 먼저 한 번에 여러 데이터를 수정할 수 있는 벌크 연산에 대해 알아보고 다음으로 JPQL과 영속성 컨텍스트에 대해 다룬다. 마지막으로 JPQL과 플러시 모드를 다룬다.

10.6.1 벌크 연산

엔티티를 수정하려면 영속성 컨텍스트의 변경 감지 기능이나 병합을 사용하고, 삭제하려면 EntityManager.remove() 메소드를 사용한다. 하지만 이 방법으로 수백 개 이상의 엔티티를 하나씩 처리하기에는 시간이 너무 오래 걸린다. 이럴 때 여러 건을 한 번에 수정하거나 삭제하는 벌크 연산을 사용하면 된다.

예를 들어 재고가 10개 미만인 모든 상품의 가격을 10% 상승시키려면 예제 10.123과 같이 벌크 연산을 사용하면 된다.

예제 10.123 UPDATE 벌크 연산

```
String qlString =
    "update Product p " +
    "set p.price = p.price * 1.1 " +
    "where p.stockAmount < :stockAmount";

int resultCount = em.createQuery(qlString)
                    .setParameter("stockAmount", 10)
                    .executeUpdate();
```

벌크 연산은 executeUpdate() 메소드를 사용한다. 이 메소드는 벌크 연산으로 영향을 받은 엔티티 건수를 반환한다.

삭제도 같은 메소드를 사용한다. 예제 10.124는 가격이 100원 미만인 상품을 삭제하는 코드다.

예제 10.124 DELETE 벌크 연산

```
String qlString =
    "delete from Product p " +
    "where p.price < :price";

int resultCount = em.createQuery(qlString)
                    .setParameter("price", 100)
                    .executeUpdate();
```

벌크 연산의 주의점

벌크 연산을 사용할 때는 벌크 연산이 영속성 컨텍스트를 무시하고 데이터베이스에 직접 쿼리한다는 점에 주의해야 한다. 벌크 연산 시 어떤 문제가 발생할 수 있는지 예제 10.125의 예제를 통해 알아보자. 데이터베이스에는 가격이 1000원인 상품A~productA~가 있다.

예제 10.125 벌크 연산 시 주의점 예제

```
//상품A 조회(상품A의 가격은 1000원이다.) …❶
Product productA =
    em.createQuery("select p from Product p where p.name = :name",
        Product.class)
        .setParameter("name", "productA")
        .getSingleResult();

//출력 결과: 1000
System.out.println("productA 수정 전 = " + productA.getPrice());

//벌크 연산 수행으로 모든 상품 가격 10% 상승 …❷
em.createQuery("update Product p set p.price = p.price * 1.1")
    .executeUpdate();

//출력 결과: 1000 …❸
System.out.println("productA 수정 후 = " + productA.getPrice());
```

❶ 가격이 1000원인 상품A를 조회했다. 조회된 상품A는 영속성 컨텍스트에서 관리된다.

❷ 벌크 연산으로 모든 상품의 가격을 10% 상승시켰다. 따라서 상품A의 가격은 1100원이 되어야 한다.

❸ 벌크 연산을 수행한 후에 상품A 의 가격을 출력하면 기대했던 1100원이 아니라 1000원이 출력된다.

이 상황을 그림으로 분석해보자.

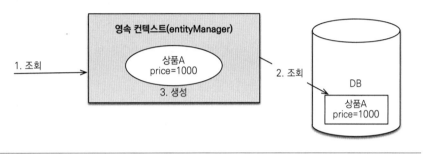

그림 10.11 벌크 연산 직전

그림 10.11은 벌크 연산 직전의 상황을 나타낸다. 상품 A를 조회했으므로 가격이 1000원인 상품A가 영속성 컨텍스트에 관리된다.

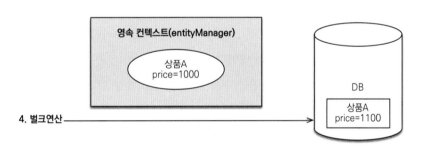

그림 10.12 벌크 연산 수행 후

그림 10.12를 보자. 벌크 연산은 영속성 컨텍스트를 통하지 않고 데이터베이스에 직접 쿼리한다. 따라서 영속성 컨텍스트에 있는 상품A와 데이터베이스에 있는 상품A의 가격이 다를 수 있다. 따라서 벌크 연산은 주의해서 사용해야 한다.

이런 문제를 해결하는 다양한 방법을 알아보자.

▼ em.refresh() 사용

벌크 연산을 수행한 직후에 정확한 상품A 엔티티를 사용해야 한다면 `em.refresh()`를 사용해서 데이터베이스에서 상품A를 다시 조회하면 된다.

`em.refresh(productA);` //데이터베이스에서 상품A를 다시 조회한다.

▼ 벌크 연산 먼저 실행

가장 실용적인 해결책은 벌크 연산을 가장 먼저 실행하는 것이다. 예를 들어 위에서 벌크 연산을 먼저 실행하고 나서 상품A를 조회하면 벌크 연산으로 이미 변경된 상품A를 조회하게 된다. 이 방법은 JPA와 JDBC를 함께 사용할 때도 유용하다.

▼ 벌크 연산 수행 후 영속성 컨텍스트 초기화

벌크 연산을 수행한 직후에 바로 영속성 컨텍스트를 초기화해서 영속성 컨텍스트에 남아 있는 엔티티를 제거하는 것도 좋은 방법이다. 그렇지 않으면 엔티티를 조회할 때 영속성 컨텍스트에 남아 있는 엔티티를 조회할 수 있는데 이 엔티티에는 벌크 연산이 적용되어 있지 않다. 영속성 컨텍스트를 초기화하면 이후 엔티티를 조회할 때 벌크 연산이 적용된 데이터베이스에서 엔티티를 조회한다.

벌크 연산은 영속성 컨텍스트와 2차 캐시를 무시하고 데이터베이스에 직접 실행한다. 따라서 영속성 컨텍스트와 데이터베이스 간에 데이터 차이가 발생할 수 있으므로 주의해서 사용해야 한다. 가능하면 벌크 연산을 가장 먼저 수행하는 것이 좋고 상황에 따라 영속성 컨텍스트를 초기화하는 것도 필요하다.

10.6.2 영속성 컨텍스트와 JPQL

쿼리 후 영속 상태인 것과 아닌 것

JPQL의 조회 대상은 엔티티, 임베디드 타입, 값 타입 같이 다양한 종류가 있다. JPQL로 엔티티를 조회하면 영속성 컨텍스트에서 관리되지만 엔티티가 아니면 영속성 컨텍스트에서 관리되지 않는다.

```
select m from Member m //엔티티 조회 (관리O)
select o.address from Order o //임베디드 타입 조회 (관리X)
select m.id, m.username from Member m //단순 필드 조회 (관리X)
```

예를 들어 임베디드 타입은 조회해서 값을 변경해도 영속성 컨텍스트가 관리하지 않으므로 변경 감지에 의한 수정이 발생하지 않는다. 물론 엔티티를 조회하면 해당 엔티티가 가지고 있는 임베디드 타입은 함께 수정된다.

정리하자면 **조회한 엔티티만 영속성 컨텍스트가 관리한다.**

JPQL로 조회한 엔티티와 영속성 컨텍스트

그런데 만약 다음 예제처럼 영속성 컨텍스트에 회원1이 이미 있는데, JPQL로 회원1을 다시 조회하면 어떻게 될까?

```
em.find(Member.class, "member1"); //회원1 조회

//엔티티 쿼리 조회 결과가 회원1, 회원2
List<Member> resultList = em.createQuery("select m from Member m",
                                Member.class)
                            .getResultList();
```

JPQL로 데이터베이스에서 조회한 엔티티가 영속성 컨텍스트에 이미 있으면 JPQL로 데이터베이스에서 조회한 결과를 버리고 대신에 영속성 컨텍스트에 있던 엔티티를 반환한다. 이때 식별자 값을 사용해서 비교한다. 이해를 돕기 위해 그림 10.13과 그림10.14로 설명하겠다.

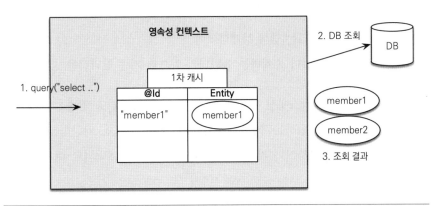

그림 10.13 엔티티 쿼리 1, 엔티티 쿼리와 결과

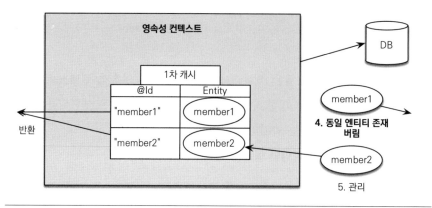

그림 10.14 엔티티 쿼리 2, 결과 비교와 리턴

1. JPQL을 사용해서 조회를 요청한다.
2. JPQL은 SQL로 변환되어 데이터베이스를 조회한다.
3. 조회한 결과와 영속성 컨텍스트를 비교한다.
4. 식별자 값을 기준으로 member1은 이미 영속성 컨텍스트에 있으므로 버리고 기존에 있던 member1이 반환 대상이 된다.
5. 식별자 값을 기준으로 member2는 영속성 컨텍스트에 없으므로 영속성 컨텍스트에 추가한다.
6. 쿼리 결과인 member1, member2를 반환한다. 여기서 member1은 쿼리 결과가 아닌 영속성 컨텍스트에 있던 엔티티다.

그림 10.13과 그림 10.14를 통해 다음 2가지를 확인할 수 있다.

- JPQL로 조회한 엔티티는 영속 상태다.
- 영속성 컨텍스트에 이미 존재하는 엔티티가 있으면 기존 엔티티를 반환한다.

그런데 왜 데이터베이스에서 새로 조회한 member1을 버리고 영속성 컨텍스트에 있는 기존 엔티티를 반환하는 것일까? JPQL로 조회한 새로운 엔티티를 영속성 컨텍스트에 하나 더 추가하거나 기존 엔티티를 새로 검색한 엔티티로 대체하면 어떤 문제가 있는 것일까?

1. 새로운 엔티티를 영속성 컨텍스트에 하나 더 추가한다.
2. 기존 엔티티를 새로 검색한 엔티티로 대체한다.
3. 기존 엔티티는 그대로 두고 새로 검색한 엔티티를 버린다.

영속성 컨텍스트는 기본 키 값을 기준으로 엔티티를 관리한다. 따라서 같은 기본 키 값을 가진 엔티티는 등록할 수 없으므로 1번은 아니다. 2번은 언뜻 보면 합리적인 것 같지만, 영속성 컨텍스트에 수정 중인 데이터가 사라질 수 있으므로 위험하다. 영속성 컨텍스트는 엔티티의 동일성을 보장한다. 따라서 영속성 컨텍스트는 3번으로 동작한다.

영속성 컨텍스트는 영속 상태인 엔티티의 동일성을 보장한다. em.find()로 조회하든 JPQL을 사용하든 영속성 컨텍스트가 같으면 동일한 엔티티를 반환한다.

find() vs JPQL

em.find() 메소드는 엔티티를 영속성 컨텍스트에서 먼저 찾고 없으면 데이터베이스에서 찾는다. 따라서 해당 엔티티가 영속성 컨텍스트에 있으면 메모리에서 바로 찾으므로 성능상 이점이 있다(그래서 1차 캐시라 부른다).

```
//최초 조회, 데이터베이스에서 조회
Member member1 = em.find(Member.class, 1L);
//두 번째 조회, 영속성 컨텍스트에 있으므로 데이터베이스를 조회하지 않음
Member member2 = em.find(Member.class, 1L);

//member1 == member2는 주소 값이 같은 인스턴스
```

그렇다면 JPQL은 어떤 방식으로 동작할까? 다음 코드를 보자.

```
//첫 번째 호출: 데이터베이스에서 조회
Member member1 =
    em.createQuery("select m from Member m where m.id = :id",
        Member.class)
        .setParameter("id", 1L)
        .getSingleResult();

//두 번째 호출: 데이터베이스에서 조회
Member member2 =
    em.createQuery("select m from Member m where m.id = :id", Member.class)
        .setParameter("id", 1L)
        .getSingleResult();

//member1 == member2는 주소값이 같은 인스턴스
```

em.find()를 2번 사용한 로직과 마찬가지로 주소 값이 같은 인스턴스를 반환하고 결과도 같다. 하지만 내부 동작방식은 조금 다르다.

JPQL은 항상 데이터베이스에 SQL을 실행해서 결과를 조회한다.

em.find() 메소드는 영속성 컨텍스트에서 엔티티를 먼저 찾고 없으면 데이터베이스를 조회하지만 JPQL을 사용하면 데이터베이스를 먼저 조회한다(JPA 구현체 개발자 입장에서 em.find() 메소드는 파라미터로 식별자 값을 넘기기 때문에 영속성 컨텍스트를 조회하기 쉽지만, JPQL을 분석해서 영속성 컨텍스트를 조회하는 것은 쉬운 일이 아니었을 것이다. 따라서 JPQL로 쿼리한 결과 값을 사용한다).

이 코드에서 첫 번째 JPQL을 호출하면 데이터베이스에서 회원 엔티티(id=1L)를 조회하고 영속성 컨텍스트에 등록한다. 두 번째 JPQL을 호출하면 데이터베이스에서 같은 회원 엔티티(id=1L)를 조회한다. 그런데 이때 그림 10.15와 같이 영속성 컨텍스트에 이미 조회한 같은 엔티티가 있다. 앞서 이야기 한데로 새로 검색한 엔티티는 버리고 영속성 컨텍스트에 있는 기존 엔티티를 반환한다.

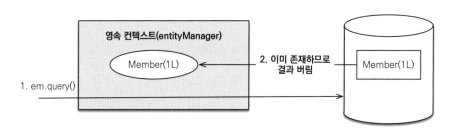

그림 10.15 쿼리 결과가 영속성 컨텍스트에 존재

JPQL의 특징을 정리해보자.

- JPQL은 항상 데이터베이스를 조회한다.
- JPQL로 조회한 엔티티는 영속 상태다.
- 영속성 컨텍스트에 이미 존재하는 엔티티가 있으면 기존 엔티티를 반환한다.

10.6.3 JPQL과 플러시 모드

시작하기 전에 플러시 모드를 복습해보자. 플러시는 영속성 컨텍스트의 변경 내역을 데이터베이스에 동기화하는 것이다. JPA는 플러시가 일어날 때 영속성 컨텍스트에 등록, 수정, 삭제한 엔티티를 찾아서 INSERT, UPDATE, DELETE SQL을 만들어 데이터베이스에 반영한다. 플러시를 호출하려면 em.flush() 메소드를 직접 사용해도 되지만 보통 플러시 모드_{FlushMode}에 따라 커밋하기 직전이나 쿼리 실행 직전에 자동으로 플러시가 호출된다.

```
em.setFlushMode(FlushModeType.AUTO);   //커밋 또는 쿼리 실행 시 플러시(기본값)
em.setFlushMode(FlushModeType.COMMIT); //커밋시에만 플러시
```

플러시 모드는 FlushModeType.AUTO가 기본값이다. 따라서 JPA는 트랜잭션 커밋 직전이나 쿼리 실행 직전에 자동으로 플러시를 호출한다. 다른 옵션으로는 FlushModeType.COMMIT이 있는데 이 모드는 커밋 시에만 플러시를 호출하고 쿼리 실행 시에는 플러시를 호출하지 않는다. 이 옵션은 성능 최적화를 위해 꼭 필요할 때만 사용해야 한다.

쿼리와 플러시 모드

JPQL은 영속성 컨텍스트에 있는 데이터를 고려하지 않고 데이터베이스에서 데이터를 조회한다. 따라서 JPQL을 실행하기 전에 영속성 컨텍스트의 내용을 데이터베이스에 반영해야 한다. 그렇지 않으면 의도하지 않은 결과가 발생할 수 있다. 다음 그림 10.16과 예제 10.126을 보자.

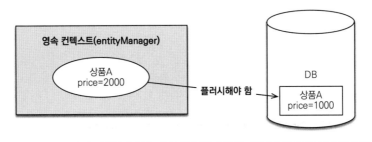

그림 10.16 영속성 컨텍스트가 아직 플러시되지 않은 상황

```
//가격을 1000->2000원으로 변경
product.setPrice(2000);

//가격이 2000원인 상품 조회
Product product2 =
    em.createQuery("select p from Product p where p.price = 2000",
        Product.class)
        .getSingleResult();
```

product.setPrice(2000)을 호출하면 영속성 컨텍스트의 상품 엔티티는 가격이 1000원에서 2000원으로 변경되지만 데이터베이스에는 1000원인 상태로 남아 있다. 다음으로 JPQL을 호출해서 가격이 2000원인 상품을 조회했는데 이때 플러시 모드를 따로 설정하지 않으면 플러시 모드가 AUTO이므로 쿼리 실행 직전에 영속성 컨텍스트가 플러시 된다. 따라서 방금 2000원으로 수정한 상품을 조회할 수 있다.

만약 이런 상황에서 플러시 모드를 COMMIT으로 설정하면 쿼리시에는 플러시 하지 않으므로 방금 수정한 데이터를 조회할 수 없다. 이때는 직접 em.flush()를 호출하거나 다음 코드처럼 Query 객체에 예제 10.127과 같이 플러시 모드를 설정해 주면 된다.

```
em.setFlushMode(FlushModeType.COMMIT); //커밋 시에만 플러시

//가격을 1000->2000원으로 변경
product.setPrice(2000);

//1. em.flush() 직접 호출

//가격이 2000원인 상품 조회
Product product2 =
    em.createQuery("select p from Product p where p.price = 2000",
        Product.class)
        .setFlushMode(FlushModeType.AUTO) //2. setFlushMode() 설정
        .getSingleResult();
```

코드를 보면 첫 줄에서 플러시 모드를 `COMMIT`으로 설정했다. 따라서 쿼리를 실행할 때 플러시를 자동으로 호출하지 않는다. 만약 쿼리 실행 전에 플러시를 호출하고 싶으면 주석으로 처리해둔 1. `em.flush()`의 주석을 풀어서 수동으로 플러시 하거나 아니면 2. `setFlushMode()`로 해당 쿼리에서만 사용할 플러시 모드를 AUTO로 변경하면 된다. 이렇게 쿼리에 설정하는 플러시 모드는 엔티티 매니저에 설정하는 플러시 모드보다 우선권을 가진다.

플러시 모드의 기본값은 `AUTO`로 설정되어 있으므로 일반적인 상황에서는 방금 설명한 내용을 고민하지 않아도 된다. 그럼 왜 COMMIT 모드를 사용하는 것일까?

플러시 모드와 최적화

```
em.setFlushMode(FlushModeType.COMMIT)
```

`FlushModeType.COMMIT` 모드는 트랜잭션을 커밋할 때만 플러시하고 쿼리를 실행할 때는 플러시하지 않는다. 따라서 JPA 쿼리를 사용할 때 영속성 컨텍스트에는 있지만 아직 데이터베이스에 반영하지 않은 데이터를 조회할 수 없다. 이런 상황은 잘못하면 데이터 무결성에 심각한 피해를 줄 수 있다. 그럼에도 다음과 같이 플러시가 너무 자주 일어나는 상황에 이 모드를 사용하면 쿼리시 발생하는 플러시 횟수를 줄여서 성능을 최적화할 수 있다.

```
//비즈니스 로직
등록()
쿼리() //플러시
등록()
쿼리() //플러시
등록()
쿼리() //플러시
커밋() //플러시
```

- `FlushModeType.AUTO`: 쿼리와 커밋할 때 총 4번 플러시한다.
- `FlushModeType.COMMIT`: 커밋 시에만 1번 플러시한다.

JPA를 사용하지 않고 JDBC를 직접 사용해서 SQL을 실행할 때도 플러시 모드를 고민해야 한다. JPA를 통하지 않고 JDBC로 쿼리를 직접 실행하면 JPA는 JDBC가 실행한 쿼리를 인식할 방법이 없다. 따라서 별도의 JDBC 호출은 플러시 모드를

AUTO 설정해도 플러시가 일어나지 않는다. 이때는 JDBC로 쿼리를 실행하기 직전에 em.flush()를 호출해서 영속성 컨텍스트의 내용을 데이터베이스에 동기화하는 것이 안전하다.

10.7 정리

지금까지 학습한 내용을 정리해보자.

- JPQL은 SQL을 추상화해서 특정 데이터베이스 기술에 의존하지 않는다.
- Criteria나 QueryDSL은 JPQL을 만들어주는 빌더 역할을 할 뿐이므로 핵심은 JPQL을 잘 알아야 한다.
- Criteria나 QueryDSL을 사용하면 동적으로 변하는 쿼리를 편리하게 작성할 수 있다.
- Criteria는 JPA가 공식 지원하는 기능이지만 직관적이지 않고 사용하기에 불편하다. 반면에 QueryDSL은 JPA가 공식 지원하는 기능은 아니지만 직관적이고 편리하다.
- JPA도 네이티브 SQL을 제공하므로 직접 SQL을 사용할 수 있다. 하지만 특정 데이터베이스에 종속적인 SQL을 사용하면 다른 데이터베이스로 변경하기 쉽지 않다. 따라서 최대한 JPQL을 사용하고 그래도 방법이 없을 때 네이티브 SQL을 사용하자.
- JPQL은 대량의 데이터를 수정하거나 삭제하는 벌크 연산을 지원한다.

다음 장에서는 실전 예제에서 만든 도메인 모델을 활용해서 실제 동작하는 웹 애플리케이션을 개발해보자.

웹 애플리케이션 제작

11

스프링 프레임워크와 JPA를 사용해서 실제 웹 애플리케이션을 만들어보자. 진행 순서는 다음과 같다.

웹 애플리케이션 만들기 진행 순서

1. 프로젝트 환경설정

2. 도메인 모델과 테이블 설계

3. 애플리케이션 기능 구현

먼저 스프링 프레임워크와 JPA를 사용해서 웹 애플리케이션을 개발할 수 있도록 개발 환경을 설정하겠다. 그 다음으로 요구사항을 분석해서 도메인 모델과 테이블을 설계하고 실제 애플리케이션 기능을 구현하는 순서로 진행하겠다.

예제에 사용하는 기술은 다음과 같다.

- **뷰**: JSP, JSTL
- **웹 계층**: 스프링 MVC
- **데이터 저장 계층**: JPA, 하이버네이트
- **기반 프레임워크**: 스프링 프레임워크
- **빌드**: 메이븐~Maven~

여러분들이 JSP, 스프링 프레임워크, 메이븐에 대해서는 약간씩 지식이 있다고 가정하고 중간마다 간단히 언급하는 정도로만 진행하겠다. 그리고 예제에서는 메이븐이 설치되어 있다고 가정한다(이클립스 LUNA 버전에는 메이븐이 내장되어 있다).

> 🔊 **참고**
>
> **스프링 프레임워크(http://spring.io)**
>
> 사실상 표준으로 불릴 정도로 최근 자바 애플리케이션들은 스프링 프레임워크를 많이 사용한다.
>
> 지금까지는 순수한 자바 환경(J2SE)에서 JPA를 사용했다. 따라서 데이터베이스 커넥션과 트랜잭션 처리도 JPA가 제공하는 기능을 직접 사용했다. 스프링 프레임워크와 JPA를 함께 사용한다는 것은 스프링 컨테이너 위에서 JPA를 사용한다는 의미다. 따라서 스프링 컨테이너가 제공하는 데이터베이스 커넥션과 트랜잭션 처리 기능을 사용할 수 있다. 물론 직접 사용할 때보다 편리하다.
>
> 스프링 프레임워크만 설명해도 이미 이 책의 분량을 훌쩍 뛰어 넘는다(스프링 프레임워크만 다루는 전문 서적 중에는 1400페이지가 넘는 것도 있다). 여기서는 스프링 프레임워크의 기능 중에 JPA와 관련 있는 부분에 초점을 맞추겠다.

11.1 프로젝트 환경설정

최근 자바 프로젝트는 규모도 커지고 여러 라이브러리를 함께 사용하므로 프로젝트 환경설정부터 간단하지 않다. 지금부터 웹 애플리케이션 예제에서 사용할 프로젝트 환경을 어떻게 구성하는지 다음 순서로 알아보자.

프로젝트 환경설정 진행 순서

1. 프로젝트 구조 분석
2. 메이븐과 라이브러리 설정
3. 스프링 프레임워크 설정

프로젝트 폴더 구조를 분석하고, 메이븐에 사용할 라이브러리를 지정한 다음 스프링 프레임워크 환경을 설정하는 순서로 진행하겠다.

먼저 예제 프로젝트를 실행해보자.

예제 프로젝트는 웹 애플리케이션이다. 따라서 웹 서버를 실행해야 하는데 여기서는 메이븐의 톰캣 플러그인을 사용하겠다(참고로 pom.xml에 tomcat7-maven-plugin으로 톰캣 플러그인을 이미 설정해두었다).

이클립스에서 ch11-jpa-shop 프로젝트를 선택한 상태에서 메뉴의 **Run > Run As > Maven Build...**를 선택하자. 그리고 Goals에 tomcat7:run이라고 입력하고 **Run** 버튼을 선택하자.

기다리면 콘솔에 예제 11.1과 같이 나오면서 http://localhost:8080으로 서버가 실행된다.

예제 11.1 메이븐 tomcat7:run 결과

```
...
[INFO] --- tomcat7-maven-plugin:2.2:run (default-cli) @ jpa-shop ---
[INFO] Running war on http://localhost:8080/
[INFO] Using existing Tomcat server configuration at /Users/hello/jpabook-
source/ch11-jpa-shop/target/tomcat
[INFO] create webapp with contextPath:
```

웹 브라우저를 열고 http://localhost:8080/을 입력하면 예제 화면이 나타난다.

11.1.1 프로젝트 구조

예제는 메이븐이 제공하는 표준 프로젝트 구조를 사용한다. 예제 11.2의 프로젝트 구조를 보자.

예제 11.2 프로젝트 구조

```
jpashop (프로젝트 루트)
├── src (소스 폴더)
│   ├── main (실행 코드)
│   │   ├── java         (자바 소스 코드)
│   │   ├── resources  (리소스)
│   │   └── webapp      (웹 폴더)
│   └── test (테스트 코드)
├── target (빌드 결과)
└── pom.xml  (메이븐 설정 파일)
```

11.1.2 메이븐과 사용 라이브러리 관리

프로젝트 루트에 있는 메이븐 설정 파일인 pom.xml을 열어서 현재 프로젝트 정보와 사용할 라이브러리를 예제 11.3과 같이 지정하자.

예제 11.3 pom.xml

```xml
<?xml version="1.0" encoding="UTF-8"?>
<project...(생략)>
    <modelVersion>4.0.0</modelVersion>

    <groupId>jpabook</groupId>
    <artifactId>jpashop</artifactId>
    <version>1.0-SNAPSHOT</version>
    <name>jpashop</name>
    <packaging>war</packaging>

    <dependencies>
        ... 생략
    </dependencies>

    <build>
        ... 생략
    </build>
</project>
```

pom.xml을 간단히 분석해보자.

- <modelVersion>: POM 모델 버전, 그대로 사용한다.
- <groupId>: 프로젝트 그룹명 예 org.springframework
- <artifactId>: 프로젝트를 식별하는 아이디 예 spring-core, spring-mvc
- <version>: 프로젝트 버전
- <name>: 프로젝트 이름
- <packaging>: 빌드 패키징 방법을 지정한다. 웹 애플리케이션은 war, 자바 라이브러리는 jar로 설정한다.
- <dependencies>: 사용할 라이브러리를 지정한다.
- <build>: 빌드 관련 정보를 설정한다.

전 세계에는 수많은 라이브러리가 있다. 라이브러리 간에 충돌을 피하려면 groupId + artifactId는 유일해야 한다.

다음으로 사용할 라이브러리를 지정하는 예제 11.4의 <dependencies> 부분을 보자.

예제 11.4 〈dependencies〉

```xml
<dependencies>

    <!-- 스프링 MVC -->
    <dependency>
        <groupId>org.springframework</groupId>
        <artifactId>spring-webmvc</artifactId>
        <version>4.1.6.RELEASE</version>
    </dependency>

    <!-- 스프링 ORM -->
    <dependency>
        <groupId>org.springframework</groupId>
        <artifactId>spring-orm</artifactId>
        <version>4.1.6.RELEASE</version>
    </dependency>

    <!-- JPA, 하이버네이트 -->
    <dependency>
        <groupId>org.hibernate</groupId>
        <artifactId>hibernate-entitymanager</artifactId>
```

```
        <version>4.3.10.Final</version>
</dependency>

<!-- H2 데이터베이스 -->
<dependency>
        <groupId>com.h2database</groupId>
        <artifactId>h2</artifactId>
        <version>1.4.187</version>
        <scope>runtime</scope>
</dependency>

<!-- 커넥션 풀 -->
<dependency>
        <groupId>org.apache.tomcat</groupId>
        <artifactId>tomcat-jdbc</artifactId>
        <version>7.0.57</version>
        <scope>compile</scope>
</dependency>

<!-- WEB -->
<dependency>
        <groupId>javax.servlet</groupId>
        <artifactId>jstl</artifactId>
        <version>1.2</version>
        <scope>runtime</scope>
</dependency>
<dependency>
        <groupId>javax.servlet</groupId>
        <artifactId>javax.servlet-api</artifactId>
        <version>3.1.0</version>
        <scope>provided</scope>
</dependency>
<dependency>
        <groupId>javax.servlet.jsp</groupId>
        <artifactId>javax.servlet.jsp-api</artifactId>
        <version>2.3.1</version>
        <scope>provided</scope>
</dependency>

<!-- 로깅 SLF4J & LogBack -->
<dependency>
        <groupId>org.slf4j</groupId>
        <artifactId>slf4j-api</artifactId>
        <version>1.7.6</version>
        <scope>compile</scope>
</dependency>
```

```
<dependency>
    <groupId>ch.qos.logback</groupId>
    <artifactId>logback-classic</artifactId>
    <version>1.1.1</version>
    <scope>runtime</scope>
</dependency>

<!-- 테스트 -->
<dependency>
    <groupId>org.springframework</groupId>
    <artifactId>spring-test</artifactId>
    <version>4.1.6.RELEASE</version>
    <scope>test</scope>
</dependency>
<dependency>
    <groupId>junit</groupId>
    <artifactId>junit</artifactId>
    <version>4.12</version>
    <scope>test</scope>
</dependency>

</dependencies>
```

<dependencies>에는 사용할 라이브러리를 지정한다. groupId + artifactId + version만 적어주면 라이브러리(jar 파일)를 메이븐 공식 저장소에서 자동으로 내려받아 라이브러리에 추가해준다. 프로젝트를 위해 많은 라이브러리가 필요하지만 핵심 라이브러리는 다음 3가지다.

▼ 핵심 라이브러리

- **스프링 MVC**(spring-webmvc): 스프링 MVC 라이브러리
- **스프링 ORM**(spring-orm): 스프링 프레임워크와 JPA를 연동하기 위한 라이브러리
- **JPA, 하이버네이트**(hibernate-entitymanager): JPA 표준과 하이버네이트를 포함하는 라이브러리, hibernate-entitymanager를 라이브러리로 지정하면 다음 중요 라이브러리도 함께 내려받는다.
  - hibernate-core-{버전정보}.jar (하이버네이트 라이브러리)
  - hibernate-jpa-2.1-api-{버전정보}.jar (JPA 2.1 표준 인터페이스가 있는 라이브러리)

▼ 기타 라이브러리

- **H2 데이터베이스**: H2 데이터베이스는 아주 작은 데이터베이스다. 별도의 설치 없이 JVM 메모리 안에서 동작하는 기능도 있어서 실습용으로 적절하다.

- **커넥션 풀**: `tomcat-jdbc` 커넥션 풀을 사용한다.

- **WEB**: 서블릿, JSP와 관련된 라이브러리

- **로깅 SLF4J & LogBack**: 과거에는 Log4j가 많이 사용되었지만 최근에는 SLF4J + LogBack이 많이 사용된다. 기존에 비해 성능과 기능이 많이 향상되었다.

- **테스트**: 테스트용 라이브러리, `spring-test`는 스프링 프레임워크와 통합 테스트를 지원한다.

> 🔊 **참고**
>
> 하이버네이트 4.3부터 JPA 2.1을 지원한다.

정상 동작하는지 확인하기 위해 이클립스 메뉴에서 Run > Run As > Maven Build...를 선택하자. 그리고 Goals에 package라고 입력하고 Run 버튼을 선택하자. 콘솔에 예제 11.5와 같이 나왔으면 성공이다.

예제 11.5 메이븐 package 결과

```
[INFO] Building war: .../jpashop/target/jpashop.war
[INFO] ------------------------------------------------------------
[INFO] BUILD SUCCESS
[INFO] ------------------------------------------------------------
[INFO] Total time: 2.550s
[INFO] Finished at: Fri Dec 13 01:35:30 KST 2013
[INFO] Final Memory: 8M/20M
[INFO] ------------------------------------------------------------
```

`target` 폴더에 가보면 빌드 결과로 jpashop.war 파일이 생성되어 있다.

메이븐을 사용해서 필요한 라이브러리도 설정하고 빌드도 성공했다. 다음으로 스프링 프레임워크와 JPA를 실행하기 위한 설정을 진행해보자.

11.1.3 스프링 프레임워크 설정

지금부터 웹 애플리케이션을 실행하기 위한 환경설정을 진행해보자. 예제 11.6의 프로젝트 구조를 보자.

예제 11.6 프로젝트 구조

```
jpashop
└── src
    └── main    (실행 코드)
        ├── java       (자바 소스코드)
        │   └── jpabook
        │       └── jpashop
        │           ├── domain      //도메인 계층
        │           ├── repository  //데이터 저장 계층
        │           ├── service     //서비스 계층
        │           └── web         //웹 계층
        ├── resources    (리소스)
        │   └── appConfig.xml       //3. 스프링 애플리케이션 관련 설정
        │   └── webAppConfig.xml    //2. 스프링 웹 관련 설정
        └── webapp       (웹 폴더)
            └── WEB-INF
                └── web.xml         //1. 웹 애플리케이션 환경설정 파일
```

프로젝트 환경설정 파일은 다음과 같다.

1. **web.xml**: 웹 애플리케이션 환경설정 파일
2. **webAppConfig.xml**: 스프링 웹 관련 환경설정 파일
3. **appConfig.xml**: 스프링 애플리케이션 관련 환경설정 파일

순서대로 하나씩 알아보자.

예제 11.7 src/main/webapp/web.xml

```xml
<?xml version="1.0" encoding="UTF-8" standalone="no"?>
<web-app xmlns="http://java.sun.com/xml/ns/javaee"
    xmlns:xsi="http://www.w3.org/2001/XMLSchema-instance"
    xsi:schemaLocation="http://java.sun.com/xml/ns/javaee
    http://java.sun.com/xml/ns/javaee/web-app_3_0.xsd"
    version="3.0" metadata-complete="true">

    <listener>
        <listener-class>
        org.springframework.web.context.ContextLoaderListener
        </listener-class>
    </listener>

    <context-param>
        <param-name>contextConfigLocation</param-name>
        <param-value>classpath:appConfig.xml</param-value>  …❶
    </context-param>

    <servlet>
        <servlet-name>dispatcher</servlet-name>
        <servlet-class>
            org.springframework.web.servlet.DispatcherServlet
        </servlet-class>
        <init-param>
            <param-name>contextConfigLocation</param-name>
            <param-value>classpath:webAppConfig.xml</param-value>  …❷
        </init-param>
        <load-on-startup>1</load-on-startup>
    </servlet>

    <servlet-mapping>
        <servlet-name>dispatcher</servlet-name>
        <url-pattern>/</url-pattern>
```

```
        </servlet-mapping>

</web-app>
```

예제 11.7의 web.xml은 웹 애플리케이션에서 스프링 프레임워크를 구동하기 위한 설정이 대부분이다. 이 설정을 보면 appConfig.xml을 설정하는 부분과 webAppConfig.xml을 설정하는 부분으로 나뉘어 있는데 스프링 프레임워크를 설정할 때 보통 웹 계층과 비즈니스 도메인 계층을 나누어 관리한다.

❶ webAppConfig.xml: 스프링 MVC 설정을 포함해서 웹 계층을 담당한다.

❷ appConfig.xml: 비즈니스 로직, 도메인 계층, 서비스 계층, 데이터 저장 계층을 담당한다.

예제 11.8 src/main/resources/webAppConfig.xml

```
<?xml version="1.0" encoding="UTF-8"?>
<beans xmlns="http://www.springframework.org/schema/beans"
    xmlns:xsi="http://www.w3.org/2001/XMLSchema-instance"
    xmlns:mvc="http://www.springframework.org/schema/mvc"
    xmlns:context="http://www.springframework.org/schema/context"
    xsi:schemaLocation="http://www.springframework.org/schema/beans
    http://www.springframework.org/schema/beans/spring-beans.xsd
    http://www.springframework.org/schema/mvc
    http://www.springframework.org/schema/mvc/spring-mvc.xsd
    http://www.springframework.org/schema/context
    http://www.springframework.org/schema/context/spring-context.xsd">

    <mvc:annotation-driven/>

    <context:component-scan base-package="jpabook.jpashop.web"/>

    <bean id="viewResolver" class="org.springframework.web
        .servlet.view.InternalResourceViewResolver">
        <property name="viewClass"
            value="org.springframework.web.servlet.view.JstlView"/>
        <property name="prefix" value="/WEB-INF/jsp/"/>
        <property name="suffix" value=".jsp"/>
    </bean>

</beans>
```

예제 11.8의 webAppConfig.xml을 분석해보자.

- `<mvc:annotation-driven>`: 스프링 MVC 기능을 활성화한다.
- `<context:component-scan>`: basePackages를 포함한 하위 패키지를 검색해서 @Component, @Service, @Repository, @Controller 어노테이션이 붙어 있는 클래스들을 스프링 빈으로 자동 등록한다. 여기서는 웹과 관련된 jpabook. jpashop.web 패키지를 검색해서 스프링 빈으로 등록한다. 이 패키지에는 컨트롤러가 있다.
- `<bean>`: 스프링 빈을 등록한다.

JSP, JSTL을 사용하도록 뷰 리졸버$_{viewResolver}$를 스프링 빈을 등록했다.

다음으로 가장 중요한 예제 11.9의 appConfig.xml 설정을 살펴보자.

예제 11.9 src/main/resources/appConfig.xml

```xml
<?xml version="1.0" encoding="UTF-8"?>
<beans xmlns="http://www.springframework.org/schema/beans"
    xmlns:xsi="http://www.w3.org/2001/XMLSchema-instance"
    xmlns:context="http://www.springframework.org/schema/context"
    xmlns:tx="http://www.springframework.org/schema/tx"
    xsi:schemaLocation="http://www.springframework.org/schema/beans
    http://www.springframework.org/schema/beans/spring-beans.xsd
    http://www.springframework.org/schema/context
    http://www.springframework.org/schema/context/spring-context.xsd
    http://www.springframework.org/schema/tx
    http://www.springframework.org/schema/tx/spring-tx.xsd">

    <tx:annotation-driven/>

    <context:component-scan base-package="jpabook.jpashop.service, jpabook.
jpashop.repository"/>

    <bean id="dataSource"
        class="org.apache.tomcat.jdbc.pool.DataSource">
        <property name="driverClassName" value="org.h2.Driver"/>
        <property name="url" value="jdbc:h2:mem:jpashop"/>
        <property name="username" value="sa"/>
        <property name="password" value=""/>
    </bean>

    <bean id="transactionManager"
        class="org.springframework.orm.jpa.JpaTransactionManager">
```

```
            <property name="dataSource" ref="dataSource"/>
        </bean>

        <bean class="org.springframework.dao.annotation.PersistenceException
TranslationPostProcessor"/>

        <bean id="entityManagerFactory" class="org.springframework.orm.pa.Local
ContainerEntityManagerFactoryBean">
            <property name="dataSource" ref="dataSource"/>
            <!-- @Entity 탐색 시작 위치 -->
            <property name="packagesToScan" value="jpabook.jpashop.domain"/>
            <property name="jpaVendorAdapter">
                <!-- 하이버네이트 구현체 사용 -->
                <bean class="org.springframework.orm.jpa.vendor.HibernateJpa
VendorAdapter"/>
            </property>
            <property name="jpaProperties"> <!-- 하이버네이트 상세 설정 -->
                <props>
                    <prop key="hibernate.dialect">
                        org.hibernate.dialect.H2Dialect</prop> <!-- 방언 -->
                    <prop key="hibernate.show_sql">true</prop>
                       <!-- SQL 보기 -->
                    <prop key="hibernate.format_sql">true</prop>
                        <!-- SQL 정렬해서 보기 -->
                    <prop key="hibernate.use_sql_comments">true</prop>
                        <!-- SQL 코멘트 보기 -->
                    <prop key="hibernate.id.new_generator_mappings">
                        true</prop>  <!-- 새 버전의 ID 생성 옵션 -->
                    <prop key="hibernate.hbm2ddl.auto">create</prop>
                        <!-- DDL 자동 생성 -->
                </props>
            </property>
        </bean>

</beans>
```

순서대로 분석해보자.

- <tx:annotation-driven/>: 스프링 프레임워크가 제공하는 어노테이션 기반의
  트랜잭션 관리자를 활성화한다. 이 기능은 @Transactional이 붙은 곳에 트랜잭
  션을 적용한다.

```
<bean id="dataSource" class="org.apache.tomcat.jdbc.pool.DataSource">
    <property name="driverClassName" value="org.h2.Driver"/>
    <property name="url" value="jdbc:h2:mem:jpashop"/>
    <property name="username" value="sa"/>
    <property name="password" value=""/>
</bean>
```

예제 11.10은 데이터베이스에 접근할 데이터소스를 등록한다. 여기서는 H2 데이터베이스의 접속 URL을 jdbc:h2:mem:...으로 설정해서 JVM 안에서 동작하는 인 메모리 데이터베이스로 사용한다. 인 메모리 데이터베이스를 사용하면 별도의 데이터베이스 서버를 실행하지 않아도 된다. 이제 애플리케이션을 시작할 때 데이터베이스도 애플리케이션 안에서 함께 실행되고 애플리케이션을 종료할 때 데이터베이스도 함께 사라진다.

> ◀)) 참고
>
> **서버 모드 설정**
>
> H2 데이터베이스를 서버 모드로 접근하려면 url 속성을 다음처럼 변경하면 된다.
>
> jdbc:h2:tcp://localhost/~/jpashop;MVCC=TRUE

```
<bean id="transactionManager" class="org.springframework.orm.jpa.
JpaTransactionManager">
    <property name="dataSource" ref="dataSource"/>
</bean>
```

예제 11.11은 트랜잭션 관리자를 등록한다. 일반적으로 org. springframework.jdbc.datasource.DataSourceTransactionManager를 트랜잭션 관리자로 사용하지만 JPA를 사용하려면 org.springframework.orm.jpa. JpaTransactionManager를 트랜잭션 관리자로 등록해야 한다. 이 트랜잭션 관리자는 DataSourceTransactionManager가 하던 역할도 수행하므로 JPA뿐만 아니라 JdbcTemplate, MyBatis와 함께 사용할 수 있다.

```
<bean class="org.springframework.dao.annotation.PersistenceExceptionTransla
tionPostProcessor"/>
```

예제 11.12의 `PersistenceExceptionTranslationPostProcessor`는 @Repository 어노테이션이 붙어 있는 스프링 빈에 예외 변환 AOP를 적용한다. 이 AOP는 JPA 예외를 스프링 프레임워크가 추상화한 예외로 변환해준다.

```
<bean id="entityManagerFactory" class="org.springframework.orm.jpa.LocalCon
tainerEntityManagerFactoryBean">
    <property name="dataSource" ref="dataSource"/>
    <!-- @Entity 탐색 시작 위치 -->
    <property name="packagesToScan" value="jpabook.jpashop.domain"/>
    <property name="jpaVendorAdapter">
        <!-- 하이버네이트 구현체 사용 -->
        <bean class="org.springframework.orm.jpa.vendor.HibernateJpaVendor
Adapter"/>
    </property>
    <property name="jpaProperties"> <!-- 하이버네이트 상세 설정 -->
        <props>
            <prop key="hibernate.dialect">
                org.hibernate.dialect.H2Dialect</prop> <!-- 방언 -->
            <prop key="hibernate.show_sql">true</prop>  <!-- SQL 보기 -->
            <prop key="hibernate.format_sql">true</prop>
                <!-- SQL 정렬해서 보기 -->
            <prop key="hibernate.use_sql_comments">true</prop>
                <!-- SQL 코멘트 보기 -->
            <prop key="hibernate.id.new_generator_mappings">true</prop>
                <!-- 새 버전의 ID 생성 옵션 -->
            <prop key="hibernate.hbm2ddl.auto">create</prop>
                <!-- DDL 자동 생성 -->
        </props>
    </property>
</bean>
```

스프링 프레임워크에서 JPA를 사용하려면 예제 11.13과 같이 스프링 프레임워크가 제공하는 `LocalContainerEntityManagerFactoryBean`을 스프링 빈으로 등록해야 한다. 순수하게 자바만 사용하는 J2SE 환경에서는 persistence.xml에 엔티티 매니저 팩토리 정보를 설정하지만 스프링 프레임워크에서 JPA를 사용하려면 예

제처럼 스프링 프레임워크가 제공하는 방식으로 엔티티 매니저 팩토리를 등록해야
한다. 여기서 필요한 설정을 다 할 수 있기 때문에 persistence.xml이 없어도 동작
한다. 참고로 `persistenceUnitName` 속성을 사용해서 영속성 유닛 이름을 지정하
면 persistence.xml에 설정한 정보도 사용할 수 있다.

- `LocalContainerEntityManagerFactoryBean`: JPA를 스프링 컨테이너에서 사
  용할 수 있도록 스프링 프레임워크가 제공하는 기능이다. 이 클래스는 spring-
  orm 라이브러리가 제공한다.
- `dataSource`: 사용할 데이터소스를 등록한다.
- `packagesToScan`: @Entity가 붙은 클래스를 자동으로 검색하기 위한 시작점을
  지정한다.
- `persistenceUnitName`: 영속성 유닛 이름을 지정한다. 예제처럼
  `persistenceUnitName` 이름을 설정하지 않으면 `default`라는 이름의 영속성 유
  닛을 생성한다.
- `jpaVendorAdapter`: 사용할 JPA 벤더를 지정한다. 여기서는 하이버네이트를 구
  현체로 사용하므로 `HibernateJpaVendorAdapter`를 등록했다.

`jpaProperties`를 사용해서 하이버네이트 구현체의 속성을 설정할 수 있다.

하이버네이트 속성 설정

- `hibernate.dialect`: 사용할 데이터베이스 방언을 설정한다. 여기서는 H2 데이
  터베이스 방언을 지정했다.
- `hibernate.show_sql`: 실행하는 SQL을 콘솔에 출력한다.
- `hibernate.format_sql`: SQL을 보기 좋게 정리해서 출력한다.
- `hibernate.use_sql_comments`: SQL을 출력할 때 어떻게 실행된 SQL인지 또
  는 사용자가 설정한 코멘트를 남긴다.
- `hibernate.id.new_generator_mappings`: JPA에 맞춘 새로운 ID 생성 방법을
  사용한다. 하이버네이트 레거시를 운영하는 것이 아니면 항상 `true`로 설정해야
  한다.

- `hibernate.hbm2ddl.auto`: 애플리케이션이 시작될 때 테이블과 기타 DDL을 자동으로 생성한다. 여기에는 4가지 옵션이 있다.
  - `create`: 기존 DDL을 제거하고 새로 생성한다.
  - `create-drop`: `create`와 같은데 애플리케이션을 종료할 때 생성한 DDL을 제거한다.
  - `update`: 현재 데이터베이스 DDL과 비교해서 변경사항만 수정한다.
  - `validate`: 현재 엔티티 매핑 정보와 데이터베이스 스키마가 같은지 비교한다. 만약 다르면 경고를 남기고 애플리케이션을 실행하지 않는다. 이 설정은 DDL을 변경하지 않는다.

> ⚠️ **주의**
>
> **hibernate.id.new_generator_mappings 주의사항**
> 이 옵션을 설정하지 않으면 하이버네이트는 과거 버전에서 사용했던 키 생성 전략을 사용하게 된다. 하이버네이트 공식 문서는 true로 설정해서 JPA 표준에 맞춘 새로운 키 생성 전략을 권장한다. 하이버네이트는 과거 버전과 호환을 위해 신규 개발자에게 이 옵션을 설정하도록 했다.

> 🔊 **참고**
>
> JPA의 동작 환경은 순수 자바인 J2SE와 J2EE 표준 컨테이너 위에서 동작하는 것으로 나눌 수 있다. 스프링 프레임워크는 LocalContainerEntityManagerFactoryBean을 사용해서 J2SE 환경의 JPA를 마치 표준 컨테이너 위에서 동작하는 것처럼 에뮬레이션한다.

> 🔊 **참고**
>
> 하이버네이트 SQL 로그를 콘솔이 아닌 로거를 통해서 남기려면 logback.xml에 다음처럼 설정하면 된다. 이렇게 로거를 설정하면 hibernate.show_sql 옵션을 꺼야 콘솔에 로그가 중복 출력되지 않는다.
> - org.hibernate.SQL: hibernate.show_sql 속성과 거의 같은 로그를 남긴다.
> - org.hibernate.type: 실행된 SQL에 바인딩된 파라미터 정보를 로그로 남긴다.
>
> logback.xml 설정은 다음과 같다.
> ```
> <logger name="org.hibernate.SQL" level="DEBUG">...</logger>
> <logger name="org.hibernate.type" level="TRACE">...</logger>
> ```

드디어 스프링 프레임워크와 JPA를 사용해서 웹 애플리케이션을 개발하기 위한 환경설정이 끝났다. 스프링 프레임워크에 관한 내용이 많아서 스프링 프레임워크를 잘 알고 있다면 내용을 쉽게 이해했겠지만 그렇지 않으면 쉽지 않았을 것이다.

11.2 도메인 모델과 테이블 설계

실전 예제를 통해 완성한 도메인 모델을 사용해서 웹 애플리케이션을 개발해보자.
복습하는 차원에서 전체 내용을 다시 한 번 정리해보자.

11.2.1 요구사항 분석

JPA로 실제 도메인 모델을 어떻게 구성하고 다양한 연관관계를 어떻게 테이블에
매핑하는지 이해하기 위해 작은 쇼핑몰을 설계하고 만들어보자. 먼저 요구사항을
분석하고 도메인 모델과 테이블을 설계하자.

메인 화면은 그림 11.1이다.

그림 11.1 메인 화면

요구사항을 분석해서 정리한 결과는 다음과 같다.

- 회원 기능
  - 회원 등록
  - 회원 조회
- 상품 기능
  - 상품 등록
  - 상품 수정
  - 상품 조회

- **주문 기능**
  - 상품 주문
  - 주문 내역 조회
  - 주문 취소
- **기타 요구사항**
  - 상품의 종류는 도서, 음반, 영화가 있다.
  - 상품을 카테고리로 구분할 수 있다.
  - 상품 주문 시 배송 정보를 입력할 수 있다.

11.2.2 도메인 모델 설계

요구사항을 분석해서 설계한 도메인 모델은 그림 11.2와 같다.

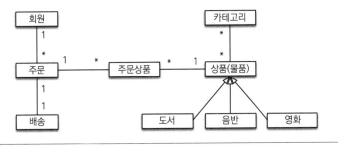

그림 11.2 UML 1

- **회원, 주문, 상품의 관계**: 회원은 여러 상품을 주문할 수 있다. 한 번 주문할 때 여러 상품을 선택할 수 있으므로 주문과 상품은 다대다 관계다. 하지만 이런 다대다 관계는 관계형 데이터베이스는 물론이고 엔티티에서도 거의 사용하지 않는다. 따라서 그림 11.2처럼 주문상품이라는 엔티티를 추가해서 다대다 관계를 일대다, 다대일 관계로 풀어냈다.
- **상품 분류**: 상품은 도서, 음반, 영화로 구분되는데 상품이라는 공통 속성을 사용하므로 상속 구조로 표현했다.

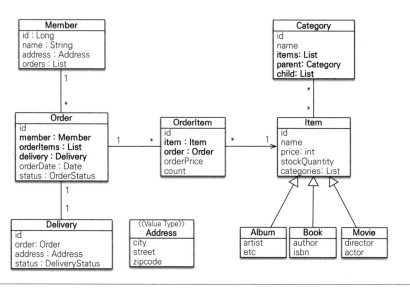

그림 11.3 UML 2 상세정보

이번에는 엔티티를 자세히 표현한 그림 11.3을 분석해보자.

- **회원**(Member): 이름과 주문한 상품들 그리고 임베디드 타입인 Address를 가진다 (예제 11.14).

- **주문**(Order): 한 번 주문 시 여러 상품을 주문할 수 있으므로 주문과 주문상품 (OrderItem)은 일대다 관계다. 주문은 상품을 주문한 회원과 배송 정보, 주문 날짜, 주문 상태(status)를 가지고 있다. 주문 상태는 열거형을 사용했는데 주문 (ORDER), 취소(CANCEL)를 표현할 수 있다(예제 11.15).

- **주문상품**(OrderItem): 주문한 상품 정보와 주문 금액(orderPrice), 주문 수량 (count) 정보를 가지고 있다(예제 11.16).

- **상품**(Item): 이름, 가격, 재고수량(stockQuantity)을 가지고 있다(예제 11.17). 상품을 주문하면 재고수량이 줄어든다. 상품의 종류로는 도서(예제 11.18), 음반(예제 11.19), 영화(예제 11.20)가 있는데 각각은 사용하는 속성이 조금씩 다르다.

- **배송**(Delivery): 주문 시 하나의 배송 정보를 생성한다. 주문과 배송은 일대일 관계다(예제 11.21).

- **카테고리**(Category): 상품과 다대다 관계를 맺는다(예제 11.22).

- **주소**(Address): 값 타입(임베디드 타입)이다. 회원과 배송(Delivery)에서 사용한다(예제 11.23).

488

11.2.3 테이블 설계

객체 도메인 모델을 매핑하기 위해 설계한 테이블은 다음과 같다.

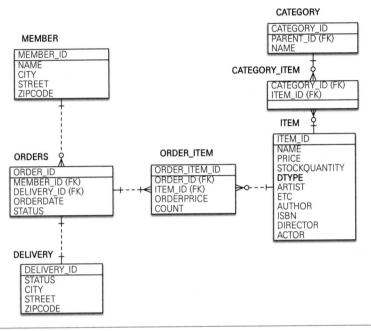

그림 11.4 테이블 ERD

그림 11.4를 살펴보자.

- **MEMBER**: 회원 엔티티의 `Address` 임베디드 타입 정보가 회원 테이블에 그대로 들어갔다. 이것은 `DELIVERY` 테이블도 마찬가지다.
- **ITEM**: 앨범, 도서, 영화 타입을 통합해서 하나의 테이블로 만들었다. `DTYPE` 컬럼으로 타입을 구분한다.

11.2.4 연관관계 정리

그림 11.3과 그림 11.4를 보고 연관관계를 어떻게 매핑했는지 정리해보자.

- **회원과 주문**: 일대다 양방향 관계다. 따라서 연관관계의 주인을 정해야 하는데 외래 키가 있는 주문이 연관관계의 주인이다. 그러므로 `Order.member`를 `ORDERS.MEMBER_ID` 외래 키와 매핑한다.

- **주문상품과 주문**: 다대일 양방향 관계다. 주문상품이 연관관계의 주인이다. 그러므로 OrderItem.order를 ORDER_ITEM.ORDER_ID 외래 키와 매핑한다.
- **주문상품과 상품**: 다대일 단방향 관계다. OrderItem.item을 ORDER_ITEM.ITEM_ID 외래 키와 매핑한다.
- **주문과 배송**: 일대일 양방향 관계다. Order.delivery를 ORDERS.DELIVERY_ID 외래 키와 매핑한다.
- **카테고리와 상품**: @ManyToMany를 사용해서 매핑한다.

> 🔊 참고
>
> 실무에서는 @ManyToMany를 잘 사용하지 않지만 다양한 매핑 방법을 소개하려고 예제에 추가했다.

11.2.5 엔티티 클래스

실제 구현한 엔티티 클래스의 전체 코드는 다음과 같다. 연관관계 매핑을 충분히 이해했으면 분석하는 데 큰 어려움은 없을 것이다. 다양한 엔티티 매핑 사례를 담고 있으므로 그림 11.3과 그림 11.4를 비교하면서 천천히 분석해보길 바란다.

예제 11.14 회원 엔티티

```
package jpabook.jpashop.domain;

import javax.persistence.*;
import java.util.ArrayList;
import java.util.List;

@Entity
public class Member {

    @Id @GeneratedValue
    @Column(name = "MEMBER_ID")
    private Long id;

    private String name;

    @Embedded
    private Address address;
```

```java
    @OneToMany(mappedBy = "member")
    private List<Order> orders = new ArrayList<Order>();

    //Getter, Setter
    ...
}
```

```java
package jpabook.jpashop.domain;

import javax.persistence.*;
import java.util.ArrayList;
import java.util.Date;
import java.util.List;

@Entity
@Table(name = "ORDERS")
public class Order {

    @Id @GeneratedValue
    @Column(name = "ORDER_ID")
    private Long id;

    @ManyToOne(fetch = FetchType.LAZY)
    @JoinColumn(name = "MEMBER_ID")
    private Member member;       //주문 회원

    @OneToMany(mappedBy = "order", cascade = CascadeType.ALL)
    private List<OrderItem> orderItems = new ArrayList<OrderItem>();

    @OneToOne(cascade = CascadeType.ALL, fetch = FetchType.LAZY)
    @JoinColumn(name = "DELIVERY_ID")
    private Delivery delivery;   //배송정보

    private Date orderDate;       //주문시간

    @Enumerated(EnumType.STRING)
    private OrderStatus status;//주문상태

    //==연관관계 메소드==//
    public void setMember(Member member) {
        this.member = member;
        member.getOrders().add(this);
    }
```

```java
    public void addOrderItem(OrderItem orderItem) {
        orderItems.add(orderItem);
        orderItem.setOrder(this);
    }

    public void setDelivery(Delivery delivery) {
        this.delivery = delivery;
        delivery.setOrder(this);
    }

    //Getter, Setter
    ...
}
```

예제 11.16 주문상품 엔티티

```java
package jpabook.jpashop.domain;

import jpabook.jpashop.domain.item.Item;
import javax.persistence.*;

@Entity
@Table(name = "ORDER_ITEM")
public class OrderItem {

    @Id @GeneratedValue
    @Column(name = "ORDER_ITEM_ID")
    private Long id;

    @ManyToOne(fetch = FetchType.LAZY)
    @JoinColumn(name = "ITEM_ID")
    private Item item;        //주문 상품

    @ManyToOne(fetch = FetchType.LAZY)
    @JoinColumn(name = "ORDER_ID")
    private Order order;      //주문

    private int orderPrice; //주문 가격
    private int count;        //주문 수량

    //Getter, Setter
    ...
}
```

```java
package jpabook.jpashop.domain.item;

import jpabook.jpashop.domain.Category;
import jpabook.jpashop.exception.NotEnoughStockException;
import javax.persistence.*;
import java.util.ArrayList;
import java.util.List;

@Entity
@Inheritance(strategy = InheritanceType.SINGLE_TABLE)
@DiscriminatorColumn(name = "DTYPE")
public abstract class Item {

    @Id @GeneratedValue
    @Column(name = "ITEM_ID")
    private Long id;

    private String name;
    private int price;
    private int stockQuantity;

    @ManyToMany(mappedBy = "items")
    private List<Category> categories = new ArrayList<Category>();

    //Getter, Setter
    ...
}
```

```java
package jpabook.jpashop.domain.item;

import javax.persistence.DiscriminatorValue;
import javax.persistence.Entity;

@Entity
@DiscriminatorValue("B")
public class Book extends Item {

    private String author;
    private String isbn;

    //Getter, Setter
    ...
}
```

```
package jpabook.jpashop.domain.item;

import javax.persistence.DiscriminatorValue;
import javax.persistence.Entity;

@Entity
@DiscriminatorValue("A")
public class Album extends Item {

    private String artist;
    private String etc;

    //Getter, Setter
    ...
}
```

```
package jpabook.jpashop.domain.item;

import javax.persistence.DiscriminatorValue;
import javax.persistence.Entity;

@Entity
@DiscriminatorValue("M")
public class Movie extends Item {

    private String director;
    private String actor;

    //Getter, Setter
    ...
}
```

```
package jpabook.jpashop.domain;

import javax.persistence.*;

@Entity
public class Delivery {

    @Id @GeneratedValue
    @Column(name = "DELIVERY_ID")
    private Long id;
```

```java
    @OneToOne(mappedBy = "delivery")
    private Order order;

    @Embedded
    private Address address;

    @Enumerated(EnumType.STRING)
    private DeliveryStatus status; //ENUM [READY(준비), COMP(배송)]

    //Getter, Setter
    ...
}
```

```java
package jpabook.jpashop.domain;

import jpabook.jpashop.domain.item.Item;

import javax.persistence.*;
import java.util.ArrayList;
import java.util.List;

@Entity
public class Category {

    @Id @GeneratedValue
    @Column(name = "CATEGORY_ID")
    private Long id;

    private String name;

    @ManyToMany
    @JoinTable(name = "CATEGORY_ITEM",
        joinColumns = @JoinColumn(name = "CATEGORY_ID"),
        inverseJoinColumns = @JoinColumn(name = "ITEM_ID"))
    private List<Item> items = new ArrayList<Item>();

    @ManyToOne(fetch = FetchType.LAZY)
    @JoinColumn(name = "PARENT_ID")
    private Category parent;

    @OneToMany(mappedBy = "parent")
    private List<Category> child = new ArrayList<Category>();

    //==연관관계 메소드==//
    public void addChildCategory(Category child) {
```

```
        this.child.add(child);
        child.setParent(this);
    }

    //Getter, Setter
    ...
}
```

```
package jpabook.jpashop.domain;

import javax.persistence.Embeddable;

@Embeddable
public class Address {

    private String city;
    private String street;
    private String zipcode;

    //Getter, Setter
    ...
}
```

엔티티와 테이블 설계를 완성했다. 이 엔티티를 기반으로 실제 애플리케이션을 개발해보자.

> 📢 참고
>
> **기본 키 이름과 엔티티 식별자 이름**
>
> 테이블의 기본 키 컬럼 이름은 해당 테이블 이름을 포함하도록 했다. 예를 들어 MEMBER 테이블의 기본 키는 MEMBER_ID로 지었다. 반면에 엔티티의 식별자 명은 모두 id로 지었다. 왜냐하면 엔티티는 연관된 엔티티를 참조할 때 타입이 있으므로 엔티티의 식별자를 단순히 id로 지어도 어떤 엔티티를 참조하는지 쉽게 알 수 있지만, 테이블의 기본 키나 외래 키는 단순히 값만 저장하지 어떤 테이블과 관계가 있는지 외래 키 제약조건을 참고하지 않으면 알 수 없다. 그리고 외래 키 이름은 관례로 기본 키 이름을 그대로 사용하는 경우가 많다. 따라서 테이블의 기본 키 이름은 편의상 테이블 이름을 포함하는 것이 유지보수하기 편리하다.
>
> 따라서 다음과 같이 매핑했다.
>
> ```
> @Id @GeneratedValue
> @Column(name = "MEMBER_ID")
> private Long id;
> ```

11.3 애플리케이션 구현

요구사항을 분석해서 필요한 엔티티와 테이블 설계를 완료했다. 지금부터 실제 애플리케이션이 동작하도록 구현해보자.

그림 11.5 메인 화면

메인 화면(그림 11.5)과 다음 구현 기능을 함께 보자. 예제는 다음 순서대로 구현하겠다.

- **회원 기능**
  - 회원 등록
  - 회원 목록 조회

- **상품 기능**
  - 상품 등록
  - 상품 목록 조회
  - 상품 수정

- **주문 기능**
  - 상품 주문
  - 주문 내역 조회
  - 주문 취소

이 예제는 스프링과 JPA로 웹 애플리케이션을 개발하는 방법을 설명하는 것이 목적이다. 따라서 비즈니스 로직은 최대한 단순화해서 회원, 상품, 주문의 핵심 기능만 구현하겠다. 예제를 단순화하기 위해 다음 기능은 구현하지 않는다.

- 로그인과 권한 관리는 하지 않는다.
- 파라미터 검증과 예외 처리는 하지 않는다.
- 상품은 도서만 사용한다.
- 카테고리는 사용하지 않는다.
- 배송 정보는 사용하지 않는다.

11.3.1 개발 방법

예제는 그림 11.6과 같이 일반적으로 많이 사용하는 계층형 구조를 사용한다.

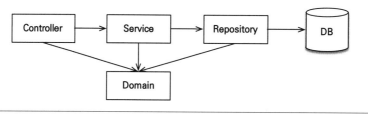

그림 11.6 계층 의존관계

그림 11.6을 살펴보자.

- Controller: MVC의 컨트롤러가 모여 있는 곳이다. 컨트롤러는 서비스 계층을 호출하고 결과를 뷰(JSP)에 전달한다.
- Service: 서비스 계층에는 비즈니스 로직이 있고 트랜잭션을 시작한다. 서비스 계층은 데이터 접근 계층인 리포지토리를 호출한다.
- Repository: JPA를 직접 사용하는 곳은 리포지토리 계층이다. 여기서 엔티티 매니저를 사용해서 엔티티를 저장하고 조회한다.
- Domain: 엔티티가 모여 있는 계층이다. 모든 계층에서 사용한다.

개발 순서는 비즈니스 로직을 수행하는 서비스와 리포지토리 계층을 먼저 개발하고 테스트 케이스를 작성해서 검증하겠다. 그리고 검증을 완료하면 컨트롤러와 뷰를 개발하는 순서로 진행하겠다. 회원 기능부터 하나씩 개발해보자.

11.3.2 회원 기능

구현해야 할 회원 기능 목록은 다음과 같다.

- 회원 등록
- 회원 목록 조회

회원 기능 코드

예제 11.24를 통해 도메인 모델에서 설명한 회원 엔티티 코드를 다시 보자.

예제 11.24 회원 엔티티 코드

```java
package jpabook.jpashop.domain;

@Entity
public class Member {

    @Id @GeneratedValue
    @Column(name = "MEMBER_ID")
    private Long id;

    private String name;

    @Embedded
    private Address address;

    @OneToMany(mappedBy = "member")
    private List<Order> orders = new ArrayList<Order>();
    ...
}
```

이 회원 엔티티를 저장하고 관리할 리포지토리 코드를 보자.

▼ 회원 리포지토리 분석

예제 11.25는 회원 엔티티를 저장하고 관리하는 회원 리파지토리 코드다.

예제 11.25 회원 리포지토리 코드

```java
package jpabook.jpashop.repository;

import jpabook.jpashop.domain.Member;
import org.springframework.stereotype.Repository;
import javax.persistence.EntityManager;
import javax.persistence.PersistenceContext;
import java.util.List;

@Repository
public class MemberRepository {

    @PersistenceContext
    EntityManager em;

    public void save(Member member) {
        em.persist(member);
    }

    public Member fineOne(Long id) {
        return em.find(Member.class, id);
    }

    public List<Member> findAll() {
        return em.createQuery("select m from Member m", Member.class)
            .getResultList();
    }

    public List<Member> findByName(String name) {
        return em.createQuery("select m from Member m where m.name
            = :name", Member.class)
                .setParameter("name", name)
                .getResultList();
    }
}
```

예제 11.25의 회원 리포지토리 코드를 순서대로 분석해보자.

```java
@Repository
public class MemberRepository {...}
```

@Repository 어노테이션이 붙어 있으면 <context:component-scan>에 의해 스프링 빈으로 자동 등록된다. 그리고 이 어노테이션에는 한 가지 기능이 더 있는데 JPA 전용 예외가 발생하면 스프링이 추상화한 예외로 변환해준다. 예를 들어 리포지토리 계층에서 JPA 예외인 javax.persistence.NoResultException 이 발생하면 스프링이 추상화한 예외인 org.springframework.dao.EmptyResultDataAccessException으로 변환해서 서비스 계층에 반환한다. 따라서 서비스 계층은 JPA에 의존적인 예외를 처리하지 않아도 된다. 예외 변환에 대한 자세한 내용은 15.1절에서 다룬다.

▼ @PersistenceContext

순수 자바 환경에서는 엔티티 매니저 팩토리에서 엔티티 매니저를 직접 생성해서 사용했지만, 스프링이나 J2EE 컨테이너를 사용하면 컨테이너가 엔티티 매니저를 관리하고 제공해준다. 따라서 엔티티 매니저 팩토리에서 엔티티 매니저를 직접 생성해서 사용하는 것이 아니라 컨테이너가 제공하는 엔티티 매니저를 사용해야 한다.

```
@PersistenceContext //엔티티 매니저 주입
EntityManager em;
```

@PersistenceContext는 컨테이너가 관리하는 엔티티 매니저를 주입하는 어노테이션이다. 이렇게 엔티티 매니저를 컨테이너로부터 주입 받아서 사용해야 컨테이너가 제공하는 트랜잭션 기능과 연계해서 컨테이너의 다양한 기능들을 사용할 수 있다. 자세한 내용은 13장에서 알아보겠다.

▼ @PersistenceUnit

@PersistenceContext를 사용해서 컨테이너가 관리하는 엔티티 매니저를 주입 받을 수 있어서 엔티티 매니저 팩토리를 직접 사용할 일은 거의 없겠지만, 엔티티 매니저 팩토리를 주입받으려면 다음처럼 @PersistenceUnit 어노테이션을 사용하면 된다.

```
@PersistenceUnit
EntityManagerFactory emf;
```

예제 코드를 이어가자. 다음 코드는 회원 엔티티를 저장한다(더 정확히는 영속화한다).

```java
public void save(Member member) {
    em.persist(member);
}
```

다음 코드는 회원 식별자로 회원 엔티티를 조회한다.

```java
public Member fineOne(Long id) {
    return em.find(Member.class, id);
}
```

다음 코드는 JPQL을 사용해서 이름(name)으로 회원 엔티티들을 조회한다.

```java
public List<Member> findByName(String name) {
    return em.createQuery("select m from Member m where m.name = :name",
        Member.class)
            .setParameter("name", name)
            .getResultList();
}
```

▼ 회원 서비스 분석

예제 11.26은 회원과 관련된 비즈니스 로직이 있는 회원 서비스 코드다.

예제 11.26 회원 서비스 코드

```java
package jpabook.jpashop.service;

import jpabook.jpashop.domain.Member;
import jpabook.jpashop.repository.MemberRepository;
import org.springframework.beans.factory.annotation.Autowired;
import org.springframework.stereotype.Service;
import org.springframework.transaction.annotation.Transactional;
import java.util.List;

@Service
@Transactional
public class MemberService {

    @Autowired
    MemberRepository memberRepository;

    /**
     * 회원가입
     */
    public Long join(Member member) {
```

```
            validateDuplicateMember(member); //중복 회원 검증
            memberRepository.save(member);
            return member.getId();
        }

        private void validateDuplicateMember(Member member) {
            List<Member> findMembers =
                memberRepository.findByName(member.getName());
            if (!findMembers.isEmpty()) {
                throw new IllegalStateException("이미 존재하는 회원입니다.");
            }
        }

        /**
         * 전체 회원 조회
         */
        public List<Member> findMembers() {
            return memberRepository.findAll();
        }

        public Member fineOne(Long memberId) {
            return memberRepository.fineOne(memberId);
        }
    }
}
```

비즈니스 로직과 트랜잭션을 담당하는 예제 11.26의 회원 서비스 코드를 순서대로 분석해보자.

```
@Service
@Transactional
public class MemberService {...}
```

- `@Service`: 이 어노테이션이 붙어 있는 클래스는 `<context:component-scan>`에 의해 스프링 빈으로 등록된다.
- `@Transactional`: 스프링 프레임워크는 이 어노테이션이 붙어 있는 클래스나 메소드에 트랜잭션을 적용한다. 외부에서 이 클래스의 메소드를 호출할 때 트랜잭션을 시작하고 메소드를 종료할 때 트랜잭션을 커밋한다. 만약 예외가 발생하면 트랜잭션을 롤백한다(더 자세한 내용은 스프링 프레임워크 문서를 참고하자).

> ⚠ **주의**
>
> @Transactional은 RuntimeException과 그 자식들인 언체크(Unchecked) 예외만 롤백한다. 만약 체크 예외가 발생해도 롤백하고 싶다면 @Transactional(rollbackFor = Exception.class)처럼 롤백할 예외를 지정해야 한다.

```
@Autowired
MemberRepository memberRepository;
```

@Autowired를 사용하면 스프링 컨테이너가 적절한 스프링 빈을 주입해준다. 여기서는 회원 리포지토리를 주입한다. 다음으로 회원 가입을 보자.

▼ 회원 가입

회원 가입 코드를 자세히 분석해보자.

예제 11.27 회원가입

```
public Long join(Member member) {

    validateDuplicateMember(member); //중복 회원 검증
    memberRepository.save(member);
    return member.getId();
}

private void validateDuplicateMember(Member member) {
    List<Member> findMembers =
        memberRepository.findByName(member.getName());
    if (!findMembers.isEmpty()) {
        throw new IllegalStateException("이미 존재하는 회원입니다.");
    }
}
```

예제 11.27의 회원가입은 join() 메소드를 사용한다. 이 메소드는 먼저 validateDuplicateMember()로 같은 이름을 가진 회원이 있는지 검증하고 검증을 완료하면 회원 리포지토리에 회원 저장을 요청한다. 만약 같은 이름을 가진 회원이 존재해서 검증에 실패하면 "이미 존재하는 회원입니다."라는 메시지를 가지는 예외가 발생한다. 회원가입에 성공하면 생성된 회원 식별자를 반환한다.
회원 서비스와 리포지토리 개발을 완료했다. 작성한 코드가 잘 동작하는지 테스트 코드를 작성해서 테스트해보자.

> 🔊 **참고**
>
> 검증 로직이 있어도 멀티 스레드 상황을 고려해서 회원 테이블의 회원명 컬럼에 유니크 제약 조건을 추가하는 것이 안전하다.

회원 기능 테스트

개발한 회원 비즈니스 로직이 정상 동작하는지 JUnit으로 테스트를 작성해서 검증해보자. 회원 기능에서 검증해야 할 핵심 비즈니스 로직은 다음과 같다.

- 회원가입을 성공해야 한다.
- 회원가입 할 때 같은 이름이 있으면 예외가 발생해야 한다.

먼저 회원가입 기능이 정상 동작하는지 테스트해보자.

▼ 회원가입 테스트

예제 11.28은 회원가입이 정상 동작하는지 확인하는 테스트 코드다.

예제 11.28 회원가입 테스트 코드

```
package jpabook.jpashop.service;

import jpabook.jpashop.domain.Member;
import jpabook.jpashop.repository.MemberRepository;
import org.junit.Test;
import org.junit.runner.RunWith;
import org.springframework.beans.factory.annotation.Autowired;
import org.springframework.test.context.ContextConfiguration;
import org.springframework.test.context.junit4.SpringJUnit4ClassRunner;
import org.springframework.transaction.annotation.Transactional;
import static org.junit.Assert.*;

@RunWith(SpringJUnit4ClassRunner.class)
@ContextConfiguration(locations = "classpath:appConfig.xml")
@Transactional
public class MemberServiceTest {

    @Autowired MemberService memberService;
    @Autowired MemberRepository memberRepository;

    @Test
    public void 회원가입() throws Exception {

        //Given
        Member member = new Member();
        member.setName("kim");

        //When
        Long saveId = memberService.join(member);
```

```
        //Then
        assertEquals(member, memberRepository.fineOne(saveId));
    }

    @Test(expected = IllegalStateException.class)
    public void 중복_회원_예외() throws Exception {
        ...
    }

}
```

예제 11.28의 회원가입 테스트 코드를 분석해보자. 먼저 테스트를 스프링 프레
임워크와 함께 실행하기 위해 스프링 프레임워크와 JUnit을 통합해야 한다.

▼ 스프링 프레임워크와 테스트 통합

스프링 프레임워크와 테스트를 통합하려면 어떻게 해야 하는지 알아보자.

```
@RunWith(SpringJUnit4ClassRunner.class)
```

JUnit으로 작성한 테스트 케이스를 스프링 프레임워크와 통합하려면 @org.
junit.runner.RunWith에 org.springframework.test.context.junit4.
SpringJUnit4ClassRunner.class를 지정하면 된다. 이렇게 하면 테스트가 스
프링 컨테이너에서 실행되므로 스프링 프레임워크가 제공하는 @Autowired 같
은 기능들을 사용할 수 있다.

```
@ContextConfiguration(locations = "classpath:appConfig.xml")
```

테스트 케이스를 실행할 때 사용할 스프링 설정 정보를 지정한다. 여기서는 설정
정보로 appConfig.xml을 지정했다. 참고로 웹과 관련된 정보는 필요하지 않으
므로 webAppConfig.xml은 지정하지 않았다.

```
@Transactional
```

테스트는 반복해서 실행할 수 있어야 한다. 문제는 회원가입 테스트를 실행하면 데이터베이스에 회원 데이터가 저장된다. 그리고 다시 테스트를 실행하면 이미 저장된 데이터 때문에 테스트가 실패할 수 있다.

@Transactional 어노테이션은 보통 비즈니스 로직이 있는 서비스 계층에서 사용한다. 그런데 이 어노테이션을 테스트에서 사용하면 동작 방식이 달라진다. 이때는 각각의 테스트를 실행할 때마다 트랜잭션을 시작하고 **테스트가 끝나면 트랜잭션을 강제로 롤백한다.** 따라서 테스트를 진행하면서 데이터베이스에 저장한 데이터가 테스트가 끝나면 롤백되므로 반복해서 테스트를 진행할 수 있다.

▼ 회원가입() 테스트 케이스

회원가입 테스트 코드를 보면 먼저 회원 엔티티를 하나 생성하고 join() 메소드로 회원가입을 시도한다. 그리고 실제 회원이 저장되었는지 검증하기 위해 리포지토리에서 회원 id로 회원을 찾아서 저장한 회원과 같은지 assertEquals로 검증한다.

▼ 중복 회원 예외처리 테스트

이름이 같은 회원은 중복으로 저장되면 안 되고 예외가 발생해야 한다. 이번에는 예외 상황을 검증해보자.

예제 11.29 중복 회원 예외처리 테스트 코드

```
@Test(expected = IllegalStateException.class)
public void 중복_회원_예외() throws Exception {

    //Given
    Member member1 = new Member();
    member1.setName("kim");

    Member member2 = new Member();
    member2.setName("kim");

    //When
    memberService.join(member1);
    memberService.join(member2); //예외가 발생해야 한다.

    //Then
    fail("예외가 발생해야 한다.");
}
```

예제 11.29의 테스트 코드를 분석해보자.

```
@Test(expected = IllegalStateException.class)
```

`@Test.expected` 속성에 예외 클래스를 지정하면 테스트의 결과로 지정한 예외가 발생해야 테스트가 성공한다.

이번 테스트는 이름이 중복된 회원이 가입했을 때 예외가 발생하길 기대하는 테스트다. 따라서 테스트의 결과로 `IllegalStateException`이 발생해야 테스트가 성공한다. 테스트 코드를 보면 이름이 kim인 같은 회원이 두 명 가입했다. 이 로직은 두 번째 회원가입(`join()`) 시에 회원가입 검증 로직에서 `IllegalStateException`이 발생한다. 따라서 마지막의 `fail()`은 호출되지 않는다. 만약 `fail()`을 호출하거나 `IllegalStateException` 예외가 발생하지 않으면 테스트는 실패한다.

이것으로 회원 기능은 개발을 완료했다. 다음으로 상품 기능을 개발하자.

11.3.3 상품 기능

구현해야 할 상품 기능 목록은 다음과 같다.

- 상품 등록
- 상품 목록 조회
- 상품 수정

상품 기능 코드

▼ 상품 엔티티 분석

예제 11.30을 통해 상품 엔티티를 먼저 살펴보자. 상품 엔티티에는 단순히 접근자Getter와 수정자Setter 메소드만 있는 것이 아니라 재고 관련 비즈니스 로직을 처리하는 메소드도 있다.

```
package jpabook.jpashop.domain.item;

@Entity
@Inheritance(strategy = InheritanceType.SINGLE_TABLE)
@DiscriminatorColumn(name = "DTYPE")
public abstract class Item {

    @Id @GeneratedValue
    @Column(name = "ITEM_ID")
    private Long id;

    private String name;        //이름
    private int price;          //가격
    private int stockQuantity;  //재고수량

    @ManyToMany(mappedBy = "items")
    private List<Category> categories = new ArrayList<Category>();

    //==비즈니스 로직==//
    public void addStock(int quantity) {
        this.stockQuantity += quantity;
    }

    public void removeStock(int quantity) {
        int restStock = this.stockQuantity - quantity;
        if (restStock < 0) {
            throw new NotEnoughStockException("need more stock");
        }
        this.stockQuantity = restStock;
    }
    ...
}
```

예제 11.30의 상품에 있는 재고 관리용 비즈니스 로직을 살펴보자.

- addStock() 메소드는 파라미터로 넘어온 수만큼 재고를 늘린다. 이 메소드는 재고가 증가하거나 상품 주문을 취소해서 재고를 다시 늘려야 할 때 사용한다.

- removeStock() 메소드는 파라미터로 넘어온 수만큼 재고를 줄인다. 만약 재고가 부족하면 예외가 발생한다. 주로 상품을 주문할 때 사용한다.

▼ 상품 리포지토리 분석

예제 11.31을 통해 상품 리포지토리 코드를 분석해보자.

예제 11.31 상품 리포지토리 코드

```
package jpabook.jpashop.repository;

import jpabook.jpashop.domain.item.Item;
import org.springframework.stereotype.Repository;
import javax.persistence.EntityManager;
import javax.persistence.PersistenceContext;
import java.util.List;

@Repository
public class ItemRepository {

    @PersistenceContext
    EntityManager em;

    public void save(Item item) {
        if (item.getId() == null) {
            em.persist(item);
        } else {
            em.merge(item);
        }
    }

    public Item fineOne(Long id) {
        return em.find(Item.class, id);
    }

    public List<Item> findAll() {
        return em.createQuery("select i from Item i",
            Item.class).getResultList();
    }
}
```

상품 리포지토리에선 save() 메소드를 유심히 봐야 하는데 이 메소드 하나로 저장과 수정(병합)을 다 처리한다. 코드를 보면 식별자 값이 없으면 새로운 엔티티로 판단해서 persist()로 영속화하고 만약 식별자 값이 있으면 이미 한 번 영속화 되었던 엔티티로 판단해서 merge()로 수정(병합)한다. 결국 여기서의 저장_{save}이라는 의미는 신규 데이터를 저장하는 것뿐만 아니라 변경된 데이터의 저장이라는 의미도 포함한다. 이렇게 함으로써 이 메소드를 사용하는 클라이언트는 저장과 수정을 구분하지 않아도 되므로 클라이언트의 로직이 단순해진다.

여기서 사용하는 수정(병합)은 준영속 상태의 엔티티를 수정할 때 사용한다. 영속 상태의 엔티티는 변경 감지dirty checking 기능이 동작해서 트랜잭션을 커밋할 때 자동으로 수정되므로 별도의 수정 메소드를 호출할 필요가 없고 그런 메소드도 없다. 자세한 내용은 조금 뒤에 나오는 웹 계층 구현에서 상품을 수정할 때 save() 메소드의 merge()를 사용하는 예제에서 설명하겠다.

> **◀》 참고**
>
> 예제 11.31의 save() 메소드는 식별자를 자동 생성해야 정상 동작한다. 여기서 사용한 Item 엔티티의 식별자는 자동으로 생성되도록 @GeneratedValue를 선언했다. 따라서 식별자 없이 save() 메소드를 호출하면 persist()가 호출되면서 식별자 값이 자동으로 할당된다. 반면에 식별자를 직접 할당하도록 @Id만 선언했다고 가정하자. 이 경우 save() 메소드를 호출하면 식별자가 없는 상태로 persist()를 호출한다. 그러면 식별자가 없다는 예외가 발생한다.

▼ 상품 서비스 분석

예제 11.32의 상품 서비스는 상품 리포지토리에 위임만 하는 단순한 클래스다.

예제 11.32 상품 서비스 코드

```
package jpabook.jpashop.service;

import jpabook.jpashop.domain.item.Item;
import jpabook.jpashop.repository.ItemRepository;
import org.springframework.beans.factory.annotation.Autowired;
import org.springframework.stereotype.Service;
import org.springframework.transaction.annotation.Transactional;
import java.util.List;

@Service
@Transactional
public class ItemService {

    @Autowired
    ItemRepository itemRepository;

    public void saveItem(Item item) {
        itemRepository.save(item);
    }
```

```
        public List<Item> findItems() {
            return itemRepository.findAll();
        }

        public Item fineOne(Long itemId) {
            return itemRepository.fineOne(itemId);
        }
    }
```

▼ 상품 테스트

상품 테스트는 회원 테스트와 비슷하므로 생략하겠다.

11.3.4 주문 기능

구현해야 할 주문 기능 목록은 다음과 같다.

- 상품 주문
- 주문 내역 조회
- 주문 취소

지금까지 살펴본 회원과 상품 기능은 단순한 CRUD가 대부분이지만 주문에는 의미 있는 비즈니스 로직이 있다. 코드를 분석해보자.

주문 기능 코드

주문 기능을 분석하려면 예제 11.33의 주문(Order) 엔티티와 예제 11.34의 주문상품(OrderItem) 엔티티를 함께 살펴봐야 한다.

▼ 주문 엔티티

예제 11.33을 통해 주문 엔티티 코드를 자세히 알아보자.

예제 11.33 주문 엔티티 코드

```
package jpabook.jpashop.domain;

@Entity
@Table(name = "ORDERS")
public class Order {
```

```java
@Id @GeneratedValue
@Column(name = "ORDER_ID")
private Long id;

@ManyToOne(fetch = FetchType.LAZY)
@JoinColumn(name = "MEMBER_ID")
private Member member;        //주문 회원

@OneToMany(mappedBy = "order", cascade = CascadeType.ALL)
private List<OrderItem> orderItems = new ArrayList<OrderItem>();

@OneToOne(cascade = CascadeType.ALL, fetch = FetchType.LAZY)
@JoinColumn(name = "DELIVERY_ID")
private Delivery delivery;  //배송정보

private Date orderDate;      //주문시간

@Enumerated(EnumType.STRING)
private OrderStatus status;//주문상태

//==생성 메소드==//
public static Order createOrder(Member member, Delivery delivery,
    OrderItem... orderItems) {
    Order order = new Order();
    order.setMember(member);
    order.setDelivery(delivery);
    for (OrderItem orderItem : orderItems) {
        order.addOrderItem(orderItem);
    }
    order.setStatus(OrderStatus.ORDER);
    order.setOrderDate(new Date());
    return order;
}

//==비즈니스 로직==//
/** 주문 취소 */
public void cancel() {
    if (delivery.getStatus() == DeliveryStatus.COMP) {
        throw new RuntimeException(
            "이미 배송완료된 상품은 취소가 불가능합니다.");
    }

    this.setStatus(OrderStatus.CANCEL);
    for (OrderItem orderItem : orderItems) {
        orderItem.cancel();
    }
}
```

```
    //==조회 로직==//
    /** 전체 주문 가격 조회 */
    public int getTotalPrice() {
        int totalPrice = 0;
        for (OrderItem orderItem : orderItems) {
            totalPrice += orderItem.getTotalPrice();
        }
        return totalPrice;
    }

    ...
}
```

예제 11.33의 주문 엔티티에는 주문을 생성하는 생성 메소드(createOrder()), 주문 취소 비즈니스 로직(cancel()), 그리고 전체 주문 가격을 조회하는 조회 로직(getTotalPrice())이 있다.

- **생성 메소드**(createOrder()): 주문 엔티티를 생성할 때 사용한다. 주문 회원, 배송정보, 주문상품의 정보를 받아서 실제 주문 엔티티를 생성한다.
- **주문 취소**(cancel()): 주문 취소 시 사용한다. 주문 상태를 취소로 변경하고 주문상품에 주문 취소를 알린다. 만약 이미 배송을 완료한 상품이면 주문을 취소하지 못하도록 예외를 발생시킨다.
- **전체 주문 가격 조회**: 주문 시 사용한 전체 주문 가격을 조회한다. 전체 주문 가격을 알려면 각각의 주문상품 가격을 알아야 한다. 로직을 보면 연관된 주문상품들의 가격을 조회해서 더한 값을 반환한다.

▼ 주문상품 엔티티

예제 11.34를 통해 주문상품 엔티티 코드를 자세히 알아보자.

예제 11.34 주문상품 엔티티 코드

```
package jpabook.jpashop.domain;

@Entity
@Table(name = "ORDER_ITEM")
public class OrderItem {

    @Id @GeneratedValue
    @Column(name = "ORDER_ITEM_ID")
```

```
        private Long id;

        @ManyToOne(fetch = FetchType.LAZY)
        @JoinColumn(name = "ITEM_ID")
        private Item item;          //주문 상품

        @ManyToOne(fetch = FetchType.LAZY)
        @JoinColumn(name = "ORDER_ID")
        private Order order;        //주문

        private int orderPrice;  //주문 가격
        private int count;          //주문 수량

        //==생성 메소드==//
        public static OrderItem createOrderItem(Item item, int orderPrice,
            int count) {
            OrderItem orderItem = new OrderItem();
            orderItem.setItem(item);
            orderItem.setOrderPrice(orderPrice);
            orderItem.setCount(count);

            item.removeStock(count);
            return orderItem;
        }

        //==비즈니스 로직==//
        /** 주문 취소 */
        public void cancel() {
            getItem().addStock(count);
        }

        //==조회 로직==//
        /** 주문상품 전체 가격 조회 */
        public int getTotalPrice() {
            return getOrderPrice() * getCount();
        }
        ...
}
```

예제 11.34의 주문상품 엔티티를 분석해보자.

- **생성 메소드**(createOrderItem()): 주문 상품, 가격, 수량 정보를 사용해서 주문
  상품 엔티티를 생성한다. 그리고 item.removeStock(count)를 호출해서 주
  문한 수량만큼 상품의 재고를 줄인다.

- **주문 취소**(cancel()): getItem().addStock(count)를 호출해서 취소한 주문 수량만큼 상품의 재고를 증가시킨다.
- **주문 가격 조회**(getTotalPrice()): 주문 가격에 수량을 곱한 값을 반환한다.

▼ 주문 리포지토리

예제 11.35의 주문 리포지토리에는 주문 엔티티를 저장하고 검색하는 기능이 있다. 마지막의 findAll(OrderSearch orderSearch) 메소드는 조금 뒤에 있는 주문 검색 기능에서 자세히 알아보자.

예제 11.35 주문 리포지토리 코드

```
package jpabook.jpashop.repository;

import jpabook.jpashop.domain.Member;
import jpabook.jpashop.domain.Order;
import jpabook.jpashop.domain.OrderSearch;
import org.springframework.stereotype.Repository;
import org.springframework.util.StringUtils;

import javax.persistence.EntityManager;
import javax.persistence.PersistenceContext;
import javax.persistence.TypedQuery;
import javax.persistence.criteria.*;
import java.util.ArrayList;
import java.util.List;

@Repository
public class OrderRepository {

    @PersistenceContext
    EntityManager em;

    public void save(Order order) {
        em.persist(order);
    }

    public Order fineOne(Long id) {
        return em.find(Order.class, id);
    }

    public List<Order> findAll(OrderSearch orderSearch) { ... }
}
```

▼ 주문 서비스

예제 11.36의 주문 서비스는 주문 엔티티와 주문 상품 엔티티의 비즈니스 로직을 활용해서 주문, 주문 취소, 주문 내역 검색 기능을 제공한다.

예제 11.36 주문 서비스 코드

```
package jpabook.jpashop.service;

import jpabook.jpashop.domain.Delivery;
import jpabook.jpashop.domain.Member;
import jpabook.jpashop.domain.Order;
import jpabook.jpashop.domain.OrderItem;
import jpabook.jpashop.domain.item.Item;
import jpabook.jpashop.domain.OrderSearch;
import jpabook.jpashop.repository.MemberRepository;
import jpabook.jpashop.repository.OrderRepository;
import org.springframework.beans.factory.annotation.Autowired;
import org.springframework.stereotype.Service;
import org.springframework.transaction.annotation.Transactional;
import java.util.List;

@Service
@Transactional
public class OrderService {

    @Autowired MemberRepository memberRepository;
    @Autowired OrderRepository orderRepository;
    @Autowired ItemService itemService;

    /** 주문 */
    public Long order(Long memberId, Long itemId, int count) {

        //엔티티 조회
        Member member = memberRepository.fineOne(memberId);
        Item item = itemService.fineOne(itemId);

        //배송정보 생성
        Delivery delivery = new Delivery(member.getAddress());
        //주문상품 생성
        OrderItem orderItem =
            OrderItem.createOrderItem(item, item.getPrice(), count);
        //주문 생성
        Order order = Order.createOrder(member, delivery, orderItem);

        //주문 저장
```

```
        orderRepository.save(order);
        return order.getId();
    }

    /** 주문 취소 */
    public void cancelOrder(Long orderId) {

        //주문 엔티티 조회
        Order order = orderRepository.fineOne(orderId);
        //주문 취소
        order.cancel();
    }

    /** 주문 검색 */
    public List<Order> findOrders(OrderSearch orderSearch) {
        return orderRepository.findAll(orderSearch);
    }
}
```

예제 11.36은 예제를 단순화하려고 한 번에 하나의 상품만 주문할 수 있도록 했다.

- **주문**(order()): 주문하는 회원 식별자, 상품 식별자, 주문 수량 정보를 받아서 실제 주문 엔티티를 생성한 후 저장한다.
- **주문 취소**(cancelOrder()): 주문 식별자를 받아서 주문 엔티티를 조회한 후 주문 엔티티에 주문 취소를 요청한다.
- **주문 검색**(findOrders()): OrderSearch 검색 조건을 가진 객체로 주문 엔티티를 검색한다. 자세한 내용은 다음에 나오는 '주문 검색 기능'에서 알아보자.

> **🔊 참고**
>
> 주문 서비스의 주문과 주문 취소 메소드를 보면 비즈니스 로직 대부분이 엔티티에 있다. 서비스 계층은 단순히 엔티티에 필요한 요청을 위임하는 역할을 한다. 이처럼 엔티티가 비즈니스 로직을 가지고 객체지향의 특성을 적극 활용하는 것을 도메인 모델 패턴(martinfowler.com/eaaCatalog/domainModel.html)이라 한다. 반대로 엔티티에는 비즈니스 로직이 거의 없고 서비스 계층에서 대부분의 비즈니스 로직을 처리하는 것을 트랜잭션 스크립트 패턴(martinfowler.com/eaaCatalog/transactionScript.html)이라 한다.

주문 검색 기능

회원 이름과 주문 상태를 검색 조건으로 주문 내역을 검색하는 기능을 살펴보자.

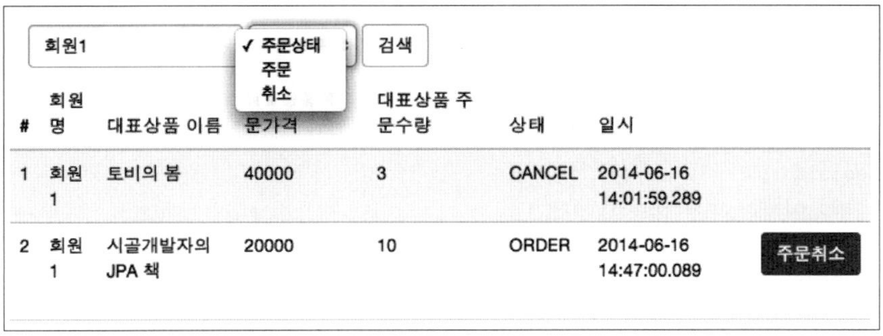

그림 11.7 주문 내역 검색

그림 11.7은 이름이 '회원1'인 회원을 검색하는 화면이다. 결과를 보면 '회원1'만 검색된 것을 확인할 수 있다. 이름 검색 옆에 주문상태(주문, 취소)를 선택하면 검색 범위를 더 줄일 수 있다.

이 기능을 구현하기 위해 먼저 검색 조건을 가지는 예제 11.37의 OrderSearch 클래스를 보자.

예제 11.37 OrderSearch

```java
package jpabook.jpashop.domain;

public class OrderSearch {

    private String memberName;        //회원 이름
    private OrderStatus orderStatus;//주문 상태[ORDER, CANCEL]

    //Getter, Setter
    public String getMemberName() {return memberName;}
    public void setMemberName(String memberName) {
        this.memberName = memberName;}
    public OrderStatus getOrderStatus() {return orderStatus;}
    public void setOrderStatus(OrderStatus orderStatus)
        {this.orderStatus = orderStatus;}

}
```

화면에서 회원 이름과 주문 상태를 선택하고 검색 버튼을 클릭하면 예제 11.37
의 OrderSearch 객체를 통해 검색 조건이 전달된다. 주문 리포지토리의 findAll()
메소드는 이 검색 조건을 활용해서 주문 상품을 검색한다.

예제 11.38 주문 리포지토리 코드

```java
package jpabook.jpashop.repository;

@Repository
public class OrderRepository {

    @PersistenceContext
    EntityManager em;

    public void save(Order order) {
        em.persist(order);
    }

    public Order fineOne(Long id) {
        return em.find(Order.class, id);
    }

    public List<Order> findAll(OrderSearch orderSearch) {

        CriteriaBuilder cb = em.getCriteriaBuilder();
        CriteriaQuery<Order> cq = cb.createQuery(Order.class);
        Root<Order> o = cq.from(Order.class);

        List<Predicate> criteria = new ArrayList<Predicate>();

        //주문 상태 검색
        if (orderSearch.getOrderStatus() != null) {
            Predicate status =
                cb.equal(o.get("status"), orderSearch.getOrderStatus());
            criteria.add(status);
        }
        //회원 이름 검색
        if (StringUtils.hasText(orderSearch.getMemberName())) {
            //회원과 조인
            Join<Order, Member> m = o.join("member", JoinType.INNER);
            Predicate name =
              cb.like(m.<String>get("name"), "%" +
                  orderSearch.getMemberName() + "%");
            criteria.add(name);
        }
```

```
    cq.where(cb.and(criteria.toArray(new
        Predicate[criteria.size()])));
    TypedQuery<Order> query =
        em.createQuery(cq).setMaxResults(1000); //최대 1000건
    return query.getResultList();
  }
}
```

주문 내역을 검색하는 예제 11.38의 findAll(OrderSearch orderSearch) 메소드는 검색 조건에 따라 Criteria를 동적으로 생성해서 주문 엔티티를 조회한다.

주문 기능 테스트

개발한 주문 기능이 정상 동작하는지 테스트해보자. 검증해야 할 핵심 로직은 다음과 같다.

- 상품 주문이 성공해야 한다.
- 상품을 주문할 때 재고 수량을 초과하면 안 된다.
- 주문 취소가 성공해야 한다.

▼ 상품 주문 테스트

예제 11.39와 같이 상품 주문 테스트를 작성해보자.

예제 11.39 상품 주문 테스트 코드

```
package jpabook.jpashop.service;

import jpabook.jpashop.domain.Address;
import jpabook.jpashop.domain.Member;
import jpabook.jpashop.domain.Order;
import jpabook.jpashop.domain.OrderStatus;
import jpabook.jpashop.domain.item.Book;
import jpabook.jpashop.domain.item.Item;
import jpabook.jpashop.exception.NotEnoughStockException;
import jpabook.jpashop.repository.OrderRepository;
import org.junit.Test;
import org.junit.runner.RunWith;
import org.springframework.beans.factory.annotation.Autowired;
import org.springframework.test.context.ContextConfiguration;
import org.springframework.test.context.junit4.SpringJUnit4ClassRunner;
```

```java
import org.springframework.transaction.annotation.Transactional;

import javax.persistence.EntityManager;
import javax.persistence.PersistenceContext;

import static org.junit.Assert.assertEquals;
import static org.junit.Assert.fail;

@RunWith(SpringJUnit4ClassRunner.class)
@ContextConfiguration(locations = "classpath:appConfig.xml")
@Transactional
public class OrderServiceTest {

    @PersistenceContext
    EntityManager em;

    @Autowired OrderService orderService;
    @Autowired OrderRepository orderRepository;

    @Test
    public void 상품주문() throws Exception {

        //Given
        Member member = createMember();
        Item item = createBook("시골 JPA", 10000, 10); //이름, 가격, 재고
        int orderCount = 2;

        //When
        Long orderId = orderService.order(member.getId(),
            item.getId(), orderCount);

        //Then
        Order getOrder = orderRepository.fineOne(orderId);

        assertEquals("상품 주문시 상태는 ORDER",OrderStatus.ORDER,
            getOrder.getStatus());
        assertEquals("주문한 상품 종류 수가 정확해야 한다.",1,
            getOrder.getOrderItems().size());
        assertEquals("주문 가격은 가격 * 수량이다.", 10000 * 2,
            getOrder.getTotalPrice());
        assertEquals("주문 수량만큼 재고가 줄어야 한다.",8,
            item.getStockQuantity());
    }

    @Test(expected = NotEnoughStockException.class)
    public void 상품주문_재고수량초과() throws Exception {
```

```
        //...
    }

    @Test
    public void 주문취소() {
        //...
    }

    private Member createMember() {
        Member member = new Member();
        member.setName("회원1");
        member.setAddress(new Address("서울", "강가", "123-123"));
        em.persist(member);
        return member;
    }

    private Book createBook(String name, int price, int stockQuantity) {
        Book book = new Book();
        book.setName(name);
        book.setStockQuantity(stockQuantity);
        book.setPrice(price);
        em.persist(book);
        return book;
    }
}
```

예제 11.39는 상품주문이 정상 동작하는지 확인하는 테스트다. Given 절에서 테스트를 위한 회원과 상품을 만들고 When 절에서 실제 상품을 주문하고 Then 절에서 주문 가격이 올바른지, 주문 후 재고 수량이 정확히 줄었는지 검증한다.

▼ 재고 수량 초과 테스트

예제 11.40과 같이 재고 수량을 초과해서 상품을 주문해보자. 이때는 NotEnoughStockException 예외가 발생해야 한다.

예제 11.40 재고 수량 초과 테스트 코드

```
@Test(expected = NotEnoughStockException.class)
public void 상품주문_재고수량초과() throws Exception {

    //Given
    Member member = createMember();
    Item item = createBook("시골 JPA", 10000, 10); //이름, 가격, 재고
```

```
    int orderCount = 11;  //재고보다 많은 수량

    //When
    orderService.order(member.getId(), item.getId(), orderCount);

    //Then
    fail("재고 수량 부족 예외가 발생해야 한다.");
}
```

예제 11.40을 보면 재고는 10권인데 orderCount = 11로 재고보다 1권 더 많은 수량을 주문했다. 주문 초과로 다음 로직에서 예외가 발생한다.

```
public abstract class Item {

    //...

    public void removeStock(int orderQuantity) {
        int restStock = this.stockQuantity - orderQuantity;
        if (restStock < 0) {
            throw new NotEnoughStockException("need more stock");
        }
        this.stockQuantity = restStock;
    }
}
```

▼ 주문 취소 테스트

예제 11.41과 같이 주문 취소 테스트 코드를 작성하자. 주문을 취소하면 그만큼 재고가 증가해야 한다.

예제 11.41 주문 취소 테스트 코드

```
@Test
public void 주문취소() {

    //Given
    Member member = createMember();
    Item item = createBook("시골JPA", 10000, 10); //이름, 가격, 재고
    int orderCount = 2;

    Long orderId = orderService.order(member.getId(), item.getId(),
        orderCount);

    //When
```

```
        orderService.cancelOrder(orderId);

        //Then
        Order getOrder = orderRepository.fineOne(orderId);

        assertEquals("주문 취소시 상태는 CANCEL 이다.",OrderStatus.CANCEL,
            getOrder.getStatus());
        assertEquals("주문이 취소된 상품은 그만큼 재고가 증가해야 한다.", 10,
            item.getStockQuantity());
    }
```

주문을 취소하려면 먼저 주문을 해야 한다. Given 절에서 주문하고 When 절에서 해당 주문을 취소했다. Then 절에서 주문상태가 주문 취소 상태인지(CANCEL), 취소한 만큼 재고가 증가했는지 검증한다.

이것으로 필요한 비즈니스 로직을 모두 구현하고 테스트를 작성해서 검증도 했다. 이제 이 비즈니스 로직을 활용하는 웹 계층을 구현해보자.

11.3.5 웹 계층 구현

웹 계층 구현은 간추려서 상품과 주문 위주로 분석하겠다.

상품 등록

웹 화면에서 상품을 어떻게 등록하는지 알아보자. 예제 11.42는 상품 컨트롤러 중에 상품 등록 시나리오에서 사용하는 부분이다.

예제 11.42 상품 등록

```
package jpabook.jpashop.web;

import jpabook.jpashop.domain.item.Book;
import jpabook.jpashop.domain.item.Item;
import jpabook.jpashop.service.ItemService;
import org.springframework.beans.factory.annotation.Autowired;
import org.springframework.stereotype.Controller;
import org.springframework.ui.Model;
import org.springframework.web.bind.annotation.ModelAttribute;
import org.springframework.web.bind.annotation.PathVariable;
import org.springframework.web.bind.annotation.RequestMapping;
```

```
import org.springframework.web.bind.annotation.RequestMethod;
import java.util.List;

@Controller
public class ItemController {

    @Autowired ItemService itemService;

    @RequestMapping(value = "/items/new", method = RequestMethod.GET)
    public String createForm() {
        return "items/createItemForm";
    }

    @RequestMapping(value = "/items/new", method = RequestMethod.POST)
    public String create(Book item) {

        itemService.saveItem(item);
        return "redirect:/items";
    }
    ...

}
```

▼ 상품 등록 폼

첫 화면에서 상품 등록을 선택하면 /items/new URL을 HTTP GET 방식으로 요청한다. 스프링 MVC는 HTTP 요청 정보와 @RequestMapping의 속성 값을 비교해서 실행할 메소드를 찾는다. 따라서 요청 정보와 매핑되는 createForm() 메소드를 실행한다.

이 메소드는 단순히 items/createItemForm 문자를 반환한다. 예제 11.43에 정의된 스프링 MVC의 뷰 리졸버는 이 정보를 바탕으로 실행할 뷰를 찾는다.

예제 11.43 webAppConfig.xml에 등록된 뷰 리졸버

```xml
<bean id="viewResolver" class="org.springframework.web.
    servlet.view.InternalResourceViewResolver">
    <property name="viewClass"
        value="org.springframework.web.servlet.view.JstlView"/>
    <property name="prefix" value="/WEB-INF/jsp/"/>
    <property name="suffix" value=".jsp"/>
</bean>
```

방금 반환한 문자(items/createItemForm)와 뷰 리졸버에 등록한 setPrefix(), setSuffix() 정보를 사용해서 렌더링할 뷰(JSP)를 찾는다.

- 변환 전: items/createItemForm → {prefix}items/createItemForm{subffix}
- 변환 후: items/createItemForm → /WEB-INF/jsp/items/createItemForm.jsp

마지막으로 해당 위치의 JSP를 실행한 결과 HTML을 클라이언트에 응답한다. 그림 11.8이 그 결과다.

그림 11.8 상품 등록 폼

▼ 상품 등록

상품 등록 폼에서 데이터를 입력하고 **Submit** 버튼을 클릭하면 /items/new 를 POST 방식으로 요청한다. 그러면 요청 정보와 매핑되는 상품 컨트롤러의 create(Book item) 메소드를 실행한다. 파라미터로 전달한 item에는 화면에서 입력한 데이터가 모두 바인딩되어 있다(HttpServletRequest의 파라미터와 객체의 프로퍼티 이름을 비교해서 같으면 스프링 프레임워크가 값을 바인딩해준다).

이 메소드는 상품 서비스에 상품 저장을 요청(itemService.saveItem(item))하고 저장이 끝나면 상품 목록 화면(redirect:/items)으로 리다이렉트한다.

상품 목록

화면에서 상품 목록의 URL은 /items다. 그림 11.9는 상품 목록 화면이다.

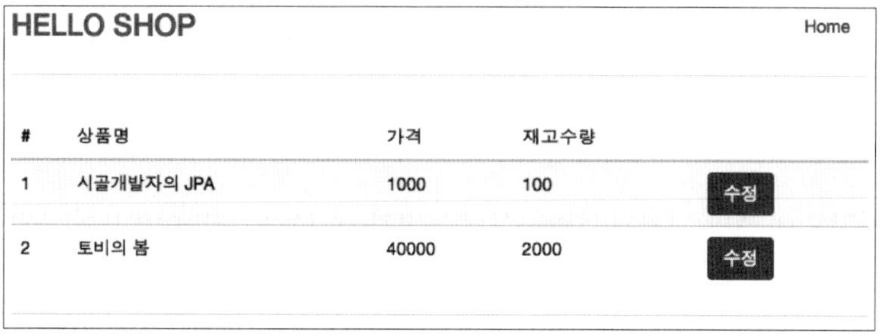

HELLO SHOP   Home

#	상품명	가격	재고수량	
1	시골개발자의 JPA	1000	100	수정
2	토비의 봄	40000	2000	수정

그림 11.9 상품 목록 화면

상품 목록을 클릭하면 예제 11.44의 ItemController에 있는 list() 메소드를 실행한다.

예제 11.44 상품 목록 ItemController

```
package jpabook.jpashop.web;

@Controller
public class ItemController {

    @Autowired ItemService itemService;

    @RequestMapping(value = "/items", method = RequestMethod.GET)
    public String list(Model model) {

        List<Item> items = itemService.findItems();
        model.addAttribute("items", items);
        return "items/itemList";
    }
    //...
}
```

예제 11.44의 list() 메소드는 itemService.findItems()를 호출해서 서비스 계층에서 상품 목록을 조회한다. 그리고 조회한 상품을 뷰에 전달하기 위해 스프링 MVC가 제공하는 모델(Model) 객체에 담아둔다. 그리고 마지막으로 실행할 뷰 이름을 반환한다.

```jsp
<%@ taglib prefix="c" uri="http://java.sun.com/jsp/jstl/core" %>
<%@ page contentType="text/html;charset=UTF-8" language="java" %>
<!DOCTYPE html>
<html>
<jsp:include page="../fragments/head.jsp"/>
<body>

<div class="container">
    <jsp:include page="../fragments/bodyHeader.jsp" />

    <div>
        <table class="table table-striped">
            <thead>
            <tr>
                <th>id</th>
                <th>상품명</th>
                <th>가격</th>
                <th>재고수량</th>
                <th></th>
            </tr>
            </thead>
            <tbody>
            <c:forEach items="${items}" var="item">
                <tr>
                    <td>${item.id}</td>
                    <td>${item.name}</td>
                    <td>${item.price}</td>
                    <td>${item.stockQuantity}</td>
                    <td>
                        <a href="/items/${item.id}/edit"
                            class="btn btn-primary" role="button">수정</a>
                    </td>
                </tr>
            </c:forEach>
            </tbody>
        </table>
    </div>

    <jsp:include page="../fragments/footer.jsp" />

</div> <!-- /container -->

</body>
</html>
```

예제 11.45의 itemList.jsp를 보면 model에 담아둔 상품 목록인 items를 꺼내서
상품 정보를 출력한다.

상품 수정

이번에는 상품을 수정해보자. 방금 보았던 그림 11.9 상품 목록 화면에서 수정 버
튼을 선택하면 상품 수정 화면으로 이동한다. 예제 11.46은 상품 컨트롤러 중 상품
수정 부분만 뽑았다.

예제 11.46 상품 수정과 관련된 컨트롤러 코드

```java
package jpabook.jpashop.web;

@Controller
public class ItemController {

    @Autowired ItemService itemService;

    /** 상품 수정 폼 */
    @RequestMapping(value = "/items/{itemId}/edit",
        method = RequestMethod.GET)
    public String updateItemForm(@PathVariable("itemId") Long itemId,
        Model model) {

        Item item = itemService.fineOne(itemId);
        model.addAttribute("item", item);
        return "items/updateItemForm";
    }

    /** 상품 수정 */
    @RequestMapping(value = "/items/{itemId}/edit", method =
        RequestMethod.POST)
    public String updateItem(@ModelAttribute("item") Book item) {

        itemService.saveItem(item);
        return "redirect:/items";
    }
    ...
}
```

수정 버튼을 선택하면 /items/{itemId}/edit URL을 GET 방식으로 요청한다. 그 결과로 updateItemForm() 메소드를 실행하는데 이 메소드는 itemService. fineOne(itemId)를 호출해서 수정할 상품을 조회한다. 그리고 조회 결과를 모델 객체에 담아서 뷰(items/updateItemForm)에 전달한다.

HELLO SHOP   Home

상품명
맥부기

가격
10000

수량
10

Submit

그림 11.10 상품 수정 폼

그림 11.10 상품 수정 폼 HTML에는 상품의 id(hidden), 상품명, 가격, 수량 정보가 있다.

상품 수정 폼에서 정보를 수정하고 Submit 버튼을 선택하면 /items/{itemId}/edit URL을 POST 방식으로 요청하고 updateItem() 메소드를 실행한다. 이때 컨트롤러에 파라미터로 넘어온 item 엔티티 인스턴스는 현재 준영속 상태다. 따라서 영속성 컨텍스트의 지원을 받을 수 없고 데이터를 수정해도 변경 감지 기능은 동작하지 않는다.

변경 감지와 병합

이런 준영속 엔티티를 수정하는 방법은 2가지가 있다.

- 변경 감지 기능 사용
- 병합 사용

▼ 변경 감지 기능 사용

변경 감지 기능을 사용하는 방법은 영속성 컨텍스트에서 엔티티를 다시 조회한 후에 데이터를 수정하는 방법이다. 예를 들어 다음과 같은 코드가 있다고 가정하자.

```
@Transactional
//itemParam: 파라미터로 넘어온 준영속 상태의 엔티티
void update(Item itemParam) {
    //같은 엔티티를 조회한다.
    Item findItem = em.find(Item.class, itemParam.getId());

    findItem.setPrice(itemParam.getPrice()); //데이터를 수정한다.
}
```

이 코드처럼 트랜잭션 안에서 준영속 엔티티의 식별자로 엔티티를 다시 조회하면 영속 상태의 엔티티를 얻을 수 있다. 이렇게 영속 상태인 엔티티의 값을 파라미터로 넘어온 준영속 상태의 엔티티 값으로 변경하면 된다. 이렇게 하면 이후 트랜잭션이 커밋될 때 변경 감지 기능이 동작해서 데이터베이스에 수정사항이 반영된다.

▼ 병합 사용

병합은 방금 설명한 방식과 거의 비슷하게 동작한다. 파라미터로 넘긴 준영속 엔티티의 식별자 값으로 영속 엔티티를 조회한다. 그리고 영속 엔티티의 값을 준영속 엔티티의 값으로 채워 넣는다(병합에 대한 자세한 내용은 3.6.5절에서 설명했다).

```
@Transactional
//itemParam: 파라미터로 넘어온 준영속 상태의 엔티티
void update(Item itemParam) {
    Item mergeItem = em.merge(item);
}
```

변경 감지 기능을 사용하면 원하는 속성만 선택해서 변경할 수 있지만 병합을 사용하면 모든 속성이 변경된다.

다시 컨트롤러의 상품 수정 메소드인 updateItem()으로 돌아가보자. 이 메소드는 예제 11.47의 itemService.saveItem(item)을 호출해서 준영속 상태인 item 엔티티를 상품 서비스에 전달한다. 상품 서비스는 트랜잭션을 시작하고 상품 리포지토리에 저장을 요청한다.

```
package jpabook.jpashop.service;

@Service
@Transactional
public class ItemService {

    @Autowired
    ItemRepository itemRepository;

    public void saveItem(Item item) {
        itemRepository.save(item);
    }
    //...
}
```

예제 11.48은 상품 리포지토리의 저장 메소드다. 이 메소드는 식별자가 없으면 새로운 엔티티로 판단해서 영속화$_{persist}$하고 식별자가 있으면 병합$_{merge}$을 수행한다. 지금처럼 준영속 상태인 상품 엔티티를 수정할 때는 id 값이 있으므로 병합을 수행한다.

```
package jpabook.jpashop.repository;

@Repository
public class ItemRepository {

    @PersistenceContext
    EntityManager em;

    public void save(Item item) {
        if (item.getId() == null) {
            em.persist(item);
        } else {
            em.merge(item);
        }
    }
    //...
}
```

상품 주문

마지막으로 예제 11.49를 통해 상품 주문을 살펴보자.

예제 11.49 상품 주문과 관련된 컨트롤러 코드

```java
package jpabook.jpashop.web;

import jpabook.jpashop.domain.Member;
import jpabook.jpashop.domain.Order;
import jpabook.jpashop.domain.item.Item;
import jpabook.jpashop.domain.OrderSearch;
import jpabook.jpashop.service.ItemService;
import jpabook.jpashop.service.MemberService;
import jpabook.jpashop.service.OrderService;
import org.springframework.beans.factory.annotation.Autowired;
import org.springframework.stereotype.Controller;
import org.springframework.ui.Model;
import org.springframework.web.bind.annotation.*;
import java.util.List;

@Controller
public class OrderController {

    @Autowired OrderService orderService;
    @Autowired MemberService memberService;
    @Autowired ItemService itemService;

    @RequestMapping(value = "/order", method = RequestMethod.GET)
    public String createForm(Model model) {

        List<Member> members = memberService.findMembers();
        List<Item> items = itemService.findItems();

        model.addAttribute("members", members);
        model.addAttribute("items", items);

        return "order/orderForm";
    }

    @RequestMapping(value = "/order", method = RequestMethod.POST)
    public String order(@RequestParam("memberId") Long memberId,
                        @RequestParam("itemId")   Long itemId,
                        @RequestParam("count")    int count) {

        orderService.order(memberId, itemId, count);
        return "redirect:/orders";
    }
    ...
}
```

메인 화면에서 상품 주문를 선택하면 /order를 GET 방식으로 호출해서 예제 11.49에 있는 OrderController의 createForm() 메소드를 실행한다. 주문 화면에는 주문할 고객정보와 상품 정보가 필요하므로 model 객체에 담아서 뷰에 넘겨준다.

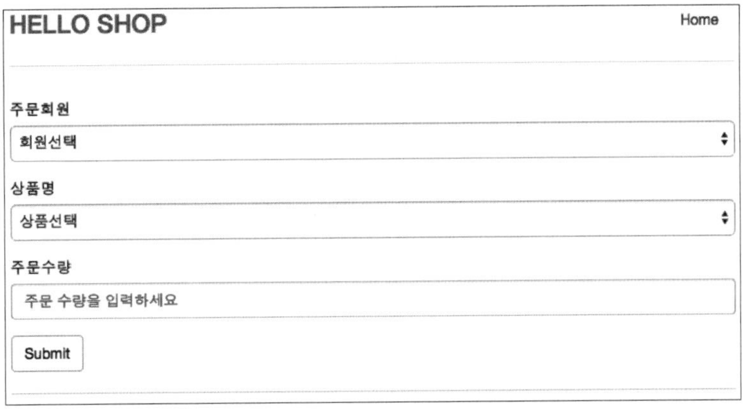

그림 11.11 상품 주문 화면

그림 11.11 상품 주문 화면에서 주문할 회원과 상품 그리고 수량을 선택해서 Submit 버튼을 누르면 /order URL을 POST 방식으로 호출해서 컨트롤러의 order() 메소드를 실행한다. 이 메소드는 고객 식별자(memberId), 주문할 상품 식별자(itemId), 수량(count) 정보를 받아서 주문 서비스에 주문을 요청한다. 주문이 끝나면 상품 주문 내역이 있는 /orders URL로 리다이렉트한다. 그림 11.12는 주문 내역 화면이다.

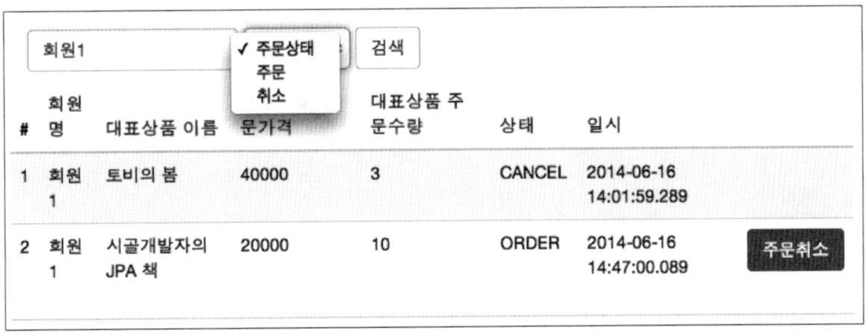

그림 11.12 주문 내역 화면

11.4 정리

지금까지 스프링 프레임워크와 JPA를 사용해서 실제 웹 애플리케이션을 개발해보았다. 부족한 감이 있지만, 스프링과 JPA를 어떻게 활용해야 하는지 감을 잡기에는 충분할 것이다. 그리고 설명하지는 않았지만 뷰(JSP)에서 지연 로딩을 지원하기 위해 OSIV_{Open Session In View}를 사용했다. OSIV는 13장에서 다룬다.

다음 장에서는 스프링 프레임워크에서 JPA를 편리하게 사용할 수 있도록 지원하는 스프링 데이터 JPA를 알아보고 이 장에서 만든 프로젝트에 적용해보자.

스프링 데이터 JPA | 12

대부분의 데이터 접근 계층Data Access Layer은 일명 CRUD로 부르는 유사한 등록, 수정, 삭제, 조회 코드를 반복해서 개발해야 한다. JPA를 사용해서 데이터 접근 계층을 개발할 때도 이 같은 문제가 발생한다.

예제 12.1 JPA의 반복적인 CRUD

```java
public class MemberRepository {

    @PersistenceContext
    EntityManager em;

    public void save(Member member) {...}
    public Member findOne(Long id) {...}
    public List<Member> findAll() {...}

    public Member findByUsername(String username) {...}

}

public class ItemRepository {

    @PersistenceContext
    EntityManager em;

    public void save(Item item) {...}
    public Member findOne(Long id) {...}
    public List<Member> findAll() {...}
}
```

예제 12.1을 보면 회원 리포지토리(MemberRepository)와 상품 리포지토리(ItemRepository)가 하는 일이 비슷하다. 이런 문제를 해결하려면 제네릭과 상속을 적절히 사용해서 공통 부분을 처리하는 부모 클래스를 만들면 된다. 이것을 보통 GenericDAO라 한다. 하지만 이 방법은 공통 기능을 구현한 부모 클래스에 너무 종속되고 구현 클래스 상속이 가지는 단점에 노출된다.

12.1 스프링 데이터 JPA 소개

스프링 데이터 JPA는 스프링 프레임워크에서 JPA를 편리하게 사용할 수 있도록 지원하는 프로젝트다. 이 프로젝트는 데이터 접근 계층을 개발할 때 지루하게 반복되는 CRUD 문제를 세련된 방법으로 해결한다. 우선 CRUD를 처리하기 위한 공통 인터페이스를 제공한다. 그리고 리포지토리를 개발할 때 인터페이스만 작성하면 실행 시점에 스프링 데이터 JPA가 구현 객체를 동적으로 생성해서 주입해준다. 따라서 **데이터 접근 계층을 개발할 때 구현 클래스 없이 인터페이스만 작성해도 개발을 완료할 수 있다.**

예제 12.1에서 살펴본 회원과 상품 리포지토리를 스프링 데이터 JPA를 사용해서 개발하면 예제 12.2와 같이 인터페이스만 작성하면 된다. CRUD를 처리하기 위한 공통 메소드는 스프링 데이터 JPA가 제공하는 `org.springframework.data.jpa.repository.JpaRepository` 인터페이스에 있다. 그리고 방금 언급했듯이 회원과 상품 리포지토리 인터페이스의 구현체는 애플리케이션 실행 시점에 스프링 데이터 JPA가 생성해서 주입해준다. 따라서 개발자가 직접 구현체를 개발하지 않아도 된다.

예제 12.2 스프링 데이터 JPA 적용

```java
public interface MemberRepository extends JpaRepository<Member, Long>{
    Member findByUsername(String username);
}

public interface ItemRepository extends JpaRepository<Item, Long> {
}
```

클래스 다이어그램은 그림 12.1과 같다.

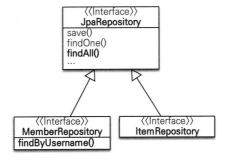

그림 12.1 스프링 데이터 JPA 사용

일반적인 CRUD 메소드는 `JpaRepository` 인터페이스가 공통으로 제공하므로 문제가 없다. 그런데 `MemberRepository.findByUsername(...)`처럼 직접 작성한 공통으로 처리할 수 없는 메소드는 어떻게 해야 할까? 놀랍게도 스프링 데이터 JPA는 메소드 이름을 분석해서 다음 JPQL을 실행한다.

```
select m from Member m where username =:username
```

12.1.1 스프링 데이터 프로젝트

스프링 데이터 JPA는 스프링 데이터 프로젝트의 하위 프로젝트 중 하나다. 그림 12.2를 보자.

스프링 데이터 Spring Data **프로젝트**는 JPA, 몽고DB, NEO4J, REDIS, HADOOP, GEMFIRE 같은 다양한 데이터 저장소에 대한 접근을 추상화해서 개발자 편의를 제공하고 지루하게 반복하는 데이터 접근 코드를 줄여준다.

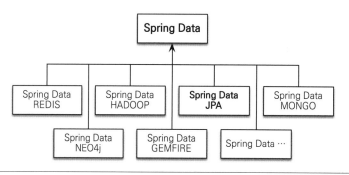

그림 12.2 스프링 데이터 연관 프로젝트

여기서 **스프링 데이터 JPA 프로젝트**는 JPA에 특화된 기능을 제공한다. 스프링 프레임워크와 JPA를 함께 사용한다면 스프링 데이터 JPA 사용을 적극 추천한다.

12.2 스프링 데이터 JPA 설정

스프링 데이터 JPA를 사용하기 위한 라이브러리와 환경설정 방법을 알아보자.

▼ 필요 라이브러리

스프링 데이터 JPA는 예제 12.3과 같이 spring-data-jpa 라이브러리가 필요하다. 예제에서는 1.8.0.RELEASE 버전을 사용한다.

예제 12.3 스프링 데이터 JPA 메이븐 라이브러리 설정

```xml
<!-- 스프링 데이터 JPA -->
<dependency>
    <groupId>org.springframework.data</groupId>
    <artifactId>spring-data-jpa</artifactId>
    <version>1.8.0.RELEASE</version>
</dependency>
```

> 🔊 참고
>
> spring-data-jpa는 spring-data-commons에 의존하므로 두 라이브러리를 함께 받는다.

▼ 환경설정

예제 12.4와 같이 스프링 설정에 XML을 사용하면 <jpa:repositories>를 사용하고 리포지토리를 검색할 base-package를 적는다. 참고로 해당 패키지와 그 하위 패키지를 검색한다.

예제 12.4 XML 설정

```xml
<?xml version="1.0" encoding="UTF-8"?>
<beans xmlns="http://www.springframework.org/schema/beans"
  xmlns:xsi="http://www.w3.org/2001/XMLSchema-instance"
  xmlns:jpa="http://www.springframework.org/schema/data/jpa"
  xsi:schemaLocation="http://www.springframework.org/schema/beans
    http://www.springframework.org/schema/beans/spring-beans.xsd
    http://www.springframework.org/schema/data/jpa
    http://www.springframework.org/schema/data/jpa/spring-jpa.xsd">

  <jpa:repositories base-package="jpabook.jpashop.repository" />

</beans>
```

스프링 설정에 JavaConfig를 사용하면 예제 12.5와 같이 org.springframework.data.jpa.repository.config.EnableJpaRepositories 어노테이션을 추가하고 basePackages에는 리포지토리를 검색할 패키지 위치를 적는다.

예제 12.5 JavaConfig 설정

```
@Configuration
@EnableJpaRepositories(basePackages = "jpabook.jpashop.repository")
public class AppConfig {}
```

환경설정은 이것으로 끝이다.

스프링 데이터 JPA는 애플리케이션을 실행할 때 basePackage에 있는 리포지토리 인터페이스들을 찾아서 해당 인터페이스를 구현한 클래스를 동적으로 생성한 다음 스프링 빈으로 등록한다. 따라서 개발자가 직접 구현 클래스를 만들지 않아도 된다(그림 12.3).

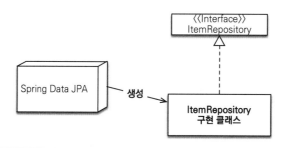

그림 12.3 구현 클래스 생성

12.3 공통 인터페이스 기능

스프링 데이터 JPA는 간단한 CRUD 기능을 공통으로 처리하는 예제 12.6의 JpaRepository 인터페이스를 제공한다. 스프링 데이터 JPA를 사용하는 가장 단순한 방법은 예제 12.7과 같이 이 인터페이스를 상속받는 것이다. 그리고 제네릭에 엔티티 클래스와 엔티티 클래스가 사용하는 식별자 타입을 지정하면 된다.

```
public interface JpaRepository<T, ID extends Serializable> extends
PagingAndSortingRepository<T, ID> {
    ...
}
```

```
public interface MemberRepository extends JpaRepository<Member, Long> {
}
```

예제 12.7의 상속받은 JpaRepository<Member, Long> 부분을 보면 제네릭에 회원 엔티티와 회원 엔티티의 식별자 타입을 지정했다. 이제부터 회원 리포지토리 는 JpaRepository 인터페이스가 제공하는 다양한 기능을 사용할 수 있다.

JpaRepository 인터페이스의 계층 구조를 살펴보자.

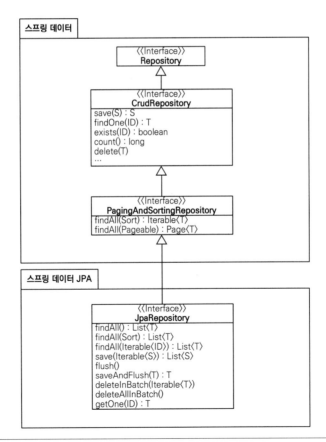

그림 12.4 공통 인터페이스 구성

그림 12.4를 보면 윗부분에 스프링 데이터 모듈이 있고 그 안에 Repository, CrudRepository, PagingAndSortingRepositry가 있는데 이것은 스프링 데이터 프로젝트가 공통으로 사용하는 인터페이스다. 스프링 데이터 JPA가 제공하는 JpaRepository 인터페이스는 여기에 추가로 JPA에 특화된 기능을 제공한다.

JpaRepository 인터페이스를 상속받으면 사용할 수 있는 주요 메소드 몇 가지를 간단히 소개하겠다. 참고로 T는 엔티티, ID는 엔티티의 식별자 타입, S는 엔티티와 그 자식 타입을 뜻한다.

주요 메소드는 다음과 같다.

- save(S): 새로운 엔티티는 저장하고 이미 있는 엔티티는 수정한다.
- delete(T): 엔티티 하나를 삭제한다. 내부에서 EntityManager.remove()를 호출한다.
- findOne(ID): 엔티티 하나를 조회한다. 내부에서 EntityManager.find()를 호출한다.
- getOne(ID): 엔티티를 프록시로 조회한다. 내부에서 EntityManager.getReference()를 호출한다.
- findAll(...): 모든 엔티티를 조회한다. 정렬(Sort)이나 페이징(Pageable) 조건을 파라미터로 제공할 수 있다.

save(S) 메소드는 엔티티에 식별자 값이 없으면(null이면) 새로운 엔티티로 판단해서 EntityManager.persist()를 호출하고 식별자 값이 있으면 이미 있는 엔티티로 판단해서 EntityManager.merge()를 호출한다. 필요하다면 스프링 데이터 JPA의 기능을 확장해서 신규 엔티티 판단 전략을 변경할 수 있다.

JpaRepository 공통 인터페이스를 사용하면 일반적인 CRUD를 해결할 수 있다. 다음은 쿼리 메소드 기능에 대해 알아보자.

12.4 쿼리 메소드 기능

쿼리 메소드 기능은 스프링 데이터 JPA가 제공하는 마법 같은 기능이다. 대표적으로 메소드 이름만으로 쿼리를 생성하는 기능이 있는데 인터페이스에 메소드만 선언하면 해당 메소드의 이름으로 적절한 JPQL 쿼리를 생성해서 실행한다.

스프링 데이터 JPA가 제공하는 쿼리 메소드 기능은 크게 3가지가 있다.

- 메소드 이름으로 쿼리 생성
- 메소드 이름으로 JPA NamedQuery 호출
- @Query 어노테이션을 사용해서 리포지토리 인터페이스에 쿼리 직접 정의

이 기능들을 활용하면 인터페이스만으로 필요한 대부분의 쿼리 기능을 개발할 수 있다. 순서대로 알아보자.

12.4.1 메소드 이름으로 쿼리 생성

이메일과 이름으로 회원을 조회하려면 다음과 같은 메소드를 정의하면 된다.

```
public interface MemberRepository extends Repository<Member, Long> {
    List<Member> findByEmailAndName(String email, String name);
}
```

인터페이스에 정의한 findByEmailAndName(...) 메소드를 실행하면 스프링 데이터 JPA는 메소드 이름을 분석해서 JPQL을 생성하고 실행한다. 실행된 JPQL은 다음과 같다.

```
select m from Member m where m.email = ?1 and m.name = ?2
```

물론 정해진 규칙에 따라서 메소드 이름을 지어야 한다. 스프링 데이터 JPA 공식 문서가 제공하는 표 12.1을 보면 이 기능을 어떻게 사용해야 하는지 쉽게 이해할 수 있다.

표 12.1 스프링 데이터 JPA 쿼리 생성 기능

(출처: http://docs.spring.io/spring-data/jpa/docs/1.8.0.RELEASE/reference/html/jpa.repositories.html)

키워드	예	JPQL 예
And	findByLastnameAndFirstname	⋯ where x.lastname = ?1 and x.firstname = ?2
Or	findByLastnameOrFirstname	⋯ where x.lastname = ?1 or x.firstname = ?2
Is,Equals	findByFirstname,findByFirstnameIs, findByFirstnameEquals	⋯ where x.firstname = 1?
Between	findByStartDateBetween	⋯ where x.startDate between 1? and ?2
LessThan	findByAgeLessThan	⋯ where x.age ⟨ ?1
LessThanEqual	findByAgeLessThanEqual	⋯ where x.age ⟨= ?1
GreaterThan	findByAgeGreaterThan	⋯ where x.age ⟩ ?1
GreaterThanEqual	findByAgeGreaterThanEqual	⋯ where x.age ⟩= ?1
After	findByStartDateAfter	⋯ where x.startDate ⟩ ?1
Before	findByStartDateBefore	⋯ where x.startDate ⟨ ?1
IsNull	findByAgeIsNull	⋯ where x.age is null
IsNotNull,NotNull	findByAge(Is)NotNull	⋯ where x.age not null
Like	findByFirstnameLike	⋯ where x.firstname like ?1
NotLike	findByFirstnameNotLike	⋯ where x.firstname not like ?1
StartingWith	findByFirstnameStartingWith	⋯ where x.firstname like ?1 (parameter bound with appended %)
EndingWith	findByFirstnameEndingWith	⋯ where x.firstname like ?1 (parameter bound with prepended %)
Containing	findByFirstnameContaining	⋯ where x.firstname like ?1 (parameter bound wrapped in %)
OrderBy	findByAgeOrderByLastnameDesc	⋯ where x.age = ?1 order by x.lastname desc
Not	findByLastnameNot	⋯ where x.lastname ⟨⟩ ?1
In	findByAgeIn(Collection ages)	⋯ where x.age in ?1
NotIn	findByAgeNotIn(Collection age)	⋯ where x.age not in ?1

(이어짐)

키워드	예	JPQL 예
TRUE	findByActiveTrue()	··· where x.active = true
FALSE	findByActiveFalse()	··· where x.active = false
IgnoreCase	findByFirstnameIgnoreCase	··· where UPPER(x.firstame) = UPPER(?1)

표 12.1은 스프링 데이터 JPA 공식 문서가 제공하는 쿼리 생성 기능이다.

참고로 이 기능은 엔티티의 필드명이 변경되면 인터페이스에 정의한 메소드 이름도 꼭 함께 변경해야 한다. 그렇지 않으면 애플리케이션을 시작하는 시점에 오류가 발생한다.

12.4.2 JPA NamedQuery

스프링 데이터 JPA는 메소드 이름으로 JPA Named 쿼리를 호출하는 기능을 제공한다.

JPA Named 쿼리는 이름 그대로 쿼리에 이름을 부여해서 사용하는 방법인데, 예제 12.8과 같이 어노테이션이나 예제 12.9와 같이 XML에 쿼리를 정의할 수 있다. 상세한 내용은 10.2.15절을 참고하자. 그리고 같은 방법으로 Named 네이티브 쿼리도 지원한다.

예제 12.8 @NamedQuery 어노테이션으로 Named 쿼리 정의

```
@Entity
@NamedQuery(
    name="Member.findByUsername",
    query="select m from Member m where m.username = :username")
public class Member {
    ...
}
```

예제 12.9 orm.xml의 XML 사용

```
<named-query name="Member.findByUsername">
    <query><CDATA[
        select m
        from Member m
```

```
        where m.username = :username
    ]></query>
</named-query>
```

이렇게 정의한 Named 쿼리를 JPA에서 직접 호출하려면 예제 12.10처럼 코드를
작성해야 한다.

예제 12.10 JPA를 직접 사용해서 Named 쿼리 호출

```
public class MemberRepository {

    public List<Member> findByUsername(String username) {
        ...
        List<Member> resultList =
            em.createNamedQuery("Member.findByUsername", Member.class)
                .setParameter("username", "회원1")
                .getResultList();
    }
}
```

스프링 데이터 JPA를 사용하면 예제 12.11과 같이 메소드 이름만으로 Named
쿼리를 호출할 수 있다.

예제 12.11 스프링 데이터 JPA로 Named 쿼리 호출

```
public interface MemberRepository
    extends JpaRepository<Member, Long>   {//여기 선언한 Member 도메인 클래스

    List<Member> findByUsername(@Param("username") String username);
}
```

스프링 데이터 JPA는 선언한 "도메인 클래스 + .(점) + 메소드 이름"으로 Named
쿼리를 찾아서 실행한다. 따라서 예제는 Member.findByUsername이라는 Named
쿼리를 실행한다. 만약 실행할 Named 쿼리가 없으면 메소드 이름으로 쿼리 생성
전략을 사용한다(필요하면 전략을 변경할 수 있다).

예제 12.11에서 findByUsername() 메소드의 파라미터에 @Param을 사용했는데
이것은 이름기반 파라미터를 바인딩할 때 사용하는 어노테이션이다. 자세한 내용
은 조금 뒤의 파라미터 바인딩에서 알아보자.

12.4.3 @Query, 리포지토리 메소드에 쿼리 정의

리포지토리 메소드에 직접 쿼리를 정의하려면 예제 12.12와 같이 @org. springframework.data.jpa.repository.Query 어노테이션을 사용한다. 이 방법은 실행할 메소드에 정적 쿼리를 직접 작성하므로 이름 없는 Named 쿼리라 할수 있다. 또한 JPA Named 쿼리처럼 애플리케이션 실행 시점에 문법 오류를 발견할 수 있는 장점이 있다.

예제 12.12 메소드에 JPQL 쿼리 작성

```
public interface MemberRepository extends JpaRepository<Member, Long> {

    @Query("select m from Member m where m.username = ?1")
    Member findByUsername(String username);
}
```

네이티브 SQL을 사용하려면 예제 12.13와 같이 @Query 어노테이션에 nativeQuery = true를 설정한다. 참고로 스프링 데이터 JPA가 지원하는 파라미터 바인딩을 사용하면 JPQL은 위치 기반 파라미터를 1부터 시작하지만 네이티브 SQL은 예제 12.13과 같이 0부터 시작한다.

예제 12.13 JPA 네이티브 SQL 지원

```
public interface MemberRepository extends JpaRepository<Member, Long> {

    @Query(value = "SELECT * FROM MEMBER WHERE USERNAME = ?0",
        nativeQuery = true)
    Member findByUsername(String username);
}
```

12.4.4 파라미터 바인딩

스프링 데이터 JPA는 위치 기반 파라미터 바인딩과 이름 기반 파라미터 바인딩을 모두 지원한다.

```
select m from Member m where m.username = ?1 //위치 기반
select m from Member m where m.username = :name //이름 기반
```

기본값은 위치 기반인데 파라미터 순서로 바인딩한다. 이름 기반 파라미터 바인딩을 사용하려면 예제 12.14와 같이 org.springframework.data.repository.query.Param(파라미터 이름) 어노테이션을 사용하면 된다. 코드 가독성과 유지보수를 위해 이름 기반 파라미터 바인딩을 사용하자.

예제 12.14 파라미터 바인딩

```
import org.springframework.data.repository.query.Param

public interface MemberRepository extends JpaRepository<Member, Long> {

    @Query("select m from Member m where m.username = :name")
    Member findByUsername(@Param("name") String username);
}
```

12.4.5 벌크성 수정 쿼리

먼저 예제 12.15를 통해 JPA로 작성한 벌크성 수정 쿼리부터 보자.

예제 12.15 JPA를 사용한 벌크성 수정 쿼리

```
int bulkPriceUp(String stockAmount){
    ...
    String qlString =
        "update Product p set p.price = p.price * 1.1 where
            p.stockAmount < :stockAmount";

    int resultCount = em.createQuery(qlString)
                        .setParameter("stockAmount", stockAmount)
                        .executeUpdate();
}
```

다음으로 예제 12.16의 스프링 데이터 JPA를 사용한 벌크성 수정 쿼리를 보자.

예제 12.16 스프링 데이터 JPA를 사용한 벌크성 수정 쿼리

```
@Modifying
@Query("update Product p set p.price = p.price * 1.1 where
    p.stockAmount < :stockAmount")
int bulkPriceUp(@Param("stockAmount") String stockAmount);
```

스프링 데이터 JPA에서 벌크성 수정, 삭제 쿼리는 `org.springframework.data.jpa.repository.Modifying` 어노테이션을 사용하면 된다.

벌크성 쿼리를 실행하고 나서 영속성 컨텍스트를 초기화하고 싶으면 `@Modifying(clearAutomatically = true)`처럼 `clearAutomatically` 옵션을 `true`로 설정하면 된다. 참고로 이 옵션의 기본값은 `false`다.

12.4.6 반환 타입

스프링 데이터 JPA는 유연한 반환 타입을 지원하는데 결과가 한 건 이상이면 컬렉션 인터페이스를 사용하고, 단건이면 반환 타입을 지정한다.

```
List<Member> findByName(String name); //컬렉션
Member findByEmail(String email); //단건
```

만약 조회 결과가 없으면 컬렉션은 빈 컬렉션을 반환하고 단건은 `null`을 반환한다. 그리고 단건을 기대하고 반환 타입을 지정했는데 결과가 2건 이상 조회되면 `javax.persistence.NonUniqueResultException` 예외가 발생한다.

참고로 단건으로 지정한 메소드를 호출하면 스프링 데이터 JPA는 내부에서 JPQL의 `Query.getSingleResult()` 메소드를 호출한다. 이 메소드를 호출했을 때 조회 결과가 없으면 `javax.persistence.NoResultException` 예외가 발생하는데 개발자 입장에서 다루기가 상당히 불편하다. 스프링 데이터 JPA는 단건을 조회할 때 이 예외가 발생하면 예외를 무시하고 대신에 `null`을 반환한다.

12.4.7 페이징과 정렬

스프링 데이터 JPA는 쿼리 메소드에 페이징과 정렬 기능을 사용할 수 있도록 2가지 특별한 파라미터를 제공한다.

- `org.springframework.data.domain.Sort`: 정렬 기능
- `org.springframework.data.domain.Pageable`: 페이징 기능(내부에 Sort 포함)

예제 12.17과 같이 파라미터에 `Pageable`을 사용하면 반환 타입으로 `List`나 `org.springframework.data.domain.Page`를 사용할 수 있다. 반환 타입으로

Page를 사용하면 스프링 데이터 JPA는 페이징 기능을 제공하기 위해 검색된 전체 데이터 건수를 조회하는 count 쿼리를 추가로 호출한다.

```
//count 쿼리 사용
Page<Member> findByName(String name, Pageable pageable);

//count 쿼리 사용 안 함
List<Member> findByName(String name, Pageable pageable);

List<Member> findByName(String name, Sort sort);
```

다음 조건으로 페이징과 정렬을 사용하는 예제 코드를 보자.

- **검색 조건**: 이름이 김으로 시작하는 회원
- **정렬 조건**: 이름으로 내림차순
- **페이징 조건**: 첫 번째 페이지, 페이지당 보여줄 데이터는 10건

```
public interface MemberRepository extends Repository<Member, Long> {

    Page<Member> findByNameStartingWith(String name,
        Pageable Pageable);
}
```

```
//페이징 조건과 정렬 조건 설정
PageRequest pageRequest =
    new PageRequest(0, 10, new Sort(Direction.DESC, "name"));

Page<Member> result =
    memberRepository.findByNameStartingWith("김", pageRequest);

List<Member> members = result.getContent(); //조회된 데이터
int totalPages = result.getTotalPages(); //전체 페이지 수
boolean hasNextPage = result.hasNextPage(); //다음 페이지 존재 여부
```

예제 12.18에서 두 번째 파라미터로 받은 Pagable은 인터페이스다. 따라서 실제 사용할 때는 예제 12.19와 같이 해당 인터페이스를 구현한 org.springframework.data.domain.PageRequest 객체를 사용한다. PageRequest 생성자의 첫 번째 파라미터에는 현재 페이지를, 두 번째 파라미터에는 조회할 데이터 수를 입력한다. 여기에 추가로 정렬 정보도 파라미터로 사용할 수 있다. 참고로 페이지는 0부터 시작한다.

예제 12.20을 통해 반환 타입인 Page 인터페이스가 제공하는 다양한 메소드를 보자.

예제 12.20 Page 인터페이스

```
public interface Page<T> extends Iterable<T> {

    int getNumber();                    //현재 페이지
    int getSize();                      //페이지 크기
    int getTotalPages();                //전체 페이지 수
    int getNumberOfElements();          //현재 페이지에 나올 데이터 수
    long getTotalElements();            //전체 데이터 수
    boolean hasPreviousPage();          //이전 페이지 여부
    boolean isFirstPage();              //현재 페이지가 첫 페이지 인지 여부
    boolean hasNextPage();              //다음 페이지 여부
    boolean isLastPage();               //현재 페이지가 마지막 페이지 인지 여부
    Pageable nextPageable();            //다음 페이지 객체, 다음 페이지가 없으면 null
    Pageable previousPageable();        //다음 페이지 객체, 이전 페이지가 없으면 null
    List<T> getContent();               //조회된 데이터
    boolean hasContent();               //조회된 데이터 존재 여부
    Sort getSort();                     //정렬 정보
}
```

지금까지 설명한 Pageable과 Page를 사용하면 지루하고 반복적인 페이징 처리를 손쉽게 개발할 수 있다.

12.4.8 힌트

JPA 쿼리 힌트를 사용하려면 org.springframework.data.jpa.repository.QueryHints 어노테이션을 사용하면 된다. 참고로 이것은 SQL 힌트가 아니라 JPA 구현체에게 제공하는 힌트다.

```
@QueryHints(value = { @QueryHint(name = "org.hibernate.readOnly",
    value = "true")}, forCounting = true)
Page<Member> findByName(String name, Pagable pageable);
```

forCounting 속성은 반환 타입으로 Page 인터페이스를 적용하면 추가로 호출
하는 페이징을 위한 count 쿼리에도 쿼리 힌트를 적용할지를 설정하는 옵션이다.
(기본값 true)

12.4.9 Lock

쿼리 시 락을 걸려면 org.springframework.data.jpa.repository.Lock 어노테
이션을 사용하면 된다. JPA가 제공하는 락에 대해서는 16.1절을 참고하자.

```
@Lock(LockModeType.PESSIMISTIC_WRITE)
List<Member> findByName(String name);
```

12.5 명세

책 도메인 주도 설계Domain Driven Design는 명세SPECIFICATION라는 개념을 소개하는데,
스프링 데이터 JPA는 JPA Criteria로 이 개념을 사용할 수 있도록 지원한다.

명세Specification를 이해하기 위한 핵심 단어는 술어predicate인데 이것은 단순히 참
이나 거짓으로 평가된다. 그리고 이것은 AND, OR 같은 연산자로 조합할 수 있
다. 예를 들어 데이터를 검색하기 위한 제약 조건 하나하나를 술어라 할 수 있
다. 이 술어를 스프링 데이터 JPA는 org.springframework.data.jpa.domain.
Specification 클래스로 정의했다.

Specification은 컴포지트 패턴(en.wikipedia.org/wiki/Composite_pattern)으로 구
성되어 있어서 여러 Specification을 조합할 수 있다. 따라서 다양한 검색조건을
조립해서 새로운 검색조건을 쉽게 만들 수 있다.

명세 기능을 사용하려면 예제 12.21과 같이 리포지토리에서 org.
springframework.data.jpa.repository.JpaSpecificationExecutor 인터페이
스를 상속받으면 된다.

```
public interface OrderRepository extends JpaRepository<Order, Long>,
JpaSpecificationExecutor<Order> {


}
```

```
public interface JpaSpecificationExecutor<T> {

    T findOne(Specification<T> spec);
    List<T> findAll(Specification<T> spec);
    Page<T> findAll(Specification<T> spec, Pageable pageable);
    List<T> findAll(Specification<T> spec, Sort sort);
    long count(Specification<T> spec);
}
```

예제 12.22의 JpaSpecificationExecutor의 메소드들은 Specification을 파라미터로 받아서 검색 조건으로 사용한다.

이제 명세를 사용하는 예제 12.23을 보자. 우선 명세를 사용하는 코드를 보고나서 명세를 정의하는 코드를 보겠다.

```
import static org.springframework.data.jpa.domain.Specifications.*; //
where()
import static jpabook.jpashop.domain.spec.OrderSpec.*;

public List<Order> findOrders(String name) {

    List<Order> result = orderRepository.findAll(
            where(memberName(name)).and(isOrderStatus())
    );

    return result;
}
```

Specifications는 명세들을 조립할 수 있도록 도와주는 클래스인데 where(), and(), or(), not() 메소드를 제공한다.

findAll을 보면 회원 이름 명세(memberName)와 주문 상태 명세(isOrderStatus)를 and로 조합해서 검색 조건으로 사용한다.

참고로 명세 기능을 사용할 때 예제처럼 자바의 `import static`를 적용하면 더 읽기 쉬운 코드가 된다.

이제 예제 12.24의 `OrderSpec` 명세를 정의하는 코드를 보자.

예제 12.24 OrderSpec 명세 정의 코드

```java
package jpabook.jpashop.domain;

import org.springframework.data.jpa.domain.Specification;
import org.springframework.util.StringUtils;
import javax.persistence.criteria.*;

public class OrderSpec {

    public static Specification<Order> memberName(final String
        memberName) {
        return new Specification<Order>() {
            public Predicate toPredicate(Root<Order> root,
                CriteriaQuery<?> query, CriteriaBuilder builder) {

                if (StringUtils.isEmpty(memberName)) return null;

                Join<Order, Member> m = root.join("member",
                    JoinType.INNER); //회원과 조인
                return builder.equal(m.get("name"), memberName);
            }
        };
    }

    public static Specification<Order> isOrderStatus() {
        return new Specification<Order>() {
            public Predicate toPredicate(Root<Order> root,
                CriteriaQuery<?> query, CriteriaBuilder builder) {

                return builder.equal(root.get("status"),
                    OrderStatus.ORDER);
            }
        };
    }
}
```

명세를 정의하려면 `Specification` 인터페이스를 구현하면 된다. 예제에서는 편의상 내부 무명 클래스를 사용했다. 명세를 정의할 때는 `toPredicate(...)` 메소드만 구현하면 되는데 JPA Criteria의 `Root`, `CriteriaQuery`, `CriteriaBuilder` 클래스가 모두 파라미터로 주어진다. 이 파라미터들을 활용해서 적절한 검색 조건을 반환하면 된다. JPA Criteria에 대한 이해가 부족하다면 10.3절을 참고하자.

12.6 사용자 정의 리포지토리 구현

스프링 데이터 JPA로 리포지토리를 개발하면 인터페이스만 정의하고 구현체는 만들지 않는다. 하지만 다양한 이유로 메소드를 직접 구현해야 할 때도 있다. 그렇다고 리포지토리를 직접 구현하면 공통 인터페이스가 제공하는 기능까지 모두 구현해야 한다. 스프링 데이터 JPA는 이런 문제를 우회해서 필요한 메소드만 구현할 수 있는 방법을 제공한다.

먼저 직접 구현할 메소드를 위한 예제 12.25와 같은 사용자 정의 인터페이스를 작성해야 한다. 이때 인터페이스 이름은 자유롭게 지으면 된다.

예제 12.25 사용자 정의 인터페이스

```
public interface MemberRepositoryCustom {
    public List<Member> findMemberCustom();
}
```

다음으로 예제 12.26과 같은 사용자 정의 인터페이스를 구현한 클래스를 작성해야 한다. 이때 클래스 이름을 짓는 규칙이 있는데 리포지토리 인터페이스 이름 + Impl로 지어야 한다. 이렇게 하면 스프링 데이터 JPA가 사용자 정의 구현 클래스로 인식한다.

예제 12.26 사용자 정의 구현 클래스

```
public class MemberRepositoryImpl implements MemberRepositoryCustom {

    @Override
    public List<Member> findMemberCustom() {
        ... //사용자 정의 구현
    }
}
```

마지막으로 예제 12.27과 같이 리포지토리 인터페이스에서 사용자 정의 인터페이스를 상속받으면 된다.

```
public interface MemberRepository
    extends JpaRepository<Member, Long>, MemberRepositoryCustom {
}
```

만약 사용자 정의 구현 클래스 이름 끝에 Impl 대신 다른 이름을 붙이고 싶으면 repository-impl-postfix 속성을 변경하면 된다. 참고로 Impl이 기본값이다.

```
<repositories base-package="jpabook.jpashop.repository"
    repository-impl-postfix="Impl" />
```

JavaConfig 설정은 다음과 같다.

```
@EnableJpaRepositories(basePackages = "jpabook.jpashop.repository",
    repositoryImplementationPostfix = "Impl")
```

12.7 Web 확장

스프링 데이터 프로젝트는 스프링 MVC에서 사용할 수 있는 편리한 기능을 제공한다. 식별자로 도메인 클래스를 바로 바인딩해주는 도메인 클래스 컨버터 기능과, 페이징과 정렬 기능을 알아보자.

12.7.1 설정

스프링 데이터가 제공하는 Web 확장 기능을 활성화하려면 org.springframework. data.web.config.SpringDataWebConfiguration을 스프링 빈으로 등록하면 된다.

```
<bean class="org.springframework.data.web.config.SpringDataWebConfiguration" />
```

JavaConfig를 사용하면 다음과 같이 org.springframework.data.web.config. EnableSpringDataWebSupport 어노테이션을 사용하면 된다.

```
@Configuration
@EnableWebMvc
@EnableSpringDataWebSupport
public class WebAppConfig {
    ...
}
```

설정을 완료하면 도메인 클래스 컨버터와 페이징과 정렬을 위한 HandlerMethodArgumentResolver가 스프링 빈으로 등록된다.

등록되는 도메인 클래스 컨버터는 다음과 같다.

```
org.springframework.data.repository.support.DomainClassConverter
```

12.7.2 도메인 클래스 컨버터 기능

도메인 클래스 컨버터는 HTTP 파라미터로 넘어온 엔티티의 아이디로 엔티티 객체를 찾아서 바인딩해준다. 예를 들어 특정 회원을 수정하는 화면을 보여주려면 컨트롤러는 HTTP 요청으로 넘어온 회원의 아이디를 사용해서 리포지토리를 통해 회원 엔티티를 조회해야 한다. 다음과 같은 URL을 호출했다고 가정하자.

수정화면 요청 URL: /member/memberUpdateForm?id=1

예제 12.28 회원의 아이디로 회원 엔티티 조회

```
@Controller
public class MemberController {

    @Autowired MemberRepository memberRepository;

    @RequestMapping("member/memberUpdateForm")
    public String memberUpdateForm(@RequestParam("id") Long id,
    Model model) {

        Member member = memberRepository.findOne(id); //회원을 찾는다.
        model.addAttribute("member", member);
        return "member/memberSaveForm";
    }
}
```

예제 12.28을 보면 컨트롤러에서 파라미터로 넘어온 회원 아이디로 회원 엔티티를 찾는다. 그리고 찾아온 회원 엔티티를 model을 사용해서 뷰에 넘겨준다.

이번에는 도메인 클래스 컨버터를 적용한 예제 12.29를 보자.

예제 12.29 도메인 클래스 컨버터 적용

```
@Controller
public class MemberController {

    @RequestMapping("member/memberUpdateForm")
    public String memberUpdateForm(@RequestParam("id") Member member,
    Model model) {
        model.addAttribute("member", member);
        return "member/memberSaveForm";
    }
}
```

@RequestParam("id") Member member 부분을 보면 HTTP 요청으로 회원 아이디(id)를 받지만 도메인 클래스 컨버터가 중간에 동작해서 아이디를 회원 엔티티 객체로 변환해서 넘겨준다. 따라서 컨트롤러를 단순하게 사용할 수 있다.

참고로 도메인 클래스 컨버터는 해당 엔티티와 관련된 리포지토리를 사용해서 엔티티를 찾는다. 여기서는 회원 리포지토리를 통해서 회원 아이디로 회원 엔티티를 찾는다.

> **⚠ 주의**
>
> 도메인 클래스 컨버터를 통해 넘어온 회원 엔티티를 컨트롤러에서 직접 수정해도 실제 데이터베이스에는 반영되지 않는다. 참고로 이것은 스프링 데이터와는 관련이 없고 순전히 영속성 컨텍스트의 동작 방식과 관련이 있다. 웹 애플리케이션에서 영속성 컨텍스트의 동작 방식과 OSIV에 관한 자세한 내용은 13장에서 설명한다.
>
> • OSIV를 사용하지 않으면: 조회한 엔티티는 준영속 상태다. 따라서 변경 감지기능이 동작하지 않는다. 만약 수정한 내용을 데이터베이스에 반영하고 싶으면 병합(merge)을 사용해야 한다.
>
> • OSIV를 사용하면: 조회한 엔티티는 영속 상태다. 하지만 OSIV의 특성상 컨트롤러와 뷰에서는 영속성 컨텍스트를 플러시하지 않는다. 따라서 수정한 내용을 데이터베이스 반영하지 않는다. 만약 수정한 내용을 데이터베이스에 반영하고 싶으면 트랜잭션을 시작하는 서비스 계층을 호출해야 한다. 해당 서비스 계층이 종료될 때 플러시와 트랜잭션 커밋이 일어나서 영속성 컨텍스트의 변경 내용을 데이터베이스에 반영해 줄 것이다.

12.7.3 페이징과 정렬 기능

스프링 데이터가 제공하는 페이징과 정렬 기능을 스프링 MVC에서 편리하게 사용
할 수 있도록 HandlerMethodArgumentResolver를 제공한다.

- **페이징 기능**: PageableHandlerMethodArgumentResolver
- **정렬 기능**: SortHandlerMethodArgumentResolver

바로 예제 12.30의 예제를 보자.

예제 12.30 페이징과 정렬 예제

```
@RequestMapping(value = "/members", method = RequestMethod.GET)
public String list(Pageable pageable, Model model) {

    Page<Member> page = memberService.findMembers(pageable);
    model.addAttribute("members", page.getContent());
    return "members/memberList";
}
```

파라미터로 Pageable을 받은 것을 확인할 수 있다. Pageable은 다음 요청 파
라미터 정보로 만들어진다(Pageable은 인터페이스다 실제는 org.springframework.data.
domain.PageRequest 객체가 생성된다).

요청 파라미터는 다음과 같다.

- **page**: 현재 페이지, 0부터 시작
- **size**: 한 페이지에 노출할 데이터 건수
- **sort**: 정렬 조건을 정의한다. 예 정렬 속성,정렬 속성...(ASC | DESC), 정렬 방향
  을 변경하고 싶으면 sort 파라미터를 추가하면 된다.

  예 /members?page=0&size=20&sort=name,desc&sort=address.city

> **◄)) 참고**
>
> 페이지를 1부터 시작하고 싶으면 PageableHandlerMethodArgumentResolver를 스프링 빈으로
> 직접 등록하고 setOneIndexedParameters를 true로 설정하면 된다.

접두사

사용해야 할 페이징 정보가 둘 이상이면 접두사를 사용해서 구분할 수 있다. 접두사는 스프링 프레임워크가 제공하는 @Qualifier 어노테이션을 사용한다. 그리고 "{접두사명}_"로 구분한다.

```
public String list(
    @Qualifier("member") Pageable memberPageable,
    @Qualifier("order") Pageable orderPageable, ...
```

예 /members?member_page=0&order_page=1

기본값

Pageable의 기본값은 page=0, size=20이다. 만약 기본값을 변경하고 싶으면 @PageableDefault 어노테이션을 사용하면 된다.

```
@RequestMapping(value = "/members_page", method = RequestMethod.GET)
public String list(@PageableDefault(size = 12, sort = "name",
    direction = Sort.Direction.DESC) Pageable pageable) {
    ...
}
```

12.8 스프링 데이터 JPA가 사용하는 구현체

스프링 데이터 JPA가 제공하는 공통 인터페이스는 org.springframework.data. jpa.repository.support.SimpleJpaRepository 클래스가 구현한다. 예제 12.31을 통해 코드 일부를 분석해보자.

예제 12.31 SimpleJpaRepository

```
@Repository
@Transactional(readOnly = true)
public class SimpleJpaRepository<T, ID extends Serializable> implements
JpaRepository<T, ID>,
    JpaSpecificationExecutor<T> {

    @Transactional
    public <S extends T> S save(S entity) {
```

```
        if (entityInformation.isNew(entity)) {
            em.persist(entity);
            return entity;
        } else {
            return em.merge(entity);
        }
    }
    ...
}
```

- **@Repository 적용**: JPA 예외를 스프링이 추상화한 예외로 변환한다.

- **@Transactional 트랜잭션 적용**: JPA의 모든 변경은 트랜잭션 안에서 이루어져야 한다. 스프링 데이터 JPA가 제공하는 공통 인터페이스를 사용하면 데이터를 변경(등록, 수정, 삭제)하는 메소드에 @Transactional로 트랜잭션 처리가 되어 있다. 따라서 서비스 계층에서 트랜잭션을 시작하지 않으면 리포지토리에서 트랜잭션을 시작한다. 물론 서비스 계층에서 트랜잭션을 시작했으면 리포지토리도 해당 트랜잭션을 전파받아서 그대로 사용한다.

- **@Transactional(readOnly = true)**: 데이터를 조회하는 메소드에는 readOnly = true 옵션이 적용되어 있다. 데이터를 변경하지 않는 트랜잭션에서 readOnly = true 옵션을 사용하면 플러시를 생략해서 약간의 성능 향상을 얻을 수 있는데, 자세한 내용은 15.4.2절에서 설명하겠다.

- **save() 메소드**: 이 메소드는 저장할 엔티티가 새로운 엔티티면 저장(persist)하고 이미 있는 엔티티면 병합(merge)한다.

  새로운 엔티티를 판단하는 기본 전략은 엔티티의 식별자로 판단하는데 식별자가 객체일 때 null, 자바 기본 타입일 때 숫자 0 값이면 새로운 엔티티로 판단한다. 필요하면 엔티티에 예제 12.32의 Persistable 인터페이스를 구현해서 판단 로직을 변경할 수 있다.

예제 12.32 Persistable

```
package org.springframework.data.domain;

public interface Persistable<ID extends Serializable> extends Serializable {
    ID getId();
    boolean isNew();
}
```

이것으로 스프링 데이터 JPA를 알아보았다. 이제 앞 장에서 만든 웹 애플리케이션에 스프링 데이터 JPA를 적용해보자.

12.9 JPA 샵에 적용

▌ 예제 코드: ch12-springdata-shop ▌
※ 실행 방법은 ch11-jpa-shop과 같다.

스프링 프레임워크와 JPA로 개발한 웹 애플리케이션에 스프링 데이터 JPA를 적용해보자. 다음 순서대로 코드를 변경하면서 스프링 데이터 JPA가 얼마나 유용한지 확인해보자.

- 환경설정
- 리포지토리 리팩토링
- 명세_{Specification} 적용
- 기타

⚠ 주의

이클립스에서 ch12-springdata-shop 프로젝트를 구동하려면 JDK를 사용해서 이클립스를 실행해야 한다. 그렇지 않으면 QueryDSL의 쿼리 타입을 생성하는 메이븐 플러그인에서 다음과 같은 오류가 발생한다.

```
You need to run build with JDK or have tools.jar on the classpath.If
this occures during eclipse build make sure you run eclipse under JDK
as well (com.mysema.maven:apt-maven-plugin:1.1.3:process:default:gener
ate-sources)
```

오류를 해결하려면 우선 JDK를 설치한다. 다음으로 이클립스 실행 폴더의 eclipse.ini 파일을 열고 -vm 옵션을 사용해서 실제 JDK가 설치된 경로를 추가한다(경로는 환경에 따라 다르다). 이때 위치가 중요한데 다음과 같이 -vmargs 위에 추가해야 한다.

```
...
-vm   //추가한 부분
C:\Program Files\Java\jdk1.8.0_45\bin\javaw.exe //추가한 부분
-vmargs //기존에 있던 부분
```

이클립스를 다시 실행하고 ch12-springdata-shop 프로젝트에서 오른쪽 마우스 버튼을 누르고, **Maven > Update Project...**를 선택하자. 그러면 팝업 화면이 뜨는데 여기서 **ch12-springdata-shop** 프로젝트를 체크한 다음 **OK** 버튼을 선택하면 프로젝트가 정상으로 동작한다.

12.9.1 환경설정

pom.xml에 예제 12.33과 같이 spring-data-jpa 라이브러리를 추가하자. 예제에서는 1.8.0.RELEASE 버전을 사용한다.

예제 12.33 스프링 데이터 JPA 라이브러리

```xml
<!-- 스프링 데이터 JPA -->
<dependency>
    <groupId>org.springframework.data</groupId>
    <artifactId>spring-data-jpa</artifactId>
    <version>1.8.0.RELEASE</version>
</dependency>
```

예제 12.34와 같이 src/main/resources/appConfig.xml에 `<jpa:repositories>`를 추가하고 base-package 속성에 리포지토리 위치를 지정하자.

예제 12.34 XML 설정

```xml
<?xml version="1.0" encoding="UTF-8"?>
<beans xmlns="http://www.springframework.org/schema/beans"
  xmlns:xsi="http://www.w3.org/2001/XMLSchema-instance"
  xmlns:jpa="http://www.springframework.org/schema/data/jpa"
  xsi:schemaLocation="http://www.springframework.org/schema/beans
    http://www.springframework.org/schema/beans/spring-beans.xsd
    http://www.springframework.org/schema/data/jpa
    http://www.springframework.org/schema/data/jpa/spring-jpa.xsd">

  <!-- 추가 -->
  <jpa:repositories base-package="jpabook.jpashop.repository" />

  ...

</beans>
```

이것으로 스프링 데이터 JPA를 사용할 준비가 끝났다.

12.9.2 리포지토리 리팩토링

지금부터 본격적으로 기존 리포지토리들이 스프링 데이터 JPA를 사용하도록 리팩토링해보자.

회원 리포지토리 리팩토링

회원 리포지토리의 원본 코드는 예제 12.35와 같다.

예제 12.35 회원 리포지토리 리팩토링 전

```
package jpabook.jpashop.repository;

@Repository
public class MemberRepository {

    @PersistenceContext
    EntityManager em;

    public void save(Member member) {
        em.persist(member);
    }

    public Member fineOne(Long id) {
        return em.find(Member.class, id);
    }

    public List<Member> findAll() {
        return em.createQuery("select m from Member m", Member.class)
                .getResultList();
    }

    public List<Member> findByName(String name) {
        return em.createQuery("select m from Member m where m.name
            = :name", Member.class)
                .setParameter("name", name)
                .getResultList();
    }
}
```

예제 12.36 회원 리포지토리 리팩토링 후

```
package jpabook.jpashop.repository;

import jpabook.jpashop.domain.Member;
import org.springframework.data.jpa.repository.JpaRepository;
import java.util.List;

public interface MemberRepository extends JpaRepository<Member, Long> {
    List<Member> findByName(String name);
}
```

예제 12.36의 회원 리포지토리를 리팩토링한 후 코드를 보자. 우선 클래스를 인터페이스로 변경하고 스프링 데이터 JPA가 제공하는 JpaRepository를 상속받았다. 이때 제네릭 타입을 <Member, Long>으로 지정해서 리포지토리가 관리하는 엔티티 타입과 엔티티의 식별자 타입을 정의했다.

코드를 보면 save(), fineOne(), findAll() 메소드를 제거했다. 이런 기본 메소드는 상속받은 JpaRepository가 모두 제공한다. 남겨진 메소드는 findByName()인데 스프링 데이터 JPA가 해당 메소드의 이름을 분석해서 메소드 이름으로 적절한 쿼리를 실행해 줄 것이다.

다음으로 상품 리포지토리를 리팩토링해보자.

상품 리포지토리 리팩토링

예제 12.37은 상품 리포지토리의 원본 코드다.

예제 12.37 상품 리포지토리 리팩토링 전

```java
package jpabook.jpashop.repository;

@Repository
public class ItemRepository {

    @PersistenceContext
    EntityManager em;

    public void save(Item item) {
        if (item.getId() == null) {
            em.persist(item);
        } else {
            em.merge(item);
        }
    }

    public Item fineOne(Long id) {
        return em.find(Item.class, id);
    }

    public List<Item> findAll() {
        return em.createQuery("select i from Item i",Item.class)
            .getResultList();
    }
}
```

```
package jpabook.jpashop.repository;

import jpabook.jpashop.domain.item.Item;
import org.springframework.data.jpa.repository.JpaRepository;

public interface ItemRepository extends JpaRepository<Item, Long> {
}
```

예제 12.38의 상품 리포지토리를 리팩토링한 후 코드를 보자. 상품 리포지토리가 제공하는 모든 기능은 스프링 데이터 JPA가 제공하는 공통 인터페이스만으로 충분하다. 따라서 메소드가 전혀 없다.

마지막으로 주문 리포지토리를 리팩토링해보자.

주문 리포지토리 리팩토링

예제 12.39는 주문 리포지토리의 원본 코드다.

```
package jpabook.jpashop.repository;

@Repository
public class OrderRepository {

    @PersistenceContext
    EntityManager em;

    public void save(Order order) {
        em.persist(order);
    }

    public Order fineOne(Long id) {
        return em.find(Order.class, id);
    }

    public List<Order> findAll(OrderSearch orderSearch) {

        CriteriaBuilder cb = em.getCriteriaBuilder();
        CriteriaQuery<Order> cq = cb.createQuery(Order.class);
        Root<Order> o = cq.from(Order.class);
```

```java
        List<Predicate> criteria = new ArrayList<Predicate>();

        //주문 상태 검색
        if (orderSearch.getOrderStatus() != null) {
            Predicate status =
                cb.equal(o.get("status"), orderSearch.getOrderStatus());
            criteria.add(status);
        }
        //회원명 검색
        if (StringUtils.hasText(orderSearch.getMemberName())) {

            Join<Order, Member> m = o.join("member", JoinType.INNER);
            Predicate name = cb.like(m.<String>get("name"), "%" +
                orderSearch.getMemberName() + "%");
            criteria.add(name);
        }

        cq.where(cb.and(criteria.toArray(new Predicate[criteria.size()])));
        TypedQuery<Order> query = em.createQuery(cq)
            .setMaxResults(1000); //최대 검색 1000 건으로 제한
        return query.getResultList();
    }
}
```

예제 12.40 주문 리포지토리 리팩토링 후

```java
package jpabook.jpashop.repository;

import jpabook.jpashop.domain.Order;
import jpabook.jpashop.repository.custom.CustomOrderRepository;
import org.springframework.data.jpa.repository.JpaRepository;
import org.springframework.data.jpa.repository.JpaSpecificationExecutor;

public interface OrderRepository
    extends JpaRepository<Order, Long>, JpaSpecificationExecutor<Order> {
}
```

예제 12.39의 주문 리포지토리에는 검색이라는 복잡한 로직이 있다. 스프링 데이터 JPA가 제공하는 명세 기능을 사용해서 검색을 구현해보자. 명세 기능을 사용하기 위해 예제 12.40의 주문 리포지토리를 리팩토링한 후 코드에는 JpaSpecificationExecutor를 추가로 상속 받았다.

12.9.3 명세 적용

명세_{Specification}로 검색하는 기능을 사용하려면 리포지토리에 `org.springframework.data.jpa.repository.JpaSpecificationExecutor`를 추가로 상속받아야 한다. 이제 명세를 작성하기 위한 클래스인 예제 12.41의 `OrderSpec`을 추가하자.

예제 12.41 OrderSpec 추가

```java
package jpabook.jpashop.domain;

import org.springframework.data.jpa.domain.Specification;
import org.springframework.util.StringUtils;

import javax.persistence.criteria.*;

public class OrderSpec {

    public static Specification<Order> memberNameLike(final String
        memberName) {
        return new Specification<Order>() {
            public Predicate toPredicate(Root<Order> root,
                CriteriaQuery<?> query, CriteriaBuilder builder) {

                if (StringUtils.isEmpty(memberName)) return null;

                Join<Order, Member> m =
                    root.join("member", JoinType.INNER); //회원과 조인
                return builder.like(m.<String>get("name"),
                    "%" + memberName + "%");
            }
        };
    }

    public static Specification<Order> orderStatusEq(final OrderStatus
        orderStatus) {
        return new Specification<Order>() {
            public Predicate toPredicate(Root<Order> root,
                CriteriaQuery<?> query, CriteriaBuilder builder) {

                if (orderStatus == null) return null;

                return builder.equal(root.get("status"), orderStatus);
            }
        };
    }
}
```

다음으로 검색조건을 가지고 있는 예제 12.42의 OrderSearch 객체에 자신이 가진 검색조건으로 Specification을 생성하도록 코드를 추가하자.

```java
package jpabook.jpashop.domain;

import org.springframework.data.jpa.domain.Specifications;

import static jpabook.jpashop.domain.OrderSpec.memberNameLike;
import static jpabook.jpashop.domain.OrderSpec.orderStatusEq;
import static
    org.springframework.data.jpa.domain.Specifications.where;

public class OrderSearch {

    private String memberName;        //회원명
    private OrderStatus orderStatus;//주문 상태

    //...Getter, Setter

    //추가
    public Specifications<Order> toSpecification() {
        return where(memberNameLike(memberName))
                .and(orderStatusEq(orderStatus));
    }

}
```

마지막으로 기존 코드인 예제 12.43의 리포지토리의 검색 코드가 명세를 파라미터로 넘기도록 예제 12.44와 같이 변경하자.

```java
public List<Order> findOrders(OrderSearch orderSearch) {
    return orderRepository.findAll(orderSearch);
}
```

```java
public List<Order> findOrders(OrderSearch orderSearch) {
    return orderRepository.findAll(orderSearch.toSpecification());
}
```

기존 리포지토리 코드들을 스프링 데이터 JPA를 사용하도록 리팩토링했다. 다음으로 스프링 데이터 JPA에 추가로 QueryDSL을 사용해보자.

12.10 스프링 데이터 JPA와 QueryDSL 통합

스프링 데이터 JPA는 2가지 방법으로 QueryDSL을 지원한다.

- org.springframework.data.querydsl.QueryDslPredicateExecutor
- org.springframework.data.querydsl.QueryDslRepositorySupport

12.10.1 QueryDslPredicateExecutor 사용

첫 번째 방법은 다음처럼 리포지토리에서 QueryDslPredicateExecutor를 상속받으면 된다.

```
public interface ItemRepository
    extends JpaRepository<Item, Long>, QueryDslPredicateExecutor<Item> {
}
```

이제 상품 리포지토리에서 QueryDSL을 사용할 수 있다.

예제 12.45는 QueryDSL이 생성한 쿼리 타입으로 장난감이라는 이름을 포함하고 있으면서 가격이 10000~20000원인 상품을 검색한다.

예제 12.45 QueryDSL 사용 예제

```
QItem item = QItem.item;
Iterable<Item> result = itemRepository.findAll(
    item.name.contains("장난감").and(item.price.between(10000, 20000))
);
```

예제 12.46의 QueryDslPredicateExecutor 인터페이스를 보면 QueryDSL을 검색조건으로 사용하면서 스프링 데이터 JPA가 제공하는 페이징과 정렬 기능도 함께 사용할 수 있다.

```
public interface QueryDslPredicateExecutor<T> {

    T findOne(Predicate predicate);
    Iterable<T> findAll(Predicate predicate);
    Iterable<T> findAll(Predicate predicate,
        OrderSpecifier<?>... orders);
    Page<T> findAll(Predicate predicate, Pageable pageable);
    long count(Predicate predicate);
}
```

지금까지 살펴본 QueryDslPredicateExecutor는 스프링 데이터 JPA에서 편리하게 QueryDSL을 사용할 수 있지만 기능에 한계가 있다. 예를 들어 join, fetch를 사용할 수 없다(JPQL에서 이야기하는 묵시적 조인은 가능하다). 따라서 QueryDSL이 제공하는 다양한 기능을 사용하려면 JPAQuery를 직접 사용하거나 스프링 데이터 JPA가 제공하는 QueryDslRepositorySupport를 사용해야 한다.

12.10.2 QueryDslRepositorySupport 사용

QueryDSL의 모든 기능을 사용하려면 JPAQuery 객체를 직접 생성해서 사용하면 된다. 이때 스프링 데이터 JPA가 제공하는 QueryDslRepositorySupport를 상속받아 사용하면 조금 더 편리하게 QueryDSL을 사용할 수 있다.

예제 12.47을 통해 사용 예제를 보자.

```
package jpabook.jpashop.repository.custom;

import jpabook.jpashop.domain.Order;
import jpabook.jpashop.domain.OrderSearch;
import java.util.List;

public interface CustomOrderRepository {

    public List<Order> search(OrderSearch orderSearch);
}
```

스프링 데이터 JPA가 제공하는 공통 인터페이스는 직접 구현할 수 없기 때문에 예제 12.47에 CustomOrderRepository라는 사용자 정의 리포지토리를 만들었다. 이제 예제 12.48을 통해 QueryDslRepositorySupport를 사용하는 코드를 보자.

예제 12.48 QueryDslRepositorySupport 사용 코드

```java
package jpabook.jpashop.repository.custom;

import com.mysema.query.jpa.JPQLQuery;
import jpabook.jpashop.domain.Order;
import jpabook.jpashop.domain.OrderSearch;
import jpabook.jpashop.domain.QMember;
import jpabook.jpashop.domain.QOrder;
import org.springframework.data.jpa.repository.support
    .QueryDslRepositorySupport;
import org.springframework.util.StringUtils;
import java.util.List;

public class OrderRepositoryImpl extends QueryDslRepositorySupport
implements CustomOrderRepository {

    public OrderRepositoryImpl() {
        super(Order.class);
    }

    @Override
    public List<Order> search(OrderSearch orderSearch) {

        QOrder order = QOrder.order;
        QMember member = QMember.member;

        JPQLQuery query = from(order);

        if (StringUtils.hasText(orderSearch.getMemberName())) {
            query.leftJoin(order.member, member)
                .where(member.name.contains(orderSearch.getMemberName()));
        }

        if (orderSearch.getOrderStatus() != null) {
            query.where(order.status.eq(orderSearch.getOrderStatus()));
        }

        return query.list(order);
    }
}
```

예제 12.48은 웹 애플리케이션 만들기에서 사용했던 주문 내역 검색 기능을 QueryDslRepositorySupport를 사용해서 QueryDSL로 구현한 예제다. 검색 조건에 따라 동적으로 쿼리를 생성한다. 참고로 생성자에서 QueryDslRepositorySupport에 엔티티 클래스 정보를 넘겨주어야 한다.

예제 12.49는 QueryDslRepositorySupport의 핵심 기능만 간추려보았다.

예제 12.49 QueryDslRepositorySupport 코드

```
package org.springframework.data.jpa.repository.support;

@Repository
public abstract class QueryDslRepositorySupport {

    //엔티티 매니저 반환
    protected EntityManager getEntityManager() {
        return entityManager;
    }

    //from 절 반환
    protected JPQLQuery from(EntityPath<?>... paths) {
        return querydsl.createQuery(paths);
    }

    //QueryDSL delete 절 반환
    protected DeleteClause<JPADeleteClause> delete(EntityPath<?> path)
    {
        return new JPADeleteClause(entityManager, path);
    }

    //QueryDSL update 절 반환
    protected UpdateClause<JPAUpdateClause> update(EntityPath<?> path)
    {
        return new JPAUpdateClause(entityManager, path);
    }

    //스프링 데이터 JPA가 제공하는 Querydsl을 편하게 사용하도록 돕는
    //헬퍼 객체 반환
    protected Querydsl getQuerydsl() {
        return this.querydsl;
    }
}
```

정리

지금까지 스프링 데이터 JPA 기능을 학습하고 앞서 만든 웹 애플리케이션에 적용해보았다. 적용한 예제를 보면 지루한 데이터 접근 계층의 코드가 상당히 많이 줄어든 것을 알 수 있다. 스프링 데이터 JPA는 버전이 올라가면서 다양한 기능이 추가되고 있다. 나는 스프링 프레임워크와 JPA를 함께 사용한다면 스프링 데이터 JPA는 선택이 아닌 필수라 생각한다. 다음 장에서는 J2EE와 스프링 컨테이너 환경에서 영속성 컨텍스트가 어떻게 동작하는지 알아보자.

웹 애플리케이션과 영속성 관리 13

스프링이나 J2EE 컨테이너 환경에서 JPA를 사용하면 컨테이너가 트랜잭션과 영속성 컨텍스트를 관리해주므로 애플리케이션을 손쉽게 개발할 수 있다. 하지만 컨테이너 환경에서 동작하는 JPA의 내부 동작 방식을 이해하지 못하면 문제가 발생했을 때 해결하기가 쉽지 않다. 이번 장을 통해 컨테이너 환경에서 JPA가 동작하는 내부 동작 방식을 이해하고, 컨테이너 환경에서 웹 애플리케이션을 개발할 때 발생할 수 있는 다양한 문제점과 해결 방안을 알아보자.

13.1 트랜잭션 범위의 영속성 컨텍스트

순수하게 J2SE 환경에서 JPA를 사용하면 개발자가 직접 엔티티 매니저를 생성하고 트랜잭션도 관리해야 한다. 하지만 스프링이나 J2EE 컨테이너 환경에서 JPA를 사용하면 컨테이너가 제공하는 전략을 따라야 한다.

13.1.1 스프링 컨테이너의 기본 전략

스프링 컨테이너는 **트랜잭션 범위의 영속성 컨텍스트** 전략을 기본으로 사용한다. 이 전략은 이름 그대로 트랜잭션의 범위와 영속성 컨텍스트의 생존 범위가 같다는 뜻이다. 좀 더 풀어서 이야기하자면 이 전략은 트랜잭션을 시작할 때 영속성 컨텍스트를 생성하고 트랜잭션이 끝날 때 영속성 컨텍스트를 종료한다. 그리고 같은 트랜잭션 안에서는 항상 같은 영속성 컨텍스트에 접근한다(그림 13.1).

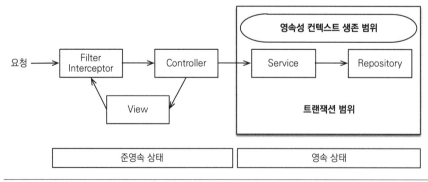

그림 13.1 트랜잭션 범위의 영속성 컨텍스트

스프링 프레임워크를 사용하면 보통 비즈니스 로직을 시작하는 서비스 계층에 @Transactional 어노테이션을 선언해서 트랜잭션을 시작한다. 외부에서는 단순히 서비스 계층의 메소드를 호출하는 것처럼 보이지만 이 어노테이션이 있으면 호출한 메소드를 실행하기 직전에 스프링의 트랜잭션 AOP가 먼저 동작한다.

그림 13.2를 보자. 스프링 트랜잭션 AOP는 대상 메소드를 호출하기 직전에 트랜잭션을 시작하고, 대상 메소드가 정상 종료되면 트랜잭션을 커밋하면서 종료한다. 이때 중요한 일이 일어나는데 트랜잭션을 커밋하면 JPA는 먼저 영속성 컨텍스트를 플러시해서 변경 내용을 데이터베이스에 반영한 후에 데이터베이스 트랜잭션을 커밋한다. 따라서 영속성 컨텍스트의 변경 내용이 데이터베이스에 정상 반영된다. 만약 예외가 발생하면 트랜잭션을 롤백하고 종료하는데 이때는 플러시를 호출하지 않는다.

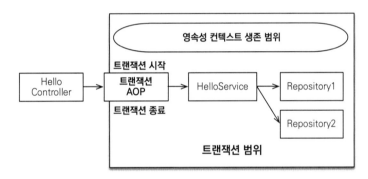

그림 13.2 트랜잭션 범위의 영속성 컨텍스트 – 예제

트랜잭션 범위의 영속성 컨텍스트 전략을 예제 13.1로 분석해보자.

예제 13.1 트랜잭션 범위의 영속성 컨텍스트 예제

```
@Controller
class HelloController {

    @Autowired HelloService helloService;

    public void hello() {
        //반환된 member 엔티티는 준영속 상태다. …❹
    Member member = helloService.logic();
    }
}
```

```
@Service
class HelloService {

    @PersistenceContext //엔티티 매니저 주입
    EntityManager em;

    @Autowired Repository1 repository1;
    @Autowired Repository2 repository2;

    //트랜잭션 시작 …❶
    @Transactional
    public void logic() {
    repository1.hello();

        //member는 영속 상태다. …❷
        Member member = repository2.findMember();
        return member;
    }
    //트랜잭션 종료 …❸
}

@Repository
class Repository1 {

    @PersistenceContext
    EntityManager em;

    public void hello() {
        em.xxx(); //A. 영속성 컨텍스트 접근
    }
}

@Repository
class Repository2 {

    @PersistenceContext
    EntityManager em;

    public Member findMember() {
        return em.find(Member.class, "id1"); //B. 영속성 컨텍스트 접근
    }
}
```

`javax.persistence.PersistenceContext` 어노테이션을 사용하면 스프링 컨테이너가 엔티티 매니저를 주입해준다.

```
@PersistenceContext //엔티티 매니저 주입
EntityManager em;
```

예제 13.1을 `HelloController.hello()`가 호출한 `HelloService.logic()`부터 순서대로 분석해보자.

❶ HelloService.logic() 메소드에 @Transactional을 선언해서 메소드를 호출할 때 트랜잭션을 먼저 시작한다.

❷ repository2.findMember()를 통해 조회한 member 엔티티는 트랜잭션 범위 안에 있으므로 영속성 컨텍스트의 관리를 받는다. 따라서 지금은 영속 상태다.

❸ @Transactional을 선언한 메소드가 정상 종료되면 트랜잭션을 커밋하는데, 이때 영속성 컨텍스트를 종료한다. 영속성 컨텍스트가 사라졌으므로 조회한 엔티티(member)는 이제부터 준영속 상태가 된다.

❹ 서비스 메소드가 끝나면서 트랜잭션과 영속성 컨텍스트가 종료되었다. 따라서 컨트롤러에 반환된 member 엔티티는 준영속 상태다.

트랜잭션 범위의 영속성 컨텍스트 전략을 조금 더 구체적으로 살펴보자.

▼ 트랜잭션이 같으면 같은 영속성 컨텍스트를 사용한다

그림 13.3을 분석해보자. 트랜잭션 범위의 영속성 컨텍스트 전략은 다양한 위치에서 엔티티 매니저를 주입받아 사용해도 트랜잭션이 같으면 항상 같은 영속성 컨텍스트를 사용한다. 예제 13.1에서 엔티티 매니저를 사용하는 A, B 코드는 모두 같은 트랜잭션 범위에 있다. 따라서 엔티티 매니저는 달라도 같은 영속성 컨텍스트를 사용한다.

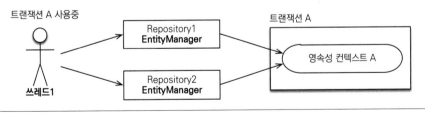

그림 13.3 트랜잭션과 영속성 컨텍스트

▼ 트랜잭션이 다르면 다른 영속성 컨텍스트를 사용한다

그림 13.4와 같이 여러 스레드에서 동시에 요청이 와서 **같은 엔티티 매니저를 사용해도 트랜잭션에 따라 접근하는 영속성 컨텍스트가 다르다.** 조금 더 풀어서 이야기하자면 스프링 컨테이너는 스레드마다 각각 다른 트랜잭션을 할당한다. 따라서 같은 엔티티 매니저를 호출해도 접근하는 영속성 컨텍스트가 다르므로 멀티스레드 상황에 안전하다.

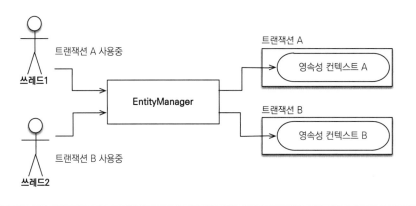

그림 13.4 스레드와 영속성 컨텍스트

스프링이나 J2EE 컨테이너의 가장 큰 장점은 트랜잭션과 복잡한 멀티 스레드 상황을 컨테이너가 처리해준다는 점이다. 따라서 개발자는 싱글 스레드 애플리케이션처럼 단순하게 개발할 수 있고 결과적으로 비즈니스 로직 개발에 집중할 수 있다.

13.2 준영속 상태와 지연 로딩

처음에 나온 그림 13.1을 다시 보자. 스프링이나 J2EE 컨테이너는 트랜잭션 범위의 영속성 컨텍스트 전략을 기본으로 사용한다. 그리고 트랜잭션은 보통 서비스 계층에서 시작하므로 서비스 계층이 끝나는 시점에 트랜잭션이 종료되면서 영속성 컨텍스트도 함께 종료된다. 따라서 조회한 엔티티가 서비스와 리포지토리 계층에서는 영속성 컨텍스트에 관리되면서 영속 상태를 유지하지만 컨트롤러나 뷰 같은 프리젠테이션 계층에서는 준영속 상태가 된다.

예제 13.2의 주문 엔티티 코드를 보자. 상품을 주문한 회원 엔티티를 지연 로딩으로 설정했다.

예제 13.2 주문 엔티티 코드

```
@Entity
public class Order {

    @Id @GeneratedValue
    private Long id;

    @ManyToOne(fetch = FetchType.LAZY) //지연 로딩 전략
    private Member member; //주문 회원
    ...
}
```

컨테이너 환경의 기본 전략인 트랜잭션 범위의 영속성 컨텍스트 전략을 사용하면 트랜잭션이 없는 프리젠테이션 계층에서 엔티티는 준영속 상태다. 따라서 변경 감지와 지연 로딩이 동작하지 않는다. 예제 13.3은 컨트롤러에 있는 로직인데 지연 로딩 시점에 예외가 발생한다.

예제 13.3 컨트롤러 로직

```
class OrderController {

    public String view(Long orderId) {

        Order order = orderService.findOne(orderId);
        Member member = order.getMember();
        member.getName(); //지연 로딩 시 예외 발생
        ...
    }
    ...
}
```

▼ 준영속 상태와 변경 감지

변경 감지 기능은 영속성 컨텍스트가 살아 있는 서비스 계층(트랜잭션 범위)까지만 동작하고 영속성 컨텍스트가 종료된 프리젠테이션 계층에서는 동작하지 않는다. 보통 변경 감지 기능은 서비스 계층에서 비즈니스 로직을 수행하면서 발생한다. 단순히 데이터를 보여주기만 하는 프리젠테이션 계층에서 데이터를 수정할 일은

거의 없다. 오히려 변경 감지 기능이 프리젠테이션 계층에서도 동작하면 애플리케이션 계층이 가지는 책임이 모호해지고 무엇보다 데이터를 어디서 어떻게 변경했는지 프리젠테이션 계층까지 다 찾아야 하므로 애플리케이션을 유지보수하기 어렵다. 비즈니스 로직은 서비스 계층에서 끝내고 프리젠테이션 계층은 데이터를 보여주는 데 집중해야 한다. 따라서 변경 감지 기능이 프리젠테이션 계층에서 동작하지 않는 것은 특별히 문제가 되지 않는다.

▼ 준영속 상태와 지연 로딩

준영속 상태의 가장 골치 아픈 문제는 지연 로딩 기능이 동작하지 않는다는 점이다. 예를 들어 뷰를 렌더링할 때 연관된 엔티티도 함께 사용해야 하는데 연관된 엔티티를 지연 로딩으로 설정해서 프록시 객체로 조회했다고 가정하자. 아직 초기화하지 않은 프록시 객체를 사용하면 실제 데이터를 불러오려고 초기화를 시도한다. 하지만 준영속 상태는 영속성 컨텍스트가 없으므로 지연 로딩을 할 수 없다. 이때 지연 로딩을 시도하면 문제가 발생한다. 만약 하이버네이트를 구현체로 사용하면 org.hibernate.LazyInitializationException 예외가 발생한다.

> 🔊 참고
>
> 준영속 상태에서 지연 로딩을 시도하면 문제가 발생한다. 하지만 JPA 표준에 어떤 문제가 발생하는지 정의하지 않아서 구현체마다 다르게 동작한다.

준영속 상태의 지연 로딩 문제를 해결하는 방법은 크게 2가지가 있다.

- 뷰가 필요한 엔티티를 미리 로딩해두는 방법
- OSIV를 사용해서 엔티티를 항상 영속 상태로 유지하는 방법

OSIV를 사용하는 방법은 마지막에 알아보고 우선 뷰가 필요한 엔티티를 미리 로딩하는 다양한 방법을 알아보자. 이 방법은 이름 그대로 영속성 컨텍스트가 살아 있을 때 뷰에 필요한 엔티티들을 미리 다 로딩하거나 초기화해서 반환하는 방법이다. 따라서 엔티티가 준영속 상태로 변해도 연관된 엔티티를 이미 다 로딩해두어서 지연 로딩이 발생하지 않는다.

뷰가 필요한 엔티티를 미리 로딩해두는 방법은 어디서 미리 로딩하느냐에 따라 3가지 방법이 있다.

- 글로벌 페치 전략 수정
- JPQL 페치 조인fetch join
- 강제로 초기화

13.2.1 글로벌 페치 전략 수정

가장 간단한 방법은 예제 13.4와 같이 글로벌 페치 전략을 지연 로딩에서 즉시 로딩으로 변경하면 된다.

예제 13.4 글로벌 페치 전략 – 즉시 로딩 설정

```
@Entity
public class Order {

    @Id @GeneratedValue
    private Long id;

    @ManyToOne(fetch = FetchType.EAGER) //즉시 로딩 전략
    private Member member; //주문 회원
    ...
}
```

예제 13.5 프리젠테이션 로직

```
Order order = orderService.findOne(orderId);
Member member = order.getMember();
member.getName(); //이미 로딩된 엔티티
```

엔티티에 있는 fetch 타입을 변경하면 애플리케이션 전체에서 이 엔티티를 로딩할 때마다 해당 전략을 사용하므로 글로벌 페치 전략이라 한다. 예제 13.4처럼 FetchType.EAGER로 설정하고 예제 13.5와 같이 엔티티 매니저로 주문 엔티티를 조회하면 연관된 member 엔티티도 항상 함께 로딩한다.

다음 코드를 보자.

```
Order order = em.find(Order.class, orderId);
List<Order> orders = em.createQuery("select o from Order o");
```

order와 orders 모두 연관된 member 엔티티를 미리 로딩해서 가진다. 따라서 준영속 상태가 되어도 member를 사용할 수 있다. 하지만 이렇게 글로벌 페치 전략을 즉시 로딩으로 설정하는 것은 2가지 단점이 있다.

글로벌 페치 전략에 즉시 로딩 사용 시 단점

- 사용하지 않는 엔티티를 로딩한다.
- N+1 문제가 발생한다.

▼ 사용하지 않는 엔티티를 로딩한다

예를 들어 화면 A에서 order와 member 둘 다 필요해서 글로벌 전략을 즉시 로딩으로 설정했다. 반면에 화면 B는 order 엔티티만 있으면 충분하다. 하지만 화면 B는 즉시 로딩 전략으로 인해, order를 조회하면서 사용하지 않는 member도 함께 조회하게 된다.

▼ N+1 문제가 발생한다

JPA를 사용하면서 성능상 가장 조심해야 하는 것이 바로 N+1 문제다. N+1 문제가 어떤 것인지 알아보자.

em.find() 메소드로 엔티티를 조회할 때 연관된 엔티티를 로딩하는 전략이 즉시 로딩이면 데이터베이스에 JOIN 쿼리를 사용해서 한 번에 연관된 엔티티까지 조회한다. 다음 예제는 Order.member를 즉시 로딩으로 설정했다.

em.find()로 조회해보자.

```
Order order = em.find(Order.class, 1L);
```

실행된 SQL은 다음과 같다.

```
select o.*, m.*
from Order o
left outer join Member m on o.MEMBER_ID=m.MEMBER_ID
where o.id=1
```

실행된 SQL을 보면 즉시 로딩으로 설정한 member 엔티티를 JOIN 쿼리로 함께 조회한다. 여기까지 보면 글로벌 즉시 로딩 전략이 상당히 좋아보이지만 문제는 JPQL을 사용할 때 발생한다. 위처럼 즉시 로딩으로 설정했다고 가정하고 JPQL로 조회해보자.

```
List<Order> orders =
    em.createQuery("select o from Order o", Order.class)
    .getResultList(); //연관된 모든 엔티티를 조회한다.
```

실행된 SQL은 다음과 같다.

```
select * from Order //JPQL로 실행된 SQL
select * from Member where id=? //EAGER로 실행된 SQL
select * from Member where id=? //EAGER로 실행된 SQL
select * from Member where id=? //EAGER로 실행된 SQL
select * from Member where id=? //EAGER로 실행된 SQL
...
```

JPA가 JPQL을 분석해서 SQL을 생성할 때는 글로벌 페치 전략을 참고하지 않고 오직 JPQL 자체만 사용한다. 따라서 즉시 로딩이든 지연 로딩이든 구분하지 않고 JPQL 쿼리 자체에 충실하게 SQL을 만든다.

코드를 분석하면 내부에서 다음과 같은 순서로 동작한다.

1. select o from Order o JPQL을 분석해서 select * from Order SQL을 생성한다.
2. 데이터베이스에서 결과를 받아 order 엔티티 인스턴스들을 생성한다.
3. Order.member의 글로벌 페치 전략이 즉시 로딩이므로 order를 로딩하는 즉시 연관된 member도 로딩해야 한다.
4. 연관된 member를 영속성 컨텍스트에서 찾는다.
5. 만약 영속성 컨텍스트에 없으면 SELECT * FROM MEMBER WHERE id=? SQL을 조회한 order 엔티티 수만큼 실행한다.

만약 조회한 order 엔티티가 10개이면 member를 조회하는 SQL도 10번 실행한다. 이처럼 처음 조회한 데이터 수만큼 다시 SQL을 사용해서 조회하는 것을 N+1 문제라 한다. N+1이 발생하면 SQL이 상당히 많이 호출되므로 조회 성능에

치명적이다. 따라서 최우선 최적화 대상이다. 이런 N+1 문제는 JPQL 페치 조인으로 해결할 수 있다.

> 🔊 참고
>
> N+1 문제를 해결하는 다양한 방법은 15.4.1절에서 다룬다.

13.2.2 JPQL 페치 조인

글로벌 페치 전략을 즉시 로딩으로 설정하면 애플리케이션 전체에 영향을 주므로 너무 비효율적이다. 이번에는 JPQL을 호출하는 시점에 함께 로딩할 엔티티를 선택할 수 있는 페치 조인을 알아보자. 방금 설명한 N+1 문제가 발생했던 예제에서 JPQL만 페치 조인을 사용하도록 변경하자.

예제 13.6 페치 조인 사용 전

```
JPQL: select o from Order o
SQL:  select * from Order
```

예제 13.7 페치 조인 사용 후

```
JPQL:
    select o
    from Order o
    join fetch o.member

SQL:
    select o.*, m.*
    from Order o
    join Member m on o.MEMBER_ID=m.MEMBER_ID
```

페치 조인을 사용하기 전인 예제 13.6과 페치 조인을 사용한 후인 예제 13.7을 비교해보자. 페치 조인은 조인 명령어 마지막에 `fetch`를 넣어주면 된다. 예제 13.7의 실행된 SQL을 보면 알겠지만 페치 조인을 사용하면 SQL JOIN을 사용해서 페치 조인 대상까지 함께 조회한다. 따라서 N+1 문제가 발생하지 않는다(연관된 엔티티를 이미 로딩했으므로 글로벌 페치 전략은 무의미하다).

페치 조인은 N+1 문제를 해결하면서 화면에 필요한 엔티티를 미리 로딩하는 현실적인 방법이다.

JPQL 페치 조인의 단점

페치 조인이 현실적인 대안이긴 하지만 무분별하게 사용하면 화면에 맞춘 리포지토리 메소드가 증가할 수 있다. 결국 프리젠테이션 계층이 알게 모르게 데이터 접근 계층을 침범하는 것이다.

예를 들어서 화면 A는 order 엔티티만 필요하다. 반면에 화면 B는 order 엔티티와 연관된 member 엔티티 둘 다 필요하다. 결국 두 화면을 모두 최적화하기 위해 둘을 지연 로딩으로 설정하고 리포지토리에 다음 2가지 메소드를 만들었다.

- 화면 A를 위해 order만 조회하는 repository.findOrder() 메소드
- 화면 B를 위해 order와 연관된 member를 페치 조인으로 조회하는 repository. findOrderWithMember() 메소드

이제 화면 A와 화면 B에 각각 필요한 메소드를 호출하면 된다. 이처럼 메소드를 각각 만들면 최적화는 할 수 있지만 뷰와 리포지토리 간에 논리적인 의존관계가 발생한다.

다른 대안은 repository.findOrder() 하나만 만들고 여기서 페치 조인으로 order와 member를 함께 로딩하는 것이다. 그리고 화면 A, 화면 B 둘 다 repository.findOrder() 메소드를 사용하도록 한다. 물론 order 엔티티만 필요한 화면 B는 약간의 로딩 시간이 증가하겠지만 페치 조인은 JOIN을 사용해서 쿼리 한 번으로 필요한 데이터를 조회하므로 성능에 미치는 영향이 미비하다(물론 상황에 따라 다르다). 무분별한 최적화로 프리젠테이션 계층과 데이터 접근 계층 간에 의존관계가 급격하게 증가하는 것보다는 적절한 선에서 타협점을 찾는 것이 합리적이다.

13.2.3 강제로 초기화

강제로 초기화하기는 영속성 컨텍스트가 살아있을 때 프리젠테이션 계층이 필요한 엔티티를 강제로 초기화해서 반환하는 방법이다. 예제 13.8을 보자. 참고로 글로벌 페치 전략은 모두 지연 로딩이라 가정하겠다.

```
class OrderService {

    @Transactional
    public Order findOrder(id) {
        Order order = orderRepository.findOrder(id);
        order.getMember().getName(); //프록시 객체를 강제로 초기화한다.
        return order;
    }
}
```

글로벌 페치 전략을 지연 로딩으로 설정하면 연관된 엔티티를 실제 엔티티가 아닌 프록시 객체로 조회한다. 프록시 객체는 실제 사용하는 시점에 초기화된다. 예를 들어 order.getMember()까지만 호출하면 단순히 프록시 객체만 반환하고 아직 초기화 하지 않는다. 프록시 객체는 member.getName()처럼 실제 값을 사용하는 시점에 초기화 된다.

예제 13.8처럼 프리젠테이션 계층에서 필요한 프록시 객체를 영속성 컨텍스트가 살아 있을 때 강제로 초기화해서 반환하면 이미 초기화했으므로 준영속 상태에서도 사용할 수 있다.

하이버네이트를 사용하면 initialize() 메소드를 사용해서 프록시를 강제로 초기화할 수 있다.

```
org.hibernate.Hibernate.initialize(order.getMember()); //프록시 초기화
```

참고로 JPA 표준에는 프록시 초기화 메소드가 없다. JPA 표준은 단지 초기화 여부만 확인할 수 있다. 초기화 여부를 확인하는 코드는 다음과 같다.

```
PersistenceUnitUtil persistenceUnitUtil =
    em.getEntityManagerFactory().getPersistenceUnitUtil();
boolean isLoaded = persistenceUnitUtil.isLoaded(order.getMember());
```

예제처럼 프록시를 초기화하는 역할을 서비스 계층이 담당하면 뷰가 필요한 엔티티에 따라 서비스 계층의 로직을 변경해야 한다. 은근 슬쩍 프리젠테이션 계층이 서비스 계층을 침범하는 상황이다. 서비스 계층은 비즈니스 로직을 담당해야지 이렇게 프리젠테이션 계층을 위한 일까지 하는 것은 좋지 않다. 따라서 비즈니스 로직을 담당하는 서비스 계층에서 프리젠테이션 계층을 위한 프록시 초기화 역할을 분리해야 한다. FACADE 계층이 그 역할을 담당해줄 것이다.

13.2.4 FACADE 계층 추가

그림 13.5를 보자. 이것은 프리젠테이션 계층과 서비스 계층 사이에 FACADE 계층을 하나 더 두는 방법이다. 이제부터 뷰를 위한 프록시 초기화는 이곳에서 담당한다. 덕분에 서비스 계층은 프리젠테이션 계층을 위해 프록시를 초기화 하지 않아도된다. 결과적으로 FACADE 계층을 도입해서 서비스 계층과 프리젠테이션 계층 사이에 논리적인 의존성을 분리할 수 있다.

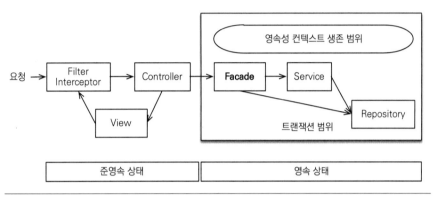

그림 13.5 FACADE

프록시를 초기화하려면 영속성 컨텍스트가 필요하므로 FACADE에서 트랜잭션을 시작해야 한다.

FACADE 계층의 역할과 특징

- 프리젠테이션 계층과 도메인 모델 계층 간의 논리적 의존성을 분리해준다.
- 프리젠테이션 계층에서 필요한 프록시 객체를 초기화한다.
- 서비스 계층을 호출해서 비즈니스 로직을 실행한다.
- 리포지토리를 직접 호출해서 뷰가 요구하는 엔티티를 찾는다.

강제로 초기화하기에서 설명했던 예제 코드에 예제 13.9와 같이 FACADE 계층을 도입해보자.

```
class OrderFacade {

    @Autowired OrderService orderService;

    public Order findOrder(id) {
        Order order = orderService.findOrder(id);
        //프리젠테이션 계층이 필요한 프록시 객체를 강제로 초기화한다.
        order.getMember().getName();
        return order;
    }
}

class OrderService {

    public Order findOrder(id) {
        return orderRepository.findOrder(id);
    }
}
```

예제는 주문 내역을 조회하는 단순한 코드다. OrderService에 있던 프록시 초
기화 코드를 OrderFacade로 이동했다.

FACADE 계층을 사용해서 서비스 계층과 프리젠테이션 계층 간에 논리적 의존
관계를 제거했다. 이제 서비스 계층은 비즈니스 로직에 집중하고 프리젠테이션을
계층을 위한 초기화 코드는 모두 FACADE가 담당하면 된다. 하지만 실용적인 관점
에서 볼 때 FACADE의 최대 단점은 중간에 계층이 하나 더 끼어든다는 점이다. 결
국 더 많은 코드를 작성해야 한다. 그리고 FACADE에는 단순히 서비스 계층을 호
출만 하는 위임 코드가 상당히 많을 것이다.

13.2.5 준영속 상태와 지연 로딩의 문제점

지금까지 준영속 상태일 때 지연 로딩 문제를 극복하기 위해 글로벌 페치 전략도
수정하고, JPQL의 페치 조인도 사용하고, 강제로 초기화까지 하다가 결국 FACADE
계층까지 알아보았다.

뷰를 개발할 때 필요한 엔티티를 미리 초기화하는 방법은 생각보다 오류가 발
생할 가능성이 높다. 왜냐하면 보통 뷰를 개발할 때는 엔티티 클래스를 보고 개발
하지 이것이 초기화되어 있는지 아닌지 확인하기 위해 FACADE나 서비스 클래스

까지 열어보는 것은 상당히 번거롭고 놓치기 쉽기 때문이다. 결국 영속성 컨텍스트가 없는 뷰에서 초기화하지 않은 프록시 엔티티를 조회하는 실수를 하게 되고 LazyInitializationException을 만나게 될 것이다.

그리고 애플리케이션 로직과 뷰가 물리적으로는 나누어져 있지만 논리적으로는 서로 의존한다는 문제가 있다. 물론 FACADE를 사용해서 이런 문제를 어느 정도 해소할 수는 있지만 상당히 번거롭다. 예를 들어 주문 엔티티와 연관된 회원 엔티티를 조회할 때 화면별로 최적화된 엔티티를 딱딱 맞아떨어지게 초기화해서 조회하려면 FACADE 계층에 여러 종류의 조회 메소드가 필요하다.

- 화면 A는 order만 필요하다.

  조회 메소드: getOrder()

- 화면 B는 order, order.member가 필요하다.

  조회 메소드: getOrderWithMember()

- 화면 C는 order, order.orderItems가 필요하다.

  조회 메소드: getOrderWithOrderItems()

- 화면 D는 order, order.member, order.orderItems가 필요하다.

  조회 메소드: getOrderWithMemberWithOrderItems()

결국 모든 문제는 엔티티가 프리젠테이션 계층에서 준영속 상태이기 때문에 발생한다. 영속성 컨텍스트를 뷰까지 살아있게 열어두자. 그럼 뷰에서도 지연 로딩을 사용할 수 있는데 이것이 OSIV다.

13.3 | OSIV

OSIV_{Open Session In View}는 영속성 컨텍스트를 뷰까지 열어둔다는 뜻이다. 영속성 컨텍스트가 살아있으면 엔티티는 영속 상태로 유지된다. 따라서 뷰에서도 지연 로딩을 사용할 수 있다.

> 🔊 참고
>
> OSIV는 하이버네이트에서 사용하는 용어다. JPA에서는 OEIV(Open EntityManager In View)라한다. 하지만 관례상 모두 OSIV로 부른다.

13.3.1 과거 OSIV: 요청 당 트랜잭션

OSIV의 핵심은 뷰에서도 지연 로딩이 가능하도록 하는 것이다. 가장 단순한 구현 방법은 클라이언트의 요청이 들어오자마자 서블릿 필터나 스프링 인터셉터에서 트랜잭션을 시작하고 요청이 끝날 때 트랜잭션도 끝내는 것이다. 이것을 요청 당 트랜잭션Transaction per request 방식의 OSIV라 한다.

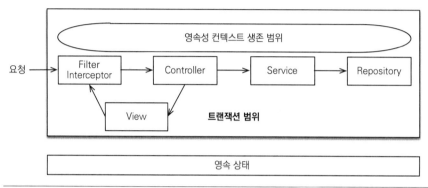

그림 13.6 초창기 OSIV: 요청당 트랜잭션

그림 13.6에서 보는 것처럼 요청이 들어오자마자 서블릿 필터나 스프링 인터셉터에서 영속성 컨텍스트를 만들면서 트랜잭션을 시작하고 요청이 끝날 때 트랜잭션과 영속성 컨텍스트를 함께 종료한다. 이렇게 하면 영속성 컨텍스트가 처음부터 끝까지 살아있으므로 조회한 엔티티도 영속 상태를 유지한다. 이제 뷰에서도 지연 로딩을 할 수 있으므로 엔티티를 미리 초기화할 필요가 없다. 그리고 뷰에서도 지연 로딩을 할 수 있게 되면서 FACADE 계층 없이도 뷰에 독립적인 서비스 계층을 유지할 수 있다.

요청 당 트랜잭션 방식의 OSIV 문제점

요청 당 트랜잭션 방식의 OSIV가 가지는 문제점은 컨트롤러나 뷰 같은 프리젠테이션 계층이 엔티티를 변경할 수 있다는 점이다. 예를 들어 예제 13.10과 같이 고객 예제를 출력해야 하는데 보안상의 이유로 고객 이름을 XXX로 변경해서 출력해야 한다고 가정하자.

```
class MemberController {

    public String viewMember(Long id) {
        Member member = memberService.getMember(id);
        member.setName("XXX"); //보안상의 이유로 고객 이름을 XXX로 변경했다.
        model.addAttribute("member", member);
        ...
    }
}
```

컨트롤러에서 고객 이름을 XXX로 변경해서 렌더링할 뷰에 넘겨주었다. 개발자의 의도는 단순히 뷰에 노출할 때만 고객 이름을 XXX로 변경하고 싶은 것이지 실제 데이터베이스에 있는 고객 이름까지 변경하고 싶은 것은 아니었다. 하지만 요청당 트랜잭션 방식의 OSIV는 뷰를 렌더링한 후에 트랜잭션을 커밋한다. 트랜잭션을 커밋하면 무슨 일이 일어나겠는가? 당연히 영속성 컨텍스트를 플러시한다. 이때 영속성 컨텍스트의 변경 감지 기능이 작동해서 변경된 엔티티를 데이터베이스에 반영해버린다. 결국 데이터베이스의 고객 이름이 XXX로 변경되는 심각한 문제가 발생한다.

서비스 계층처럼 비즈니스 로직을 실행하는 곳에서 데이터를 변경하는 것은 당연하지만 프리젠테이션 계층에서 데이터를 잠시 변경했다고 실제 데이터베이스까지 변경 내용이 반영되면 애플리케이션을 유지보수하기 상당히 힘들어진다. 이런 문제를 해결하려면 프리젠테이션 계층에서 엔티티를 수정하지 못하게 막으면 된다.

프리젠테이션 계층에서 엔티티를 수정하지 못하게 막는 방법들은 다음과 같다.

- **엔티티를 읽기 전용 인터페이스로 제공**
- **엔티티 레핑**
- **DTO만 반환**

구체적인 방법을 하나씩 알아보자.

▼ 엔티티를 읽기 전용 인터페이스로 제공

이 방법은 엔티티를 직접 노출하는 대신에 예제 13.11과 같이 읽기 전용 메소드만 제공하는 인터페이스를 프리젠테이션 계층에 제공하는 방법이다.

```
interface MemberView {
    public String getName();
}


@Entity
class Member implements MemberView {
    ....
}


class MemberService {

    public MemberView getMember(id) {
       return memberRepository.findById(id);
    }
}
```

예제 13.11은 실제 회원 엔티티가 있지만 프리젠테이션 계층에는 Member 엔티
티 대신에 회원 엔티티의 읽기 전용 메소드만 있는 MemberView 인터페이스를
제공했다. 프리젠테이션 계층은 읽기 전용 메소드만 있는 인터페이스를 사용하
므로 엔티티를 수정할 수 없다.

▼ 엔티티 래핑

이 방법은 예제 13.12와 같이 엔티티의 읽기 전용 메소드만 가지고 있는 엔티티
를 감싼 객체를 만들고 이것을 프리젠테이션 계층에 반환하는 방법이다.

```
class MemberWrapper {

    private Member member;

    public MemberWrapper(member) {
        this.member = member;
    }

    //읽기 전용 메소드만 제공
    public String getName() {
        member.getName();
    }
}
```

member 엔티티를 감싸고 있는 `MemberWrapper` 객체를 만들었다. 이 객체는 member 엔티티의 읽기 메소드만 제공한다.

▼ DTO만 반환

가장 전통적인 방법인데 예제 13.13과 같이 프리젠테이션 계층에 엔티티 대신에 단순히 데이터만 전달하는 객체인 DTO(en.wikipedia.org/wiki/Data_transfer_object) 를 생성해서 반환하는 것이다. 하지만 이 방법은 OSIV를 사용하는 장점을 살릴 수 없고 엔티티를 거의 복사한 듯한 DTO 클래스도 하나 더 만들어야 한다.

예제 13.13 DTO로 반환

```
class MemberDTO {

    private String name;

    //Getter, Setter
}

...
MemberDTO memberDTO = new MemberDTO();
memberDTO.setName(member.getName());
return memberDTO;
```

Member 엔티티와 거의 비슷한 `MemberDTO`를 만들고 엔티티의 값을 여기에 채워서 반환한다.

지금까지 설명한 방법 모두 코드량이 상당히 증가한다는 단점이 있다. 차라리 프리젠테이션 계층에서 엔티티를 수정하면 안 된다고 개발자들끼리 합의하는 것이 더 실용적일 수 있다. 또는 적절한 도구를 사용해서 프리젠테이션 계층에서 엔티티의 수정자Setter를 호출하는 코드를 잡아내는 것도 하나의 방법이 될 수 있지만, 이것도 쉽지는 않다.

지금까지 설명한 OSIV는 요청 당 트랜잭션 방식의 OSIV다. 이것은 지금까지 설명했던 문제점들로 인해 최근에는 거의 사용하지 않는다. 최근에는 이런 문제점을 어느정도 보완해서 비즈니스 계층에서만 트랜잭션을 유지하는 방식의 OSIV를 사용한다. 스프링 프레임워크가 제공하는 OSIV가 바로 이 방식을 사용하는 OSIV다.

13.3.2 스프링 OSIV: 비즈니스 계층 트랜잭션

이번에는 스프링 프레임워크가 제공하는 OSIV를 알아보자.

스프링 프레임워크가 제공하는 OSIV 라이브러리

스프링 프레임워크의 spring-orm.jar는 다양한 OSIV 클래스를 제공한다. OSIV를 서블릿 필터에서 적용할지 스프링 인터셉터에서 적용할지에 따라 원하는 클래스를 선택해서 사용하면 된다.

- **하이버네이트 OSIV 서블릿 필터**: `org.springframework.orm.hibernate4.support.OpenSessionInViewFilter`
- **하이버네이트 OSIV 스프링 인터셉터**: `org.springframework.orm.hibernate4.support.OpenSessionInViewInterceptor`
- **JPA OEIV 서블릿 필터**: `org.springframework.orm.jpa.support.OpenEntityManagerInViewFilter`
- **JPA OEIV 스프링 인터셉터**: `org.springframework.orm.jpa.support.OpenEntityManagerInViewInterceptor`

예를 들어 JPA를 사용하면서 서블릿 필터에 OSIV를 적용하려면 `OpenEntityManagerInViewFilter`를 서블릿 필터에 등록하면 되고 스프링 인터셉터에 OSIV를 적용하려면 `OpenEntityManagerInViewInterceptor`를 스프링 인터셉터에 등록하면 된다.

스프링 OSIV 분석

이전에 설명했던 요청 당 트랜잭션 방식의 OSIV는 프리젠테이션 계층에서 데이터를 변경할 수 있다는 문제가 있다. 스프링 프레임워크가 제공하는 OSIV는 이런 문제를 어느 정도 해결했다.

스프링 프레임워크가 제공하는 OSIV는 "비즈니스 계층에서 트랜잭션을 사용하는 OSIV"다(그림 13.7). 이름 그대로 OSIV를 사용하기는 하지만 트랜잭션은 비즈니스 계층에서만 사용한다는 뜻이다.

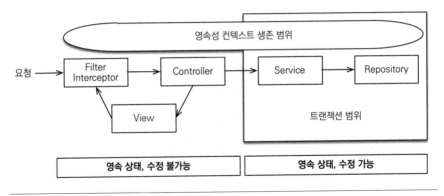

그림 13.7 스프링 OSIV – 비즈니스 계층 트랜잭션

동작 원리는 다음과 같다. 클라이언트의 요청이 들어오면 영속성 컨텍스트를 생성한다. 이때 트랜잭션은 시작하지 않는다. 서비스 계층에서 트랜잭션을 시작하면 앞에서 생성해둔 영속성 컨텍스트에 트랜잭션을 시작한다. 비즈니스 로직을 실행하고 서비스 계층이 끝나면 트랜잭션을 커밋하면서 영속성 컨텍스트를 플러시한다. 이때 트랜잭션만 종료하고 영속성 컨텍스트는 살려둔다. 이후 클라이언트의 요청이 끝날 때 영속성 컨텍스트를 종료한다. 조금 더 자세히 알아보자.

1. 클라이언트의 요청이 들어오면 서블릿 필터나, 스프링 인터셉터에서 영속성 컨텍스트를 생성한다. 단 이때 트랜잭션은 시작하지는 않는다.
2. 서비스 계층에서 @Transactional로 트랜잭션을 시작할 때 1번에서 미리 생성해둔 영속성 컨텍스트를 찾아와서 트랜잭션을 시작한다.
3. 서비스 계층이 끝나면 트랜잭션을 커밋하고 영속성 컨텍스트를 플러시한다. 이때 트랜잭션은 끝내지만 영속성 컨텍스트는 종료하지 않는다.
4. 컨트롤러와 뷰까지 영속성 컨텍스트가 유지되므로 조회한 엔티티는 영속 상태를 유지한다.
5. 서블릿 필터나, 스프링 인터셉터로 요청이 돌아오면 영속성 컨텍스트를 종료한다. 이때 플러시를 호출하지 않고 바로 종료한다.

트랜잭션 없이 읽기

영속성 컨텍스트를 통한 모든 변경은 트랜잭션 안에서 이루어져야 한다. 만약 트랜잭션 없이 엔티티를 변경하고 영속성 컨텍스트를 플러시하면 `javax.persistence.TransactionRequiredException` 예외가 발생한다.

엔티티를 변경하지 않고 단순히 조회만 할 때는 트랜잭션이 없어도 되는데 이것을 트랜잭션 없이 읽기Nontransactional reads라 한다. 프록시를 초기화하는 지연 로딩도 조회 기능이므로 트랜잭션 없이 읽기가 가능하다. 정리하면 다음과 같다.

- 영속성 컨텍스트는 트랜잭션 범위 안에서 엔티티를 조회하고 수정할 수 있다.
- 영속성 컨텍스트는 트랜잭션 범위 밖에서 엔티티를 조회만 할 수 있다. 이것을 트랜잭션 없이 읽기Nontransactional reads라 한다.

스프링이 제공하는 OSIV를 사용하면 프리젠테이션 계층에서는 트랜잭션이 없으므로 엔티티를 수정할 수 없다. 따라서 프리젠테이션 계층에서 엔티티를 수정할 수 있는 기존 OSIV의 단점을 보완했다. 그리고 트랜잭션 없이 읽기를 사용해서 프리젠테이션 계층에서 지연 로딩 기능을 사용할 수 있다.

정리해보면 스프링이 제공하는 비즈니스 계층 트랜잭션 OSIV는 다음과 같은 특징이 있다.

- 영속성 컨텍스트를 프리젠테이션 계층까지 유지한다.
- 프리젠테이션 계층에는 트랜잭션이 없으므로 엔티티를 수정할 수 없다.
- 프리젠테이션 계층에는 트랜잭션이 없지만 트랜잭션 없이 읽기를 사용해서 지연 로딩을 할 수 있다.

예제 13.14는 요청 당 트랜잭션 방식의 OSIV를 설명하면서 문제가 있었던 예제 코드다. 여기에 스프링이 제공하는 OSIV를 적용하면 어떻게 될까?

예제 13.14 스프링 OSIV 적용 후

```java
class MemberController {

    public String viewMember(Long id) {

        Member member = memberService.getMember(id);
```

```
        member.setName("XXX"); //보안상의 이유로 고객 이름을 XXX로 변경했다.
        model.addAttribute("member", member);
    }
}
```

예제 13.14는 컨트롤러에서 회원 엔티티를 member.setName("XXX")로 변경했다. 프리젠테이션 계층이지만 아직 영속성 컨텍스트가 살아있다. 만약 영속성 컨텍스트를 플러시하면 변경 감지가 동작해서 데이터베이스에 해당 회원의 이름을 XXX로 변경할 것이다.

다행히도 여기서는 2가지 이유로 플러시가 동작하지 않는다.

- 영속성 컨텍스트의 변경 내용을 데이터베이스에 반영하려면 영속성 컨텍스트를 플러시해야 한다. 하지만 트랜잭션을 사용하는 서비스 계층이 끝날 때 트랜잭션이 커밋되면서 이미 플러시해버렸다. 그리고 스프링이 제공하는 OSIV 서블릿 필터나 OSIV 스프링 인터셉터는 요청이 끝나면 플러시를 호출하지 않고 em.close()로 영속성 컨텍스트만 종료해 버리므로 플러시가 일어나지 않는다.

- 프리젠테이션 계층에서 em.flush()를 호출해서 강제로 플러시해도 트랜잭션 범위 밖이므로 데이터를 수정할 수 없다는 예외를 만난다.
  발생 예외: javax.persistence.TransactionRequiredException: no transaction is in progress

따라서 예제는 프리젠테이션 계층에서 영속 상태의 엔티티를 수정했지만, 수정 내용이 데이터베이스에는 반영되지 않는다.

스프링 OSIV 주의사항

스프링 OSIV를 사용하면 프리젠테이션 계층에서 엔티티를 수정해도 수정 내용을 데이터베이스에 반영하지 않는다. 그런데 여기에는 한 가지 예외가 있다. 프리젠테이션 계층에서 엔티티를 수정한 직후에 트랜잭션을 시작하는 서비스 계층을 호출하면 문제가 발생한다.

예제 13.15를 통해 주의사항을 알아보자.

```
class MemberController {

    public String viewMember(Long id) {

        Member member = memberService.getMember(id);
        member.setName("XXX"); //보안상의 이유로 고객 이름을 XXX로 변경했다.

        memberService.biz(); //비즈니스 로직
        return "view";
    }
}

class MemberService {

    @Transactional
    public void biz() {
        //.... 비즈니스 로직 실행
    }
}
```

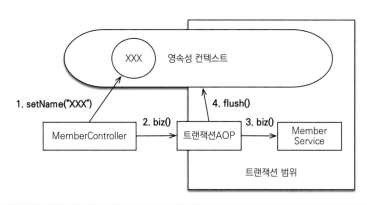

그림 13.8 스프링 OSIV 주의사항

예제 13.15를 그림 13.8로 분석해보자.

1. 컨트롤러에서 회원 엔티티를 조회하고 이름을 member.setName("XXX")로 수정했다.
2. biz() 메소드를 실행해서 트랜잭션이 있는 비즈니스 로직 실행했다.
3. 트랜잭션 AOP가 동작하면서 영속성 컨텍스트에 트랜잭션을 시작한다. 그리고 biz() 메소드를 실행한다.

4. `biz()` 메소드가 끝나면 트랜잭션 AOP는 트랜잭션을 커밋하고 영속성 컨텍스트를 플러시한다. 이때 변경 감지가 동작하면서 회원 엔티티의 수정 사항을 데이터베이스에 반영한다.

컨트롤러에서 엔티티를 수정하고 즉시 뷰를 호출한 것이 아니라 트랜잭션이 동작하는 비즈니스 로직을 호출했으므로 이런 문제가 발생한다. 문제를 해결하는 단순한 방법은 트랜잭션이 있는 비즈니스 로직을 모두 호출하고 나서 엔티티를 변경하면 된다. 보통 컨트롤러는 예제 13.16과 같이 비즈니스 로직을 먼저 호출하고 그 결과를 조회하는 순서로 실행하므로 이런 문제는 거의 발생하지 않는다.

예제 13.16 비즈니스 로직을 먼저 수행 예제

```
memberService.biz(); //비즈니스 로직 먼저 실행

Member member = memberService.getMember(id);
member.setName("XXX"); //마지막에 엔티티를 수정한다.
```

스프링 OSIV는 같은 영속성 컨텍스트를 여러 트랜잭션이 공유할 수 있으므로 이런 문제가 발생한다. OSIV를 사용하지 않는 트랜잭션 범위의 영속성 컨텍스트 전략은 트랜잭션의 생명주기와 영속성 컨텍스트의 생명주기가 같으므로 이런 문제가 발생하지 않는다.

13.3.3 OSIV 정리

▼ 스프링 OSIV의 특징
- OSIV는 클라이언트의 요청이 들어올 때 영속성 컨텍스트를 생성해서 요청이 끝날 때까지 같은 영속성 컨텍스트를 유지한다. 따라서 한 번 조회한 엔티티는 요청이 끝날 때까지 영속 상태를 유지한다.
- 엔티티 수정은 트랜잭션이 있는 계층에서만 동작한다. 트랜잭션이 없는 프리젠테이션 계층은 지연 로딩을 포함해서 조회만 할 수 있다.

▼ 스프링 OSIV의 단점

- OSIV를 적용하면 같은 영속성 컨텍스트를 여러 트랜잭션이 공유할 수 있다는 점을 주의해야 한다. 특히 트랜잭션 롤백 시 주의해야 하는데 15.1.4절을 참고하자.

- 앞서 스프링 OSIV 주의사항에서도 이야기했듯이 프리젠테이션 계층에서 엔티티를 수정하고나서 비즈니스 로직을 수행하면 엔티티가 수정될 수 있다.

- 프리젠테이션 계층에서 지연 로딩에 의한 SQL이 실행된다. 따라서 성능 튜닝 시에 확인해야 할 부분이 넓다.

▼ OSIV vs FACADE vs DTO

OSIV를 사용하지 않는 대안은 FACADE 계층이나 그것을 조금 변형해서 사용하는 다양한 방법이 있는데 어떤 방법을 사용하든 결국 준영속 상태가 되기 전에 프록시를 초기화해야 한다. 다른 방법은 엔티티를 직접 노출하지 않고 엔티티와 거의 비슷한 DTO를 만들어서 반환하는 것이다. 어떤 방법을 사용하든 OSIV를 사용하는 것과 비교해서 지루한 코드를 많이 작성해야 한다.

▼ OSIV를 사용하는 방법이 만능은 아니다

OSIV를 사용하면 화면을 출력할 때 엔티티를 유지하면서 객체 그래프를 마음껏 탐색할 수 있다. 하지만 복잡한 화면을 구성할 때는 이 방법이 효과적이지 않은 경우가 많다. 예를 들어 복잡한 통계 화면은 엔티티로 조회하기보다는 처음부터 통계 데이터를 구상하기 위한 JPQL을 작성해서 DTO로 조회하는 것이 효과적이다. 그리고 수많은 테이블을 조인해서 보여주어야 하는 복잡한 관리자 화면도 객체 그래프로 표현하기 어려운 경우가 많다. 이때도 엔티티를 직접 조회하기보다는 JPQL로 필요한 데이터들만 조회해서 DTO로 반환하는 것이 더 나은 해결책일 수 있다.

▼ OSIV는 같은 JVM을 벗어난 원격 상황에서는 사용할 수 없다

OSIV는 같은 JVM을 벗어난 원격 상황에서는 사용할 수 없다. 예를 들어 JSON이나 XML을 생성할 때는 지연 로딩을 사용할 수 있지만 원격지인 클라이언트에서 연관된 엔티티를 지연 로딩하는 것은 불가능하다. 결국 클라이언트가 필요한

데이터를 모두 JSON으로 생성해서 반환해야 한다. 보통 Jackson이나 Gson 같은 라이브러리를 사용해서 객체를 JSON으로 변환하는데, 변환 대상 객체로 엔티티를 직접 노출하거나 또는 DTO를 사용해서 노출한다.

이렇게 JSON으로 생성한 API는 한 번 정의하면 수정하기 어려운 외부 API와 언제든지 수정할 수 있는 내부 API로 나눌 수 있다.

- **외부 API**: 외부에 노출한다. 한 번 정의하면 변경이 어렵다. 서버와 클라이언트를 동시에 수정하기 어렵다.

  예 타팀과 협업하기 위한 API, 타 기업과 협업하는 API

- **내부 API**: 외부에 노출하지 않는다. 언제든지 변경할 수 있다. 서버와 클라이언트를 동시에 수정할 수 있다.

  예 같은 프로젝트에 있는 화면을 구성하기 위한 AJAX 호출

엔티티는 생각보다 자주 변경된다. 엔티티를 JSON 변환 대상 객체로 사용하면 엔티티를 변경할 때 노출하는 JSON API도 함께 변경된다. 따라서 외부 API는 엔티티를 직접 노출하기보다는 엔티티를 변경해도 완충 역할을 할 수 있는 DTO로 변환해서 노출하는 것이 안전하다. 내부 API는 엔티티를 변경해도 클라이언트와 서버를 동시에 수정할 수 있어서 실용적인 관점에서 엔티티를 직접 노출하는 방법도 괜찮다고 생각한다.

13.4 너무 엄격한 계층

예제 13.17은 상품을 구매한 후에 구매 결과 엔티티를 조회하려고 **컨트롤러에서 리포지토리를 직접 접근**한다.

예제 13.17 컨트롤러에서 리포지토리 직접 접근

```
class OrderController {

    @Autowired OrderService orderService;
    @Autowired OrderRepository orderRepository;

    public String orderRequest(Order order, Model model) {
```

```
        long Id = orderService.order(order); //상품 구매

        //리포지토리 직접 접근
        Order orderResult = orderRepository.findOne(id);
        model.addAttribute("order", orderResult);
        ...
    }
}

@Transactional
class OrderService {

    @Autowired OrderRepository orderRepository;

    public Long order(order) {
        ... 비즈니스 로직
        return orderRepository.save(order);
    }

}

class OrderRepository {

    @PersistenceContext EntityManager em;

    public Order findOne(Long id) {
        return em.find(Order.class, id);
    }
}
```

OSIV를 사용하기 전에는 프리젠테이션 계층에서 사용할 지연 로딩된 엔티티를 미리 초기화해야 했다. 그리고 초기화는 아직 영속성 컨텍스트가 살아있는 서비스 계층이나 FACADE 계층이 담당했다. 하지만 OSIV를 사용하면 영속성 컨텍스트가 프리젠테이션 계층까지 살아있으므로 미리 초기화할 필요가 없다. 따라서 단순한 엔티티 조회는 컨트롤러에서 리포지토리를 직접 호출해도 아무런 문제가 없다(그림 13.9).

과거 EJB 시절에는 프리젠테이션 계층에 엔티티를 직접 반환하면 여러 가지 문제가 발생했다. 따라서 대부분 DTO를 만들어서 반환했고 엔티티가 계층을 뛰어넘는 것은 어려운 일이었다. OSIV를 사용하면 설명한 것처럼 좀 더 유연하고 실용적인 관점으로 접근하는 것도 좋은 방법이라 생각한다.

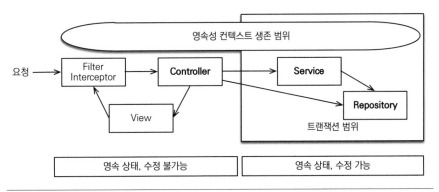

그림 13.9 OSIV 리포지토리 직접 호출

13.5 정리

이번 장에서 학습한 내용을 정리해보자. 스프링이나 J2EE 컨테이너 환경에서 JPA
를 사용하면 트랜잭션 범위의 영속성 컨텍스트 전략이 적용된다. 이 전략은 트랜잭
션의 범위와 영속성 컨텍스트의 생존 범위가 같다. 그리고 같은 트랜잭션 안에서는
항상 같은 영속성 컨텍스트에 접근한다. 이 전략은 트랜잭션이라는 단위로 영속성
컨텍스트를 관리하므로 트랜잭션을 커밋하거나 롤백할 때 문제가 없다. 이 전략의
유일한 단점은 프리젠테이션 계층에서 엔티티가 준영속 상태가 되므로 지연 로딩
을 할 수 없다는 점이다.

OSIV를 사용하면 이런 문제들을 해결할 수 있다. 기존 OSIV는 프리젠테이션 계
층에서도 엔티티를 수정할 수 있다는 단점이 있었다. 스프링 프레임워크가 제공하
는 OSIV는 기존 OSIV의 단점들을 해결해서 프리젠테이션 계층에서 엔티티를 수
정하지 않는다.

다음 장에서는 JPA가 지원하는 컬렉션과 JPA의 다양한 부가 기능을 다룬다.

컬렉션과 부가 기능

14

JPA가 지원하는 컬렉션의 종류와 중요한 부가 기능들을 알아보자. 이 장에서 다룰 내용은 다음과 같다.

- **컬렉션**: 다양한 컬렉션과 특징을 설명한다.
- **컨버터**: 엔티티의 데이터를 변환에서 데이터베이스에 저장한다.
- **리스너**: 엔티티에서 발생한 이벤트를 처리한다.
- **엔티티 그래프**: 엔티티를 조회할 때 연관된 엔티티들을 선택해서 함께 조회한다.

[14.1] 컬렉션

JPA는 자바에서 기본으로 제공하는 Collection, List, Set, Map 컬렉션을 지원하고 다음 경우에 이 컬렉션을 사용할 수 있다. 그리고 이 컬렉션들은 그림 14.1과 같은 구조를 가진다.

- @OneToMany, @ManyToMany를 사용해서 일대다나 다대다 엔티티 관계를 매핑할 때
- @ElementCollection을 사용해서 값 타입을 하나 이상 보관할 때

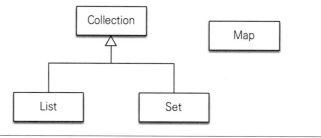

그림 14.1 자바 컬렉션 구조

자바 컬렉션 인터페이스의 특징은 다음과 같다.

- Collection: 자바가 제공하는 최상위 컬렉션이다. 하이버네이트는 중복을 허용하고 순서를 보장하지 않는다고 가정한다.
- Set: 중복을 허용하지 않는 컬렉션이다. 순서를 보장하지 않는다.
- List: 순서가 있는 컬렉션이다. 순서를 보장하고 중복을 허용한다.
- Map: Key, Value 구조로 되어 있는 특수한 컬렉션이다.

610

JPA 명세에는 자바 컬렉션 인터페이스에 대한 특별한 언급이 없다. 따라서 JPA 구현체에 따라서 제공하는 기능이 조금씩 다를 수 있다. 여기서는 하이버네이트 구현체를 기준으로 이야기하겠다.

> 🔊 **참고**
>
> Map은 복잡한 매핑에 비해 활용도가 떨어지고 다른 컬렉션을 사용해도 충분하므로 생략했다.
> 참고로 Map은 @MapKey* 어노테이션으로 매핑할 수 있다.

14.1.1 JPA와 컬렉션

하이버네이트는 엔티티를 영속 상태로 만들 때 컬렉션 필드를 하이버네이트에서 준비한 컬렉션으로 감싸서 사용한다.

예제 14.1 JPA 컬렉션 사용

```
@Entity
public class Team {

    @Id
    private String id;

    @OneToMany
    @JoinColumn
    private Collection<Member> members = new ArrayList<Member>();
    ...
}
```

예제 14.1의 Team은 members 컬렉션을 필드로 가지고 있다. 다음 코드로 Team 을 영속 상태로 만들어보자.

```
Team team = new Team();

System.out.println("before persist = "
    + team.getMembers().getClass());
em.persist(team);
System.out.println("after  persist = " + team.getMembers().getClass());
```

출력 결과는 다음과 같다.

```
before persist = class java.util.ArrayList
after  persist = class org.hibernate.collection.internal.PersistentBag
```

출력 결과를 보면 원래 ArrayList 타입이었던 컬렉션이 엔티티를 영속 상태로 만든 직후에 하이버네이트가 제공하는 PersistentBag 타입으로 변경되었다. 하이버네이트는 컬렉션을 효율적으로 관리하기 위해 엔티티를 영속 상태로 만들 때 원본 컬렉션을 감싸고 있는 내장 컬렉션을 생성해서 이 내장 컬렉션을 사용하도록 참조를 변경한다. 하이버네이트가 제공하는 내장 컬렉션은 원본 컬렉션을 감싸고 있어서 래퍼 컬렉션으로도 부른다.

하이버네이트는 이런 특징 때문에 컬렉션을 사용할 때 다음처럼 즉시 초기화해서 사용하는 것을 권장한다.

```
Collection<Member> members = new ArrayList<Member>();
```

예제 14.2를 통해 인터페이스에 따라 어떤 래퍼 컬렉션이 사용되는지 확인해보자.

예제 14.2 인터페이스와 컬렉션 래퍼

```
//org.hibernate.collection.internal.PersistentBag
@OneToMany
Collection<Member> collection = new ArrayList<Member>();

//org.hibernate.collection.internal.PersistentBag
@OneToMany
List<Member> list = new ArrayList<Member>();

//org.hibernate.collection.internal.PersistentSet
@OneToMany
Set<Member> set = new HashSet<Member>();

//org.hibernate.collection.internal.PersistentList
@OneToMany @OrderColumn
List<Member> orderColumnList = new ArrayList<Member>();
```

컬렉션 인터페이스에 따른 하이버네이트 내장 컬렉션과 그 특징을 표 14.1에 정리했다.

표 14.1 하이버네이트 내장 컬렉션과 특징

컬렉션 인터페이스	내장 컬렉션	중복 허용	순서 보관
Collection, List	PersistentBag	O	X
Set	PersistentSet	X	X
List + @OrderColumn	PersistentList	O	O

컬렉션 인터페이스에 따른 특징을 자세히 알아보자.

14.1.2 Collection, List

Collection, List 인터페이스는 중복을 허용하는 컬렉션이고 PersistentBag을 래퍼 컬렉션으로 사용한다. 이 인터페이스는 예제 14.3과 같이 ArrayList로 초기화하면 된다.

예제 14.3 Collection, List 예제

```java
@Entity
public class Parent {

    @Id @GeneratedValue
    private Long id;

    @OneToMany
    @JoinColumn
    private Collection<CollectionChild> collection =
        new ArrayList<CollectionChild>();

    @OneToMany
    @JoinColumn
    private List<ListChild> list = new ArrayList<ListChild>();
    ...
}
```

Collection, List는 중복을 허용한다고 가정하므로 객체를 추가하는 add() 메소드는 내부에서 어떤 비교도 하지 않고 항상 true를 반환한다. 같은 엔티티가 있는지 찾거나 삭제할 때는 equals() 메소드를 사용한다.

```
List<Comment> comments = new ArrayList<Comment>();
...

//단순히 추가만 한다. 결과는 항상 true다.
boolean result = comments.add(data)

comments.contains(comment); //equals 비교
comments.remove(comment);   //equals 비교
```

Collection, List는 엔티티를 추가할 때 중복된 엔티티가 있는지 비교하지 않고 단순히 저장만 하면 된다. 따라서 엔티티를 추가해도 지연 로딩된 컬렉션을 초기화 하지 않는다.

14.1.3 Set

Set은 중복을 허용하지 않는 컬렉션이다. 하이버네이트는 PersistentSet을 컬렉션 래퍼로 사용한다. 이 인터페이스는 HashSet으로 초기화하면 된다.

예제 14.4 Set 예제

```
@Entity
public class Parent {

    @OneToMany
    @JoinColumn
    private Set<SetChild> set = new HashSet<SetChild>();
    ...
}
```

예제 14.4에서 사용한 HashSet은 중복을 허용하지 않으므로 add() 메소드로 객체를 추가할 때 마다 equals() 메소드로 같은 객체가 있는지 비교한다. 같은 객체가 없으면 객체를 추가하고 true를 반환하고, 같은 객체가 이미 있어서 추가에 실패하면 false를 반환한다. 참고로 HashSet은 해시$_{Hash}$ 알고리즘을 사용하므로 hashcode()도 함께 사용해서 비교한다.

```
Set<Comment> comments = new HashSet<Comment>();
...

boolean result = comments.add(data) //hashcode + equals 비교
comments.contains(comment); //hashcode + equals 비교
comments.remove(comment);   //hashcode + equals 비교
```

Set은 엔티티를 추가할 때 중복된 엔티티가 있는지 비교해야 한다. 따라서 엔티티를 추가할 때 지연 로딩된 컬렉션을 초기화한다.

14.1.4 List + @OrderColumn

예제 14.5와 같이 List 인터페이스에 @OrderColumn을 추가하면 순서가 있는 특수한 컬렉션으로 인식한다. 순서가 있다는 의미는 **데이터베이스에 순서 값을 저장해서 조회할 때 사용한다는 의미다.** 하이버네이트는 내부 컬렉션인 PersistentList를 사용한다.

예제 14.5 List + @OrderColumn 예제

```java
@Entity
public class Board {

    @Id @GeneratedValue
    private Long id;

    private String title;
    private String content;

    @OneToMany(mappedBy = "board")
    @OrderColumn(name = "POSITION")
    private List<Comment> comments = new ArrayList<Comment>();

    ...
}

@Entity
public class Comment {

    @Id @GeneratedValue
    private Long id;

    private String comment;

    @ManyToOne
    @JoinColumn(name = "BOARD_ID")
    private Board board;

    ...
}
```

예제 14.5의 Board.comments에 List 인터페이스를 사용하고 @OrderColumn을 추가했다. 따라서 Board.comments는 순서가 있는 컬렉션으로 인식된다.

자바가 제공하는 List 컬렉션은 내부에 위치 값을 가지고 있다. 따라서 다음 코드처럼 List의 위치 값을 활용할 수 있다.

```
list.add(1,data1); //1번 위치에 data1을 저장하라.
list.get(10); //10번 위치에 있는 값을 조회하라.
```

순서가 있는 컬렉션은 데이터베이스에 순서 값도 함께 관리한다. 여기서는 @OrderColumn의 name 속성에 POSITION이라는 값을 주었다. JPA는 List의 위치 값을 테이블의 POSITION 컬럼에 보관한다. 그런데 Board.comments 컬렉션은 Board 엔티티에 있지만 테이블의 일대다 관계의 특성상 위치 값은 다(N) 쪽에 저장해야 한다. 따라서 실제 POSITION 컬럼은 COMMENT 테이블에 매핑된다(그림 14.2).

[BOARD]

ID	TITLE	CONTENT
1	제목1	내용1

[COMMENT]

ID	COMMENT	COMMENTS_ID (FK)	POSITION @OrderColumn
1	댓글1	1	0
2	댓글2	1	1
3	댓글3	1	2
4	댓글4	1	3

그림 14.2 @OrderColumn Table

예제 14.6을 통해 @OrderColumn을 사용하는 예를 보자.

예제 14.6 사용 코드

```
Board board = new Board("제목1","내용1");
em.persist(board);

Comment comment1 = new Comment("댓글1");
comment1.setBoard(board);
board.getComments().add(comment1); //POSITION 0
em.persist(comment1);

Comment comment2 = new Comment("댓글2");
comment2.setBoard(board);
board.getComments().add(comment2); //POSITION 1
```

```
em.persist(comment2);

Comment comment3 = new Comment("댓글3");
comment3.setBoard(board);
board.getComments().add(comment3); //POSITION 2
em.persist(comment3);

Comment comment4 = new Comment("댓글4");
comment4.setBoard(board);
board.getComments().add(comment4); //POSITION 3
em.persist(comment4);
```

@OrderColumn을 사용해서 List의 위치 값을 보관하면 편리할 것 같지만 다음에서 설명하는 것처럼 실무에서 사용하기에는 단점이 많다. 따라서 @OrderColumn을 매핑하지 말고 개발자가 직접 POSITION 값을 관리하거나 다음에 설명하는 @OrderBy를 사용하길 권장한다.

@OrderColumn의 단점

@OrderColumn은 다음과 같은 단점들 때문에 실무에서 잘 사용하지 않는다.

- @OrderColumn을 Board 엔티티에서 매핑하므로 Comment는 POSITION의 값을 알 수 없다. 그래서 Comment를 INSERT할 때는 POSITION 값이 저장되지 않는다. POSITION은 Board.comments의 위치 값이므로, 이 값을 사용해서 POSITION의 값을 UPDATE 하는 SQL이 추가로 발생한다.
- List를 변경하면 연관된 많은 위치 값을 변경해야 한다. 예를 들어 그림 14.2에서 댓글2를 삭제하면 댓글3, 댓글4의 POSITION 값을 각각 하나씩 줄이는 UPDATE SQL이 2번 추가로 실행된다.
- 중간에 POSITION 값이 없으면 조회한 List에는 null이 보관된다. 예를 들어 댓글2를 데이터베이스에서 강제로 삭제하고 다른 댓글들의 POSITION 값을 수정하지 않으면 데이터베이스의 POSITON 값은 [0,2,3]이 되어서 중간에 1 값이 없다. 이 경우 List를 조회하면 1번 위치에 null 값이 보관된다. 따라서 컬렉션을 순회할 때 NullPointerException이 발생한다.

14.1.5 @OrderBy

@OrderColumn이 데이터베이스에 순서용 컬럼을 매핑해서 관리했다면 @OrderBy는 데이터베이스의 ORDER BY절을 사용해서 컬렉션을 정렬한다. 따라서 순서용 컬럼을 매핑하지 않아도 된다. 그리고 @OrderBy는 모든 컬렉션에 사용할 수 있다. 예제 14.7을 통해 알아보자.

예제 14.7 @OrderBy 예제

```
@Entity
public class Team {

    @Id @GeneratedValue
    private Long id;
    private String name;

    @OneToMany(mappedBy = "team")
    @OrderBy("username desc, id asc")
    private Set<Member> members = new HashSet<Member>();
    ...
}

@Entity
public class Member {

    @Id @GeneratedValue
    private Long id;

    @Column(name = "MEMBER_NAME")
    private String username;

    @ManyToOne
    private Team team;
    ...
}
```

예제 14.7의 Team.members를 보면 @OrderBy를 적용했다. 그리고 @OrderBy의 값으로 username desc, id asc를 사용해서 Member의 username 필드로 내림차순 정렬하고 id로 오름차순 정렬했다. @OrderBy의 값은 JPQL의 order by절처럼 **엔티티의 필드를 대상으로 한다.**

```
Team findteam = em.find(Team.class, team.getId());
findTeam.getMembers().size(); //초기화
```

Team.members를 초기화할 때 실행된 다음 SQL을 보면 ORDER BY가 사용된 것을 확인할 수 있다.

```
SELECT M.*
FROM
    MEMBER M
WHERE
    M.TEAM_ID=?
ORDER BY
    M.MEMBER_NAME DESC,
    M.ID ASC
```

> **◀)) 참고**
>
> 하이버네이트는 Set에 @OrderBy를 적용해서 결과를 조회하면 순서를 유지하기 위해 HashSet 대신에 LinkedHashSet을 내부에서 사용한다.

14.2 @Converter

컨버터(converter)를 사용하면 엔티티의 데이터를 변환해서 데이터베이스에 저장할 수 있다.

예를 들어 회원의 VIP 여부를 자바의 boolean 타입을 사용하고 싶다고 하자. JPA를 사용하면 자바의 boolean 타입은 방언에 따라 다르지만 데이터베이스에 저장될 때 0 또는 1인 숫자로 저장된다. 그런데 데이터베이스에 숫자 대신 문자 Y 또는 N 으로 저장하고 싶다면 컨버터를 사용하면 된다.

예제 14.8과 같이 매핑할 테이블을 만들자.

예제 14.8 매핑할 테이블

```
CREATE TABLE MEMBER (

    ID VARCHAR(255) NOT NULL,
    USERNAME VARCHAR(255),
    VIP VARCHAR(1) NOT NULL,
    PRIMARY KEY (ID)
)
```

예제 14.8의 매핑할 테이블을 보면 문자 Y, N을 입력하려고 VIP 컬럼을 VARCHAR(1)로 지정했다.

예제 14.9 회원 엔티티

```
@Entity
public class Member {

    @Id
    private String id;
    private String username;

    @Convert(converter=BooleanToYNConverter.class)
    private boolean vip;

    //Getter, Setter
    ...
}
```

예제 14.9에 있는 회원 엔티티의 vip 필드는 boolean 타입이다. @Convert를 적용해서 데이터베이스에 저장되기 직전에 BooleanToYNConverter 컨버터가 동작하도록 했다.

예제 14.10의 컨버터를 보자.

예제 14.10 Boolean을 YN으로 변환해주는 컨버터

```
@Converter
public class BooleanToYNConverter implements AttributeConverter<Boolean,
String> {

    @Override
    public String convertToDatabaseColumn(Boolean attribute) {
        return (attribute != null && attribute) ? "Y" : "N";
    }

    @Override
    public Boolean convertToEntityAttribute(String dbData) {
        return "Y".equals(dbData);
    }
}
```

컨버터 클래스는 @Converter 어노테이션을 사용하고 AttributeConverter 인터페이스를 구현해야 한다. 그리고 제네릭에 현재 타입과 변환할 타입을 지정해야 한다. 여기서는 <Boolean, String>을 지정해서 Boolean 타입을 String 타입으로 변환한다.

예제 14.11 AttributeConverter

```
public interface AttributeConverter<X,Y> {

    public Y convertToDatabaseColumn (X attribute);
    public X convertToEntityAttribute (Y dbData);
}
```

예제 14.11의 AttributeConverter 인터페이스에는 구현해야 할 다음 두 메소드가 있다.

- convertToDatabaseColumn(): 엔티티의 데이터를 데이터베이스 컬럼에 저장할 데이터로 변환한다. 예제 14.10에서는 true면 Y를 false면 N을 반환하도록 했다.
- convertToEntityAttribute(): 데이터베이스에서 조회한 컬럼 데이터를 엔티티의 데이터로 변환한다. 예제 14.10에서는 문자 Y면 true를 아니면 false를 반환하도록 했다.

이제 회원 엔티티를 저장하면 데이터베이스의 VIP 컬럼에는 Y 또는 N이 저장된다. 컨버터는 예제 14.12와 같이 클래스 레벨에도 설정할 수 있다. 단 이때는 attributeName 속성을 사용해서 어떤 필드에 컨버터를 적용할지 명시해야 한다.

예제 14.12 컨버터 클래스 레벨에 설정하기

```
@Entity
@Convert(converter=BooleanToYNConverter.class, attributeName = "vip")
public class Member {

    @Id
    private String id;
    private String username;

    private boolean vip;
    ...
}
```

14.2.1 글로벌 설정

모든 Boolean 타입에 컨버터를 적용하려면 예제 14.13과 같이 @Converter (autoApply = true) 옵션을 적용하면 된다.

예제 14.13 컨버터 글로벌 설정

```java
@Converter(autoApply = true)
public class BooleanToYNConverter implements
    AttributeConverter<Boolean, String> {

    @Override
    public String convertToDatabaseColumn(Boolean attribute) {
        return (attribute != null && attribute) ? "Y" : "N";
    }

    @Override
    public Boolean convertToEntityAttribute(String dbData) {
        return "Y".equals(dbData);
    }
}
```

이렇게 글로벌 설정을 하면 예제 14.14와 같이 @Convert를 지정하지 않아도 모든 Boolean 타입에 대해 자동으로 컨버터가 적용된다.

예제 14.14 컨버터 글로벌 설정 결과

```java
@Entity
public class Member {

    @Id
    private String id;
    private String username;

    private boolean vip;

    //Getter, Setter
    ...
}
```

@Convert 속성은 표 14.2에 정리했다.

표 14.2 @Convert 속성 정리

속성	기능	기본값
converter	사용할 컨버터를 지정한다.	
attributeName	컨버터를 적용할 필드를 지정한다.	
disableConversion	글로벌 컨버터나 상속 받은 컨버터를 사용하지 않는다.	false

> 🔊 참고
>
> 컨버터에 대한 더 상세한 사용법은 다음 URL을 참고하자.
>
> http://docs.oracle.com/javaee/7/api/index.html?javax/persistence/Convert.html

14.3 리스너

모든 엔티티를 대상으로 언제 어떤 사용자가 삭제를 요청했는지 모두 로그로 남겨야 하는 요구사항이 있다고 가정하자. 이때 애플리케이션 삭제 로직을 하나씩 찾아서 로그를 남기는 것은 너무 비효율적이다. JPA 리스너 기능을 사용하면 엔티티의 생명주기에 따른 이벤트를 처리할 수 있다.

14.3.1 이벤트 종류

이벤트의 종류와 발생 시점은 다음과 같다(그림 14.3).

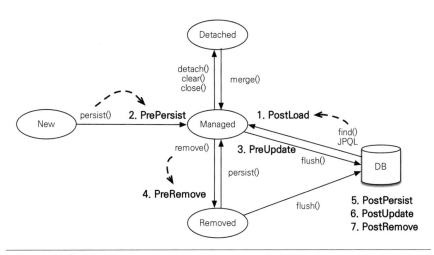

그림 14.3 리스너 시점

1. **PostLoad**: 엔티티가 영속성 컨텍스트에 조회된 직후 또는 refresh를 호출한 후(2차 캐시에 저장되어 있어도 호출된다)

2. **PrePersist**: persist() 메소드를 호출해서 엔티티를 영속성 컨텍스트에 관리하기 직전에 호출된다. 식별자 생성 전략을 사용한 경우 엔티티에 식별자는 아직 존재하지 않는다. 새로운 인스턴스를 merge할 때도 수행된다.

3. **PreUpdate**: flush나 commit을 호출해서 엔티티를 데이터베이스에 수정하기 직전에 호출된다.

4. **PreRemove**: remove() 메소드를 호출해서 엔티티를 영속성 컨텍스트에서 삭제하기 직전에 호출된다. 또한 삭제 명령어로 영속성 전이가 일어날 때도 호출된다. orphanRemoval에 대해서는 flush나 commit 시에 호출된다.

5. **PostPersist**: flush나 commit을 호출해서 엔티티를 데이터베이스에 저장한 직후에 호출된다. 식별자가 항상 존재한다. 참고로 식별자 생성 전략이 IDENTITY면 식별자를 생성하기 위해 persist()를 호출하면서 데이터베이스에 해당 엔티티를 저장하므로 이때는 persist()를 호출한 직후에 바로 PostPersist가 호출된다.

6. **PostUpdate**: flush나 commit을 호출해서 엔티티를 데이터베이스에 수정한 직후에 호출된다.

7. **PostRemove**: flush나 commit을 호출해서 엔티티를 데이터베이스에 삭제한 직후에 호출된다.

14.3.2 이벤트 적용 위치

이벤트는 엔티티에서 직접 받거나 별도의 리스너를 등록해서 받을 수 있다.

- 엔티티에 직접 적용
- 별도의 리스너 등록
- 기본 리스너 사용

예제 코드를 통해 순서대로 알아보자.

엔티티에 직접 적용

예제 14.15는 이벤트를 엔티티에 직접 적용하는 예다.

예제 14.15 엔티티에 직접 적용

```java
@Entity
public class Duck {

    @Id @GeneratedValue
    public Long id;

    private String name;

    @PrePersist
    public void prePersist() {
        System.out.println("Duck.prePersist id=" + id);
    }

    @PostPersist
    public void postPersist() {
        System.out.println("Duck.postPersist id=" + id);
    }

    @PostLoad
    public void postLoad() {
        System.out.println("Duck.postLoad");
    }

    @PreRemove
    public void preRemove() {
        System.out.println("Duck.preRemove");
    }

    @PostRemove
    public void postRemove() {
        System.out.println("Duck.postRemove");
    }
    ...
}
```

예제 14.15는 엔티티에 이벤트가 발생할 때마다 어노테이션으로 지정한 메소드가 실행된다. 예를 들어 엔티티를 저장하면 다음과 같이 출력된다.

```
Duck.prePersist id=null (아이디가 생성되기 전에 호출된다.)
Duck.postPersist id=1 (아이디가 생성된 후에 호출된다.)
```

이렇게 엔티티에서 이벤트를 직접 받을 수도 있지만 이벤트를 처리할 별도의 리스너를 등록하는 방법도 있다.

별도의 리스너 등록

예제 14.16은 별도의 리스너를 사용하는 예이다.

예제 14.16 별도의 리스너 사용

```java
@Entity
@EntityListeners(DuckListener.class)
public class Duck {
    ...
}

public class DuckListener {

    @PrePersist
    //특정 타입이 확실하면 특정 타입을 받을 수 있다.
    private void prePersist(Object obj) {
        System.out.println("DuckListener.prePersist obj = [" + obj + "]");
    }

    @PostPersist
    //특정 타입이 확실하면 특정 타입을 받을 수 있다.
    private void postPersist(Object obj) {
        System.out.println("DuckListener.postPersist obj = [" + obj + "]");
    }
}
```

리스너는 대상 엔티티를 파라미터로 받을 수 있다. 반환 타입은 void로 설정해야 한다.

기본 리스너 사용

모든 엔티티의 이벤트를 처리하려면 예제 14.17과 같이 META-INF/orm.xml에 기본default 리스너로 등록하면 된다.

```xml
<?xml version="1.0" encoding="UTF-8"?>
<entity-mappings ...>


    <persistence-unit-metadata>
        <persistence-unit-defaults>
            <entity-listeners>
                <entity-listener class="jpabook.jpashop.domain.
                    test.listener.DefaultListener" />
            </entity-listeners>
        </persistence-unit-defaults>
    </persistence-unit-metadata>

</entity-mappings>
```

여러 리스너를 등록했을 때 이벤트 호출 순서는 다음과 같다.

1. 기본 리스너

2. 부모 클래스 리스너

3. 리스너

4. 엔티티

더 세밀한 설정

더 세밀한 설정을 위한 어노테이션도 있다. 예제 14.18은 사용 예이다.

- `javax.persistence.ExcludeDefaultListeners`: 기본 리스너 무시

- `javax.persistence.ExcludeSuperclassListeners`: 상위 클래스 이벤트 리스너 무시

예제 14.18 기타 어노테이션 적용 코드

```java
@Entity
@EntityListeners(DuckListener.class)
@ExcludeDefaultListeners
@ExcludeSuperclassListeners
public class Duck extends BaseEntity {

    ...

}
```

이벤트를 잘 활용하면 대부분의 엔티티에 공통으로 적용하는 등록 일자, 수정 일자 처리와 해당 엔티티를 누가 등록하고 수정했는지에 대한 기록을 리스너 하나로 처리할 수 있다.

14.4 엔티티 그래프

엔티티를 조회할 때 연관된 엔티티들을 함께 조회하려면 다음처럼 글로벌 fetch 옵션을 FetchType.EAGER로 설정한다.

```
@Entity
class Order {

    @ManyToOne(fetch=FetchType.EAGER)
    Member member;
    ...
}
```

또는 다음처럼 JPQL에서 페치 조인을 사용하면 된다.

```
select o from Order o join fetch o.member
```

글로벌 fetch 옵션은 애플리케이션 전체에 영향을 주고 변경할 수 없는 단점이 있다. 그래서 일반적으로 글로벌 fetch 옵션은 FetchType.LAZY를 사용하고, 엔티티를 조회할 때 연관된 엔티티를 함께 조회할 필요가 있으면 JPQL의 페치 조인을 사용한다.

그런데 페치 조인을 사용하면 같은 JPQL을 중복해서 작성하는 경우가 많다. 예를 들어 주문 상태를 검색조건으로 주문(Order) 엔티티를 조회하는 JPQL을 작성해 보자.

```
select o from Order o
    where o.status = ?
```

주문과 회원을 함께 조회할 필요가 있어서 다음 JPQL을 새로 추가했다.

```
select o from Order o
  join fetch o.member
 where o.status = ?
```

주문과 주문상품을 함께 조회하는 기능이 필요해서 다음 JPQL을 새로 추가했다.

```
select o from Order o
  join fetch o.orderItems
 where o.status = ?
```

3가지 JPQL 모두 주문을 조회하는 같은 JPQL이지만 함께 조회할 엔티티에 따라서 다른 JPQL을 사용해야 한다. 이것은 JPQL이 데이터를 조회하는 기능뿐만 아니라 연관된 엔티티를 함께 조회하는 기능도 제공하기 때문인데, 결국 JPQL이 두 가지 역할을 모두 수행해서 발생하는 문제다.

JPA 2.1에 추가된 엔티티 그래프 기능을 사용하면 엔티티를 조회하는 시점에 함께 조회할 연관된 엔티티를 선택할 수 있다. 따라서 JPQL은 데이터를 조회하는 기능만 수행하면 되고 연관된 엔티티를 함께 조회하는 기능은 엔티티 그래프를 사용하면 된다. 그러므로 엔티티 그래프 기능을 적용하면 다음 JPQL만 사용하면 된다.

```
select o from Order o
  where o.status = ?
```

엔티티 그래프 기능은 엔티티 조회시점에 연관된 엔티티들을 함께 조회하는 기능이다. 엔티티 그래프는 정적으로 정의하는 Named 엔티티 그래프와 동적으로 정의하는 엔티티 그래프가 있다. 먼저 Named 엔티티 그래프를 알아보자.

예제에 사용할 엔티티 모델은 그림 14.4와 같다.

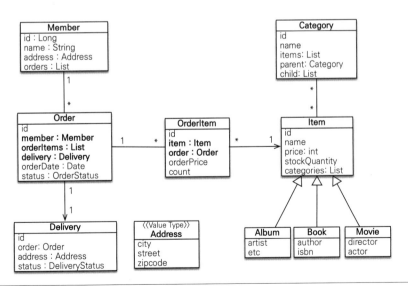

그림 14.4 엔티티 그래프 예제 모델

14.4.1 Named 엔티티 그래프

예제 14.19를 통해 주문(Order)을 조회할 때 연관된 회원(Member)도 함께 조회하는 엔티티 그래프를 사용해보자.

예제 14.19 엔티티 그래프 예제

```
@NamedEntityGraph(name = "Order.withMember", attributeNodes = {
    @NamedAttributeNode("member")
})
@Entity
@Table(name = "ORDERS")
public class Order {

    @Id @GeneratedValue
    @Column(name = "ORDER_ID")
    private Long id;

    @ManyToOne(fetch = FetchType.LAZY, optional = false)
    @JoinColumn(name = "MEMBER_ID")
    private Member member;        //주문 회원

    ...
}
```

Named 엔티티 그래프는 @NamedEntityGraph로 정의한다.

- name: 엔티티 그래프의 이름을 정의한다.
- attributeNodes 함께 조회할 속성 선택한다. 이때 @NamedAttributeNode를 사용하고 그 값으로 함께 조회할 속성을 선택하면 된다.

예제 14.19의 Order.member가 지연 로딩으로 설정되어 있지만, 엔티티 그래프에서 함께 조회할 속성으로 member를 선택했으므로 이 엔티티 그래프를 사용하면 Order를 조회할 때 연관된 member도 함께 조회할 수 있다.

참고로 둘 이상 정의하려면 @NamedEntityGraphs를 사용하면 된다.

14.4.2 em.find()에서 엔티티 그래프 사용

예제 14.20을 통해 엔티티 그래프를 사용하는 코드를 보자.

예제 14.20 엔티티 그래프 사용

```
EntityGraph graph = em.getEntityGraph("Order.withMember");

Map hints = new HashMap();
hints.put("javax.persistence.fetchgraph", graph);

Order order = em.find(Order.class, orderId, hints);
```

Named 엔티티 그래프를 사용하려면 정의한 엔티티 그래프를 `em.getEntityGraph("Order.withMember")`를 통해서 찾아오면 된다. 엔티티 그래프는 JPA의 힌트 기능을 사용해서 동작하는데 힌트의 키로 `javax.persistence.fetchgraph`를 사용하고 힌트의 값으로 찾아온 엔티티 그래프를 사용하면 된다.

`em.find(Order.class, orderId, hints)`로 `Order` 엔티티를 조회할 때 힌트 정보도 포함했다. 예제 14.21의 실행된 SQL을 보면 적용한 `Order.withMember` 엔티티 그래프를 사용해서 `Order`와 `Member`를 함께 조회한다.

예제 14.21 실행된 SQL

```
select o.*, m.*
from
    ORDERS o
inner join
    Member m
        on o.MEMBER_ID=m.MEMBER_ID
where
    o.ORDER_ID=?
```

14.4.3 subgraph

이번에는 `Order → OrderItem → Item`까지 함께 조회해보자.

`Order → OrderItem`은 `Order`가 관리하는 필드지만 `OrderItem → Item`은 `Order`가 관리하는 필드가 아니다. 이때는 예제 14.22와 같이 `subgraph`를 사용하면 된다.

```java
@NamedEntityGraph(name = "Order.withAll", attributeNodes = {
    @NamedAttributeNode("member"),
    @NamedAttributeNode(value = "orderItems", subgraph = "orderItems")
    },
    subgraphs = @NamedSubgraph(name = "orderItems", attributeNodes = {
        @NamedAttributeNode("item")
    })
)
@Entity
@Table(name = "ORDERS")
public class Order {

    @Id @GeneratedValue
    @Column(name = "ORDER_ID")
    private Long id;

    @ManyToOne(fetch = FetchType.LAZY, optional = false)
    @JoinColumn(name = "MEMBER_ID")
    private Member member;        //주문 회원

    @OneToMany(mappedBy = "order", cascade = CascadeType.ALL)
    private List<OrderItem> orderItems = new ArrayList<OrderItem>();
    ...
}


@Entity
@Table(name = "ORDER_ITEM")
public class OrderItem {

    @Id @GeneratedValue
    @Column(name = "ORDER_ITEM_ID")
    private Long id;

    @ManyToOne(fetch = FetchType.LAZY)
    @JoinColumn(name = "ITEM_ID")
    private Item item;        //주문 상품

    ...
}
```

예제 14.22에서는 Order.withAll이라는 Named 엔티티 그래프를 정의했다. 이 엔티티 그래프는 Order → Member, Order → OrderItem, OrderItem → Item 의 객체 그래프를 함께 조회한다.

이때 OrderItem → Item은 Order의 객체 그래프가 아니므로 subgraphs 속성으로 정의해야 한다. 이 속성은 @NamedSubgraph를 사용해서 서브 그래프를 정의한다. 여기서는 orderItems라는 이름의 서브 그래프가 item을 함께 조회하도록 정의했다. 사용하는 코드를 보자.

```
Map hints = new HashMap();
hints.put("javax.persistence.fetchgraph", em.getEntityGraph("Order.withAll"));

Order order = em.find(Order.class, orderId, hints);
```

Order.withAll이라는 Named 엔티티 그래프를 사용해서 Order 엔티티를 조회했다. 예제 14.23의 실행된 SQL을 보면 엔티티 그래프에서 지정한 엔티티들을 함께 조회한다.

예제 14.23 실행된 SQL

```
select o.*, m.*, oi.*, i.*
from
    ORDERS o
inner join
    Member m
        on o.MEMBER_ID=m.MEMBER_ID
left outer join
    ORDER_ITEM oi
        on o.ORDER_ID=oi.ORDER_ID
left outer join
    Item i
        on oi.ITEM_ID=i.ITEM_ID
where
    o.ORDER_ID=?
```

14.4.4 JPQL에서 엔티티 그래프 사용

JPQL에서 엔티티 그래프를 사용하는 방법은 em.find()와 동일하게 힌트만 추가하면 된다. 예제 14.24를 보자.

예제 14.24 JPQL에서 엔티티 그래프 힌트

```
List<Order> resultList =
    em.createQuery("select o from Order o where o.id = :orderId",
        Order.class)
        .setParameter("orderId", orderId)
        .setHint("javax.persistence.fetchgraph", em.getEntityGraph("Order.
            withAll"))
        .getResultList();
```

예제 14.25의 실행된 SQL을 보면 연관된 엔티티를 함께 조회한다.

예제 14.25 실행된 SQL

```
select o.*, m.*, oi.*, i.*
from
    ORDERS o
left outer join
    Member m
        on o.MEMBER_ID=m.MEMBER_ID
left outer join
    ORDER_ITEM oi
        on o.ORDER_ID=oi.ORDER_ID
left outer join
    Item i
        on oi.ITEM_ID=i.ITEM_ID
where
    o.ORDER_ID=?
```

🔊 참고

다음 코드 같이 Order.member는 필수 관계로 설정되어 있다.

```
@ManyToOne(fetch = FetchType.LAZY, optional = false) //필수 관계로 설정
@JoinColumn(name = "MEMBER_ID")
private Member member;   //주문 회원
```

em.find()에서 엔티티 그래프를 사용하면 하이버네이트는 필수 관계를 고려해서 SQL 내부 조인을 사용하지만 JPQL에서 엔티티 그래프를 사용할 때는 항상 SQL 외부 조인을 사용한다. 만약 SQL 내부 조인을 사용하려면 다음처럼 내부 조인을 명시하면 된다.

```
select o from Order o join fetch o.member where o.id = :orderId
```

14.4.5 동적 엔티티 그래프

엔티티 그래프를 동적으로 구성하려면 createEntityGraph() 메소드를 사용하면 된다.

```
public <T> EntityGraph<T> createEntityGraph(Class<T> rootType);
```

처음에 사용한 Named 엔티티 그래프를 예제 14.26과 같이 동적으로 구성해보자.

예제 14.26 동적 엔티티 그래프

```
EntityGraph<Order> graph = em.createEntityGraph(Order.class);
graph.addAttributeNodes("member");

Map hints = new HashMap();
hints.put("javax.persistence.fetchgraph", graph);

Order order = em.find(Order.class, orderId, hints);
```

예제 14.26은 em.createEntityGraph(Order.class)를 사용해서 동적으로 엔티티 그래프를 만들었다. 그리고 graph.addAttributeNodes("member")를 사용해서 Order.member 속성을 엔티티 그래프에 포함했다.

예제 14.27을 통해 조금 더 복잡한 subgraph 기능을 동적으로 구성해보자.

예제 14.27 동적 엔티티 그래프 subgraph

```
EntityGraph<Order> graph = em.createEntityGraph(Order.class);
graph.addAttributeNodes("member");
Subgraph<OrderItem> orderItems = graph.addSubgraph("orderItems");
orderItems.addAttributeNodes("item");

Map hints = new HashMap();
hints.put("javax.persistence.fetchgraph", graph);

Order order = em.find(Order.class, orderId, hints);
```

예제 14.27은 graph.addSubgraph("orderItems") 메소드를 사용해서 서브 그래프를 만들었다. 그리고 서브 그래프가 item 속성을 포함하도록 했다.

14.4.6 엔티티 그래프 정리

지금까지 엔티티 그래프를 알아보았다. 엔티티 그래프를 정리해보자.

▼ ROOT에서 시작

엔티티 그래프는 항상 조회하는 엔티티의 ROOT에서 시작해야 한다. 당연한 이 야기지만 Order 엔티티를 조회하는데 Member부터 시작하는 엔티티 그래프를 사 용하면 안된다.

▼ 이미 로딩된 엔티티

다음처럼 영속성 컨텍스트에 해당 엔티티가 이미 로딩되어 있으면 엔티티 그래 프가 적용되지 않는다(아직 초기화되지 않은 프록시에는 엔티티 그래프가 적용된다).

```
Order order1 = em.find(Order.class, orderId); //이미 조회
hints.put("javax.persistence.fetchgraph", em.getEntityGraph("Order.
withMember"));
Order order2 = em.find(Order.class, orderId, hints);
```

이 경우 조회된 order2에는 엔티티 그래프가 적용되지 않고 처음 조회한 order1과 같은 인스턴스가 반환된다.

▼ fetchgraph, loadgraph의 차이

예제에서는 javax.persistence.fetchgraph 힌트를 사용해서 엔티티 그래 프를 조회했다. 이것은 엔티티 그래프에 선택한 속성만 함께 조회한다. 반면에 javax.persistence.loadgraph 속성은 엔티티 그래프에 선택한 속성뿐만 아 니라 글로벌 fetch 모드가 FetchType.EAGER로 설정된 연관관계도 포함해서 함 께 조회한다.

> 🔊 참고
>
> 하이버네이트 4.3.10.Final 버전에서는 loadgraph 기능이 em.find()를 사용할 때는 정상 동작 하지만 JPQL을 사용할 때는 정상 동작하지 않고 fetchgraph와 같은 방식으로 동작한다.

14.5 정리

이번 장에서 학습한 내용은 다음과 같다.

- JPA가 지원하는 컬렉션의 종류와 특징들을 알아보았다.
- 컨버터를 사용하면 엔티티의 데이터를 변환해서 데이터베이스에 저장할 수 있다.
- 리스너를 사용하면 엔티티에서 발생한 이벤트를 받아서 처리할 수 있다.
- 페치 조인은 객체지향 쿼리를 사용해야 하지만 엔티티 그래프를 사용하면 객체지향 쿼리를 사용하지 않아도 원하는 객체 그래프를 한 번에 조회할 수 있다.

다음 장에서는 JPA의 다양한 심화 주제와 성능 최적화 방법을 다룬다.

고급 주제와 성능 최적화 15

JPA의 깊이 있는 고급 주제들과 JPA의 성능을 최적화하는 다양한 방안을 알아보자. 이 장에서 다루는 내용은 다음과 같다.

- **예외 처리**: JPA를 사용할 때 발생하는 다양한 예외와 예외에 따른 주의점을 설명한다.
- **엔티티 비교**: 엔티티를 비교할 때 주의점과 해결 방법을 설명한다.
- **프록시 심화 주제**: 프록시로 인해 발생하는 다양한 문제점과 해결 방법을 다룬다.
- **성능 최적화**
  - N+1 문제: N+1 문제가 발생하면 한 번에 상당히 많은 SQL이 실행된다. N+1 문제가 발생하는 상황과 해결 방법을 다룬다.
  - 읽기 전용 쿼리의 성능 최적화: 엔티티를 단순히 조회만 하면 영속성 컨텍스트에 스냅샷을 유지할 필요도 없고 영속성 컨텍스트를 플러시할 필요도 없다. 엔티티를 읽기 전용으로 쿼리할 때 성능 최적화 방안을 다룬다.
  - 배치 처리: 수백만 건의 데이터를 처리해야 하는 배치 처리 상황에 JPA를 어떻게 사용할 수 있는지 다룬다.
  - SQL 쿼리 힌트 사용: 하이버네이트를 통해 SQL 쿼리 힌트를 사용하는 방법을 다룬다.
  - 트랜잭션을 지원하는 쓰기 지연과 성능 최적화: 트랜잭션을 지원하는 쓰기 지연을 통해 성능을 최적화하는 방법을 다룬다.

15.1 예외 처리

15.1.1 JPA 표준 예외 정리

JPA 표준 예외들은 `javax.persistence.PersistenceException`의 자식 클래스다. 그리고 이 예외 클래스는 `RuntimeException`의 자식이다. 따라서 JPA 예외는 모두 언체크 예외다.

JPA 표준 예외는 크게 2가지로 나눌 수 있다.

- 트랜잭션 롤백을 표시하는 예외
- 트랜잭션 롤백을 표시하지 않는 예외

트랜잭션 롤백을 표시하는 예외는 심각한 예외이므로 복구해선 안 된다. 이 예외가 발생하면 트랜잭션을 강제로 커밋해도 트랜잭션이 커밋되지 않고 대신에 `javax.persistence.RollbackException` 예외가 발생한다. 반면에 트랜잭션 롤백을 표시하지 않는 예외는 심각한 예외가 아니다. 따라서 개발자가 트랜잭션을 커밋할지 롤백할지를 판단하면 된다.

트랜잭션 롤백을 표시하는 예외는 표 15.1에 정리했다.

표 15.1 트랜잭션 롤백을 표시하는 예외

트랜잭션 롤백을 표시하는 예외	설명
javax.persistence.EntityExistsException	EntityManager.persist(..) 호출 시 이미 같은 엔티티가 있으면 발생한다.
javax.persistence.EntityNotFoundException	EntityManager.getReference(..)를 호출했는데 실제 사용 시 엔티티가 존재하지 않으면 발생, refresh(..), lock(..)에서도 발생한다.
javax.persistence.OptimisticLockException	낙관적 락 충돌 시 발생한다.
javax.persistence.PessimisticLockException	비관적 락 충돌 시 발생한다.
javax.persistence.RollbackException	EntityTransaction.commit() 실패 시 발생, 롤백이 표시되어 있는 트랜잭션 커밋 시에도 발생한다.
javax.persistence.TransactionRequiredException	트랜잭션이 필요할 때 트랜잭션이 없으면 발생, 트랜잭션 없이 엔티티를 변경할 때 주로 발생한다.

트랜잭션 롤백을 표시하지 않는 예외는 표 15.2에 정리했다.

표 15.2 트랜잭션 롤백을 표시하지 않는 예외

트랜잭션 롤백을 표시하지 않는 예외	설명
javax.persistence.NoResultException	Query.getSingleResult() 호출 시 결과가 하나도 없을 때 발생한다.
javax.persistence.NonUniqueResultException	Query.getSingleResult() 호출 시 결과가 둘 이상일 때 발생한다.
javax.persistence.LockTimeoutException	비관적 락에서 시간 초과 시 발생한다.
javax.persistence.QueryTimeoutException	쿼리 실행 시간 초과 시 발생한다.

15.1.2 스프링 프레임워크의 JPA 예외 변환

서비스 계층에서 데이터 접근 계층의 구현 기술에 직접 의존하는 것은 좋은 설계라할 수 없다. 이것은 예외도 마찬가지인데, 예를 들어 서비스 계층에서 JPA의 예외를 직접 사용하면 JPA에 의존하게 된다. 스프링 프레임워크는 이런 문제를 해결하려고 데이터 접근 계층에 대한 예외를 추상화해서 개발자에게 제공한다. 표 15.3에어떤 JPA 예외가 어떤 스프링 예외로 변환되는지 정리했다.

표 15.3 JPA 예외를 스프링 예외로 변경

JPA 예외	스프링 변환 예외
javax.persistence.PersistenceException	org.springframework.orm.jpa.JpaSystemException
javax.persistence.NoResultException	org.springframework.dao.EmptyResultDataAccessException
javax.persistence.NonUniqueResultException	org.springframework.dao.IncorrectResultSizeDataAccessException
javax.persistence.LockTimeoutException	org.springframework.dao.CannotAcquireLockException
javax.persistence.QueryTimeoutException	org.springframework.dao.QueryTimeoutException
javax.persistence.EntityExistsException	org.springframework.dao.DataIntegrityViolationException
javax.persistence.EntityNotFoundException	org.springframework.orm.jpa.JpaObjectRetrievalFailureException
javax.persistence.OptimisticLockException	org.springframework.orm.jpa.JpaOptimisticLockingFailureException
javax.persistence.PessimisticLockException	org.springframework.dao.PessimisticLockingFailureException
javax.persistence.TransactionRequiredException	org.springframework.dao.InvalidDataAccessApiUsageException
javax.persistence.RollbackException	org.springframework.transaction.TransactionSystemException

추가로 표 15.4를 보면 JPA 표준 명세상 발생할 수 있는 다음 두 예외도 추상화해서 제공한다.

표 15.4 JPA 예외를 스프링 예외로 변경 추가

JPA 예외	스프링 변환 예외
java.lang.IllegalStateException	org.springframework.dao.InvalidDataAccessApiUsageException
java.lang.IllegalArgumentException	org.springframework.dao.InvalidDataAccessApiUsageException

15.1.3 스프링 프레임워크에 JPA 예외 변환기 적용

JPA 예외를 스프링 프레임워크가 제공하는 추상화된 예외로 변경하려면 PersistenceExceptionTranslationPostProcessor를 스프링 빈으로 등록하면 된다. 이것은 @Repository 어노테이션을 사용한 곳에 예외 변환 AOP를 적용해서 JPA 예외를 스프링 프레임워크가 추상화한 예외로 변환해준다. 설정 방법은 다음과 같다.

```
<bean class="org.springframework.dao.annotation. PersistenceExceptionTranslationPostProcessor" />
```

JavaConfig를 사용하면 다음처럼 등록한다.

```
@Bean
public PersistenceExceptionTranslationPostProcessor
    exceptionTranslation() {
    return new PersistenceExceptionTranslationPostProcessor();
}
```

예제 15.1을 통해 예외 변환 코드를 보자.

예제 15.1 예외 변환 예제 코드

```
@Repository
public class NoResultExceptionTestRepository {

    @PersistenceContext EntityManager em;

    public Member findMember() {
        //조회된 데이터가 없음
```

```
        return em.createQuery("select m from Member m", Member.class)
            .getSingleResult();
    }
}
```

findMember() 메소드는 엔티티를 조회하려고 getSingleResult() 메소드를 사용했다. 이 메소드는 조회된 결과가 없으면 javax.persistence.NoResultException이 발생한다. 이 예외가 findMember() 메소드를 빠져 나갈 때 PersistenceExceptionTranslationPostProcessor에서 등록한 AOP 인터셉터가 동작해서 해당 예외를 org.springframework.dao.EmptyResultDataAccessException 예외로 변환해서 반환한다. 따라서 이 메소드를 호출한 클라이언트는 스프링 프레임워크가 추상화한 예외를 받는다.

만약 예외를 변환하지 않고 그대로 반환하고 싶으면 다음처럼 throws 절에 그대로 반환할 JPA 예외나 JPA 예외의 부모 클래스를 직접 명시하면 된다. 예를 들어 예제 15.2와 같이 예외를 명시하면 해당 예외를 그대로 반환한다. 참고로 java.lang.Exception를 선언하면 모든 예외의 부모이므로 예외를 변환하지 않는다.

예제 15.2 예외를 변환하지 않는 코드

```
@Repository
public class NoResultExceptionTestService {

    @PersistenceContext EntityManager em;

    public memmber findMember() throws javax.persistence.NoResultException
    {
        return em.createQuery("select m from Member m",
            Member.class).getSingleResult();
    }
}
```

15.1.4 트랜잭션 롤백 시 주의사항

트랜잭션을 롤백하는 것은 데이터베이스의 반영사항만 롤백하는 것이지 수정한 자바 객체까지 원상태로 복구해주지는 않는다. 예를 들어 엔티티를 조회해서 수정하는 중에 문제가 있어서 트랜잭션을 롤백하면 데이터베이스의 데이터는 원래대로 복구되지만 객체는 수정된 상태로 영속성 컨텍스트에 남아 있다. 따라서 트랜잭션이 롤백된 영속성 컨텍스트를 그대로 사용하는 것은 위험하다. 새로운 영속성 컨텍스트를 생성해서 사용하거나 `EntityManager.clear()`를 호출해서 영속성 컨텍스트를 초기화한 다음에 사용해야 한다.

스프링 프레임워크는 이런 문제를 예방하기 위해 영속성 컨텍스트의 범위에 따라 다른 방법을 사용한다.

기본 전략인 트랜잭션당 영속성 컨텍스트 전략은 문제가 발생하면 트랜잭션 AOP 종료 시점에 트랜잭션을 롤백하면서 영속성 컨텍스트도 함께 종료하므로 문제가 발생하지 않는다.

문제는 OSIV처럼 영속성 컨텍스트의 범위를 트랜잭션 범위보다 넓게 사용해서 여러 트랜잭션이 하나의 영속성 컨텍스트를 사용할 때 발생한다. 이때는 트랜잭션을 롤백해서 영속성 컨텍스트에 이상이 발생해도 다른 트랜잭션에서 해당 영속성 컨텍스트를 그대로 사용하는 문제가 있다. 스프링 프레임워크는 영속성 컨텍스트의 범위를 트랜잭션의 범위보다 넓게 설정하면 트랜잭션 롤백시 영속성 컨텍스트를 초기화(`EntityManager.clear()`)해서 잘못된 영속성 컨텍스트를 사용하는 문제를 예방한다.

더 자세한 내용은 `org.springframework.orm.jpa.JpaTransactionManager`의 `doRollback()` 메소드를 참고하자.

15.2 엔티티 비교

영속성 컨텍스트 내부에는 엔티티 인스턴스를 보관하기 위한 1차 캐시가 있다. 이 1차 캐시는 영속성 컨텍스트와 생명주기를 같이 한다.

영속성 컨텍스트를 통해 데이터를 저장하거나 조회하면 1차 캐시에 엔티티가 저장된다. 이 1차 캐시 덕분에 변경 감지 기능도 동작하고, 이름 그대로 1차 캐시로 사용되어서 데이터베이스를 통하지 않고 데이터를 바로 조회할 수도 있다.

영속성 컨텍스트를 더 정확히 이해하기 위해서는 1차 캐시의 가장 큰 장점인 **애플리케이션 수준의 반복 가능한 읽기**를 이해해야 한다. 같은 영속성 컨텍스트에서 엔티티를 조회하면 다음 코드와 같이 항상 같은 엔티티 인스턴스를 반환한다. 이것은 단순히 동등성_equals 비교 수준이 아니라 정말 주소값이 같은 인스턴스를 반환한다.

```
Member member1 = em.find(Member.class, "1L");
Member member2 = em.find(Member.class, "1L");

assertTrue(member1 == member2); //둘은 같은 인스턴스다.
```

15.2.1 영속성 컨텍스트가 같을 때 엔티티 비교

11장에서 작성했던 회원가입 테스트 케이스로 트랜잭션 범위의 영속성 컨텍스트와 반복 가능한 읽기에 대해 더 자세히 알아보자.

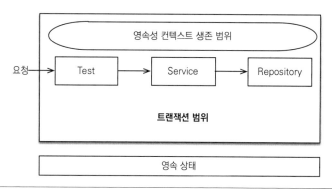

그림 15.1 테스트와 트랜잭션 범위

예제 15.3의 테스트는 트랜잭션 안에서 시작하므로 테스트의 범위와 트랜잭션의 범위가 그림 15.1처럼 같다. 따라서 테스트 전체에서 같은 영속성 컨텍스트에 접근한다.

예제 15.3 테스트와 트랜잭션 범위 예제 코드

```
@RunWith(SpringJUnit4ClassRunner.class)
@ContextConfiguration(locations = "classpath:appConfig.xml")
@Transactional //트랜잭션 안에서 테스트를 실행한다.
public class MemberServiceTest {

    @Autowired MemberService memberService;
    @Autowired MemberRepository memberRepository;

    @Test
    public void 회원가입() throws Exception {
```

```
        //Given
        Member member = new Member("kim");

        //When
        Long saveId = memberService.join(member);

        //Then
        Member findMember = memberRepository.fineOne(saveId)
        assertTrue(member == findMember); //참조값 비교
    }
}

@Transactional
public class MemberService {

    @Autowired MemberRepository memberRepository;

    public Long join(Member member) {
        ...
        memberRepository.save(member);
        return member.getId();
    }
}

@Repository
public class MemberRepository {

    @PersistenceContext
    EntityManager em;

    public void save(Member member) {
        em.persist(member);
    }

    public Member findOne(Long id) {
        return em.find(Member.class, id);
    }
}
```

예제 15.3과 같이 테스트 클래스에 @Transactional이 선언되어 있으면 트랜잭션을 먼저 시작하고 테스트 메소드를 실행한다. 따라서 테스트 메소드인 회원가입()은 이미 트랜잭션 범위에 들어 있고 이 메소드가 끝나면 트랜잭션이 종료된다. 그러므로 회원가입()에서 사용된 코드는 항상 같은 트랜잭션과 같은 영속성 컨텍스트에 접근한다.

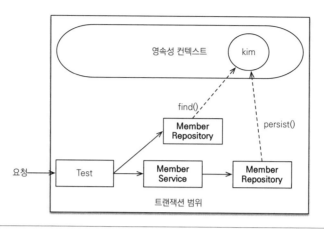

그림 15.2 테스트와 트랜잭션 범위 예제

코드를 보면 회원을 생성하고 memberRepository에서 em.persist(member)로 회원을 영속성 컨텍스트에 저장한다. 그리고 저장된 회원을 찾아서 저장한 회원과 비교한다.

```
Member findMember = memberRepository.fineOne(saveId)
assertTrue(member == findMember); //참조값 비교
```

여기서 흥미로운 것은 저장한 회원과 회원 리포지토리에서 찾아온 엔티티가 완전히 같은 인스턴스라는 점이다. 그림 15.2를 보자. 이것은 같은 트랜잭션 범위에 있으므로 같은 영속성 컨텍스트를 사용하기 때문이다.

따라서 영속성 컨텍스트가 같으면 엔티티를 비교할 때 다음 3가지 조건을 모두 만족한다.

- 동일성identical: == 비교가 같다.
- 동등성equinalent: equals() 비교가 같다.
- 데이터베이스 동등성: @Id인 데이터베이스 식별자가 같다.

> 🔊 참고
>
> 테스트에도 @Transactional이 있고 서비스에도 @Transactional이 있다. 기본 전략은 먼저 시작된 트랜잭션이 있으면 그 트랜잭션을 그대로 이어 받아 사용하고 없으면 새로 시작한다. 만약 다른 전략을 사용하고 싶으면 propagation속성을 변경하면 된다. 자세한 내용은 스프링 문서를 읽어보자.
>
> @Transactional(propagation = Propagation.REQUIRED) //기본값

테스트 클래스에 @Transactional을 적용하면 테스트가 끝날 때 트랜잭션을 커밋하지 않고 트랜잭션을 강제로 롤백한다. 그래야 데이터베이스에 영향을 주지 않고 테스트를 반복해서 할 수 있기 때문이다. 문제는 롤백시에는 영속성 컨텍스트를 플러시하지 않는다는 점이다. 플러시를 하지 않으므로 플러시 시점에 어떤 SQL이 실행되는지 콘솔 로그에 남지 않는다. 어떤 SQL이 실행되는지 콘솔을 통해 보고 싶으면 테스트 마지막에 em.flush()를 강제로 호출하면 된다.

15.2.2 영속성 컨텍스트가 다를 때 엔티티 비교

예제 15.4와 같이 테스트 클래스에 @Transactional이 없고 서비스에만 @Transactional이 있으면 그림 15.3과 같은 트랜잭션 범위와 영속성 컨텍스트 범위를 가지게 된다.

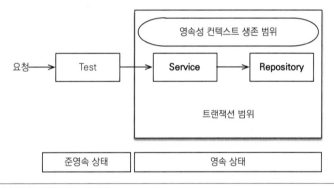

그림 15.3 테스트와 트랜잭션 - 준영속

예제 15.4 영속성 컨텍스트가 다를 때 엔티티 비교 예제 코드

```
@RunWith(SpringJUnit4ClassRunner.class)
@ContextConfiguration(locations = "classpath:appConfig.xml")
//@Transactional //테스트에서 트랜잭션을 사용하지 않는다.
public class MemberServiceTest {

    @Autowired MemberService memberService;
    @Autowired MemberRepository memberRepository;

    @Test
    public void 회원가입() throws Exception {

        //Given
```

```
        Member member = new Member("kim");

        //When
        Long saveId = memberService.join(member);

        //Then
        Member findMember = memberRepository.fineOne(saveId)
        //findMember는 준영속 상태다.

        //둘은 다른 주소값을 가진 인스턴스다. 테스트가 실패한다.
        assertTrue(member == findMember);
    }
}

@Transactional //서비스 클래스에서 트랜잭션이 시작된다.
public class MemberService {

    @Autowired MemberRepository memberRepository;

    public Long join(Member member) {
        ...
        memberRepository.save(member);
        return member.getId();
    }
}


@Repository
@Transactional //예제를 구성하기 위해 추가했다.
public class MemberRepository {

    @PersistenceContext
    EntityManager em;

    public void save(Member member) {
        em.persist(member);
    }

    public Member findOne(Long id) {
        return em.find(Member.class, id);
    }
}
```

예제 15.4의 테스트는 실패한다. 왜 실패하는지 이해했다면 영속성 컨텍스트의 생존 범위를 대부분 이해했다고 볼 수 있다. 예제를 구성하기 위해 MemberRepository에도 @Transactional을 추가했다.

그림 15.4를 보면서 설명하겠다.

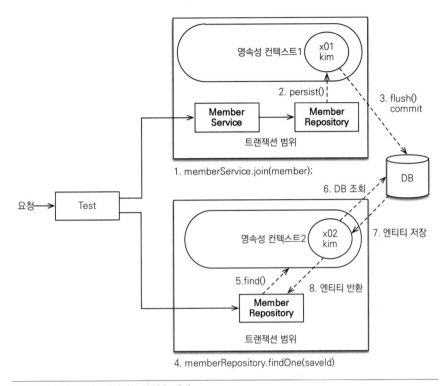

그림 15.4 테스트와 트랜잭션 – 준영속 예제

1. 테스트 코드에서 `memberService.join(member)`를 호출해서 회원가입을 시도하면 서비스 계층에서 트랜잭션이 시작되고 영속성 컨텍스트1이 만들어 진다.
2. `memberRepository`에서 `em.persist()`를 호출해서 `member` 엔티티를 영속화 한다.
3. 서비스 계층이 끝날 때 트랜잭션이 커밋되면서 영속성 컨텍스트가 플러시된다. 이때 트랜잭션과 영속성 컨텍스트가 종료된다. 따라서 `member` 엔티티 인스턴스는 준영속 상태가 된다.
4. 테스트 코드에서 `memberRepository.findOne(saveId)`를 호출해서 저장한 엔티티를 조회하면 리포지토리 계층에서 새로운 트랜잭션이 시작되면서 새로운 영속성 컨텍스트2가 생성된다.

5. 저장된 회원을 조회하지만 새로 생성된 영속성 컨텍스트2에는 찾는 회원이 존재하지 않는다.

6. 따라서 데이터베이스에서 회원을 찾아온다.

7. 데이터베이스에서 조회된 회원 엔티티를 영속성 컨텍스트에 보관하고 반환한다.

8. `memberRepository.fineOne()` 메소드가 끝나면서 트랜잭션이 종료되고 영속성 컨텍스트2도 종료된다.

`member`와 `findMember`는 각각 다른 영속성 컨텍스트에서 관리되었기 때문에 둘은 다른 인스턴스다.

```
assertTrue(member == findMember) //실패한다.
```

하지만 `member`와 `findMember`는 인스턴스는 다른지만 같은 데이터베이스 로우를 가르키고 있다. 따라서 사실상 같은 엔티티로 보아야 한다.

이처럼 영속성 컨텍스트가 다르면 동일성 비교에 실패한다. 영속성 컨텍스트가 다를 때 엔티티 비교는 다음과 같다.

- **동일성**identical: == 비교가 실패한다.
- **동등성**equinalent: `equals()` 비교가 만족한다. 단 `equals()`를 구현해야 한다. 보통 비즈니스 키로 구현한다.
- **데이터베이스 동등성**: `@Id`인 데이터베이스 식별자가 같다.

앞서 보았듯이 같은 영속성 컨텍스트를 보장하면 동일성 비교만으로 충분하다. 따라서 OSIV처럼 요청의 시작부터 끝까지 같은 영속성 컨텍스트를 사용할 때는 동일성 비교가 성공한다. 하지만 지금처럼 영속성 컨텍스트가 달라지면 동일성 비교는 실패한다. 따라서 엔티티의 비교에 다른 방법을 사용해야 한다.

동일성 비교 대신에 데이터베이스 동등성 비교를 해보자.

```
member.getId().equals(findMember.getId()) //데이터베이스 식별자 비교
```

데이터베이스 동등성 비교는 엔티티를 영속화해야 식별자를 얻을 수 있다는 문제가 있다. 엔티티를 영속화하기 전에는 식별자 값이 `null`이므로 정확한 비교를 할 수 없다. 물론 식별자 값을 직접 부여하는 방식을 사용할 때는 데이터베이스 식

별자 비교도 가능하다. 하지만 항상 식별자를 먼저 부여하는 것을 보장하기는 쉽지 않다.

남은 것은 equals()를 사용한 동등성 비교인데, **엔티티를 비교할 때는 비즈니스 키를 활용한 동등성 비교를 권장한다.**

동등성 비교를 위해 equals()를 오버라이딩할 때는 비즈니스 키가 되는 필드들을 선택하면 된다. 비즈니스 키가 되는 필드는 보통 중복되지 않고 거의 변하지 않는 데이터베이스 기본 키 후보들이 좋은 대상이다. 만약 주민등록번호가 있다면 중복되지 않고 거의 변경되지 않으므로 좋은 비즈니스 키 대상이다. 이것은 객체 상태에서만 비교하므로 유일성만 보장되면 가끔 있는 변경 정도는 허용한다. 따라서 데이터베이스 기본 키 같이 너무 딱딱하게 정하지 않아도 된다. 예를 들어 회원 엔티티에 이름과 연락처가 같은 회원이 없다면 회원의 이름과 연락처 정도만 조합해서 사용해도 된다.

정리하자면 동일성 비교는 같은 영속성 컨텍스트의 관리를 받는 영속 상태의 엔티티에만 적용할 수 있다. 그렇지 않을 때는 비즈니스 키를 사용한 동등성 비교를 해야 한다.

15.3 프록시 심화 주제

프록시는 원본 엔티티를 상속받아서 만들어지므로 엔티티를 사용하는 클라이언트는 엔티티가 프록시인지 아니면 원본 엔티티인지 구분하지 않고 사용할 수 있다. 따라서 원본 엔티티를 사용하다가 지연 로딩을 하려고 프록시로 변경해도 클라이언트의 비즈니스 로직을 수정하지 않아도 된다. 하지만 프록시를 사용하는 방식의 기술적인 한계로 인해 예상하지 못한 문제들이 발생하기도 하는데, 어떤 문제가 발생하고 어떻게 해결해야 하는지 알아보자.

15.3.1 영속성 컨텍스트와 프록시

영속성 컨텍스트는 자신이 관리하는 영속 엔티티의 동일성$_{identity}$을 보장한다. 그럼 프록시로 조회한 엔티티의 동일성도 보장할까? 예제 15.5로 확인해보자.

```
@Test
public void 영속성컨텍스트와_프록시() {

    Member newMember = new Member("member1", "회원1");
    em.persist(newMember);
    em.flush();
    em.clear();

    Member refMember = em.getReference(Member.class, "member1");
    Member findMember = em.find(Member.class, "member1");

    System.out.println("refMember  Type = " + refMember.getClass());
    System.out.println("findMember Type = " + findMember.getClass());

    Assert.assertTrue(refMember == findMember);   //성공
}
```

출력 결과는 다음과 같다.

```
refMember  Type = class jpabook.advanced.Member_$$_jvst843_0
findMember Type = class jpabook.advanced.Member_$$_jvst843_0
```

먼저 member1을 em.getReference() 메소드를 사용해서 프록시로 조회했다. 그리고 다음으로 같은 member1을 em.find()를 사용해서 조회했다. refMember는 프록시고 findMember는 원본 엔티티이므로 둘은 서로 다른 인스턴스로 생각할 수 있지만 이렇게 되면 영속성 컨텍스트가 영속 엔티티의 동일성을 보장하지 못하는 문제가 발생한다.

그래서 영속성 컨텍스트는 프록시로 조회된 엔티티에 대해서 같은 엔티티를 찾는 요청이 오면 원본 엔티티가 아닌 처음 조회된 프록시를 반환한다. 예제에서 member1 엔티티를 프록시로 처음 조회했기 때문에 이후에 em.find()를 사용해서 같은 member1 엔티티를 찾아도 영속성 컨텍스트는 원본이 아닌 프록시를 반환한다.

em.find()로 조회한 findMember의 타입을 출력한 결과를 보면 끝에 $$_jvst843_0가 붙어있으므로 프록시로 조회된 것을 확인할 수 있다. 그리고 마지막에 assertTrue 검증 코드를 통해 refMember와 findMember가 같은 인스턴스인 것을 알 수 있다. 따라서 프록시로 조회해도 영속성 컨텍스트는 영속 엔티티의 동일성을 보장한다.

이번에는 반대로 예제 15.6과 같이 원본 엔티티를 먼저 조회하고 나서 프록시를 조회해보자.

```
@Test
public void 영속성컨텍스트와_프록시2() {

    Member newMember = new Member("member1", "회원1");
    em.persist(newMember);
    em.flush();
    em.clear();

    Member findMember = em.find(Member.class, "member1");
    Member refMember = em.getReference(Member.class, "member1");

    System.out.println("refMember  Type = " + refMember.getClass());
    System.out.println("findMember Type = " + findMember.getClass());

    Assert.assertTrue(refMember == findMember);
}
```

출력 결과는 다음과 같다.

```
refMember  Type = class jpabook.advanced.Member
findMember Type = class jpabook.advanced.Member
```

원본 엔티티를 먼저 조회하면 영속성 컨텍스트는 원본 엔티티를 이미 데이터베이스에서 조회했으므로 프록시를 반환할 이유가 없다. 따라서 em.getReference()를 호출해도 프록시가 아닌 원본을 반환한다. 출력 결과를 보면 프록시가 아닌 원본 엔티티가 반환된 것을 확인할 수 있다. 물론 이 경우에도 영속성 컨텍스트는 자신이 관리하는 영속 엔티티의 동일성을 보장한다.

15.3.2 프록시 타입 비교

프록시는 원본 엔티티를 상속 받아서 만들어지므로 프록시로 조회한 엔티티의 타입을 비교할 때는 == 비교를 하면 안 되고 대신에 instanceof를 사용해야 한다. 그림 15.5와 예제 15.7을 보자.

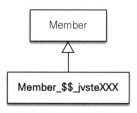

Member

Member_$$_jvsteXXX

그림 15.5 프록시 타입 비교

예제 15.7 프록시 타입 비교 예제 코드

```
@Test
public void 프록시_타입비교() {
    Member newMember = new Member("member1", "회원1");
    em.persist(newMember);
    em.flush();
    em.clear();

    Member refMember = em.getReference(Member.class, "member1");

    System.out.println("refMember Type = " + refMember.getClass());

    Assert.assertFalse(Member.class == refMember.getClass()); //false
    Assert.assertTrue(refMember instanceof Member);            //true
}
```

출력 결과는 다음과 같다.

refMember Type = class jpabook.advanced.Member_$$_jvsteXXX

refMember의 타입을 출력해보면 프록시로 조회했으므로 출력 결과 끝에 프록시라는 의미의 _$$_jvsteXXX가 붙어 있는 것을 확인할 수 있다.

Member.class == refMember.getClass() 비교는 부모 클래스와 자식 클래스를 == 비교한 것이 된다. 따라서 결과는 false다. 프록시는 원본 엔티티의 자식 타입이므로 instanceof 연산을 사용하면 된다.

15.3.3 프록시 동등성 비교

엔티티의 동등성을 비교하려면 비즈니스 키를 사용해서 equals() 메소드를 오버라이딩하고 비교하면 된다. 그런데 IDE나 외부 라이브러리를 사용해서 구현한

equals() 메소드로 엔티티를 비교할 때, 비교 대상이 원본 엔티티면 문제가 없지만 프록시면 문제가 발생할 수 있다.

예제 15.8의 예제를 통해서 어떤 문제가 있는지 알아보자.

예제 15.8 프록시 동등성 비교, 회원 엔티티

```java
@Entity
public class Member {

    @Id
    private String id;
    private String name;

    ...
    public String getName() {return name;}
    public void setName(String name) {this.name = name;}

    @Override
    public boolean equals(Object obj) {
        if (this == obj) return true;
        if (obj == null) return false;
        if (this.getClass() != obj.getClass()) return false; …❶

        Member member = (Member) obj;

        if (name != null ? !name.equals(member.name) :
            member.name != null) …❷
            return false;

        return true;
    }

    @Override
    public int hashCode() {
        return name != null ? name.hashCode() : 0;
    }
}
```

예제 15.8의 회원 엔티티는 name 필드를 비즈니스 키로 사용해서 equals() 메소드를 오버라이딩했다(name이 중복되는 회원은 없다고 가정한다).

예제 15.9 프록시 동등성 비교, 실행

```java
@Test
public void 프록시와_동등성비교() {
    Member saveMember = new Member("member1", "회원1");
```

```
em.persist(saveMember);
em.flush();
em.clear();

Member newMember = new Member("member1", "회원1");
Member refMember = em.getReference(Member.class, "member1");

Assert.assertTrue( newMember.equals(refMember) );
}
```

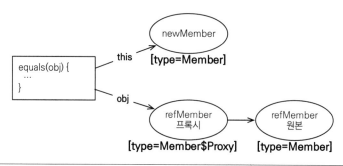

그림 15.6 프록시 동등성 비교

예제 15.9와 그림 15.6을 보자. 새로 생성한 회원 newMember와 프록시로 조회
한 회원 refMember의 name 속성은 둘 다 회원1로 같으므로 동등성 비교를 하면 성
공할 것 같다. 따라서 newMember.equals(refMember)의 결과는 true를 기대했지
만 실행해보면 false가 나오면서 테스트가 실패한다. 참고로 이 테스트를 프록시
가 아닌 원본 엔티티를 조회해서 비교하면 성공한다. 왜 이런 문제가 발생하는 것
일까?

프록시와 equals() 비교를 할 때는 몇가지 주의점이 있다. 먼저 예제 15.8 회원
클래스에 있는 equals() 메소드의 ❶ 부분을 보자.

```
if (this.getClass() != obj.getClass()) return false; ···❶
```

여기서 this.getClass() != obj.getClass()로 타입을 동일성(==) 비교한다.
앞서 이야기한데로 프록시는 원본을 상속받은 자식 타입이므로 프록시의 타입을
비교할 때는 == 비교가 아닌 instanceof를 사용해야 한다. 따라서 다음처럼 변경
해야 한다.

```
if (!(obj instanceof Member)) return false;
```

그리고 다음 문제는 equals() 메소드의 ❷ 부분에 있다.

```
Member member = (Member) obj; //member는 프록시다.
```

```
if (name != null ? !name.equals(member.name) :
    member.name != null) …❷
    return false;
```

그림 15.7을 통해 이 코드를 분석해보자.

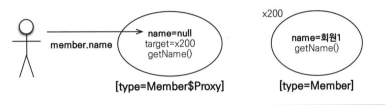

그림 15.7 프록시 필드 직접 접근

그림 15.7의 member.name을 보면 프록시의 멤버변수에 직접 접근하는데 이 부분을 주의깊게 봐야 한다. equals() 메소드를 구현할 때는 일반적으로 멤버변수를 직접 비교하는데, 프록시의 경우는 문제가 된다. 프록시는 실제 데이터를 가지고 있지 않다. 따라서 프록시의 멤버변수에 직접 접근하면 아무값도 조회할 수 없다. 따라서 member.name의 결과는 null이 반환되고 equals()는 false를 반환한다.

name 멤버변수가 private이므로 일반적인 상황에서는 프록시의 멤버변수에 직접 접근하는 문제가 발생하지 않지만 equals() 메소드는 자신을 비교하기 때문에 private 멤버변수에도 접근할 수 있다.

프록시의 데이터를 조회할 때는 그림 15.8처럼 접근자Getter를 사용해야 한다. 접근자를 사용하도록 비교 코드를 수정해보자.

```
Member member = (Member) obj;
```

```
if (name != null ? !name.equals(member.getName()) :
    member.getName() != null) …❷
    return false;
```

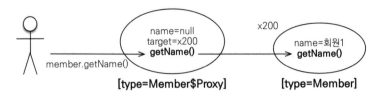

name=null
target=x200
getName()

x200

name=회원1
getName()

member.getName()

[type=Member$Proxy]

[type=Member]

그림 15.8 프록시 접근자 사용

---

equals() 메소드를 수정한 전체 코드는 예제 15.10과 같다.

예제 15.10 프록시 동등성 비교 예제. 수정

```
@Override
public boolean equals(Object obj) {
    if (this == obj) return true;
    if (!(obj instanceof Member)) return false;

    Member member = (Member) obj;

    if (name != null ? !name.equals(member.getName()) :
        member.getName() != null)
        return false;

    return true;
}
```

수정한 코드로 테스트를 실행하면 newMember.equals(refMember)의 결과로 true가 반환되고 테스트가 성공한다.

정리하자면 프록시의 동등성을 비교할 때는 다음 사항을 주의해야 한다.

- 프록시의 타입 비교는 == 비교 대신에 instanceof를 사용해야 한다.
- 프록시의 멤버변수에 직접 접근하면 안 되고 대신에 접근자 메소드를 사용해야 한다.

15.3.4 상속관계와 프록시

상속관계를 프록시로 조회할 때 발생할 수 있는 문제점과 해결방안을 알아보자. 예제에서 사용할 클래스 모델은 그림 15.9와 같다.

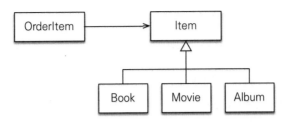

그림 15.9 상속관계와 프록시 1

프록시를 부모 타입으로 조회하면 문제가 발생한다. 어떤 문제가 발생하는지 예제 15.11로 알아보자.

예제 15.11 프록시 부모 타입으로 조회

```java
@Test
public void 부모타입으로_프록시조회() {

    //테스트 데이터 준비
    Book saveBook = new Book();
    saveBook.setName("jpabook");
    saveBook.setAuthor("kim");
    em.persist(saveBook);

    em.flush();
    em.clear();

    //테스트 시작
    Item proxyItem = em.getReference(Item.class, saveBook.getId());
    System.out.println("proxyItem = " + proxyItem.getClass());

    if (proxyItem instanceof Book) {
        System.out.println("proxyItem instanceof Book");
        Book book = (Book) proxyItem;
        System.out.println("책 저자 = " + book.getAuthor());
    }

    //결과 검증
    Assert.assertFalse( proxyItem.getClass() == Book.class );
    Assert.assertFalse( proxyItem instanceof Book );
    Assert.assertTrue( proxyItem instanceof Item );
}
```

출력 결과는 다음과 같다.

```
proxyItem = class jpabook.proxy.advanced.item.Item_$$_jvstXXX
```

예제 15.11은 Item을 조회해서 Book 타입이면 저자 이름을 출력한다. 코드를 분석해보자. 먼저 em.getReference() 메소드를 사용해서 Item 엔티티를 프록시로 조회했다. 그리고 instanceof 연산을 사용해서 proxyItem이 Book 클래스 타입인지 확인한다. Book 타입이면 다운캐스팅해서 Book 타입으로 변경하고 저자 이름을 출력한다. 그런데 출력 결과를 보면 기대와는 다르게 저자가 출력되지 않은 것을 알 수 있다. 그림 15.10을 통해 어떤 문제가 있는지 알아보자.

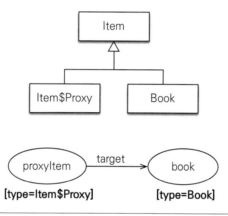

그림 15.10 상속관계와 프록시 2

예제 15.11에서는 em.getReference() 메소드를 사용해서 Item 엔티티를 프록시로 조회했다. 이때 실제 조회된 엔티티는 Book이므로 Book 타입을 기반으로 원본 엔티티 인스턴스가 생성된다. 그런데 em.getReference() 메소드에서 Item 엔티티를 대상으로 조회했으므로 프록시인 proxyItem은 Item 타입을 기반으로 만들어진다. 이 프록시 클래스는 원본 엔티티로 Book 엔티티를 참조한다.

출력 결과와 그림 15.10을 보면 proxyItem이 Book이 아닌 Item 클래스를 기반으로 만들어진 것을 확인할 수 있다. 이런 이유로 다음 연산이 기대와 다르게 false를 반환한다. 왜냐하면 프록시인 proxyItem은 Item$Proxy 타입이고 이 타입은 Book 타입과 관계가 없기 때문이다.

```
proxyItem instanceof Book //false
```

따라서 직접 다운캐스팅을 해도 문제가 발생한다. 예제 코드에서 if 문을 제거해 보자.

```
Book book = (Book) proxyItem; //java.lang.ClassCastException
```

proxyItem은 Book 타입이 아닌 Item 타입을 기반으로 한 Item$Proxy 타입이다. 따라서 ClassCastException 예외가 발생한다.

내용을 정리하면 다음과 같다.

프록시를 부모 타입으로 조회하면 부모의 타입을 기반으로 프록시가 생성되는 문제가 있다.

- instanceof 연산을 사용할 수 없다.
- 하위 타입으로 다운캐스팅을 할 수 없다.

프록시를 부모 타입으로 조회하는 문제는 주로 예제 15.12와 같이 다형성을 다루는 도메인 모델에서 나타난다.

예제 15.12 다형성과 프록시 조회 정의

```
@Entity
public class OrderItem {

    @Id @GeneratedValue
    private Long id;

    @ManyToOne(fetch = FetchType.LAZY)
    @JoinColumn(name = "ITEM_ID")
    private Item item;

    public Item getItem() {
        return item;
    }
    public void setItem(Item item) {
        this.item = item;
    }

    ...
}
```

예제 15.12는 OrderItem에서 Item을 지연 로딩으로 설정해서 item이 프록시로 조회된다.

예제 15.13 다형성과 프록시 조회 실행

```java
@Test
public void 상속관계와_프록시_도메인모델() {

    //테스트 데이터 준비
    Book book = new Book();
    book.setName("jpabook");
    book.setAuthor("kim");
    em.persist(book);

    OrderItem saveOrderItem = new OrderItem();
    saveOrderItem.setItem(book);
    em.persist(saveOrderItem);

    em.flush();
    em.clear();

    //테스트 시작
    OrderItem orderItem =
        em.find(OrderItem.class, saveOrderItem.getId());
    Item item = orderItem.getItem();

    System.out.println("item = " + item.getClass());

    //결과 검증
    Assert.assertFalse( item.getClass() == Book.class );
    Assert.assertFalse( item instanceof Book );
    Assert.assertTrue(  item instanceof Item );
}
```

출력 결과는 다음과 같다.

item = class jpabook.proxy.advanced.item.Item_$$_jvstffa_3

예제 15.13은 OrderItem과 연관된 Item을 지연 로딩으로 설정했으므로 출력 결과를 보면 item이 프록시로 조회된 것을 확인할 수 있다. 따라서 item instanceof Book 연산도 false를 반환한다.

그렇다면 상속관계에서 발생하는 프록시 문제를 어떻게 해결해야 할까? 문제 해결 방법을 하나씩 알아보자.

JPQL로 대상 직접 조회

가장 간단한 방법은 다음과 같이 처음부터 자식 타입을 직접 조회해서 필요한 연산을 하면 된다. 물론 이 방법을 사용하면 다형성을 활용할 수 없다.

```
Book jpqlBook = em.createQuery
    ("select b from Book b where b.id=:bookId", Book.class)
        .setParameter("bookId", item.getId())
        .getSingleResult();
```

프록시 벗기기

예제 15.14와 같이 하이버네이트가 제공하는 기능을 사용하면 프록시에서 원본 엔티티를 가져올 수 있다.

예제 15.14 프록시 벗기기 예제

```
...
Item item = orderItem.getItem();
Item unProxyItem = unProxy(item);

if (unProxyItem instanceof Book) {
    System.out.println("proxyItem instanceof Book");
    Book book = (Book) unProxyItem;
    System.out.println("책 저자 = " + book.getAuthor());
}

Assert.assertTrue(item != unProxyItem);
}

//하이버네이트가 제공하는 프록시에서 원본 엔티티를 찾는 기능을 사용하는 메소드
public static <T> T unProxy(Object entity) {
    if (entity instanceof HibernateProxy) {
        entity = ((HibernateProxy) entity)
                    .getHibernateLazyInitializer()
                    .getImplementation();
    }
    return (T) entity;
}
```

출력 결과는 다음과 같다.

proxyItem instanceof Book
책 저자 = shj

이 장 처음에 설명했듯이 영속성 컨텍스트는 한 번 프록시로 노출한 엔티티는 계속 프록시로 노출한다. 그래야 영속성 컨텍스트가 영속 엔티티의 동일성을 보장할 수 있고, 클라이언트는 조회한 엔티티가 프록시인지 아닌지 구분하지 않고 사용할 수 있다. 그런데 이 방법은 프록시에서 원본 엔티티를 직접 꺼내기 때문에 프록시와 원본 엔티티의 동일성 비교가 실패한다는 문제점이 있다. 따라서 다음 연산의 결과는 false다.

```
item == unProxyItem //false
```

이 방법을 사용할 때는 원본 엔티티가 꼭 필요한 곳에서 잠깐 사용하고 다른 곳에서 사용되지 않도록 하는 것이 중요하다. 참고로 원본 엔티티의 값을 직접 변경해도 변경 감지 기능은 동작한다.

기능을 위한 별도의 인터페이스 제공

이번에는 특정 기능을 제공하는 인터페이스를 사용하도록 해보자.

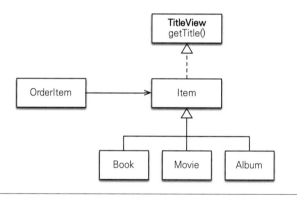

그림 15.11 상속관계와 프록시 3

예제 15.15의 클래스 다이어그램은 그림 15.11과 같다.

예제 15.15 프록시 인터페이스 제공 정의

```
public interface TitleView {
    String getTitle();
}

@Entity
```

```java
@Inheritance(strategy = InheritanceType.SINGLE_TABLE)
@DiscriminatorColumn(name = "DTYPE")
public abstract class Item implements TitleView {

    @Id @GeneratedValue
    @Column(name = "ITEM_ID")
    private Long id;

    private String name;
    private int price;
    private int stockQuantity;

    //Getter, Setter
}

@Entity
@DiscriminatorValue("B")
public class Book extends Item {

    private String author;
    private String isbn;

    @Override
    public String getTitle() {
        return "[제목:" + getName() + " 저자:" + author + "]";
    }
}

@Entity
@DiscriminatorValue("M")
public class Movie extends Item {

    private String director;
    private String actor;

    //Getter, Setter

    @Override
    public String getTitle() {
        return "[제목:" + getName() + " 감독:" + director +
            " 배우:" + actor + "]";
    }
}
```

예제 15.15는 TitleView라는 공통 인터페이스를 만들고 자식 클래스들은 인터페이스의 getTitle() 메소드를 각각 구현했다. 이제 예제 15.16과 같이 OrderItem에서 Item의 getTitle()을 호출하면 된다.

예제 15.16 프록시 인터페이스 제공 사용 1

```java
@Entity
public class OrderItem {

    @Id @GeneratedValue
    private Long id;

    @ManyToOne(fetch = FetchType.LAZY)
    @JoinColumn(name = "ITEM_ID")
    private Item item;

    ...

    public void printItem() {
        System.out.println("TITLE="+item.getTitle());
    }
}
```

예제 15.17 프록시 인터페이스 제공 사용 2

```java
OrderItem orderItem = em.find(OrderItem.class, saveOrderItem.getId());
orderItem.printItem();
```

예제 15.17의 결과로 Item의 구현체에 따라 각각 다른 getTitle() 메소드가 호출된다. 예를 들어 Book을 조회했으면 다음 결과가 출력된다.

```
TITLE=[제목:jpabook 저자:kim]
```

이처럼 인터페이스를 제공하고 각각의 클래스가 자신에 맞는 기능을 구현하는 것은 다형성을 활용하는 좋은 방법이다. 이후 다양한 상품 타입이 추가되어도 Item을 사용하는 OrderItem의 코드는 수정하지 않아도 된다. 그리고 이 방법은 클라이언트 입장에서 대상 객체가 프록시인지 아닌지를 고민하지 않아도 되는 장점이 있다.

이 방법을 사용할 때는 프록시의 특징 때문에 프록시의 대상이 되는 타입에 인터페이스를 적용해야 한다. 여기서는 Item이 프록시의 대상이므로 Item이 인터페이스를 받아야한다.

비지터 패턴 사용

마지막으로 비지터 패턴(en.wikipedia.org/wiki/Visitor_pattern)을 사용해서 상속관계와 프록시 문제를 해결해보자.

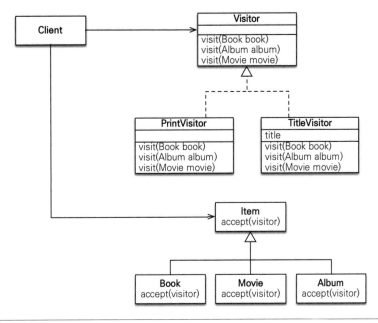

그림 15.12 상속관계와 프록시 4

그림 15.12를 보면 비지터 패턴은 Visitor와 Visitor를 받아들이는 대상 클래스로 구성된다. 여기서는 Item이 accept(visitor) 메소드를 사용해서 Visitor를 받아들인다. 그리고 Item은 단순히 Visitor를 받아들이기만 하고 실제 로직은 Visitor가 처리한다.

▼ Visitor 정의와 구현

예제 15.18 Visitor 인터페이스

```
public interface Visitor {

    void visit(Book book);
    void visit(Album album);
    void visit(Movie movie);
}
```

예제 15.18의 Visitor에는 visit()라는 메소드를 정의하고 모든 대상 클래스를 받아들이도록 작성하면 된다. 여기서는 Book, Album, Movie를 대상 클래스로 사용한다.

```java
public class PrintVisitor implements Visitor {

    @Override
    public void visit(Book book) {
        //넘어오는 book은 Proxy가 아닌 원본 엔티티다.
        System.out.println("book.class = " + book.getClass());
        System.out.println("[PrintVisitor]
            [제목:" + book.getName() + " 저자:" + book.getAuthor() + "]");
    }

    @Override
    public void visit(Album album) {...}
    @Override
    public void visit(Movie movie) {...}
}

public class TitleVisitor implements Visitor {

    private String title;

    public String getTitle() {
        return title;
    }

    @Override
    public void visit(Book book) {
        title = "[제목:" + book.getName() + " 저자:" +
            book.getAuthor() + "]";
    }

    @Override
    public void visit(Album album) {...}
    @Override
    public void visit(Movie movie) {...}
}
```

예제 15.19는 Visitor의 구현 클래스로 대상 클래스의 내용을 출력해주는 PrintVisitor와 대상 클래스의 제목을 보관하는 TitleVisitor를 작성했다.

▼ 대상 클래스 작성

예제 15.20과 같이 Item에 Visitor를 받아들일 수 있도록 accept(visitor) 메소드를 추가했다.

예제 15.20 비지터 대상 클래스

```java
@Entity
@Inheritance(strategy = InheritanceType.SINGLE_TABLE)
@DiscriminatorColumn(name = "DTYPE")
public abstract class Item {

    @Id @GeneratedValue
    @Column(name = "ITEM_ID")
    private Long id;

    private String name;

    ...

    public abstract void accept(Visitor visitor);
}

@Entity
@DiscriminatorValue("B")
public class Book extends Item {

    private String author;
    private String isbn;
    //Getter, Setter
    public String getAuthor() {
        return author;
    }

    @Override
    public void accept(Visitor visitor) {
        visitor.visit(this);
    }
}

@Entity
@DiscriminatorValue("M")
public class Movie extends Item {
    ...
```

```
    @Override
    public void accept(Visitor visitor) {
        visitor.visit(this);
    }
}

@Entity
@DiscriminatorValue("A")
public class Album extends Item {
    ...
    @Override
    public void accept(Visitor visitor) {
        visitor.visit(this);
    }
}
```

예제 15.20에 있는 각각의 자식 클래스들은 부모에 정의한 accept(visitor)
메소드를 구현했는데, 구현 내용은 단순히 파라미터로 넘어온 Visitor의
visit(this) 메소드를 호출하면서 자신(this)을 파라미터로 넘기는 것이 전부
다. 이렇게 해서 실제 로직 처리를 visitor에 위임한다.

▼ 비지터 패턴 실행

실제 어떻게 사용하는지 예제 15.21을 통해 알아보자.

예제 15.21 비지터 사용 코드

```
@Test
public void 상속관계와_프록시_VisitorPattern() {
    ...
    OrderItem orderItem = em.find(OrderItem.class, orderItemId);
    Item item = orderItem.getItem();

    //PrintVisitor
    item.accept(new PrintVisitor());
}
```

출력 결과는 다음과 같다.

```
book.class = class jpabook.advanced.item.Book
[PrintVisitor] [제목:jpabook 저자:kim]
```

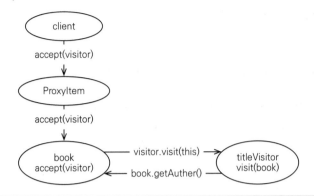

그림 15.13 상속관계와 프록시 5

예제 15.21을 그림 15.13을 통해 분석해보자. 먼저 item.accept() 메소드를 호출하면서 파라미터로 PrintVisitor를 넘겨주었다. item은 프록시이므로 먼저 프록시(ProxyItem)가 accept() 메소드를 받고 원본 엔티티(book)의 accept()를 실행한다. 원본 엔티티는 다음 코드를 실행해서 자신(this)을 visitor에 파리미터로 넘겨준다.

```
public void accept(Visitor visitor) {
    visitor.visit(this); //this는 프록시가 아닌 원본이다.
}
```

visitor가 PrintVisitor 타입이므로 예제 15.22의 PrintVisitor. visit(this) 메소드가 실행되는데 이때 this가 Book 타입이므로 visit(Book book) 메소드가 실행된다.

예제 15.22 비지터 구현 예제

```
public class PrintVisitor implements Visitor {

    public void visit(Book book) {
        //넘어오는 book은 Proxy가 아닌 원본 엔티티다.
        System.out.println("book.class = " + book.getClass());
        System.out.println("[PrintVisitor] [제목:" + book.getName() +
            " 저자:" + book.getAuthor() + "]");
    }
    public void visit(Album album) {...}
    public void visit(Movie movie) {...}
}
```

다음 출력 결과를 보면 `Visitor.visit()`에서 파라미터로 넘어오는 엔티티는 프록시가 아니라 실제 원본 엔티티인 것을 확인할 수 있다.

book.class = class jpabook.advanced.item.Book

이렇게 비지터 패턴을 사용하면 프록시에 대한 걱정 없이 안전하게 원본 엔티티에 접근할 수 있고 `instanceof`나 타입캐스팅 없이 코드를 구현할 수 있는 장점이 있다.

▼ 비지터 패턴과 확장성

이번에는 앞서 작성한 `TitleVisitor`를 사용해보자.

```java
//TitleVisitor
TitleVisitor titleVisitor = new TitleVisitor();
item.accept(titleVisitor);

String title = titleVisitor.getTitle();
System.out.println("TITLE=" + title);
```

출력 결과는 다음과 같다.

book.class = class jpabook.advanced.item.Book
TITLE=[제목:jpabook 저자:kim]

비지터 패턴은 새로운 기능이 필요할 때 `Visitor`만 추가하면 된다. 따라서 기존 코드의 구조를 변경하지 않고 기능을 추가할 수 있는 장점이 있다.

▼ 비지터 패턴 정리

장점은 다음과 같다.

- 프록시에 대한 걱정 없이 안전하게 원본 엔티티에 접근할 수 있다.
- `instanceof`와 타입캐스팅 없이 코드를 구현할 수 있다.
- 알고리즘과 객체 구조를 분리해서 구조를 수정하지 않고 새로운 동작을 추가할 수 있다.

단점은 다음과 같다.

- 너무 복잡하고 더블 디스패치(en.wikipedia.org/wiki/Double_dispatch)를 사용하기 때문에 이해하기 어렵다.
- 객체 구조가 변경되면 모든 Visitor를 수정해야 한다.

지금까지 상속관계에서 발생하는 프록시의 문제점과 다양한 해결방법을 알아보았다. 이 방법들을 조금씩 응용하면 프록시로 인해 발생하는 문제는 어렵지 않게 해결할 수 있을 것이다.

15.4 성능 최적화

JPA로 애플리케이션을 개발할 때 발생하는 다양한 성능 문제와 해결 방안을 알아보자.

15.4.1 N+1 문제

JPA로 애플리케이션을 개발할 때 성능상 가장 주의해야 하는 것이 N+1 문제다. (N+1 문제는 13.2.1절에서 일부 다루었지만 중요한 내용이므로 약간 다른 관점에서 설명하겠다.)

예제를 통해 N+1 문제에 대해 알아보자.

예제 15.23 회원

```
@Entity
public class Member {

    @Id @GeneratedValue
    private Long id;

    @OneToMany(mappedBy = "member", fetch = FetchType.EAGER)
    private List<Order> orders = new ArrayList<Order>();
    ...
}
```

```java
@Entity
@Table(name = "ORDERS")
public class Order {

    @Id @GeneratedValue
    private Long id;

    @ManyToOne
    private Member member;
    ...
}
```

예제 15.23의 회원과 예제 15.24의 주문정보는 1:N, N:1 양방향 연관관계다. 그리고 회원이 참조하는 주문정보인 Member.orders를 즉시 로딩으로 설정했다.

즉시 로딩과 N+1

특정 회원 하나를 em.find() 메소드로 조회하면 즉시 로딩으로 설정한 주문정보도함께 조회한다.

```java
em.find(Member.class, id);
```

실행된 SQL은 다음과 같다.

```sql
SELECT M.*, O.*
FROM
    MEMBER M
OUTER JOIN ORDERS O ON M.ID=O.MEMBER_ID
```

여기서 함께 조회하는 방법이 중요한데 SQL을 두 번 실행하는 것이 아니라 조인을 사용해서 한 번의 SQL로 회원과 주문정보를 함께 조회한다. 여기까지만 보면즉시 로딩이 상당히 좋아보인다. 문제는 JPQL을 사용할 때 발생한다. 다음 코드를보자.

```java
List<Member> members =
    em.createQuery("select m from Member m", Member.class)
    .getResultList();
```

JPQL을 실행하면 JPA는 이것을 분석해서 SQL을 생성한다. 이때는 즉시 로딩과 지연 로딩에 대해서 전혀 신경 쓰지 않고 JPQL만 사용해서 SQL을 생성한다. 따라서 다음과 같은 SQL이 실행된다.

```
SELECT * FROM MEMBER
```

SQL의 실행 결과로 먼저 회원 엔티티를 애플리케이션에 로딩한다. 그런데 회원 엔티티와 연관된 주문 컬렉션이 즉시 로딩으로 설정되어 있으므로 JPA는 주문 컬렉션을 즉시 로딩하려고 다음 SQL을 추가로 실행한다.

```
SELECT * FROM ORDERS WHERE MEMBER_ID=?
```

조회된 회원이 하나면 이렇게 총 2번의 SQL을 실행하지만 조회된 회원이 5명이면 어떻게 될까?

```
SELECT * FROM MEMBER //1번 실행으로 회원 5명 조회
SELECT * FROM ORDERS WHERE MEMBER_ID=1 //회원과 연관된 주문
SELECT * FROM ORDERS WHERE MEMBER_ID=2 //회원과 연관된 주문
SELECT * FROM ORDERS WHERE MEMBER_ID=3 //회원과 연관된 주문
SELECT * FROM ORDERS WHERE MEMBER_ID=4 //회원과 연관된 주문
SELECT * FROM ORDERS WHERE MEMBER_ID=5 //회원과 연관된 주문
```

먼저 회원 조회 SQL로 5명의 회원 엔티티를 조회했다. 그리고 조회한 각각의 회원 엔티티와 연관된 주문 컬렉션을 즉시 조회하려고 총 5번의 SQL을 추가로 실행했다. 이처럼 처음 실행한 SQL의 결과 수만큼 추가로 SQL을 실행하는 것을 N+1 문제라 한다.

즉시 로딩은 JPQL을 실행할 때 N+1 문제가 발생할 수 있다.

지연 로딩과 N+1

회원과 주문을 지연 로딩으로 설정하면 어떻게 될까? 방금 살펴본 즉시 로딩 시나리오를 지연 로딩으로 변경해도 N+1 문제에서 자유로울 수는 없다. 예제 15.25와 같이 회원이 참조하는 주문정보를 `FetchType.LAZY`로 지정해서 지연 로딩으로 설정해보자.

```
@Entity
public class Member {

    @Id @GeneratedValue
    private Long id;

    @OneToMany(mappedBy = "member", fetch = FetchType.LAZY)
    private List<Order> orders = new ArrayList<Order>();
    ...
}
```

지연 로딩으로 설정하면 JPQL에서는 N+1 문제가 발생하지 않는다.

```
List<Member> members =
    em.createQuery("select m from Member m", Member.class)
    .getResultList();
```

지연 로딩이므로 데이터베이스에서 회원만 조회된다. 따라서 다음 SQL만 실행되고 연관된 주문 컬렉션은 지연 로딩된다.

```
SELECT * FROM MEMBER
```

이후 비즈니스 로직에서 주문 컬렉션을 실제 사용할 때 지연 로딩이 발생한다.

```
firstMember = members.get(0);
firstMember.getOrders().size(); //지연 로딩 초기화
```

members.get(0)로 회원 하나만 조회해서 사용했기 때문에 firstMember.getOrders().size()를 호출하면서 실행되는 SQL은 다음과 같다.

```
SELECT * FROM ORDERS WHERE MEMBER_ID=?
```

문제는 다음처럼 모든 회원에 대해 연관된 주문 컬렉션을 사용할 때 발생한다.

```
for (Member member : members) {
    //지연 로딩 초기화
    System.out.println("member = " + member.getOrders().size());
}
```

주문 컬렉션을 초기화하는 수만큼 다음 SQL이 실행될 수 있다. 회원이 5명이면 회원에 따른 주문도 5번 조회된다.

```
SELECT * FROM ORDERS WHERE MEMBER_ID=1 //회원과 연관된 주문
SELECT * FROM ORDERS WHERE MEMBER_ID=2 //회원과 연관된 주문
SELECT * FROM ORDERS WHERE MEMBER_ID=3 //회원과 연관된 주문
SELECT * FROM ORDERS WHERE MEMBER_ID=4 //회원과 연관된 주문
SELECT * FROM ORDERS WHERE MEMBER_ID=5 //회원과 연관된 주문
```

이것도 결국 N+1 문제다. 지금까지 살펴본 것처럼 N+1 문제는 즉시 로딩과 지연 로딩일 때 모두 발생할 수 있다.

지금부터 N+1 문제를 피할 수 있는 다양한 방법을 알아보자.

페치 조인 사용

N+1 문제를 해결하는 가장 일반적인 방법은 페치 조인을 사용하는 것이다. 페치 조인은 SQL 조인을 사용해서 연관된 엔티티를 함께 조회하므로 N+1 문제가 발생하지 않는다.

페치 조인을 사용하는 JPQL을 보자.

```
select m from Member m join fetch m.orders
```

실행된 SQL은 다음과 같다.

```
SELECT M.*, O.* FROM MEMBER M
INNER JOIN ORDERS O ON M.ID=O.MEMBER_ID
```

참고로 이 예제는 일대다 조인을 했으므로 결과가 늘어나서 중복된 결과가 나타날 수 있다. 따라서 JPQL의 DISTINCT를 사용해서 중복을 제거하는 것이 좋다.

하이버네이트 @BatchSize

예제 15.26과 같이 하이버네이트가 제공하는 org.hibernate.annotations. BatchSize 어노테이션을 사용하면 연관된 엔티티를 조회할 때 지정한 size만큼 SQL의 IN 절을 사용해서 조회한다. 만약 조회한 회원이 10명인데 size=5로 지정하면 2번의 SQL만 추가로 실행한다.

예제 15.26 BatchSize 적용

```
@Entity
public class Member {
    ...
```

```
@org.hibernate.annotations.BatchSize(size = 5)
@OneToMany(mappedBy = "member", fetch = FetchType.EAGER)
private List<Order> orders = new ArrayList<Order>();
...
}
```

즉시 로딩으로 설정하면 조회 시점에 10건의 데이터를 모두 조회해야 하므로 다음 SQL이 두 번 실행된다. 지연 로딩으로 설정하면 지연 로딩된 엔티티를 최초 사용하는 시점에 다음 SQL을 실행해서 5건의 데이터를 미리 로딩해둔다. 그리고 6번째 데이터를 사용하면 다음 SQL을 추가로 실행한다.

```
SELECT * FROM ORDERS
WHERE MEMBER_ID IN (
        ?, ?, ?, ?, ?
   )
```

> **◀)) 참고**
>
> hibernate.default_batch_fetch_size 속성을 사용하면 애플리케이션 전체에 기본으로 @BatchSize를 적용할 수 있다.
>
> `<property name="hibernate.default_batch_fetch_size" value="5" />`

하이버네이트 @Fetch(FetchMode.SUBSELECT)

예제 15.27과 같이 하이버네이트가 제공하는 org.hibernate.annotations. Fetch 어노테이션에 FetchMode를 SUBSELECT로 사용하면 연관된 데이터를 조회할 때 서브 쿼리를 사용해서 N+1 문제를 해결한다.

예제 15.27 @Fetch 적용

```
@Entity
public class Member {
    ...
    @org.hibernate.annotations.Fetch(FetchMode.SUBSELECT)
    @OneToMany(mappedBy = "member", fetch = FetchType.EAGER)
    private List<Order> orders = new ArrayList<Order>();
    ...
}
```

다음 JPQL로 회원 식별자 값이 10을 초과하는 회원을 모두 조회해보자.

```
select m from Member m where m.id > 10
```

즉시 로딩으로 설정하면 조회 시점에, 지연 로딩으로 설정하면 지연 로딩된 엔티티를 사용하는 시점에 다음 SQL이 실행된다.

```
SELECT O FROM ORDERS O
   WHERE O.MEMBER_ID IN (
          SELECT
               M.ID
          FROM
               MEMBER M
          WHERE M.ID > 10
      )
```

N+1 정리

즉시 로딩과 지연 로딩 중 추천하는 방법은 즉시 로딩은 사용하지 말고 지연 로딩만 사용하는 것이다. 즉시 로딩 전략은 그럴듯해 보이지만 N+1 문제는 물론이고 비즈니스 로직에 따라 필요하지 않은 엔티티를 로딩해야 하는 상황이 자주 발생한다. 그리고 즉시 로딩의 가장 큰 문제는 성능 최적화가 어렵다는 점이다. 엔티티를 조회하다보면 즉시 로딩이 연속으로 발생해서 전혀 예상하지 못한 SQL이 실행될 수 있다. 따라서 모두 지연 로딩으로 설정하고 성능 최적화가 꼭 필요한 곳에는 JPQL 페치 조인을 사용하자.

JPA의 글로벌 페치 전략 기본값은 다음과 같다.

- @OneToOne, @ManyToOne: 기본 페치 전략은 즉시 로딩
- @OneToMany, @ManyToMany: 기본 페치 전략은 지연 로딩

따라서 기본값이 즉시 로딩인 @OneToOne과 @ManyToOne은 fetch = FetchType.LAZY로 설정해서 지연 로딩 전략을 사용하도록 변경하자.

15.4.2 읽기 전용 쿼리의 성능 최적화

엔티티가 영속성 컨텍스트에 관리되면 1차 캐시부터 변경 감지까지 얻을 수 있는 혜택이 많다. 하지만 영속성 컨텍스트는 변경 감지를 위해 스냅샷 인스턴스를 보관하므로 더 많은 메모리를 사용하는 단점이 있다. 예를 들어 100건의 구매 내용을 출력하는 단순한 조회 화면이 있다고 가정해보자. 그리고 조회한 엔티티를 다시 조회할 일도 없고 수정할 일도 없이 딱 한 번만 읽어서 화면에 출력하면 된다. 이때는 읽기 전용으로 엔티티를 조회하면 메모리 사용량을 최적화할 수 있다.

다음 JPQL 쿼리를 최적화해보자.

```
select o from Order o
```

▼ 스칼라 타입으로 조회

가장 확실한 방법은 다음처럼 엔티티가 아닌 스칼라 타입으로 모든 필드를 조회하는 것이다. 스칼라 타입은 영속성 컨텍스트가 결과를 관리하지 않는다.

```
select o.id, o.name, o.price from Order p
```

▼ 읽기 전용 쿼리 힌트 사용

하이버네이트 전용 힌트인 org.hibernate.readOnly를 사용하면 엔티티를 읽기 전용으로 조회할 수 있다. 읽기 전용이므로 영속성 컨텍스트는 스냅샷을 보관하지 않는다. 따라서 메모리 사용량을 최적화할 수 있다. 단 스냅샷이 없으므로 엔티티를 수정해도 데이터베이스에 반영되지 않는다.

```
TypedQuery<Order> query = em.createQuery("select o from Order o",
    Order.class);
query.setHint("org.hibernate.readOnly", true);
```

▼ 읽기 전용 트랜잭션 사용

스프링 프레임워크를 사용하면 트랜잭션을 읽기 전용 모드로 설정할 수 있다.

```
@Transactional(readOnly = true)
```

트랜잭션에 readOnly=true 옵션을 주면 스프링 프레임워크가 하이버네이트 세션의 플러시 모드를 MANUAL로 설정한다. 이렇게 하면 강제로 플러시를 호출하지 않는 한 플러시가 일어나지 않는다. 따라서 트랜잭션을 커밋해도 영속성 컨텍스트를 플러시하지 않는다. 영속성 컨텍스트를 플러시하지 않으니 엔티티의 등록, 수정, 삭제는 당연히 동작하지 않는다. 하지만 플러시할 때 일어나는 스냅샷 비교와 같은 무거운 로직들을 수행하지 않으므로 성능이 향상된다. 물론 트랜잭션을 시작했으므로 트랜잭션 시작, 로직수행, 트랜잭션 커밋의 과정은 이루어는 진다. 단지 영속성 컨텍스트를 플러시하지 않을 뿐이다.

> 🔊 참고
>
> 엔티티 매니저의 플러시 설정에는 AUTO, COMMIT 모드만 있고, MANUAL 모드가 없다. 반면에 하이버네이트 세션(org.hibernate.Session)의 플러시 설정에는 MANUAL 모드가 있다. MANUAL 모드는 강제로 플러시를 호출하지 않으면 절대 플러시가 발생하지 않는다.
>
> 참고로 하이버네이트 세션은 JPA 엔티티 매니저를 하이버네이트로 구현한 구현체다. 엔티티 매니저의 unwrap() 메소드를 호출하면 하이버네이트 세션을 구할 수 있다.
>
> ```
> Session session = entityManager.unwrap(Session.class);
> ```

▼ 트랜잭션 밖에서 읽기

트랜잭션 밖에서 읽는다는 것은 트랜잭션 없이 엔티티를 조회한다는 뜻이다. 물론 JPA에서 데이터를 변경하려면 트랜잭션은 필수다. 따라서 조회가 목적일 때만 사용해야 한다.

스프링 프레임워크를 사용하면 다음처럼 설정한다.

```
@Transactional(propagation = Propagation.NOT_SUPPORTED) //Spring
```

J2EE 표준 컨테이너를 사용하면 다음처럼 설정한다.

```
@TransactionAttribute(TransactionAttributeType.NOT_SUPPORTED) //J2EE
```

이렇게 트랜잭션을 사용하지 않으면 플러시가 일어나지 않으므로 조회 성능이 향상된다.

트랜잭션 밖에서 읽기를 조금 더 보충하자면 기본적으로 플러시 모드는 AUTO로 설정되어 있다. 따라서 트랜잭션을 커밋하거나 쿼리를 실행하면 플러시가 작동한다. 그런데 트랜잭션 자체가 존재하지 않으므로 트랜잭션을 커밋할 일이 없다. 그리고 JPQL 쿼리도 트랜잭션 없이 실행하면 플러시를 호출하지 않는다.

읽기 전용 데이터를 조회할 때, 메모리를 최적화하려면 스칼라 타입으로 조회하거나 하이버네이트가 제공하는 읽기 전용 쿼리 힌트를 사용하면 되고, 플러시 호출을 막아서 속도를 최적화하려면 읽기 전용 트랜잭션을 사용하거나 트랜잭션 밖에서 읽기를 사용하면 된다. 참고로 스프링 프레임워크를 사용하면 읽기 전용 트랜잭션을 사용하는 것이 편리하다.

따라서 예제 15.28과 같이 읽기 전용 트랜잭션(또는 트랜잭션 밖에서 읽기)과 읽기 전용 쿼리 힌트(또는 스칼라 타입으로 조회)를 동시에 사용하는 것이 가장 효과적이다.

예제 15.28 읽기 전용 트랜잭션과 읽기 전용 쿼리 힌트 적용

```
@Transactional(readOnly = true) //읽기 전용 트랜잭션 …❶
public List<DataEntity> findDatas() {

    return em.createQuery("select d from DataEntity d",
        DataEntity.class)
        .setHint("org.hibernate.readOnly", true) //읽기 전용 쿼리 힌트 …❷
        .getResultList();
}
```

❶ 읽기 전용 트랜잭션 사용: 플러시를 작동하지 않도록 해서 성능 향상

❷ 읽기 전용 엔티티 사용: 엔티티를 읽기 전용으로 조회해서 메모리 절약

15.4.3 배치 처리

수백만 건의 데이터를 배치 처리해야 하는 상황이라 가정해보자. 일반적인 방식으로 엔티티를 계속 조회하면 영속성 컨텍스트에 아주 많은 엔티티가 쌓이면서 메모리 부족 오류가 발생한다. 따라서 이런 배치 처리는 적절한 단위로 영속성 컨텍스트를 초기화해야 한다. 또한, 2차 캐시를 사용하고 있다면 2차 캐시에 엔티티를 보관하지 않도록 주의해야 한다. 참고로 2차 캐시는 16.2절에서 다룬다.

JPA 등록 배치

수천에서 수만 건 이상의 엔티티를 한 번에 등록할 때 주의할 점은 영속성 컨텍스트에 엔티티가 계속 쌓이지 않도록 일정 단위마다 영속성 컨텍스트의 엔티티를 데이터베이스에 플러시하고 영속성 컨텍스트를 초기화해야 한다. 만약 이런 작업을

하지 않으면 영속성 컨텍스트에 너무 많은 엔티티가 저장되면서 메모리 부족 오류가 발생할 수 있다.

예제 15.29를 통해 다량의 엔티티 등록해보자.

예제 15.29 JPA 등록 배치 예제

```
EntityManager em = entityManagerFactory.createEntityManager();
EntityTransaction tx = em.getTransaction();
tx.begin();

for (int i = 0; i < 100000; i++) {
    Product product = new Product("item" + i, 10000);
    em.persist(product);

    //100건마다 플러시와 영속성 컨텍스트 초기화
    if ( i % 100 == 0 ) {
        em.flush();
        em.clear();
    }
}

tx.commit();
em.close();
```

예제는 엔티티를 100건 저장할 때마다 플러시를 호출하고 영속성 컨텍스트를 초기화한다.

지금까지 등록 배치 처리를 알아보았다. 이번에는 수정 배치 처리를 알아보자.

배치 처리는 아주 많은 데이터를 조회해서 수정한다. 이때 수많은 데이터를 한 번에 메모리에 올려둘 수 없어서 2가지 방법을 주로 사용한다.

- **페이징 처리**: 데이터베이스 페이징 기능을 사용한다.
- **커서**CURSOR: 데이터베이스가 지원하는 커서 기능을 사용한다.

JPA 페이징 배치 처리

예제 15.30을 통해 JPA를 사용하는 페이징 배치 처리를 알아보자.

```
EntityManager em = entityManagerFactory.createEntityManager();
EntityTransaction tx = em.getTransaction();

tx.begin();

int pageSize = 100;
for (int i = 0; i < 10; i++) {

    List<Product> resultList = em.createQuery("select p from Product p",
        Product.class)
            .setFirstResult(i * pageSize)
            .setMaxResults(pageSize)
            .getResultList();

    //비즈니스 로직 실행
    for (Product product : resultList) {
        product.setPrice(product.getPrice() + 100);
    }

    em.flush();
    em.clear();
}
tx.commit();
em.close();
```

예제 15.30은 한 번에 100건씩 페이징 쿼리로 조회하면서 상품의 가격을 100원씩 증가한다. 그리고 페이지 단위마다 영속성 컨텍스트를 플러시하고 초기화한다. 다음으로 커서를 사용하는 방법을 알아보자.

JPA는 JDBC 커서CURSOR를 지원하지 않는다. 따라서 커서를 사용하려면 하이버네이트 세션Session을 사용해야 한다.

하이버네이트 scroll 사용

하이버네이트는 scroll이라는 이름으로 JDBC 커서를 지원한다. 예제 15.31을 보자.

```
EntityTransaction tx = em.getTransaction();
Session session = em.unwrap(Session.class);
```

```
tx.begin();
ScrollableResults scroll = session.createQuery
    ("select p from Product p")
        .setCacheMode(CacheMode.IGNORE)  //2차 캐시 기능을 끈다.
        .scroll(ScrollMode.FORWARD_ONLY);

int count = 0;

while (scroll.next()) {
    Product p = (Product) scroll.get(0);
    p.setPrice(p.getPrice() + 100);

    count++;
    if (count % 100 == 0) {
        session.flush(); //플러시
        session.clear(); //영속성 컨텍스트 초기화
    }
}
tx.commit();
session.close();
```

scroll은 하이버네이트 전용 기능이므로 먼저 em.unwrap() 메소드를 사용해서 하이버네이트 세션을 구한다. 다음으로 쿼리를 조회하면서 scroll() 메소드로 ScrollableResults 객체를 반환받는다. 이 객체의 next() 메소드를 호출하면 엔티티를 하나씩 조회할 수 있다.

하이버네이트 무상태 세션 사용

하이버네이트는 무상태 세션이라는 특별한 기능을 제공한다. 이름 그대로 무상태 세션은 영속성 컨텍스트를 만들지 않고 심지어 2차 캐시도 사용하지 않는다. 무상태 세션은 영속성 컨텍스트가 없다. 그리고 엔티티를 수정하려면 무상태 세션이 제공하는 update() 메소드를 직접 호출해야 한다. 예제 15.32는 하이버네이트의 무상태 세션을 사용하는 예제다.

예제 15.32 하이버네이트 무상태 세션 사용 예제

```
SessionFactory sessionFactory =
    entityManagerFactory.unwrap(SessionFactory.class);
StatelessSession session = sessionFactory.openStatelessSession();
Transaction tx = session.beginTransaction();
ScrollableResults scroll = session.createQuery
```

```
    ("select p from Product p").scroll();

while (scroll.next()) {
    Product p = (Product) scroll.get(0);
    p.setPrice(p.getPrice() + 100);
    session.update(p); //직접 update를 호출해야 한다.
}
tx.commit();
session.close();
```

하이버네이트 무상태 세션은 일반 하이버네이트 세션과 거의 비슷하지만 영속성 컨텍스트가 없다. 따라서 영속성 컨텍스트를 플러시하거나 초기화하지 않아도 된다. 대신에 엔티티를 수정할 때 update() 메소드를 직접 호출해야 한다.

15.4.4 SQL 쿼리 힌트 사용

JPA는 데이터베이스 SQL 힌트 기능을 제공하지 않는다. SQL 힌트를 사용하려면 하이버네이트를 직접 사용해야 한다(참고로 여기서 말하는 SQL 힌트는 JPA 구현체에게 제공하는 힌트가 아니다. 데이터베이스 벤더에게 제공하는 힌트다).

SQL 힌트는 하이버네이트 쿼리가 제공하는 addQueryHint() 메소드를 사용한다. 예제 15.33을 통해 오라클 데이터베이스에 SQL 힌트를 사용한 예제를 보자.

예제 15.33 SQL 쿼리 힌트 사용

```
Session session = em.unwrap(Session.class); //하이버네이트 직접 사용

List<Member> list = session.createQuery("select m from Member m")
        .addQueryHint("FULL (MEMBER)") //SQL HINT 추가
        .list();
```

실행된 SQL은 다음과 같다.

```
select
    /*+ FULL (MEMBER) */ m.id, m.name
from
    Member m
```

실행된 SQL을 보면 추가한 힌트가 있다.

현재 하이버네이트 4.3.10 버전에는 오라클 방언에만 힌트가 적용되어 있다. 다른 데이터베이스에서 SQL 힌트를 사용하려면 각 방언에서 org.hibernate. dialect.Dialect에 있는 다음 메소드를 오버라이딩해서 기능을 구현해야 한다.

```java
public String getQueryHintString(String query, List<String> hints) {
    return query;
}
```

15.4.5 트랜잭션을 지원하는 쓰기 지연과 성능 최적화

트랜잭션을 지원하는 쓰기 지연을 활용해서 애플리케이션 성능을 최적화하는 방법을 알아보자.

트랜잭션을 지원하는 쓰기 지연과 JDBC 배치

SQL을 직접 다루는 경우를 생각해보자.

```java
insert(member1); //INSERT INTO ...
insert(member2); //INSERT INTO ...
insert(member3); //INSERT INTO ...
insert(member4); //INSERT INTO ...
insert(member5); //INSERT INTO ...

commit();
```

네트워크 호출 한 번은 단순한 메소드를 수만 번 호출하는 것보다 더 큰 비용이 든다. 이 코드는 5번의 INSERT SQL과 1번의 커밋으로 총 6번 데이터베이스와 통신한다. 이것을 최적화하려면 5번의 INSERT SQL을 모아서 한 번에 데이터베이스로 보내면 된다.

JDBC가 제공하는 SQL 배치 기능을 사용하면 SQL을 모아서 데이터베이스에 한 번에 보낼 수 있다. 하지만 이 기능을 사용하려면 코드의 많은 부분을 수정해야 한다. 특히 비즈니스 로직이 복잡하게 얽혀 있는 곳에서 사용하기는 쉽지 않고 적용해도 코드가 상당히 지저분해진다. 그래서 보통은 수백 수천 건 이상의 데이터를 변경하는 특수한 상황에 SQL 배치 기능을 사용한다.

JPA는 플러시 기능이 있으므로 SQL 배치 기능을 효과적으로 사용할 수 있다.

참고로 SQL 배치 최적화 전략은 구현체마다 조금씩 다르다. 하이버네이트에서 SQL 배치를 적용하려면 다음과 같이 설정하면 된다. 이제부터 데이터를 등록, 수정, 삭제할 때 하이버네이트는 SQL 배치 기능을 사용한다.

```
<property name="hibernate.jdbc.batch_size" value="50"/>
```

hibernate.jdbc.batch_size 속성의 값을 50으로 주면 최대 50건씩 모아서 SQL 배치를 실행한다. 하지만 SQL 배치는 같은 SQL일 때만 유효하다. 중간에 다른 처리가 들어가면 SQL 배치를 다시 시작한다. 예를 들어보자.

```
em.persist(new Member()); //1
em.persist(new Member()); //2
em.persist(new Member()); //3
em.persist(new Member()); //4
em.persist(new Child());  //5, 다른 연산
em.persist(new Member()); //6
em.persist(new Member()); //7
```

이렇게 하면 1, 2, 3, 4를 모아서 하나의 SQL 배치를 실행하고 5를 한 번 실행하고 6, 7을 모아서 실행한다. 따라서 총 3번 SQL 배치를 실행한다.

> **⚠ 주의**
>
> 엔티티가 영속 상태가 되려면 식별자가 꼭 필요하다. 그런데 IDENTITY 식별자 생성 전략은 엔티티를 데이터베이스에 저장해야 식별자를 구할 수 있으므로 em.persist()를 호출하는 즉시 INSERT SQL이 데이터베이스에 전달된다. 따라서 쓰기 지연을 활용한 성능 최적화를 할 수 없다.

트랜잭션을 지원하는 쓰기 지연과 애플리케이션 확장성

트랜잭션을 지원하는 쓰기 지연과 변경 감지 기능 덕분에 성능과 개발의 편의성이라는 두 마리 토끼를 모두 잡을 수 있었다. 하지만 진짜 장점은 **데이터베이스 테이블 로우**row**에 락**lock**이 걸리는 시간을 최소화**한다는 점이다.

이 기능은 트랜잭션을 커밋해서 영속성 컨텍스트를 플러시하기 전까지는 데이터베이스에 데이터를 등록, 수정, 삭제하지 않는다. 따라서 커밋 직전까지 데이터베이스 로우에 락을 걸지 않는다. 다음 로직을 보자.

```
update(memberA); //UPDATE SQL A
비즈니스로직A(); //UPDATE SQL ...
비즈니스로직B(); //INSERT SQL ...
commit();
```

JPA를 사용하지 않고 SQL을 직접 다루면 update(memberA)를 호출할 때 UPDATE SQL을 실행하면서 데이터베이스 테이블 로우에 락을 건다. 이 락은 비즈니스로직 A(), 비즈니스로직 B()를 모두 수행하고 commit()을 호출할 때까지 유지된다. 트랜잭션 격리 수준에 따라 다르지만 보통 많이 사용하는 커밋된 읽기Read Committed 격리 수준이나 그 이상에서는 데이터베이스에 현재 수정 중인 데이터(로우)를 수정하려는 다른 트랜잭션은 락이 풀릴 때까지 대기한다.

JPA는 커밋을 해야 플러시를 호출하고 데이터베이스에 수정 쿼리를 보낸다. 예제에서 commit()을 호출할 때 UPDATE SQL을 실행하고 바로 데이터베이스 트랜잭션을 커밋한다. 쿼리를 보내고 바로 트랜잭션을 커밋하므로 결과적으로 데이터베이스에 락이 걸리는 시간을 최소화한다.

사용자가 증가하면 애플리케이션 서버를 더 증설하면 된다. 하지만 데이터베이스 락은 애플리케이션 서버 증설만으로는 해결할 수 없다. 오히려 애플리케이션 서버를 증설해서 트랜잭션이 증가할수록 더 많은 데이터베이스 락이 걸린다. JPA의 쓰기 지연 기능은 데이터베이스에 락이 걸리는 시간을 최소화해서 동시에 더 많은 트랜잭션을 처리할 수 있는 장점이 있다.

> **참고**
>
> update(memberA)를 호출할 때 즉시 락을 걸고 싶다면 JPA가 제공하는 락 기능을 사용하면 된다. JPA가 제공하는 락 기능은 16.1절에서 다룬다.

15.5 정리

이 장에서 다룬 내용을 정리해보자.

- JPA의 예외는 트랜잭션 롤백을 표시하는 예외와 표시하지 않는 예외로 나눈다. 트랜잭션을 롤백하는 예외는 심각한 예외이므로 트랜잭션을 강제로 커밋해도 커밋되지 않고 롤백된다.

- 스프링 프레임워크는 JPA의 예외를 스프링 프레임워크가 추상화한 예외로 변환해준다.
- 같은 영속성 컨텍스트의 엔티티를 비교할 때는 동일성 비교를 할 수 있지만 영속성 컨텍스트가 다르면 동일성 비교에 실패한다. 따라서 자주 변하지 않는 비즈니스 키를 사용한 동등성 비교를 해야 한다.
- 프록시를 사용하는 클라이언트는 조회한 엔티티가 프록시인지 아니면 원본 엔티티인지 구분하지 않고 사용할 수 있어야 한다. 하지만 프록시는 기술적인 한계가 있으므로 한계점을 인식하고 사용해야 한다.
- JPA를 사용할 때는 N+1 문제를 가장 조심해야 한다. N+1 문제는 주로 페치 조인을 사용해서 해결한다.
- 엔티티를 읽기 전용으로 조회하면 스냅샷을 유지할 필요가 없고 영속성 컨텍스트를 플러시하지 않아도 된다.
- 대량의 엔티티를 배치 처리하려면 적절한 시점에 꼭 플러시를 호출하고 영속성 컨텍스트도 초기화해야 한다.
- JPA는 SQL 쿼리 힌트를 지원하지 않지만 하이버네이트 구현체를 사용하면 SQL 쿼리 힌트를 사용할 수 있다.
- 트랜잭션을 지원하는 쓰기 지연 덕분에 SQL 배치 기능을 사용할 수 있다.

다음 장에서는 트랜잭션과 락에 대해 알아보고, 애플리케이션 레벨의 캐시도 알아보자.

트랜잭션과 락, 2차 캐시

16

이 장에서 다루는 내용은 다음과 같다.

- **트랜잭션과 락**: JPA가 제공하는 트랜잭션과 락 기능을 다룬다.
- **2차 캐시**: JPA가 제공하는 애플리케이션 범위의 캐시를 다룬다.

16.1 트랜잭션과 락

트랜잭션 기초와 JPA가 제공하는 낙관적 락과 비관적 락에 대해 알아보자.

16.1.1 트랜잭션과 격리 수준

트랜잭션은 ACID(http://en.wikipedia.org/wiki/ACID)라 하는 원자성Atomicity, 일관성 Consistency, 격리성Isolation, 지속성Durability을 보장해야 한다.

- **원자성**: 트랜잭션 내에서 실행한 작업들은 마치 하나의 작업인 것처럼 모두 성공 하든가 모두 실패해야 한다.
- **일관성**: 모든 트랜잭션은 일관성 있는 데이터베이스 상태를 유지해야 한다. 예를 들어 데이터베이스에서 정한 무결성 제약 조건을 항상 만족해야 한다.
- **격리성**: 동시에 실행되는 트랜잭션들이 서로에게 영향을 미치지 않도록 격리한 다. 예를 들어 동시에 같은 데이터를 수정하지 못하도록 해야 한다. 격리성은 동 시성과 관련된 성능 이슈로 인해 격리 수준을 선택할 수 있다.
- **지속성**: 트랜잭션을 성공적으로 끝내면 그 결과가 항상 기록되어야 한다. 중간에 시스템에 문제가 발생해도 데이터베이스 로그 등을 사용해서 성공한 트랜잭션 내용을 복구해야 한다.

트랜잭션은 원자성, 일관성, 지속성을 보장한다. 문제는 격리성인데 트랜잭션 간 에 격리성을 완벽히 보장하려면 트랜잭션을 거의 차례대로 실행해야 한다. 이렇게 하면 동시성 처리 성능이 매우 나빠진다. 이런 문제로 인해 ANSI 표준은 트랜잭션 의 격리 수준을 4단계로 나누어 정의했다.

트랜잭션 격리 수준isolation level은 다음과 같다.

- READ UNCOMMITED(커밋되지 않은 읽기)

- READ COMMITTED(커밋된 읽기)

- REPEATABLE READ(반복 가능한 읽기)

- SERIALIZABLE(직렬화 가능)

순서대로 READ UNCOMMITED의 격리 수준이 가장 낮고 SERIALIZABLE의 격리 수준이 가장 높다. 격리 수준이 낮을수록 동시성은 증가하지만 격리 수준에 따른 다양한 문제가 발생한다. 표 16.1에 트랜잭션 격리 수준에 따른 문제점을 정리했다.

표 16.1 트랜잭션 격리 수준과 문제점

격리 수준	DIRTY READ	NON-REPEATABLE READ	PHANTOM READ
READ UNCOMMITTED	O	O	O
READ COMMITTED		O	O
REPEATABLE READ			O
SERIALIZABLE			

격리 수준에 따른 문제점은 다음과 같다.

- DIRTY READ

- NON-REPEATABLE READ(반복 불가능한 읽기)

- PHANTOM READ

격리 수준이 낮을수록 더 많은 문제가 발생한다. 트랜잭션 격리 수준에 따른 문제점을 알아보자.

- **READ UNCOMMITTED**: 커밋하지 않은 데이터를 읽을 수 있다. 예를 들어 트랜잭션1이 데이터를 수정하고 있는데 커밋하지 않아도 트랜잭션 2가 수정 중인 데이터를 조회할 수 있다. 이것을 DIRTY READ라 한다. 트랜잭션 2가 DIRTY READ한 데이터를 사용하는데 트랜잭션 1을 롤백하면 데이터 정합성에 심각한 문제가 발생할 수 있다. DIRTY READ를 허용하는 격리 수준을 READ UNCOMMITTED라 한다.

- **READ COMMITTED**: 커밋한 데이터만 읽을 수 있다. 따라서 DIRTY READ가 발생하지 않는다. 하지만 NON-REPEATABLE READ는 발생할 수 있다. 예를 들어 트랜잭션 1이 회원 A를 조회 중인데 갑자기 트랜잭션 2가 회원 A를 수정하고 커밋하면 트랜잭션 1이 다시 회원 A를 조회했을 때 수정된 데이터가 조회된다. 이처럼 반복해서 같은 데이터를 읽을 수 없는 상태를 NON-REPEATABLE READ라 한다. DIRTY READ는 허용하지 않지만, NON-REPEATABLE READ는 허용하는 격리 수준을 READ COMMITTED라 한다.

- **REPEATABLE READ**: 한 번 조회한 데이터를 반복해서 조회해도 같은 데이터가 조회된다. 하지만 PHANTOM READ는 발생할 수 있다. 예를 들어 트랜잭션1이 10살 이하의 회원을 조회했는데 트랜잭션 2가 5살 회원을 추가하고 커밋하면 트랜잭션1이 다시 10살 이하의 회원을 조회했을 때 회원 하나가 추가된 상태로 조회된다. 이처럼 반복 조회 시 결과 집합이 달라지는 것을 PHANTOM READ라 한다. NON-REPEATABLE READ는 허용하지 않지만, PHANTOM READ는 허용하는 격리 수준을 REPEATABLE READ라 한다.

- **SERIALIZABLE**: 가장 엄격한 트랜잭션 격리 수준이다. 여기서는 PHANTOM READ가 발생하지 않는다. 하지만 동시성 처리 성능이 급격히 떨어질 수 있다.

애플리케이션 대부분은 동시성 처리가 중요하므로 데이터베이스들은 보통 READ COMMITTED 격리 수준을 기본으로 사용한다. 일부 중요한 비즈니스 로직에 더 높은 격리 수준이 필요하면 데이터베이스 트랜잭션이 제공하는 잠금 기능을 사용하면 된다.

> 🔊 **참고**
>
> 트랜잭션 격리 수준에 따른 동작 방식은 데이터베이스마다 조금씩 다르다. 최근에는 데이터베이스들이 더 많은 동시성 처리를 위해 락보다는 MVCC(http://en.wikipedia.org/wiki/Multiversion_concurrency_control)를 사용하므로 락을 사용하는 데이터베이스와 약간 다른 특성을 지닌다.

16.1.2 낙관적 락과 비관적 락 기초

JPA의 영속성 컨텍스트(1차 캐시)를 적절히 활용하면 데이터베이스 트랜잭션이 READ COMMITTED 격리 수준이어도 애플리케이션 레벨에서 반복 가능한 읽기 REPEATABLE READ가 가능하다. 물론 엔티티가 아닌 스칼라 값을 직접 조회하면 영속성 컨텍스트의 관리를 받지 못하므로 반복 가능한 읽기를 할 수 없다.

JPA는 데이터베이스 트랜잭션 격리 수준을 READ COMMITTED 정도로 가정한다. 만약 일부 로직에 더 높은 격리 수준이 필요하면 낙관적 락과 비관적 락 중 하나를 사용하면 된다.

낙관적 락은 이름 그대로 트랜잭션 대부분은 충돌이 발생하지 않는다고 낙관적으로 가정하는 방법이다. 이것은 데이터베이스가 제공하는 락 기능을 사용하는 것이 아니라 JPA가 제공하는 버전 관리 기능을 사용한다. 쉽게 이야기해서 애플리케이션이 제공하는 락이다. 낙관적 락은 트랜잭션을 커밋하기 전까지는 트랜잭션의 충돌을 알 수 없다는 특징이 있다.

비관적 락은 이름 그대로 트랜잭션의 충돌이 발생한다고 가정하고 우선 락을 걸고 보는 방법이다. 이것은 데이터베이스가 제공하는 락 기능을 사용한다. 대표적으로 select for update 구문이 있다.

여기에 추가로 데이터베이스 트랜잭션 범위를 넘어서는 문제도 있다. 예를 들어 사용자 A와 B가 동시에 제목이 같은 공지사항을 수정한다고 생각해보자. 둘이 동시에 수정 화면을 열어서 내용을 수정하는 중에 사용자 A가 먼저 수정완료 버튼을 눌렀다. 잠시 후에 사용자 B가 수정완료 버튼을 눌렀다. 결과적으로 먼저 완료한 사용자 A의 수정사항은 사라지고 나중에 완료한 사용자 B의 수정사항만 남게 된다. 이것을 **두 번의 갱신 분실 문제**second lost updates problem라 한다.

두 번의 갱신 분실 문제는 데이터베이스 트랜잭션의 범위를 넘어선다. 따라서 트랜잭션만으로는 문제를 해결할 수 없다. 이때는 3가지 선택 방법이 있다.

- **마지막 커밋만 인정하기**: 사용자 A의 내용은 무시하고 마지막에 커밋한 사용자 B의 내용만 인정한다.
- **최초 커밋만 인정하기**: 사용자 A가 이미 수정을 완료했으므로 사용자 B가 수정을 완료할 때 오류가 발생한다.
- **충돌하는 갱신 내용 병합하기**: 사용자 A와 사용자 B의 수정사항을 병합한다.

기본은 마지막 커밋만 인정하기가 사용된다. 하지만 상황에 따라 최초 커밋만 인정하기가 더 합리적일 수 있다. JPA가 제공하는 버전 관리 기능을 사용하면 손쉽게 최초 커밋만 인정하기를 구현할 수 있다. 충돌하는 갱신 내용 병합하기는 최초 커밋만 인정하기를 조금 더 우아하게 처리하는 방법인데 애플리케이션 개발자가 직접 사용자를 위해 병합 방법을 제공해야 한다.

16.1.3 @Version

낙관적 락과 비관적 락을 설명하기 전에 먼저 @Version을 알아보자. JPA가 제공하는 낙관적 락을 사용하려면 @Version 어노테이션을 사용해서 버전 관리 기능을 추가해야 한다.

@Version 적용 가능 타입은 다음과 같다.

- Long (long)
- Integer (int)
- Short (short)
- Timestamp

예제 16.1 엔티티에 버전 관리 추가

```
@Entity
public class Board {

    @Id
    private String id;
    private String title;

    @Version
    private Integer version;
}
```

버전 관리 기능을 적용하려면 예제 16.1과 같이 엔티티에 버전 관리용 필드를 하나 추가하고 @Version을 붙이면 된다. 이제부터 엔티티를 수정할 때 마다 버전이 하나씩 자동으로 증가한다. 그리고 엔티티를 수정할 때 조회 시점의 버전과 수정 시점의 버전이 다르면 예외가 발생한다. 예를 들어 트랜잭션 1이 조회한 엔티티를 수정하고 있는데 트랜잭션 2에서 같은 엔티티를 수정하고 커밋해서 버전이 증가해버리면 트랜잭션 1이 커밋할 때 버전 정보가 다르므로 예외가 발생한다.

예제 16.2와 그림 16.1을 통해 자세히 알아보자.

예제 16.2 버전 관리 사용 예제

```
//트랜잭션 1 조회 title="제목A", version=1
Board board = em.find(Board.class, id);

//트랜잭션 2에서 해당 게시물을 수정해서 title="제목C", version=2로 증가

board.setTitle("제목B"); //트랜잭션 1 데이터 수정

save(board);
tx.commit(); //예외 발생, 데이터베이스 version=2, 엔티티 version=1
```

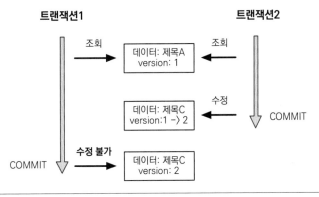

그림 16.1 Version

제목이 A이고 버전이 1인 게시물이 있다. 트랜잭션 1은 이것을 제목 B로 변경하려고 조회했다. 이때 트랜잭션 2가 해당 데이터를 조회해서 제목을 C로 수정하고 커밋해서 버전 정보가 2로 증가했다. 이후 트랜잭션 1이 데이터를 제목 B로 변경하고 트랜잭션을 커밋하는 순간 엔티티를 조회할 때 버전과 데이터베이스의 현재 버전 정보가 다르므로 예외가 발생한다. 따라서 **버전 정보를 사용하면 최초 커밋만 인정**하기가 적용된다.

버전 정보 비교 방법

JPA가 버전 정보를 비교하는 방법은 단순하다. 엔티티를 수정하고 트랜잭션을 커밋하면 영속성 컨텍스트를 플러시 하면서 예제 16.3과 같은 UPDATE 쿼리를 실행한다. 이때 버전을 사용하는 엔티티면 검색 조건에 엔티티의 버전 정보를 추가한다.

예제 16.3 버전 사용 엔티티 SQL

```
UPDATE BOARD
SET
    TITLE=?,
    VERSION=?  (버전 + 1 증가)
WHERE
    ID=?
    AND VERSION=?  (버전 비교)
```

데이터베이스 버전과 엔티티 버전이 같으면 데이터를 수정하면서 동시에 버전도 하나 증가시킨다. 만약 데이터베이스에 버전이 이미 증가해서 수정 중인 엔티티의 버전과 다르면 UPDATE 쿼리의 WHERE 문에서 VERSION 값이 다르므로 수정할 대상이 없다. 이때는 버전이 이미 증가한 것으로 판단해서 JPA가 예외를 발생시킨다.

버전은 엔티티의 값을 변경하면 증가한다. 그리고 값 타입인 임베디드 타입과 값 타입 컬렉션은 논리적인 개념상 해당 엔티티의 값이므로 수정하면 엔티티의 버전이 증가한다. 단 연관관계 필드는 외래 키를 관리하는 연관관계의 주인 필드를 수정할 때만 버전이 증가한다.

@Version으로 추가한 버전 관리 필드는 JPA가 직접 관리하므로 개발자가 임의로 수정하면 안 된다(벌크 연산 제외). 만약 버전 값을 강제로 증가하려면 특별한 락 옵션을 선택하면 된다. 락 옵션은 조금 뒤에 알아보자.

🔊 참고

벌크 연산은 버전을 무시한다. 벌크 연산에서 버전을 증가하려면 버전 필드를 강제로 증가시켜야 한다.

```
update Member m set m.name = '변경', m.version = m.version + 1
```

16.1.4 JPA 락 사용

JPA가 제공하는 락을 어떻게 사용하는지 알아보자.

> 🔊 참고
>
> JPA를 사용할 때 추천하는 전략은 READ COMMITTED 트랜잭션 격리 수준 + 낙관적 버전 관리다(두 번의 갱신 내역 분실 문제 예방).

락은 다음 위치에 적용할 수 있다.

- EntityManager.lock(), EntityManger.find(), EntityManager.refresh()
- Query.setLockMode() (TypeQuery 포함)
- @NamedQuery

다음처럼 조회하면서 즉시 락을 걸 수도 있고

```
Board board = em.find(Board.class, id, LockModeType.OPTIMISTIC);
```

다음처럼 필요할 때 락을 걸 수도 있다.

```
Board board = em.find(Board.class, id);
..
em.lock(board, LockModeType.OPTIMISTIC);
```

JPA가 제공하는 락 옵션은 javax.persistence.LockModeType에 정의되어 있다. LockModeType의 자세한 속성은 표 16.2를 참고하자.

표 16.2 LockModeType 속성

락 모드	타입	설명
낙관적 락	OPTIMISTIC	낙관적 락을 사용한다.
낙관적 락	OPTIMISTIC_FORCE_INCREMENT	낙관적 락 + 버전정보를 강제로 증가한다.
비관적 락	PESSIMISTIC_READ	비관적 락, 읽기 락을 사용한다.
비관적 락	PESSIMISTIC_WRITE	비관적 락, 쓰기 락을 사용한다.
비관적 락	PESSIMISTIC_FORCE_INCREMENT	비관적 락 + 버전정보를 강제로 증가한다.
기타	NONE	락을 걸지 않는다.
기타	READ	JPA1.0 호환 기능이다. OPTIMISTIC과 같으므로 OPTIMISTIC을 사용하면 된다.
기타	WRITE	JPA1.0 호환 기능이다. OPTIMISTIC_FORCE_IMCREMENT와 같다.

16.1.5 JPA 낙관적 락

JPA가 제공하는 낙관적 락은 버전(@Version)을 사용한다. 따라서 낙관적 락을 사용하려면 버전이 있어야 한다. 낙관적 락은 트랜잭션을 커밋하는 시점에 충돌을 알 수 있다는 특징이 있다.

낙관적 락에서 발생하는 예외는 다음과 같다.

- `javax.persistence.OptimisticLockException`(JPA 예외)
- `org.hibernate.StaleObjectStateException`(하이버네이트 예외)
- `org.springframework.orm.ObjectOptimisticLockingFailureException`
  (스프링 예외 추상화)

> **◀)) 참고**
>
> 일부 JPA 구현체 중에는 @Version 컬럼 없이 낙관적 락을 허용하기도 하지만 추천하지는 않는다.

참고로 락 옵션 없이 @Version만 있어도 낙관적 락이 적용된다. 락 옵션을 사용하면 락을 더 세밀하게 제어할 수 있다. 낙관적 락의 옵션에 따른 효과를 하나씩 알아보자.

NONE

락 옵션을 적용하지 않아도 엔티티에 @Version이 적용된 필드만 있으면 낙관적 락이 적용된다. 자세한 내용은 앞의 @Version에서 이미 설명했다.

- **용도**: 조회한 엔티티를 수정할 때 다른 트랜잭션에 의해 변경(삭제)되지 않아야 한다. 조회 시점부터 수정 시점까지를 보장한다.
- **동작**: 엔티티를 수정할 때 버전을 체크하면서 버전을 증가한다(UPDATE 쿼리 사용). 이때 데이터베이스의 버전 값이 현재 버전이 아니면 예외가 발생한다.
- **이점**: 두 번의 갱신 분실 문제second lost updates problem를 예방한다.

OPTIMISTIC

@Version만 적용했을 때는 엔티티를 수정해야 버전을 체크하지만 이 옵션을 추가하면 엔티티를 조회만 해도 버전을 체크한다. 쉽게 이야기해서 한 번 조회한 엔티티는 트랜잭션을 종료할 때까지 다른 트랜잭션에서 변경하지 않음을 보장한다.

- **용도**: 조회한 엔티티는 트랜잭션이 끝날 때까지 다른 트랜잭션에 의해 변경되지 않아야 한다. 조회 시점부터 트랜잭션이 끝날 때까지 조회한 엔티티가 변경되지 않음을 보장한다.
- **동작**: 트랜잭션을 커밋할 때 버전 정보를 조회해서(SELECT 쿼리 사용) 현재 엔티티의 버전과 같은지 검증한다. 만약 같지 않으면 예외가 발생한다.
- **이점**: OPTIMISTIC 옵션은 DIRTY READ와 NON-REPEATABLE READ를 방지한다.

예제 16.4를 통해 알아보자.

예제 16.4 OPTIMISTIC 예제

```
//트랜잭션 1 조회 title="제목A", version=1
Board board = em.find(Board.class, id, LockModeType.OPTIMISTIC);

//중간에 트랜잭션 2에서 해당 게시물을 수정해서 title="제목C", version=2로 증가

//트랜잭션 1 커밋 시점에 버전 정보 검증, 예외 발생
//(데이터베이스 version=2, 엔티티 version=1)
tx.commit();
```

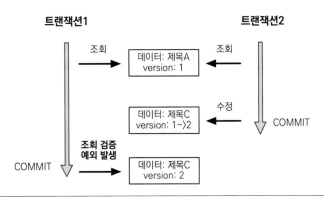

그림 16.2 OPTIMISTIC

그림 16.2를 보면 트랜잭션 1은 OPTIMISTIC 락으로 버전이 1인 데이터를 조회했다. 이후에 트랜잭션 2가 데이터를 수정해버렸고 버전은 2로 증가했다. 트랜잭션 1은 엔티티를 OPTIMISTIC 락으로 조회했으므로 트랜잭션을 커밋할 때 데이터베이스에 있는 버전 정보를 **SELECT 쿼리로 조회해서 처음에 조회한 엔티티의 버전 정보와 비교한다.** 이때 버전 정보가 다르면 예외가 발생한다.

락 옵션을 걸지 않고 @Version만 사용하면 엔티티를 수정해야 버전 정보를 확인하지만 OPTIMISTIC 옵션을 사용하면 **엔티티를 수정하지 않고 단순히 조회만 해도 버전을 확인한다.**

OPTIMISTIC_FORCE_INCREMENT

낙관적 락을 사용하면서 버전 정보를 강제로 증가한다.

- **용도**: 논리적인 단위의 엔티티 묶음을 관리할 수 있다. 예를 들어 게시물과 첨부파일이 일대다, 다대일의 양방향 연관관계이고 첨부파일이 연관관계의 주인이다. 게시물을 수정하는 데 단순히 첨부파일만 추가하면 게시물의 버전은 증가하지 않는다. 해당 게시물은 물리적으로는 변경되지 않았지만, 논리적으로는 변경되었다. 이때 게시물의 버전도 강제로 증가하려면 OPTIMISTIC_FORCE_ INCREMENT를 사용하면 된다.
- **동작**: 엔티티를 수정하지 않아도 트랜잭션을 커밋할 때 UPDATE 쿼리를 사용해서 버전 정보를 강제로 증가시킨다. 이때 데이터베이스의 버전이 엔티티의 버전과 다르면 예외가 발생한다. 추가로 엔티티를 수정하면 수정 시 버전 UPDATE가 발생한다. 따라서 총 2번의 버전 증가가 나타날 수 있다.
- **이점**: 강제로 버전을 증가해서 논리적인 단위의 엔티티 묶음을 버전 관리할 수 있다.

> 🔊 **참고**
>
> OPTIMISTIC_FORCE_INCREMENT는 Aggregate Root(martinfowler.com/bliki/DDD_Aggregate.html)에 사용할 수 있다. 예를 들어 Aggregate Root는 수정하지 않았지만 Aggregate Root가 관리하는 엔티티를 수정했을 때 Aggregate Root의 버전을 강제로 증가시킬 수 있다.

예제 16.5를 보자.

```
//트랜잭션 1 조회 title="제목A", version=1
Board board =
    em.find(Board.class, id, LockModeType.OPTIMISTIC_FORCE_INCREMENT);

//트랜잭션 1 커밋 시점에 버전 강제 증가
tx.commit();
```

그림 16.3을 보면 데이터를 수정하지 않아도 트랜잭션을 커밋할 때 버전 정보가 증가한다.

그림 16.3 OPTIMISTIC_FORCE_INCREMENT

16.1.6 JPA 비관적 락

JPA가 제공하는 비관적 락은 데이터베이스 트랜잭션 락 메커니즘에 의존하는 방법이다. 주로 SQL 쿼리에 select for update 구문을 사용하면서 시작하고 버전 정보는 사용하지 않는다. 비관적 락은 주로 PESSIMISTIC_WRITE 모드를 사용한다.

비관적 락은 다음과 같은 특징이 있다.

- 엔티티가 아닌 스칼라 타입을 조회할 때도 사용할 수 있다.
- 데이터를 수정하는 즉시 트랜잭션 충돌을 감지할 수 있다.

비관적 락에서 발생하는 예외는 다음과 같다.

- `javax.persistence.PessimisticLockException`(JPA 예외)
- `org.springframework.dao.PessimisticLockingFailureException`(스프링 예외 추상화)

PESSIMISTIC_WRITE

비관적 락이라 하면 일반적으로 이 옵션을 뜻한다. 데이터베이스에 쓰기 락을 걸 때 사용한다.

- **용도**: 데이터베이스에 쓰기 락을 건다.
- **동작**: 데이터베이스 `select for update`를 사용해서 락을 건다.
- **이점**: NON-REPEATABLE READ를 방지한다. 락이 걸린 로우는 다른 트랜잭션 이 수정할 수 없다.

PESSIMISTIC_READ

데이터를 반복 읽기만 하고 수정하지 않는 용도로 락을 걸 때 사용한다. 일반적으로 잘 사용하지 않는다. 데이터베이스 대부분은 방언에 의해 `PESSIMISTIC_WRITE`로 동작한다.

- **MySQL**: `lock in share mode`
- **PostgreSQL**: `for share`

PESSIMISTIC_FORCE_INCREMENT

비관적 락중 유일하게 버전 정보를 사용한다. 비관적 락이지만 버전 정보를 강제로 증가시킨다. 하이버네이트는 `nowait`를 지원하는 데이터베이스에 대해서 `for update nowait` 옵션을 적용한다.

- **오라클**: `for update nowait`
- **PostgreSQL**: `for update nowait`
- `nowait`를 지원하지 않으면 `for update`가 사용된다.

16.1.7 비관적 락과 타임아웃

비관적 락을 사용하면 락을 획득할 때까지 트랜잭션이 대기한다. 무한정 기다릴 수는 없으므로 타임아웃 시간을 줄 수 있다. 다음 예제는 10초간 대기해서 응답이 없으면 javax.persistence.LockTimeoutException 예외가 발생한다.

```java
Map<String,Object> properties = new HashMap<String,Object>();

//타임아웃 10초까지 대기 설정
properties.put("javax.persistence.lock.timeout", 10000);

Board board = em.find(Board.class, "boardId",
    LockModeType.PESSIMISTIC_WRITE, properties);
```

타임아웃은 데이터베이스 특성에 따라 동작하지 않을 수 있다.

16.2 2차 캐시

JPA가 제공하는 애플리케이션 범위의 캐시에 대해 알아보고 하이버네이트와 EHCACHE를 사용해서 실제 캐시를 적용해보자.

16.2.1 1차 캐시와 2차 캐시

네트워크를 통해 데이터베이스에 접근하는 시간 비용은 애플리케이션 서버에서 내부 메모리에 접근하는 시간 비용보다 수만에서 수십만 배 이상 비싸다. 따라서 조회한 데이터를 메모리에 캐시해서 데이터베이스 접근 횟수를 줄이면 애플리케이션 성능을 획기적으로 개선할 수 있다.

영속성 컨텍스트 내부에는 엔티티를 보관하는 저장소가 있는데 이것을 1차 캐시라 한다. 이것으로 얻을 수 있는 이점이 많지만, 일반적인 웹 애플리케이션 환경은 트랜잭션을 시작하고 종료할 때까지만 1차 캐시가 유효하다. OSIV를 사용해도 클라이언트의 요청이 들어올 때부터 끝날 때까지만 1차 캐시가 유효하다. 따라서 애플리케이션 전체로 보면 데이터베이스 접근 횟수를 획기적으로 줄이지는 못한다.

하이버네이트를 포함한 대부분의 JPA 구현체들은 애플리케이션 범위의 캐시를 지원하는데 이것을 공유 캐시 또는 2차 캐시라 한다. 이런 2차 캐시를 활용하면 애플리케이션 조회 성능을 향상할 수 있다. 그림 16.4는 2차 캐시 적용 전이고, 그림 16.5는 2차 캐시를 적용한 상태다.

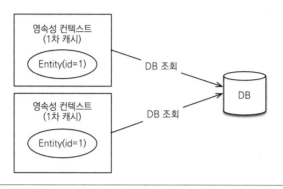

그림 16.4 2차 캐시 적용 전

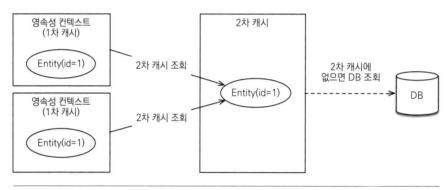

그림 16.5 2차 캐시 적용 후

1차 캐시

1차 캐시는 영속성 컨텍스트 내부에 있다. 엔티티 매니저로 조회하거나 변경하는 모든 엔티티는 1차 캐시에 저장된다. 트랜잭션을 커밋하거나 플러시를 호출하면 1차 캐시에 있는 엔티티의 변경 내역을 데이터베이스에 동기화 한다.

JPA를 J2EE나 스프링 프레임워크 같은 컨테이너 위에서 실행하면 트랜잭션을 시작할 때 영속성 컨텍스트를 생성하고 트랜잭션을 종료할 때 영속성 컨텍스트도 종료한다. 물론 OSIV를 사용하면 요청(예를 들어 HTTP 요청)의 시작부터 끝까지 같은 영속성 컨텍스트를 유지한다.

1차 캐시는 끄고 켤 수 있는 옵션이 아니다. 영속성 컨텍스트 자체가 사실상 1차 캐시다.

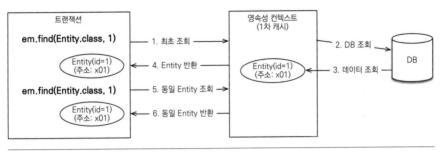

그림 16.6 1차 캐시 동작 방식

그림 16.6을 통해 1차 캐시의 동작 방식을 분석해보자.

1. 최초 조회할 때는 1차 캐시에 엔티티가 없으므로
2. 데이터베이스에서 엔티티를 조회해서
3. 1차 캐시에 보관하고
4. 1차 캐시에 보관한 결과를 반환한다.
5. 이후 같은 엔티티를 조회하면 1차 캐시에 같은 엔티티가 있으므로 데이터베이스를 조회하지 않고 1차 캐시의 엔티티를 그대로 반환한다.

1차 캐시의 특징은 다음과 같다.

- 1차 캐시는 같은 엔티티가 있으면 해당 엔티티를 그대로 반환한다. 따라서 1차 캐시는 객체 동일성(a == b)을 보장한다.
- 1차 캐시는 기본적으로 영속성 컨텍스트 범위의 캐시다(컨테이너 환경에서는 트랜잭션 범위의 캐시, OSIV를 적용하면 요청 범위의 캐시다).

2차 캐시

애플리케이션에서 공유하는 캐시를 JPA는 공유 캐시shared cache라 하는데 일반적으로 2차 캐시second level cache, L2 cache라 부른다. 2차 캐시는 애플리케이션 범위의 캐시다. 따라서 애플리케이션을 종료할 때까지 캐시가 유지된다. 분산 캐시나 클러스터링 환경의 캐시는 애플리케이션보다 더 오래 유지될 수도 있다. 2차 캐시를 적용하면 엔티티 매니저를 통해 데이터를 조회할 때 우선 2차 캐시에서 찾고 없으면 데이터베이스에서 찾는다. 2차 캐시를 적절히 활용하면 데이터베이스 조회 횟수를 획기적으로 줄일 수 있다.

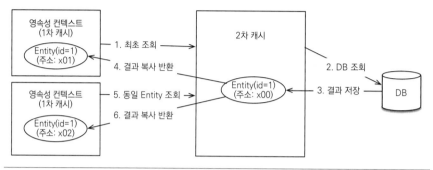

그림 16.7 2차 캐시 동작 방식

그림 16.7을 통해 2차 캐시의 동작 방식을 분석해보자.

1. 영속성 컨텍스트는 엔티티가 필요하면 2차 캐시를 조회한다.
2. 2차 캐시에 엔티티가 없으면 데이터베이스를 조회해서
3. 결과를 2차 캐시에 보관한다.
4. 2차 캐시는 자신이 보관하고 있는 엔티티를 복사해서 반환한다.
5. 2차 캐시에 저장되어 있는 엔티티를 조회하면 복사본을 만들어 반환한다.

2차 캐시는 동시성을 극대화하려고 캐시한 객체를 직접 반환하지 않고 복사본을 만들어서 반환한다. 만약 캐시한 객체를 그대로 반환하면 여러 곳에서 같은 객체를 동시에 수정하는 문제가 발생할 수 있다. 이 문제를 해결하려면 객체에 락을 걸어야 하는데 이렇게 하면 동시성이 떨어질 수 있다. 락에 비하면 객체를 복사하는 비용은 아주 저렴하다. 따라서 2차 캐시는 원본 대신에 복사본을 반환한다.

2차 캐시의 특징은 다음과 같다.

- 2차 캐시는 영속성 유닛 범위의 캐시다.
- 2차 캐시는 조회한 객체를 그대로 반환하는 것이 아니라 복사본을 만들어서 반환한다.
- 2차 캐시는 데이터베이스 기본 키를 기준으로 캐시하지만 영속성 컨텍스트가 다르면 객체 동일성(a == b)을 보장하지 않는다.

16.2.2 JPA 2차 캐시 기능

지금부터 캐시라 하면 2차 캐시로 이해하자. 1차 캐시는 명확하게 1차 캐시라 하겠다.

JPA 구현체 대부분은 캐시 기능을 각자 지원했는데 JPA는 2.0에 와서야 캐시 표준을 정의했다. JPA 캐시 표준은 여러 구현체가 공통으로 사용하는 부분만 표준화해서 세밀한 설정을 하려면 구현체에 의존적인 기능을 사용해야 한다. JPA 캐시 표준 기능을 알아보자.

캐시 모드 설정

2차 캐시를 사용하려면 예제 16.6과 같이 엔티티에 `javax.persistence.Cacheable` 어노테이션을 사용하면 된다. `@Cacheable`은 `@Cacheable(true)`, `@Cacheable(false)`를 설정할 수 있는데 기본값은 `true`다.

예제 16.6 캐시 모드 설정

```
@Cacheable
@Entity
public class Member {

    @Id @GeneratedValue
    private Long id;
    ...
}
```

다음으로 예제 16.7과 같이 persistence.xml에 shard-cache-mode를 설정해서 애플리케이션 전체에(정확히는 영속성 유닛 단위) 캐시를 어떻게 적용할지 옵션을 설정해야 한다.

예제 16.7 persistence.xml에 캐시 모드 설정

```
<persistence-unit name="test">
    <shared-cache-mode>ENABLE_SELECTIVE</shared-cache-mode>
</persistence-unit>
```

스프링 프레임워크를 사용할 때 설정하는 방법은 예제 16.8과 같다.

```
<bean id="entityManagerFactory" class="org.springframework.orm.jpa.LocalCon
tainerEntityManagerFactoryBean">
    <property name="sharedCacheMode" value="ENABLE_SELECTIVE"/>
    ...
```

캐시 모드는 javax.persistence.SharedCacheMode에 정의되어 있다. 자세한 내용은 표 16.3을 참고하자. 보통 ENABLE_SELECTIVE를 사용한다.

표 16.3 SharedCacheMode 캐시 모드 설정

캐시 모드	설명
ALL	모든 엔티티를 캐시한다.
NONE	캐시를 사용하지 않는다.
ENABLE_SELECTIVE	**Cacheable(true)로 설정된 엔티티만 캐시를 적용한다.**
DISABLE_SELECTIVE	모든 엔티티를 캐시하는데 Cacheable(false)로 명시된 엔티티는 캐시하지 않는다.
UNSPECIFIED	JPA 구현체가 정의한 설정을 따른다.

캐시 조회, 저장 방식 설정

캐시를 무시하고 데이터베이스를 직접 조회하거나 캐시를 갱신하려면 캐시 조회 모드와 캐시 보관 모드를 사용하면 된다.

```
em.setProperty("javax.persistence.cache.retrieveMode",
CacheRetrieveMode.BYPASS);
```

캐시 조회 모드나 보관 모드에 따라 사용할 프로퍼티와 옵션이 다르다.
프로퍼티 이름은 다음과 같다.

- javax.persistence.cache.retrieveMode: 캐시 조회 모드 프로퍼티 이름
- javax.persistence.cache.storeMode: 캐시 보관 모드 프로퍼티 이름

  옵션은 다음과 같다.

- javax.persistence.CacheRetrieveMode: 캐시 조회 모드 설정 옵션
- javax.persistence.CacheStoreMode: 캐시 보관 모드 설정 옵션

캐시 조회 모드는 예제 16.9와 같다.

예제 16.9 캐시 조회 모드

```
public enum CacheRetrieveMode {
    USE,
    BYPASS
}
```

- USE: 캐시에서 조회한다. 기본값이다.
- BYPASS: 캐시를 무시하고 데이터베이스에 직접 접근한다.

캐시 보관 모드는 예제 16.10과 같다.

예제 16.10 캐시 보관 모드

```
public enum CacheStoreMode {
    USE,
    BYPASS,
    REFRESH
}
```

- USE: 조회한 데이터를 캐시에 저장한다. 조회한 데이터가 이미 캐시에 있으면 캐시 데이터를 최신 상태로 갱신하지는 않는다. 트랜잭션을 커밋하면 등록 수정한 엔티티도 캐시에 저장한다. 기본값이다.
- BYPASS: 캐시에 저장하지 않는다.
- REFRESH: USE 전략에 추가로 데이터베이스에서 조회한 엔티티를 최신 상태로 다시 캐시한다.

캐시 모드는 예제 16.11과 같이 EntityManager.setProperty()로 엔티티 매니저 단위로 설정하거나 예제 16.12와 같이 더 세밀하게 EntityManager.find(), EntityManager.refresh()에 설정할 수 있다. 그리고 예제 16.13과 같이 Query.setHint()(TypeQuery 포함)에 사용할 수 있다.

예제 16.11 엔티티 매니저 범위

```
em.setProperty("javax.persistence.cache.retrieveMode", CacheRetrieveMode.BYPASS);
em.setProperty("javax.persistence.cache.storeMode", CacheStoreMode.BYPASS);
```

```
Map<String, Object> param = new HashMap<String, Object>();
param.put("javax.persistence.cache.retrieveMode", CacheRetrieveMode.
BYPASS);
param.put("javax.persistence.cache.storeMode", CacheStoreMode.BYPASS);

em.find(TestEntity.class, id, param);
```

```
em.createQuery("select e from TestEntity e where e.id = :id",
    TestEntity.class)
    .setParameter("id", id)
    .setHint("javax.persistence.cache.retrieveMode", CacheRetrieveMode.
BYPASS)
    .setHint("javax.persistence.cache.storeMode", CacheStoreMode.BYPASS)
    .getSingleResult();
```

JPA 캐시 관리 API

JPA는 캐시를 관리하기 위한 javax.persistence.Cache 인터페이스를 제공한다. 이것은 예제 16.14와 같이 EntityManagerFactory에서 구할 수 있다.

```
Cache cache = emf.getCache();
boolean contains =
    cache.contains(TestEntity.class, testEntity.getId());
System.out.println("contains = " + contains);
```

Cache 인터페이스의 자세한 기능은 예제 16.15를 참고하자.

```
public interface Cache {

    //해당 엔티티가 캐시에 있는지 여부 확인
    public boolean contains(Class cls, Object primaryKey);

    //해당 엔티티중 특정 식별자를 가진 엔티티를 캐시에서 제거
    public void evict(Class cls, Object primaryKey);
```

```
//해당 엔티티 전체를 캐시에서 제거
public void evict(Class cls);

//모든 캐시 데이터 제거
public void evictAll();

//JPA Cache 구현체 조회
public <T> T unwrap(Class<T> cls);

}
```

JPA가 표준화한 캐시 기능은 여기까지다. 실제 캐시를 적용하려면 구현체의 설명서를 읽어보아야 한다. 하이버네이트와 EHCACHE를 사용해서 실제 2차 캐시를 적용해보자.

16.2.3 하이버네이트와 EHCACHE 적용

하이버네이트와 EHCACHE(ehcache.org)를 사용해서 2차 캐시를 적용해보자.

하이버네이트가 지원하는 캐시는 크게 3가지가 있다.

1. **엔티티 캐시**: 엔티티 단위로 캐시한다. 식별자로 엔티티를 조회하거나 컬렉션이 아닌 연관된 엔티티를 로딩할 때 사용한다.
2. **컬렉션 캐시**: 엔티티와 연관된 컬렉션을 캐시한다. **컬렉션이 엔티티를 담고 있으면 식별자 값만 캐시한다**(하이버네이트 기능).
3. **쿼리 캐시**: 쿼리와 파라미터 정보를 키로 사용해서 캐시한다. **결과가 엔티티면 식별자 값만 캐시한다**(하이버네이트 기능).

참고로 JPA 표준에는 엔티티 캐시만 정의되어 있다.

환경설정

하이버네이트에서 EHCACHE를 사용하려면 예제 16.16과 같이 `hibernate-ehcache` 라이브러리를 pom.xml에 추가하자.

```
<dependency>
    <groupId>org.hibernate</groupId>
    <artifactId>hibernate-ehcache</artifactId>
    <version>4.3.10.Final</version>
</dependency>
```

hibernate-ehcache를 추가하면 net.sf.ehcache-core 라이브러리도 추가된다.

EHCACHE는 예제 16.17과 같이 ehcache.xml을 설정 파일로 사용한다. 이 설정파일은 캐시를 얼마만큼 보관할지, 얼마 동안 보관할지와 같은 캐시 정책을 정의하는 설정 파일이다. 자세한 내용은 EHCACHE 공식 문서를 참고하자. 이 파일을 클래스패스 루트인 src/main/resources에 두자.

```
<ehcache>
    <defaultCache
        maxElementsInMemory="10000"
        eternal="false"
        timeToIdleSeconds="1200"
        timeToLiveSeconds="1200"
        diskExpiryThreadIntervalSeconds="1200"
        memoryStoreEvictionPolicy="LRU"
        />

</ehcache>
```

다음으로 하이버네이트에 캐시 사용정보를 설정해야 한다. 예제 16.18과 같이 persistence.xml에 캐시 정보를 추가하자.

```
<persistence-unit name="test">
    <shared-cache-mode>ENABLE_SELECTIVE</shared-cache-mode>
    <properties>
        <property
            name="hibernate.cache.use_second_level_cache" value="true"/>
        <property name="hibernate.cache.use_query_cache" value="true"/>
        <property name="hibernate.cache.region.factory_class"
```

```
                value="org.hibernate.cache.ehcache.EhCacheRegionFactory" />
            <property name="hibernate.generate_statistics" value="true"/>
        </properties>
        ...
</persistence-unit>
```

설정한 속성 정보는 다음과 같다.

- hibernate.cache.use_second_level_cache: 2차 캐시를 활성화한다. 엔티티 캐시와 컬렉션 캐시를 사용할 수 있다.
- hibernate.cache.use_query_cache: 쿼리 캐시를 활성화한다.
- hibernate.cache.region.factory_class: 2차 캐시를 처리할 클래스를 지정한다. 여기서는 EHCACHE를 사용하므로 org.hibernate.cache.ehcache. EhCacheRegionFactory를 적용한다.
- hibernate.generate_statistics: 이 속성을 true로 설정하면 하이버네이트가 여러 통계정보를 출력해주는데 캐시 적용 여부를 확인할 수 있다(성능에 영향을 주므로 개발 환경에서만 적용하는 것이 좋다).

2차 캐시를 사용할 준비를 완료했다. 이제 캐시를 사용해보자.

엔티티 캐시와 컬렉션 캐시

먼저 예제 16.19를 통해 엔티티 캐시와 컬렉션 캐시를 알아보자.

예제 16.19 캐시 적용 코드

```
import javax.persistence.Cacheable
import org.hibernate.annotations.Cache

@Cacheable    …❶
@Cache(usage = CacheConcurrencyStrategy.READ_WRITE)  …❷
@Entity
public class ParentMember {

    @Id @GeneratedValue
    private Long id;
```

```
    private String name;

    @Cache(usage = CacheConcurrencyStrategy.READ_WRITE)  ...❸
    @OneToMany(mappedBy = "parentMember", cascade = CascadeType.ALL)
    private List<ChildMember> childMembers =
        new ArrayList<ChildMember>();

    ...
}
```

- javax.persistence.Cacheable: 엔티티를 캐시하려면 ❶번처럼 이 어노테이션
  을 적용하면 된다.
- org.hibernate.annotations.Cache: 이 어노테이션은 하이버네이트 전용이
  다. ❷번처럼 캐시와 관련된 더 세밀한 설정을 할 때 사용한다. 또한 ❸번처럼 컬
  렉션 캐시를 적용할 때도 사용한다.

여기서 ParentMember는 엔티티 캐시가 적용되고 ParentMember.
childMembers는 컬렉션 캐시가 적용된다.

@Cache

하이버네이트 전용인 org.hibernate.annotations.Cache 어노테이션을 사용하
면 세밀한 캐시 설정이 가능하다. 표 16.4를 참고하자.

표 16.4 하이버네이트 @Cache 속성

속성	설명
usage	CacheConcurrencyStrategy를 사용해서 캐시 동시성 전략을 설정한다.
region	캐시 지역 설정
include	연관 객체를 캐시에 포함할지 선택한다. all, non-lazy 옵션을 선택할 수 있다. 기본값 all

중요한 것은 캐시 동시성 전략을 설정할 수 있는 usage 속성이다. 표 16.5를 통
해 org.hibernate.annotations.CacheConcurrencyStrategy를 살펴보자.

표 16.5 CacheConcurrencyStrategy 속성

속성	설명
NONE	캐시를 설정하지 않는다.
READ_ONLY	읽기 전용으로 설정한다. 등록, 삭제는 가능하지만 수정은 불가능하다. 참고로 읽기 전용인 불변 객체는 수정되지 않으므로 하이버네이트는 2차 캐시를 조회할 때 객체를 복사하지 않고 원본 객체를 반환한다.
NONSTRICT_READ_WRITE	엄격하지 않은 읽고 쓰기 전략이다. 동시에 같은 엔티티를 수정하면 데이터 일관성이 깨질 수 있다. EHCACHE는 데이터를 수정하면 캐시 데이터를 무효화한다.
READ_WRITE	읽기 쓰기가 가능하고 READ COMMITTED 정도의 격리 수준을 보장한다. EHCACHE는 데이터를 수정하면 캐시 데이터도 같이 수정한다.
TRANSACTIONAL	컨테이너 관리 환경에서 사용할 수 있다. 설정에 따라 REPEATABLE READ 정도의 격리 수준을 보장받을 수 있다.

캐시 종류에 따른 동시성 전략 지원 여부는 하이버네이트 공식 문서(docs.jboss. org/hibernate/orm/4.3/manual/en-US/html_single/#cacheproviders)가 제공하는 표 16.6을 참고하자. 여기서 ConcurrentHashMap은 개발 시에만 사용해야 한다.

표 16.6 캐시 동시성 전략 지원 여부

Cache	read-only	nonstrict-read-write	read-write	transactional
ConcurrentHashMap	yes	yes	yes	
EHCache	yes	yes	yes	yes
Infinispan	yes			yes

캐시 영역

위에서 캐시를 적용한 코드는 다음 캐시 영역Cache Region에 저장된다.

- **엔티티 캐시 영역**: jpabook.jpashop.domain.test.cache.ParentMember
- **컬렉션 캐시 영역**: jpabook.jpashop.domain.test.cache.ParentMember. childMembers

엔티티 캐시 영역은 기본값으로 [패키지 명 + 클래스 명]을 사용하고, 컬렉션 캐시 영역은 엔티티 캐시 영역 이름에 캐시한 컬렉션의 필드 명이 추가된다. 필요하다면 @Cache(region = "customRegion", ...)처럼 region 속성을 사용해서 캐시 영역을 직접 지정할 수 있다.

캐시 영역을 위한 접두사를 설정하려면 persistence.xml 설정에 hibernate.cache.region_prefix를 사용하면 된다. 예를 들어 core로 설정하면 core.jpabook.jpashop...으로 설정된다.

캐시 영역이 정해져 있으므로 영역별로 세부 설정을 할 수 있다. 만약 ParentMember를 600초 마다 캐시에서 제거하고 싶으면 EHCACHE를 예제 16.20과 같이 설정하면 된다.

예제 16.20 EHCACHE 세부 설정(ehcache.xml)

```
<ehcache>
    <defaultCache
        maxElementsInMemory="10000"
        eternal="false"
        timeToIdleSeconds="1200"
        timeToLiveSeconds="1200"
        diskExpiryThreadIntervalSeconds="1200"
        memoryStoreEvictionPolicy="LRU" />
    <cache
        name="jpabook.jpashop.domain.test.cache.ParentMember"
        maxElementsInMemory="10000"
        eternal="false"
        timeToIdleSeconds="600"
        timeToLiveSeconds="600"
        overflowToDisk="false" />
</ehcache>
```

EHCACHE에 대한 자세한 내용은 공식 문서(ehcache.org/documentation)를 확인하자.

쿼리 캐시

쿼리 캐시는 쿼리와 파라미터 정보를 키로 사용해서 쿼리 결과를 캐시하는 방법이다. 쿼리 캐시를 적용하려면 영속성 유닛을 설정에 hibernate.cache.use_query_cache 옵션을 꼭 true로 설정해야 한다. 그리고 예제 16.21, 예제 16.22와 같이 쿼리 캐시를 적용하려는 쿼리마다 org.hibernate.cacheable을 true로 설정하는 힌트를 주면 된다.

예제 16.21 쿼리 캐시 적용

```
em.createQuery("select i from Item i", Item.class)
    .setHint("org.hibernate.cacheable", true)
    .getResultList();
```

예제 16.22 NamedQuery에 쿼리 캐시 적용

```
@Entity
@NamedQuery(
        hints = @QueryHint(name = "org.hibernate.cacheable",
            value = "true"),
        name = "Member.findByUsername",
        query = "select m.address from Member m where m.name
            = :username"
)
public class Member {
    ...
```

쿼리 캐시 영역

hibernate.cache.use_query_cache 옵션을 true로 설정해서 쿼리 캐시를 활성화하면 다음 두 캐시 영역이 추가된다.

- org.hibernate.cache.internal.StandardQueryCache: 쿼리 캐시를 저장하는 영역이다. 이곳에는 쿼리, 쿼리 결과 집합, 쿼리를 실행한 시점의 타임스탬프를 보관한다.

- org.hibernate.cache.spi.UpdateTimestampsCache: 쿼리 캐시가 유효한지 확인하기 위해 쿼리 대상 테이블의 가장 최근 변경(등록, 수정, 삭제) 시간을 저장하는 영역이다. 이곳에는 테이블 명과 해당 테이블의 최근 변경된 타임스탬프를 보관한다.

쿼리 캐시는 캐시한 데이터 집합을 최신 데이터로 유지하려고 쿼리 캐시를 실행하는 시간과 쿼리 캐시가 사용하는 테이블들이 가장 최근에 변경된 시간을 비교한다. 쿼리 캐시를 적용하고 난 후에 쿼리 캐시가 사용하는 테이블에 조금이라도 변경이 있으면 데이터베이스에서 데이터를 읽어와서 쿼리 결과를 다시 캐시한다.

이제부터 엔티티를 변경하면 org.hibernate.cache.spi.UpdateTimestampsCache 캐시 영역에 해당 엔티티가 매핑한 테이블 이름으로 타임스탬프를 갱신한다.

예를 들어 예제 16.23과 같은 쿼리를 캐시한다고 가정해보자.

예제 16.23 쿼리 캐시 사용

```
public List<ParentMember> findParentMembers() {
    return em.createQuery("select p from ParentMember p join
        p.childMembers c", ParentMember.class)
            .setHint("org.hibernate.cacheable", true)
            .getResultList();
}
```

예제 16.23은 쿼리에서 ParentMember와 ChildMember 엔티티를 사용한다.

쿼리를 실행하면 우선 StandardQueryCache 캐시 영역에서 타임스탬프를 조회한다. 그리고 쿼리가 사용하는 엔티티의 테이블인 PARENTMEMBER, CHILDMEMBER를 UpdateTimestampsCache 캐시 영역에서 조회해서 테이블들의 타임스탬프를 확인한다. 이때 만약 StandardQueryCache 캐시 영역의 타임스탬프가 더 오래되었으면 캐시가 유효하지 않은 것으로 보고 데이터베이스에서 데이터를 조회해서 다시 캐시한다.

쿼리 캐시를 잘 활용하면 극적인 성능 향상이 있지만 빈번하게 변경이 있는 테이블에 사용하면 오히려 성능이 더 저하된다. 따라서 수정이 거의 일어나지 않는 테이블에 사용해야 효과를 볼 수 있다.

> **⚠ 주의**
>
> org.hibernate.cache.spi.UpdateTimestampsCache 쿼리 캐시 영역은 만료되지 않도록 설정해야 한다. 해당 영역이 만료되면 모든 쿼리 캐시가 무효화된다. EHCACHE의 eternal="true" 옵션을 사용하면 캐시에서 삭제되지 않는다.
>
> ```
> <cache
>     name="org.hibernate.cache.spi.UpdateTimestampsCache"
>     maxElementsInMemory="10000"
>     eternal="true" />
> ```

쿼리 캐시와 컬렉션 캐시의 주의점

엔티티 캐시를 사용해서 엔티티를 캐시하면 엔티티 정보를 모두 캐시하지만 **쿼리 캐시와 컬렉션 캐시는 결과 집합의 식별자 값만 캐시한다.** 따라서 쿼리 캐시와 컬렉션 캐시를 조회(캐시 히트)하면 그 안에는 사실 식별자 값만 들어 있다. 그리고 이 식별자 값을 하나씩 엔티티 캐시에서 조회해서 실제 엔티티를 찾는다.

문제는 쿼리 캐시나 컬렉션 캐시만 사용하고 대상 엔티티에 엔티티 캐시를 적용하지 않으면 성능상 심각한 문제가 발생할 수 있다. 예를 들어 보자.

1. select m from Member m 쿼리를 실행했는데 쿼리 캐시가 적용되어 있다. 결과 집합은 100건이다.
2. 결과 집합에는 식별자만 있으므로 한 건씩 엔티티 캐시 영역에서 조회한다.
3. Member 엔티티는 엔티티 캐시를 사용하지 않으므로 한 건씩 데이터베이스에서 조회한다.
4. 결국 100건의 SQL이 실행된다.

쿼리 캐시나 컬렉션 캐시만 사용하고 엔티티 캐시를 사용하지 않으면 최악의 상황에 결과 집합 수만큼 SQL이 실행된다. **따라서 쿼리 캐시나 컬렉션 캐시를 사용하면 결과 대상 엔티티에는 꼭 엔티티 캐시를 적용해야 한다.**

16.3 정리

이 장에서 다룬 내용은 다음과 같다.

- 트랜잭션의 격리 수준은 4단계가 있다. 격리 수준이 낮을수록 동시성은 증가하지만 격리 수준에 따른 다양한 문제가 발생한다.
- 영속성 컨텍스트는 데이터베이스 트랜잭션이 READ COMMITTED 격리 수준이어도 애플리케이션 레벨에서 반복 가능한 읽기REPEATABLE READ를 제공한다.
- JPA는 낙관적 락과 비관적 락을 지원한다. 낙관적 락은 애플리케이션이 지원하는 락이고, 비관적 락은 데이터베이스 트랜잭션 락 메커니즘에 의존한다.
- 2차 캐시를 사용하면 애플리케이션의 조회 성능을 극적으로 끌어올릴 수 있다.

찾아보기

자바 ORM 표준 JPA 프로그래밍

스프링 데이터 예제 프로젝트로 배우는 전자정부 표준 데이터베이스 프레임워크

초판 인쇄 | 2015년 7월 20일
11쇄 발행 | 2024년 7월 15일

지은이 | 김 영 한

펴낸이 | 옥 경 석
편집장 | 황 영 주
편 집 | 김 진 아
　　　　　임 지 원
디자인 | 윤 서 빈

에이콘출판주식회사
서울특별시 양천구 국회대로 287 (목동)
전화 02-2653-7600, 팩스 02-2653-0433
www.acornpub.co.kr / editor@acornpub.co.kr

Copyright ⓒ 에이콘출판주식회사, 2015, Printed in Korea.
ISBN 978-89-6077-733-0
ISBN 978-89-6077-103-1 (세트)
http://www.acornpub.co.kr/book/jpa-programmig

이 도서의 국립중앙도서관 출판시도서목록(CIP)은 서지정보유통지원시스템 홈페이지(http://seoji.nl.go.kr)와
국가데이터공동목록시스템(http://www.nl.go.kr/kolisnet)에서 이용하실 수 있습니다.(CIP제어번호: CIP2015018958)

책값은 뒤표지에 있습니다.